MICHAEL WOLFFSOHN

Industrie und Handwerk im Konflikt mit staatlicher Wirtschaftspolitik?

Schriften zur Wirtschafts- und Sozialgeschichte

In Verbindung mit Rudolf Braun, Otto Büsch und Peter Czada
herausgegeben von Wolfram Fischer

Band 30

Industrie und Handwerk im Konflikt mit staatlicher Wirtschaftspolitik?

Studien zur Politik der Arbeitsbeschaffung
in Deutschland 1930 – 1934

Von

Dr. Michael Wolffsohn

DUNCKER & HUMBLOT / BERLIN

Gedruckt mit Unterstützung der „Ernst-Reuter-Gesellschaft der Förderer und Freunde der Freien Universität e. V." sowie der „Bundesvereinigung der Deutschen Industrie" und des „Deutschen Industrie- und Handelstages"

CIP-Kurztitelaufnahme der Deutschen Bibliothek

Wolffsohn, Michael
Industrie und Handwerk im Konflikt mit staatlicher Wirtschaftspolitik? : Studien zur Politik d. Arbeitsbeschaffung in Deutschland 1930 - 1934. —
1. Aufl. — Berlin : Duncker und Humblot, 1977.
 (Schriften zur Wirtschafts- und Sozialgeschichte ; Bd. 30)
 ISBN 3-428-03893-2

D 188
Alle Rechte vorbehalten
© 1977 Duncker & Humblot, Berlin 41
Gedruckt 1977 bei Berliner Buchdruckerei Union GmbH., Berlin 61
Printed in Germany
ISBN 3 428 03893 2

Vorwort

Die vorliegende Arbeit ist eine umgearbeitete Fassung meiner Dissertation, die unter dem gleichen Titel im Mai 1975 dem Fachbereich Geschichtswissenschaften der Freien Universität Berlin vorgelegt wurde. Es ist ein schöner Brauch, sich für erhaltene Anregungen, Hilfestellungen und Ratschläge zu bedanken. Der ausgesprochene Dank soll und kann nicht über Umwege die Verantwortung des Autors für Fehler, Auslassungen, Verzerrungen und Unzulänglichkeiten abwälzen. Mein besonderer Dank gilt meinem Doktorvater, Professor Wolfram Fischer, dessen kritische Fragen und Anmerkungen mir dabei halfen, eigene Aussagen immer wieder zu überdenken. Den Professoren Martin Broszat, Gerald D. Feldman, Dietmar Petzina, Arthur Schweitzer, Henry Ashby Turner jr. und vor allem Heinrich August Winkler danke ich für längere Fachgespräche und Ratschläge. Daß sich Herr Professor Ernst Nolte und Herr Professor Jürgen Domes der Mühe unterzogen haben, das Manuskript zu lesen und Verbesserungsvorschläge anzubringen, weiß ich besonders zu schätzen.

Mein Quellenstudium haben erleichtert: Herr Dr. Schenk, Herr Dr. Trumpp und Herr Dr. Real vom Bundesarchiv in Koblenz, Herr Montfort vom Bundesarchiv-Militärarchiv in Freiburg, Herr Dr. Hoch vom Institut für Zeitgeschichte in München, Frau Ilse Knust-Spruch vom Unternehmensarchiv der BASF in Mannheim, Herr Göb vom Bayer-Archiv in Leverkusen, Herr Dr. Kroker vom Bergbau-Museum Bochum und Herrn Dr. Christian Engeli vom Archiv für Kommunalwissenschaft.

Dem Direktor des Bergbau-Museums, Herrn Dr. Conrad, und dem Mitglied der Geschäftsführung der Wirtschaftsvereinigung Bergbau, Herrn Dr. Koch, gilt mein Dank für die Sondergenehmigung, die Bestände der Fachgruppe Bergbau einsehen zu dürfen.

Graf Zedtwitz-Arnim, dem Leiter der Stabsabteilung Information der Fried. Krupp GmbH. in Essen, sei sowohl für die Erlaubnis im Archiv der Firma arbeiten zu können als auch für sein persönliches Interesse am Entstehen meiner Arbeit gedankt.

Ganz besonders herzlich möchte ich mich bei Herrn Bodo Herzog, dem Leiter des Historischen Archivs der Gutehoffnungshütte, Aktienverein, nicht nur für die Unterstützung bei der Quellenforschung, sondern auch für die freundliche Aufnahme in seinem Haus bedanken.

Herrn Dr. Helmut Marcon und Herrn Dr. Tim W. Mason gilt mein Dank für hilfreiche Hinweise.

Ich möchte nicht versäumen, an dieser Stelle der Konrad-Adenauer-Stiftung für das Stipendium und die Betreuung, vor allem Herrn Diplom-Politologen Konrad S. Krieger, zu danken. Mein Costipendiat Günter Braun gab mir methodische Ratschläge, die ich gerne angenommen habe.

Für vorurteilsfreie — weil ohne Kenntnis von Forschungsrichtung und Forschungsergebnis zugesagt — und großzügige Unterstützung bei der Drucklegung meiner Arbeit habe ich aufrichtig zu danken: der Ernst-Reuter-Gesellschaft der Förderer und Freunde der Freien Universität Berlin e. V., dem Bundesverband der Deutschen Industrie sowie dem Deutschen Industrie- und Handelstag und seinem Präsidenten Herrn Otto Wolff von Amerongen.

Saarbrücken, im Oktober 1976

Inhaltsverzeichnis

Abkürzungsverzeichnis 12

Einleitung 13
   Untersuchungsgegenstand 17
   Untersuchungsgruppen 19
   Fragestellungen und Methode des Vorgehens 19
   Materiallage 24
      Für Teil I (Staat) 24
      Für Teil II (Wirtschaft) 25

Erstes Kapitel
Rahmenbedingungen der Thematik

   Arbeitslosigkeit und politische Radikalität 28
   Reaktionen des Kabinetts 35
   Forderungen und Vorschläge 39

Erster Teil
Prioritäten staatlicher Arbeitsbeschaffungspolitik 1930 - 1934

Zweites Kapitel
Die Regierung Brüning

1. Maßnahmen, Pläne und Diskussionen im Jahre 1930 45
   Erste Ansätze einer Arbeitsbeschaffungspolitik, Mai 1930 45
   Aufträge der Reichsbahn 47
   Pläne und Wirklichkeit 48
   Notstandsarbeiten 50
   Richtlinien bei öffentlichen Aufträgen 52
   Ernennung eines „Arbeitskommissars"? 53
   Verkürzung der Arbeitszeit und Verlängerung der Schulpflicht 54
   Fazit 1930 55
2. Maßnahmen, Pläne und Diskussionen im Jahre 1931 56
   Aufträge der Reichsbahn 57
   Die „Russengeschäfte" 57
   Vorstädtische Siedlungsprojekte ab 1931 62
   Das Gutachten der Brauns-Kommission 64
   Wirtschaftsbeirat 65
   Fazit 1931 65
3. Maßnahmen, Pläne und Diskussionen in den letzten fünf Monaten der Regierung Brüning 66
   Primat der Reparationsfrage oder Arbeitsbeschaffung? 66

Der Stand der administrativen Vorbereitungen 68
Arbeitsbeschaffung als politisches Mittel? 72
4. Thesen zu den Prioritäten staatlicher Arbeitsbeschaffungspolitik unter Brüning 75

Drittes Kapitel

Die Regierung Papen

1. Die Maßnahmen (Eine Übersicht) 78
2. Die Initiatoren des neuen wirtschaftspolitischen Kurses — Kooperationen und Kontroversen 80
3. Interessengegensätze in der Kontingentierung der Einfuhr landwirtschaftlicher Güter 83
4. Die Auseinandersetzung in der Regierung Papen 86

Viertes Kapitel

Die Regierung Schleicher   98

Fünftes Kapitel

Die Regierung Hitler 1933/34

1. Psychologische Effekte 107
2. Das Sofortprogramm 110
3. Die Arbeitsbeschaffung der Reichsbahn und Reichspost 116
4. Änderung des Kraftfahrzeugsteuergesetzes 117
5. Keynesianische Wirtschaftspolitik zur „Integration der Arbeiter in die Nation"? 118
6. Fazit der ersten „hundert Tage" 120
7. Das Erste Reinhardt-Programm 120
   Die politische Entscheidung 120
   Die Besprechung Hitlers mit Industriellen am 29. Mai 1933 124
   Der Maßnahmenkatalog 127
8. Der Übergang zur indirekten Arbeitsbeschaffung 133
9. Das Zweite Reinhardt-Programm und flankierende Maßnahmen .. 136
   „Generalrat der Wirtschaft" 138
10. Das Ende der zivilen Arbeitsbeschaffungspolitik 140
11. Notstandsarbeiten als politisch-psychologisches Mittel 1934 144

Zweiter Teil

Prioritäten, Aktionen und Reaktionen der Großindustrie, der mittleren Industrie und des Handwerks zur Arbeitsbeschaffungspolitik 1930 - 1934

Sechstes Kapitel

Der Reichsverband der Deutschen Industrie und die Vereinigung der Deutschen Arbeitgeberverbände

1. RDI und VDA in der Ära Brüning 151
   Selbsteinschätzung der politischen Potenz 151
   Die Grundsätzlichen Prioritäten 154
   Vor der großen Krise 154

    1930 156
    1931 159
    Die letzen fünf Monate der Amtszeit Brünings 165
    Fazit 166
  Die „Russengeschäfte" 167
  Die geld- und kreditpolitischen Vorstellungen 171
  Direkt arbeitsbeschaffende Aktionen der öffentlichen Hand 178
    Vergabepraktiken 179
    Notstandsarbeiten 180
    Siedlungsprojekte 181
  Weniger Arbeit für den gleichen Lohn? Zur Frage der gesetzlichen Arbeitszeitverkürzung 182
2. RDI und VDA in der Regierungszeit Papens 185
  Kontinuität 185
  Kurswechsel 188
  Die Notverordnungen vom 4. und 5. September 193
3. RDI und VDA in der Regierungszeit Schleichers 197
4. Der Reichsstand der Deutschen Industrie in der Anfangsphase der nationalsozialistischen Herrschaft 200

Siebentes Kapitel

Der Deutsche Industrie- und Handelstag

1. Der Deutsche Industrie- und Handelstag in der Ära Brüning 211
  Die grundsätzlichen Positionen 211
  Die geld- und kreditpolitischen Vorstellungen 215
2. Der Deutsche Industrie- und Handelstag in der Regierungszeit Papens 218
3. Der Deutsche Industrie- und Handelstag in der Regierungszeit Schleichers 222
4. Der Deutsche Industrie- und Handelstag in der Anfangsphase der nationalsozialistischen Herrschaft 225

Achtes Kapitel

Die Schwerindustrie

1. Die Schwerindustrie in der Ära Brüning 231
  Selbsteinschätzung der politischen Potenz 231
  Die grundsätzlichen Prioritäten 233
  Die „Russengeschäfte" 237
  Die Geldpolitischen Vorstellungen 240
  Direkt arbeitsbeschaffende Aktionen der öffentlichen Hand 241
    Vergabepraktiken 241
    Aufträge der Reichsbahn 242
    Subventionen? 247
    Siedlungsprojekte 247
  Zur Frage der Arbeitszeitverkürzung 248
    Die Ruhrlade 248
    Der Verein Deutscher Eisen- und Stahlindustrieller 249
    Der Bergbau 250

2. Die Schwerindustrie in der Regierungszeit Papens 252
   Die grundsätzlichen Prioritäten 252
   Geld- und Kreditpolitik 254
   Zur Frage der Arbeitszeitverkürzung 254
   Aufträge der Reichsbahn 255
   Die Notverordnungen vom 4./5. September 1932 258
   Die Kontingentierungsfrage 262
3. Die Schwerindustrie in der Regierungszeit Schleichers 263
4. Die Schwerindustrie in der Anfangsphase der nationalsozialistischen Herrschaft 269
   Die Bewertung der Rahmenbedingungen 269
   Direkt arbeitsbeschaffende Aktionen der öffentlichen Hand 273
      Vergabepraktiken 273
      Direkte oder indirekte Arbeitsbeschaffung 276
   Zur Frage der Arbeitszeitverkürzung 283

Neuntes Kapitel
Die chemische Industrie

1. Die chemische Industrie in der Ära Brüning 285
   Die grundsätzlichen Prioritäten 285
   „Russengeschäfte" 286
   Geldpolitik 287
   Direkte Arbeitsbeschaffung der öffentlichen Hand 288
2. Die chemische Industrie in der Regierungszeit Papens 289
3. Die chemische Industrie in der Regierungszeit Schleichers 290
4. Die chemische Industrie in der Anfangsphase der nationalsozialistischen Herrschaft 292
5. Der Standpunkt der chemischen Industrie in der Frage der Arbeitszeitverkürzung 1930 bis 1934 295

Zehntes (vergleichendes) Kapitel
Gruppen der mittleren Industrie zur Frage der Arbeitsbeschaffung: Zwischen Erneuerung und Beharren

1. Die „Reformer" 300
   Ansatzpunkt 300
   Zur „Arbeitsbeschaffungs"politik Brünings 302
   Zur Arbeitsbeschaffungspolitik Papens und Schleichers 303
   Zum Arbeitsbeschaffungsprogramm der Nationalsozialisten 303
   Spannungen zwischen „Reformern", mittlerer Industrie und Großindustrie 304
2. Der Hansa-Bund für Gewerbe, Handel und Industrie 306
   Der Hansa-Bund in der Ära Brüning 306
   Der Hansa-Bund in der Regierungszeit Papens 308
   Der Hansa-Bund in der Regierungszeit Schleichers 311
   Der Hansa-Bund in der Anfangsphase der nationalsozialistischen Herrschaft 313
3. Skizzen und Stichworte zur Haltung der Bauwirtschaft in der Frage der Arbeitsbeschaffung 315

Elftes Kapitel
Die Zentral- und Regionalorganisationen des deutschen Handwerks

1. Die Zentral- und Regionalorganisationen des Handwerks in der Ära Brüning 321
   Aktivitäten des Staates in der Wirtschaft? 321
   Geld- und kreditpolitische Vorstellungen 327
   Aktionen und Reaktionen zu den wirtschaftlichen Tätigkeiten des Staates 328
      Die Förderung des Baugewerbes, Preissenkungsaktionen, Regiebetriebe 328
      Zur Frage der Arbeitszeitverkürzung 333
      Siedlung 335
2. Die Zentral- und Regionalorganisationen des Handwerks in der Regierungszeit Papens 337
   Direkte Arbeitsbeschaffung 337
   Die Notverordnungen vom 4./5. September 1932 340
      Die Steuergutscheine 341
      Die lohnpolitischen Bestimmungen 343
   Die Kontingentierung der landwirtschaftlichen Einfuhr 343
3. Die Zentral- und Regionalorganisationen des Handwerks in der Regierungszeit Schleichers 345
4. Die Zentral- und Regionalorganisationen des Handwerks in der Anfangsphase der nationalsozialistischen Herrschaft 350
   Das Sofortprogramm 350
   Das Erste Reinhardt-Programm 353
   Das Zweite Reinhardt-Programm 362

Schlußbetrachtung 366

Staat und Wirtschaft in der Frage der Arbeitsbeschaffung 366
Volkswirtschaftliche „Erkenntnis" und betriebswirtschaftliches „Interesse" 375
Die Homogenität der Wirtschaftsgruppen 378
Der wirtschaftliche und politische Nutzen der Arbeitsbeschaffung 382

Anhang

I. Quantitative Auswertung 389
II. Der quantitative Umfang sämtlicher Arbeitsbeschaffungsprogramme 448
III. Die Erörterung arbeitsbeschaffender Maßnahmen im Kabinett: April 1930 - Januar 1933 454
IV. Tabellen 459

Quellen 470

Sekundärliteratur 478

Autoren- und Personenregister 495

Sach-, Verbands- und Firmenregister 502

Abkürzungsverzeichnis

AB	=	Arbeitsbeschaffung
AHR	=	American Historical Review
AVfK	=	Archiv für Kommunalwissenschaft
BA	=	Bundesarchiv
BAK	=	Bundesarchiv Koblenz
DGT	=	Deutscher Gemeindetag
DHWB	=	Deutsches Handwerksblatt
DIHT	=	Deutscher Industrie- und Handelstag
DST	=	Deutscher Städtetag
GWU	=	Geschichte in Wissenschaft und Unterricht
HA/GHH	=	Historisches Archiv der Gutehoffungshütte Atkienverein, Oberhausen
HZ	=	Historische Zeitschrift
JfW	=	Jahrbuch für Wirtschaftsgeschichte
NPL	=	Neue Politische Literatur
ÖffA	=	Deutsche Gesellschaft für öffentliche Arbeiten
RAfAuA	=	Reichsanstalt für Arbeitslosenvermittlung und Arbeitslosenversicherung
RAM	=	Reichsarbeitsminister
RDI	=	Reichsverband der Deutschen Industrie
RGBl.	=	Reichsgesetzblatt
RWR	=	(vorläufiger) Reichswirtschaftsrat
VDA	=	Vereinigung der Deutschen Arbeitgeberverbände
VDESI	=	Verein Deutscher Eisen- und Stahlindustrieller
VDMA	=	Verein Deutscher Maschinenbau-Anstalten
VHZ	=	Vierteljahreshefte für Zeitgeschichte
ZfG	=	Zeitschrift für Geschichtswissenschaft

Einleitung

Mit dem Stichwort: „Arbeitsbeschaffung in Deutschland" verbindet nicht nur der Laie, sondern auch der Historiker vor allem den Namen Adolf Hitlers sowie die Stichworte: Aufrüstung[1] und Autobahnbau[2]. Damit wird das Thema im Rahmen der deutschen Geschichte fast ausschließlich als Teil der Vorgeschichte des Zweiten Weltkrieges behandelt. Dieser Blickwinkel reicht jedoch nicht aus. Die Arbeitsbeschaffung war in Deutschland ebenso wie in anderen Staaten, und zwar unabhängig von der Staatsform und dem Regierungssystem, als Mittel zur Überwindung der Weltwirtschaftskrise gedacht.

Auch die Vereinigten Staaten, Frankreich, England, Schweden und Japan, um nur einige Staaten zu nennen, leiteten etwa zur gleichen Zeit umfangreiche Arbeitsbeschaffungsprogramme in die Wege[3]. Dabei setzte

---

[1] Beispielhaft hierfür: Dietmar Petzina, Vierjahresplan und Rüstungspolitik, in: Wirtschaft und Rüstung am Vorabend des Zweiten Weltkrieges, hrsg. v. Friedrich Forstmeier und Hans-Erich Volkmann, Düsseldorf 1975 (fortan: Wirtschaft und Rüstung), S. 67; auch: Wolfram Fischer, Deutsche Wirtschaftspolitik 1918 - 1945, 3. verb. Aufl. Opladen 1968, besonders S. 61, 66 f.

[2] Das jüngste Beispiel: Karl-Heinz Ludwig, Strukturmerkmale nationalsozialistischer Aufrüstung bis 1935, in: Wirtschaft und Rüstung, S. 50. Ludwig zählt nicht zu jenen, die den Ruhm vom Autobahnerbauer Hitler weiter nähren. Er betont lediglich den Zusammenhang zwischen der Arbeitsbeschaffung und dem Bau der Autobahn. Es wird zu prüfen sein, ob dem Autobahnbau im Rahmen der Arbeitsbeschaffung tatsächlich diese Bedeutung zukam. Zur weiteren Versachlichung des Autobahnbaus besonders: K. Kaftan, Der Kampf um die Autobahn. Geschichte und Entwicklung des Autobahngedankens in Deutschland von 1907 - 1935 unter Berücksichtigung ähnlicher Pläne und Bestrebungen im übrigen Europa, Berlin 1955. Karl Lärmer, Autobahnbau in Deutschland 1933 - 1945. Zu den Hintergründen, Berlin (DDR) 1975.

[3] Einen Überblick über die Maßnahmen in den USA vermitteln: W. E. Leuchtenburg, Franklin D. Roosevelt and the New Deal 1932 - 1940, New York - Evanston 1963; A. M. Schlesinger jr., The Age of Roosevelt, 3 Bände, New York 1957 - 1960, bes. Bd. 2 und 3; über Frankreich besonders: C. Lasry, Lutte contre le chômage et finances publiques 1929 - 1937, Paris 1938; A. Sauvy, Histoire économique de la France entre les deux guerres, o. O. 1965; über England: D. H. Aldcroft, The Interwar Economy: Britain 1919 - 1939, New York 1970; B. W. E. Alford, Depression and Recovery. British Economic Growth 1918 - 1939, London 1972; W. Ashworth, An Economic History of England 1870 - 1939, London 1972; über Schweden: H. Clark, Swedish Unemployment Policy 1914 - 1940, Washington D.C. 1941; A. Montgomery, How Sweden Overcame the Depression 1930 - 1933, Stockholm 1938; über Japan: Y. Kamii, Industrial Recovery in Japan. Its Sources and Social Effects, in: International Labour Review, Vol. 35 (1937), S. 31 - 52; W. W. Lockwood, The Economic

man von Land zu Land verschiedene Schwerpunkte, aber überall ging man von demselben Grundgedanken aus: Man wollte die Konjunktur durch eine antizyklische Wirtschaftspolitik wiederbeleben. Daß auch in Deutschland die Arbeitsbeschaffungspolitik bereits vor der „Machtergreifung" begann[4], zeigt ihren instrumentalen Charakter für die politische Gesamtkonzeption.

Im Rahmen allgemeiner Untersuchungen zur deutschen Wirtschaftspolitik gehen zum Beispiel Fischer und Petzina auf die Arbeitsbeschaffungsprogramme der verschiedenen Regierungen von Brüning bis Hitler ein[5]. Die bisher vorliegenden Einzeluntersuchungen über die Arbeitsbeschaffungspolitik in Deutschland beschäftigten sich vornehmlich mit folgenden Gesichtspunkten[6]:

— Die volkswirtschaftlichen Aspekte haben vor allem Schiller, Grebler, Prion, Albert, Grotkopp, Kroll, Erbe und zuletzt Marcon hervorgehoben[7].

— Mit der Frage: Primat der Reparationen oder Arbeitsbeschaffung? haben sich Helbich und Köhler ausführlich beschäftigt[8].

Development of Japan. Growth and Structural Change, Princeton 1968; ders., ed., The State and Economic Enterprise in Japan. Essays in the Political Economy of Growth, Princeton 1969.

[4] Hierzu vor allem: Wilhelm Grotkopp, Die große Krise. Lehren aus der Überwindung der Wirtschaftskrise 1929/32, Düsseldorf 1954 und Gerhard Kroll, Von der Weltwirtschaftskrise zur Staatskonjunktur, Berlin 1958; neuerdings auch Helmut Marcon, Arbeitsbeschaffungspolitik der Regierungen Papen und Schleicher. Grundsteinlegung für die Beschäftigungspolitik im Dritten Reich, Bern - Frankfurt/Main 1974.

[5] Fischer, Deutsche Wirtschaftspolitik, S. 39 ff. Dietmar Petzina, Hauptprobleme der deutschen Wirtschaftspolitik 1932/33, in: VHZ 15 (1967), S. 18 ff.; auch ders., Elemente der Wirtschaftspolitik in der Spätphase der Weimarer Republik, in: VHZ 21 (1973), S. 127 ff.

[6] In Vorbereitung oder kurz vor der Drucklegung sind folgende Untersuchungen: Hermann Brämer, Auswirkung und Bekämpfung der Arbeitslosigkeit in Hamburg 1933 bis 1936; Ursula Büttner, Hamburg in der Staats- und Wirtschaftskrise 1929 bis 1933; Jürgen Stelzner, Arbeitsbeschaffung und Wiederaufrüstung in den Jahren 1933 - 1936. Beschäftigungspolitik und Wehrwirtschaft der Nationalsozialisten.

[7] Karl Schiller, Arbeitsbeschaffung und Finanzordnung in Deutschland, Berlin 1936; Leo Grebler, Work Creation Policy in Germany 1932 - 1935, in: International Labour Review, Vol. 35 (1937), S. 329 ff. und 505 ff.; W. Prion, Das deutsche Finanzwunder. Die Geldbeschaffung für den deutschen Wirtschaftsaufschwung, Berlin 1938. Von den zeitgenössischen Untersuchungen seien nur diese Arbeiten genannt. Weitere Hinweise im Literaturverzeichnis. Ursula Albert, Die deutsche Wiederaufrüstung der dreißiger Jahre als Teil staatlicher Arbeitsbeschaffung und ihre Finanzierung durch das System der Mefo-Wechsel, Diss. Nürnberg 1956; Grotkopp, Anm. 4; Kroll, Anm. 4; René Erbe, Die nationalsozialistische Wirtschaftspolitik 1933 - 1939 im Lichte der modernen Theorie, Zürich 1958; Marcon, Anm. 4.

[8] W. J. Helbich, Die Reparationen in der Ära Brüning. Zur Bedeutung des Young-Planes für die deutsche Politik 1930 bis 1932, Berlin 1962 und: Henning

— Die gewerkschaftliche Seite hat Woytinski dargestellt und Schneider untersucht[9].

— Mit dem „Dilemma der deutschen Sozialdemokratie" in der Frage der Arbeitsbeschaffung hat sich Gates auseinandergesetzt[10].

— Die Frage: Welche sozialen Gruppen waren an der Arbeitsbeschaffung besonders interessiert, wurde bislang in eher allgemeinen Untersuchungen zur Wirtschaftspolitik jener Jahre gestellt und beantwortet: Schweitzer ist der Ansicht, daß besonders der „Mittelstand" staatliche Arbeitsbeschaffungsprogramme verwirklicht sehen wollte[11], während beispielsweise Petzina das Interesse „der Großunternehmer" an diesen Maßnahmen betont[12].

— Aussagen über das Verhältnis von Staat und Wirtschaft haben vor allem Historiker aus der DDR auch anhand der Arbeitsbeschaffungsfrage getroffen[13]. Sie gehen dabei axiomatisch von der Theorie des

---

Köhler, Arbeitsbeschaffung, Siedlung und Reparationen in der Schlußphase der Regierung Brüning (fortan: Köhler, Arbeitsbeschaffung), in: VHZ 17 (1969), S. 276 - 307; auch, aber ohne daß hier das eigentliche Erkenntnisinteresse auf diese Frage gerichtet ist: ders., Sozialpolitik von Brüning bis Schleicher, in: VHZ 21 (1973), S. 146 - 150.

[9] Wladimir S. Woytinski, Stormy Passage. A Personal History Through Two Russian Revolutions to Democracy and Freedom: 1905 - 1960, New York 1961 und: Michael Schneider, Konjunkturpolitische Vorstellungen der Gewerkschaften in den letzten Jahren der Weimarer Republik. Zur Entwicklung des Arbeitsbeschaffungsprogramms des ADGB, in: Industrielles System und politische Entwicklung in der Weimarer Republik, hrsg. v. H. Mommsen, D. Petzina, B. Weisbrod, Düsseldorf 1974, S. 226 ff. und ders., Das Arbeitsbeschaffungsprogramm des Allgemeinen Deutschen Gewerkschaftsbundes. Zur gewerkschaftlichen Politik in der Endphase der Weimarer Republik, Bonn - Bad Godesberg 1975.

[10] Robert A. Gates, Von der Sozialpolitik zur Wirtschaftspolitik? Das Dilemma der deutschen Sozialdemokratie in der Krise 1929 - 1933, in: Industrielles System, S. 206 ff.

[11] Arthur Schweitzer, Big Business in the Third Reich, Bloomington 1964, z. B. S. 161.

[12] Petzina, Hauptprobleme, S. 23. Lesenswert zu diesen Problemen ist der Abschnitt „Arbeitsbeschaffung" im Buch von Tim W. Mason, Arbeiterklasse und Volksgemeinschaft, Opladen 1975.

[13] Vor allem: Eberhard Czichon, Wer verhalf Hitler zur Macht? Köln 1967; Kurt Gossweiler, Der Übergang von der Weltwirtschaftskrise zur Rüstungskonjunktur. Deutschland 1933 bis 1934. Ein historischer Beitrag zur Problematik staatsmonopolistischer ‚Krisenüberwindung', in: Jhb. f. Wirtschaftsgeschichte, 1968, II, S. 55 ff.; ders., Die deutsche Monopolbourgeoisie und das Blutbad vom 30. Juni 1934 unter besonderer Berücksichtigung des Kampfes zwischen Deutscher Bank und Dresdner Bank, Schwerindustrie und Chemie-/Elektroindustrie, Diss. Berlin (DDR). Seine Thesen faßt er zusammen in: Die Röhm-Affäre von 1934 und die Monopole, in: Monopole und Staat, Berlin (DDR) 1966, S. 151 - 161; im Rahmen allgemeiner Fragestellungen: Jürgen Kuczynski, Die Geschichte der Arbeiter unter dem Kapitalismus, Bd. 5, 6, 15, 16, Berlin (DDR) 1963 - 1966.

staatsmonopolistischen Kapitalismus aus, versuchen diese anhand des Materials zu belegen und gelangen dann immer wieder zu dieser Theorie zurück.

Mason hat die Theorie des staatsmonopolistischen Kapitalismus, die in den Politikern lediglich die „ausführenden Organe" der „Monopole" sieht, verworfen. Er stützt sich auf die von August Thalheimer entwickelte Bonapartismus-These[14], spricht vom „Primat der Politik" und geht von einer Art Machtteilung zwischen Politik und Wirtschaft aus[15].

Da die Fragen: Welche sozialen Gruppen waren an der Arbeitsbeschaffung besonders interessiert, welche Motive lagen ihren Vorschlägen zugrunde und welchen Nutzen zogen sie aus der konkreten Arbeitsbeschaffungspolitik? bislang nur in allgemeinen Untersuchungen zur Wirtschaftspolitik — zumeist für die Zeit der Weimarer Republik und die nationalsozialistische Herrschaft getrennt — nur indirekt beantwortet wurden, scheint es sinnvoll zu sein, anhand einer Studie, die sich direkt mit der Arbeitsbeschaffung befaßt, die bisherigen Antworten zu überprüfen und sie in den übergeordneten Zusammenhang des Verhältnisses von Staat und Wirtschaft zu stellen. Das Thema dieser Untersuchung scheint hierfür geeignet, da die Frage: Arbeitsbeschaffung ja oder nein? in den Jahren 1930 bis 1933 wirtschaftlich und politisch zu den Lebensfragen der Deutschen gehörte. Für die letzten Regierungen der Weimarer Republik war sie wegen der zunehmenden Radikalisierung der Bevölkerung eine Überlebensfrage, für die nationalsozialistischen Machthaber war sie eines der Mittel zur Sicherung und Legitimierung ihrer Herrschaft.

Im Rahmen dieser Untersuchung wird der Gruppe der Großunternehmer und dem „Mittelstand" besondere Beachtung geschenkt. Es empfiehlt sich als Vergleichsgruppe auch die „mittlere Industrie" zu untersuchen, zumal sich aus ihren Reihen schon frühzeitig zahlreiche Befürworter einer antizyklischen Wirtschaftspolitik zu Wort meldeten und die Bauindustrie, die der „mittleren Industrie" zuzurechnen ist, von den Arbeitsbeschaffungsprogrammen direkt betroffen war.

Im Mittelpunkt dieser Untersuchung wird die Frage stehen, ob und inwieweit diese drei Gruppen versucht haben, die staatliche Arbeitsbe-

---

[14] Ein Textauszug, in: W. Abendroth, Hrsg., Faschismus und Kapitalismus. Theorien über die sozialen Ursprünge und die Funktion des Faschismus, Frankfurt/Main 1967, S. 19 - 38.

[15] Tim W. Mason, Der Primat der Politik — Politik und Wirtschaft im Nationalsozialismus, in: Das Argument Nr. 41, 1966, S. 473 - 494; ders., Primat der Industrie? — Eine Erwiderung, in: Das Argument Nr. 47, 1968, S. 193 - 209. Von den Verfechtern der Bonapartismus-These sei hier, stellvertretend für viele, nur auf Mason verwiesen. Die Bonapartismus-These stützt sich auf Karl Marx, Der achtzehnte Brumaire des Louis Bonaparte. Dezember 1851 — März 1852; und ders., Die Klassenkämpfe in Frankreich.

schaffungspolitik in ihrem Interesse zu beeinflussen und wie erfolgreich sie dabei waren. Ergänzend dazu wird geprüft werden müssen, von welchen Absichten sich die verantwortlichen Politiker bei der Ablehnung oder Durchführung arbeitsbeschaffender Maßnahmen leiten ließen.

In dieser Untersuchung wird „interessenkritisch" vorzugehen sein, das heißt, die von den betroffenen Wirtschaftsgruppen und Politikern beanspruchte Funktion der Arbeitsbeschaffung wird mit der „tatsächlichen" — so wie sie dem nachträglichen Beobachter erscheint — verglichen werden müssen[16]. Freilich wird auch diese Beurteilung subjektiv bestimmt sein, da „die" tatsächliche Funktion wohl ebensowenig zu ermitteln ist wie die absolute Wahrheit.

Die erzielten Ergebnisse sollen Aussagen über den Grund der Abhängigkeit beziehungsweise Unabhängigkeit der politischen Instanzen von „der Wirtschaft" in der Arbeitsbeschaffungsfrage ermöglichen. Waren also die Politiker „ausführende Organe" einer oder mehrerer der Untersuchungsgruppen? Teilten sich Politiker und Wirtschaftler ihre „Machtbereiche" auf oder bestimmten schließlich die Politiker die allgemeinen Rahmenbedingungen, denen sich auch die Wirtschaftler fügen mußten? Zunächst gilt es, den Begriff „Arbeitsbeschaffung" eindeutig zu definieren.

Untersuchungsgegenstand

Als Arbeitsbeschaffungspläne und -maßnahmen sollen in dieser Studie alle ordnungs-, wirtschafts-, finanz- (unter anderem auch geld- und kredit-) sowie sozial- und allgemeinpolitischen Instrumente zur Überwindung der Arbeitslosigkeit verstanden werden[17]. Somit kann jedes einzelne dieser Instrumente mit dem Ziel, die Arbeitslosigkeit zu überwinden, als arbeitsbeschaffend verstanden werden. Es empfiehlt sich, der begrifflichen Deutlichkeit wegen, das Substantiv „Arbeitsbeschaffung" als die gedankliche Gesamtheit aller genannten Instrumente zu definieren. Die Einzelmaßnahmen sollten adjektivisch als „arbeitsbeschaffend" bezeichnet werden, weil der Begriff der Arbeitsbeschaffung als Gesamtinstrumentarium nur gedanklich vorstellbar ist. Er ist als Gesamtheit nicht realisierbar, da Zielkonflikte auftreten können, zum Beispiel wäre ein Zielkonflikt zwischen wirtschafts- und sozialpolitischen

---

[16] Für Heinrich August Winkler, Mittelstand, Demokratie und Nationalsozialismus. Die politische Entwicklung von Handwerk und Kleinhandel in der Weimarer Republik, Köln 1972 (fortan: Winkler, Mittelstand), S. 19, heißt interessenkritisch vorgehen: „... nach den Kosten der Verfolgung und Durchsetzung von Gruppenforderungen fragen, heißt die beanspruchte soziale Funktion mit der wirklichen vergleichen."

[17] Vgl. Auswirkungen der unmittelbaren Arbeitsbeschaffung. Versuch einer größenordnungsmäßigen Darstellung. Sonderbeilage zu: Wirtschaft und Statistik, Nr. 21, Jhg. 1933, S. 2 (fortan: Auswirkungen).

Prioritäten denkbar. Dagegen weist die adjektivische Verwendung des Begriffs darauf hin, daß nur von Teilen eines — vorstellbaren — Ganzen die Rede ist.

Verschiedentlich wird zwischen direkter und indirekter beziehungsweise unmittelbarer und mittelbarer Arbeitsbeschaffung unterschieden[18]. Reichsverkehrsminister Treviranus unterschied zwischen Arbeitsbeschaffung mit wirtschaftspolitischem und sozialpolitischem Ansatz[19]. Seine Begriffe sind meines Erachtens treffender, weil sie den Schwerpunkt beider Ansätze deutlicher kennzeichnen. Als unmittelbare beziehungsweise direkte oder sozialpolitische Arbeitsbeschaffung werden Pläne und Maßnahmen verstanden, deren primäres Ziel die Wieder-, Mehr- oder Neueinstellung von Beschäftigungs- und Erwerbslosen durch öffentliche Aufträge ist. Hiervon werden drei Sekundärwirkungen erwartet:

— Die neugeschaffenen Einkommen erhöhen die Kaufkraft, regen die Investitionstätigkeit der Unternehmer an und schaffen dadurch neue Möglichkeiten der Mehrbeschäftigung, die wiederum die Kaufkraft erhöht und so einen volkswirtschaftlichen Kreislauf in Gang setzt.

— Die zusätzlichen Umsätze und Einkommen bringen in erster Linie auf dem Wege über Steuern mehr Geld in die öffentlichen Kassen, die zudem entlastet werden, da weniger Mittel für die Arbeitslosenhilfe aufgewendet werden müssen.

— Die Mehreinkommen ermöglichen Ersparnisse oder werden zur Schuldentilgung verwendet.

Die mittelbare beziehungsweise indirekte oder wirtschaftspolitische Arbeitsbeschaffung erstrebt über die Anregung der unternehmerischen Initiative die Wieder-, Mehr- oder Neueinstellung von Beschäftigungs- und Erwerbslosen zum Beispiel durch Steuererleichterungen und materielle Investitionshilfen[20], aber auch durch politisch-psychologische Rahmenbedingungen, die man als idelle Investitionshilfen bezeichnen könnte.

Arbeitsbeschaffung als Gesamtinstrumentarium zur Überwindung der Arbeitslosigkeit und der Wirtschaftskrise ist sowohl unmittelbar als auch mittelbar. Daher wird man im allgemeinen auch nur Mischformen vorfinden und lediglich von verschiedenen Schwerpunkten der Arbeitsbeschaffung sprechen können.

---

[18] Arbeitsmarkt/Arbeitslosenhilfe, in: Soziale Praxis, Heft 49, 7. 12. 1933, S. 1428 ff. Franz Neumann, Behemoth. The Structure and Practice of National Socialism 1933 to 1944, 1944², Nachdruck London 1967, S. 294, Grebler, S. 336, Auswirkungen, S. 2.

[19] Ausarbeitung des Reichsverkehrsministers (Treviranus) über Arbeitsbeschaffung an den Staatssekretär in der Reichskanzlei, 19. 3. 1932, BAK, R 2/18646.

[20] Zu diesen Fragen besonders Auswirkungen, S. 2.

Untersuchungsgruppen

Die Untersuchungsgruppen werden wie folgt definiert:

— Die Großunternehmer: In diese Gruppe werden außer den individuellen Eigentümern von Konzernen und Großunternehmen auch „die leitenden Angestellten" einbezogen. Die Gruppe der Großunternehmer soll in Gewerbezweige aufgeschlüsselt werden.

— Die mittlere Industrie: Diese Kategorie wird im Sinn einer operationalen Definition als die Gruppe verstanden, die weder den Konzernen noch dem Handwerk zuzurechnen ist. Eine genauere Definition dieser Gruppe läßt sich kaum finden, da die Grenzen zwischen der mittleren Industrie und der Großindustrie einerseits und dem Handwerk andererseits fließend sind. Eine qualitative Definition erscheint mir hier sinnvoller als eine quantitative, die zum Beispiel die Anzahl der Beschäftigten oder den Umsatz als Kriterien gebraucht, zumal auch die quantitativen Fixierungen in Ermangelung einer verbindlichen Regelung willkürlich wären. Außerdem müssen auch die Selbsteinschätzung der Untersuchungsgruppen und ihre Einstufung durch Außenstehende als wesentlich konstitutive Elemente dieser Gruppe angesehen werden.

— Der gewerbliche Mittelstand: Der Begriff „gewerblicher Mittelstand" wird in Anlehnung an Heinrich August Winkler[21] als Sammelbezeichnung für Handwerk und Kleinhandel gebraucht. Da jedoch der Kleinhandel von den arbeitsbeschaffenden Maßnahmen nur indirekt betroffen war, soll lediglich das Handwerk den Untersuchungsgruppen zugerechnet werden.

Dokumente über Einzelpersonen, Verbände und Organisationen der drei Untersuchungsgruppen sollen den Aussagen zugrundegelegt werden.

Fragestellungen und Methode des Vorgehens

Um die Operationalisierung der Fragestellung zu erleichtern und um analytische Klarheit zu erreichen, empfiehlt es sich, während des Untersuchungsvorgangs inhaltlich Zusammengehörendes zeitweilig zu trennen. Daher soll die Untersuchung in zwei Teilen durchgeführt werden. Der eine soll sich lediglich mit den staatlichen Prioritäten, der andere mit den drei Untersuchungsgruppen aus der Wirtschaft befassen. Am Ende werden dann beide Teile miteinander verknüpft. Die Reihenfolge der beiden Teile ist allerdings nicht unproblematisch. So könnte man kritisch einwenden, daß die Abhängigkeit der Wirtschaftsverbände von der staatlichen Prioritätensetzung und das Bild von Unternehmern in

---

[21] Winkler, Mittelstand, S. 201, Anm. 26.

einer unerwartet passiven Rolle durch die Chronologie beider Teile bedingt ist. Da jedoch in der Frage der Arbeitsbeschaffung die Initiative im allgemeinen von der jeweiligen Regierung ausging und diese Form der Krisenüberwindung nicht zum „Programm" der deutschen Unternehmerschaft gehörte, die Regierung also die Rahmenbedingungen bestimmte, wird der Teil, der sich mit den Prioritäten staatlicher Arbeitsbeschaffungspolitik befaßt, zuerst behandelt.

Im ersten Teil soll gefragt werden:
— Lassen sich in der staatlichen Arbeitsbeschaffungspolitik interessenspezifische Prioritäten erkennen?
— Gibt es in den Akten der Regierung und ihrer Bürokratie Hinweise dafür, daß bestimmte arbeitsbeschaffende Maßnahmen der Regierung Funktion des Drucks waren, der von den Untersuchungsgruppen auf die staatlichen Entscheidungsträger ausgeübt wurde?

Diese Fragen sollen die wirtschafts-, sozial- und allgemeinpolitischen Prioritäten staatlicher Arbeitsbeschaffungsmaßnahmen von 1930 - 1934 aufzeigen. Die Antworten dürften Rückschlüsse auf die Unabhängigkeit beziehungsweise den Grad der Abhängigkeit der staatlichen Entscheidungsträger von den Untersuchungsgruppen erlauben.

Die Antworten auf die eingangs gestellten Fragen sollen verdeutlichen, welcher Bevölkerungsgruppe beziehungsweise -schicht oder -klasse die jeweiligen Arbeitsbeschaffungsmaßnahmen in erster Linie zugutekommen sollten.

Der zweite Teil befaßt sich mit den Prioritäten, Aktionen und Reaktionen der Untersuchungsgruppen aus der Wirtschaft zur Frage der Arbeitsbeschaffung. Hier soll zunächst zwei Leitfragen nachgegangen werden:

a) Welche Programme zur Überwindung der Wirtschaftskrise und der Arbeitslosigkeit haben die drei Untersuchungsgruppen beziehungsweise ihre Repräsentanten — oder Einzelpersönlichkeiten dieser Gruppen — der Öffentlichkeit vorgelegt?

b) Handelten die Untersuchungsgruppen beziehungsweise Repräsentanten — oder Einzelpersönlichkeiten dieser Gruppen — im nichtöffentlichen Bereich in Einklang mit diesen Programmen?

Einzelfragen zu den beiden ersten Leitfragen:

Zur Leitfrage a):
— Haben die Untersuchungsgruppen an der Erstellung von arbeitsbeschaffenden Programmen und bei der Vorbereitung konkreter Maßnahmen mitgewirkt?
— Welche Kritik und Kommentare der Untersuchungsgruppen können wir zu arbeitsbeschaffenden Plänen und Maßnahmen registrieren?

— Wie reagierten die Untersuchungsgruppen auf konkrete arbeitsbeschaffende Instrumentarien, die sie vorher selbst formuliert und gefordert hatten? Entsprachen ihre Reaktionen den von ihnen geforderten Aktionen?
— Welche wirtschaftstheoretischen Begründungen gaben sie für ihre Aktionen und Reaktionen?
— Haben sie ihre Aktionen und Reaktionen politisch begründet?
— Von welchen Prioritäten gingen die Aktionen und Reaktionen aus? Stand zum Beispiel die Neu-, Wieder- oder Mehreinstellung von Beschäftigungs- und Erwerbslosen im Vordergrund?
— Von welchen übergeordneten Konzeptionen — sofern sie bestanden — waren die Aktionen und Reaktionen abgeleitet?

Zur Leitfrage b):

— Wo handelten die Untersuchungsgruppen ihren Programmen entsprechend?
— Welche konkreten Geschäfte tätigten sie, die nicht mit ihren Programmen übereinstimmten?
— Welche Forderungen unterbreiteten sie den staatlichen Entscheidungsträgern in nichtöffentlichen Gesprächen und Verhandlungen?
— Wurden sie bei den staatlichen Entscheidungsträgern „hinter den Kulissen" vorstellig?
— Hatten sie überhaupt Möglichkeiten, bei den staatlichen Entscheidungsträgern vorstellig zu werden? Wie stark war also ihre Kommunikation mit den verantwortlichen Politikern? In diesem Fall wird in Anlehnung an Karl W. Deutsch der Regierungsprozeß weniger als ein Problem der Macht als vielmehr der Kommunikation verstanden[22]. Von der Kommunikationsintensität ließe sich dann auch auf die Beeinflussungsmöglichkeiten schließen.
— Wie wurden die nichtöffentlichen Forderungen begründet? Rein interesse- und gewerbegebunden? Partei-, gesellschaftspolitisch oder volkswirtschaftlich?
— Wie wurde gruppenintern argumentiert?

Die Gegenüberstellung des empirischen Materials aus den Leitfragen a) und b) müßte die Antworten zur Frage c) liefern.

c):

Bestand zwischen den öffentlichen und nichtöffentlichen Aktionen und Reaktionen der Untersuchungsgruppen ein Widerspruch? Entsprach das

---

[22] Vgl. Karl W. Deutsch, Politische Kybernetik, Modelle und Perspektiven, Freiburg/Br. 1969, amerikanische Ausgabe Glencoe 1963, zitiert nach der deutschen Ausgabe, S. 31.

tatsächliche Handeln der Untersuchungsgruppen ihren programmatischen Erklärungen in der Öffentlichkeit und ihren im internen Kreis geäußerten Vorstellungen?

Aus der Frage c) läßt sich Frage c_1) ableiten:

c_1):

Hatten die Programme, die von den Untersuchungsgruppen der Öffentlichkeit vorgelegt oder im internen Kreis erörtert wurden, Steuerungs- oder Rechtfertigungsfunktion? Hier wird nach dem Zusammenhang von „Erkenntnis" und „Interesse"[23], genauer volks- und betriebswirtschaftlicher „Erkenntnis" sowie volks- und betriebswirtschaftlichem „Interesse", gefragt. Da aber davon ausgegangen werden kann, daß das volkswirtschaftliche „Interesse" aller Untersuchungsgruppen darin lag, die Wirtschaftskrise zu überwinden und das betriebswirtschaftliche „Interesse" günstigen Geschäftsaussichten galt, wird in erster Linie der Zusammenhang von volkswirtschaftlicher „Erkenntnis" und betriebswirtschaftlichem „Interesse" zu erörtern sein.

Von der Frage c_1) sind die Punkte d) und e) ableitbar:

d):

Wenn die Handlungsweise der Untersuchungsgruppen ihrem Programm entsprach, hatten die Programme — logischerweise — Steuerungsfunktion[24]. Die Programme dürften dann das tatsächliche volks- und betriebswirtschafliche „Interesse" (die Absicht) desjenigen ausdrücken, der es formuliert hat.

Ein hoher Übereinstimmungsgrad zwischen betriebs- und volkswirtschaftlicher, gesellschafts-, partei- und ordnungspolitischer Einschätzung müßte in diesem Fall vorliegen.

Es bliebe noch zu prüfen, ob das zu einem bestimmten Zeitpunkt festgestellte volks- und betriebswirtschaftliche „Interesse" auch im gesamten Zeitraum der Untersuchung verfolgt wurde. Das „Interesse" wird als veränderbare, nicht konstante Größe betrachtet. Deshalb muß der Zeitfaktor (t) berücksichtigt werden. Ein Lernprozeß könnte stattgefunden haben, der bedingt war durch:

— veränderte Gegebenheiten oder

— aufgezwungene Wandlungen

— Einsichten und Kurskorrekturen, zum Beispiel durch „Diskurse". Solche Diskurse dienen im Sinne von Habermas der „Prüfung proble-

---

[23] Jürgen Habermas, Erkenntnis und Interesse, mit einem neuen Nachwort, Frankfurt/Main 1973.

[24] Methodische Hinweise in: Lothar Czayka, Grundzüge der Aussagenlogik, München 1972.

[25] Habermas, Erkenntnis, S. 386.

matisierter Geltungsansprüche von Meinungen (und Normen)"[25]. „Diskurse" bezwecken eine „kooperative Wahrheitssuche" und sind von Handlungszwängen frei. Privatkorrespondenzen oder vertrauliche Sitzungen von Personen oder Verbänden könnten zum Beispiel als „Diskurse" verstanden werden.

e):

Entspricht die Handlungsweise der Untersuchungsgruppen nicht ihrem Programm, erfüllte es lediglich eine Rechtfertigungs- oder möglicherweise Verschleierungsfunktion.

Dabei muß die Voraussetzung gelten, daß sich die Untersuchungsgruppen dieses Widerspruchs bewußt waren.

Aus e) sollen folgende Einzelfragen abgeleitet werden, die das volks- und betriebswirtschaftliche Interesse der Untersuchungsgruppen herausfinden sollen:

Welche eigentlichen Absichten hatten die Unternehmer?

— Hatten sie primär betriebswirtschaftliche Absichten (Gewinn), die sie politischen und volkswirtschaftlichen Bedenken überordneten?

— Hatten sie primär ordnungspolitische Ziele, zum Beispiel die Rettung des „kapitalistischen" Wirtschaftssystems, durch die sie volkswirtschaftliche Ziele (zum Beispiel weniger Aktivitäten des Staates in der Wirtschaft) oder ihre betriebswirtschaftlichen Absichten sichern wollten?

— Sollten revolutionäre Strömungen durch die Programme abgeschwächt werden? Die Frage nach der sozialen Strategie und Taktik wird hier zu erörtern sein.

f):

In Punkt f) wird versucht, für die jeweiligen Untersuchungsgruppen einen objektivierenden Maßstab zu finden, der den Grad der Übereinstimmung oder Abweichung zwischen den Positionen der Untersuchungsgruppen und den staatlichen Entscheidungsträgern anzeigt. Die methodische Ableitung dieses Maßstabs wird im Zusammenhang mit der quantitativen Auswertung vorgenommen, auf die hier verwiesen wird. Die beiden bis zu f) getrennten Teile I und II werden miteinander verknüpft, da nun Material aus Staat und Wirtschaft vorliegt.

g):

Hier wird der „Wer-mit-wem" beziehungsweise „Wer-gegen-wen"-Problematik nachgegangen. Mögliche „Koalitionen" innerhalb der einzelnen Untersuchungsgruppen und zwischen einzelnen Gewerbezweigen werden untersucht, wobei zugleich die Homogenität oder Inhomogenität der Untersuchungsgruppen festgestellt wird. Das Ergebnis wird zeigen, ob sinnvollerweise noch von Interessen „der" Großindustrie, „der" mittleren Industrie oder „des" Handwerks gesprochen werden kann.

h):

Es wird die Frage zu stellen sein, ob die jeweiligen Untersuchungsgruppen aus der Perspektive des Historikers, das heißt aufgrund der eingetretenen und von den Zeitgenossen nicht voll vorhersehbaren Ereignisse, ihren Absichten entsprechende, „richtige" Vorschläge unterbreitet haben. Anders gefragt: Entsprach die volks- und betriebswirtschaftliche „Erkenntnis" der jeweiligen Untersuchungsgruppe ihrem volks-, vor allem aber ihrem betriebswirtschaftlichen „Interesse"? Hierfür gilt es, den Nutzen zu bewerten, den die einzelnen Untersuchungsgruppen aus der Arbeitsbeschaffung gezogen haben. Auch über die Stärkung oder Schwächung der politischen und gesellschaftlichen Stellung der drei Untersuchungsgruppen sollen Aussagen getroffen werden.

i):

Anhand des nun vorliegenden Materials aus Staat und Wirtschaft könnte die Frage beantwortet werden:

War die staatliche Arbeitsbeschaffungspolitik Funktion des Drucks, den die Untersuchungsgruppen auf die politischen Entscheidungsträger ausübten?

Es soll versucht werden, für die Abhängigkeit beziehungsweise Unabhängigkeit der politischen Instanzen einen objektivierenden Maßstab zu finden.

j):

In einem Vergleich werden die für die einzelnen Untersuchungsgruppen getrennt behandelten Fragen zu erörtern sein, um Gemeinsamkeiten und Abweichungen deutlicher herauszuarbeiten.

Materiallage

Für Teil I (Staat)

In Anlehnung an Karl W. Deutsch wird davon ausgegangen, daß „politische Systeme" aus „autonomen Teilbereichen" bestehen und daß es deshalb keine „konzentrierte Souveränität" gibt[26]. Deshalb wurden den Untersuchungen im ersten Teil folgende Materialien zugrundegelegt, die helfen sollen, auf die gestellten Fragen vertretbare Aussagen auf empirischer Grundlage zu geben.

— Akten der Reichskanzlei (unter anderem auch die Kabinettsprotokolle)
— Akten des Reichsfinanzministeriums.

Ursprünglich sollten auch noch Akten des Reichsarbeitsministeriums, des Reichswirtschaftsministeriums, des Reichskommissars für die Arbeits-

---

[26] Karl W. Deutsch, Politische Kybernetik, S. 288.

beschaffung und des Reichskommissars für den gewerblichen Mittelstand herangezogen werden. Diese Bestände befinden sich im Deutschen Zentralarchiv in Potsdam, für das mir von den verantwortlichen Behörden der DDR keine Arbeitsgenehmigung erteilt wurde. Dennoch lassen sich in bezug auf die Regierungen der Jahre 1930 bis 1934 und Teile ihrer mit der Arbeitsbeschaffung betrauten Bürokratie vertretbare Aussagen treffen, weil gerade die Bedeutung der Akten der Reichskanzlei und des Reichsfinanzministeriums gar nicht hoch genug eingeschätzt werden kann. Hier handelte es sich um zwei für den Entscheidungsvorgang äußerst wichtige Schaltstellen. Besonders aussageintensiv sind die Akten des Reichsfinanzministeriums, weil bei fast allen wirtschafts- und finanzpolitischen Besprechungen im Untersuchungszeitraum Vertreter des Reichsfinanzministeriums anwesend waren. Vorbereitung, Korrespondenz und Aufzeichnungen dieser Besprechungen wurden in die entsprechenden Akten aufgenommen[27].

— Nachlässe der am Entscheidungsvorgang direkt oder indirekt Beteiligten sollen zusätzliche Aufschlüsse geben (Nachlaß Bredow, Gayl, Luther, Schäffer, Schleicher, Aufzeichnungen Schwerin-Krosigk).

— Verschiedene Akten über die NSDAP und einige ihrer Funktionsträger.

— Verschiedene andere Akten aus dem Regierungsbereich, zum Beispiel: Bestand des Stellvertreters des Führers, Wehrwirtschafts- und Rüstungsamt, Heereswaffenamt.

Für Teil II (Wirtschaft)

— Material über die Großindustrie sowie einige von ihr dominierte Verbände und Organisationen habe ich in Firmenarchiven gesichtet, und zwar im Historischen Archiv der Gutehoffnungshütte, Aktienverein, in Oberhausen, im Archiv der Bayer AG in Leverkusen, im Unternehmensarchiv der BASF AG in Mannheim, im Privatarchiv Max M. Warburg im Bankhaus M. M. Warburg, Brinkmann, Wirtz & Co. in Hamburg sowie im Archiv der Firma Fried. Krupp GmbH in Essen.

Außerdem wurden folgende Materialien hinzugezogen:
— Zechenverband, Bergbau-Verein, Fachgruppe Bergbau (Bergbau-Museum Bochum).
— Spruchkammerakten Thyssen und Schacht (Institut für Zeitgeschichte, München).

---

[27] Diese Information erhielt ich von Herrn Montfort im Bundesarchiv/Militärarchiv und von Herrn Dr. Real im Bundesarchiv Koblenz.

Im Bundesarchiv Koblenz habe ich in erster Linie bearbeitet:
— Akten diverser Fach- beziehungsweise Wirtschaftsgruppen der gewerblichen Wirtschaft
— Akten des Vereins deutscher Eisen- und Stahlindustrieller (VDESI)
— DIHT-Akten
— Nachlässe Paul Silverberg, Ludwig Kastl, Abraham Frowein, Hans Luther.

Außerdem wurden Reden und Schriften führender Wirtschaftlicher sowie Verbandspublikationen und Zeitschriften durchgesehen, zum Beispiel die „Geschäftlichen Mitteilungen" des RDI, „Der Arbeitgeber" von der VDA und Informationsdienste wie die von Fritz Reuter herausgegebenen „Deutschen Führerbriefe" und der „A-Brief", den Heinz Brauweiler Interessenten zuschickte (Institut für Zeitgeschichte).

— Primär-Quellen über die mittlere Industrie findet man über die örtlichen Industrie- und Handelskammern sowie über regionale Unternehmerorganisationen. Außerdem kann deren Position aus dem Material nationaler Unternehmerorganisationen, in denen sie vertreten waren, abgeleitet werden.

Auch die Regierungsakten liefern Material über die „mittlere Industrie". Über Teile der Korrespondenz aus den Kreisen der Großindustrie und Angriffen des Handwerks auf diese lassen sich Kon- und Divergenzen mit der „mittleren Industrie" erkennen, aus denen auf die Position der „mittleren Industrie" geschlossen werden kann. Aus arbeitsökonomischen Gründen wurde auf die Untersuchung der Materialien in Industrie- und Handelskammern verzichtet. Zu regionalen Unternehmerorganisationen fanden sich zum Teil Unterlagen in den Firmenarchiven.

Nachlässe von Repräsentanten der „mittleren Industrie", wie der Nachlaß Gothein sowie Materialien des „Hansa Bundes" und einiger seiner Repräsentanten wurden für diese Gruppe hinzugezogen. Außerdem hat mir Herr Dr. Heinrich Dräger umfangreiches Material zukommen lassen. Dräger gehörte in den Kreis der Vertreter der „mittleren Industrie", die sich nachhaltig für eine Arbeitsbeschaffungspolitik der öffentlichen Hand einsetzten.

Die im Bundesarchiv Koblenz befindlichen Akten verschiedener Wirtschafts- und Fachgruppen der gewerblichen Wirtschaft, vor allem der Bauwirtschaft, wurden auch für diese Untersuchungsgruppe geprüft. Es ist hier besonders schwer, gezielte Quellenforschungen zu betreiben. Diese „Auswahlkriterien" bleiben in der Tat theoretisch unbefriedigend. In der Praxis scheint sich die Vorgehensweise jedoch bewährt zu haben.

— Das Sichten von Quellen über das Handwerk kann nur entweder sehr extensiv oder selektiv betrieben werden. Die zahlreichen Eingaben diverser Vereinigungen — von den Schuhmachermeistern bis zu den Installatoren —, die man zum Beispiel in den Akten der Reichskanzlei und des Reichsfinanzministeriums findet[28], verbauen fast den Überblick. Dennoch (oder gerade deswegen) sind sie ein Maßstab für die Bedeutung, die der Arbeitsbeschaffung von dieser Gruppe beigemessen wurde.

Für diese Gruppe wurden die Akten der Reichskanzlei, besonders über den Reichsverband des deutschen Handwerks, den Deutschen Handwerks- und Gewerbekammertag sowie den Kampfbund des gewerblichen Mittelstands durchgesehen.

Die möglicherweise ebenfalls aufschlußreichen Akten des Reichskommissars für den gewerblichen Mittelstand, die im Deutschen Zentralarchiv in Potsdam lagern, konnte ich nicht überprüfen.

Auch die Akten des Deutschen Städte- [später: Gemeindetags im Archiv für Kommunalwissenschaft (AVfK)] geben Aufschluß über die Stellung des Handwerks in der Frage der Arbeitsbeschaffung. Schließlich ist auch das „Deutsche Handwerksblatt" eine wertvolle Quelle, aus der zahlreiche Informationen zu erhalten sind.

---

[28] Reichskanzlei: R 43 II/538 und Reichsfinanzministerium R 2/18815 bis 18829 (Eingaben von Verbänden und Einzelpersonen).

Erstes Kapitel

Rahmenbedingungen der Thematik

Arbeitslosigkeit und politische Radikalität

Trieb die Arbeitslosigkeit die Massen tatsächlich in die Arme der radikalen Parteien, besonders zur NSDAP, aber auch zur KPD? Die Beantwortung dieser Frage ist unerläßlich, um die politische Bedeutung der Arbeitsbeschaffung gewichten zu können[1]. Die Schaubilder I und II[2] sowie die nachstehenden Tabellen[3] sollen die gestellte Frage beantworten helfen.

Schaubild II, das Hermens[4] und Kaltefleiter[5] in ihren Untersuchungen benützen, beruht auf zwei verschiedenen Koordinatensystemen. Dadurch kann zwar der ähnliche Verlauf der Kurven der Arbeitslosen und der NSDAP-Wählerstimmen deutlicher als in Schaubild I veranschaulicht werden, aber die unterschiedlichen Größenordnungen werden verwischt und könnten zu Fehlschlüssen führen.

Als Basisgröße für die Indexberechnungen zum Schaubild I wurde die Arbeitslosenzahl des Frühjahrquartals von 1928 gewählt. Sie betrug 2 183 000. Es wird oft übersehen, daß der Erwerbslosenanteil bereits vor der Krise so hoch war[6].

---

[1] Obwohl hierzu bereits mehrere Untersuchungen vorliegen (vgl. Anm. 14), erscheint mir eine eigene kurze Darstellung sinnvoll, weil sie einen engeren und direkteren Bezug zum Untersuchungsgegenstand herstellen kann als allgemeine Arbeiten, deren Erkenntnisinteresse auf andere Fragen gerichtet ist.

[2] Die Werte wurden errechnet aus Willi Hemmer, Die unsichtbaren Arbeitslosen. Statistische Methoden — soziale Tatsachen, Zeulenroda 1935 und Alfred Milatz, Wähler und Wahlen in der Weimarer Republik, Bonn 1968², S. 151.

[3] Ferdinand A. Hermens, Wirtschaftliche und staatliche Stabilität, Frankfurt/Main 1964, S. 25.

[4] Hermens, S. 25.

[5] Werner Kaltefleiter, Wirtschaft und Politik in Deutschland. Konjunktur als Bestimmungsfaktor des Parteiensystems, Köln - Opladen 1966, S. 37. Hermens und Kaltefleiter beziehen sich beide auf: Hans-Josef Brües, Wirtschaftliche und und soziale Ursachen des Sieges des Nationalsozialismus. Wissenschaftliche Arbeit, vorgelegt für die Prüfung für das Gewerbelehreramt, Seminar für politische Wissenschaft der Universität Köln, 1963.

[6] Auf die hohe Zahl der Arbeitslosen schon vor der Krise verweist zum Beispiel Charles Bettelheim, L'économie allemande sous le Nazisme. Un aspect de la décadence du capitalisme, Paris 1946, S. 10.

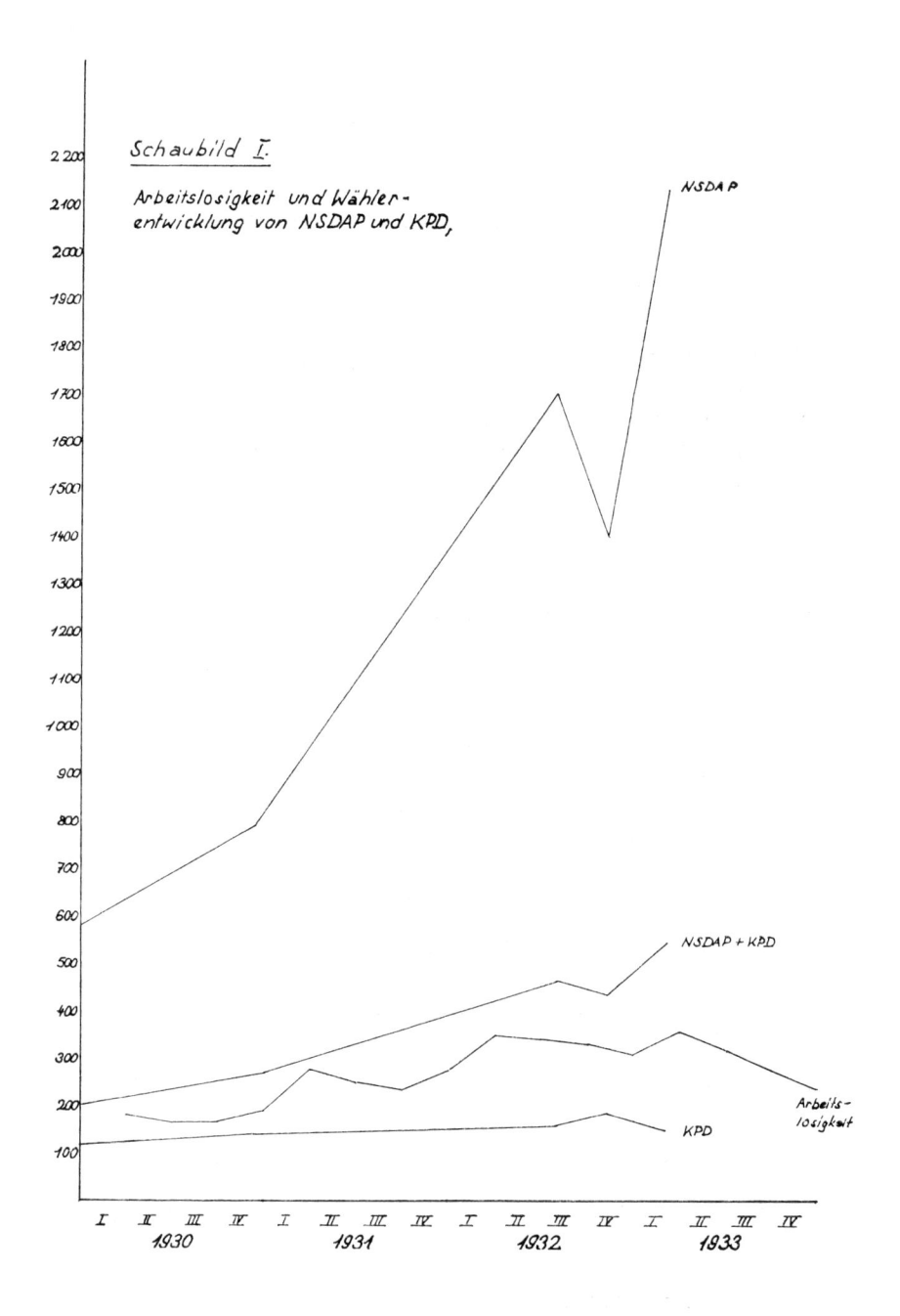

Schaubild I.

Arbeitslosigkeit und Wählerentwicklung von NSDAP und KPD.

Schaubild II

Arbeitslosigkeit und Wählerentwicklung der NSDAP,

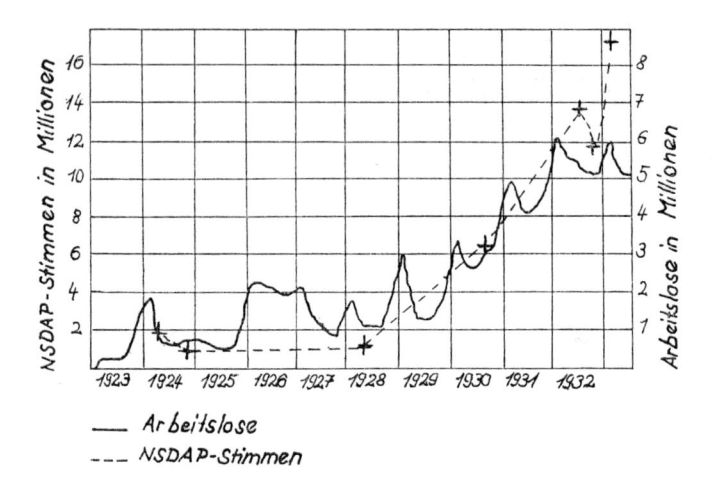

[Diagramm: NSDAP-Stimmen in Millionen (linke Achse, 2–16) und Arbeitslose in Millionen (rechte Achse, 1–8), Zeitraum 1923–1932]

— Arbeitslose
--- NSDAP-Stimmen

Für den Zeitraum von 1930 bis 1934 errechnen wir folgende Indexzahlen, auf denen das Schaubild I beruht.

Tabelle I

Index der Arbeitslosigkeit in Deutschland[7] Frühjahrquartal 1928 = 100

Jahr	Quartal			
	I	II	III	IV
1930	179	162	167	188
1931	274	249	235	272
1932	349	342	328	307
1933	356	320	278	237
1934	243	184	172	154

Die folgende Tabelle gibt die absoluten Zahlen für die Indexberechnungen an:

---

[7] Hemmer, S. 184 f. Die Zahlenangaben von Hemmer sind den amtlichen Statistiken meines Erachtens vorzuziehen, weil er zwar von diesen ausgeht, sie aber um die Zahl der „unsichtbaren Arbeitslosen" erweitert. Die meisten mir bekannten Untersuchungen beziehen sich lediglich auf amtliche Berechnungen. Zur Feststellung der „unsichtbaren Arbeitslosen" vgl. Hemmer, S. 4. Hemmer errechnet die „unsichtbaren Arbeitslosen" aus der Kategorie der nicht unterstützten Arbeitslosen, die nur teilweise bei den Arbeitsämtern erfaßt waren, weil kein Meldezwang bestand. Für die beiden anderen Kategorien der Arbeitslosen — die Hauptunterstützungsempfänger und Wohlfahrtserwerbslosen — stützt sich Hemmer auf die amtlichen Statistiken. — Die Wahltermine wurden in die entsprechenden Quartale eingezeichnet.

Tabelle II

„Unsichtbare" und „sichtbare" Arbeitslose in Deutschland (in 1 000)

Jahr	Quartal			
	I	II	III	IV
1930	3 920	3 530	3 605	4 115
1931	5 982	5 432	5 134	5 943
1932	7 619	7 456	7 164	6 704
1933	7 781	6 987	6 060	5 172
1934	5 311	4 020	3 769	3 368

Die Stimmen, die zwischen 1928 und 1933 auf die NSDAP sowie die KPD entfielen, zeigt Tabelle III[8].

Tabelle III

Wählerstimmen NSDAP und KPD (in 1 000)

Partei	Wahl				
	25. 5. 1928	14. 9. 1930	31. 7. 1932	6. 11. 1932	5. 3. 1933
NSDAP	810	6 383	13 769	11 737	17 277
KPD	3 265	4 592	5 283	5 980	4 848
NSDAP + KPD	4 075	10 975	19 052	17 717	22 125

Aus Tabelle II werden Indexzahlen für Tabelle IV errechnet:

Tabelle IV

Index der NSDAP- und KPD-Wählerstimmen[9]

Partei	Wahl				
	25. 5. 1928	14. 9. 1930	31. 7. 1932	6. 11. 1932	5. 3. 1933
NSDAP	100	788	1 700	1 449	2 130
KPD	100	141	162	183	148
NDSAP + KPD	100	269	467	435	543

Vor einer Interpretation des Schaubildes und der Tabellen muß einem Mißverständnis vorgebeugt werden: Die Zusammenfassung der nationalsozialistischen und kommunistischen Wählerstimmen soll nicht die in der Totalitarismustheorie übliche Gleichsetzung von rot und braun suggerieren[10]. Bei der Addition der Stimmen wird davon ausgegangen, daß so-

---

[8] Aus Milatz, S. 151.

[9] Die Zahlen sind abgerundet.

[10] Hierzu besonders: Martin Greiffenhagen, Reinhard Kühnl, Johann-Baptist Müller, Totalitarismus. Zur Problematik eines politischen Begriffs, München 1972 sowie: Bruno Seidel, Siegfried Jenkner, Hrsg., Totalitarismusforschung, Darmstadt 1968 — Den „irrationalen Romantizismus" von Kühnl und Müller deckt die Rezension Alard von Schacks in: „Die Zeit" Nr. 30 vom 28. 7. 1972 auf.

wohl die NSDAP als auch die KPD die radikalsten Alternativen des bestehenden „Systems" darstellten. Die Addition der für die NSDAP und KPD abgegebenen Stimmen veranschaulicht die zunehmende Stärke der Regierungsgegner und erscheint deshalb sinnvoll. Viele politische Entscheidungsträger, auch in der Ära Brüning — der Kanzler eingeschlossen — waren zwar keine Anhänger der Republik, aber von den Zielen und Methoden der Nationalsozialisten trennten sie Welten, obwohl in einigen bundesrepublikanischen und DDR-Untersuchungen Heinrich Brüning als Wegbereiter Adolf Hitlers dargestellt wird[11]. Diese Interpretation verwechselt entweder Brünings (subjektive) Intention mit seiner (objektiven) Funktion[12] oder betont einseitig die objektive Funktion.

Schaubild I beruht auf der Annahme, daß die politischen Entscheidungsträger der Präsidialkabinette Brünings, Papens und Schleichers nicht die nationalsozialistische Lösung anstrebten. Daß sie an eine kommunistische noch weniger dachten, braucht nicht betont zu werden. Demnach müßten die beeindruckenden Wahlerfolge der NSDAP und der KPD von den damals verantwortlichen Politikern, den Deutschnationalen bis zu den Sozialdemokraten, als Bedrohung empfunden worden sein.

Aus den Tabellen I und IV werden die Werte der Tabelle V errechnet. Tabelle V drückt in Verhältniszahlen die Zu- beziehungsweise Abnahme der Arbeitslosigkeit und der radikalen Parteien im Vergleich zur jeweils vorangegangenen Reichstagswahl aus:

Tabelle V

Zu-/Abnahme der Arbeitslosigkeit und der radikalen Parteien (Verhältniszahlen)

	Mai 1928—Sept. 1930	Sept. 1930—Juli 1932	Juli 1932—Nov. 1932	Nov. 1932—März 1933
Arbeitslosigkeit	+ 1,65	+ 1,99	− 0,94	+ 1,16
NSDAP	+ 7,88	+ 2,15	− 0,85	+ 1,47
KPD	+ 1,4	+ 1,15	+ 1,13	− 0,81
NSDAP + KPD	+ 2,69	+ 1,73	− 0,93	+ 1,25

Tabelle VI, die aus den Zahlen der Tabellen II und III zusammengestellt wurde, gibt in absoluten Zahlen die Zu- beziehungsweise Abnahme der Arbeitslosigkeit und der radikalen Parteien zur jeweils vorangegangenen Reichstagswahl an:

---

[11] z. B. Emil Carlebach, Von Brüning zu Hitler. Das Geheimnis der faschistischen Machtergreifung, Frankfurt/Main 1971; Wolfgang Ruge, Heinrich Brünings posthume Selbstentlarvung, in: ZfG (1971), S. 1261 - 1273.

[12] Auf deutsch: Man verwechselt Brünings Absicht mit seiner tatsächlichen Wirkung.

Tabelle VI
Zu-/Abnahme der Arbeitslosigkeit und der radikalen Parteien
(absolute Zahlen in 1 000)

	Mai 1928— Sept. 1930	Sept. 1930— Juli 1932	Juli 1932— Nov. 1932	Nov. 1932— März 1933
Arbeitslosigkeit	+ 1 422	+ 3 559	− 460	+ 1 077
NSDAP	+ 5 573	+ 7 386	− 2 032	+ 5 540
KPD	+ 1 327	+ 691	+ 697	− 1 132
NSDAP + KPD	+ 6 900	+ 8 077	− 1 335	+ 4 408

Zunächst soll der Verlauf der zusammengefaßten NSDAP-KPD-Kurve mit der Arbeitslosigkeitskurve (vgl. Schaubild I) verglichen werden: Vom zweiten Quartal des Jahres 1928 bis zum dritten Quartal des Jahres 1930 steigen die beiden Kurven an. Der Wahlerfolg der radikalen Parteien vom September 1930 fällt mit einem offensichtlich rein saisonalen Rückgang der Arbeitslosigkeit zusammen, was vom Verlauf der Arbeitslosenkurve im vierten Quartal 1930 und im ersten von 1931 bestätigt wird. Allerdings liegt der Anstieg der Arbeitslosigkeit proportional erheblich über dem Wählerzuwachs der radikalen Parteien. Im Zeitraum zwischen den Septemberwahlen von 1930 und dem nächsten Wahltermin im Juli 1932 steigt die Arbeitslosigkeit weiter an. Hier liegt der Index der radikalen Parteien über dem der Arbeitslosigkeit. Der fallende Verlauf beider Kurven zwischen Juli und November 1932, dem Zeitpunkt der nächsten Wahlen, ist, wiederum in Verhältniszahlen ausgedrückt, fast identisch. In absoluten Zahlen ist die Abnahme der radikalen Parteien stärker als der Rückgang der Arbeitslosigkeit. Der Verlust der radikalen Parteien beruht ausschließlich auf der Abwanderung von über 2 Millionen NSDAP-Wählern. Die KPD hatte rund 700 000 Stimmen hinzugewonnen. Vom November 1932 bis zu den eigentlich schon unter irregulären Umständen stattfindenden Märzwahlen von 1933 steigen beide Kurven; und zwar die der Arbeitslosen steiler als die der Parteien.

Die kurze Betrachtung hat gezeigt, daß ein Zusammenhang zwischen beiden Kurven wohl eher in der Richtung als im Grad der Zu- oder Abnahme besteht. Dasselbe läßt sich auch für die Kurve der NSDAP feststellen. Vergleicht man sie nämlich mit der Arbeitslosenkurve, wird man erhebliche Unterschiede in der Größenordnung der jeweiligen Schwankung registrieren. Dieses Ergebnis legt die Vermutung nahe, daß das Unbehagen der Wähler an der politischen Kräfteverteilung oder möglicherweise sogar an der bestehenden Ordnung, dem „System", nicht nur in der Arbeitslosigkeit begründet war. Die allgemeine Unzufriedenheit muß — das zeigen die verschiedenen Größenordnungen der Kurven — tiefer verwurzelt gewesen sein. Sie wurde — das scheint aus der ähnlichen Richtung der Kurven hervorzugehen — durch das Arbeitslosenproblem noch verschärft.

Es ist anzunehmen, daß die Arbeitslosigkeit ein multiplikativer Faktor für das Wahlverhalten der Bevölkerung war. Diese Erklärung wird durch ein weiteres Indiz noch plausibler: Bei den Wahlen vom 31. Juli 1932 konnte besonders die NSDAP große Gewinne verbuchen, obwohl kurz zuvor, am 9. Juli, das Ende der Reparationen auf der Lausanner Konferenz vereinbart worden war. Damit konnte sich die NSDAP nicht mehr als diejenige Partei empfehlen, die Deutschland von den „Fesseln" des Versailler Vertrages lösen würde. Eine der Hauptursachen für das Unbehagen an der Republik von Weimar war beseitigt worden und dennoch gewann die NSDAP rund 8 Millionen Stimmen. Weshalb? Die multiplikative Wirkung der Arbeitslosigkeit drängt sich als Erklärung für diesen Stimmenzuwachs auf, zumal die NSDAP zwischen Juli und November wieder rund 1 300 000 Stimmen verlor, nachdem die Arbeitslosenzahl um 460 000 gesunken war. Auch wenn man von der These der multiplikativen Wirkung der Arbeitslosigkeit auf die Stimmenentwicklung der NSDAP ausgeht, wird man einräumen müssen, daß damit noch keineswegs alle Unterschiede in den Größenordnungen hinreichend erklärt worden sind[13]. Außer den wirtschaftlichen Gründen werden sicher auch politische Faktoren entscheidend gewesen sein. Es bietet sich also auch hier ein Erklärungsversuch an, der verschiedene Faktoren berücksichtigt und sich nicht lediglich auf den einen oder anderen festlegt.

Eingeschränkt wird die allgemeine Gültigkeit der Aussagen über die multiplikative Wirkung der Arbeitslosigkeit durch den Verlauf der KPD-Kurve: Bis zum Juli 1932 stimmten Richtung und Größenordnung der KPD- und Arbeitslosenkurve überein. Die Zunahme des Index' und der absoluten Zahlen weicht nur unwesentlich bei beiden ab. Während aber im November 1932 die Höhe der Arbeitslosigkeit und die Zahl der nationalsozialistischen Wähler abnahm, stieg der Anteil der kommunistischen Stimmen. Möglicherweise wirkte die Wirtschaftskrise auf KPD-Wähler nachhaltiger. Oder bestimmte die Arbeitslosigkeit KPD-Wähler weit weniger als andere? Diese Vermutung drängt sich zumindest für den späteren Zeitraum auf, zumal die KPD im März 1933, als die Arbeitslosigkeit etwas geringer wurde, Stimmen einbüßte. Allerdings kann dieser erhebliche Stimmenrückgang auch durch die (vorsichtig formuliert) Behinderungen bedingt gewesen sein, denen die KPD im Wahlkampf ausgesetzt war.

Ohne der Gefahr einer zu starken Verallgmeinerung zu erliegen, läßt sich in bezug auf die KPD sagen, daß sich bis zum Juli 1932 ein Zusammenhang zwischen dem Anstieg der Arbeitslosigkeit und den kommunistischen Wählerstimmen erkennen läßt. Dabei führte die Arbeitslosigkeit — anders als bei der NSDAP — zu einem graduellen Wachstum der KPD,

---

[13] Kaltefleiter, S. 40 f., nennt z. B. auch den Grad der Industrialisierung und der Organisiertheit der Wählergruppen als beeinflussende Faktoren.

das in absoluten Zahlen nach dem dritten Quartal von 1930 bis zum dritten Quartal von 1932 erheblich unter dem Zuwachs der Arbeitslosigkeit lag. Nach dem dritten Quartal von 1932 scheint die Arbeitslosigkeit keinen entscheidenden Einfluß auf die Entwicklung der KPD geübt zu haben. Konjunkturanfällige Panikwähler dürften in überwiegendem Maß der NSDAP ihre Stimme gegeben haben[14].

Als Ergebnis bleibt festzuhalten, daß die Zunahme der Arbeitslosigkeit in erster Linie der NSDAP und nur bedingt der KPD zugute kam.

Reaktionen des Kabinetts

Die Schwierigkeiten für eine nicht-radikale Politik wurde durch die steigende Arbeitslosigkeit verstärkt. Haben die nicht-radikalen Politiker entsprechende Konsequenzen gezogen? Schaubild III soll diese Frage beantworten[15].

Schaubild III läßt Schlüsse über die Bedeutung zu, die man der Überwindung der Krise durch die Arbeitsbeschaffung im Kabinett beimaß[16].

Auf insgesamt 218 Kabinettssitzungen wurde 27mal, das heißt ungefähr auf jeder achten Sitzung über Fragen der Arbeitsbeschaffung gesprochen. Das Kabinett Papen trat 57mal zusammen. Zwanzigmal, das heißt ungefähr auf fast jeder dritten Sitzung wurden Arbeitsbeschaffungsprobleme erörtert. Unter Schleicher tagte das Kabinett zehnmal. Vier Sitzungen, das heißt etwas mehr als jede zweite, wurden dem Arbeitsbeschaffungskomplex gewidmet. Das Kabinett Hitler wurde 1933 63mal zusammengerufen. Dreiundzwanzigmal, das heißt auf fast jeder dritten Sitzung, befaßte es sich mit unserem Untersuchungsgegenstand. Im Jahre 1934 sank die Funktion des Kabinetts zur Bedeutungslosigkeit herab, so daß man keinen sinnvollen Maßstab mehr für die gewählte Vorgehensweise erhält[17].

---

[14] Kaltefleiter, S. 67; R. I. McKibbin, The Myth of the Unemployed. Who did vote for the Unemployed? Who did vote for the Nazis?, in: Australian Journal of Political History, 15, 1969, S. 25 ff.; K. O. Lessker, Who voted for Hitler? A New Look at the Class Basis of Nazism, in: American Journal of Sociology 74, 1968/69, S. 63 ff.; E. A. Roloff, Wer wählte Hitler? Thesen zur Sozial- und Wirtschaftsgeschichte der Weimarer Republik, in: Politische Studien 15, 1964, S. 293 ff.; Alexander Weber, Soziale Merkmale der NSDAP-Wähler. Eine Zusammenfassung bisheriger empirischer Untersuchungen und eine Analyse in den Gemeinden der Länder Baden und Hessen, phil. Diss. Freiburg/Br., 1969.

[15] Zusammengestellt und errechnet aus: BAK, R 43 I/1142 - 1170; Hemmer S. 184 f. Fanden an einem Tag mehrere Sitzungen statt, werden sie einzeln gezählt.

[16] Die Zahlen für dieses Schaubild gibt Tabelle A im Anhang IV an.

[17] Aus der Häufigkeit der Kabinettssitzungen kann man Schlüsse über den politischen Entscheidungsvorgang ziehen. Vor allem kann man die Kommunikationsintensität innerhalb des Kabinetts zu einer bestimmten Zeit ablesen: Häufig abgehaltene Sitzungen lassen auf einen hohen, seltene auf einen nied-

36   1. Kap.: Rahmenbedingungen der Thematik

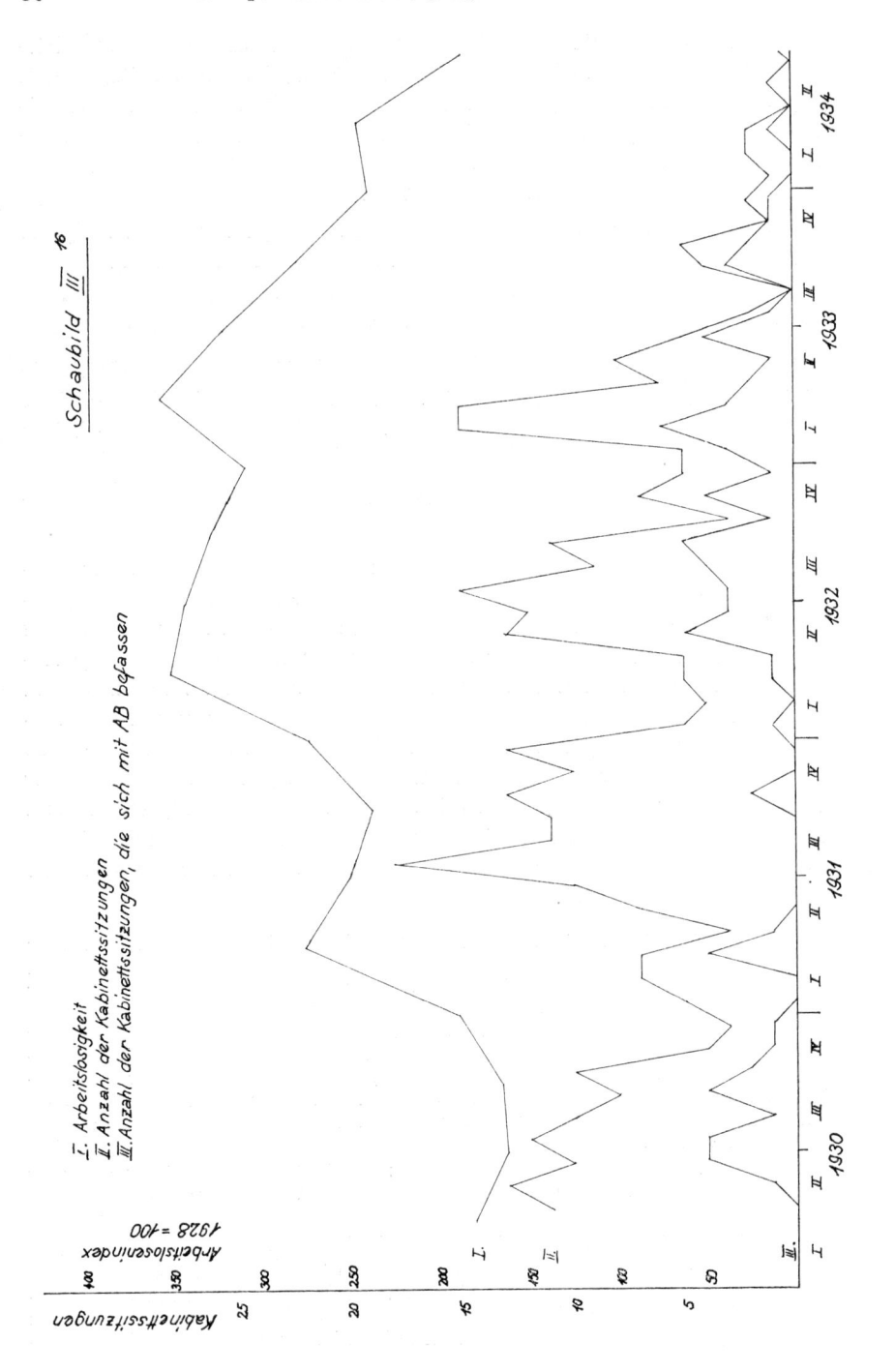

Schaubild III [16]

I. Arbeitslosigkeit
II. Anzahl der Kabinettssitzungen
III. Anzahl der Kabinettssitzungen, die sich mit AB befassen

Weitaus aufschlußreicher für die Untersuchung des Zusammenhangs zwischen der Arbeitslosigkeitskurve (kurz: AL-Kurve) und der Kurve der Erörterungen von Arbeitsbeschaffungsmaßnahmen (kurz: AB-Kurve) ist eine Darstellung der Richtung beider Kurven. Sie soll im chronologischen Ablauf erfolgen:

Bis zum Ende des dritten Quartals 1930 (Ende September) sinkt die AL-Kurve weitgehend aus saisonbedingten Gründen. Die AB-Kurve steigt. Im Juni, Juli und September 1930 erörterte das Kabinett jeweils viermal arbeitsbeschaffende Maßnahmen. Nur Ende Mai 1932 sollte diese Häufigkeit übertroffen werden. Möglicherweise liegt hier eine zeitliche Verschiebung vor, das heißt, daß trotz eines saisonalen Rückgangs der Arbeitslosigkeit Sicherungsmaßnahmen für den Winter vorbereitet wurden. Im vierten Quartal 1930 und im ersten 1931 steigt die Arbeitslosigkeit sprunghaft an, sicherlich verschärft durch saisonale Einwirkungen. Die AB-Kurve fällt, was zu zwei Vermutungen Anlaß gibt: Zum einen könnte wieder eine zeitliche Verschiebung vorliegen, wobei im Herbst 1930 Maßnahmen für das Winterhalbjahr besprochen wurden (die offensichtlich ungenügend bleiben sollten). Zum anderen könnte man vermuten, daß die Arbeitsbeschaffung im September als Wahlgeschenk geplant war und man das Programm danach in die Schubladen wandern ließ. Die Untersuchung der Regierungsakten muß hierauf eine Antwort geben. Das Kabinett befaßte sich im ersten Quartal 1931 — diesmal mit zeitlicher Verzögerung im Vergleich zur AL-Kurve — relativ häufig mit Fragen der Arbeitsbeschaffung, nämlich viermal im März und einmal im April 1931. Im zweiten und dritten Quartal 1931 sinkt die AL-Kurve, vornehmlich saisonal bedingt, bleibt aber weit über dem Vorjahresstand. Auch die AB-Kurve sinkt; diesmal zeitlich entsprechend. Im vierten Quartal 1931 und im ersten 1932 klettert die AL-Kurve auf einen neuen Höchststand[18]. Mit einem geringen zeitlichen Vorsprung steigt die AB-Kurve im Übergang vom dritten zum vierten Quartal 1931. Vorbereitungsmaßnahmen für den Winter? Auf dem Höhepunkt der Bankenkrise, im Juli 1931, tagte das Kabinett Brüning am häufigsten; also zur Zeit eines saisonal bedingten Rückgangs der AL-Kurve. Im ersten Quartal 1932 steigt die AB-Kurve mit einer gewissen zeitlichen Verzögerung zur

---

rigeren Kommunikationsgrad innerhalb des Kabinetts schließen. Dieser Kommunikationsgrad könnte auch als Maßstab für die „Transparenz" und Offenheit des Entscheidungsvorgangs gelten. Je häufiger Kabinettssitzungen stattfinden, desto „transparenter", weniger hierarchisch und autokratisch müßte der Entscheidungsvorgang sein. So weist zum Beispiel die Seltenheit von Kabinettssitzungen während der nationalsozialistischen Herrschaft auf die starke Hierarchisierung des Entscheidungsvorgangs hin.

[18] Der Verlauf der AB-Kurve widerlegt Köhlers Behauptung (in: Henning Köhler, Sozialpolitik von Brüning bis Schleicher, in: VHZ 21 [1973], S. 147), das Kabinett habe sich im Jahre 1931 nicht mit der Arbeitsbeschaffung befaßt. Köhlers Behauptung liegt unter anderem an seinem Verzicht auf eine genaue Definition des Begriffs „Arbeitsbeschaffung".

AL-Kurve. Diese Verzögerung wird aber durch den vorangegangenen Vorsprung ausgeglichen. Die Verzögerung weist auf eine reaktive, der Vorsprung auf eine aktive Wirtschaftspolitik hin. Im zweiten Quartal 1932 sinkt die AL-Kurve nur geringfügig und bleibt fast auf dem Jahreshöchststand. Die AB-Kurve erreicht in diesem Quartal (im Mai 1932) einen neuen Höchststand.

Im dritten Quartal von 1932, dem ersten der Papen-Regierung, sinkt die AL-Kurve. Die AB-Kurve bleibt in etwa stabil und egalisiert im September 1932 den bisherigen Höchststand. Hängt dieser hohe Stand der AB-Kurve bei einer gleichzeitig fallenden AL-Kurve mit den Juliwahlen zusammen? Diese Vermutung wird dadurch entkräftet, daß sowohl die AB-Kurve als auch die AL-Kurve unmittelbar vor den Novemberwahlen im vierten Quartal beachtlich fällt. Allerdings ist die geäußerte Annahme durch diesen Hinweis noch nicht ganz entkräftet, denn die AB-Kurve erreicht im Februar 1933 — kurz vor den Märzwahlen — ihren absoluten Höchststand.

Erst wenn wir die Regierungsakten kennen, werden wir feststellen können, ob zwischen der Häufigkeit von Arbeitsbeschaffungsdiskussionen im Kabinett und bevorstehenden Wahlen ein Zusammenhang bestand.

Der im Dezember 1932 kurz unterbrochene Anstieg der AB-Kurve im vierten Quartal 1932 und im ersten Quartal 1933, in dem die AB-Kurve ihren Höchststand erreicht, könnte ebenso mit dem neuen und absoluten Maximum der AL-Kurve im ersten Quartal 1933 zusammenhängen. Im zweiten, dritten und vierten Quartal 1933 sinkt die AL-Kurve steil. Auch die AB-Kurve fällt, steigt aber am Ende des zweiten Qartals (im Juni) und am Ende des dritten Quartals (im September) an. Dieser Anstieg dürfte seine Ursache in Vorbereitungsmaßnahmen zur Minderung der Arbeitslosigkeit im Winter finden und ist ein Zeichen für aktive Wirtschaftspolitik. Der kurze und unbedeutende Anstieg der AB-Kurve im ersten Quartal 1934 könnte eine Reaktion auf den leichten Anstieg der AL-Kurve im entsprechenden Zeitraum sein. Er könnte aber auch mit der Vorbereitung der sogenannten dritten Arbeitsschlacht erklärt werden.

Im folgenden Zeitabschnitt sinkt die AL-Kurve, und die AB-Kurve fällt (nach dem März 1934) mit der Abszisse zusammen. Auch die Kurve für die Häufigkeit der Kabinettssitzungen ist 1934 mit der Abszisse zum Teil identisch. Ein Beweis für den niedrigen Kommunikationsgrad in der nationalsozialistischen Regierung — zumindest im Kabinett — und auch ein Hinweis darauf, daß die Fortführung der bisherigen Untersuchungsmethode in diesem Zeitraum unfruchtbar wäre.

Folgende Ergebnisse der vergleichenden Untersuchung zwischen der AL- und AB-Kurve sollen herausgestellt werden:

— Für die Regierung Brüning stand die Überwindung der Arbeitslosigkeit keineswegs an erster Stelle der Prioritätenliste. Bedenkt man das Ausmaß, das die Arbeitslosigkeit bereits während der Amtszeit dieses Kanzlers erreicht hatte, erscheint die Zurückhaltung der Politiker zumindest verwunderlich. Erst kurz vor dem Rücktritt Brünings zeichnete sich eine Kurskorrektur ab. — Sie kam zu spät.

— Unter Papen widmete sich das Kabinett der Arbeitsbeschaffungsfrage vergleichsweise häufig. Möglicherweise versprach man sich von arbeitsbeschaffenden Maßnahmen nicht nur wirtschaftliche, sondern auch politische Vorteile.

— Wider Erwarten selten waren Diskussionen über die Arbeitsbeschaffung im Kabinett Schleicher. Maß ihr diese Regierung doch nicht einen so hohen Stellenwert bei, wie es verschiedentlich behauptet wird[19]?

— Die nationalsozialistischen Machthaber scheinen sich vor allem in der Frühphase ihrer Herrschaft der propagandistischen Wirksamkeit arbeitsbeschaffender Maßnahmen bewußt gewesen zu sein, obwohl auch hier gesehen werden muß, daß besonders in den ersten sechs Monaten des Jahres 1933 andere Prioritäten gesetzt wurden, die jedoch eine intensivere Behandlung des Arbeitslosenproblems nicht ausschlossen. Im Gegenteil, die nationalsozialistische Regierung befaßte sich damit häufiger als jede ihrer drei Vorgängerinnen.

Beurteilten die Großindustrie, die mittlere Industrie und das Handwerk die Dringlichkeit und Bedeutung arbeitsbeschaffender Maßnahmen ebenso wie die verantwortlichen Politiker?

Forderungen und Vorschläge

Schaubild IV soll über den möglichen Zusammenhang zwischen der Entwicklung der Arbeitslosigkeit und den von den Untersuchungsgruppen vorgelegten Forderungen und Vorschlägen zu arbeitsbeschaffenden Maßnahmen geben. Als Indikatoren bieten sich der Index der Arbeitslosigkeit und die an das Reichsfinanzministerium gerichteten Eingaben an[20]. Eingaben, die an die Reichskanzlei gerichtet wurden, sind, bedingt durch die Materiallage, als Meßgröße ungeeignet, da sie gesammelt nur für den Zeitraum vom November 1932 bis Juli 1933 vorliegen[21]. Dagegen sind alle Eingaben vorhanden, die zwischen August 1930 und dem Jahresende 1934 an das Reichsfinanzministerium gerichtet wurden. Die Daten wurden aus den entsprechenden Akten dieses Ministeriums zusammengestellt, wobei es wegen der erwünschten Differenzierung und der Über-

---

[19] z. B. Eberhard Czichon, Wer verhalf Hitler zur Macht? Köln 1967, passim.
[20] BAK, R 2/18815 - 18829 (Bd. Nr. 18821 ist nicht vorhanden).
[21] BAK, R 43 I/2047 und R 43/538.

1. Kap.: Rahmenbedingungen der Thematik

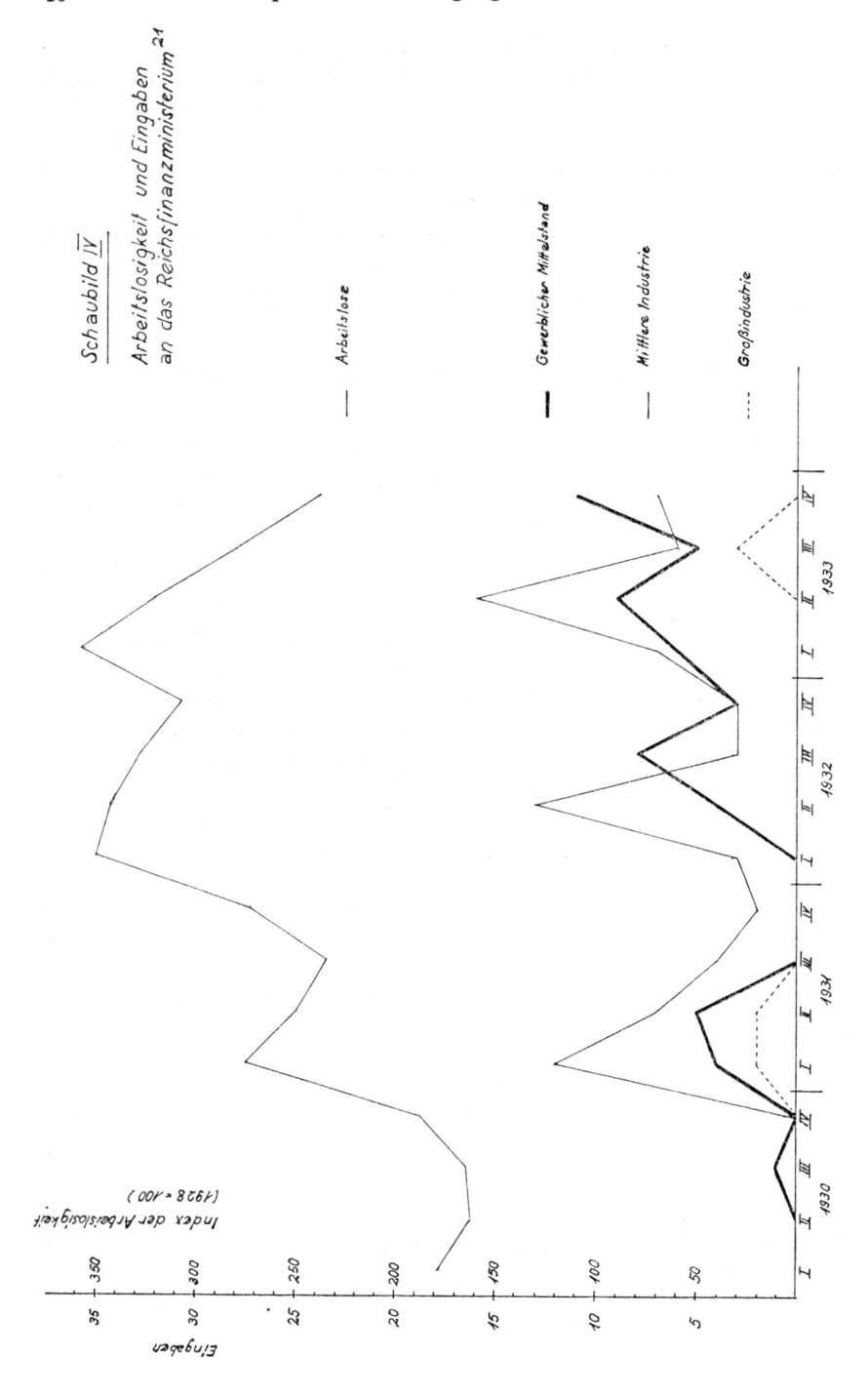

Schaubild IV

Arbeitslosigkeit und Eingaben an das Reichsfinanzministerium [21]

— Arbeitslose
— Gewerblicher Mittelstand
— Mittlere Industrie
⋯ Großindustrie

prüfung der Homogenität der Untersuchungsgruppen sinnvoll erschien, die Gruppe der Großindustrie in einzelne Gewerbezweige aufzugliedern. Die Verbände und Organisationen dieser Gewerbezweige wurden in dieser Kategorie ebenfalls zusammengefaßt. Die Untersuchungsgruppe des Handwerks wurde hier wegen mehrfacher Abgrenzungsschwierigkeiten auf die Kategorie des gewerblichen Mittelstands erweitert. Die Eingaben landwirtschaftlicher Interessengruppierungen werden als Vergleichsgrößen aufgeführt; immerhin war die Landwirtschaft von Meliorationen, die zur Arbeitsbeschaffung gerechnet wurden, direkt betroffen. Die Kategorie „Einzelpersonen" mußte in die Tabelle aufgenommen werden, da die Angaben ohne einen Hinweis auf diese Gruppe verzerrt wären, kamen doch die meisten Eingaben aus ihren Reihen. Die Gruppe der „Einzelpersonen" umfaßt vornehmlich freiberuflich Tätige, und es ist durchaus möglich, daß ein Teil in die Kategorie des gewerblichen Mittelstands oder der mittleren Industrie einzuordnen wäre. Aus den Angaben in den Akten oder mit den bekannten Hilfsmitteln, etwa dem „Wer ist wer?" oder dem „Deutschen Wirtschaftsführer", war eine Zuordnung nicht möglich. Dagegen kann mit Sicherheit davon ausgegangen werden, daß diese „Dunkelziffer" nicht in die Kategorie der Großunternehmer gehört.

Schaubild IV zeigt ein weit lebhafteres Eintreten für arbeitsbeschaffende Maßnahmen bei der mittleren Industrie und dem gewerblichen Mittelstand als bei der Großindustrie[22]. Da aber in den Akten des Reichsfinanzministeriums — ebenso wie in denen der Reichskanzlei — fast nur Eingaben gesammelt wurden, die, im Sinne der entwickelten Definition, direkte Arbeitsbeschaffungsmaßnahmen betrafen, wird man dieses Ergebnis nicht überbewerten dürfen. Denn die Großindustrie und ihr nahestehende Organisationen traten im allgemeinen gerade für indirekte Arbeitsbeschaffungsmaßnahmen ein. Diese Aussage wird durch Tabelle VII belegt[23]. Sie gründet sich auf den Inhalt der Zeitschrift „Der Arbeit-

Tabelle VII

„Arbeitsbeschaffung" als Gegenstand in der Zeitschrift „Der Arbeitgeber"[24]

	Jahr			
	1930	1931	1932	1933
Artikel über direkte AB	1	0	0	8
Artikel über indirekte AB	12	27	20	19
Artikel insgesamt	118	98	92	88a)
Rubrik vom Tage[25]	2	0	5	0

a) Enthält die 8 Artikel über die direkte Arbeitsbeschaffung.

[22] Die Werte zum Schaubild IV befinden sich in Tabelle B im Anhang IV. — Die AL-Kurve ergibt sich aus dem bereits errechneten Index der Arbeitslosigkeit.

[23] Aus: R 2/18815 - 18829 und Hemmer, S. 184 f.

geber", die von der „Vereinigung der Deutschen Arbeitgeberverbände" (VDA) herausgegeben wurde.

Schaubild IV zeigt deutlich das Desinteresse der Großindustrie an der direkten Form der Arbeitsbeschaffung. Die Untersuchung wird darauf im einzelnen eingehen müssen. Im Zeitraum des ersten drastischen Anstiegs der Arbeitslosigkeit im Winter 1930/31 liegen Eingaben aus den Reihen der Großindustrie vor, denen dann erst wieder im dritten Quartal 1933 einige (wenige) folgen.

Es muß bei der Interpretation des vorgelegten Materials berücksichtigt werden, daß die Anzahl — „statistisch" gesprochen die Grundgesamtheit — der großindustriellen Unternehmer weitaus geringer war als die der mittleren Industrie oder des gewerblichen Mittelstands. Eine Gewichtung nach der Größe der Grundgesamtheit einzelner Untersuchungsgruppen, die methodisch sinnvoll wäre, läßt sich nicht durchführen, weil hierfür kein Zahlenmaterial vorlag. Man kann sich also aufgrund der quantitativen Auswertung nur mit äußerster Vorsicht auf die These festlegen, die mittlere Industrie und der gewerbliche Mittelstand hätten ein weit lebhafteres Interesse an der direkten Arbeitsbeschaffung bewiesen als die Großindustrie. Der Häufigkeit der Eingaben nach zu urteilen wurde die Forderung nach direkt arbeitsbeschaffenden Maßnahmen von diesen beiden Gruppierungen öfter an die staatlichen Entscheidungsträger im Reichsfinanzministerium herangetragen als von „der" Großindustrie. Soviel läßt sich jedenfalls sicher sagen. Ob aber die mittlere Industrie und das Handwerk auch grundsätzlich stärker die eine oder andere Form der Arbeitsbeschaffung befürworteten, wird die qualitative Auswertung in den entsprechenden Kapiteln klarstellen müssen. Dann erst kann mit einiger Sicherheit gesagt werden, welchen Interessen die staatliche Arbeitsbeschaffungspolitik entsprach.

Über die Differenzen der Eingabenhäufigkeit hinaus ist der Verlauf der drei Kurven: Arbeitslosigkeit, Eingaben der mittleren Industrie und des gewerblichen Mittelstands von Interesse; er ist mit nur geringen zeitlichen Verschiebungen weitgehend ähnlich. Nur im Übergang vom dritten zum vierten Quartal 1933 mehren sich bei stark sinkender Arbeitslosigkeit die Eingaben der mittleren Industrie und besonders des gewerblichen Mittelstands. Bei dem gewerblichen Mittelstand, aber zum Teil auch bei der mittleren Industrie könnte die erhöhte Eingabenintensität mit dem Machtrückgang ihrer Vertreter im Entscheidungsfeld von Staat und Partei zusammenhängen[26]. Das läßt am Ende auf ein prononciertes Interesse beider Gruppen an der direkten Arbeitsbeschaffung schließen.

---

[24] „Der Arbeitgeber", Jahrgänge 1930 - 1933.
[25] Diese Rubrik enthält vorwiegend kleine Notizen und Kurzmeldungen.
[26] Vgl. die Einleitung.

Der Verlauf der drei Kurven erlaubt die folgende, jedoch noch vorläufige Hypothese in bezug auf den politischen Einfluß der drei Untersuchungsgruppen: Die mittlere Industrie und der gewerbliche Mittelstand scheinen sich im Gegensatz zur Großindustrie von schriftlichen Eingaben eine Beeinflussung der Regierungsstellen erhofft zu haben. Es sollte nicht unerwähnt bleiben, daß auch der Allgemeine Deutsche Gewerkschaftsbund (ADGB) wohl wenig Erwartungen in offizielle Eingaben setzte. Er übermittelte dem Reichsfinanzministerium sogar noch weniger Eingaben als die Großindustrie. Es waren zwei im ersten Quartal 1932.

Als Ergebnisse dieses Kapitels können — jetzt empirisch belegt — folgende Aussagen getroffen werden:

— Zwischen der Entwicklung der Arbeitslosigkeit und der politischen Radikalität bestand ein enger (multiplikativer) Zusammenhang, der die Durchführung arbeitsbeschaffender Maßnahmen durch die verantwortlichen Regierungspolitiker dringend erforderlich werden ließ. Zugleich weist dieser Zusammenhang auf die hohe propagandistische Verwertbarkeit von arbeitsbeschaffenden Programmen hin.

— Die verantwortlichen Politiker der Regierungen Brüning, Papen, Schleicher und Hitler waren sich der wirtschaftlichen und politischen Notwendigkeit arbeitsbeschaffender Maßnahmen bewußt. (Nicht alle handelten entsprechend[27].)

— Die mittlere Industrie und der gewerbliche Mittelstand setzten sich bei zunehmender Arbeitslosigkeit mit wachsender Intensität für arbeitsbeschaffende Maßnahmen ein, wobei beide der direkten Arbeitsbeschaffung anscheinend den Vorzug gaben.

— Es scheint, daß sich die Großindustrie für die Form der indirekten Arbeitsbeschaffung entschied.

— Zwischen dem Zeitpunkt von Forderungen der Großindustrie nach einem Programm mit Maßnahmen direkter Arbeitsbeschaffung und der Entwicklung der Arbeitslosigkeit kann kein enger Zusammenhang abgelesen werden.

— Angehörige der mittleren Industrie und des gewerblichen Mittelstands versuchten (in Ermangelung anderer Möglichkeiten?) die staatlichen Stellen eher durch schriftliche Eingaben zu beeinflussen als Angehörige der Großindustrie — und Vertreter des Allgemeinen Deutschen Gewerkschaftsbundes — die, so müßte man hieraus schließen, über wirkungsvollere Möglichkeiten verfügten.

---

[27] In bezug auf die Regierungen Brüning und Schleicher sind die erarbeiteten Werte allerdings nicht eindeutig.

Erster Teil

Prioritäten staatlicher Arbeitsbeschaffungspolitik 1930-1934

Den zahlreichen Untersuchungen über die Wirtschaftspolitik jener Jahre soll hier keine weitere hinzugefügt werden. Vielmehr werden nur die Maßnahmen, Pläne und Diskussionen der Regierungen zur Arbeitsbeschaffung dargestellt und erörtert, ohne den allgemeinen wirtschaftspolitischen Rahmen aus den Augen zu verlieren.

Im Vordergrund des ersten Teils dieser Studie stehen die folgenden Fragen:

— Lassen sich vor allem aus den Regierungsakten die politischen, wirtschaftlichen und sozialen Prioritäten der staatlichen Entscheidungsträger bei der Diskussion um Arbeitsbeschaffungsmaßnahmen erkennen?
— Läßt sich hierbei eine direkte Beeinflussung durch die drei Untersuchungsgruppen erkennen?
— War die Einflußnahme der Untersuchungsgruppen so erfolgreich, daß sie in die staatliche Wirtschafts- und Finanzpolitik umgesetzt wurde?

Eine abgesicherte Antwort auf diese Fragen kann allerdings erst nach den Untersuchungen der Prioritäten, Aktionen und Reaktionen der drei Untersuchungsgruppen, also erst am Ende des zweiten Teils dieser Arbeit, gegeben werden.

Zweites Kapitel

Die Regierung Brüning

1. Maßnahmen, Pläne und Diskussionen im Jahre 1930

Erste Ansätze einer Arbeitsbeschaffungspolitik, Mai 1930

Bereits Anfang Mai 1930 bat Reichswirtschaftsminister Dietrich im Einvernehmen mit Reichsarbeitsminister Stegerwald, dem Kabinett Vorschläge für einen konjunkturellen Saisonausgleich durch öffentliche Aufträge vorlegen zu können[1].

Dietrich trat in seinem Schreiben besonders für Instandsetzungsarbeiten an öffentlichen Gebäuden ein, die im Winter durchgeführt werden sollten. Die Höhe der Aufwendungen nannte er nicht. Die anhand des Schaubildes III ausgesprochene Vermutung über die zeitliche Verschiebung zwischen der AL- und der AB-Kurve scheint sich zu bestätigen: Die Diskussionen um arbeitsbeschaffende Maßnahmen im Sommerhalbjahr 1930 bedeuteten einen Vorgriff auf die konjunkturelle Entwicklung im Winter. Dietrich schlug außerdem vor, daß Haushaltsmittel künftig übertragbar und Vorgriffe auf spätere Etats möglich sein sollten. Er bedauerte wegen des akuten Geldmangels eine Belebung der Wirtschaft durch öffentliche Aufträge nicht in die Wege leiten zu können, verwahrte sich aber zugleich gegen eine Neuschöpfung von Geldern und befürwortete deshalb eine „sinnvolle Verteilung"[2] der vorhandenen Mittel. Damit neutralisierte Dietrich freilich von Anfang an die belebende Wirkung öffentlicher Aufträge, denn der monetäre Kreislaufstrom wurde nicht erweitert und die Wirtschaftstätigkeit nicht belebt, sondern nur verlagert. Am 14. Mai unterbreitete Reichspostminister Schätzel Vorschläge zu einem Beschaffungsprogramm der Reichsbahn in Höhe von 400 Millionen RM, weil die im vorangegangenen Jahr verausgabten Mittel von 510 Millionen RM eine so „nachhaltige Wirkung" ausgeübt hätten[3]. Schätzel dachte vornehmlich an den Auf- und Ausbau von Elektroanlagen, Aufträge für den Hochbau und die Kabelindustrie sowie an

---

[1] Reichswirtschaftsminister Dietrich an den Staatssekretär der Reichskanzlei (Pünder), 5. 5. 1930, BAK, R 43 I/2037.

[2] a.a.O.

[3] Reichspostminister Schätzel an Staatssekretär in der Reichskanzlei, 14. 5. 1930, BAK, R 43 I/2037. Die 510 Millionen RM setzten sich nach Schätzels An-

eine Erweiterung des Kraftwagenbestands der Reichspost. Womit befaßte sich dann das Kabinett am 19. Mai bei seiner Besprechung von arbeitsbeschaffenden Maßnahmen?

Reichsverkehrsminister von Guérard wurde ermächtigt, mit dem Präsidenten des Verwaltungsrats der Reichsbahn, Carl Friedrich von Siemens, Gespräche über Fragen eines Beschaffungsprogramms für die Reichsbahn aufzunehmen[4], weil es inzwischen „auf ein Nichts"[5] gesunken sei. Es wurde die Möglichkeit in Erwägung gezogen, das Beschaffungsprogramm über die Young-Anleihe zu finanzieren. Brüning trat energisch für eine Arbeitsbeschaffung durch Reichspost und -bahn ein, weil er sie für „unentbehrlich"[6] hielt. „Andernfalls würden sich die Parteien des Reichstages (Brüning bezog sich vor allem auf die SPD; M. W.) gerade dieser Angelegenheit bemächtigen[7]." Diese Äußerung Brünings verdeutlicht — außer einer unverhohlenen Distanz zum Parlament und zur Sozialdemokratie, die man aus seinen Memoiren kennt —, daß sich der Reichskanzler der propagandistischen Wirkung arbeitsbeschaffender Maßnahmen durchaus bewußt war. Es müssen ihn folglich schwerwiegende Gründe dazu bewogen haben, kein umfassendes Arbeitsbeschaffungsprogramm in die Wege zu leiten und sich nur auf begrenzte Schritte zu beschränken[8].

Brüning war sich auch der volkswirtschaftlichen Bedeutung öffentlicher Aufträge bewußt. So verwies er im Kabinett auf die öffentlichen Aufträge in England, die „vor einigen Jahren" die Wirtschaft belebt hätten. Brüning hielt diesen Weg zwar nicht für unbedenklich, räumte aber zugleich ein, daß die Reichsregierung ihn beschreiten müsse. Im Zusammenhang mit öffentlichen Aufträgen erwähnte er auch Pläne für „eine besondere Automobilstraße" von Hamburg über Frankfurt nach Basel, die Hafraba. „Die Herren, die hinter diesem Projekt stünden, hätten ihm gesagt, daß sie es jederzeit finanzieren könnten", berichtete der Reichskanzler und erklärte, daß die Möglichkeit eines beschleunigten Enteignungsverfahrens Voraussetzung für die Verwirklichung dieser Pläne sei[9]. Die Einflußmöglichkeiten der an diesem Projekt interessierten

---

gaben wie folgt zusammen: 400 Millionen aus dem Rechnungsjahr 1929, 80 Millionen als Vorgriff auf die Mittel von 1930, 30 Millionen aus dem Rechnungsjahr 1928.

[4] Auszug aus dem Protokoll der Ministerbesprechung vom 19. 5. 1930, a.a.O.

[5] a.a.O.

[6] a.a.O.

[7] a.a.O.

[8] Ausführlich dazu die Kontroverse zwischen Helbich, Reparationen, und Köhler, Arbeitsbeschaffung.

[9] Zum folgenden: Auszug aus dem Protokoll der Ministerbesprechung vom 19. 5. 1930, BAK, R 43/2037; vgl. zur weiteren Entmystifizierung des Autobahnbaus: K. Kaftan, Der Kampf um die Autobahn. Karl Lärmer, Autobahnbau in Deutschland.

„Herren" war aber anscheinend nicht stark genug, um diese Voraussetzungen herzustellen. Von wem wurden hierbei Hindernisse in den Weg gelegt? Eine Beantwortung der Frage konnte in den Akten nicht gefunden werden. Reichsarbeitsminister Stegerwald vervollständigte den Vorschlagskatalog zur Arbeitsbeschaffung und sprach sich für den vermehrten Bau von Kleinstwohnungen und Wohnungen für kinderreiche Familien mit öffentlichen Geldern aus.

Am 19. Mai billigte das Kabinett schließlich folgende Vorschläge für arbeitsbeschaffende Maßnahmen: Große Lieferungsaufträge von Reichspost und -bahn, Förderung des Wohnungs-, besonders des Kleinwohnungsbaus und Verhandlungen über die kommunale Umschuldung, denn die hohe Verschuldung der Gemeinden behinderte die Vergabe von Bauaufträgen. Das Kabinett beschloß außerdem, den Straßenbau zu intensivieren, und der Reichsfinanzminister wurde beauftragt, alle Lieferungsverträge unverzüglich in Gang zu setzen.

Aufträge der Reichsbahn

Die Verwirklichung der Pläne — besonders der Arbeitsbeschaffungsprojekte der Reichsbahn — schien zustandezukommen: In der Kabinettssitzung vom 13. Juni 1930 berichtete Reichsverkehrsminister Guérard über den „günstigen Verlauf" der Chefbesprechung zwischen ihm, dem Generaldirektor der Reichsbahn, Dorpmüller, und Reichsfinanzminister Moldenhauer[10]. Bei dieser Unterredung gab Dorpmüller Zusagen für vermehrte Aufträge der Reichsbahn, machte sie aber von der Sicherstellung der Finanzierung abhängig. Hierüber aber hatte die Reichsregierung noch keine detaillierten Vorstellungen.

Bei einer Besprechung im Reichsarbeitsministerium am 16. Juni zeigten sich dann die Finanzierungsschwierigkeiten in aller Schärfe: Der Vertreter der Reichsbahn erklärte sich nur bereit, Aufträge für 150 Millionen RM zu vergeben[11]. Vorgesehen war ein Betrag von 250 Millionen Mark. Daraufhin schlug Reichsarbeitsminister Stegerwald in der Kabinettssitzung vom 17. Juni vor, die arbeitsbeschaffenden Aufträge der Reichsbahn über „noch nicht verausgabte Kredite von 1926" zu finanzieren[12]. Damit sollten die Verantwortlichen bei der Reichsbahn zu einer

---

[10] Sitzung des Reichsministeriums, 13. 6. 1930, BAK, R 43 I/2037.

[11] Vermerk über eine Besprechung im Reichsarbeitsministerium über die Zusammenarbeit der Beschaffungsressorts am 16. 6. 1930, BAK, R 2/18813. Auf dieser Besprechung verlangte auch Reichsverkehrsminister Guérard Mittel für den Bau von Wasserstraßen. Arbeitsminister Stegerwald erhob dagegen Einspruch, da hierfür keine Mittel vorhanden seien. Auch Reichsernährungsminister Schiele und Wehrminister Groener hielten die Vergabe zusätzlicher Aufträge aufgrund der finanziellen (Un)möglichkeiten für ausgeschlossen. Der Arbeitsbeschaffung wurde von den Regierungsmitgliedern offensichtlich eine gewisse Vorrangstellung eingeräumt.

Aufstockung der für die arbeitsbeschaffenden Maßnahmen vorgesehenen Summe von 250 auf 500 Millionen Mark bewegt werden. Die Verzinsung für die zusätzlichen 250 Millionen Mark würde das Reich übernehmen können, da die zu erwartenden Entlastungen auf dem Arbeitsmarkt den Finanzbedarf der Reichsanstalt um über 500 Millionen RM verringern würden.

Trotz des Entgegenkommens der Reichsregierung billigte der Verwaltungsrat der Reichsbahn nur eine Auftragshöhe von 350 Millionen Mark[13]. Bemerkenswerterweise ging die Initiative zu dieser Ausgabenkürzung aber von den Vertretern der Regierung im Verwaltungsrat der Reichsbahn, den Staatssekretären a. D. Fischer und Bergmann, aus[14]. Sie hatten gegen die vorgeschlagene Summe Einspruch erhoben[15]. Dieser Autoritätsmangel der Regierung Brüning gegenüber ihrer Bürokratie wird durch den weiteren Gang der Entwicklung noch offenkundiger: Nachdem sich Verkehrsminister Guérard mit Dorpmüller schließlich doch noch auf eine Auftragshöhe von 500 Millionen Mark geeignigt hatte, verweigerte nun der Finanzausschuß des Verwaltungsrats der Reichsbahn am 20. Juli seine Zustimmung[16]. Diese ablehnende Haltung nahm der Ausschuß wiederum auf Betreiben der beiden Regierungsvertreter ein, die beim Delegierten Preußens, Jeidels, Unterstützung fanden. Für die beiden Regierungsvertreter blieb ihr Verhalten ohne Folgen: Das Kabinett „kritisierte" lediglich ihre Haltung[17].

Im August wurde schließlich doch noch eine Lösung gefunden, um die vom Kabinett vorgesehenen Arbeitsbeschaffungsmaßnahmen der Reichsbahn auf ihre geplante Höhe von 500 Millionen RM aufzustocken. Die noch fehlenden 150 Millionen RM sollten durch eine sechsprozentige Emission aufgebracht werden[18]. Die Zinslast übernahm das Reich, da sich die Reichsbahnverwaltung wegen ihrer schlechten Finanzlage sträubte.

Pläne und Wirklichkeit

Die Wirtschaftspolitik Brünings war in der Tat höchst widersprüchlich. So plante die Regierung im Juli 1930 zur selben Zeit einerseits stark deflationierende Maßnahmen wie Steuererhöhungen sowie Kürzungen der öffentlichen Ausgaben und andererseits sollten Arbeitsbeschaffungs-

---

[12] Protokoll der Sitzung des Reichsministeriums und der Ministerbesprechung vom 17. 6. 1930, BAK, R 43 I/1444.
[13] Anlage zur Kabinettssitzung vom 8. 7. 1930, BAK, R 43 I/1445.
[14] Protokoll der Ministerbesprechung vom 21. 7. 1930, BAK, R 43 I/2038.
[15] Protokoll der Ministerbesprechung vom 21. 6. 1930, BAK, R 43 I/1444.
[16] Protokoll der Ministerbesprechung vom 21. 7. 1930, BAK, R 43 I/2038.
[17] a.a.O.
[18] „Der Deutsche Oekonomist", Nr. 2324, 7. 8. 1930, S. 1088 f.

1. Maßnahmen, Pläne und Diskussionen im Jahre 1930

programme zur Ausführung gelangen, deren Höhe der amtierende Wirtschaftsminister, Staatssekretär von Trendelenburg, auf 1,5 Milliarden Mark bezifferte[19]. Finanzierungsvorschläge lagen nicht vor. Bedenken gegen die Arbeitsbeschaffungspläne hatte Reichsbankpräsident Luther geäußert, weil er der Meinung war, daß man sie nur mit Hilfe von Krediten finanzieren könne. Vor allem wandte sich Luther gegen die vom Verkehrsminister gewünschten Kredite für den „Wegebau". Dieser hatte hierfür eine Kredithöhe von 300 Millionen Mark vorgesehen. Luther war aber der Meinung, daß Arbeiten im „Wegebau" nicht „produktiv" wären. Der Reichskanzler schien sich über die Bedenken des Reichsbankpräsidenten hinwegsetzen zu wollen. Er beabsichtigte, die Öffentlichkeit über sämtliche Arbeitsbeschaffungsvorhaben zu informieren, und bat dafür um eine Zusammenstellung aller Aufträge der einzelnen Ressorts. Ganz sicher schien er sich seiner Sache aber auch nicht zu sein, denn erst nach der Reichstagswahl vom 14. September schlug er dem Kabinett die „Durchführung und den Ausbau des Arbeitsbeschaffungsprogrammes" vor[20]. Der Schwerpunkt sollte auf landwirtschaftliche Meliorationen und den „Wegebau" gelegt werden. Die Finanzierung erhoffte man sich — was man erst später sah — irrigerweise durch Auslandsanleihen.

Es verwundert, daß Brüning die Durchführung des Arbeitsbeschaffungsprogramms erst nach den Wahlen ins Auge faßte, obwohl er sich der günstigen propagandistischen Wirkung arbeitsbeschaffender Maßnahmen bewußt war. Möglicherweise befürchtete er durch Arbeitsbeschaffungsmaßnahmen, die auf Kreditbasis finanziert werden sollten, eine Inflationsfurcht bei der Bevölkerung auszulösen. Eine schlüssige Begründung läßt sich jedoch, ebenso wie im Frühjahr 1932, nicht erkennen.

Das im September ins Auge gefaßte „Arbeitsbeschaffungsprogramm" wurde ebenso wie dessen Pendant im Juli bereits in der Planung durch andere wirtschaftspolitische Schritte der Regierung in seiner Wirkung neutralisiert: Die Regierung wollte verschiedene Steuern erhöhen und Ausgaben kürzen[21]. Am 15. Oktober wurde der Kohlepreis um 6 Prozent gesenkt[22]. Mit einer wirksamen Arbeitsbeschaffung hatten diese Maßnahmen ebensowenig gemeinsam wie die Notverordnung vom 1. Dezember. Nur der Deflationsprozeß wurde beschleunigt.

---

[19] Hier wie im folgenden Protokoll der Sitzung des Reichsministeriums vom 30. 7. 1930, BAK, R 43 I/2038.
[20] Protokoll der Sitzung des Reichsministeriums vom 24. 9. 1930, BAK, R 43 I/1446.
[21] Vgl. Heinrich Brüning, Memoiren 1918 - 1934, Stuttgart 1970, Bd. I, S. 191 f. und S. 200 (zitiert nach der Taschenbuchausgabe München 1972).
[22] Schulthess Europäischer Geschichtskalender 1930, S. 210.

In der Arbeitsbeschaffung blieb die Regierung Brüning 1930 weit hinter den Zielen zurück, die sie sich selbst gesetzt hatte. Nur das am 2. Juli vom Kabinett verabschiedete „Baukreditgesetz"[23] und die am 22. August von der Regierung gebilligten Steuersenkungen für die Bauwirtschaft[24] kann man als arbeitsbeschaffende Maßnahmen bezeichnen. Das Baukreditgesetz sah Hilfsmaßnahmen in einer Höhe von 250 Millionen Mark für den Kleinwohnungs- und Straßenbau vor, die durch Reichsbürgschaften und Hypothekarkredite der Giro- sowie der Deutschen Landesbankenzentrale erfolgen sollten[25]. Direkte Aufträge der öffentlichen Hand wurden 1930 nur von der Reichsbahn und Reichspost vergeben[26]. Und inwieweit man die Durchführung von Notstandsarbeiten als Arbeitsbeschaffungsmaßnahmen bezeichnen kann, bleibt noch zu erörtern.

Notstandsarbeiten

Die Notstandsarbeiten wurden zwar im allgemeinen auch als arbeitsbeschaffende Maßnahmen bezeichnet, aber im Kern sind sie als rein soziale Fürsorgemaßnahmen zu verstehen. Mit Wirtschaftspolitik hatten sie wenig zu tun.

Durch die Notstandsarbeiten erhielten die Erwerbslosen wieder Beschäftigung, aber keine Arbeit. Selbst die großzügigsten Programme für Notstandsarbeiten konnten keine Lösung zur Überwindung der allgemeinen Krise bieten, und sie gaben dem einzelnen Erwerbslosen keine Sicherheit für längere Zeit. Sie verschafften den leidenden Menschen eine kurzfristige Erleichterung. In der englischsprachigen Literatur heißen die Notstandsarbeiten deshalb sehr treffend: „relief works". Die Unterscheidung zwischen Beschäftigungsprogrammen, wie die Notstandsarbeiten, und arbeitsbeschaffenden Maßnahmen wirtschaftspolitischer Art wird in der angelsächsischen Literatur treffend mit dem Gegensatzpaar „make work programs" und „work creation policies" veranschaulicht.

Die Finanzierung der Notstandsarbeiten erfolgte ausschließlich aus Etatmitteln, und die Entlohnung der Beschäftigten lag kaum über den

---

[23] Vgl. „Der Deutsche Oekonomist", Nr. 2321, 17. 7. 1930, S. 977.
[24] Protokoll der Ministerbesprechung vom 22. 8. 1930, BAK, R 43 I/2038. Der Vorschlag hierzu stammte von Finanzminister Dietrich.—Marcons Behauptung (S. 204), daß bis zum Regierungsantritt des Kabinetts Papen seit dem zusätzlichen Wohnungsbauprogramm von 1929 keine Reichsmittel mehr für diesen Zweck bereitgestellt wurden, ist also falsch. Die einzige Ausnahme, die er erwähnt, betrifft die Zwischenkredite vom 125 Mill. RM im Jahre 1931.
[25] Ludwig Preller, Sozialpolitik in der Weimarer Republik, Stuttgart 1949, S. 431, spricht davon, daß im Sommer 1930 Arbeitsbeschaffungspläne für den Wohnungs- und Kleinwohnungsbau in einer Höhe von einer Milliarde Mark vorgelegen hätten. Hierfür fanden sich keine Belege.
[26] Ministerialrat Poerschke an Oberregierungsrat Meynen, 18. 12. 1930, BAK, R 2/18813.

1. Maßnahmen, Pläne und Diskussionen im Jahre 1930

Unterstützungssätzen, so daß eine Ankurbelung der Wirtschaft auch aus diesem Grund nicht zu erwarten war.

Schließlich blieb auch der Umfang der Notstandsarbeiten recht bescheiden[27].

In der Ära Brüning war die Zahl der Notstandsarbeiter im Vergleich zur Höhe der Arbeitslosigkeit sehr niedrig. Sie stieg sprunghaft in der nationalsozialistischen Zeit. Ein Indiz dafür, daß die große „Arbeitsschlacht" der Nationalsozialisten mit dem Spaten ausgefochten wurde.

Die Notstandsarbeiten gehen auf die im Jahre 1920 ins Leben gerufene „produktive Erwerbslosenfürsorge" zurück[28]. Mit Darlehen aus Zuschüssen der Erwerbslosenfürsorge wurden Arbeitsgelegenheiten geschaffen, damit die arbeitsfähigen Erwerbslosen für die empfangene Unterstützung eine gewisse Gegenleistung erbringen sollten. Schon der Ursprung der Notstandsarbeiten verweist also auf ihren Fürsorgecharakter. Das „Gesetz über Arbeitsvermittlung und Arbeitslosenversicherung" vom 16. Juli 1927[29] schuf die Grundlagen für die „wertschaffende Arbeitslosenfürsorge". In den hierzu von der Reichsanstalt für Arbeitsvermittlung und Arbeitslosenversicherung (RAfAuA) herausgegebenen Richtlinien hieß es, daß die Projekte arbeitsintensiv sein sollten, das heißt vorzugsweise war menschliche Arbeitskraft einzusetzen. Die Arbeiten sollten zudem „volkswirtschaftlich produktiv" sein und „dauerhafte Werte" schaffen. Schließlich sollten stets „zusätzliche" Vorhaben finanziert werden. Als Beschäftigungsdauer waren drei Monate vorgesehen. Die wertschaffende Arbeitslosenfürsorge hatte trotz ihres geringen wirtschaftlichen Nutzens (auch für die Lieferfirmen, denn viel zu liefern gab es hier nicht) einen gewissen politischen Stellenwert.

Als im November 1929 davon gesprochen wurde, die Mittel der wertschaffenden Arbeitslosenfürsorge einzustellen, warnte der Preußische Minister für Volkswohlfahrt, daß die Einstellung der Notstandsarbeiten die „öffentliche Ruhe und Sicherheit gefährden würde"[30].

Seit dem 1. August 1930 übernahm die Deutsche Gesellschaft für öffentliche Arbeiten (ÖffA)[31] die Verteilung der Darlehen für Notstandsar-

---

[27] Hierzu Tabelle C im Anhang IV.
[28] Gisela Hennies, Arbeitsbeschaffungspolitik in der Weltwirtschaftskrise in Deutschland und in den Vereinigten Staaten von Amerika, Volkswirtschaftliche Diplomarbeit, Seminar für Sozialpolitik, Universität Köln, Wintersemester 1964/65, S. 12.
[29] RGBl. 1927, I, S. 187 ff.
[30] Preußischer Minister für Volkswohlfahrt an den Staatssekretär in der Reichskanzlei, 5. 11. 1929, BAK, R 43 I/2037.
[31] Rechnungshof des Deutschen Reiches an den Staatssekretär in der Reichskanzlei, 4. 10. 1930, BAK, R 2/18383, zur ÖffA: H. J. Grünberg, Die rechtliche und wirtschaftliche Bedeutung der Deutschen Gesellschaft für öffentliche Ar-

beiten. Zuvor hatte die Reichsanstalt auch diesen Bereich bearbeitet. Im ersten Geschäftsjahr bewilligte die ÖffA eine Gesamtsumme von 50,3 und im zweiten von 21,4 Millionen RM[32].

Daß die drei Untersuchungsgruppen nur wenig Interesse an den Notstandsarbeiten haben konnten, macht eine Erklärung des Preußischen Ministerpräsidenten verständlich[33]: „Das Ziel der wertschaffenden Arbeitslosenfürsorge ist nicht eine allgemeine Ankurbelung und Belebung der Wirtschaft, sondern die Beschaffung von Arbeitsangelegenheiten für langfristig Arbeitslose." Hierfür konnte sich verständlicherweise kein Unternehmer erwärmen.

Richtlinien bei öffentlichen Aufträgen

Mit der Durchführung der ohnehin nicht sehr zahl- und umfangreichen öffentlichen Aufträge beabsichtigte die Reichsregierung keineswegs, einzelne Firmen zu beschenken oder zu subventionieren, sondern sie verfolgte klare wirtschafts- und sozialpolitische Ziele, die sicherlich nicht die Attraktivität der Aufträge für die beteiligten Unternehmer erhöhten:

So ließ Reichspostminister Schätzel für die Vergabe von Aufträgen der Reichspost[34] Richtlinien aufstellen, die eine Preissenkung der Auftragsfirmen von zehn Prozent zum Ziele hatten[35]. Auch der amtierende Reichswirtschaftsminister Trendelenburg hatte zu diesem Zeitpunkt die Aufstellung solcher Richtlinien bereits in Angriff genommen[36]. Wie noch im zweiten Teil zu zeigen sein wird, formierte sich eine breite Front von

---

beiten, Diss. Berlin 1937; H. Jaschinski, Die Deutsche Gesellschaft für öffentliche Arbeiten AG (ÖffA), in: Archiv für öffentliche und freigemeinwirtschaftliche Unternehmen 6, 1963, Heft 3/4.

[32] Hennies, S. 17; Ministerialrat Poerschke nannte für 1930 allerdings einen Betrag von 45 Millionen RM (Poerschke an Oberregierungsrat Meynen, 18. 12. 1930; BAK, R 2/18813). Möglicherweise lagen Poerschke Mitte Dezember noch nicht die vollständigen Zahlenwerte für 1930 vor.

[33] Denkschrift über die Entwicklung der wertschaffenden Arbeitslosenfürsorge. Anlage zum Schreiben des preußischen Ministerpräsidenten an den Reichskanzler, betr. Deutsche Gesellschaft für öffentliche Arbeiten, 18. 6. 1931, BAK, R 43 I/2040. Die Schreibweise von „preußisch" orientiert sich an den Quellen.

[34] Schätzel hatte für die arbeitsbeschaffenden Maßnahmen der Reichspost 200 Millionen Mark vorgesehen, deren Finanzierung er sich wie folgt vorstellte: 50 Millionen Mark sollten durch eine Anleihenaufnahme zusammenkommen, 40 Millionen Mark waren aus dem Fond für die Tilgung der Postanleihen vorgesehen, 30 Millionen sollten als Vorgriff auf die für das Winterhalbjahr zurückgestellten Mittel und 80 Millionen Mark als Vorgriff auf die Mittel von 1931 ausgegeben werden. In erster Linie dachte der Postminister an die Beschaffung von Kraftwagen und Anlagen für das Fernsprechwesen (Reichspostminister an Reichskanzler, 23. 6. 1930, BAK, R 43 I/2038).

[35] Protokoll der Ministerbesprechung vom 21. 7. 1930, BAK, R 43 I/2038.

[36] a.a.O.

Unternehmern gegen diese Richtlinien — auch unter Papen, dessen Verkehrsminister sich besonders eifrig an solchen Preissenkungsaktionen beteiligte — und anfangs sogar unter Hitler. Reichsarbeitsminister Stegerwald wollte noch weiter gehen als seine Kollegen Trendelenburg und Schätzel: Firmen, die zusätzliche Aufträge erhielten, sollten bestimmte Auflagen erfüllen: Sie sollten in ihren Geschäftsabschlüssen lange Lieferfristen vereinbaren, um dadurch Überstunden überflüssig zu machen.

Soweit wie möglich sollte bei den Arbeiten inländisches Material benutzt werden. (Dieser Punkt fand sich auch unter späteren Regierungen wieder.) Gewerbeaufsichtsbehörden sollten die Befolgung der Auflagen überwachen und Übertretungen den Beschaffungsressorts melden, die diese dann an das Arbeitsministerium weiterleiten würden[37]. Stegerwald ging mit seinen Vorschlägen sogar noch weiter: Die öffentlichen Beschaffungsressorts sollten keine Aufträge an Unternehmer mit „offener unsozialer Haltung" vergeben. Als Beispiele „offener unsozialer Haltung" nannte Stegerwald die Nichteinhaltung tarifvertraglicher oder ortsüblicher Arbeitsbedingungen und Entlassungsdrohungen, die eine untertarifliche Entlohnung bezwecken sollten[38]. Stegerwald bezichtigte die „Firmen der Berliner Metallindustrie" einer solchen „offenen unsozialen Haltung"[39] und scheute sich auch nicht, den Preußischen Minister für Handel und Gewerbe auf die Überstunden bei der AEG, bei Siemens, Borsig, Stock und Bergmann aufmerksam zu machen[40], womit er diese Praktiken zu unterbinden hoffte. Das Kabinett, dem Stegerwalds Anregungen vorlagen, nahm diese ohne weitere Reaktionen lediglich zur Kenntnis[41].

Ernennung eines „Arbeitskommissars"?

Am 27. Mai unterbreitete Reichsarbeitsminister Stegerwald den Vorschlag, alle mit der Arbeitsbeschaffung zusammenhängenden Fragen an einer zentralen Stelle zu koordinieren[42]. Diese Anregung, die eine Vorwegnahme des unter Schleicher ins Leben gerufenen Reichskommissars für Arbeitsbeschaffung war, fand bei den übrigen Ministern keine Reso-

---

[37] Reichsarbeitsminister an Staatssekretär in der Reichskanzlei am 15. 7. 1930, BAK, R 2/18813.
[38] Reichsarbeitsminister an Staatssekretär in der Reichskanzlei am 30. 7. 1930, BAK, R 2/18813.
[39] Reichsarbeitsminister an Reichsverkehrsminister und Reichspostminister vom 1. 8. 1930, a.a.O.
[40] Reichsarbeitsminister an den preußischen Minister für Handel und Gewerbe, 1. 8. 1930, a.a.O.
[41] Protokoll der Sitzung des Reichsministeriums vom 30. 7. 1930, BAK, R 43 I/2038.
[42] Protokollauszug der Sitzung des Reichsministeriums vom 27. 5. 1930, BAK, R 43 I/2037.

nanz. Befürchtete man die Ausweitung direkter staatlicher Aktivitäten in der Wirtschaft? Der Reichsarbeitsminister scheint jedenfalls einer staatlichen Steuerung gegenüber weniger Zurückhaltung geübt zu haben.

Anfang November wurde Brüning ein ähnlicher Vorschlag unterbreitet. Diesmal kam er allerdings nicht aus den Reihen der Regierungsmitglieder, sondern von einem Außenstehenden: vom Chefredakteur des „Berliner Tageblattes", Theodor Wolff[43]. Wolff schlug die Ernennnung eines „Arbeitskommissars" vor, weil er der Meinung war, daß die durch die Arbeitslosigkeit bedingten politischen Gefahren und das Elend der Betroffenen zum Handeln drängten und schlug den ehemaligen Demobilmachungskommissar, Oberstleutnant Koeth, für den neu zu schaffenden Posten vor. Der Reichskanzler jedoch lehnte die Ernennung eines „Arbeitskommissars" ab, weil dessen Aufgabe unerfülbar wäre. Es gebe weder aus dem Inland noch aus dem Ausland Kredite[44]. Angesichts der Tatsache, daß die Reichsregierung am 11. Oktober einen Kreditvertrag über 125 Millionen Dollar mit einer Gruppe von Banken aus Deutschland, den USA, den Niederlanden und Schweden abgeschlossen hatte[45], erscheint die Begründung Brünings merkwürdig. Aber anscheinend konnte er sich für Wolffs Plan ebensowenig erwärmen wie für die von Stegerwald vorgeschlagene zentrale Koordinierungsstelle.

Verkürzung der Arbeitszeit und Verlängerung der Schulpflicht

Am 23. Oktober 1930 unterbreitete die Preußische Regierung dem Reichskanzler verschiedene Vorschläge zur Arbeitsbeschaffung[46]. Unter anderem setzte sie sich für eine Arbeitszeitverkürzung auf vierzig Wochenstunden ein und verlangte, daß in Betrieben, in denen die Vierzigstundenwoche noch nicht praktiziert wurde, keine neuen Entlassungen genehmigt werden sollten. Besonderen Nachdruck legte die Preußische Regierung auf die Ausdehnung der Schulpflicht um ein Jahr, auf neun Schuljahre. Dadurch würde der Arbeitsmarkt, nach den Schätzungen der Preußischen Regierung, um 250 000 Menschen jährlich entlastet werden.

Brüning bezog sich in der Kabinettssitzung vom 27. Oktober lediglich auf den Vorschlag zur Verlängerung der Schulpflicht. Er lehnte ihn ab, weil kein Geld für die damit verbundenen Ausgaben vorhanden sei[47].

---

[43] Theodor Wolff an Brüning, 8. 11. 1930, BAK, R 43 I/2038.
[44] Vermerk über das Gespräch zwischen Brüning und Theodor Wolff, 27. 11. 1930, a.a.O.
[45] Schulthess 1930, S. 202.
[46] Der Vorgang befindet sich in BAK, R 43 I/2038, a) Vorlage des preußischen Ministers für Handel und Gewerbe, 16. 10. 1930 für die Sitzung des preußischen Staatsministeriums am 21. 10. 1930, b) Brief des preußischen Ministerpräsidenten an den Reichskanzler, 23. 10. 1930.
[47] Protokoll der Sitzung vom 27. 10. 1930, a.a.O.

Die Ablehnung der Vorschläge der Preußischen Regierung durch die Vereinigung der Deutschen Arbeitgeberverbände (VDA) war um einige Grade schärfer. Sie sprach sich vor allem deswegen gegen eine Verkürzung der Arbeitszeit aus, weil die Arbeit im Durchschnitt ohnehin um fünfundzwanzig Prozent gestreckt wurde, was zu einer Vermehrung der Produktionskosten und damit zu Preissteigerungen führte. Am wichtigsten war für die VDA die „Senkung der Gestehungskosten"[48].

Sogar Reichsarbeitsminister Stegerwald machte sich diese Argumentation zu eigen und sprach sich aus demselben Grund gegen die Arbeitszeitverkürzung aus[49]. Er zog aber in Betracht, daß sie zu einer „Beruhigung der Arbeitermassen" beitragen könnte und befürwortete deshalb eine freiwillige Vereinbarung zwischen Arbeitgebern und Arbeitnehmern. Diese Position des Reichsarbeitsministers ist wohl für seinen Mittel- und Mittlerkurs zwischen dem Standpunkt der Arbeitnehmer und Arbeitgeber charakteristisch. Daß er am Ende zwischen allen Stühlen sitzen würde, mußte er dabei in Kauf nehmen. Einen letzten — vergeblichen — Versuch zur Einführung des zusätzlichen neunten Schuljahres unternahm Stegerwald im November 1930[50].

Fazit 1930

Dieser Abschnitt hat gezeigt, daß es 1930 durchaus Ansätze und Pläne für arbeitsbeschaffende Maßnahmen im Sinne einer aktiven Konjunkturpolitik gab. Diese Pläne wurden nur ansatzweise verwirklicht, da sich die Regierung nicht für eine aktive Konjunkturpolitik entschieden hatte. Die wenigen Maßnahmen, die möglicherweise arbeitsbeschaffend gewirkt hätten, wurden zum Beispiel durch kumulative Preissenkungen und Steuererhöhungen erfolglos. Sie waren bestenfalls dazu geeignet, den wirtschaftlichen Schrumpfungsprozeß abzuschwächen, nicht, ihn zu verhindern, und die Notstandsarbeiten sorgten mehr für Beschäftigung als für Arbeit. Deshalb sollte man für das Jahr 1930 überhaupt nicht von einer Arbeitsbeschaffungspolitik sprechen. Diese kann man in einer Wirtschaft im Zustand der Deflation nur mit einer nichtdeflationistischen Wirtschaftspolitik betreiben.

Für die Vermutung, die arbeitsbeschaffenden Maßnahmen seien Funktion des Drucks gewesen, der von den Untersuchungsgruppen auf die staatlichen Entscheidungsträger ausgeübt wurde, ließen sich für das Jahr 1930 keine Belege in den Regierungsdokumenten finden. Die Akten ver-

---

[48] Brief des Vorsitzenden (Ernst von Borsig) und des Geschäftsführenden Präsidialmitglieds der VDA (Roland Brauweiler) an den Reichskanzler, 27. 10. 1930, a.a.O. Näheres im zweiten Teil der Arbeit.
[49] Protokoll der Sitzung vom 11. 11. 1930, BAK, R 43 I/1447.
[50] Reichsarbeitsminister an Staatssekretär in der Reichskanzlei, 5. 11. 1930, BAK, R 43 I/2038.

mitteln den Eindruck, daß die Regierung in Fragen der „Arbeitsbeschaffung" einen Mittel- und Mittlerkurs zwischen den verschiedenen Interessen anstrebte. Die Argumente von Reichsarbeitsminister Stegerwald verdeutlichen diesen Kurs in besonderem Maße. Wie wenig von einer konsequenten Durchsetzung der Regierungslinie sogar innerhalb der Staatsbürokratie gesprochen werden kann, wurde durch die Haltung der beiden Regierungsvertreter im Verwaltungsrat der Reichsbahn veranschaulicht.

2. Maßnahmen, Pläne und Diskussionen im Jahre 1931

In seinen Memoiren schreibt Brüning, er habe im Jahre 1931 bewußt eine „scheinbar planlose Deflationspolitik" verfolgt, um dadurch Deutschland von den Reparationslasten zu befreien und um die Zahlungsunfähigkeit des Landes aller Welt vor Augen zu führen[51]. Diesen Plan habe er nur dem Präsidenten der Reichsbank, Hans Luther, unter dem Siegel der Verschwiegenheit eröffnet. Helbichs Interpretation[52] geht auch in diese Richtung, Köhler[53] lehnt sie ab und versucht nachzuweisen, daß Brünings Wirtschafts- und Finanzpolitik sich mit seinen wirtschaftstheoretischen Vorstellungen deckte. Einig sind sich beide darüber, daß keine aktive Wirtschaftspolitik und eine restriktive Geldpolitik betrieben wurde. Grotkopp[54] weist auf eine „Inflation des Finanzwechselgeldes" und eine gleichzeitige „Deflation des Handelswechselgeldes" seit dem zweiten Halbjahr 1930 hin. Diese Erweiterung des Finanzwechselvolumens, die eine Umgehung der staatlich verordneten restriktiven Geldpolitik bedeutete, wurde sogar von der Reichsbank toleriert[54a].

Die Untersuchung der staatlichen Prioritäten bei Maßnahmen, Plänen und Diskussionen zur Arbeitsbeschaffung im Jahre 1931 werden in diesem Zusammenhang gesehen werden müssen. „Arbeitsbeschaffungs"-maßnahmen konnten ohne eine aktive Konjunkturpolitik bei Preis- und Lohnsenkungsaktionen und vor allem bei einer restriktiven Geldpolitik im Jahre 1931 — ebenso wie 1930 — allenfalls Feuerwehrfunktionen ausüben, das heißt, sie konnten Brände löschen oder versuchen, sie zu verhindern. Das schließt freilich nicht die Möglichkeit aus, daß auch bei „Feuerwehraktionen" handfeste Interessen im Spiel waren.

---

[51] Brüning, Memoiren, S. 233. Wir sahen diese „scheinbar planlose Deflationspolitik" bereits 1930.

[52] W. J. Helbich, Reparationen.

[53] Henning Köhler, Arbeitsbeschaffung, Siedlung und Reparationen in der Schlußphase der Regierung Brüning, in: VHZ 17 (1969), S. 276 - 307.

[54] Grotkopp, S. 174.

[54a] Näheres hierzu, vor allem Zahlenangaben, im Abschnitt über die „Russengeschäfte" in diesem, im sechsten und achten Kapitel.

2. Maßnahmen, Pläne und Diskussionen im Jahre 1931

Aufträge der Reichsbahn

Die Vergabe von Aufträgen der Reichsbahn im Jahre 1931 wird im zweiten Teil der Arbeit die Interessenlage deutlich zutage treten lassen. In den Regierungsakten finden sich — erstaunlicherweise? — nur vereinzelte Hinweise auf diese Aufträge und ihre Durchführungsmodalitäten.

Bei einer Besprechung im Reichsarbeitsministerium über die Notstandsarbeiten und die Arbeitsbeschaffung von Reichsbahn und -post, die am 2. Januar 1931 stattfand[55], und die lediglich „informativen Charakter" hatte, ergab sich folgendes Bild:

Für die Arbeitsbeschaffung der Reichsbahn sollten 100 Millionen RM aufgebracht werden. Die Reichspost plante für 1931 keine zusätzlichen Arbeiten, sondern sah Ausgaben von 400 Millionen Mark im Rahmen des „normalen Beschaffungsprogramms" vor. Das Reichsverkehrsministerium ließ durch seinen Vertreter wissen, daß zwar Pläne für diverse Arbeiten vorhanden seien, ihre Finanzierung aber ausgeschlossen erscheine. Man machte sich lediglich auf Anleihen aus dem Ausland Hoffnungen. Über weitere Auftragsprojekte der Reichsbahn schweigen sich die Regierungsakten aus.

Die Untersuchungen im zweiten Teil dieser Studie werden sich ausführlicher mit den Reichsbahnaufträgen zu befassen haben. Sie werden den Druck zeigen, der von bestimmten Untersuchungsgruppen ausgeübt wurde, um an diesen Aufträgen beteiligt zu werden. Dies ist ein weiterer Beweis dafür, daß Aussagen über das Verhältnis von Wirtschaft und Politik nur unter Hinzuziehung von Materialien aus beiden Bereichen ein abgerundetes Bild vermitteln können. Denn oft schweigen sich die Akten des einen Bereiches über Konzessionen an den anderen aus.

Die „Russengeschäfte"[56]

Einen Schwerpunkt arbeitsbeschaffender Maßnahmen im Jahre 1931 bildeten die „Russengeschäfte". Auch hier verdient die Interessenlage Beachtung.

---

[55] Niederschrift über die Besprechung am 2. 1. 1931 im Reichsarbeitsministerium über Arbeitsbeschaffung, BAK, R 43 I/2039 und BAK, R 2/18813.

[56] Zwei demnächst erscheinende Arbeiten von Klaus Jäkel (Berlin) und Michael Grübler (Hamburg) werden sich mit den Russengeschäften ausführlicher befassen. Vgl. auch die Arbeiten von: Hans Münch, Arbeit und Brot durch sowjetische Produktionsaufträge (1929 - 1932), Berlin (DDR) 1967; ders., Die Bedeutung der sowjetischen Aufträge an die sächsische Werkzeugmaschinenindustrie in der Zeit der Weltwirtschaftskrise von 1929 bis 1932, in: Jahrbuch für Wirtschaftsgeschichte, 1965, IV, S. 54 ff. Hartmut Knitter und Hans-Heinrich Müller, Zum „Russengeschäft", in: Jahrbuch für Wirtschaftsgeschichte, 1967, III, S. 147 ff. Neuerdings: Hartmut Pogge von Strandmann, Großindustrie und Rapallopolitik. Deutsch-sowjetische Handelsbeziehungen in der Weimarer Republik, in: HZ, Bd. 222 (1976), S. 265 - 341.

Die „Russengeschäfte" wurden in der Regierung als Beitrag zur Arbeitsbeschaffung verstanden und sollten den deutschen Export fördern. Man wird daher ein Interesse an diesen Aufträgen bei den exportorientierten Wirtschaftszweigen erwarten dürfen.

Bevor man aber über deren Interessenwahrnehmung den Stab bricht, sollte man bedenken, daß bei zurückgehenden Bruttoinlandsinvestitionen der Versuch, die Wirtschaftskrise durch Exportüberschüsse zu überwinden, von vornherein zum Scheitern verurteilt war[57], so daß auch die „Russengeschäfte" volkswirtschaftlich gesehen nur Feuerwehrfunktionen beschieden bleiben mußten.

Außerdem ergaben sich für den deutschen Export durch die zwanzigprozentige Abwertung des englischen Pfundes im September 1931 und die zahlreichen Außenhandelsbarrieren anderer Staaten[58] ungünstige Erfolgsaussichten. Die neuerlichen Preis- und Lohnsenkungen um zehn Prozent, die in der Notverordnung vom 8. Dezember 1931 angeordnet wurden[59], konnten den internationalen Wettbewerbsnachteil der deutschen Exportindustrie nicht mehr ausgleichen, sondern wirkten im Gegenteil noch krisenverschärfend. Nur wenn man diesen volkswirtschaftlichen Zusammenhang in Rechnung zieht, kann man zu einer ausgewogenen Beurteilung einer betriebswirtschaftlichen Interessenvertretung gelangen. Das Erkenntnisinteresse dieser Untersuchung richtet sich lediglich auf die arbeitsbeschaffende Wirkung der „Russengeschäfte". Um die Bedeutung dieser Geschäfte zu zeigen, sei kurz auf ihren volkswirtschaftlichen Stellenwert hingewiesen.

Tabelle I

Deutschlands Ausfuhr in die Sowjetunion[60]

	1930	1931	1932	1933	1934
Absoluter Betrag in Mill. RM	431	763	626	282	63
Anteil am deutschen Gesamtexport (in %)	3,6	7,9	10,9	5,8	1,5
Rang der UdSSR unter allen Abnehmerstaaten Deutschlands		11	4	2	5	20

---

[57] Dietmar Keese, Die volkswirtschaftlichen Gesamtgrößen für das Deutsche Reich in den Jahren 1925 - 1936, in: Conze/Raupach, Die Staats- und Wirtschaftskrise des Deutschen Reiches, Stuttgart 1967, S. 74 f.

[58] Hierzu Keese, S. 79 ff.

[59] Vgl. ebd., S. 81.

[60] B. Puchert, Die Entwicklung der deutsch-sowjetischen Handelsbeziehungen von 1918 bis 1939, in: Jahrbuch für Wirtschaftsgeschichte 1973, IV, S. 28 und 32. — Pucherts Zahlenangaben sind, wie ein Vergleich zeigt, dem Statistischen Jahrbuch für das Deutsche Reich entnommen. Er hat die Zahlen abgerundet.

In der Brüning-Ära findet man die „Russengeschäfte" erst im März 1931 auf der Tagesordnung des Kabinetts. Die Reichsregierung erhoffte sich durch die Aufträge aus der Sowjetunion eine Mehrbeschäftigung im Inland und war deshalb bereit, die Durchführung der Geschäfte durch Ausfallbürgschaften des Reiches zu sichern. Diese Ausfallbürgschaften gehen auf einen 300 Millionen-Kredit aus dem Jahre 1926 zurück[61], bei dem die Reichsgarantie 105 Millionen RM betrug. Auch damals sollten die Aufträge aus der Sowjetunion den Absatz deutscher Waren erweitern und Arbeitsplätze erhalten. Die Haftung zur Verringerung des Geschäftsrisikos für deutsche Lieferfirmen übernahmen das Reich mit fünfunddreißig und die Länder mit fünfundzwanzig Prozent. Die restlichen 40 Prozent wurden durch Kredite von Bankenkonsortien aufgebracht[62]. Bis zum April 1932 hatten sich hierfür acht Bankenkonsortien zusammengefunden, die von der Preußischen Staatsbank und später von der Reichsbank Rediskontzusagen erhielten[63]. Bis 1927 hatten deutsche Firmen Geschäfte für rund 370 Millionen RM mit der UdSSR abgeschlossen. Diese waren unter anderem durch Reichsgarantien von 127 Millionen und Kredite mit zwei- und vierjähriger Laufzeit abgesichert. 1929 wurden mit der Sowjetunion Geschäfte in einer Höhe von 125 Millionen und 1930 für 340 Millionen Mark getätigt. Das Reichsobligo belief sich 1929 auf 45 Millionen und 1930 auf 122 Millionen Mark. Im April 1931 waren all diese Geschäfte abgewickelt, und die Ausfallbürgschaften aus der ersten großen Aktion im Jahre 1926 wurden wieder in vollem Umfang frei.

Als sich das Kabinett am 20. März 1931 mit den „Russengeschäften" befaßte, verknüpfte es diesen Tagesordnungspunkt mit der Erörterung von Mitteln zur Mehrbeschäftigung[64].

Welche Argumente brachten die Regierungsmitglieder für beziehungsweise gegen die Lieferungen an die Sowjetunion vor? Reichsarbeitsminister Stegerwald trat „aus außenpolitischen Gründen" für eine stärkere „Ostorientierung" ein und betonte auch die arbeitsmarktpolitische Bedeutung der „Russengeschäfte". Er schlug daher vor, die nötige Ausfallbürgschaft des Reiches sogar auf eine Höhe bis zu einer Milliarde Mark festzusetzen. Reichsbankpräsident Luther wollte die Reichsgarantie nur auf 300 Millionen Mark beschränken. Staatssekretär Trendelenburg, der amtierende Reichswirtschaftsminister, erklärte, daß diese Geschäfte privatwirtschaftlich nicht zu rechtfertigen seien und erwartete, anders als Stegerwald, nur eine Mehrbeschäftigung „in beschränktem Umfange"

---

[61] Zur Vorgeschichte der „Russengeschäfte": Kabinettsvorlage des Reichswirtschaftsministers vom 11. 4. 1932 für die Sitzung am 12. 4. 1932, BAK, R 43 I/1455.
[62] Vorlage des Reichswirtschaftsministers vom 11. 4. 1932, a.a.O.
[63] a.a.O.
[64] Im folgenden aus dem Protokoll der Ministerbesprechung vom 20. 3. 1931, BAK, R 43 I/1449.

von „etwa zwanzig bis dreißig Prozent der in Frage kommenden Summe". Ebenso wie Staatssekretär Schäffer vom Reichsfinanzministerium hielt er die Verwendung der 300 Millionen Mark im Inland für wirksamer. Trendelenburg plädierte dafür, anstelle der „Russengeschäfte" Aufträge der Reichsbahn zu fördern, über die mit der AEG sowie den Herren Poensgen und Klöckner bereits Verhandlungen geführt wurden. Trotz des Hinweises von Brüning, daß „Industrielle an die Regierung wegen der Garantie für die ‚Russengeschäfte' herangetreten" seien und daß ihnen „unter allen Umständen daran gelegen (sei), Aufträge hereinzubekommen", blieben die Meinungen im Kabinett geteilt.

Doch die Geschäfte kamen auch ohne die Regierung zustande. Am 14. April einigten sich die Delegationen des Obersten Volkswirtschaftsrates der UdSSR mit den Vertretern der deutschen Industrie und schlossen das sogenannte Pjatakoff-Abkommen. Es sah deutsche Lieferungen an die Sowjetunion in einer Höhe von 300 Millionen Mark für den Zeitraum vom 15. April bis 31. August 1931 vor[65]. Der tatsächliche Umfang belief sich dann in diesem Zeitraum auf 500 Millionen Mark[66].

Erst etwa ein Jahr später, am 2. März 1932, beschäftigte sich das Kabinett wieder mit den „Russengeschäften"[67]. Reichswirtschaftsminister Warmbold stellte in einer Kabinettsvorlage fest[68], daß bereits im Herbst 1931 die seinerzeit vom Reich festgesetzte Grenze für die Einräumung von Ausfallbürgschaften in den „Russengeschäften" erreicht wurde. Seinerzeit gab die Reichsbank einen Rediskontkredit, nun aber betrug das Reichsobligo 420 Millionen Mark, und es bestanden keine Garantien mehr für die „Russengeschäfte". Den Angaben des Reichswirtschaftsministers zufolge[69] war die Summe, für die allein die Länder zu haften hatten, inzwischen auf 300 Millionen Mark angestiegen. Insgesamt hatten die Geschäfte einen Umfang von rund einer Milliarde RM erreicht[70]. Offensichtlich hatten die beteiligten Unternehmer über die zunächst vereinbarten Summen hinaus Geschäfte getätigt, für die nunmehr keine Ausfallbürgschaften bestanden. Trotz ihrer Geldsorgen war die Regierung aber anscheinend bereit, neue Reichsgarantien zu übernehmen, denn auch diesmal war die Industrie „vorstellig geworden". Der RDI wandte sich an die

---

[65] Schulthess, 1931, S. 104 ff.
[66] s. Anmerkung 62.
[67] Protokoll der Sitzung des Reichsministeriums vom 2. 3. 1932, BAK, R 43 I/1455.
[68] Kabinettsvorlage des Reichswirtschaftsministers vom 1. 2. 1932, für die Sitzung vom 2. 3. 1932, a.a.O.
[69] s. Anmerkung 62.
[70] a.a.O. Es sei daran erinnert, daß die Kredite zu 35 Prozent vom Reich, zu 25 Prozent von den Länderregierungen und die restlichen 40 Prozent von Bankenkonsortien getragen wurden.

2. Maßnahmen, Pläne und Diskussionen im Jahre 1931   61

Reichsbank und suchte um einen Rediskontkredit wie im Herbst 1931 nach, weil sich besonders die Maschinenindustrie wegen der Schrumplung des Inlandsmarktes zunehmend auf die „Russengeschäfte" eingestellt hatte[71].

In der Kabinettssitzung vom 2. März 1932 bat Warmbold die Ministerrunde um ihre Zustimmnug zu einer neuerlichen Reichshilfe von 120 Millionen RM für die „Russengeschäfte", um die bereits abgeschlossenen Lieferverträge finanziell absichern zu können[72]. Bei einem Scheitern der Finanzierung rechnete der Wirtschaftsminister mit „bedenklichen Folgen" für den Arbeitsmarkt[73]. Schließlich wies er noch darauf hin, daß die Sicherung der schon vereinbarten Geschäfte im Interesse der Eisen-, Waggon-, Maschinen- und Werkzeugindustrie liege[74]. Aber für die Finanzierung weiterer „Russengeschäfte" habe sich noch kein Bankenkonsortium gefunden[75].

Reichsarbeitsminister Stegerwald, der noch im Vorjahr zu den stärksten Befürwortern der „Russengeschäfte" gehört hatte, erklärte sich zunächst nur mit einer Chefbesprechung über die Frage ihrer weiteren Finanzierung einverstanden und drängte statt dessen mit Nachdruck auf eine „Klärung über andere vom Reich finanzierte Projekte". Vor allem müßten Siedlungsvorhaben „und andere Projekte, an denen die Arbeitnehmer interessiert seien, endlich einmal Berücksichtigung finden". Schließlich wies Stegerwald auch noch darauf hin, daß die freien Gewerkschaften am 23. März ihre Erörterungen über die Arbeitsbeschaffung beginnen und daß die Regierung „einer solchen Aktivität" zuvorkommen müsse. Am Ende einigte sich das Kabinett darauf, die von Stegerwald vorgeschlagene Chefbesprechung über die Zukunft der „Russengeschäfte" abzuhalten. Etwa einen Monat später wurde die Finanzierungsfrage in Besprechungen zwischen dem Reichswirtschaftsministerium und der Reichsbank gelöst[76], so daß Aufträge in einer Höhe von weiteren 200 - 300 Millionen gesichert waren.

Dabei hatte Reichswirtschaftsminister Warmbold Abstriche von seinem ursprünglichen Vorschlag gemacht und für einen Geschäftsumfang von nur 100 Millionen Mark plädiert, wobei das Reichsobligo 35 Millionen

---

[71] Kabinettsvorlage 1. 2. 1932, a.a.O.
[72] Protokoll der Sitzung des Reichsministeriums vom 2. 3. 1932, a.a.O.
[73] s. Anmerkung 71.
[74] Bedauernd fügte der Reichswirtschaftsminister hinzu, daß die Russen nur neue und nicht die alten Waggons der Reichsbahn kaufen wollten. Offensichtlich wollte man der Reichsbahn neue Waggons auf Kosten der Sowjetunion zukommen lassen, a.a.O.
[75] Im folgenden s. Anmerkung 72.
[76] Vorlage des Reichsfinanzministers zur Arbeitsbeschaffung, 11. 4. 1932, BAK, R 43 I/2045.

Mark betragen sollte[77]. Er fügte aber hinzu, daß der Bedarf der Industrie größer als diese Summe sei, was die bereits vorliegenden Anmeldungen zeigten. Am 12. April 1932 befürwortete das Kabinett schließlich eine „Wirtschaftsankurbelung" in Form einer „Arbeitsbeschaffung" durch Siedlungsprojekte sowie durch den Arbeitsdienst[78]. „Arbeitsbeschaffung" und Auftragsbeschaffung (durch die „Russengeschäfte" zum Beispiel) waren für die Regierung nur zum Teil identisch. Sie wollte beides. Wieder zeigt es sich, daß die Regierung Brüning in wirtschaftspolitischen Fragen einen Mittelweg anstrebte. Freilich neutralisierte sie damit von vornherein viele der beabsichtigten wirtschaftlichen Effekte, aber auch der involvierten Interessen.

Die Finanzierungsmethode der „Russengeschäfte" zeigte eine im Rahmen der sonst unter Brüning gehandhabten Geldpolitik erstaunliche Ausweitung des Wechsel- und damit indirekt auch des Geldvolumens. Es sei auf den Hinweis Grotkopps von der „Inflation des Finanzwechselgeldes" erinnert[79]. Immerhin war im Frühjahr 1932 der Umfang der Finanzwechsel so beträchtlich, daß Reichsbankdirektor Waldhecker in einer Besprechung darauf hinwies, daß die Quote der Reichsbank an Finanzwechseln nicht mehr „wesentlich" erhöht werden könne[80]. Wie wir sehen, wurde diese Finanzierungsform nicht erst von den Nationalsozialisten eingeführt; freilich bedienten sie sich dieser Methode weitaus intensiver. Reichsbankpräsident Luther, bekannt für seine eher konservative Geldpolitik, rechtfertigte die Hinnahme dieser Wechselgeschäfte durch die Reichsbank damit, daß man stets bei einzelnen „Arbeitsbeschaffungsplänen" die Möglichkeit von Kreditausweitungen prüfen müsse. Ein allgemeines „Kreditausweitungsprogramm" lehnte er nach wie vor ab[81].

Vorstädtische Siedlungsprojekte ab 1931

Kann man die Siedlungsprojekte, an denen laut Reichsarbeitsminister Stegerwald die Arbeitnehmer interessiert waren[82], im Sinne der entwickelten Definition als arbeitsbeschaffend bezeichnen? Im folgenden soll erläutert werden, weshalb die Siedlungsvorhaben die Bezeichnung „Arbeitsbeschaffung" nicht ohne weiteres verdienen und weshalb sie im Rahmen dieser Studie nur am Rande erwähnt werden[83].

---

[77] Vorlage des Reichswirtschaftsministers vom 11. 4. 1932, s. Anmerkung 62.

[78] Protokoll der Sitzung des Reichsministeriums vom 12. 4. 1932, BAK, R 43 I/1455.

[79] Grotkopp, S. 174.

[80] Vermerk über eine Besprechung im Reichswirtschaftsministerium am 5. 4. 1932, BAK, R 43 I/2045.

[81] Vortrag von Reichsbankpräsident Luther im Langnamverein, BAK, R 13 I/232.

[82] Vgl. Anmerkung 67, Kabinettssitzung vom 2. 3. 1932.

2. Maßnahmen, Pläne und Diskussionen im Jahre 1931

In seiner Vorlage für ein „Programm zur Minderung der Arbeitslosigkeit durch Schaffung von Kleinsiedlerstellen"[84] vom 5. August 1931 ging Ministerialrat Poerschke vom Reichsfinanzministerium davon aus, daß die Arbeitslosigkeit auf absehbare Zeit eine Dauererscheinung in Deutschland sein würde. Die Empfänger der Arbeitslosenunterstützung nannte er eine „industrielle Reservearmee", und für die Empfänger der Krisenunterstützung sah er praktisch kaum noch eine Möglichkeit, wieder in den regulären Arbeitsprozeß eingegliedert zu werden. Diese Kategorien der Arbeitslosen stellten „eine politische, wirtschaftliche und soziale Gefahr" dar, und die Verringerung ihrer Zahl hielt er für eine „Staatsnotwendigkeit". Er sah nur einen Ausweg: Die „Ansetzung" der Arbeitslosen auf Kleinsiedlerstellen, wo sich die Menschen selbst versorgen könnten.

Auch Reichsfinanzminister Dietrich vertrat mit Nachdruck die Vorschläge für vorstädtische Kleinsiedlungen, weil die bisher betriebene ländliche Siedlung nicht imstande sei, „die erheblichen Massen von Arbeitslosen aufzunehmen"[85]. Kleinsiedlungen in der nächsten Umgebung der Städte, in denen sich die Siedler selbst mit Nahrungsmitteln versorgen könnten und durch die sie keine Unterstützungszahlungen der öffentlichen Hand mehr bräuchten, hielt auch Dietrich für die einzige Alternative, weil er, ebenso wie Poerschke, die Arbeitslosigkeit für eine Dauererscheinung hielt. Die durch vorstädtische Kleinsiedlungen entstehende Ersparnis für 100 000 Arbeitslose bezifferte man im Kabinett auf 70 Millionen RM[86].

Die Siedlungen waren also vor allem als Sparmaßnahmen für die öffentlichen Haushalte gedacht. Die Schaffung solcher Siedlerstellen mag wohl (sehr) kurzfristig einigen Materiallieferanten Vorteile gebracht haben, langfristig konnten diese Projekte aber nicht arbeitsbeschaffend

---

[83] Laut Köhler, Arbeitsbeschaffung, S. 290, sollten Siedlungsprojekte im Frühjahr 1932 die Initialzündung einer „organischen Arbeitsbeschaffung" sein. Köhler geht davon aus (S. 307), daß die Regierung Brüning Siedlungsvorhaben aus zwei Gründen anderen Arbeitsbeschaffungsformen gegenüber den Vorzug gab. Zum einen wegen der „konservativ-industriefremden Einstellung" Brünings und zum anderen, weil man mit einer langen Dauer der Krise rechnete und deshalb eine Unterbringung auf dem Land für sinnvoll hielt. Köhler betrachtet demnach die Siedlungsprojekte als Teile eines Arbeitsbeschaffungsprogramms. Aufgrund der mit den Siedlungsvorhaben verbundenen Absichten der Politiker und aufgrund des minimalen wirtschaftlichen Effekts ist eine Subsummierung der Siedlungsprojekte unter dem Begriff der Arbeitsbeschaffung nicht unproblematisch.

[84] Vorlage von Ministerialrat Poerschke: „Programm zur Minderung der Arbeitslosigkeit durch Schaffung von Kleinsiedlerstellen", 5. 8. 1931, BAK, R 2/19121.

[85] Reichsfinanzminister Dietrich an Reichskanzler Brüning, 3. 9. 1931, BAK, R 43 I/1452 und BAK, Nachlaß Dietrich 307.

[86] Protokoll der Ministerbesprechung vom 7. 9. 1931, BAK, R 43 I/1452.

wirken, und mit einer krisenüberwindenden expansiven Geld- und aktiven Konjunkturpolitik hatten sie nichts gemein. Die Siedlungsprojekte gingen von der Annahme aus, daß die Arbeitslosigkeit eine Dauererscheinung sei. Die Stellungnahmen von Dietrich und Ministerialrat Poerschke lassen hierüber keinerlei Zweifel zu. Was aber bezweckte dann die Regierung mit diesen Projekten? Es scheint, daß die Siedlungsmaßnahmen, und zwar besonders die der ländlichen Siedlung, von einigen Politikern als Sicherungsmaßnahmen gedacht waren, mit denen mögliche Unruhen der arbeitslosen Bevölkerung in den Städten zuvorgekommen werden sollte. Bei den Nationalsozialisten sprach man später (weniger mißverständlich) vom „Abschieben aufs Land"[87]. Belegt wird diese These durch den Inhalt einer Ressortbesprechung im Reichsfinanzministerium, in der „von verschiedenen Seiten" die Gefahr betont wurde, „die durch die Massierung unzufriedener Elemente vor den Toren der Großstädte drohe"[88]. Daher wurde vorgeschlagen, die vorstädtische Kleinsiedlung mit der bäuerlichen Siedlung zu mischen. Diesen „verschiedenen Seiten" war anscheinend die „Abschiebung" als solche noch nicht sicher genug. Durch den Einspruch von Stegerwald und Dietrich wurde jedoch der „Abschiebungs"-vorschlag abgeblockt[89] und sollte den Nationalsozialisten vorbehalten bleiben. Die Trennung zwischen der ländlichen und vorstädtischen Siedlung wurde beibehalten.

Anhand der vorliegenden Dokumente kommen wir zu dem Schluß, daß die Siedlungsprojekte — im Sinne unserer Definition — nicht als arbeitsbeschaffende Maßnahmen bezeichnet werden können, auch wenn Finanzminister Dietrich die vorstädtische und ländliche Siedlung als „das typische Arbeitsbeschaffungsprogramm" bezeichnete[90].

Das Gutachten der Brauns-Kommission

Mit dem Gutachten der Brauns-Kommission[91] vom Frühjahr 1931 hat sich die Regierung — den Kabinettsprotokollen und anderen Regierungsakten zufolge — wenig beschäftigt[92], was in Anbetracht der kurz nach der Veröffentlichung des Gutachtens einsetzenden Bankenkrise nicht verwundert.

---

[87] Vgl. das Kapitel über die nationalsozialistische Arbeitsbeschaffungspolitik.
[88] Vermerk über eine Ressortbesprechung über die „Minderung der Arbeitslosigkeit durch Schaffung von Kleinsiedlerstellen", 10. 9. 1931, BAK, R 2/19122. Eine Spezifizierung der städtischen Gefahrenherde war — so aufschlußreich sie auch wäre — aus den Quellen nicht zu ersehen.
[89] Vermerk über die Chefbesprechung vom 21. 9. 1931, a.a.O.
[90] a.a.O.
[91] Vgl. unter anderem Kroll, S. 371 ff., Hennies, S. 19 ff.
[92] Vgl. BAK, R 43 I/2040.

Die Empfehlung der Kommission, die Arbeitszeit zu verkürzen, blieb in der Folgezeit nicht ohne Einfluß, und die Notverordnung vom 5. Juni 1931 räumte der Regierung die Möglichkeit ein, mit Zustimmung des Reichsrates in einzelnen Wirtschaftszweigen die Vierzigstundenwoche einzuführen. Die orthodoxe finanzpolitische Konzeption der Gutachter (zu denen auch Lautenbach gehörte!) hatte eher einen hemmenden Einfluß auf eine aktive Konjunktur- und expansive Geldpolitik. Die Vorschläge zur Einschränkung des Doppelverdienertums lenkten von den eigentlichen Problemen und Ursachen der Krise ab, und die empfohlene Finanzierung der Notstandsarbeiten durch Auslandskredite war unrealistisch. Die Anregung, öffentliche Aufträge zu vergeben und dabei auf die Möglichkeiten der Reichsbank zurückzugreifen, traf den Kern der Problematik besser.

Die Stellungnahme zum freiwilligen Arbeitsdienst, der mehr eine ideologiebefangene Beschäftigungstherapie als eine krisenüberwindende Wirtschaftspolitik war, kann im Zusammenhang mit der Arbeitsbeschaffungspolitik außer acht gelassen werden. Der freiwillige Arbeitsdienst war eine sehr deutsche Variante dessen, was in den Vereinigten Staaten als „make work program" bezeichnet wurde.

Wirtschaftsbeirat

Der von der Reichsregierung im Herbst 1931 ins Leben gerufene Wirtschaftsbeirat sollte sich im Rahmen eines „Maximalprogramms"[93] auch mit Fragen der Arbeitsbeschaffungspolitik befassen und dabei die Beratungen über die Arbeitsbeschaffung mit Verhandlungen über Tariffragen verknüpfen. Eine Forderung, die von der Arbeitgeberseite immer wieder vorgebracht wurde, in der Regierungszeit Brünings aber unrealisiert blieb.

Fazit 1931

Die arbeitsbeschaffenden Maßnahmen des Jahres 1931 brachten zwar keinen Durchbruch zu einer aktiven Konjunkturpolitik, aber eine Lockerung der Geldpolitik zeigt sich zum Beispiel in der Durchführung der „Russengeschäfte".

Eine bewußte Bevorzugung der einen oder anderen Interessengruppe läßt sich in den Regierungsakten nicht erkennen. Die Prioritäten der Regierung und ihrer Bürokratie orientieren sich im allgemeinen an der volkswirtschaftlichen „Effizienz" und — wie 1930 — an dem Ziel einer staatlichen Mittlerrolle.

Ansätze zu einer Taktik der Neutralisierung gefährlicher Unruheherde in den Städten lassen sich bei der Planung der Siedlungsprojekte er-

---

[93] Beratungen am 10. 11. 1931, BAK, R 43 I/1166.

kennen, sind aber eher als Ausdruck wirtschaftspolitischer Ohnmacht seitens der Regierung Brüning zu interpretieren. Eine punktuelle Identität zwischen dem „Maximalprogramm" des Wirtschaftsbeirats und den Forderungen der Arbeitgeberseite nach einer Verknüpfung von Fragen der Arbeitsbeschaffung und der Tarifpolitik erlaubt noch keine allgemeinen Schlußfolgerungen.

Die „arbeitsbeschaffenden" Maßnahmen des Jahres 1931 waren (mit Ausnahme der „Russengeschäfte" und der Reichsbahnaufträge) Hilfsmaßnahmen, die zu einer Überwindung der Krise nur wenig beitragen konnten.

Im Dezember 1931 zeigten sich die ersten Risse in der Front der orthodoxen Geldpolitiker im Kabinett. Es gab auch Minister, die außerordentliche Maßnahmen auf dem Gebiet der Geldschöpfung und des Kreditwesens als „unerläßlich" bezeichneten[94]. Schwerin-Krosigk nennt dabei vor allem Reichswirtschaftsminister Warmbold.

3. Maßnahmen, Pläne und Diskussionen in den letzten fünf Monaten der Regierung Brüning

Primat der Reparationsfrage oder Arbeitsbeschaffung?

Es kann nicht der Sinn dieses Abschnitts sein, die Ergebnisse Henning Köhlers[95] und Wolfgang J. Helbichs[96] nachzuprüfen. Es wäre auch müßig, darauf hinzuweisen, daß trotz der Reparationszahlungen, volkswirtschaftlich betrachtet, keine Notwendigkeit für eine Deflationspolitik bestand. Diesen Beweis hat Horst Sanmann bereits erbracht[97].

Da aber eine Darstellung der politischen und wirtschaftlichen Prioritäten staatlicher Arbeitsbeschaffungspolitik in der Spätphase der Regierung Brüning ohne die Berücksichtigung der Reparationsproblematik unvollständig wäre, sollen einige Aspekte hierzu stichwortartig vermerkt werden, ohne die alte Kontroverse erneut aufzugreifen:

— Der Primat der Reparationsfrage wurde auch von einem nicht unbedeutenden Teil führender Repräsentanten der deutschen Wirtschaft vertreten[98]. So erwarteten zum Beispiel die Repräsentanten der Arbeit-

---

[94] Aufzeichnungen Graf Schwerin von Krosigk, Institut für Zeitgeschichte (IFZ) ZS/A-20, Bd. 4, zum Tagebuch Hans Schäffers.
[95] Köhler, Arbeitsbeschaffung.
[96] Helbich, Reparationen.
[97] Horst Sanmann, Daten und Alternativen der deutschen Wirtschafts- und Finanzpolitik in der Ära Brüning, in: Hamburger Jahrbuch für Wirtschafts- und Gesellschaftspolitik, 10 (1965), S. 109 - 139.
[98] Vgl. für die Jahre vor 1932: Jörg-Otto Spiller, Reformismus nach rechts. Zur Politik des Reichsverbands der Deutschen Industrie in den Jahren 1927 bis 1930 am Beispiel der Reparationspolitik, in: Industrielles System, S. 593 ff. Weiteres zu dieser Frage im zweiten Teil dieser Arbeit.

3. Maßnahmen, Pläne und Diskussionen in den letzten fünf Monaten

geberseite im vorläufigen Reichswirtschaftsrat, daß eine Gesundung der deutschen Wirtschaft, und damit verbunden die Beseitigung der Arbeitslosigkeit, erst nach der Aufhebung „außenpolitischer Hemmnisse" möglich sein würde. Solange aber diese außenpolitischen Fesseln bestanden, könne mangels Vertrauens kein Kapital „herausgelockt" werden[99].

— Die abwartende Haltung der Regierung in der Frage der Arbeitsbeschaffung wurde besonders vom Auswärtigen Amt sowie von Dietrich, Treviranus und sogar Warmbold gebilligt[100]. Dabei ist zu bedenken, daß Warmbold als Vertrauensmann der IG Farben in das zweite Kabinett Brüning aufgenommen wurde[101] und Treviranus das Vertrauen weiter Kreise der Wirtschaft genoß[102]. Staatssekretär Trendelenburg, dem, mehrfachen Quellen zufolge[103], „die Wirtschaft" besonderes Vertrauen entgegenbrachte, scheint hingegen die Arbeitsbeschaffungsfrage — ebenso wie Stegerwald — wichtiger gewesen zu sein. Trendelenburg stimmte zum Beispiel für die Annahme des Lautenbach-Plans[104].

Eine einheitliche Interessenwahrnehmung durch die Untersuchungsgruppen läßt sich in der Frage: Primat der Reparationen oder Arbeitsbeschaffung? anhand der Quellen aus dem Bereich der Regierung und ihrer Bürokratie also nicht erkennen.

— Das Quellenmaterial legt den Schluß nahe, daß sich die Regierungsbürokratie an reparationspolitischen Prioritäten zu orientieren hatte: So schrieb zum Beispiel der Staatssekretär im Reichsfinanzministerium, Hans Schäffer, an Wagemann, daß sein Plan „sachlich Wertvolles" enthalte, er „aber nach Lage der Dinge in absehbarer Zeit, insbesondere auch vor der Erreichung eines neuen Stadiums in der Reparationsfrage nicht zu verwirklichen" sei[105]. Noch im April 1932 erwarteten führende Mitar-

---

[99] Ausarbeitung des Reichsverkehrsministers über die Beratungen des Reichswirtschaftsrates am 23. 2. 1932 an den Staatssekretär in der Reichskanzlei, 19. 3. 1932, BAK, R 2/18646.

[100] Vermerk über die Tagesordnung der Kabinettssitzung vom 28. 4. 1932, BAK, R 43 I/1455.

[101] Tagebuch Hans Schäffer, 30. 6. 1932, Gespräch Brüning — Schäffer, IFZ, ED 93/21. Am 14. Juli 1932 zeigte Brüning Schäffer zum Beweis das Protokoll der Sitzung mit der IG, die im Oktober 1931 im Hotel Adlon stattgefunden hat, a.a.O., 14. 7. 1932. Vergleiche das Kapitel über die chemische Industrie.

[102] Vgl. das Kapitel über die Schwerindustrie.

[103] Tagebuch Schäffer, 28. 7. 1932, IFZ, ED 93/21, vgl. auch Gespräch Schäffer — Otto Wolff, 13. 8. 1932, a.a.O. Otto Wolff erklärte in diesem Gespräch, daß das „Vertrauen der Wirtschaft" in Trendelenburg groß sei. Gereke schreibt in seinen Erinnerungen. Günter Gereke, Ich war königlich-preußischer Landrat. Berlin (DDR) 1970, S. 163, daß Trendelenburg Brüning „mit einem kleinen Kreis von Industriellen und Bankiers" zusammenführte. Vgl. auch: Aufzeichnungen Schwerin-Krosigk, IFZ, ZS/A-20, Bd. 4.

[104] Aussprache über den Lautenbach-Plan — Vertrauliche Ressortbesprechung im Reichswirtschaftsministerium am 12. 2. 1932, BAK, R 43 I/2045.

beiter im Reichswirtschaftsministerium, die Ministerialräte Ronde und Reichert, vor der Lösung des Reparationsproblems keine Entscheidung über eine mögliche Kreditausweitung zum Zwecke eines umfassenden Arbeitsbeschaffungsprogramms[106].

Ein anderer ehemaliger Mitarbeiter im Reichswirtschaftsministerium, Hans-Joachim Rüstow, ist auch heute noch der Meinung, daß Brüning bis zur Klärung der Reparationsfrage keine Arbeitsbeschaffungsprojekte in die Wege leiten wollte. Abgesehen davon habe dem Kanzler aber auch das Verständnis für die neuen Vorstellungen zur Wirtschaftspolitik gefehlt[107]. Brünings — nach der Lausanner Konferenz geäußerte — Bedenken gegen die Steueranrechnungsscheine Papens, die er als „Kreditinflation" bezeichnete[108], erhärten die Aussage Rüstows. Schwerin-Krosigk behauptet dagegen in seinen Aufzeichnungen[109], daß Brüning durchaus bereit war, *nach* (im Text) Abschluß der Reparationsverhandlungen den „neuen Weg" einer aktiven Konjunkturpolitik zu beschreiten. Das Reparationsproblem sei für den Reichskanzler aber „absolut primär" gewesen. Brüning selbst betont dies in seinen Memoiren auch[110].

Wie immer man auch die Frage: Primat der Reparationsfrage oder Arbeitsbeschaffung? beurteilen mag, es läßt sich nicht bestreiten, daß die Regierung Brüning Anfang 1932 neue Vorstöße zur Vorbereitung eines „Arbeitsbeschaffungs"programms unternahm.

Der Stand der administrativen Vorbereitungen

Eine ausführliche Darstellung der einzelnen Arbeitsbeschaffungspläne, mit denen sich die Regierung und ihre Bürokratie befaßten, wäre unübersichtlich und verwirrend. Daher sollen sie in einer überschaubaren Tabelle zusammengefaßt werden:

---

[105] Schäffer an Wagemann, 28. 1. 1932, Tagebuch Schäffer, IFZ, ED 93/32, über Hans Schäffer besonders: E. Wandel, Hans Schäffer, Steuermann in wirtschaftlichen und politischen Krisen 1886 - 1967, Stuttgart 1974.

[106] Aktenvermerk über die Besprechung im Reichsarbeitsministerium am 1. 4. 1932 über Fragen der Arbeitsbeschaffung, BAK, R 43 I/2045, und Vermerk zu der Besprechung im Reichswirtschaftsministerium, 5. 4. 1932, a.a.O.

[107] Rüstow war von 1926 bis kurz vor der Entlassung Brünings Grundsatzreferent im Reichswirtschaftsministerium und arbeitete eng mit Lautenbach und Trendelenburg zusammen. Diese Informationen erhielt ich in einem Gespräch mit Prof. Hans-Joachim Rüstow, das am 26. 10. 1973 in Allmannshausen am Starnberger See stattfand. Den Hinweis auf die damalige Tätigkeit Rüstows und die Anregung, ein Gespräch mit ihm zu führen, verdanke ich Herrn Dr. Helmut Marcon. Kroll, S. 408, erwähnt Rüstows Tätigkeit beiläufig, übergeht sie aber im weiteren Verlauf seiner Erörterungen.

[108] Bericht des Schäffer-Mitarbeiters Stein über eine Unterredung mit Brüning. Tagebuch Schäffer, 9. 9. 1932, IFZ, ED 93/21.

[109] Aufzeichnungen Schwerin-Krosigk, IFZ, ZS/A-20. Bd. 4.

[110] Brüning, Memoiren, passim.

3. Maßnahmen, Pläne und Diskussionen in den letzten fünf Monaten

Tabelle II

Pläne 1932

Initiator	Zeitpunkt	Maßnahme-katalog	Summe	Finanzierung
1. Treviranus (prinzipiell)	Straßenbau, Januar	Brüning: Ausbau des freiwilligen Arbeitsdienstes, Siedlung, Abwracken von Schiffen[111]	nicht genannt; 1 Mrd. RM nötig	wahrscheinlich Etatmittel
2. Wagemann Ablehnung der Regierung 29. 1.[112]	Januar	Aufträge der öffentlichen Hand. Projekte nicht festgelegt, aber ähnlich wie Treviranus u. a.	3 Mrd. RM	Herausnahme des Konsumentengeldes aus den gültigen Deckungsvorschriften. Staatspapiere als neue Deckung. Mit dem Gegenwert u. a. ABprogramme der öffentlichen Hand finanzieren[113].
3. Lautenbach[114] (in Ressortbesprechung angenommen[115])	Februar	Projekte, auch nicht festgelegt, aber Aufträge der öffentlichen Hand	volkswirtsch. Gesamtlohnsumme konstant halten	Staatl. Investitionen wenn nötig, „Kreditausweitung", grundsätzliche Annahme ohne Festlegung auf die Finanzierung, um die Haltung des Reichswirtschaftsrats abzuwarten.
4. Stegerwald (prinzipiell)	März	Reichsbahn, Post, Straßenbau, Meliorationen, Wasserbauten, Kleinwohnungsbau in kl. u. mittl. Städten, Notstandsarbeiten[116]	1,2 - 1,4 Mrd. RM	Finanzierungsmethoden, „die unter anderen Umständen bedenklich erscheinen würden"[117]. Also: Kreditausweitung.

---

[111] Chefbesprechung am 25. 1. 1932, BAK, R 43 I/2042.

[112] BAK, R 43 I/1455, Kroll, S. 401.

[113] Ernst Wagemann, Geld- und Kreditreform, Berlin 1932. Gut zusammengefaßt u. a. bei Kroll, S. 396 ff.

[114] Ausführlich u. a. in Kroll, S. 379 ff.

[115] Vertrauliche Ressortbesprechung im Reichswirtschaftsministerium, 12. 2. 1932, BAK, R 43 I/2045. Auch Köhler erwähnt diese Ressortbesprechung in seinem gründlich recherchierten Aufsatz.

[116] Reichsarbeitsminister an den Staatssekretär in der Reichskanzlei, 3. 3. 1932, BAK, R 43 I/2045; auch: 17. 3. 1932, BAK, R 2/18646.

Initiator	Zeitpunkt	Maßnahme-katalog	Summe	Finanzierung
5. Vorläufiger Reichswirtschaftsrat[118]	März	Straßenbau, Meliorationen, Hausreparaturen, Bahn, Post	1,8 Mrd. RM	Ausgeglichener Haushalt; besondere „Finanzierungsinstitute" sollen Kredite durch Schaffung „diskontfähriger Papiere" besorgen, die priv. Banken kaufen und jederzeit v. d. Reichsbank rediskontiert werden.
6. Treviranus[119] (Sonderaktion Notverordnung)	März	keine Notstandsarbeiten, weil zu bürokratisch; nicht freiw. Arbeitsdienst, weil keine größeren „Arbeitermassen" beschäftigend; geringe Löhne und Unternehmergewinne; keine gr. Projekte, dafür kleinere verstreuen; Dauer: 4 - 6 Monate	1 Mrd. RM	Verlorene Zuschüsse des Staates
7. Dietrich[120]	April	„Russengeschäfte", Hausreparaturen, Siedlung, Straßen- und Wasserstraßenbau, Meliorationen	1,4 Mrd. RM	4 Finanzierungsmöglichkeiten genannt, ohne Entscheidung zu fällen. Steuerfreie Prämienanleihe mit niedrigen Zinsen, Mittel d. Arbeitslosenunterstützung, Steuergelder, Kredite der Reichsbank.

---

[117] Reichsarbeitsminister an Staatssekretär in der Reichskanzlei, 3. 3. 1932, a.a.O.

[118] Kroll, S. 405.

[119] Vorlage des Reichsverkehrsministers zur Arbeitsbeschaffung vom 19. 3. 1932 an den Staatssekretär in der Reichskanzlei, BAK, R 2/18646.

[120] Vorlage des Reichsfinanzministers vom 11. 4. 1932 für die Kabinettssitzung am 12. 4. 1932, BAK, R 43 I/1455. Die Vorlage Warmbolds vom 12. 4. 1932 wurde im Zusammenhang mit den „Russengeschäften" erwähnt. Sie ist zur indirekten Arbeitsbeschaffung zu zählen und erscheint daher nicht in dieser Übersicht.

3. Maßnahmen, Pläne und Diskussionen in den letzten fünf Monaten

8. Groener[120a]	April	Indirekte Arbeitsbeschaffung. Bei dir. AB bes. „Landbefestigungen"	200 Mill. RM p. A. für 5 Jahre	Neben Haushalt	
9. Schiele[121]	April	Meliorationen	200 Mill. RM	Etatmittel	
10. Treviranus[122]	April/ Mai	Bahn, Straßen- und Wasserstraßenbau, Abwracken alter Schiffe	200 Mill. RM	Aus dem Aufkommen der Kfz.-Steuer für 1932, Vorfinanzierung, Wechselfinanzierung[123]	
11. Stegerwald[124]	Mai	Notstandsarbeiten mit niedrigen Löhnen; Siedlung, Eigenheimbau, freiw. Arbeitsdienst, Meliorationen, Straßenbau, Arbeitszeitverkürzung	500 Mill. RM	Etatmittel; Hälfte des Entgelts in Gutscheinen	
12. Dietrich[124a]	Mai	vgl. Stegerwald Mai		Kreditgeber f. Anleihen zur AB sollen Steuererleichterungen erhalten; Zinsen und Steuern sollten für sie von der Steuer ausgenommen werden. Steuervorgriffe nur wegen der außerordentlichen Lage. Hinweis auf Finanzierungsvorschläge von Treviranus (April/Mai)	
13. Schließlicher Kabinettsbeschluß[125]	20. Mai	Straßen- und Wasserstraßenbau, Siedlung, Meliorationen	135 Mill. RM	Etatmittel. Von der Regierung Papen übernommen und verwendet[126].	

[120a] Schreiben des Reichswehrministers, 13. 4. 1932, BAK, R 2/18647.
[121] Vorlage des Reichsministers für Ernährung und Landwirtschaft, 11. 4. 1932, für die Kabinettssitzung am 12. 4. 1932, a.a.O.
[122] Vorlage des Reichsverkehrsministers vom 11. 4. 1932 für die Kabinettssitzung vom 12. 4. 1932, a.a.O.
[123] Protokoll der Ministerbesprechung vom 19. 5. 1932, BAK, R 43 I/1456.
[124] Vorlage des Reichsarbeitsministers vom 2. 5. 1932, BAK, R 43 I/2045.
[124a] Entwurf des Reichsfinanzministers zur Arbeitsbeschaffung. Anlage zum Protokoll der Ministerbesprechung vom 4. 5. 1932, BAK, R 43 I/1456.
[125] Protokoll der Ministerbesprechung vom 20. 5. 1932, BAK, R 43 I /1456.

Pläne zu einer aktiven Konjunkturpolitik gab es, wie diese Übersicht zeigt, in der Spätphase der Regierung Brüning durchaus. Der entscheidende Schritt in die richtige Richtung blieb jedoch aus.

Viele dieser Vorschläge, die in der Übersicht zusammengefaßt wurden, sahen Aufträge der öffentlichen Hände vor.

Waren aber die potentiellen öffentlichen Auftraggeber, beispielsweise die Städte, auf größere Arbeitsbeschaffungsprojekte überhaupt vorbereitet? Hatten sie genaue Vorstellungen über ihren Kapitalbedarf für arbeitsbeschaffende Projekte?

Ende 1932 führte der Deutsche Städtetag eine Rundfrage bei allen Mitgliederstädten durch, deren Einwohnerzahl über 50 000 lag[127]. Dabei wollte der Deutsche Städtetag erfahren, welcher Kapitalbedarf bei den „städtisch werbenden Betrieben" für Projekte bestand, bei denen keine Kapazitätserweiterungen nötig waren. Von den insgesamt dreiundneunzig Städten haben vierzig Mittel für insgesamt rund 105 700 000 RM beantragt[128]. Auffallend ist die geringe Zahl der Städte aus dem rheinisch-westfälischen Industriegebiet, die Gelder beantragten. Bevorzugte Projekte waren der Ausbau von Gas-, Wasser- oder Elektrizitätswerken und der Ausbau von Schwimmbädern. Die Zahl der antragstellenden Städte und die veranschlagte Gesamtsumme nehmen sich angesichts der damals herrschenden Not sehr bescheiden aus. Sie zeugen zudem für einen unzureichenden Stand der administrativen Vorbereitungen in den Stadtverwaltungen, wobei man auch noch bedenken muß, daß diese Projekte einer längeren Planungsperiode bedurften. Selbst wenn sich also die Regierung Brüning für ein umfangreiches Arbeitsbeschaffungsprogramm entschieden hätte, wären die Vorhaben erst nach einer längeren Anlaufzeit zur Ausführung gekommen.

Arbeitsbeschaffung als politisches Mittel?

Im vorläufigen Reichswirtschaftsrat wurden von den Repräsentanten der Arbeitgeber- und Arbeitnehmerseite zwei verschiedene Konzeptionen vertreten, die Verkehrsminister Treviranus als „wirtschaftspolitisch" beziehungsweise „politisch-sozialpolitisch" bezeichnete[129].

---

[126] Reichsarbeitsminister an Reichsfinanzminister betr. Arbeitsbeschaffung, 5. 12. 1934, BAK, R 2/18701. Leo Grebler, Work Creation Policy in Germany 1932 - 1935 (fortan: Grebler), in: International Labour Revue, 35 (1937), S. 332, gibt fälschlicherweise 165 Millionen statt 135 Millionen RM an.

[127] Rundschreiben Deutscher Städtetag (DST) an 93 Städte mit über 50 000 Einwohnern, 31. 3. 1932, AVfK, DGT, B/409.

[128] Auf der Vorstandssitzung des DST vom 15. April 1932 hieß es, daß ein Kapitalbedarf von 26 444 400 RM für „rentable Projekte" beantragt wurde. AVfK, DGT, B/3030. Dies war aber nur eine vorläufige Zahl.

[129] Ausarbeitung des Reichsverkehrsministers über die Beratungen des Reichswirtschaftsrates zur Arbeitsbeschaffung am 23. 2. 1932 an den Staats-

3. Maßnahmen, Pläne und Diskussionen in den letzten fünf Monaten 73

Die Arbeitgebervertreter, in deren Namen Georg Solmssen von der Deutschen Bank sprach, hielten an dem Grundsatz fest, daß der „Gesundungsprozeß" der Wirtschaft „ohne Rücksicht auf die dadurch entstehenden Erwerbslosenzahlen" vollzogen werden müsse und lehnten öffentliche Arbeiten mit einer damit verbundenen Kreditausweitung ab. Sie traten also für eine indirekte Arbeitsbeschaffung ein.

Die Arbeitnehmervertreter waren dagegen der Meinung, „daß schleunigst etwas getan werden muß", da die Arbeitslosigkeit politische Unruhen verursachen könnte[130]. Sie waren also eher für (optisch wirksamere) Maßnahmen direkter Arbeitsbeschaffung.

Für welchen der beiden Ansätze entschied sich die Regierung Brüning[131]? Brüning und Treviranus gaben dem „politisch-sozialpolitischen Ansatz" den Vorzug und sprachen sich dafür aus, bei der Verwirklichung der Projekte vornehmlich auf die Hand- und „Spatenarbeit" zurückzugreifen[132]. Ansonsten versuchte die Regierung auch in dieser Frage einen Mittel- und Mittlerkurs zwischen den verschiedenen Interessen zu steuern. So wollte zwar der Kanzler in Übereinstimmung mit seinen wirtschaftspolitischen Prioritäten am 20. Februar die Leistungen der Sozialversicherung mindern, zog aber zugleich die sozialpolitische Problematik dieser Maßnahme in Betracht. Er hielt sie den Arbeitern gegenüber für unzumutbar und war außerdem der Meinung, daß man sie politisch nicht durchsetzen könne[133]. Brüning übernahm hier sowohl Argumente der Arbeitgeber- als auch der Arbeitnehmerseite. Interessen des gewerblichen Mittelstands blieben unberücksichtigt, eine politische Haltung, die in einer erstaunlichen Diskrepanz zur Bedeutung dieser Gruppe steht, die entscheidend zum Aufstieg des Nationalsozialismus beitrug.

Im März 1932 intensivierte die Regierung ihre Anstrengungen um die Erstellung eines Arbeitsbeschaffungsprogramms. Ob diese Bemühungen aber im Zusammenhang mit dem Abbau auf dem Gebiet der Arbeitslosenhilfe als, wie es Stegerwald gesagt haben soll, „seelische Ablenkung" zu verstehen sind, scheint angesichts der sonst gerade von Stegerwald eingenommenen Haltung recht zweifelhaft zu sein[134]. So hatte er zum

---

sekretär in der Reichskanzlei, 19. 3. 1932, BAK, R 2/18646. Im folgenden soll nicht die Frage erörtert werden, ob es sinnvoll ist, Wirtschafts- und Sozialpolitik begrifflich oder inhaltlich voneinander zu trennen. Hier werden die Begriffe absichtlich „quellenimmanent", also ausgehend vom Verständnis der jeweiligen Protagonisten wiedergegeben.

[130] s. Anmerkung 129.

[131] Köhler, Arbeitsbeschaffung, S. 279, vertritt die Ansicht, daß die Regierung in der Arbeitsbeschaffungsfrage einen sozialpolitischen Ansatz vertrat.

[132] Chefbesprechung vom 25. 1. 1932, BAK, R 43 I/2042.

[133] Chefbesprechung vom 20. 2. 1932, a.a.O.

[134] Henning Köhler, Sozialpolitik von Brüning bis Schleicher, in: VHZ 21 (1973), S. 148, behauptet es. Liegt hier aber nicht ein Widerspruch vor zwischen

Beispiel in der Kontroverse um die Verkürzung der Arbeitszeit seine Meinung zugunsten der gewerkschaftlichen Argumente völlig revidiert. Während er noch im Herbst 1930, ebenso wie die Vereinigung der Deutschen Arbeitgeberverbände die Auffassung vertrat, eine gesetzliche Arbeitszeitverkürzung würde die Gestehungskosten erhöhen und müsse deshalb abgelehnt werden, befürwortete er im April 1932 sehr lebhaft die Einführung der gesetzlichen Vierzigstundenwoche. Mit dieser Meinung war er im Kabinett isoliert[135], denn Brüning zog freiwillige Vereinbarungen über die Arbeitszeit gesetzlichen Regelungen vor. Staatssekretär Trendelenburg trat dem Gedanken einer gesetzlichen Arbeitszeitverkürzung besonders vehement entgegen[136]. Er begründete seine Ablehnung damit, daß „Zwangsmaßnahmen den Unternehmer stark gegen die Reichsregierung" aufbringen würden. Zudem hielt er sie für eine „Zumutung an die Arbeitnehmer". Ob es sich dabei um Demagogie oder berechtigten Protest handelte, der durch die Reaktionen der Arbeitnehmer bestätigt wurde, werden die weiteren Untersuchungen zeigen müssen. Der politisch-wahltaktischen Wirkung ihres „sozialpolitischen" Ansatzes in der Arbeitsbeschaffungsfrage scheinen sich die Mitglieder der Regierung Brüning nicht sicher gewesen zu sein.

Treviranus erwartete von Arbeitsbeschaffungsprogrammen dieser Art besonders eine günstige „psychologische Wirkung" auf Bevölkerungskreise, „die den Rechtsradikalen zuneigten"[137]. Seine Analyse traf zu: Die Arbeitslosigkeit hat in erster Linie den Rechtsradikalismus, also die NSDAP, gestärkt und spätere Arbeitsbeschaffungsmaßnahmen hatten auf nationalsozialistische Wähler tatsächlich einen (sogar multiplikativen) Einfluß.

Stegerwald drängte mehr in Anbetracht des gewerkschaftlichen Drucks auf die Durchführung arbeitsbeschaffender Maßnahmen und riet vor dem Krisenkongreß der Gewerkschaften „eine bestimmte, positiv gehaltene Erklärung zur Frage der Arbeitsbeschaffung abzugeben". Die Öffentlichkeit sollte nicht den Eindruck erhalten, „daß die ganze Tätigkeit der Reichsregierung nur negativ sei"[138]. Finanzminister Dietrich war der Mei-

---

dieser Aussage Köhlers und seiner These, daß die Regierung Brüning in der Arbeitsbeschaffungsfrage einen sozialpolitischen Ansatz vertrat? (vgl. Anmerkung 131). Laut Köhler fiel diese Bemerkung Stegerwalds auf der Kabinettssitzung vom 4. 3. 1932. Die Nachprüfung des Tagebuchs von Hans Schäffer, auf den sich Köhlers Aussage stützt, ergab, daß es am 14. März gewesen sein muß. Wahrscheinlich liegt ein Druckfehler vor.

[135] Obwohl die „Deutschen Führerbriefe" (vgl. hierzu das Kapitel über die Schwerindustrie) vom 3. 5. 1932 glaubten, daß auch Warmbold diesen „irrsinnigen" Plan unterstützte.

[136] Protokoll der Ministerbesprechung vom 23. 5. 1932, BAK, R 43 I/2043.

[137] Chefbesprechung vom 25. 1. 1932, BAK, R 43 I/2042.

[138] Auszug aus dem Protokoll der Sitzung des Reichsministeriums vom 12. 4. 1932, BAK, R 43 I/2042.

nung, daß aus politischen und wirtschaftlichen Gründen im Sommer „Außerordentliches" geschehen müsse, um einigermaßen über den Winter zu kommen[139].

Brüning war weitaus skeptischer und vorsichtiger. Vor den Landtags- und Präsidentenwahlen wollte er „solche Beschlüsse" nicht fassen. Im Gegensatz zu einigen seiner Minister, die öffentliche Arbeitsbeschaffungsprogramme offenbar für die letzte Rettung hielten, schienen Brüning diese Projekte vor Wahlen eher politischem Selbstmord gleichzukommen. Brüning setzte sich durch: Das Kabinett faßte den Beschluß, in der Öffentlichkeit nicht von einem Arbeitsbeschaffungs„programm" zu sprechen[140].

4. Thesen zu den Prioritäten staatlicher Arbeitsbeschaffungspolitik unter Brüning

Die Darstellung der in der Regierung Brüning und in ihrer Bürokratie geführten Debatten über die Arbeitsbeschaffung sollte in erster Linie die politischen, wirtschaftlichen und sozialen Prioritäten der Regierung in diesem Bereich aufzeigen. Zugleich sollte geprüft werden, ob die Regierung und ihre Vertreter bewußt und zielstrebig die Interessen einer oder mehrerer der drei Untersuchungsgruppen verfolgten. Anhand des vorgelegten Materials seien folgende Thesen vermerkt:

1. Eine zielbewußte und zielstrebige Wahrnehmung von Interessen der Untersuchungsgruppen kann, wenn überhaupt, nur sehr vereinzelt festgestellt werden. Im allgemeinen scheint die Regierung Brüning in sozialen und politischen Fragen der Arbeitsbeschaffung einen Mittel- und Mittlerkurs besonders zwischen den Forderungen der Arbeitgeber und Arbeitnehmer angestrebt zu haben. Den Interessen des Handwerks oder des gewerblichen Mittelstands überhaupt wurde keine Beachtung geschenkt.

2. Im Mittelpunkt der Arbeitsbeschaffungsdebatten auf der staatlichen Ebene standen während der Kanzlerschaft Brünings vornehmlich Fragen der bestmöglichen volkswirtschaftlichen Effizienz. Daß die Ergebnisse dieser Politik anders aussahen, ändert nichts an dieser Aussage, da hier nach den Absichten und nicht nach den Resultaten gefragt wird.

3. Rein wirtschaftlich betrachtet glichen die wenigen tatsächlich arbeitsbeschaffenden Maßnahmen der Regierung Brüning, zum Beispiel die

---

[139] BAK, Nachlaß Luther, Bd. 368, Eintragung Luthers vom 6. 5. 1932.
[140] Vermerk des Staatssekretärs in der Reichskanzlei, 2. 3. 1932, BAK, R 43 I/2045, auch Aktenvermerk über eine Besprechung im Reichsarbeitsministerium, 1. 4. 1932, a.a.O., und Chefbesprechung vom 11. 4. 1932, AVfK, DGT, B/3030, Notiz zur Kenntnisnahme des Präsidenten des Deutschen Städtetages, vgl. Marcon, S. 102.

„Russengeschäfte" und die Aufträge der Reichsbahn, lediglich die Schäden aus, die vor allem durch die vier „Notverordnungen zur Sicherung der Wirtschaft und Finanzen" und die Kürzungen der Sozialversicherung angerichtet wurden. Deshalb kann Brünings Verhalten in der Arbeitsbeschaffungsfrage ebenso wie seine Wirtschaftspolitik als widersprüchlich bezeichnet werden[141].

4. Die Regierung Brüning rechnete im allgemeinen die Arbeitsbeschaffung den „sozialpolitischen" und weniger den „wirtschaftspolitischen" Maßnahmen zu. Wenn diese Unterscheidung nicht getroffen wird, können sich Mißverständnisse in der Beurteilung der Arbeitsbeschaffung unter Brüning ergeben.

5. Die Frage, ob Brüning auch nach einer Lösung des Reparationsproblems eine aktive Konjunkturpolitik aus grundsätzlichen Erwägungen abgelehnt hätte, konnte nicht eindeutig beantwortet werden. Im zweiten Teil dieser Arbeit wird zu prüfen sein, ob auch die Untersuchungsgruppen dem Reparationsproblem im Zusammenhang mit der Arbeitsbeschaffungsfrage einen ähnlich hohen Stellenwert einräumten wie die Regierung.

6. Politisch hielt die Regierung Brüning die Lösung der Reparationsfrage für wichtiger als arbeitsbeschaffende Maßnahmen. Daß sie hierbei von irrigen Prioritäten ausging, beweist das Schaubild, das die Entwicklung der Arbeitslosigkeit und des wachsenden politischen Radikalismus vergleicht. Man könnte in Anlehnung an Bracher über die „unpolitische (Arbeitsbeschaffungs-)politik" Brünings sprechen[142]. Daß „die Massen für ihn kein Faktor"[143] waren, läßt sich im Zusammenhang mit der Arbeitsbeschaffung nicht sagen. Es gab damals keine Meinungsumfragen, durch die feststellbar gewesen wäre, ob die Bevölkerung der Lösung des Reparationsproblems oder der Arbeitsbeschaffung den Vorzug gab. Von verschiedenen Regierungsmitgliedern wurde die politisch-wahltaktische Bedeutung der Arbeitsbeschaffung erkannt. Aber auch sie (vor allem Treviranus und Dietrich) gaben der Lösung der Reparationsfrage den Vorzug.

---

[141] Petzina, Elemente, S. 129, zeigt die Widersprüchlichkeit der Wirtschaftspolitik Brünings anhand des Gegensatzes zwischen einer „bürokratisch-interventionistischen" und einer von den Erfahrungen der Vorkriegszeit abgeleiteten liberalen Wirtschaftspolitik. Petzina meint (S. 132 f.), daß eine veränderte Wirtschaftspolitik unmöglich war, weil der Regierung Brüning „die stabilisierende Basis in der Bevölkerung" fehlte. Allerdings muß dann die Frage erlaubt sein, ob Papen, der dann eine veränderte Wirtschaftspolitik trieb, über die „stabilisierende Basis in der Bevölkerung" verfügte.
[142] Entlehnt dem Titel des Aufsatzes von Karl-Dietrich Bracher, Brünings unpolitische Politik und die Auflösung der Weimarer Republik, in: VHZ 19 (1971), S. 113 - 123.
[143] s. Anmerkung 142 in diesem Kapitel.

4. Thesen zu den Prioritäten staatlicher Arbeitsbeschaffungspolitik 77

7. Pläne für Arbeitsbeschaffungsprogramme lassen sich unter Brüning bis in die Anfangszeit seiner Kanzlerschaft zurückverfolgen. Es wäre falsch, sie erst auf das Frühjahr 1932 zu legen.

8. Konkrete Ansätze zu einer indirekten Erweiterung des Geldvolumens sind in der „Inflation des Finanzwechselgelds", besonders den Krediten im „Russengeschäft" zu sehen. Innerhalb des Kabinetts bestand im Frühjahr 1932 zunehmend die Bereitschaft zu einer Erweiterung des Geldvolumens und zu Steuervorgriffen. Der Bereitschaft folgten keine Taten.

9. Die administrativen Vorbereitungen auf der unteren staatlichen Ebene, besonders in den Städten, waren noch im Frühjahr 1932 für öffentliche Aufträge großen Umfangs unzureichend.

10. Einige Maßnahmen, besonders die Siedlungsprojekte und Notstandsarbeiten, hatten mit der Arbeitsbeschaffung lediglich die Bezeichnung gemeinsam. Sie waren eher Ausdruck wirtschaftspolitischer Ratlosigkeit.

11. Bei der Durchführung von Regierungsbeschlüssen in Fragen der Arbeitsbeschaffung zeigt sich ein auffallender Autoritätsmangel der Regierung innerhalb ihrer eigenen Bürokratie. Allein diese Tatsache müßte den verschiedenen Interessengruppen ihre Beeinflussungsmöglichkeiten erheblich erschwert haben, denn einen dauerhaften Einfluß konnten sie sich unter diesen Umständen nicht sichern.

12. Gleichzeitig können (teilweise innerhalb der Regierung selbst umstrittene) Tendenzen zu einer stärkeren wirtschaftlichen Einflußnahme des Staates durch arbeitsbeschaffende Maßnahmen festgestellt werden (Auflagen bezüglich der Arbeitszeit, Zentralstelle für Arbeitsbeschaffung, Vergaberichtlinien).

13. Die Zahlen der Außenhandelsstatistik zeigen, daß sich die Sowjetunion um die „kapitalistische" Wirtschaft durch arbeitsbeschaffende Aufträge verdient gemacht hat. Sie hat damit den eigenen Genossen den Weg zur Macht zusätzlich erschwert[144]. Die nichtradikalen Kräfte haben diese große Chance vertan, und die Nationalsozialisten zogen daraus ihren Nutzen.

---

[144] Im Gegensatz zu Wolfgang Ruge, Heinrich Brünings posthume Selbstentlarvung, in: ZfG 19 (1971), S. 1267 f. wird man daher behaupten können, daß sich die Regierung bei der Abwehr der Kommunisten gar nicht der Reichswehr bedienen mußte.

Drittes Kapitel

Die Regierung Papen

1. Die Maßnahmen (Eine Übersicht)

Die arbeitsbeschaffenden Maßnahmen der Regierung Papen seien kurz zusammengefaßt[1]:

Die Arbeitsbeschaffungspolitik der Regierung Papen umfaßte sowohl Maßnahmen zur direkten als auch zur indirekten Arbeitsbeschaffung, wobei das Schwergewicht auf Maßnahmen zur indirekten Arbeitsbeschaffung lag.

Für direkte arbeitsbeschaffende Projekte wurden noch 167 Millionen Mark zusätzlich zu den bereits im Brüning-Programm vorgesehenen 135 Millionen Mark aufgebracht, die sich wie folgt verteilten[2]:

Straßenbauten	42,05 Millionen RM
landwirtschaftliche Meliorationen	26 Millionen RM
Tiefbauarbeiten (Sonderprogramm und Restprogramm der ÖffA)	51,95 Millionen RM
vorstädtische Kleinsiedlung	20 Millionen RM
landwirtschaftliche Siedlung	10 Millionen RM
Abwracken von veraltetem Schiffsraum	12 Millionen RM
Bau von Heringsloggern	4 Millionen RM
Umbau von Fischdampfern	1 Million RM

Außerdem wurden noch 50 Millionen Mark für „Instandsetzungszuschüsse" an Gebäuden bewilligt und Bürgschaften für Wohnungsreparaturdarlehen in einer Höhe von 100 Millionen RM übernommen.

---

[1] Einen ausführlicheren Überblick vermitteln unter anderem folgende Arbeiten: René Erbe, Die nationalsozialistische Wirtschaftspolitik 1933 - 1939 im Lichte der modernen Theorie, Zürich 1958; Wolfram Fischer, Deutsche Wirtschaftspolitik 1918 - 1945, 3. verb. Aufl. Opladen 1968; Leo Gerbler, Work Creation Policy in Germany, Grotkopp, Kroll und neuerdings Marcon, S. 124 ff.

[2] Reichsarbeitsminister an Reichsfinanzminiser betrifft Arbeitsbeschaffung, 5. 12. 1934, BAK, R 2/18701 und Grebler, S. 332. Grebler nennt statt 167 Millionen RM die Summe von 182 Millionen RM für das Papen-Programm und statt der 135 Millionen RM aus dem Brüning-Programm 165 Millionen RM. Eine Aufstellung der Bau- und Bodenbank AG — Deutsche Gesellschaft für öffentliche Arbeiten vom 2. 6. 1933, die an Staatssekretär Reinhardt gerichtet war (BAK, R 2/18660) und ein Rundschreiben der Reichsanstalt vom 25. 2. 1933 an alle Mitglieder des Vorstands des Deutschen Städtetages sowie ihre Stellvertreter (AVfK, DGT, B/3883) beziffern die Höhe des Brüning-Programms auf

1. Die Maßnahmen (Eine Übersicht)

Diese Beträge wurden von den beteiligten staatlichen Kreditinstituten[3] an die Träger der Arbeiten vergeben. Privatbanken dürften daher an direkt arbeitsbeschaffenden Maßnahmen nur wenig Interesse gehabt haben. Die gesetzliche Grundlage dieser Maßnahmen waren die Notverordnungen vom 14. Juni sowie vom 4. und 5. September 1932[4].

Die indirekt arbeitsbeschaffenden Maßnahmen lagen vorwiegend auf dem Gebiet der Steuerpolitik. Einige die Produktion besonders hemmende Steuern, wie die Umsatz-, Real-, Grund- und Gewerbesteuern, die vom 1. Oktober 1932 bis zum 1. Oktober 1933 fällig waren, sollten in Form von Steueranrechnungsscheinen auf die Steuern der Jahre 1934 bis 1938 angerechnet werden. Diese Steueranrechnungsscheine machten bis zu 40 Prozent des bezahlten Betrages aus und sollten in den folgenden fünf Jahren zu je einem Fünftel mit der künftigen Steuerschuld verrechnet werden können. Der durch die spätere Belebung der Wirtschaft bedingte, freilich nur kurzfristige Einnahmeverzicht des Reiches wurde auf 1,5 Milliarden RM taxiert. Ausgaben sollten nicht gestrichen werden.

Außerdem war geplant, den Unternehmern 400 Mark als Prämie für jeden neu eingestellten Arbeiter in Form von Steueranrechnungsscheinen zukommen zu lassen[5]. Hierfür waren insgesamt 700 Millionen RM vorgesehen. Grotkopp behauptet, von den vorgesehenen 700 Millionen Mark für Steuergutscheine bei Mehreinstellungen seien nur 200 Millionen in Anspruch genommen worden, so daß die verbleibenden 500 Millionen Mark dem „Sofortprogramm" Schleichers zugute kommen konnten[6]. Grotkopp scheint allerdings einem Mißverständnis erlegen zu sein, denn im „Sofortprogramm" waren sowohl 500 Millionen Mark für arbeitsbeschaffende Maßnahmen als auch die Ausgabe von Steuerscheinen für 500 Millionen RM vorgesehen[7].

Diese Steuergutscheine wurden an allen deutschen Börsen zum Handel zugelassen und konnten somit bis zu ihrer Einlösung auch als Kreditun-

---

135 Millionen RM, des Papen-Programms — wie Grebler — auf 182 Millionen RM. Der Jahresbericht über „Die Entwicklung der deutschen Bauwirtschaft und die Arbeitsbeschaffung im Jahre 1933" (S. 67), die ebenfalls von der Deutschen Bau- und Bodenbank AG — Deutsche Gesellschaft für öffentliche Arbeiten herausgegeben wurde, gibt aber wieder die Gesamtsumme von 302 Millionen RM an (also: 167 + 135 Millionen RM).

[3] Denkschrift des Reichsfinanzministers, Die Arbeitsbeschaffungsmaßnahmen der Reichsregierung 1932 - 1935, Berlin 1937. Vertraulich! Nur für den Dienstgebrauch! BAK, R 2/18701.

[4] RGBl. I, 1932, S. 425 ff.

[5] Grebler, S. 332, nennt einen Betrag von 100 RM. Diese Angabe ist nicht richtig.

[6] Grotkopp, S. 113.

[7] Deutsche Bau- und Bodenbank AG — Deutsche Gesellschaft für öffentliche Arbeiten: „Die Entwicklung der deutschen Bauwirtschaft und die Arbeitsbeschaffung im Jahre 1933", S. 65.

terlage für Investitionen benutzt werden. Diese Regelung sollte zu einer Liquiditätsverbesserung der Wirtschaft führen und die Privatwirtschaft zu Investitionen anregen. Weiterhin sollten bei erfolgter Mehreinstellung von Arbeitern Tariflohnsenkungen genehmigt werden.

Die ebenfalls am 4. und 5. September zusammen mit anderen Bestimmungen der Notverordnungen erlassene Kontingentierung landwirtschaftlicher Einfuhren stand scheinbar im Widerspruch zu der erkennbar werdenden Bevorzugung einer aktiven Konjunkturpolitik.

Den Ergebnissen dieser Maßnahmen, dem Vergleich zwischen Anspruch und Wirklichkeit sowie Versprechungen und Einlösungen wird in anderen Arbeiten nachgegangen[8].

2. Die Initiatoren des neuen wirtschaftspolitischen Kurses — Kooperation und Kontroversen

Grotkopp[9] nennt den Vizepräsidenten der Reichsbank, Dreyse, als geistigen Vater der Steuergutscheine. Als Befürworter von Dreyses Anregung führt Grotkopp folgende Beamte aus der Regierungsbürokratie auf: aus dem Reichsfinanzministerium die Staatssekretäre Schwerin-Krosigk und Zarden, Ministerialrat Poerschke sowie die Ministerialdirektoren Olscher und Hedding. Aus dem Reichswirtschaftsministerium Ministerialrat Soltau und Oberregierungsrat Lautenbach. Den Präsidenten der Reichsanstalt, Syrup, nennt Grotkopp auch in dieser Reihe. Grotkopp zufolge entstand der „Papen-Plan" in Aussprachen zwischen Vertretern der Reichsbank, des Reichswirtschafts- und Reichsfinanzministeriums sowie der Bankenwelt und Industrie[10]. Zwischen den von Grotkopp namentlich aufgeführten Mitgliedern der Regierungsbehörden ergeben sich aus den Dokumenten keinerlei direkte, nachträglich rekonstruierbare Verbindungen, die auf eine Interessenabstimmung in Fragen der Arbeitsbeschaffung hinweisen. Auf die Zusammenarbeit von Lautenbach mit Hans-Joachim Rüstow und dessen Kontakt zu Staatssekretär Trendelenburg wurde bereits im vorangegangenen Kapitel hingewiesen. Auch die Verbindungen Trendelenburgs zu Wirtschaftskreisen wurden bereits erwähnt, sollten jedoch nicht zu voreiligen Schlüssen verleiten.

Über Trendelenburgs Position zur Papenschen Arbeitsbeschaffung gibt es zwei einander widersprechende Aussagen: Grotkopp behauptet, Trendelenburg sei aus Protest gegen diese Politik zurückgetreten[11]. Rüstow

---

[8] Zu den Ergebnissen besonders Grebler und Marcon. Allerdings beachtet Marcon die geringe Inanspruchnahme der Steuergutscheine zu wenig, so daß seine Bewertung der ökonomischen Auswirkungen teilweise verzerrt ist.
[9] Grotkopp, S. 82 ff.
[10] ebd., S. 112, Anm. 1.
[11] ebd., S. 113.

2. Die Initiatoren des neuen wirtschaftspolitischen Kurses

zählt Trendelenburg — bereits in der Ära Brüning — nicht nur zu den Befürwortern sondern vielmehr zu den entschiedenen Fürsprechern der Pläne, die der Papenschen Arbeitsbeschaffungspolitik zugrunde lagen. Schwerin-Krosigk berichtet, daß sich Trendelenburg mit den Plänen Lautenbachs identifiziert habe. Die Regierungsakten bestätigen seine Aussage[12]. Hat Trendelenburg dabei die Linie einer Interessengruppe vertreten? In den erwähnten Dokumenten wird stets davon gesprochen, daß Trendelenburg das Vertrauen „der" Wirtschaft genossen habe. Dabei wird nie auf bestimmte Gruppen innerhalb sondern nur pauschal auf „die" Wirtschaft Bezug genommen. Diese Wortwahl legt die Vermutung nahe, daß die Regierungsmitglieder und ihre Beamten eine Unterscheidung in Interessenblöcke oder -gruppen innerhalb der Wirtschaft selten oder gar nicht vornahmen. Der ehemalige Staatssekretär im Reichsfinanzministerium, Hans Schäffer, weist wiederholt auf die schlechte Zusammenarbeit zwischen Reichswirtschaftsminister Warmbold und Trendelenburg hin[13].

Von Warmbold, der im Oktober 1931 auf Betreiben der IG Farben ins Kabinett aufgenommen wurde[14], ist aber bekannt, daß er zu den Exponenten einer aktiven Konjunkturpolitik, verbunden mit einer Vergrößerung des Geldvolumens, gehörte. Der konkrete Entwurf der Steuergutscheinaktion ging — den Angaben Luthers zufolge[15] — auf eine Besprechung zwischen Warmbold und Hans Schäffer zurück. Schon zum Jahreswechsel 1931/32 soll Warmbold in einer ausführlichen Denkschrift Brüning die Idee der Steueranrechnungsscheine unterbreitet haben[16]. Auch Schwerin-Krosigk weist darauf hin, Warmbold habe im Dezember 1931 in einer Ministerbesprechung Maßnahmen auf dem Gebiet der Geldschöpfung und des Kreditwesens als unerläßlich bezeichnet[17]. Der Reichskanzler hatte seinerzeit diese Vorschläge ignoriert, was, nach der in den „Deutschen Führerbriefen"[18] vertretenen Meinung, Warmbold zu seiner späteren Demission bewogen haben soll. Daß Warmbold seine Vorschläge zu einer Belebung der Konjunktur und damit zur Arbeitsbeschaffung unter Brüning nicht durchsetzen konnte, bestätigte auch der Chef des Ministeramts im Reichswehrministerium[19].

---

[12] Vgl. das vorangegangene Kapitel.
[13] Tagebuch Schäffer, 28. 7. 1932 und 23. 8. 1932, IFZ, ED 93/21.
[14] Siehe voriges Kapitel.
[15] Nachlaß Luther, Eintragung vom 25. 8. 1932; auch vom 27. 8. 1932, BAK, Nachlaß Luther 369.
[16] „Deutsche Führerbriefe", 2. 9. 1932, IFZ.
[17] Schwerin-Korsigk, IFZ, ZS/A — 20, Bd. 4; vgl. auch den Hinweis von Finanzminister Dietrich im vorigen Kapitel (Teilabschnitt: Fazit 1931).
[18] Näheres über die „Deutsche Führerbriefe" im zweiten Teil.
[19] Chef des Ministeramts im Reichswehrministerium an Bredow, Juni 1932 (ohne genaues Datum), BA — Militärarchiv, Nachlaß Bredow, N 67/1.

Dem Ressortminister ging es unter Brüning also nicht besser als seinem Staatssekretär. Betrachtet man — was allerdings die Akten nicht nahelegen — Warmbold und Trendelenburg als Vertreter großunternehmerischer Interessen, bleibt nur die Feststellung, daß sich weder die eine (IG Farben; Chemie) noch die andere Interessengruppe (Schwerindustrie) durchsetzen konnte.

Reichswirtschaftsminister Warmbold konnte endlich die Entlassung Trendelenburgs erreichen[20]. Hans Schäffer führt die Entlassung Trendelenburgs sowohl auf die „Kleinlichkeit" Warmbolds als auch auf die „Treiberei der Leute von der IG" zurück[21]. Schäffers spätere Begründung[22], Trendelenburg sei wegen seiner Bedenken gegen die von Wagemann und Ilgner propagierten „Währungsexperimente" und „aus Reparationsgründen" entlassen worden, leuchtet nicht unbedingt ein. Erstens war Trendelenburg bereit, wirtschaftspolitisches Neuland zu betreten und zweitens war die Reparationsfrage im August 1932 — also nach dem Abschluß der Lausanner Konferenz — bereits aus der Welt geschafft. Tatsächliche Differenzen gab es zwischen Trendelenburg und Warmbold eigentlich nur in Fragen der Kreditausweitung und der Geldschöpfung. Hier wollte Warmbold weiter gehen als Trendelenburg. Aber auch das waren mehr graduelle als grundsätzliche Meinungsverschiedenheiten. Die Entlassung Trendelenburgs dürfte daher lediglich auf persönliche Unstimmigkeiten mit seinem Ressortminister zurückzuführen sein. Von einer etwaigen Konfrontation zwischen den Interessen „der" chemischen Industrie und „der" Schwerindustrie kann nicht gesprochen werden.

Zur Befürwortung einer Kreditausweitung soll Warmbold, wie Schwerin-Krosigk schreibt, von Wagemann bewogen worden sein[23]. Auf die inhaltliche Nähe der Positionen Warmbolds und Wagemanns verweisen auch Treviranus[24] und die „Deutschen Führerbriefe"[25].

Eine Notiz des „Berliner Tageblatts" vom 17. Juni 1932[26] gibt weitere Aufschlüsse über die geistigen Urheber der Papenschen Arbeitsbeschaffungspolitik. Da eine Dementierung der Meldung weder in dieser Zeitung

---

[20] Tagebuch Schäffer 23. 8. 1932, IFZ, ED 93/22.
[21] a.a.O.
[22] Brief Schäffers an Grotkopp, 18. 8. 1953, IFZ, Nachlaß Schäffer ED 93/46. Marcon (S. 336) behauptet, Trendelenburg sei aus Protest gegen die Kontingentierungspläne zurückgetreten, nennt jedoch keine Belege. Die hier vorgelegten Dokumente zeigen, daß Trendelenburg keineswegs freiwillig zurücktrat.
[23] Schwerin-Krosigk, ZS/A — 20, Bd. 4.
[24] Treviranus an Regedanz, 22. 6. 1932, BA — Militärarchiv, Nachlaß Schleicher N 42/22.
[25] „Deutsche Führerbriefe", 22. 1. 1932.
[26] Aus BAK, R 43 I/1166; auch: Frankfurter Zeitung, 18. 6. 1932.

noch in den Regierungsakten zu finden war, dürfte ihr Inhalt den Tatsachen entsprechen. In der Notiz heißt es, Warmbold sei nur bereit gewesen, in das Kabinett Papen als Reichswirtschaftsminister einzutreten, wenn man ihm die Bildung eines „Präsidialwirtschaftsbeirats" zugestehen würde. Dieser „Präsidialwirtschaftsbeirat" sollte als „oberste Instanz" zur Entscheidung von Differenzen fungieren, die über wirtschaftliche Fragen zwischen Warmbold und der Mehrheit (sic) des Kabinetts entstehen könnten. Dem Gremium, dessen Bildung, wie das „Berliner Tageblatt" berichtete, genehmigt wurde, gehörten die folgenden Herren an: Schmitz (Direktor bei der IG Farben), Wagemann (Warmbolds Schwager, Präsident des Statistischen Reichsamts und Leiter des Instituts für Konjunkturforschung) und Popitz (der — laut „Berliner Tageblatt" — mit Warmbold befreundet war). Auch von Popitz war bekannt, daß er in Währungsfragen ein „novarum rerum cupidus"[27] war.

Die Einberufung eines derartigen Gremiums, durch das Warmbold seine wirtschaftspolitischen Vorstellungen mit Männern seines Vertrauens gegen die Mehrheit des Kabinetts durchsetzen konnte, mußte Warmbold ohne Zweifel eine sehr starke Stellung verschaffen. Es drängt sich die Vermutung auf, daß die IG Farben hinter dem neuen Kurs in Währungs-, kredit- und wirtschaftspolitischen Fragen stand. Zieht man aber die eher arbeitnehmerfreundliche Haltung der IG Farben und die für die Arbeiter ungünstigen Bestimmungen der September-Notverordnung in Betracht, erscheint diese Vermutung eher unwahrscheinlich. Trotzdem dürfte der wirtschaftspolitische Kurswechsel bei der IG Farben grundsätzlich auf Zustimmung gestoßen sein. Schäffers Aufzeichnungen bestätigen nämlich, daß auch zwischen den währungspolitischen Vorstellungen Wagemanns und Max Ilgners Übereinstimmung bestand[28]. Und Ilgner gehörte dem Vorstand der IG Farben an.

Die weiteren Untersuchungen, besonders im Zweiten Teil, werden die Hinweise noch soweit wie möglich zu konkretisieren haben.

3. Interessengegensätze in der Kontingentierung der Einfuhr landwirtschaftlicher Güter

Einige Hinweise legen den Schluß nahe, daß die verschiedenen arbeitsbeschaffenden Maßnahmen der Regierung Papen keineswegs in erster Linie der Wiederankurbelung der industriellen Produktion dienen sollten. Diese scheint vielmehr ein — freilich nicht unwillkommenes — Nebenergebnis auf dem Weg zum eigentlichen Ziel gewesen zu sein: der Hilfe für die Landwirtschaft.

---

[27] Schwerin-Krosigk, IFZ, ZS/A — 20, Bd. 4.
[28] Nachlaß Schäffer ED 93/46. Grotkopp, S. 173, schreibt, daß Ilgner an der Entstehung des Wagemann-Plans beteiligt war.

Führende Vertreter der Landwirtschaft hatten immer wie der die Beschränkungen landwirtschaftlicher Einfuhren nach Deutschland gefordert. Bei Reichspräsident von Hindenburg fanden diese Interessenvertreter stets ein offenes Ohr, was nicht zuletzt Heinrich Brüning zu spüren bekommen hatte. Kein Politiker, der sich die Unterstützung Hindenburgs sichern wollte, hätte eine Politik ins Auge fassen können, gegen die das Veto der Vertreter der Landwirtschaft erhoben wurde. Andererseits mußten deutsche Importschranken weite Teile der am Export orientierten Industrie treffen, da mit Vergeltungsmaßnahmen des Auslands gerechnet werden mußte. Ihre Auswirkungen drohten nachteilige Folgen für die ohnehin düstere Lage auf dem Arbeitsmarkt zu haben. Eine unter den gegebenen Voraussetzungen realisierbare Wirtschaftspolitik mußte diese widersprüchliche Interessenlage in Rechnung ziehen, obwohl sie vom Standpunkt der wirtschaftlichen Effizienz beurteilt in sich unschlüssig bleiben mußte.

Die Regierung Papen mußte demnach einen Mittelkurs zwischen den Interessen der Industrie und der Landwirtschaft ansteuern. Er spiegelt sich in den Bestimmungen der Notverordnungen vom 4. und 5. September 1932 wider, bei denen der politische Kompromiß auf Kosten der inhaltlichen Geschlossenheit ging und bei dem sich die wirtschaftspolitischen Maßnahmen gegenseitig aufzuheben schienen[29]. Das Tagebuch Hans Schäffers gibt Einblicke in Zusammenhänge und Hintergrund der Kontroversen zwischen den beteiligten Politikern[30].

Reichspräsident Hindenburg drängte immer stärker auf unverzügliche Hilfsmaßnahmen für die Landwirtschaft. Zusammen mit einigen Ministern, die nicht zur Lausanner Konferenz gefahren waren, wollte er sogar die Abwesenheit der in Lausanne verhandelnden Kabinettsmitglieder ausnutzen und plädierte für einen unverzüglichen Kurswechsel in der Handelspolitik. Hindenburg ließ über Staatssekretär Meißner der Regierung erklären, daß „Autarkie eingeführt" und der Landwirtschaft „über die Zollpolitik endlich geholfen werden müsse". Künftig sollten Handelsverträge nur noch mit Ländern abgeschlossen werden, denen gegenüber die deutsche Zahlungsbilanz aktiv war. Hindenburg berief sich dabei auf Schleicher, der sich auch „gegen Meistbegünstigungen und Exportfimmel" ausgesprochen haben soll[31].

Aber Schleicher war mit dieser Auffassung im Kabinett keineswegs isoliert. Noch im Juli dachte die Mehrheit der Minister ebenso wie er[32].

---

[29] So zum Beispiel die Reaktion von Frieda Wunderlich, Jahreswende — Krisenwende?, in: „Soziale Praxis", 5. 1. 1933, S. 5.

[30] Hierzu besonders die Eintragungen Schäffers vom 2. und 6. 7. 1932, IFZ, ED 93/21, denen diese Darstellung zugrunde liegt.

[31] Dieser Informationsabschnitt aus der Eintragung Schäffers vom 2. 7. 1932. Schäffer erhielt in einem Telefongespräch mit dem Pressereferenten des Reichswirtschaftsministeriums, Pohl, Kenntnis davon.

3. Kontingentierung der Einfuhr landwirtschaftlicher Güter

Die Regierung ging von der Annahme aus, daß der Welthandel ohnehin schrumpfe und die Rücksichtnahme auf den Export daher sinnlos sei. Statt dessen sollte der Landwirtschaft durch höhere Agrarpreise geholfen werden. Von dieser Preiserhöhung versprach man sich die Gesundung der Landwirtschaft, deren erhöhte Kaufkraft auch der Industrie zugute kommen und bei dieser zu einer Mehrbeschäftigung führen würde. Allerdings räumten auch die Verfechter dieses Kurses ein, das durch den Fortfall des Exports bei der Industrie eine „Lücke" entstehen würde, die es bis zur wiedererstarkten Abnahmefähigkeit der Landwirtschaft zu schließen gelte. Das sollte durch die Arbeitsbeschaffung geschehen.

Diese Pläne entsprachen, wie Staatssekretär Planck es formulierte, dem „persönlichen Wunsch des alten Herrn, der darauf auch stark drückt". Hindenburg scheint in der Tat „stark gedrückt" zu haben, denn die Kontingentierung wurde im September trotz der Kabinettsentscheidung von 6 : 4 gegen die Importbeschränkungen durchgesetzt[33].

Bei den Kontingentierungsmaßnahmen der Regierung Papen kann von der Wahrnehmung großunternehmerischer Interessen ebensowenig die Rede sein wie von einem „Bündnis" zwischen Industrie und Landwirtschaft. So führte der Reichslandbund Klage darüber, daß sich vor allem Reichswirtschaftsminister Warmbold (unterstellt man einmal, daß er die Interessen bestimmter Industriekreise vertrat) der Einführung von Kontingenten für die landwirtschaftliche Einfuhr widersetzte[34].

Wenn die These gelten soll, daß die Regierung Papen dem Konflikt zwischen den Interessen der Industrie und Landwirtschaft auf Kosten eines schwächeren Dritten, nämlich der Arbeiterschaft, lösen wollte, indem sie der Industrie als Ausgleich für handelspolitische Konzessionen Tariflohnsenkungen gestattete[35], müßten folgende Prämissen empirisch nachweisbar sein.

— „Die" Industrie hätte den lohnpolitischen Bestimmungen der Notverordnung vom 5. September 1932 zustimmen müssen.

---

[32] Aufzeichnung des Gesprächs mit Staatssekretär Planck, Eintragung vom 6. 7. 1932, a.a.O.

[33] Für die Kontingentierung stimmten am Ende nur Papen, Schleicher, Innenminister Gayl und der Minister für Ernährung und Landwirtschaft, Braun. Aktenvermerk (geheim) über die Besprechung von Ministerialdirektor Posse mit Dr. Spitta (Groß- und Überseehandel) und von Brakel (RDI), ohne Datum, Krupp-Archiv, FAH IV E 180. Marcon (S. 336) erwähnt „Bedenken" Papens.

[34] Reichslandbund (gez. Kalckreuth) an W. J. Reichert (vom Verein Deutscher Eisen- und Stahlindustrieller), 21. 12. 1932, HA/GHH, Nachlaß Reusch 40010124/3a.

[35] D. Petzina, Elemente der Wirtschaftspolitik in der Spätphase der Weimarer Republik, in: VHZ 21 (1973), S. 127 ff.

— Die Regierung hätte den Konflikt tatsächlich auf Kosten der Arbeiterschaft lösen wollen.

Es bleibt zu klären, ob diese beiden Prämissen erfüllt waren.

4. Die Auseinandersetzung in der Regierung Papen

Die Dringlichkeit sofortiger arbeitsbeschaffender Maßnahmen wurde — nicht nur in Deutschland — immer offenkundiger. Das Motto der deutschen Regierung müsse, so Reichskanzler Papen im August 1932, lauten: „Handeln, Handeln, Handeln[36]." Wenige Monate später formulierte es der amerikanische Präsident Franklin D. Roosevelt bei seiner Antrittsansprache ähnlich: "This nation asks for action, and action now[37]." Damit waren die Erwartungen nicht nur der amerikanischen Nation treffend gekennzeichnet. „Die Stunde der Exekutive" oder der totalen Alternative schien gekommen zu sein. Alles sollte davon abhängen, ob und wie die Exekutive ihre Möglichkeiten ausnutzen würde.

Der neue Reichskanzler Papen wollte in seiner Regierungserklärung dem Volk vor allem „seelischen Auftrieb"[38] geben. Eine Absicht, die sich im allgemeinen günstig auf das Investitionsklima auswirkt. Die ersten Schritte der neuen Regierung auf dem Gebiet der Arbeitsbeschaffung hielten sich durchaus im Rahmen der herkömmlichen Wirtschaftspolitik. Eine der ersten Maßnahmen der Regierung im Zusammenhang mit der Erarbeitung der Notverordnung vom 14. Juni 1932 war die Kürzung der im Reichshaushaltsplan 1932 vorgesehenen 980 Millionen RM für die Arbeitslosenfürsorge auf 880 Millionen RM[39]. Die Summe dieser gestrichenen Etatmittel beläuft sich auf etwa die gleiche Höhe wie das am 14. Juni 1932 in Kraft gesetzte 135-Millionen-Programm direkt arbeitsbeschaffender Maßnahmen. Hinweise auf Autarkietendenzen, die im Zusammenhang mit der Kontroverse um die Kontingentierung landwirtschaftlicher Einfuhren erwähnt wurden, gab erstmals eine Bemerkung des Reichsministers des Innern, von Gayl, vom 14. Juni: Bei der Kundgebung der Reichsregierung zur Notverordnung, die an demselben Tage stattfand, müsse vor allem „der Gedanke der Stärkung des Binnenmarktes" zum Ausdruck kommen, erklärte von Gayl[40]. Gayl wollte offenbar Autarkie- und Arbeitsbeschaffungspläne miteinander koppeln: Bereits auf der Kabinettssitzung vom 3. Juni hatte er als erstes Regierungsmitglied die

---

[36] Protokoll der Sitzung des Ministerrats, 15. 8. 1932, BAK, R 43 I/1457.
[37] First Inaugural Address, 4. 3. 1933, in: Documents of American History, edited by Henry S. Commager, Vol. II, New York 1968, S. 241.
[38] Protokoll der Ministerbesprechung vom 2. 6. 1932, BAK, R 43 I/1456.
[39] Vorschlag des Reichsfinanzministers Schwerin-Krosigk bei der Ministerbesprechung vom 7. 6. 1932, a.a.O.
[40] Protokoll der Ministerbesprechung vom 14. 6. 1932, a.a.O.

Notwendigkeit unterstrichen, in der Regierungserklärung besonders die Arbeitsbeschaffung zu betonen[41]. Der Reichsminister des Innern, der über gute Verbindungen zu landwirtschaftlichen Kreisen verfügte, erhielt bald auch vom Reichsminister für Ernährung und Landwirtschaft, von Braun, Schützenhilfe. von Braun empfahl dem Reichskanzler, die Arbeitsbeschaffung „auch nach außen hin" in den „Vordergrund aller Wirtschaftspolitik" zu stellen[42] und unterbreitete den Vorschlag[43], einen „Reichskommissar für Arbeitsbeschaffung" einzusetzen, der als „Zentralstelle für die Arbeitsbeschaffung" gedacht war. Dieser Vorschlag, der auf „mehr Staat" in der Wirtschaft hinauslief, lag sicherlich in Übereinstimmung mit der allgemeinen Linie landwirtschaftlicher Interessenvertretung, die erweiterte staatliche Kompetenzen, im Gegensatz zu weiten Teilen der Industrie, als begrüßenswerten Schutz empfand.

Die Vorschläge von Reichswirtschaftsminister Warmbold zielten dagegen auf eine Belebung der Privatinitiative. Warmbold und Braun vertraten zwei völlig gegensätzliche Auffassungen von der Rolle des Staates in der Wirtschaft. Es verwundert nicht, daß es zwischen beiden häufig zu Auseinandersetzungen in dieser Grundsatzfrage und in der Kontroverse um die Kontingentierung der landwirtschaftlichen Einfuhren kam[44]. Daß Reichsminister Braun nicht nur an die Hilfe für die Landwirtschaft dachte, wenn er von Arbeitsbeschaffung sprach, zeigt seine Äußerung während der Kabinettssitzung vom 11. Juli, in der er ausführte, daß die allgemeine Lage rein wirtschaftlich kaum zu halten sei und in der er anfragte, ob man vielleicht „jetzt mit einem Arbeitsbeschaffungsprogramm herauskommen" könne[45]. Diese Bemerkung stand im Zusammenhang mit der Aussprache des Kabinetts über die Vorbereitung des „Preußenschlages" vom 20. Juli.

Daß andere Regierungsmitglieder ebenfalls arbeitsbeschaffende Maßnahmen als taktische Waffe einsetzen wollten, läßt sich hingegen nicht belegen. Auch die von Petzina zitierte, ihrem Inhalt nach ähnliche, Äußerung des Reichsarbeitsministers Schäffer findet sich weder in den Kabinettsprotokollen und den zugehörigen Anlagen noch in der von Petzina selbst zitierten Akte[46].

---

[41] Protokoll der Ministerbesprechung vom 3. 6. 1932, a.a.O.
[42] Reichsminister für Ernährung und Landwirtschaft, von Braun, an Reichskanzler Papen, 22. 6. 1932, BAK, R 43 I/2045.
[43] Am Vortag hatte er diesen Vorschlag bereits dem Kabinett vorgelegt. Protokoll der Ministerbesprechung vom 21. 6. 1932, BAK, R 43 I/1456.
[44] Vgl. Schwerin-Krosigk, IFZ, ZS/A — 20, Bd. 1 u. 4. Auch S. von Kanitz an Schleicher 29. 11. 1932, BA — Militärarchiv, Nachlaß Schleicher N 42/31 und Reichslandbund (gez. Kalckreuth) an W. J. Reichert, 21. 12. 1932, HA/GHH, Nachlaß Reutsch 40010124/3a.
[45] Protokoll der Ministerbesprechung vom 11. 7. 1932, BAK, R 43 I/1457.
[46] Petzina, Hauptprobleme, S. 20 f. (Akte: IFZ MA 151/16).

Folgende Maßnahmen hatte die Regierung bis Ende Juni auf dem Gebiet der Arbeitsbeschaffung tatsächlich beschlossen:

135 Millionen RM für Notstandsarbeiten,
40 Millionen RM für den freiwilligen Arbeitsdienst,
100 Millionen RM Reichsbürgschaft für Darlehen zu Wohnungsreparaturen,
50 Millionen RM Zinszuschüsse für den gleichen Zweck,
25 Millionen RM für die vorstädtische Kleinsiedlung,
50 Millionen RM für die landwirtschaftliche Siedlung[46a].

Diese direkt arbeitsbeschaffenden Maßnahmen waren noch weitgehend an den Vorstellungen einer orthodoxen Wirtschaftspolitik orientiert. In der umstrittenen Frage der Arbeitszeitverkürzung hatte die Regierung anstelle einer gesetzlichen Verfügung die Einrichtung von Kurzarbeitsausschüssen bei den Landesarbeitsämtern angeregt. Freiwillige Vereinbarungen zur Arbeitszeitverkürzung sollten getroffen werden. Hier ist zweifellos den Wünschen zahlreicher Wirtschaftler stattgegeben worden, die sich im allgemeinen gegen gesetzliche Arbeitszeitverkürzungen gesträubt hatten. ADGB, SPD und KPD hatten dagegen die gesetzliche Arbeitszeitverkünzung gefordert[47].

Die Fortführung der vorstädtischen Siedlung hielt man „aus politischen und sachlichen Gründen" für „unbedingt geboten"[48]. Ihre Einstellung schien dem Reichsarbeitsminister „politisch nicht tragbar" zu sein[49].

Erst im Juli mehrten sich die Hinweise auf einen Wechsel des herkömmlichen Kurses in der Wirtschaftspolitik und damit verbunden in Fragen der Arbeitsbeschaffung. Aber noch immer war die Haltung der Regierung widersprüchlich. Reichsfinanzminister Schwerin-Krosigk setzte den Ministern auseinander, daß die Arbeitsbeschaffung der öffentlichen Hand nur als Hilfsmaßnahme einer gesundenden und nicht als Heilmittel einer stagnierenden Wirtschaft sinnvoll sei[50].

Bei der Arbeitsbeschaffung (gemeint waren damit direkt arbeitsbeschaffende Maßnahmen) handle es sich nur um eine Verschiebung der Kaufkraft. Schwerin-Krosigk empfahl statt dessen eine Verwaltungsre-

---

[46a] Reichsarbeitsminister Schäffer an den Staatssekretär in der Reichskanzlei, 28. 6. 1932, BAK, R 43 I/2045.
[47] s. Schneider, Arbeitsbeschaffung, passim. Czichon, Wer verhalf?, S. 35.
[48] Vermerk einer Besprechung über die vorstädtische Kleinsiedlung am 22. 6. 1932 mit dem Reichsarbeitsminister, dem Staatssekretär in der Reichskanzlei, dem Staatssekretär im Reichsfinanzministerium, dem Reichskommissar für vorstädtische Kleinsiedlung (Saaßen), BAK, R 2/19123.
[49] Reichsarbeitsminister Schäffer an Reichsfinanzminister Schwerin-Krosigk, 18. 8. 1932, BAK, R 2/18647.
[50] Hier wie im folgenden Protokoll der Ministerbesprechung vom 21. 7. 1932, BAK, R 43 I/1457.

4. Die Auseinandersetzung in der Regierung Papen

form, die Vereinfachung der Sozialgesetzgebung und schließlich eine erleichterte Kreditpolitik. Arbeitsminister Hugo Schäffer dachte an andere Lösungen. Er betonte den Zusammenhang zwischen der Lage auf dem Arbeitsmarkt und einer „entgegenkommenden Kreditpolitik der Banken" sowie eine „richtige" Devisen- und Handelspolitik.

Diese an einer weltoffenen Handelspolitik orientierte Vorstellung des Reichsarbeitsministers stand im Widerspruch zu den Zielen des Reichsministers für Ernährung und Landwirtschaft. Prompt wiederholte dieser auf derselben Kabinettssitzung seinen Vorschlag, einen „Reichskommissar für Arbeitsbeschaffung" zu ernennen und begründete seinen Plan mit der Erklärung, daß, sollte die Federführung in Fragen der Arbeitsbeschaffung beim Reichsarbeitsminister liegen, das Kommissariat für die reibungslose Durchführung Sorge tragen solle, damit „keine bürokratischen Hemmnisse" aufkommen würden. Schäffers Kompetenzen sollten also gleich eingeengt werden.

Der „Entwurf zum Wirtschaftsprogramm der Regierung" vom 28. Juli, der bereits wesentliche Punkte der am 28. August in Münster gehaltenen programmatischen Rede Papens enthält, ist erst der eigentliche Wendepunkt in der Wirtschaftspolitik des Kabinetts Papen. Die Regierung erklärte, daß sie auf dem Boden der Privatwirtschaft und des Privateigentums stehe, reglementierende Staatseingriffe in engeren Grenzen halten wolle, die Privatwirtschaft „von Hemmungen und Fesseln", die einer vollen Auswirkung produktiver Kräfte hindernd im Wege stehen, befreit werden sollte, der Staat nicht die Aufgabe habe, „die in der Privatwirtschaft liegenden Risiken zu übernehmen" und staatliche Mittel nur dann eingesetzt werden sollten, wenn es „das öffentliche Interesse" zwingend erfordere[51]. Von einer „Arbeitsbeschaffung" im direkten Sinne war in dem Entwurf nicht die Rede, aber die Regierung hatte sich von ihr noch nicht ganz losgesagt: Bracht, der am 20. Juli mit der Führung des Preußischen Innenministeriums betraut worden war, sprach sich des psychologischen Effekts wegen für eine Arbeitsbeschaffung aus, die möglichst viele Menschen beschäftigen solle. Bei diesen Arbeiten müsse man auf die Verwendung von Maschinen „in weitestem Umfange" verzichten, auch wenn dieser Weg „unwirtschaftlich" sei[52]. Der Reichskanzler stimmte dieser Auffassung ausdrücklich zu. Unter „Arbeitsbeschaffung" verstanden also viele Mitglieder der Regierung noch immer unwirtschaftliche Notstandsarbeiten aus Mitteln des ordentlichen Haushalts. Reichsbankpräsident Luther lockerte seinen Widerstand gegen eine Finanzierung arbeitsbeschaffender Maßnahmen durch Wechsel und sagte zu, künftig Arbeitsbeschaffungswechsel wie Handelswechsel behandeln zu wollen,

---

[51] Entwurf zum Wirtschaftsprogramm der Regierung Papen, Vorlage für die Ministerbesprechung vom 28. 7. 1932, BAK, R 43 I/1457.
[52] Protokoll der Ministerbesprechung vom 28. 7. 1932, a.a.O.

bestand aber darauf, die veranschlagte Summe auf 200 Millionen RM zu begrenzen[53].

Die Materialien legen den Schluß nahe, daß der Gedanke an einen unorthodoxen wirtschaftspolitischen, vor allem kreditpolitischen, Kurs in der Regierung bereits vor dem Debakel der Wahlen vom 31. Juli an Boden gewann[54]. Der Wahlerfolg der NSDAP scheint aber den wirtschaftspolitischen Durchbruch beschleunigt zu haben.

Am 10. August ließ Reichsarbeitsminister Schäffer keinen Zweifel daran aufkommen, daß das Überleben der Regierung Papen vom „wirtschaftlichen Fortschritt" abhinge, und der Reichsfinanzminister fügte hinzu, daß das Schicksal „jeder Regierung" ausschlaggebend davon abhinge, ob es ihr gelinge, „2 Millionen Arbeitslose von der Straße wegzuschaffen oder nicht"[55].

Warmbold visierte durch die „Angriffnahme einer neuen Kreditpolitik" die Steigerung der Produktion ohne eine Erhöhung der Produktionskosten an und sprach sich für Lockerungen in der Tarifpolitik und für eine Zinssenkung aus. Wenn, wie wir sahen, die arbeitsmarktpolitischen Prioritäten die Überlegungen der Politiker bestimmten, müßte der Vorschlag Warmbolds seinen volkswirtschaftstheoretischen Vorstellungen entsprochen haben.

Die Einigung zwischen der Regierung und der Reichsbank scheint am 17. August zustandegekommen zu sein[56]. Reichsbankpräsident Luther beklagte sich noch wenige Tage vorher, zu den Beratungen des Kabinetts über das Arbeitsbeschaffungsprogramm nicht hinzugezogen worden zu sein[57]. Der Reichsbankpräsident hatte sich bis zuletzt gegen die Pläne für eine Kreditausweitung gestemmt[58]. Am Ende gab auch er dem System der Steueranrechnungsscheine seine Zustimmung[59].

---

[53] a.a.O.

[54] Petzina, Hauptprobleme, S. 21, legt die Betonung des wirtschaftspolitischen Durchbruchs stärker auf den Wahlerfolg der NSDAP.

[55] Protokoll der Ministerbesprechung vom 10. 8. 1932, BAK, R 43 I/1457.

[56] Tagebuch Schäffer, 18. 8. 1932, IFZ, ED 93/22. Diese Mitteilung erhielt Schäffer von Reichsbankvizepräsident Dreyse.

[57] a.a.O., 15. 8. 1932 Gespräch Luther — Schäffer.

[58] „A-Brief" Nr. 266 vom 19. 8. 1932, IFZ — Der „A-Brief" („A" für: Anonymus) wurde von Heinz Brauweiler im Eigenverlag herausgegeben. Zu seinen Abonnenten gehörten nach Brauweilers Aussagen Stahlhelm-Anhänger, die sich von Hitler und Hugenberg distanzierten, sowie Industrielle und Bankiers, die dem Stahlhelm nahestanden. Seine Informationen erhielt Brauweiler vornehmlich von Treviranus, der Pressestelle des Reichswehrministeriums und Ferunden aus der Berliner Presse. Der „A-Brief" sollte seinen Lesern Hintergrundinformationen liefern. Diese Angaben erhielt ich von Herrn Dr. Heinz Brauweiler in einem Gespräch, das ich am 15. 1. 1974 mit ihm in Berlin führte. An dieser Stelle sei ihm nochmals herzlich gedankt.

[59] „A-Brief" Nr. 270 vom 29. 8. 1932.

4. Die Auseinandersetzung in der Regierung Papen

Seinen eigenen Angaben zufolge unterbreitete Luther selbst dem Kabinett am 26. August den Vorschlag der Steueranrechnungsscheine. Luther gibt an, auf diese Finanzierungsmethode als Alternative zu der in dieser Sitzung von der Regierung erwogenen Zwangsanleihe für ein Arbeitsbeschaffungsprogramm hingewiesen zu haben. Luthers Eigendarstellung zeigt ihn experimentierfreudiger als sogar Warmbold, der für ein 1,5 Milliarden Arbeitsbeschaffungsprogramm eine Zwischenfinanzierung mit Hilfe der Reichsbank ins Auge gefaßt haben soll. Luthers Angaben müssen in Anbetracht seiner sonstigen Geldpolitik mit Skepsis beurteilt werden. So distanziert man aber auch seiner Darstellung gegenüber stehen mag, es bleibt festzustellen, daß die Tagebucheintragungen Luthers, die ja sicherlich zum Zeitpunkt ihrer Niederschrift nicht zur Veröffentlichung vorgesehen waren und in denen eine offene Sprache erwartet werden kann, zumindest einen Aspekt deutlich machen: Bei allen Gesprächen zur Vorbereitung des Systems der Steueranrechnungsscheine standen keine gruppenspezifischen Interessen zur Debatte. Im Zentrum der Erörterungen stand die angestrebte volkswirtschaftliche Effektivität.

Das Kabinett, das offensichtlich von Luthers Vorschlag überrascht wurde, brach die Sitzung ab, um nach Beratungen im Reichswirtschaftsministerium am nächsten Tag dem Steuergutscheinsystem seine Zustimmung zu geben[60]. Nach der grundsätzlichen Einigung waren an der Ausarbeitung der Einzelheiten des neuen Wirtschaftsplans in erster Linie die Minister Warmbold und Schwerin-Krosigk sowie Reichsbankpräsident Luther und sein Vize Dreyse beteiligt. Auch der Reichsminister für Ernährung und Landwirtschaft, von Braun, wurde hinzugezogen[61].

Schon einen Tag, nachdem er (angeblich) dem Kabinett seinen Plan der Steueranrechnungsscheine unterbreitet hatte, zügelte Luther die wechselfreundliche Politik von Reichswirtschaftsminister Warmbold. Dieser war bereit, bei Wechseln, deren Grundlage Steueranrechnungsscheine sein würden, weniger „auf die Qualität der Wechselunterzeichner zu achten"[62].

Die Regierungsakten stellen die Darstellung Luthers in Zweifel: So empfahl Reichswirtschaftsminister Warmbold dem Kabinett am 26. August in Wirklichkeit anstelle von „künstlichen Arbeitsbeschaffungsprogrammen" Alternativen, die durch die „Erleichterung der Defizitwirtschaft der Unternehmer zur Einstellung neuer Arbeitskräfte" führen sollten. Der Reichswirtschaftsminister setzte also bewußt bei den Unter-

---

[60] Die Angaben Luthers aus BAK, Nachlaß Luther, 369 passim, besonders die Eintragung vom 26. 8. 1932.
[61] a.a.O.
[62] Eintragung vom 27. 8. 1932, a.a.O.

nehmern an und erkannte richtig, daß das Ende ihrer Verluste auch zu Mehreinstellungen führen würde.

Warmbold sah im einzelnen vor[63]:

— Steuererleichterungen in Form von Steuergutscheinen für die kommenden zwölf Monate in einer Höhe von 1,8 - 2 Milliarden RM. Eine Zwangsanleihe lehnte Warmbold ausdrücklich ab[64].

— Die Ausfälle für die Reichskasse sollten durch eine einmalige Belastung von hohen Einkommen und Vermögen gedeckt werden[65].

— Die Auflockerung des Tarifrechts, wobei der Reichsarbeitsminister nur unter der Voraussetzung der Neueinstellung von Arbeitern Erleichterungen im Tarifrecht zustimmen wollte[66].

— Zur Vermeidung einer zu großen Stückelung der Steuergutscheine, die auch als Kreditunterlage benutzt werden sollten, wollte Warmbold in Übereinstimmung mit Luther kleine Unternehmen hiervon möglichst ausschließen. Papen stimmte dem zu und schlug deshalb vor, die unterste Grenze für die einzelnen Steuergutscheine auf 50 RM festzusetzen[67].

Daraus kann aber keine willentliche Benachteiligung dieser Unternehmungen abgeleitet werden, denn die durch diese Form der Kredite finanzierten Aufträge waren besonders für Reparaturarbeiten, an denen gerade kleingewerbliche Betriebe Interesse gezeigt hatten, vorgesehen. Die Bevorzugung von Reparaturen begründete Warmbold damit, daß Neuinvestitionen wegen der unausgenützten bestehenden Produktionskapazitäten unnötig seien. Vornehmlich kleine und mittlere Betriebe sollten

---

[63] Protokoll der Ministerbesprechung vom 26. 8. 1932, BAK, R 43 I/1457.

[64] Lediglich in der Erwähnung der „von einigen beabsichtigten" Zwangsanleihen decken sich die Angaben Luthers mit dem Kabinettsprotokoll.

[65] Solche Pläne verfolgten im übrigen auch die SPD (vgl. M. Schneider [1974], S. 155 f.) und die KPD, vgl. Czichon, Wer verhalf?, S. 35, Anmerkung 108.

[66] Der Entwurf für eine „Verordnung zur Vermehrung und Erhaltung der Arbeitsgelegenheit" sah diese Verknüpfung vor. Anlage zum Protokoll der Ministerbesprechung vom 27. 8. 1932, BAK, R 43 I/1457. Der Prozentsatz der erlaubten Tariflohnunterschreitungen sollte jeweils genau den doppelten Anteil der Mehreinstellungen betragen. Der Höchstsatz für die Lohnsenkungen wurde auf 20 Prozent festgesetzt. Erika Küklich, Streik gegen Notverordnungen: Zur Gewerkschafts- und Streikpolitik der KPD gegen die staatsmonopolistische Offensive der Regierung Papen im Sommer und Herbst 1932, in: Beiträge zur Geschichte der Arbeiterbewegung 13 (1971), S. 456 behauptet, die Unternehmer hätten die Tariflöhne „nach Belieben" unterschreiten können.

[67] Protokoll der Ministerbesprechung vom 27. 8. 1932, BAK, R 43 I/1457; im „Entwurf für eine Verordnung zur Vermehrung und Erhaltung der Arbeitsgelegenheiten" war ein Mindestbetrag von 10 RM vorgesehen; vgl. Anlage zum Protokoll der Ministerbesprechung vom 27. 8. 1932, a.a.O. Die übrigen Aufzeichnungen beziehen sich weiter auf die Ministerbesprechung vom 26. 8. 1932, a.a.O.

4. Die Auseinandersetzung in der Regierung Papen

bei der Vergabe der Reparaturarbeiten berücksichtigt werden, und die Reichsbank sollte auf die Banken einwirken, damit „ihre Filialen sich den Schutz und die Erhaltung der noch lebensfähigen mittleren und kleineren Betriebe angelegen sein ließen".

Die Vertreter der wirtschaftlichen Spitzenverbände, vor allem des gewerblichen Mittelstands, hielten es jedoch für erforderlich, „die technische Ausgestaltung der Steuerscheine noch mehr auf die Bedürfnisse der Betriebe mit geringerer Steuerzahlungspflicht abzustellen" und wollten außerdem die Einbeziehung der Hauszinssteuer in das Gutscheinsystem[68].

Reichsfinanzminister Schwerin-Krosigk[69] rechnete nicht damit, daß die „Großindustrie" von den Zuschüssen zur Mehrbeschäftigung (und damit verbunden von den Möglichkeiten, die Tariflöhne zu senken) Gebrauch machen würde, hatte auch eigentlich, wie er sagte, keine Bedenken, Großbetriebe mit mehr als 10 000 Arbeitern von der Vergünstigung auszuschließen, wollte aber trotzdem einen derartigen Antrag nicht stellen. Einen Grund hierfür nannte er nicht. Er befürchtete vor allem, daß durch diese Bestimmungen Unternehmer benachteiligt werden könnten, die aus sozialen Gründen in ihren Betrieben Kurzarbeit eingeführt hatten, um weitere Entlassungen zu vermeiden und „rücksichtslose Unternehmer" Vorteile ziehen würden[70].

Die interessenpolitische Ausgewogenheit der Regierungspläne bezeugt auch eine Absichtserklärung Papens, der in der programmatischen Aussprache des Kabinetts darauf hinwies, daß in den Plänen die „Unternehmenssphäre" stark entlastet worden sei und daß man deshalb „einen anderen sozialen Ausgleich herbeiführen" müsse.

Bei der Unterredung zwischen Hindenburg, Schleicher und Papen in Neudeck am 30. August[71] gab der Reichspräsident dem Regierungsplan seine Zustimmung, verlangte aber, daß „die Opfer gleichmäßig auf die verschiedenen Berufsstände zu verteilen" seien, und Schleicher hob die Notwendigkeit hervor, den „sozialen Charakter" bei diesen Maßnahmen „unter allen Umständen zu wahren".

---

[68] Tätigkeits(wochen)bericht des RDI, Nr. 19/32, 8. 9. 1932, Krupp-Archiv, FAH IV E 180, Besprechung im Reichswirtschaftsministerium. Anwesend: Der Reichswirtschafts-, -arbeits-, -finanzminister und Luther, Kraemer und Kastl (RDI), Brauweiler (VDA), Bernstein und Solmssen (Centralverband des Bank- und Bankiergewerbes), Ravené und Keinath (Reichsverband des Deutschen Groß- und Überseehandels), Hamm und Demuth (DIHT), Grünfeld und Tiburtius (Hauptgemeinschaft), Kuntze (Handwerk); vgl. auch das DIHT-Rundschreiben vom 7. 9. 1932, BAK, Nachlaß Silverberg 250. Diese Wünsche trugen Grünfeld und Kuntze vor.
[69] Auf der Ministerbesprechung vom 3. 9. 1932, BAK, R 43 I/1457.
[70] a.a.O.
[71] Niederschrift (von Staatssekretär Meissner) über die Besprechung in Neudeck am 30. 8. 1932, BA — Militärarchiv, Nachlaß Schleicher N 42/22.

Daß der Arbeitsbeschaffung von der Regierung die Funktion einer sozialen Klammer zugedacht war, legt auch eine Meldung des „A-Briefes" vom 19. August nahe[72]. Hierin heißt es, zwischen der Regierung Papen, dem Allgemeinen Deutschen Gewerkschaftsbund, den christlichen Gewerkschaften und der NSDAP würden Verhandlungen geführt, in denen ein „großes Arbeitsbeschaffungsprogramm als Verständigungsbasis ausgearbeitet werden solle". Die „Richtung" einer sich anbahnenden Zusammenarbeit der verschiedenen politischen Gruppierungen sei bereits in der Reichstagsrede Gregor Strassers vom 10. Mai erkennbar gewesen.

Der Präsident des Deutschen Landgemeindetages, Günter Gereke, scheint sich aktiv als Vermittler zwischen den verschiedenen Gruppen betätigt zu haben, und die Regierung begrüßte seine Tätigkeit „auf das Dankbarste"[73]. Auf der Kabinettssitzung vom 31. August wies Papen darauf hin, daß es Gereke gelungen sei, „eine Organisation zu schaffen, in der nahezu sämtliche Parteirichtungen von den Nationalsozialisten bis zu den freien Gewerkschaften vertreten seien", und auch Schleicher fand Gerekes Organisation „interessant"[74].

In den Akten der Reichskanzlei[75] gibt es in der Tat Hinweise auf einen „Arbeitsausschuß für ein Arbeitsbeschaffungsprogramm", dem — in der Reihenfolge des Schriftstücks — Vertreter folgender Organisationen angehörten: NSDAP, Stahlhelm, Reichslandbund, Reichsbanner, Freie Gewerkschaften, Werwolf, Schleswig-Holsteinischer Land- und Bauernbund, Allgemeiner Verband für Arbeitsbeschaffung und Erwerbslosenförderung. Arbeitsgrundlage des Ausschusses waren die Leitsätze der deutschen Landgemeinden, die ansonsten, so zum Beispiel von Luther in der Kabinettssitzung vom 30. August, wegen der geplanten Giralgeldschöpfung als inflationsfördernd bezeichnet wurden[76].

Die gemeinsame Basis zwischen der Regierung und den verschiedenen Gruppierungen muß aber äußerst schmal gewesen sein. Die Vertreter der NSDAP brachten im Arbeitsbeschaffungsausschuß des Deutschen Landgemeindetages einen Entschließungsentwurf ein, in dem darauf hingewiesen wurde, daß den Ankündigungen Papens über Arbeitsbeschaffung keine Taten gefolgt seien. „Die Vertreter der aufbauwilligen Kräfte verschiedener politischer Richtungen (...) haben unter Zurückstellung ihrer politischen Sonderbestrebungen (...) auf die Durchführung der angekündigten Maßnahmen gewartet." Die Nationalsozialisten machten Reichswirtschaftsminister Warmbold und Reichsarbeitsminister Schäffer so-

---

[72] „A-Brief" Nr. 266 vom 19. 8. 1932.
[73] „Berliner Tageblatt", 18. 10. 1932, auch AVfK, DGT, B/2054 I.
[74] Protokoll der Ministerbesprechung vom 31. 8. 1932, BAK, R 43 I/1457.
[75] BAK, R 43 I/2046.
[76] s. Anmerkung 76.

4. Die Auseinandersetzung in der Regierung Papen

wie die „zögernde und schwankende Haltung" des Reichskanzlers für die schleppende Durchführung verantwortlich. Besonders scharf wurde die „starre, sich nur in verneinender Kritik erschöpfende Haltung des Reichsbankpräsidenten" gerügt[77].

Wie weit das überparteiliche Spektrum der Organisation Gerekes tatsächlich ging, läßt sich nicht genau feststellen. In seinen Erinnerungen, die sehr von der Verherrlichung der DDR geprägt sind[78], behauptet Gereke[79], bereits 1931 für eine Volksfronttaktik plädiert zu haben. ADGB und SPD hätten aber jede Zusammenarbeit mit der KPD abgelehnt.

Gereke berichtet außerdem, er hätte das Angebot Schleichers, ins Kabinett Papen als „Arbeitsbeschaffungskoordinator" einzutreten, abgelehnt, weil er „keinesfalls mit einem Mann von der politischen Haltung eines Papen zusammenarbeiten wollte"[80]. Diese Bedenken scheint Gereke bei seiner Funktion als Reichskommissar für Arbeitsbeschaffung der Regierung Hitler großzügiger beiseite geschoben zu haben[81]. Ende September waren die Verhandlungen mit Gereke ohnehin gescheitert, weil er nicht von der Schaffung des Giralgeldes abgehen wollte[82].

Die Regierung Papen wollte — daran kann kein Zweifel bestehen — das „freie Unternehmertum" erhalten[83]. Sie ging davon aus, daß es verloren sein würde, sollte der Regierungsplan zur Wiederbelebung der Wirtschaft scheitern[84].

Die arbeitsbeschaffenden Maßnahmen der Regierung Papen sollten, wie Papens eigene Äußerungen unterstreichen, eine sozial ausgleichende Funktion erfüllen und vor allem der politischen Linken die sachliche Legitimationsbasis ihrer Argumente entziehen. Die vorhandene Arbeits-

---

[77] Gereke an den Staatssekretär in der Reichskanzlei am 27. 9. 1932, BAK, R 43 I/2046.

[78] Gereke, S. 7, bezeichnet sich hierin als „Bekenner der humanistischen (sic) Politik, die die Regierung der DDR von Anfang an energisch und konstruktiv betrieben hat".

[79] Ebd. S. 171, wissenschaftliche Beratung: Eberhard Czichon. Schwerin-Krosigk (IFZ, ZS/A — 20, Bd. 8) weist in Details auf diverse Irrtümer Gerekes hin. Vor allem sei Gerekes Behauptung, Schleicher habe das Kabinett Papen mit der Forderung nach einer Arbeitsbeschaffung der öffentlichen Hand „in die Luft sprengen" wollen (Gereke, S. 204) „unsinnig". Schwerin-Krosigk betont, daß das Kabinett ohnehin bereits Arbeitsbeschaffung und Kreditschöpfung betrieb. Strittig sei nur die Frage gewesen, ob, wie Gereke es wollte, die Gemeinden stärker als Träger der Arbeitsbeschaffung eingespannt werden sollten.

[80] Gereke, S. 191.

[81] Gereke schreibt hierüber, daß er dem „Drängen Hindenburgs" nachgegeben habe; ebd., S. 233.

[82] Protokoll der Ministerbesprechung vom 29. 9. 1932, BAK, R 43 I/1457.

[83] Protokoll der Ministerbesprechung vom 12. 9. 1932, a.a.O.

[84] a.a.O.

menge sollte auf möglichst viele Arbeiter verteilt werden[85]. „Wenn ich mich nicht täusche", hieß es in Papens Regierungsvorlage, „ist dies das A und O jedes Arbeitsbeschaffungsprogramms gewesen, das von der linken Seite dieses hohen Hauses befürwortet worden ist[86]." Aber eben diese beabsichtigte politische Neutralisierung der „Linken" und der, wie es Frieda Wunderlich in der Zeitschrift „Soziale Praxis" formulierte, „psychologische Fehler in der Behandlung der Arbeiterschaft"[87] provozierten geradezu den Widerstand der Arbeiterparteien und -organisationen und führten sie wieder enger zusammen. So steuerten ADGB und SPD, die in der Frage der Arbeitsbeschaffung erheblich auseinandergehende Meinungen vertreten hatten, einen Kompromiß hierüber an[88]. Die Geschlossenheit des Arbeitnehmerlagers dürften aber ganz besonders Papens Verfassungspläne des „Neuen Staates" mittelbar gefördert haben. Die Verwirklichung des „Neuen Staates" hatte das Ende einer wirksamen Vertretung von Arbeitnehmerinteressen bedeutet. Möglicherweise brauchte Papen zur Realisierung seiner Pläne eine „soziale Klammer" wie die Arbeitsbeschaffung, um Auseinandersetzungen mit der organisierten Arbeiterschaft abzudämpfen?

Der organisierte Teil der Arbeiterschaft repräsentierte aber in vielen Fragen, die mit der Arbeitsbeschaffung zusammenhingen, keineswegs den Willen aller Arbeiter, und die sozialpolitischen Absichten der Regierung fielen bei den Arbeitern durchaus nicht nur auf unfruchtbaren Boden. Das zeigt besonders die Auseinandersetzung um die Frage der gesetzlichen Arbeitszeitverkürzung. Es scheint hier eine Interessenidentität zwischen den Wünschen der Arbeitgeber und den beschäftigten Arbeitern bestanden zu haben. Die „Soziale Praxis" berichtete über Belegschaften, die sich gegen die Forderung der Gewerkschaften nach einer Verkürzung der Arbeitszeit ausgesprochen hätten, weil diese eine Hebung (sic) der Einkommen verhindern würde[89]. Schleicher befürchtete, die vermehrte Kurzarbeit würde „zu starker Radikalisierung der Arbeitnehmerschaft führen" und sprach daher besondere Bedenken gegen die verkürzte Arbeitszeit in „Betrieben der Wehrmacht" aus[90]. Auch der Reichsminister für Ernährung und Landwirtschaft teilte die Sorge Schleichers in bezug auf eine „Radikalisierung" der im Arbeitsverhält-

---

[85] Protokoll der Ministerbesprechung vom 3. 9. 1932, a.a.O.

[86] Vorlage der Regierungserklärung an den Reichstag vom 3. 9. 1932, a.a.O.

[87] „Jahreswende — Krisenwende?" in: „Soziale Praxis", Zentralblatt für Sozialpolitik und Wohlfahrtspflege, herausgegeben von Frieda Wunderlich und Wilhelm Polligkeit, 5. 1. 1932, S. 2.

[88] Dazu Schneider, Arbeitsbeschaffung, Abschnitt III. Die Differenzen zwischen ADGB und SPD können hier nicht im einzelnen erörtert werden, zumal Schneider ausführlich auf sie eingeht.

[89] „Jahreswende — Krisenwende?" Frieda Wunderlich in: „Soziale Praxis" vom 5. 1. 1933, S. 8 f.

[90] Schleicher an Reichsarbeitsminister, 17. 12. 1932, BAK, R 43 I/2046.

4. Die Auseinandersetzung in der Regierung Papen 97

nis stehenden Arbeitnehmer, vertrat aber die Ansicht, man müsse es „in Kauf nehmen", weil die Eingliederung von Arbeitslosen in den Arbeitsprozeß „innenpolitisch von so großer Bedeutung" sei[91].

Anhand des Materials, das in bezug auf die Politik der Arbeitsbeschaffung keine Hinweise auf eine planvolle soziale und wirtschaftliche Unterdrückung oder Spaltung der Arbeiterschaft durch die Regierung Papen liefert, und angesichts des verständlichen Widerstands der organisierten Arbeiterschaft gegen ihre von der Regierung beabsichtigte politische Neutralisierung sollte man die arbeitsbeschaffenden Maßnahmen des Kabinetts Papen nicht als „sozialreaktionär" oder als „Klassenkampf von oben"[92] bezeichnen, sondern, wie es Bracher in einem anderen Zusammenhang auf Brüning bezogen, ausdrückte[93], auch Papens Arbeitsbeschaffungspolitik als „unpolitische Politik" bezeichnen[94].

Zwischen den sozialen und wirtschaftlichen Absichten der Regierung und der Bereitschaft ihrer Gegner, diese anzuerkennen, bestand ein augenscheinliches Mißverständnis, das unter anderem durch die taktisch-politischen und psychologischen Absichten der Regierung bedingt war.

In erster Linie dürften die Reichsreformpläne des Kanzlers die Arbeitnehmerorganisationen (zu Recht) mißtrauisch gemacht haben. Aus diesen (verständlichen und legitimen) politischen Gründen wurde wohl die ökonomisch notwendige Arbeitsbeschaffungspolitik Papens von den Gewerkschaften bekämpft, zumal auch (überwiegend unorganisierte) Arbeiter den Regierungsmaßnahmen durchaus Wohlwollen entgegenbrachten. Dadurch waren die Gewerkschaften doppelt gefährdet: Zum einen plante die Regierung mit den Plänen des „Neuen Staates" die politische Neutralisierung der Gewerkschaften und zum anderen entzog die Politik der Arbeitsbeschaffung wenigstens zum Teil den Arbeitnehmerorganisationen die soziale Basis. Schließlich war auch noch abzusehen, daß diejenige politische Kraft, die Deutschland aus der Misere der Arbeitslosigkeit hinausführen konnte, „das ganze deutsche Volk ohne Rücksicht auf Parteien geschlossen hinter sich haben" würde[95].

---

[91] Reichsminister für Ernährung und Landwirtschaft an Reichsarbeitsminister, 27. 12. 1932, a.a.O.
[92] Schneider, Arbeitsbeschaffung, S. 192, Zitat Leipart.
[93] Karl-Dietrich Bracher, Brünings unpolitische Politik und die Auflösung der Weimarer Republik, in: VHZ 19 (1971), S. 113 - 123.
[94] Diese Meinung wird sicherlich auf heftigen Widerstand stoßen, scheint sie doch das im allgemeinen negative Urteil über die Sozialpolitik der Regierung Papen in Frage zu stellen. Ich kann jedoch aufgrund der bearbeiteten Quellen nicht umhin, zu dieser Schlußfolgerung zu kommen.
[95] „Die Möglichkeiten des Generals von Schleicher", unsignierte Aufzeichnung „nach amerikanischer Auffassung", 29. 6. 1932, BA — Militärarchiv, Nachlaß Schleicher N 42/22.

Viertes Kapitel

Die Regierung Schleicher

Veränderte der Regierungswechsel von Papen zu Schleicher die Arbeitsbeschaffungspolitik entscheidend?

Kroll hebt die Kontinuität der Wirtschaftspolitik Schleichers hervor, die durch die Person des alten und neuen Reichswirtschaftsministers, Warmbold, dokumentiert werde[1]. Das „Sofortprogramm" in Höhe von 500 Millionen RM[2], dessen Träger vornehmlich die öffentliche Hand, und zwar Gemeinden und Gemeindeverbände sein sollten, betrachtet er lediglich als eine Erweiterung des auch von Schleicher fortgeführten Systems der Steuergutscheine, das die Privatinitiative wieder anregen sollte.

Czichon betont die Diskontinuität stärker und unterstreicht den „sozialen" Charakter der Schleicherschen Konjunkturpolitik. Als Beleg führt er die „Richtlinien" (gemeint sind die Durchführungsbestimmungen) der arbeitsbeschaffenden Maßnahmen an, in denen es unter anderem hieß, daß der Gewinn des Unternehmers auf ein möglichst geringes Maß zu beschränken sei[3]. Ob aber gerade diese Bestimmung als Charakteristikum des „sozialen" Charakters des Schleicherschen Ansatzes in der Arbeitsbeschaffungspolitik betrachtet werden kann, erscheint fragwürdig, denn auch in den Durchführungsbestimmungen des (nationalsozialistischen) Ersten Reinhardt-Programms vom 28. Juni 1933 hieß es, daß der Gewinn des Unternehmers, an den die Arbeit vergeben werden sollte, sich „in mäßigen Grenzen" zu halten habe und „ungerechtfertigten Preissteigerungen" entgegengetreten werden solle[4]. Als weiteres Zeichen für

---

[1] Kroll, S. 418 f., auch Werner Conze, Die politischen Entscheidungen in Deutschland 1929 - 1933, in: Conze/Raupach, S. 245, betont die Kontinuität, obwohl er einräumt, daß unter Schleicher die staatlichen Kompetenzen in der Arbeitsbeschaffungspolitik erweitert wurden.

[2] Die gesetzliche Grundlage der Arbeitsbeschaffung Schleichers waren die Verordnung des Reichspräsidenten über Maßnahmen zur Förderung der Arbeitsbeschaffung und der ländlichen Siedlung vom 15. 12. 1932, RGBl. I, S. 543; Durchführungsbestimmungen zur Arbeitsbeschaffung vom 6. 11. 1933, a.a.O., S. 11; Verordnung des Reichspräsidenten über finanzielle Maßnahmen auf dem Gebiete der Arbeitsbeschaffung am 28. 1. 1933, a.a.O., S. 31.

[3] Czichon, Wer verhalf?, S. 47.

[4] Durchführungsbestimmungen zur Arbeitsbeschaffung vom 28. 6. 1933, RGBl. I, S. 323.

die Diskontinuität der Arbeitsbeschaffungspolitik von Papen zu Schleicher führt Czichon die Aufhebung der lohnpolitischen Bestimmungen vom 5. September 1932 an.

Die Arbeitsbeschaffungspolitik Schleichers stellt den Versuch dar, ein Gleichgewicht zwischen staatlichen und privatwirtschaftlichen Maßnahmen herzustellen. Unter den damaligen politischen Voraussetzungen konnte dies nur ein delikates Gleichgewicht werden. Dieses delikate Gleichgewicht bestand aber nicht erst seit dem Regierungsantritt Schleichers. Es konnte auch schon während der Amtszeit Papens festgestellt werden. Der Reichsminister für Ernährung und Landwirtschaft, Braun, und der Reichswirtschaftsminister, Warmbold, personifizierten dieses delikate Gleichgewicht schon im Kabinett Papen, und beide gehörten auch dem Kabinett Schleicher an. Daher kann von einer gewissen Diskontinuität der Politik bei einer gleichzeitigen Kontinuität der Politiker gesprochen werden. Bereits in der Regierung Papen hatte Braun vorgeschlagen, eine „Zentralstelle für Arbeitsbeschaffung" einzurichten, war aber mit diesem Vorschlag auf wenig Begeisterung der Kabinettsmitglieder gestoßen[5]. Warmbold hingegen wollte die Produktion durch die „Entzündung privatwirtschaftlicher Initiativen" beleben[6]. Die Ernennung eines Reichskommissars für Arbeitsbeschaffung unter Schleicher müßte demnach den — an den Interessen der Landwirtschaft orientierten — Vorstellungen Brauns entsprochen haben. Auch Schwerin-Krosigk weist in seinen Aufzeichnungen darauf hin, daß Vertreter landwirtschaftlicher Interessen staatlichen Aufträgen den Vorzug gaben[7]. Wie sonst wäre sein Hinweis zu verstehen, Schleicher habe sich besonders unter dem Einfluß des „Gutsbesitzers" Gereke für die stärkere Einschaltung der öffentlichen Hand in die Arbeitsbeschaffung entschieden? In der Kontroverse um die Kontingentierung setzte sich jedoch die Regierung Schleicher über die Wünsche der Landwirtschaft hinweg. Das delikate Gleichgewicht wurde wiederhergestellt, Warmbold und Braun mußten sich einigen, weil Schleicher bei der Kabinettsbildung darauf bestanden hatte. Sollten sie sich nicht einigen können, wollte er sie nicht in sein Kabinett aufnehmen[8]. Dem Reichslandbund mißfiel sehr, daß Warmbold dabei die von der Landwirtschaft geforderten Einfuhrbeschränkungen verhindern konnte[9]. Zur Aufrechterhaltung des delikaten Gleichgewichts

---

[5] Czichon, Wer verhalf?, S. 45.

[6] Schwerin-Krosigk, IFZ, ZS/A — 20, Bd. 1, auch: Reichswirtschaftsminister Warmbold an Reichsfinanzminister Schwerin-Krosigk, 7. 12. 1932, BAK, R 2/18659. In diesem Brief behandelt Warmbold „allgemeine Fragen zur Arbeitsbeschaffung", unter anderem auch das Gereke-Programm.

[7] Schwerin-Krosigk, IFZ, ZS/A — 20, Bd. 1.

[8] a.a.O., Bd. 4.

[9] Reichslandbund (gez. Kalckreuth) an W. J. Reichert vom VDESI, 21. 12. 1932, HA/GHH Nachlaß Reusch, 40010124/3a. Marcons Aussagen sind widersprüchlich. Zum einen schreibt er, daß sich Warmbold Braun beugen mußte

mußte Warmbold allerdings verstärkte Aktivitäten der öffentlichen Hand bei der Durchführung der direkt arbeitsbeschaffenden Maßnahmen hinnehmen. Schleicher selbst gefährdete das anfällige Kräfteparallelogramm unter anderem durch seine Einstellung zu landwirtschaftlichen Meliorationen, die er für wenig erfolgversprechend hielt[10], und durch seine entgegenkommende Haltung den Gewerkschaften gegenüber[11].

An der Person des Reichskommissars für Arbeitsbeschaffung, dem „Gutsbesitzer"[12], Günter Gereke, wird das delikate Gleichgewicht der verschiedenen Arbeitsbeschaffungskonzeptionen, die im Kabinett Schleicher vertreten waren, vielleicht am deutlichsten erkennbar: Das breite politische Spektrum seiner „Organisation" hatte bereits das Interesse der Regierung Papen erweckt[13]. Aber im November 1932 scheint die umfassende Unterstützung seiner Vorschläge zur Arbeitsbeschaffung bereits nicht mehr bestanden zu haben. In seinem Orientierungsbericht an Schleicher vom 25. November 1932 schrieb Bredow, daß er nach vielen Gesprächen mit „Anhängergruppen" Gerekes das Vorhandensein „einer wirklich starken Front von NSDAP bis SPD nicht mehr zu behaupten" vermochte[14]. Gerekes Mitarbeiter Kordemann, der im August 1932 als Verbindungsmann Gregor Strassers Kontakte zum ADGB herzustellen versucht hatte[15], bot Anlaß zu Spannungen mit Hitler. Dieser verlangte von Kordemann, der Mitglied der NSDAP war, den Verzicht auf seine Mitarbeit bei Gereke. Kordemann lehnte dies ab, stellte seine Parteiämter zur Verfügung, blieb aber weiterhin Parteimitglied[16]. Die gemeinsame Basis zwischen Strasser und den Gewerkschaften kann auch nicht sehr breit gewesen sein, da beide — wie aus einer Bemerkung Strassers hervorgeht — mit der Arbeitsbeschaffung um die Gunst derselben sozialen Gruppe werben wollten. In Anwesenheit des Vorsitzenden der freien Gewerkschaften der Bankangestellten, Marx, erklärte Gregor Strasser

---

(S. 236), zum anderen bemerkt er, die Regierung sei von der Kontingentierungspolitik abgegangen (S. 339). Einen Beleg gibt er nur für die zweite Aussage.

[10] Schleicher an Major A. T. von Müldner, 20. 9. 1930, BA — Militärarchiv, Nachlaß Schleicher N 42/52.

[11] Hans Schäffer zufolge fand Schleicher an den Gewerkschaften Gefallen, weil sie „so etwas Soldatisches an sich hatten" (Tagebuch Hans Schäffer, 1. 8. 1932, IFZ, ED 93/22). Laut Woytinski hielt Schleicher die Gewerkschafter für „good honest German men". (Wladimir Woytinski, A Stormy Passage. A Personal History through two Russian Revolutions to Democracy and Freedom: 1905 - 1960, New York 1961, S. 473.)

[12] Schwerin-Krosigk, IFZ, ZS/A — 20, Bd. 1.

[13] Hierzu das vorangegangene Kapitel.

[14] Orientierungsbericht von Bredow an Schleicher, 25. 11. 1932, BA — Militärarchiv, Nachlaß Bredow, 97/2.

[15] Hierzu Schneider, Arbeitsbeschaffung, S. 153 f.

[16] Orientierungsbericht Bredows an Schleicher, 10. 1. 1933, BA — Militärarchiv, Nachlaß Bredow 97/3.

seinem Gesprächspartner vom ADGB, Tarnow, daß die NSDAP „jetzt die Arbeiter gewinnen" wolle[17]. Tarnow bestritt diese Möglichkeit. Die NSDAP würde durch diese Politik die „klassenbewußten Arbeiter" nicht gewinnen und statt dessen den „kleinen Mittelstand" verlieren. Aber Gregor Strasser war der Meinung, der Mittelstand sei „so doof, daß man ihm alles vorreden" könne[18].

Das Unternehmerlager, das nach Gerekes eigenen Angaben[19] zusammen mit dem Reichslandbund gegen seine Pläne polemisierte (Ausnahmen seien nur Otto Wolff und Tilo von Wilmowsky gewesen), versuchte der Reichskommissar für Arbeitsbeschaffung für sich zu gewinnen, indem er beteuerte, zwischen seinem Arbeitsbeschaffungsprogramm und den Interessen der Privatwirtschaft bestünden keinerlei Gegensätze[20].

Gerade die Privatwirtschaft müsse ein Interesse daran haben, von dem größten Arbeitgeber, der öffentlichen Hand, Aufträge zu erhalten[21]. Und in seiner Rundfunkrede vom 23. Dezember 1932 erklärte er, Kern des Arbeitsbeschaffungsprogramms der Regierung Schleicher sei „jede nur mögliche Unterstützung" der Privatwirtschaft[22].

Die Untersuchungen im Zweiten Teil werden zu zeigen haben, wie „die Privatwirtschaft" die Arbeitsbeschaffungspolitik der Regierung Schleicher beurteilte. Schleichers Ankündigung auf der ersten Sitzung seines Kabinetts[23], die sozialpolitischen Bestimmungen der Notverordnung vom 5. September aufzuheben, kam zweifellos den Wünschen des ADGB entgegen[24]. Noch am 29. November hatte Leipart Schleicher gegenüber die Einstellung der Mehrbeschäftigungsprämien mit der Begründung gefordert, sie hätten keine „nennenswerte Wirkung" gehabt[25]. Lediglich in der Textilindustrie seien 15 169 und in der Metallindustrie und im Bergbau zusammen 12 638 Neueinstellungen zu melden. Nach den Erhebungen des ADGB wurden im ganzen Reich von 943 erfaßten Betrieben, die vorher 191 669 Arbeitskräfte beschäftigt hatten, nach der Verordnung

---

[17] Tagebuch Hans Schäffer, 10. 10. 1932, IFZ, ED 93/23. Marx berichtete Schäffer über dieses Gespräch. Schneider, Arbeitsbeschaffung, S. 154, hält es für nicht „eindeutig geklärt", ob es zu Kontakten zwischen dem ADGB und Gregor Strasser gekommen sei.

[18] s. Anmerkung 17.

[19] Gereke, S. 201. Aber Gereke selbst scheint bereits im Oktober 1932 Bedenken gegen seinen eigenen Plan gehabt zu haben. Vgl. Oberst von Bredow an Schleicher am 25. 10. 1932, BA — Militärarchiv, Nachlaß Schleicher N 42/22.

[20] Vorwort Gerekes zu Niemetz/Grünewald, Das Sofort-Programm des Reichskommissars für Arbeitsbeschaffung, Berlin 1933, S. 4.

[21] a.a.O.

[22] „Berliner Tageblatt" vom 24. 12. 1932, auch: AVfK, DGT, B/2054 I.

[23] Protokoll der Ministerbesprechung vom 3. 12. 1932, BAK, R 43 I/1458.

[24] Vgl. Schreiben Leiparts an Schleicher, 29. 11. 1932, AVfK, DGT, B/2054 II.

[25] a.a.O., auch im folgenden.

vom 5. September 42 218 Arbeitskräfte neu eingestellt. Leipart empfahl außerdem, das System der Steuergutscheine als Grundlage für die Finanzierung öffentlicher Arbeiten zu verwenden. Mit dieser Forderung hatte er jedoch keinen Erfolg[26].

Gereke zufolge wurden die Einstellungsprämien auch „von großen Teilen der Wirtschaft und ferner von der Landwirtschaft" stark bekämpft[27]. Das delikate Gleichgewicht in der Arbeitsbeschaffungspolitik wurde durch die Aufhebung der lohnpolitischen Bestimmungen vom 5. September also keineswegs gestört. Die Hinweise auf das instabile Kräfteparallelogramm in der Regierung Schleicher häufen sich: Während einer Chefbesprechung im Reichsfinanzministerium am 6. Dezember 1932[28] empfahl Reichsarbeitsminister Syrup, nicht mehr Arbeiten mit „Mengenbeschäftigung" in den Vordergrund der Arbeitsbeschaffung zu stellen und statt dessen Arbeiten „an die Industrie" zu vergeben. Gereke und Popitz regten den Umbau der Erwerbslosenfürsorge an, wobei die Beiträge durch Steuern ersetzt werden sollten. Als Syrup und Schwerin-Krosigk Bedenken erhoben, entgegnete Popitz, der Augenblick sei politisch günstig, weil die Arbeitsbeschaffung „den Absprung für den Umbau bilden" könne[29]. Diese Vorschläge von Syrup, Gereke und Popitz dürften kaum die Zustimmung von Arbeitnehmervertretern gefunden haben. Die „Grundsätze für ein Arbeitsbeschaffungsprogramm", die Gereke am 19. Dezember 1932 dem Ministerausschuß für Arbeitsbeschaffung vorlegte[30], waren dagegen eher an sozialpolitischen Motivationen orientiert. In den Grundsätzen waren nur öffentliche Träger als Arbeitgeber vorgesehen, und Bezirke mit einem hohen Anteil an Arbeitslosigkeit sollten bei der Verteilung der Arbeiten bevorzugt werden. Die Aufträge sollten nicht an „Generalunternehmer", das heißt an eine einzige große Firma, sondern an kleinere und mittlere Betriebe vergeben werden[31]. Steuergutscheine für die erfolgte Mehrbeschäftigung waren bei der Preisbemessung zu berücksichtigen und sollten zu niedrigeren Angeboten der anbietenden Firmen führen. Soweit wie möglich sollte bei den Arbeiten auf die menschliche Arbeitskraft zurückgegriffen werden. Die Vergabe der Darlehen sollte durch einen Kreditausschuß bei der „Rentenbank und Kreditanstalt" erfolgen, wobei dem Reichskommissar

---

[26] Grotkopp, S. 113, stellt es anders dar. Siehe im vorigen Kapitel Bezug zur Anmerkung 7.

[27] Vermerk über die Sitzung des Ministerausschusses für Arbeitsbeschaffung vom 19. 12. 1932, BAK, R 43 II/540 c.

[28] Vermerk über eine Chefbesprechung im Reichsfinanzministerium am 6. 12. 1932, BAK, R 2/18659.

[29] a.a.O.

[30] Grundsätze für ein Arbeitsbeschaffungsprogramm, 19. 12. 1932, BAK, R 43 II/540.

[31] Ähnliche Bestimmungen enthielten aber auch die Durchführungsbestimmungen des nationalsozialistischen Arbeitsprogramms.

für Arbeitsbeschaffung das Vetorecht zugestanden wurde. Der Ausschuß sollte sich zusammensetzen aus: je einem Vertreter des Reichskommissars für Arbeitsbeschaffung, des Reichsfinanzministers, des Reichsarbeitsministers, des Reichswirtschaftsministers oder bei Projekten, die die Landwirtschaft betreffen, des Reichsministers für Ernährung und Landwirtschaft, der Reichsbank und bis zu drei Vertretern der Länder. Die Vorfinanzierung sollte durch Wechselziehungen erfolgen und die Reichsbank eine Rediskontzusage für einen achtmaligen Umschlag der Wechsel, also für eine Laufzeit von zwei Jahren, geben. Die Dauerfinanzierung sollte durch an der Börse gehandelte Schuldbriefe gesichert werden. Schuldner würden die Einrichtungen der öffentlichen Hand als Träger der Arbeit sein.

Wie Gereke dem Ministerausschuß für Arbeitsbeschaffung mitteilte, plante er ein Arbeitsprogramm mit einem Gesamtumfang von 2,7 Milliarden RM[32], dachte zunächst aber nur an ein „Sofort-Programm" von 600 Millionen Mark und war bereit, sich gegebenenfalls auch mit 500 Millionen Mark zu begnügen. Diese Summe sollte von der Reichsbank zur Verfügung gestellt werden[33]. Den Gemeinden und Gemeindeverbänden wollte der Reichskommissar für Arbeitsbeschaffung, einer wiederholten Forderung des Deutschen Städtetages entsprechend[34], Zinsfreiheit gewähren. Hiergegen legte der Reichsfinanzminister Protest ein, wurde aber von den anderen Ausschußmitgliedern überstimmt[35]. Gegen den von Gereke angestrebten Abbau der Einstellungsprämien meldeten die übrigen Ausschußmitglieder — unter ihnen auch Schleicher — „aus politischen und psychologischen Gründen" Bedenken an.

Ohne die interessenbezogene Untersuchung des Zweiten Teils vorwegzunehmen, sei bereits hier auf die Anliegen von Vertretern der wirtschaftlichen Spitzenverbände hingewiesen, die Reichswirtschaftsminister Warmbold am 19. Dezember vorgetragen wurden[36].

---

[32] s. Anmerkung 27.

[33] Luther stimmte am 20. Dezember nur 500 Millionen RM zu, Vermerk über die Sitzung des Ministerausschusses für Arbeitsbeschaffung vom 21. 12. 1932, BAK, R 43 II/540.

[34] Vgl. Brief Dr. Mulert an Reichskanzler Schleicher, 3. 12. 1932, AVfK, DGT, B/3030. Darin die Forderungen des Deutschen Städtetages für ein kommunales Arbeitsbeschaffungsprogramm, auch: Vermerk über eine Aussprache Mulerts mit Leipart und Arons am 30. 11. 1932, AVfK, DGT, B/2054 II.

[35] s. Anmerkung 32.

[36] Niederschrift über eine Besprechung zwischen dem Reichswirtschaftsminister und den wirtschaftlichen Spitzenverbänden am 19. 12. 1932, Krupp-Archiv, FAH IV E 185. Als Vertreter der Regierungsbehörden nahmen an dieser Besprechung außer dem Reichswirtschaftsminister teil: Staatssekretär Schwartzkopf, die Ministerialdirektoren Reinhardt, Posse und Heintze, die Ministerialräte Hoppe und Ronde sowie „einige Regierungsräte". Den RDI vertraten die Herren von Simson, Kraemer, Kastl, Herle und Heinecke. Für den DIHT sprechen sein Präsident Grund sowie die Herren Huber und

So wird die vorläufige Beurteilung der staatlichen Arbeitsbeschaffungspolitik unter Schleicher erleichtert, erhält man doch einen Gradmesser für die Zustimmung beziehungsweise Ablehnung der Arbeitsbeschaffungspolitik Schleichers durch die wirtschaftlichen Spitzenverbände.

Die Vertreter des RDI und des DIHT schnitten die Kontingentierungsfrage an, bekräftigten dabei ihre Ablehnung gegen Einfuhrbeschränkungen und plädierten zugleich für eine weltoffene Handelspolitik. Gegen Subventionen sprachen sich die Vertreter des Groß- und Überseehandels, der Hauptgemeinschaft des deutschen Einzelhandels und — das überrascht —[37] das Handwerk aus. Auf die für die Arbeitsbeschaffung günstige Wirkung einer Aufhebung der Hauszinssteuer verwiesen wiederum gemeinsam die Vertreter des Groß- und Überseehandels und des Handwerks. Außerdem beantragten die Handwerksvertreter über die bewilligten Bürgschaften des Reiches in einer Höhe von 100 Millionen RM hinaus[38] zusätzliche Mittel für Instandsetzungsarbeiten an Häusern und sprachen sich dafür aus, die Befugnisse für diese Arbeiten beim Reichsarbeitsminister zu belassen und nicht auf Gereke zu übertragen. Von Gereke erwarteten sie anscheinend keine ausreichende Wahrnehmung ihrer Belange. Ihre Distanz zu Gereke ist wenig verwunderlich, wenn man bedenkt, daß in den verfügbaren Quellen keine Hinweise auf die Mitwirkung von Handwerksgruppen bei der Gestaltung des Arbeitsbeschaffungsprogramms des Deutschen Landgemeindetags zu finden sind. Und eine gewisse Enttäuschung über die konkrete Arbeitsbeschaffungspolitik Gerekes, die „allgemeine Hoffnungen erweckt" habe, konnten sie nicht verhehlen und fragten, was denn außer Ankündigungen tatsächlich geschehe. Der Vorstoß der Handwerksvertreter scheint nicht ganz erfolglos gewesen zu sein, und es zeigte sich auch, daß Reichsarbeitsminister Syrup für die Belange des Handwerks in der Frage der Instandsetzungsarbeiten der richtige Mann war. Denn am 23. Dezember plädierte er in einem Schreiben an den Reichsfinanzminister[39] für die Fortführung

---

Demuth. Vom Reichsverband des deutschen Handwerks kamen Derlien und Herrmann, vom Reichsverband des deutschen Groß- und Überseehandels Engel und Keinath. Die Belange der Hauptgemeinschaft des Deutschen Einzelhandels vertrat Tiburtius und als Vertreter des Centralverbands des deutschen Bank- und Bankiergewerbes waren Solmssen und Bernstein anwesend.

[37] Die vom Reichsverband des Deutschen Handwerks ausgesprochene Ablehnung von Subventionen überrascht deswegen, weil Heinrich August Winklers Studie über den Mittelstand zahlreiche Belege für eine Befürwortung von Subventionen durch das Handwerk liefert. Offenbar bestand zwischen dem Programm und der Verhaltensweise dieser Organisationen ein erheblicher Unterschied. Subventionen für andere waren unerwünscht.

[38] Protokoll der Ministerbesprechung vom 14. 12. 1932, BAK, R 43 I/1458. Die Handwerksvertreter bezogen sich auf die Bürgschaften des Reiches, die im Rahmen der Notverordnung vom 14. 6. 1932 übernommen wurden.

[39] Reichsarbeitsminister Syrup an Reichsfinanzminister Schwerin-Krosigk, 23. 12. 1932, BAK, R 43 I/2046.

der Instandsetzungsarbeiten, der Teilungen von Altbauwohnungen, den Stadtrandsiedlungen und der Reichsdarlehen für den Eigenheimbau. Am 24. Januar 1933 folgte ein Erlaß des Reichsarbeitsministers, in dem 50 Millionen RM zur Gewährung verlorener Zuschüsse für Wohnungsinstandsetzungen und -teilungen sowie für den Umbau sonstiger Räume für Wohnungen vorgesehen waren[40]. Den Vorschlägen des Handwerks zur Arbeitsbeschaffung schloß sich Tiburtius von der Hauptgemeinschaft ausdrücklich an. Zusätzlich empfahl er die Fortsetzung der landwirtschaftlichen Siedlung, die für den Arbeitsmarkt von großer Bedeutung sei, übte aber Kritik an der Osthilfe. Hierbei wurde er von den Sprechern des DIHT unterstützt.

Außer den Handwerksvertretern zeigten Repräsentanten der wirtschaftlichen Spitzenverbände keine besondere Unzufriedenheit mit der Arbeitsbeschaffungspolitik Schleichers, und auch dem Handwerk kam dann die Regierung Schleicher sehr bald mit einer Geste des guten Willens entgegen. Die Vorschläge und Wünsche der Wirtschaftler bezogen sich eigentlich weit mehr auf Probleme, die noch aus der Regierungszeit Papens stammten.

Die Vertreter des Centralverbands des Deutschen Bank- und Bankiergewerbes machten dann aber den entscheidenden Unterschied deutlich: Sie wollten vom Reichswirtschaftsminister wissen, ob die Regierung Schleicher eine Plan- oder freie Wirtschaft anstrebe. Diese Frage zielt, wenn auch in stark überspitzter Form, auf das zentrale Problem der Arbeitsbeschaffungspolitik Schleichers. Die Wahrung des delikaten Gleichgewichts zwischen den verschiedenen Interessen erzeugte Unsicherheit über die von der Regierung eingeschlagene ordnungs- und wirtschaftspolitische Linie. Dieser Eindruck mußte sich noch dadurch verschärfen, daß in strittigen Fragen, die mit der Politik der Arbeitsbeschaffung zusammenhingen, einmal die Vertreter der einen und einmal die der anderen Konzeptionen die Oberhand behielten. In den regierungsinternen Kontroversen um die Rolle der öffentlichen Hand und die Beschränkungen landwirtschaftlicher Einfuhren wurde dies personifiziert in den Ministern Warmbold und Braun besonders deutlich. Dieser Konflikt war noch ein Erbe aus der Regierungszeit Papens, in der die von der Landwirtschaft erhobene Forderung nach erweiterten Vollmachten des Staates in der Wirtschaft durch die Kontingentierungspolitik abgeschwächt werden konnte. Diesen Preis mußten die Befürworter einer privatwirtschaftlichen Aktivierung schon unter Papen zahlen. Das auch in der Papen-Regierung delikate Gleichgewicht in diesem strittigen Punkt wurde jedoch nach der Aufhebung der Importrestriktionen für

---

[40] Deutsche Bau- und Bodenbank AG — Deutsche Gesellschaft für öffentliche Arbeiten: „Die Entwicklung der deutschen Bauwirtschaft und die Arbeitsbeschaffung im Jahre 1933", S. 65.

landwirtschaftliche Güter unter Schleicher noch gefährdeter. Und das lag an Schleichers allgemeinpolitischer Konzeption. Dabei ging er anders als Papen von der arithmetisch einleuchtenden, jedoch in sich widersprüchlichen Erkenntnis aus, ohne die Billigung der Arbeitnehmerorganisationen und von Teilen der NSDAP nicht erfolgreich regieren zu können[41]. Dadurch brachte er aber das zwar delikate, aber immerhin noch aus der Regierungszeit Papens bestehende Gleichgewicht zugunsten eines angestrebten und dann nie erreichten ins Wanken. So förderlich Schleichers politisches Ziel für die erfolgreiche Durchführung eines Arbeitsbeschaffungsprogramms — ohne autoritäre und totalitäre Herrschaftsmethoden — so vielversprechend es auch gewesen wäre und wirtschafts- und sozialpolitisch zu werden versprach, so unrealistisch war es unter den gegebenen Voraussetzungen. Weder die Befürworter einer privatwirtschaftlich orientierten Wirtschaftsordnung noch die Vertreter der Landwirtschaft und der Gewerkschaften, die freilich aus verschiedenen Gründen für verstärkte Aktivitäten der öffentlichen Hand in der Wirtschaft eintraten, wurden vollauf zufriedengestellt. Am Ende saß Schleicher zwischen allen Stühlen. Die Unsicherheit über den wirtschaftspolitischen Kurs der Regierung blieb bestehen und mußte in jener unruhigen Zeit geradezu zwangsweise zu neuen Verunsicherungen führen. Vertrauensbildend war diese Politik nicht, da ihr die Klarheit des Standorts fehlte, die in jener unruhigen Zeit vertrauensbildend wirken konnte.

Ohne Vertrauen in die allgemein- und ordnungspolitische Kontinuität war aber eine vermehrte Investitionsneigung („propensity to invest") der Privatwirtschaft nicht zu erwarten. Das von Schleicher angestrebte politische Spektrum war zu heterogen und konnte ebensowenig Bestand haben wie die ehemalige „Arbeitsbeschaffungs-Koalition" im Deutschen Landgemeindetag, an deren Spitze sein Reichskommissar für Arbeitsbeschaffung gestanden hatte. Ohne eine sichere Hausmacht ließ sich das Problem der Beseitigung der Arbeitslosigkeit und der Wirtschaftskrise nicht bewältigen. Und die interessierten Gruppierungen zeigten keine Bereitschaft zu einem funktionsfähigen politischen Kompromiß, der die erfolgreiche Überwindung der Krise ohne Terror ermöglicht hätte.

---

[41] Vgl. Karl-Dietrich Bracher, Wolfgang Sauer, Gerhard Schulz, Die nationalsozialistische Machtergreifung, Köln - Opladen 1962, S. 41 zu den Zielen Schleichers.

Fünftes Kapitel

Die Regierung Hitler 1933/34

1. Psychologische Effeke

Auf einer Trennung führender Nationalsozialisten über die Arbeitsbeschaffung, die am Jahresende 1931 stattfand, erklärte Hitler, daß es zwei Möglichkeiten gäbe, eine Not zu lindern. Man könne entweder die Not tatsächlich beseitigen oder man müsse „das Gefühl für die Not" beseitigen. „Und das geht", fügte Hitler hinzu, „wenn man es richtig anfängt[1]." Außer der ökonomischen Wirkung der nationalsozialistischen Arbeitsbeschaffungspolitik sollte in der Tat auch ihr psychologischer Effekt nicht unterschätzt werden[2]. Diese Aussage gilt für Deutschland ebenso wie zum Beispiel für die USA, wo Franklin Delano Roosevelt fast zur gleichen Zeit eine ähnliche Politik mit viel publizistischem Aufwand betrieb[3]. Franz Neumann betont also zu Recht, daß sich die deutsche Wirtschaftspolitik in der nationalsozialistischen Frühphase nicht wesentlich von der „Depressionspolitik" anderer Staaten unterschied[4]. Dagegen kann der Behauptung Bettelheims[5], die „erste Maßnahme" der Nationalsozialisten sei der „klassische Rückgriff auf öffentliche Arbeiten" gewesen, bei näherem Hinsehen nicht zugestimmt werden. Erstens, weil sein

---

[1] Tagung führender Nationalsozialisten über die Arbeitsbeschaffung; Ende 1931 (ohne genaues Datum) IFZ, ED 60. Die Unterstreichungen im Text sind aufschlußreich: Man könne eine Not lindern, „indem man *das Gefühl für die Not beseitigt. Und das geht,* wenn man es richtig anfängt".

[2] Vgl. auch Joachim Fest, Hitler. Eine Biographie. Frankfurt/M. - Berlin - Wien 1973, S. 594. Fest ist der Meinung, der psychologische Effekt der Arbeitsbeschaffung sei viel stärker als der ökonomische gewesen. Während der ökonomische Effekt meßbar wäre, kann der psychologische nicht quantifiziert werden. Aber das will Fest auch gar nicht. Insofern kann seiner Aussage zugestimmt werden. Vgl. hierzu auch Wolfram Fischer, Deutsche Wirtschaftspolitik, S. 66.

[3] Einen vorzüglichen Überblick vermitteln: William E. Leuchtenburg, Franklin D. Roosevelt and the New Deal 1932 - 1940, New York 1963. Hierin ein ausführliches Literaturverzeichnis. Oder: S. E. Morison, H. S. Commager, W. E. Leuchtenburg, The Growth of the American Republic, Vol. II, 6th ed. New York 1969. Auch mit weiterführender Literatur.

[4] Franz Neumann, Behemoth. The Structure and Practice of National Socialism, 1933 - 1944. 2. Aufl. 1944, Nachdruck London 1967, S. 293. Dabei geht es lediglich um die Frage nach den benützten wirtschaftspolitischen Instrumentarien, nicht um die Problematik Arbeitsbeschaffung — Aufrüstung.

[5] Bettelheim, S. 199.

Zeitplan falsch ist und zweitens, weil öffentliche Arbeiten großen Stils zu jener Zeit alles andere als „klassisch", dafür aber heftig umstritten waren. Ob, wie von Bettelheim behauptet[6], auch in der Politik der Arbeitsbeschaffung von einer „Allianz" aus Nationalsozialisten und „Großkapital" gesprochen werden kann, bleibt noch zu klären, obwohl die Überprüfung solcher Thesen dazu geeignet ist, die Unterschiede zwischen Historikern und Detektiven zu verwischen.

Anders als Bettelheim weisen Mason[7] und Paterna[8] darauf hin, daß bis Juni 1933 keine nennenswerten neuen Initiativen auf dem Gebiet der Arbeitsbeschaffung unternommen worden seien. Sie beziehen sich lediglich auf rein wirtschaftliche Maßnahmen. Da wir aber sowohl die psychologische als auch die ökonomische Wirkung der Arbeitsbeschaffung zu berücksichtigen haben, ist auch dieser „Terminkalender" zu ergänzen. Gerade der Vorschlag des nationalsozialistischen Innenministers Frick auf der Kabinettssitzung vom 8. Februar 1933[9] „im Hinblick auf die Wahlen vom 5. März zu prüfen, ob nicht tunlichst sofort einige Dinge auf sozialpolitischem Gebiet gemacht werden könnten", zeigt, daß von den neuen Machthabern, wenn auch aus sozialpsychologischen Gründen, zu Taten gedrängt wurde. Die im ersten Kapitel aus den Schaubildern abgeleitete Vermutung, daß die Häufigkeit der Diskussionen über Arbeitsbeschaffung im Kabinett möglicherweise mit den bevorstehenden Wahlen vom 5. März zusammenhing, wird also offenbar durch das empirische Material bestätigt. Eine viermonatige Inaktivität auf diesem Gebiet, zu dem die Arbeitsbeschaffung ohne Zweifel zu zählen ist, will deshalb nicht einleuchten. Wenn aber die psychologische Wirkung nationalsozialistischer Arbeitsbeschaffungspolitik so sehr an der Spitze der Prioritätenliste steht, muß geprüft werden, ob die „moralische Aufrüstung" bestimmter Bevölkerungsgruppen mehr als anderen zugute kommen sollte. Eine Untersuchung der „militärischen Aufrüstung" würde den Rahmen der vorliegenden Arbeit sprengen[10]. Auch ohne ausführlich auf die rein volkswirtschaftlichen Aspekte der nationalsozialistischen Arbeitsbeschaffung einzugehen, muß daran erinnert werden, daß die Zahl der durch Notstandsarbeiten Beschäftigten in den ersten beiden Jahren der nationalsozialistischen Herrschaft beträchtlich zunahm[11].

---

[6] a.a.O.

[7] Mason, Arbeiterklasse und Volksgemeinschaft. Dokumente und Materialien zur deutschen Arbeiterpolitik 1936 - 1939, Opladen 1975, S. 46.

[8] E. Paterna u.a., Deutschland von 1933 - 1939. Von der Nachtübertragung an den Faschismus bis zur Entfesselung des zweiten Weltkrieges, Berlin (DDR) 1969, S. 54.

[9] Protokoll der Ministerbesprechung vom 8. 2. 1933, BAK, R 43 I/1459.

[10] Ausführlich zu dem Komplex Arbeitsbeschaffung und Aufrüstung die demnächst erscheinende Studie von Jürgen Stelzner, dessen Untersuchungen nach seinen Angaben bis in das Jahr 1936 reichen.

1. Psychologische Effekte

Mit Schaufeln und Spitzhacken war zwar eine kranke Volkswirtschaft nicht zu heilen, aber man konnte die Bevölkerung auf andere (politische) Gedanken bringen. Die Entlohnung für diese Arbeiten übertraf kaum die Unterstützungssätze. Dennoch darf auch hier der psychologische Auftrieb nicht unterschätzt werden, den viele, vorher jahrelang Beschäftigungslose, selbst durch diese Arbeiten erhielten. Die Absicht der Nationalsozialisten, die Zahl der Arbeitslosen — sei es durch zivile Arbeitsbeschaffung, Aufrüstung oder arbeitsbeschaffende Aufrüstung — zu verringern, kann nicht bestritten werden. Unbestreitbar und bislang noch weitgehend unbeachtet blieben die von den Nationalsozialisten angewendeten statistischen „Hilfsmittel"[12]. Auch sie gehörten zur „moralischen Aufrüstung" der Bevölkerung.

Vor den Wahlen vom 5. März gaben die neuen Machthaber auf dem Gebiet der Arbeitsbeschaffung noch drei Erlasse heraus, die ebenfalls weniger in wirtschaftlicher als vielmehr in psychologischer Hinsicht aufschlußreich sind. Sie sollten der Landwirtschaft und dem Hausbesitz zugutekommen. Am 22. Februar 1933 wurde die Verordnung vom 14. Juni 1932 erweitert. Die seinerzeit ausgesprochene Ermächtigung zur Über-

---

[11] Vgl. das Kapitel über die Arbeitsbeschaffung Brünings, wo auch Zahlen genannt werden. Auch Mason, Arbeiterklasse, S. 48.

[12] Mason, Arbeiterklasse, stellt eine Ausnahme dar. Zu den „Hilfsmitteln" zählte — Masons Angaben Arbeiterklasse, S. 48 zufolge —, daß unregelmäßig Beschäftigte nicht mehr als Arbeitslose galten, jugendliche Landhelfer, Teilnehmer an Arbeitsdienstlagern und bei Notstandsarbeiten der Gemeinden und Arbeitsämter Beschäftigte aus der offiziellen Arbeitslosenstatistik verschwanden. Vgl. Wirtschaft und Statistik, 13. Jg., 1933, S. 19; Statistisches Jahrbuch für das Deutsche Reich, 1934, S. 309. Ergänzend zu Mason sei erwähnt, daß diese Umstellung am 31. Juli 1933 erfolgte (vgl. Wirtschaft und Statistik, 15. Jg., 1935, S. 32). Außerdem umfaßte die amtliche Statistik seitdem nicht mehr nur die „berufsgenossenschaftlich Versicherten", sondern die „insgesamt Beschäftigten" (vgl. Statistisches Jahrbuch für das Deutsche Reich, 1935, S. 128, ebd., 1936, S. 139). Zu den jugendlichen Landhelfern und Teilnehmern an Arbeitsdienstlagern auch Fritz Petrick, Eine Untersuchung der Beseitigung der Arbeitslosigkeit unter der deutschen Jugend in den Jahren 1933 - 1935, in: Jahrbuch für Wirtschaftsgeschichte, 1967, Teil I, S. 287 - 300. Es muß auch auf die hohe Zahl der „unsichtbaren Arbeitslosen" hingewiesen werden, die bei der nationalsozialistischen „Arbeitsschlacht" nicht zur Siegerseite zählten. Hemmer, S. 115 hat für die Jahre 1930 - 1934 folgende Zahlen errechnet:

Die unsichtbaren Arbeitslosen in Deutschland 1930 - 1934
in (1 000)

Jahr	Quartal			
	Winter	Frühjahr	Sommer	Herbst
1930	500	590	700	720
1931	860	880	970	1 130
1932	1 330	1 490	1 580	1 430
1933	1 500	1 500	1 450	1 280
1934	1 370	1 300	1 280	1 030

nahme von Reichsbürgschaften bis zu 100 Millionen RM für Instandsetzungsarbeiten an „Altwohngebäuden" und für Wohnungsteilungen wurde nun auch auf Instandsetzungsarbeiten an Wirtschaftsgebäuden landwirtschaftlicher Betriebe ausgedehnt[13]. „Bauern und Landwirte" wurden vor den Wahlen noch ein zweites Mal bedacht: Am 3. März wurde eine „Landhilfe" verfügt, die Zuschüsse von monatlich 25 RM für jeden zusätzlich beschäftigten männlichen Helfer und 20 RM für jede weibliche Helferin vorsah[14]. Auch an den — überwiegend mittelständischen — Hausbesitz wurde einen Tag vor den Wahlen, am 4. März, gedacht. Die Deutsche Bau- und Bodenbank wurde ermächtigt, durch Reichsbürgschaften gesicherte Kredite gegen Abtretung des Anspruchs auf Steuergutscheine zu gewähren. Mit Hilfe dieser Kredite sollten Instandsetzungs- und Umbauarbeiten gefördert werden[15].

Welche Prioritäten staatlicher Arbeitsbeschaffungspolitik lassen sich für die Jahre 1933/34 feststellen? Die Ermittlung kann mit Ausnahme der ersten Monate der nationalsozialistischen Herrschaft so gut wie gar nicht anhand der Kabinettsprotokolle durchgeführt werden. Mehr noch als unter den vorangegangenen Regierungen muß auf die Akten der Regierungsbürokratie zurückgegriffen werden. Auch die Darstellung der Prioritäten nationalsozialistischer Arbeitsbeschaffungspolitik im Untersuchungszeitraum soll weitgehend chronologisch erfolgen, weil umstands- und zeitbedingte Veränderungen auf diese Weise am deutlichsten werden.

2. Das Sofortprogramm

Zunächst übernahmen die neuen Machthaber das „Sofortprogramm" der Regierung Schleicher. Auf eine Kontinuität in der Arbeitsbeschaffungspolitik deutete auch die Person Gerekes, der Reichskommissar für Arbeitsbeschaffung blieb. Von den vorgesehenen 500 Millionen RM sollten je 200 Millionen RM für Darlehen der ÖffA und Reichskreditanstalt sowie 100 Millionen RM für „Arbeiten des Reiches" verwendet werden. Die 200 Millionen RM der Kreditanstalt waren im Februar 1933 für folgende Projekte vorgesehen[16]. Landwirtschaftliche Meliorationen 75 Millionen RM, Wasserversorgungsanlagen und Wirtschaftswege 125 Millio-

---

[13] Deutsche Bau- und Bodenbank AG — Deutsche Gesellschaft für öffentliche Arbeiten: „Die Entwicklung der Deutschen Bauwirtschaft und die Arbeitsbeschaffung im Jahre 1933" o. J., wahrscheinlich 1934 (fortan: Bodenbank-ÖffA), S. 66.

[14] Erlaß des Präsidenten der Reichsanstalt für Arbeitsvermittlung und Arbeitslosenversicherung vom 3. 3. 1933, a.a.O.

[15] Erlaß des Reichsarbeitsministers vom 4. 3. 1933, a.a.O.

[16] Der Präsident der Reichsanstalt für Arbeitslosenversicherung und Arbeitslosenvermittlung an alle Mitglieder des Vorstands und ihre Stellvertreter (im Deutschen Städtetag), 25. 2. 1933, AVfK, DGT, B/3883.

nen RM. Von den 100 Millionen RM für die „Arbeiten des Reiches" hatte man im Februar erst 70 Millionen verteilt, und zwar 40 Millionen RM für vorstädtische Kleinsiedlung und 30 Millionen RM für Arbeiten der Reichsbahn, die ihrerseits noch den gleichen Betrag für Aufträge ausgeben wollte. Die vorgesehene regionale Kontingentierung der Mittel der Reichskreditanstalt konnte nicht festgestellt werden, sie dürfte jedoch nicht wesentlich vom Verteilungsplan der ÖffA-Mittel an die Kommunen abgewichen sein[17].

Der Kreditausschuß der ÖffA beschloß am 8. März 1933, sich bei der Kreditvergabe von der Zahl der Arbeitslosen in den Kommunen leiten zu lassen[18] und bei Gemeinden, die als „böswillige Zahler" bekannt waren, wegen des „sozialpolitischen Moments", das vor die Kreditsicherheit gestellt werden sollte, „Nachsicht walten" zu lassen[19].

Hat dieses staatliche Kreditinstitut seine Prioritätenliste eingehalten oder blieb es bei verbalen Bekenntnissen? Die obige Tabelle zeigt bei nur geringen Abweichungen eine weitgehende Übereinstimmung zwischen dem prozentualen Anteil der Länder an der nationalen Arbeitslosigkeit und den zugestandenen ÖffA-Mitteln. Demzufolge kann bei der Verteilung der ÖffA-Mittel im Rahmen des Sofortprogramms von sozialpolitischen Prioritäten gesprochen werden, die an den Bedingungen des regionalen Arbeitsmarktes orientiert waren[20]. Eine interessenbezogene Verteilung — etwa eine mögliche Bevorzugung von Regionen mit mittlerer Industrie (wie Sachsen) — läßt sich nicht erkennen.

Tabelle I

**Die im Sofortprogramm verteilten Mittel
(nach Maßnahmegruppen) (in Mill. RM)**[21]

1. Reichsmaßnahmen
   a) Maßnahmen der Reichswasserstraßenverwaltung 5,8
   b) Sonstige Reichsmaßnahmen 190,0
2. Straßenbauten ohne Brücken 104,2
3. Brückenbauten 17,4

---

[17] Hierzu Tabelle D im Anhang IV.

[18] Note des Vorsitzenden des Kreditausschusses der ÖffA, Dernburg, über die Sitzung vom 8. 3. 1933, BAK, R 2/18660.

[19] Vgl. Gerekes „Grundsätze für ein Arbeitsprogramm" unter Schleicher. Von einer Diskontinuität kann in der Tat nicht gesprochen werden.

[20] Da das Verteilungsprinzip durch diese Aufstellung deutlich wird, dürfte es sich wohl erübrigen, eine gesonderte Aufstellung für Preußen zu ermitteln. Es ist höchst unwahrscheinlich, daß von diesem Verteilungsschlüssel abgegangen wurde. Auch die Mittel des Ersten Reinhardt-Programms wurden nach sozialpolitischen Prioritäten gewährt. Damit verdichtet sich die Vermutung, daß auch innerhalb Preußens die Mittel nach diesem Prinzip zugeteilt wurden.

[21] Denkschrift des Reichsfinanzministeriums, Vertraulich! Nur für den Dienstgebrauch! „Die Arbeitsbeschaffungsmaßnahmen der Reichsregierung

4. Kommunale Versorgungsbetriebe	56,4
5. Instandsetzungs- und Ergänzungsarbeiten an öffentlichen Gebäuden, Brücken und sonstigen Hochbauten	0,3
6. Verkehrsunternehmungen	15,6
7. Sonstige Tiefbauten (Talsperren, Flußregulierungen, Hafenbauten u. a.)	10,7
8. Vorstädtische Kleinsiedlung	19,7
9. Landwirtschaftliche Meliorationen	178,2
	598,3

Der Posten „Sonstige Reichsmaßnahmen" wird nicht näher aufgeschlüsselt. Da sich die Denkschrift, auf der diese Zahlenangaben beruhen, ausdrücklich auf zivile Arbeitsbeschaffungsmaßnahmen beschränkt, handelt es sich hier wahrscheinlich nicht um eine Tarnbezeichnung für Rüstungsausgaben[22]. Möglicherweise umfaßt dieser Posten ähnliche Maßnahmen wie der gleiche Titel im Ersten Reinhardt-Programm, das noch zu behandeln sein wird. Auffallend ist die hohe Summe für landwirtschaftliche Meliorationen, die — im Vergleich zum Papen-Programm — etwa um das Dreifache anstieg. Wie noch zu zeigen sein wird, passen diese der Landwirtschaft entgegenkommenden Maßnahmen durchaus in das Bild der Frühphase nationalsozialistischer Arbeitsbeschaffungspolitik. Für Wasserbauprojekte wurden im Vergleich zum Papen-Pro-

---

[22] Zwar beschloß der Arbeitsbeschaffungsausschuß in seiner Sitzung am 9. 2. 1933, von den Mitteln des Sofortprogramms 50 Millionen RM für die Reichswehr und 40 Millionen RM für „die Luftfahrt" zurückzustellen (BAK, R 43 II/536), aber aus der „Aktennotiz über die Besprechung beim Wehramt am 19. 5. 1933, geheime Kommandosache" (BA-Militärarchiv RH 8/1004 und Wi I F 5/370) geht hervor, daß aus dem Sofortprogramm keine Mittel für Rüstungszwecke verwendet wurden. Wörtlich: „Unmittelbare reine Rüstungsforderungen rechnen nicht unter dieses Programm, also weder Beschaffungen für Wehrmachtszwecke noch typische fabrikatorische Vorbereitungen". Forderungen für Rüstungszwecke sollten aber, wie es hieß, in das „Vierjahresprogramm" in getarnter Form aufgenommen werden. Bei den Arbeitsbeschaffungsmitteln wird man also nach Rüstungsausgaben vergeblich suchen. Hitlers vielzitierte Äußerung im Kabinett am 8. 2. 1933 (BAK, R 43 I/1459 und BAK, R 43 II/1276) von der Priorität der „Wiederwehrhaftmachung" beweist nur das Gegenteil, denn die vorliegende Aktennotiz bezieht sich auf die Durchführung der Politik, Hitlers Bemerkung war dagegen eine Absichtserklärung. Die Meinung Fischers vom „Vorrang der Wehrmacht vor allen zivilen Maßnahmen" (Deutsche Wirtschaftspolitik, bes. S. 61) und die Behauptung Petzinas (Petzina, Vierjahresplan, S. 67, und ders., Hauptprobleme, passim), das nationalsozialistische Regime habe die Arbeitsbeschaffungspolitik „von Anfang an" mit der Aufrüstung verknüpft, muß demnach modifiziert werden. Die absolute Priorität galt zweifellos der Aufrüstung, aber die Mittel der Arbeitsbeschaffung wurden nicht für die Aufrüstung verwendet (vgl. auch den Anhang II). Aufrüstung und Arbeitsbeschaffung liefen parallel, die Arbeitsbeschaffung entsprach aber nicht der Aufrüstung (vgl. auch die Denkschrift des Reichsfinanzministeriums über die Arbeitsbeschaffung, BAK, R 2/18701, s. Anm. 84 in diesem Kapitel), Viefhaus übernimmt in seinen Anmerkungen zu Hans Kehrl, Krisenmanager im Dritten Reich, Düsseldorf 1973, S. 507, die Darstellung und die Argumente Petzinas.

gramm geringere Beiträge aufgebracht, dagegen blieben die Ausgaben für den Straßenbau relativ konstant. Der Anteil der Instandsetzungs- und Ergänzungsarbeiten, an denen das Handwerk stets besonderes Interesse bekundete, war geradezu minimal. Für die Großindustrie ergaben sich bei diesem Maßnahmenkatalog — soweit erkennbar — keine sonderlich reizvollen Perspektiven. Wenn von einer gezielten Bevorzugung überhaupt gesprochen werden kann, muß die mittlere Industrie, und hier besonders die Bauindustrie, genannt werden. Allerdings können diese Prioritäten ebenso rein funktional gewesen sein: Die Lage der Bauindustrie gilt häufig als Seismograph für die jeweilige Konjunkturlage, und eine Belebung der Wirtschaft durch die Anregung der Bauindustrie ist ein geradezu „klassisches" Mittel der Krisenüberwindung beziehungsweise -verhütung. Diese Priorität ist also keineswegs eine spezifisch nationalsozialistische.

Die Lohnkosten der im Sofortprogramm durchgeführten Arbeiten waren im Vergleich zum Papen-Programm des Jahres 1932 (noch) niedriger. Die Gegenüberstellung der Lohn- und Materialkosten des Sofortprogramms und des Papen-Programms ergibt folgendes Bild:

Tabelle II

**Das Verhältnis Lohnkosten - Materialkosten
Papen-Programm und Sofortprogramm**[23]

	% Lohnkosten	% Materialkosten
Papen-Programm	43,8	56,2
Sofortprogramm	38,0	62,0

Die ÖffA erklärte sich diese Verbilligung durch die Reduzierung der vergleichsweise kostspieligen Wasserstraßenprojekte.

Der Bevorzugung bestimmter Lieferfirmen durch die kommunalen Träger der Arbeiten scheint das Reichsfinanzministerium noch im Jahre 1934 einen Riegel vorgeschoben zu haben. Der Reichsminister der Finanzen bestand darauf, daß es „den interessierten Firmen" überlassen bleiben müsse, Aufträge „durch entsprechende Angebote im freien Wettbewerb hereinzuholen"[24].

Die für die Arbeitnehmer ungünstige Lage am Arbeitsmarkt wollten die Nationalsozialisten auf ihre Weise mit dem Ziel der Arbeitsbeschaffung verknüpfen: Staatssekretär Lammers unterbreitete dem Kabinett

---

[23] Deutsche Gesellschaft für öffentliche Arbeiten (ÖffA) an Reichsarbeitsminister, 6. 5. 1933, BAK, R 2/18649.
[24] Notiz Ministerialrat Poerschke an den Referenten Lüttgen (im Hause) 5. 5. 1934, BAK, R 2/18682.

am 31. März 1933 den Vorschlag, wehrmachtseigene und für die Wehrmacht arbeitende Privatbetriebe von „staatsfeindlichen Arbeitnehmern (...) zu säubern"[25]. Statt dessen sollten (außer „Kinderreichen und Familienernährern") „alte Kämpfer", Mitglieder der SA, SS und des Stahlhelms bevorzugt eingestellt werden[26]. Und wer nicht hören wollte, mußte fühlen: Die Mecklenburg-Strelitzsche Staatsregierung drohte im Falle einer Verweigerung der angebotenen Arbeit „die schärfsten Mittel" an[27].

Der Reichsarbeitsminister bedauerte in einem Schreiben an den Reichsfinanzminister, daß man bei den öffentlichen Arbeiten (warum eigentlich? M. W.) nicht nachprüfen könne, ob „Nichtarier" beschäftigt würden[28].

Die Durchführung des „Sofort"programms erfolgte keineswegs „sofort". Bis zum 1. Oktober 1934 waren insgesamt 358 565 600 RM ausgezahlt und Darlehensbewilligungen über 400 405 300 RM ausgesprochen worden[29]. Der von den Gemeinden im Januar 1933 vorsorglich angemeldete finanzielle Bedarf für öffentliche Aufträge belief sich auf lediglich 184,8 Millionen RM[30]. Von einundneunzig angeschriebenen Städten mit sechzigtausend oder mehr Einwohnern hatten knapp ein Drittel, nämlich neunundzwanzig, darunter so große Städte wie Köln, München, Frankfurt/Main und Städte des Ruhrgebiets nicht einmal geantwortet. Das Ergebnis dieser Umfrage wich nur unerheblich von den Resultaten der Aktion vom März 1932 ab[31]. Noch am 6. März 1933 beklagte sich der Reichskommissar für Arbeitsbeschaffung in einem Rundschreiben an den Deutschen Städtetag und andere kommunale Verbände[32] über ihr geringes Interesse am Sofortprogramm. Hieraus kann nur eine Schlußfolgerung gezogen werden: Das tatsächliche Interesse der Kommunen an einem Arbeitsbeschaffungsprogramm war trotz der von vielen Parteien und Verbänden in der Endphase der Weimarer Republik immer wieder erhobenen Forderung äußerst gering. Allerdings ist die mangelnde Bereitschaft der Kommunen, ihre ohnehin angespannten Finanzen durch

---

[25] Protokoll der Ministerbesprechung vom 31. 3. 1933, BAK, R 43 I/1460.

[26] Durchführungsverordnung vom 28. 6. 1933, RGBl. 1933, I, S. 425; auch: Rundschreiben des Sächsischen Gemeindetages vom 5. 7. 1933; AVfK, DGT, B/3447.

[27] Aufruf der Staatsregierung von Mecklenburg-Strelitz zur Mitarbeit bei der Behebung der Arbeitslosigkeit. BAK, R 43 II/536 (ohne Datum).

[28] Reichsarbeitsminister an Reichsfinanzminister, 17. 10. 1933, BAK, R2/18718.

[29] Reichsarbeitsminister an Reichsfinanzminister, betr. Arbeitsbeschaffung, 5. 12. 1934, BAK, R 2/18701.

[30] Ergebnis der Rundfrage der Statistischen Abteilung des Deutschen Städtetages, 24. 1. 1933, AVfK, DGT, B/3883.

[31] Vgl. das Kapitel über die Arbeitsbeschaffungspolitik Brünings.

[32] Rundschreiben des Reichskommissars für Arbeitsbeschaffung, Gereke, an den Deutschen Städtetag und andere kommunale Verbände, 6. 3. 1933, AVfK, DGT, B/3883.

2. Das Sofortprogramm

neue Kredite mit künftigen Zinsen zu belasten, nicht ganz unverständlich. Hier bestand eine offensichtliche Diskrepanz zwischen den Vorstellungen der Regierungen und den lokalen Verwaltungen, die der Ankurbelung der Wirtschaft wenig dienlich sein konnte. Die spätere Verlagerung des Schwergewichts von der direkten zu der indirekten Arbeitsbeschaffungspolitik über die Aktivierung der Unternehmerinitiative könnte daher auch als Folge einer Anpassung des Regierungskurses an die tatsächlichen Möglichkeiten für eine Wiederbelebung verstanden werden. Die Durchführung indirekt arbeitsbeschaffender Maßnahmen allein kann daher nicht als Hinweis auf eine unternehmerfreundliche Politik gelten. Sie kann durch mannigfache Erwägungen bedingt gewesen sein. Das Desinteresse der Kommunen an der direkten Arbeitsbeschaffung kann, muß aber nicht, ein Grund gewesen sein.

Sozialpolitische Prioritäten der Regierung sind auch im Vorschlag Gerekes zu erkennen, die Einstellungsprämien zum 1. April 1933 zu streichen[33]. Das Kabinett stimmte — anders als während der Amtszeit Schleichers — dem Vorschlag zu. Dieser Beschluß macht das Dilemma einer interessenspezifischen Interpretation deutlich. Daß sozialpolitische Ziele in der Prioritätenskala der Regierung Schleicher unvergleichlich höher standen als in der Regierung Hitler, kann wohl nicht ernsthaft bestritten werden. Ebensowenig kann bestritten werden, daß hier eine vor allem von den Gewerkschaften bekämpfte Maßnahme des Arbeitsbeschaffungsprogramms der Papen-Regierung zurückgenommen wurde.

Während die Reaktion auf Gerekes Sofortprogramm eher als zögernd bezeichnet werden muß, ließ die Entlassung Gerekes weniger lange auf sich warten. Wegen einer angeblichen Unterschlagung von 400 000 Mark während seiner Tätigkeit im Ausschuß zur Wiederwahl Hindenburgs im Jahre 1932 wurde Gereke im März 1933 verhaftet, und der Präsident der Reichsanstalt für Arbeitslosenvermittlung und Arbeitslosenversicherung, Syrup, wurde als Vertreter eingesetzt[34]. In einer Kabinettsvorlage zur Arbeitsbeschaffung trat Reichsarbeitsminister Seldte am 28. April für die Auflösung des Reichskommissariats für Arbeitsbeschaffung als Zentralstelle für die Arbeitsbeschaffung ein[35]. Statt dessen sollte die Verantwortung beim Reichsarbeitsminister liegen. Am 11. Mai wiederholte Seldte seinen Vorschlag[36], am 23. Juni 1933 wurde schließlich der Reichskommissar für Arbeitsbeschaffung dem Reichsarbeitsminister unterstellt[37] und der Gedanke an eine für die Arbeitsbeschaffung verantwort-

---

[33] Protokoll der Ministerbesprechung vom 7. (?) 3. 1933, BAK, R 43 I/1460. Aus den Akten war das genaue Datum nicht klar ersichtlich. Es kann dem Zusammenhang nach nur am 2. oder 7. März 1933 gewesen sein.

[34] Protokoll der Ministerbesprechung vom 24. 3. 1933, a.a.O.

[35] Kabinettsvorlage des Reichsarbeitsministers vom 28. 4. 1933, a.a.O., 1461.

[36] Vorlage des Reichsarbeitsministers Seldte an Staatssekretär Lammers, 11. 5. 1933, R 43 II/536.

liche Zentralstelle zu den Akten gelegt. Hier und da — besonders in der kommunalpolitischen Abteilung der NSDAP — gab es noch Stimmen, die ein „Arbeitsbeschaffungsamt" als Zentralstelle forderten[38].

3. Die Arbeitsbeschaffung der Reichsbahn und Reichspost

Außer dem Sofortprogramm setzten die neuen Machthaber auch die Arbeitsbeschaffung der Reichsbahn und Reichspost fort. Die Programme der Reichsbahn erreichten zwischen 1932 und 1934 eine Höhe von insgesamt 1 067 Millionen RM[39], die natürlich in erster Linie den Eisenbahnzulieferindustrien zugutekamen. Die 1 067 Millionen RM verteilten sich auf folgende Arbeitsgebiete:

Tabelle III

Arbeitsbeschaffung der Reichsbahn 1932 - 1934 (in Mill. RM)[40]

Unterhaltung des Oberbaus und der baulichen Anlagen	121
Erneuerung der baulichen Anlagen	74
Erneuerung des Oberbaus	271
Erneuerung der Fahrzeuge	161
Sonderprogramm für Fahrzeugverbesserung	17
Unterhaltung der Fahrzeuge	67
Unterhaltung der maschinellen Anlagen	9
Erneuerung der maschinellen Anlagen	8
Neubauten	270
Sonstige Beschaffungen (Geräte, Dienstkleidung etc.)	19
Beteiligung an den Reichsautobahnen	50
	1 067

Für die Beförderung von Baustoffen gab die Reichsbahn einen zwanzigprozentigen Preisnachlaß. Das besondere Interesse der eisen- und stahlproduzierenden sowie -verarbeitenden Firmen, das noch zu belegen sein wird, und auch der Baufirmen an dem Programm der Reichsbahn ist unschwer verständlich.

Das Interesse der Bau-, Auto- und Elektroindustrie dürfte dem Arbeitsbeschaffungsprogramm der Reichspost gegolten haben. Es umfaßte 1932 Aufträge für 27 Millionen RM an die Schwachstromindustrie, im

---

[37] Protokoll der Ministerbesprechung vom 23. 6. 1933, BAK, R 43 I/1463.

[38] Vgl. die Äußerungen von Münchens Oberbürgermeister, Fiehler, dem Leiter der kommunalpolitischen Abteilung der NSDAP, im Völkischen Beobachter, Nr. 283, 10. 10. 1933, Ausgabe München, aus: AVfK, DGT, B/875; ähnlich auch die Forderungen des Stuttgarter Bürgermeisters, a.a.O., und des Gauabteilungsleiters Westfalen-Süd an die oberste Leitung der PO, Abteilung für Kommunalpolitik, Bochum, 30. 10. 1933, a.a.O.

[39] Reichsarbeitsminister an Reichsfinanzminister, 5. 12. 1934, betr. Arbeitsbeschaffung, BAK, R 2/18701.

[40] a.a.O. Auch die folgenden Angaben entstammen dieser Quelle.

Kabelbau und technische Fernsprecheinrichtungen sowie 7 Millionen RM für den Bau von Kraftfahrzeugen, Bahnpostwagen, Hochbauten und zur Beschaffung von Geräten. 1933 stellte die Reichspost ein Arbeitsbeschaffungsprogramm von 76,7 Millionen RM auf, wobei allein 54,9 Millionen RM auf das Fernmeldewesen entfielen. Der Rest verteilte sich auf Kraftfahrzeuge, das Hochbaugewerbe und die Beschaffung von Geräten.

4. Änderung des Kraftfahrzeugsteuergesetzes

Der Schwerpunkt nationalsozialistischer Arbeitsbeschaffung lag zweifellos auf dem Gebiet der Steuerpolitik. Hitler erklärte den Kabinettsmitgliedern, jede Maßnahme auf dem Gebiet der Steuerpolitik müsse in erster Linie der Arbeitsbeschaffung dienen[41]. Die Änderung des Kraftfahrzeugsteuergesetzes vom 10. April war die erste Maßnahme dieser Art. die von der Hitler-Regierung eingeleitet wurde. Allerdings ging die Initiative (auch) zu dieser Maßnahme nicht von den Nationalsozialisten aus; vielmehr wurden sie durch die Umstände zur Entscheidung gezwungen. Das alte Kraftfahrzeugsteuergesetz galt nämlich nur noch bis zum 1. April 1933[42]. Initiativen der Automobilindustrie sind nicht erkennbar; der letzte registrierte Versuch einer Einflußnahme reicht bis in die Amtszeit Papens zurück[43], und der Repräsentant des Reichsverbands der Automobilindustrie, Allmers, sollte zwar zunächst zur Unterredung Hitlers mit führenden Industriellen eingeladen werden, gehörte aber schließlich doch nicht zum Teilnehmerkreis[44]. Alle nach dem 31. März 1933 erstmalig zugelassenen Personenkraftwagen und -räder wurden von der Kraftfahrzeugsteuer befreit[45]. Am 31. März wurde diese Steueränderung noch ergänzt: Besitzer von Altwagen brauchten nach Zahlung eines einmaligen Betrages keine Kraftfahrzeugsteuer mehr zu bezahlen[46]. Für Birkenfeld ist die Förderung der „Kraftverkehrswirtschaft" der „Kristallisationspunkt" nationalsozialistischer Arbeitsbeschaffung[47]. Zur „Kraftver-

---

[41] Protokoll zur Ministerbesprechung vom 19. 9. 1933, BAK, R 43 I/1465.

[42] Vgl. „Deutsches Handwerksblatt", 25. Jhg., Heft 11, 1. 6. 1931, S. 212.

[43] Reichsverband der Automobilindustrie an den Reichskanzler, 16. 8. 1932; AVfK, DGT, B/3030. Auch Ludwig, Strukturmerkmale, S. 51, weist auf diese Eingabe hin, betont aber meines Erachtens zu stark den militärischen Akzent ihres Inhalts. Wichtig scheint mir der in dieser Eingabe enthaltene Hinweis auf die in Italien, Japan und England schon frühzeitiger gewährten Steuervorteile beim Erwerb neuer Automobile einheimischer Herkunft. Auch hier hatten also die Nationalsozialisten Vorläufer im Ausland.

[44] Vgl. die Anmerkung zur Unterredung vom 29. 5. 1933.

[45] RGBl. 1933, I, S. 192, Gesetz über die Änderung des Kraftfahrzeugsteuergesetzes vom 10. 4. 1933, S. 62.

[46] Gesetz über die Ablösung der Kraftfahrzeugsteuer vom 31. 5. 1933, a.a.O., S. 315 f.

[47] Wolfgang Birkenfeld, Der synthetische Treibstoff, 1933 - 1945. Ein Beitrag zur nationalsozialistischen Wirtschafts- und Rüstungspolitik, Göttingen 1964, S. 23.

kehrswirtschaft" zählt er die Automobilindustrie, den Ausbau des Straßennetzes und die Treibstoffversorgung[48]. Im Zusammenhang mit der Arbeitsbeschaffung konnten die Neuordnung und der Ausbau der deutschen Mineralölwirtschaft sowie der Automobilindustrie erfolgen. Daß die Chemieindustrie nicht zuletzt wegen der hohen Anfangsinvestitionen und der für sie ungünstigen Abgabebedingungen an den Staat hiervon wenig profitierte, hat Birkenfeld mit viel Material belegt. Dieses Gesetz ist daher wahrscheinlich eher im Zusammenhang mit den nationalsozialistischen Expansions- und Autarkievorstellungen zu sehen. Zunächst aber lag der Akzent auf den konjunkturpolitischen Vorteilen dieser Maßnahme[49].

5. Keynesianische Wirtschaftspolitik „Integration der Arbeiter in die Nation"?

Eines der Ziele nationalsozialistischer Arbeitsbeschaffungspolitik war so Arthur Schweitzer, die „Integration der Arbeiter in die Nation"[50]. Bei der Annullierung der Einstellungsprämien waren Ansätze in diese Richtung schon erkennbar.

So sehr man über diese These gerade in Anbetracht der nachgewiesenen Diskriminierung „Unzuverlässiger" bei Neueinstellungen oder Entlassungen streiten mag, die verfügbaren Materialien legen diesen Schluß nahe. Am 1. Mai wollten die neuen Machthaber mit der Ankündigung arbeitsbeschaffender Maßnahmen „Begeisterung" erwecken[51]. Reichsarbeitsminister Seldte bot dem Kabinett am 28. April zwei Vorlagen für ein Arbeitsbeschaffungsprogramm an[52], die als „Unterlagen für eine am 1. Mai abzugebende programmatische Erklärung" dienen sollten. Die vorgeschlagenen Projekte enthielten nichts Neues. So schlug Seldte Straßenbauten, landwirtschaftliche Meliorationen und ähnliches vor. Die vorgesehene Summe bezifferte der Reichsarbeitsminister auf 1,5 Milliarden RM[53]. Davon sollten 70 Prozent auf den Lohnanteil bei einem durch-

---

[48] a.a.O.

[49] Protokoll der Ministerbesprechung vom 7. 4. 1933, BAK, R 43 I/1461.

[50] Arthur Schweitzer, Ideological Crisis and Fascism, in: Societas, A revue of social history, Winter 1972, S. 6. Ich verdanke den Hinweis auf diesen Aufsatz Herrn Professor Schweitzer selbst.

[51] Vorlage des Reichsarbeitsministers für Arbeitsbeschaffung an den Staatssekretär in der Reichskanzlei, 22. 4. 1933, BAK, R 2/18675. Ergänzung am 27. 4., a.a.O.; vgl. auch die Stellungnahme Wedemeyers am 25. 4. zur Vorlage des Reichsarbeitsministers, BAK, R 53/16. Dies ist nicht der Ort für eine Erörterung der an Max Weber orientierten These Schweitzers, daß die Arbeitsbeschaffung eines der Mittel war, mit denen das charismatische Führertum Hitlers begründet beziehungsweise erhalten wurde (Schweitzer, Societas, S. 10).

[52] s. Anmerkung 51. Vorlage Reichsarbeitsminister und zwei Kabinettsvorlagen des Reichsarbeitsministers zur Arbeitsbeschaffung. 28. 4. 1933, BAK, R 43 I/1461.

[53] In der Vorlage vom 22. 4. 1933, s. Anmerkung 51.

5. „Integration der Arbeiter in die Nation"

schnittlichen Jahresverdienst von nur 1500 RM pro Arbeiter entfallen[54]. Seldte ergänzte noch den Vorschlagskatalog: Staatliche Förderung der Exportindustrie, eine nochmalige Amnestie für Steuerfluchtkapital, Steuererleichterungen, die zwar den Unternehmern höhere Gewinne, dem Staat aber letztlich steigende Steuereinnahmen bringen würden, und die Senkung der Sozialversicherungslasten, obwohl er hierfür keine „allzu großen" Möglichkeiten mehr sah. Der Minister dachte auch noch an eine Entlastung des Arbeitsmarkts durch die „Senkung der Gestehungskosten der Wirtschaft" und an die Lockerung des Tarifwesens. Daß Hitler diese Vorschläge am 1. Mai nicht bekanntgab, sondern sich auf die Ankündigung der „gigantischen Aufgabe" eines Milliardenprogramms im Straßenbau[55] beschränkte, wird nicht verwundern. Seldtes Bemerkung, die Finanzierungsfrage würde im Rahmen der „ohnedies zu treffenden Entscheidungen über die Kredit- und Währungspolitik"[56] zu regeln sein, dürfte als Hinweis auf einen erwogenen Kurswechsel in der staatlichen Finanzpolitik zu verstehen sein.

Seldte gehörte zu denjenigen Regierungsmitgliedern, bei denen sich ein direkter Einfluß von John Maynard Keynes nachweisen läßt. In seinem Schreiben an Adolf Hitler vom 31. Mai 1933 berief sich Seldte in den Ausführungen über den „Sinn der Arbeitsbeschaffung"[57] ausdrücklich auf den bekannten englischen Nationalökonomen, ohne sich jedoch auf eine besondere Arbeit von Keynes zu beziehen. Der „General Theory" konnte er diese wirtschaftspolitischen Empfehlungen schwerlich entnommen haben, denn sie erschien erst 1936. Aber bis 1933 lagen schon mehrere Veröffentlichungen von Keynes vor, in denen er antizyklische Maßnahmen des Staates empfohlen hatte[58].

Die notwendige Vergrößerung der Nachfrage, schrieb Seldte, sei nur möglich, wenn der Staat durch erweiterte Ausgaben die „Erstfinanzierung der Erzeugung" übernehme. Zugleich befürwortete er eine „Kombination" von Arbeitsbeschaffung und Steuerreform. Unter „Steuerreform" verstand der Minister den „Abbau der wichtigsten heute überhöhten Produktionssteuern". Seldte fügte seinem Brief hinzu, daß sich sein „Beirat" dieser Meinung angeschlossen habe. Namentlich nannte er nur drei Mitglieder seines „Beirats": Thyssen, Pietzsch und Lübbert[59].

---

[54] Vorlage des Reichsarbeitsministers an den Staatssekretär in der Reichskanzlei, 11. 5. 1933, BAK, R 43 II/536.
[55] Vgl. Kroll, S. 460 f. Schulthess, 1933, S. 116.
[56] Kabinettsvorlage vom 28. 4. 1933, s. Anmerkung 52.
[57] Reichsarbeitsminister an Hitler, 31. 5. 1933, Anlage B: „Der Sinn der Arbeitsbeschaffung", BAK, NS 10/30.
[58] So zum Beispiel: Can Lloyd George Do it? London 1929; Treatise on Money, 2 Bde., London - New York 1930; An Economic Analysis of Unemployment, in: Q. Wright, ed., Unemployment as a World Problem, Chicago 1931, S. 3 ff.

Anders als Seldte dachte Hugenberg nicht an neue Wege in der Finanz- und Geldpolitik. In einer Denkschrift über die Finanzierung der Arbeitsbeschaffung vom 11. Mai 1933[60] wandte sich Hugenberg gegen die Ausweitung des Geldvolumens und bezeichnete einen möglichen Rückgriff auf die Reichsbank als „Gefahr der Inflation". Auch in diesem Punkt war also Hugenberg den neuen Machthabern nur noch im Wege.

6. Fazit der ersten „hundert Tage"

In den ersten drei Monaten der nationalsozialistischen Herrschaft lassen sich folgende staatliche Prioritäten in der Frage der Arbeitsbeschaffung erkennen:

— Die neuen Machthaber strebten vor allem eine sozialpsychologische Legitimationsbasis an. Dabei versuchten sie der Landwirtschaft und den — weitgehend mittelständischen — Hausbesitzern entgegenzukommen. Auch bei dem durch den Kraftfahrzeugsteuernachlaß bedingten Aufschwung neuerer Industriezweige (Treibstoffwirtschaft und Automobilindustrie) sollte die günstige psychologische Wirkung von technischen Innovationen nicht unterschätzt werden.

— Wirtschaftlich waren diese Maßnahmen — mit Ausnahme der Kraftfahrzeugsteuernachlässe — ohne große Bedeutung.

— Die sozialpolitischen Prioritäten orientierten sich vornehmlich an der Lage des regionalen Arbeitsmarktes.

— Die mangelhafte Lohnattraktivität der öffentlichen Arbeiten (Sofortprogramm) und die Steuersenkungen dürften im Zusammenhang mit der geplanten Senkung der Produktionskosten (Seldte) zu sehen sein. Die ausdrückliche Bejahung und Mitarbeit einiger Industrieller ist erkennbar („Beirat" Seldtes). Dagegen wurden andere Erleicherunrungen für die Unternehmer wie die Einstellungsprämien aufgehoben.

— Die „neue Konjunkturpolitik" wurde bei einigen Regireungsmitgliedern unter ausdrücklicher Berufung auf Keynes angestrebt.

7. Das Erste Reinhardt-Programm
Die politische Entscheidung

Im Mai 1933 wurden die Pflicht zur Arbeitslosenversicherung[61] und die Beiträge zur Invalidenversicherung[62] für die Beschäftigung von Hausge-

---

[59] Es war nicht zu ermitteln, ob diesem Beirat auch noch andere Männer angehörten.

[60] Denkschrift des Reichswirtschaftsministers über die Finanzierung der Arbeitsbeschaffung, 11. 5. 1933, BAK, R 43 II/536.

[61] Gesetz zur Befreiung der Hausgehilfinnen von der Pflicht zur Arbeitslosenversicherung vom 12. 5. 1933, RGBl. 1933, I, S. 265.

hilfinnen aufgehoben. Für das Ausloten staatlicher Prioritäten in der Arbeitsbeschaffung ist aber die Besprechung Hitlers mit führenden Industriellen ohne Zweifel weitaus wichtiger als diese „künstlichen" Arbeitsbeschaffungsmaßnahmen[63].

---

[62] Gesetz über die Herabsetzung der Beiträge zur Invalidenversicherung für Hausgehilfinnen vom 16. 5. 1933, a.a.O., S. 283. Beide Maßnahmen sind zuerst von Reichsarbeitsminister Seldte in der Kabinettsvorlage vom 28. 5. 1933 vorgeschlagen worden, BAK, R 43 I/1461.

[63] Besprechung zwischen Hitler und führenden Industriellen über die Arbeitsbeschaffung am 29. 5. 1933, BAK, R 43 II/536. Nachstehend sind die Namen der Teilnehmer verzeichnet:

1. Dr. Berckemeyer, Generaldirektor, Kokswerke und Chemische Fabriken AG
2. Dr. Krupp von Bohlen und Halbach
3. Carl Bosch, Kom.-Rat (IG Farben)
4. Dr. Diehn, Generaldirektor, Deutsches Kalisyndikat GmbH
5. Dr. Jul. Dorpmüller, Generaldirektor der Deutschen Reichsbahngesellschaft
6. Dr. Otto Chr. Fischer, Bankdirektor, Reichs-Kredit-Gesellschaft AG
7. Gottfried Feder
8. Grauert, Staatssekretär, Pr. Min. d. Innern
9. Paul Hamel, Präsident des Börs.-Vorstandes
10. Köttgen, Generaldirektor (Siemens)
11. Bernhard Leopold, Bergwerksdirektor
12. Dr. Lübbert, Generaldirektor (gehörte zum „Beirat" Seldtes, M. W.)
13. Rohde, Präsident des Deutschen Groß- und Überseehandels
14. Friedrich Reinhardt, Bankdirektor, Commerz- und Privatbank
15. Reinhardt, Staatssekretär, Reichsfinanzministerium
16. Paul Rohde, Mauserwerke
17. Dr. Hjalmar Schacht, Reichsbankpräsident
18. Dr. Schmitt, Generaldirektor, Allianz-Konzern
19. Dr. Schmitz, Geh. Kommerzienrat (IG Farben)
20. Dr. Carl Fr. v. Siemens
21. Hugo Stinnes
22. Dr. Fritz Springorum, Generaldirektor (Hoesch)
23. Tischbein, Genraldirektor, Continental Gummiwerke
24. Dr. Fritz Thyssen (gehörte zum „Beirat" Seldtes, M. W.)
25. Dr. Ing. Todt
26. Ubbelohde, Professor
27. Dr. Otto Wagener
28. Wildermuth, Direktor, Dtsch. Bau- und Bodenbank
29. Dr. Albert Vögler, Generaldirektor (Vereinigte Stahlwerke)
30. Kordemann (vgl. Kapitel Schleicher)
31. Minister. Rt. Durst, Ministerialrat, Reichsarbeitsministerium
32. von Stauss, Direktor bei der Deutschen Bank
33. Kerrl, Preuss. Justizminister
34. Dr. Kokotkiewicz, Institut für Konjunkturforschung
35. Dr. Flügel, Karlsruhe.

Zunächst sollten auch noch folgende Herren eingeladen werden:
Geheimrat Dr. R. Allmers, Reichsverband der Automobilindustrie
Generaldirektor Dr. Carl Büren, Bubiag
Genreladiraktor Otto Flick
Dr. Jacob Herle, Reichsverband der Deutschen Industrie
Generaldirektor Dr. h. c. Middendorf, Vors. d. Vorstands der Deutschen Erdöl AG

Zeigt die Tatsache, daß die Besprechung über das Erste Reinhardt-Programm mit den Industriellen am 29. Mai, im Kabinett dagegen erst am 31. des Monats stattfand, wen Hitler als wichtigeren Partner für seine Politik empfand[64]?

Folgende Bedenken sind gegen diese Annahme anzumelden: Die Bedeutung des Kabinetts nahm bereits in den ersten Monaten der Hitler-Herrschaft ständig ab. Ist daher die Reihenfolge des Vorgehens: Erst die Besprechung mit den Industriellen und danach die Kabinettssitzung überhaupt aussagekräftig? Sie beweist doch eigentlich nur die Bedeutungslosigkeit der Ministerrunde, die das vorgelegte Programm — übrigens ohne Diskussion — am 31. Mai annahm[65]. Die Regierungsakten vermitteln den Eindruck, daß schon der Entscheidungsvorgang für den Ersten Reinhardt-Plan vom Kabinet in andere Gremien verlegt wurde. Die Entscheidung zugunsten dieses Plans fiel auf der Chefbesprechung vom 31. Mai 1933[66], und nur Hugenberg stimmte gegen ihn, weil er nicht die „natürlichen Faktoren der Wirtschaft in Bewegung bringen würde". Auf dieser Sitzung bekannte sich Hitler zum Prinzip des ausgeglichenen Haushalts. Nur durch den Abbau der „Soziallasten" könne man die Mittel aufbringen, die notwendig seien, um zwei Millionen Menschen wieder in die Produktion einzubeziehen, erklärte er.

„Zuckerbrot und Peitsche", Arbeitsbeschaffung und paralleler Abbau der „Soziallasten" — das scheint die Devise des „Führers" gewesen zu

---

Generaldirektor Kommerzienrat Dr. Ing. e. h. Paul Reusch (Gutehoffnungshütte)
Paul Rhode, Otto Mansfeld & Co. GmbH
Generaldirektor August Rosterg, Kaliwerke Wintershall AG
Bergassessor Erich Winnacker
Generaldirektor E. Tengelmann, Industrie- und Handelskammer Essen.
Es finden sich hier sowohl Namen „traditionell" pronationalsozialistischer Unternehmer als auch solcher, die Distanz zur NSDAP gewahrt hatten.

[64] Dies behauptet Petzina, Hauptprobleme, S. 45. Viefhaus übernimmt in seinen Kommentaren zu Hans Kehrl, Krisenmanager im Dritten Reich, S. 507, die Thesen Petzinas und spricht von einer „Verständigung" zwischen Hitler und den Industriellen, die der langen Periode der wirtschaftspolitischen Zurückhaltung ein Ende bereitet und die Durchführung des Ersten Reinhardt-Programms ermöglicht hatte.

[65] Protokoll der Ministerbesprechung vom 31. 5. 1933, BAK, R 43 I/1462.

[66] Niederschrift des Staatssekretärs in der Reichskanzlei zur Chefbesprechung über Arbeitsbeschaffung, 31. 5. 1933, BAK, R 43 II/536. An dieser Besprechung nahmen außer Hitler teil: Vizekanzler Papen, Innenminister Frick, Finanzminister Schwerin- Krosigk, Wirtschaftsminister Hugenberg, Arbeitsminister Seldte, Wehrminister Blomberg, Verkehrsminister Eltz von Rübenach, der Preußische Ministerpräsident Göring, Reichsbankpräsident Schacht, Staatssekretär Reinhardt und — Oberregierungsrat Lautenbach. Diese Akte, in der sich auch das Protokoll der Besprechung zwischen Hitler und den Industriellen vom 29. 5. befindet, kennt auch Petzina. Daher ist sein Hinweis auf den Kabinettsbeschluß unverständlich. Die Niederschrift ist auch zu finden in BAK, R 2/18675.

7. Das Erste Reinhardt-Programm

sein, der mit der Arbeitsbeschaffung der Bevölkerung offensichtlich Sand in die Augen streuen wollte. Der ehemalige Wirtschaftsminister Schmitt bestätigte dies im Jahre 1948[67]. Der dauerhafte „Mythos" vom Erbauer der Autobahnen und Bezwinger der Arbeitslosigkeit ist der Beweis dafür, daß Hitler dabei Erfolg hatte.

Ist die vergleichsweise späte Vorlage eines eigenen Arbeitsbeschaffungsprogramms der Nationalsozialisten im Juni darauf zurückzuführen, daß zunächst „unter Konsultation der Industrie ein Programm diskutiert und entwickelt wurde, dessen Ausarbeitung dem nationalsozialistischen Staatssekretär im Finanzministerium, Fritz Reinhardt" oblag[68]? Hat sich Hitler erst der vollen Unterstützung der zögernden Großindustriellen versichern wollen[69]? Da die Beantwortung dieser Frage für die Ermittlung der staatlichen Prioritäten in der Arbeitsbeschaffung von entscheidender Bedeutung ist, sollte die Stichhaltigkeit der ihr zugrundeliegenden Prämissen und Folgerungen geprüft werden. Dabei soll zunächst logisch und dann empirisch vorgegangen werden.

Wenn das Erste Reinhardt-Programm tatsächlich „unter Konsultation der Industrie (...) diskutiert und entwickelt wurde", ist nicht einsichtig, warum Hitler für die letzten Details noch das Einverständnis der Industriellen gebraucht haben soll. Wollte Hitler andererseits wirklich das Einverständnis der Industriellen einholen, müßte man erwarten, daß sie vor der Unterredung weder konsultiert wurden noch an der Ausarbeitung teilnahmen. Die Reihenfolge: Konsultation und Mitarbeit, dann Einverständnis will nicht recht einleuchten, weil die Prämissen nicht zu den Folgerungen passen. Empirisch müßten zwei Aussagen belegt werden: Erstens müßte bewiesen werden, daß Reinhardt lediglich die Ausarbeitung des „unter Konsultation der Industrie" diskutierten und entwickelten Programms zu verantworten hatte. Zweitens müßte der Verlauf der Besprechung[70] zeigen, ob Hitler tatsächlich die Zustimmung der Großindustriellen einholen wollte oder sie lediglich über bereits beschlossene Maßnahmen informierte, sie also vor vollendete Tatsachen stellte, von denen er sie vor der offiziellen Bekanntgabe in Kenntnis setzte. Möglicherweise wollte er nur ein allgemeines Meinungsbild über bestimmte Fragen der Arbeitsbeschaffung herstellen.

Die Tätigkeit von Staatssekretär Reinhardt bei der Vorbereitung des Arbeitsbeschaffungsprogramms stellt sich in den Aufzeichnungen seines

---

[67] Spruchkammerakten Schacht, Protokoll der Berufungsverhandlungen gegen Dr. H. Schacht, 2. 8. - 1. 9. 1948, Bd. I, IFZ.
[68] So die These Petzinas, Hauptprobleme, S. 45.
[69] So Petzina, a.a.O., S. 46.
[70] Auf den Petzina nicht eingehen kann, weil die Schwerpunkte seiner Untersuchung anders gelagert sind. Wenn aber die Einzelheiten einer allgemeinen Betrachtung nicht stimmen, müßte auch diese unglaubwürdig werden.

damaligen Vorgesetzten, Reichsfinanzminister Schwerin-Krosigk, wie folgt dar[71]: Pläne für eine „aktivistische Finanzpolitik" bestanden bereits vor 1933. Die „grundsätzlichen"[72] Planungen sind nicht auf eine Person zurückzuführen. Die Ausgestaltung des nationalsozialistischen Arbeitsbeschaffungsprogramms im einzelnen war weitgehend das Werk von Reinhardt, der übrigens Steuerfachmann war und Gottfried Feder als „voreiligen Narren" bezeichnet hatte. Reinhardt brachte bereits ein festes Programm mit, als er den Posten eines Staatssekretärs übernahm, und arbeitete das Gesetzgebungswerk vor allem mit dem Präsidenten der Reichsanstalt, Syrup, aus[73]. Auch andere Regierungsbeamte wie der Reichsarbeitsminister und der Oberbürgermeister von Leipzig, Carl Goerdeler, wurden zu den Beratungen hinzugezogen[74].

Die großsprecherische Schilderung der Entstehung des Programms durch Reinhardt selbst[75] wich im Gehalt von der Darstellung Schwerin-Krosigks kaum ab: Der Entwurf des Gesetzes, der im Mai fertiggestellt wurde, sei „nicht durch vieles Befragen und Beraten zustandegekommen", sondern „einfach durch eine Tat des Reichsfinanzministeriums"[76]. Höchst unwahrscheinlich ist Reinhardts Behauptung, der Entwurf sei dem „Führer" erst am Abend des 30. Mai vorgelegt worden[77] und daß Interessengruppen und Verbände bei der Ausarbeitung des Programms nicht befragt worden seien. Der Behauptung Reinhardts sollte mit Mißtrauen begegnet werden, da er diesen Anspruch überhaupt erhob und ihn noch dazu so betonte. Im Zweiten Teil der Arbeit wird seine Behauptung nachzuprüfen sein.

Als Zwischenergebnis sei vermerkt, daß bislang keine Anzeichen für eine gestaltende Mitarbeit „der" Industrie festzustellen sind.

Die Besprechung Hitlers mit Industriellen am 29. Mai 1933

Die Rolle der Industrie bei diesem Entscheidungsvorgang sollte empirisch auch noch anhand des Verlaufs und Inhalts der Besprechung zwischen Hitler und den Industriellen am 29. Mai 1933 untersucht werden[78].

---

[71] Eidesstattliche Erklärung vom 18. 3. 1949 zum beigelegten Fragebogen der Hauptkammer München, betr. Verfahren Fritz Reinhardt, IFZ, Schwerin - Krosigk, ZS/A - 20, Bd. 8; vgl. auch a.a.O., Bd. 2, im folgenden zitiert nach Bd. 8.

[72] Im Text unterstrichen.

[73] Vgl. auch Grotkopp, S. 283.

[74] Siehe auch der Vermerk von Ministerialrat Poerschke aus dem Finanzministerium über die Besprechung vom 9. 5. 1933 zum Thema der Arbeitsbeschaffung (BAK, R 2/18675), bei der Reichsarbeitsminister Seldte den Vorsitz führte.

[75] Fritz Reinhardt, Die Arbeitsschlacht der Reichsregierung, Berlin 1933.

[76] Ebd., S. 18.

[77] a.a.O.

Auch die Gesprächsatmosphäre kann hierbei nicht außer acht gelassen werden: Die wiederholte Schnoddrigkeit Gottfried Feders zeigt, wer in dieser Besprechung tonangebend war. So bat er die einzelnen Sprecher — in der Art eines Schulmeisters — sich kurz zu fassen und nicht die Ausführungen der Vorredner zu wiederholen.

Hitler teilte den Anwesenden in seinen einführenden Bemerkungen mit, die Wiederbelebung der Konjunktur über die Privatwirtschaft und nicht über staatliche Aufträge oder Prämien erreichen zu wollen. Der Staat solle lediglich die wirtschaftliche Gesundung fördern, zum Beispiel durch die Steuergesetzgebung. „Zwei Probleme" wollte Hitler mit den Anwesenden besprechen: Die „Wiederherstellung des deutschen Hausbesitzes" und den Bau von „Automobilstraßen". Militärische Aspekte erwähnte er im Zusammenhang mit dem „allgemeinen politischen Ziel", Deutschland wieder zu einem „Machtfaktor" werden zu lassen, wobei er betonte, daß die Arbeitsbeschaffung „im Rahmen dessen" zu sehen sei. Die Industriellen hielten sich — trotz der von Hitler beabsichtigten Themenbeschränkung und trotz der Schulmeisterei Feders — nicht nur an Fragen der „Wiederherstellung des Hausbesitzes" (die im allgemeinen eher als „mittelständische" Forderung interpretiert wird) und des „Automobilstraßenbaus", über den sich Fritz Thyssen nicht „näher auslassen" wollte, weil er „zu sehr interessiert" sei.

Gustav Krupp von Bohlen und Halbach verlangte eine „klare und folgerichtige Politik", um wieder ein „Gefühl der Sicherheit" zu schaffen. Dies sei für die „Wiederbelebung" der Privatwirtschaft am wichtigsten.

Auch Generaldirektor Schmitt von der Allianz-Versicherung, der nur wenig später Wirtschaftsminister werden sollte, wies auf die Bedeutung der Rechtssicherung und der Vertrauensförderung hin.

Carl Bosch vom IG Farben-Konzern war skeptischer. Die Lösung der von Hitler vorgetragenen Probleme würde die Arbeitslosigkeit nur zum Teil beheben. Die „Leute müßten von der Straße in die Produktion" und dafür seien „brachiale Methoden" wie die „zwangsweise Verkürzung" der Arbeitszeit nötig.

Gegensätzliche Auffassungen tauschten die Industriellen nicht mit Hitler, sondern untereinander aus. So legte Albert Vögler von den Vereinigten Stahlwerken gegen den Vorschlag Carl Boschs entschiedenen Protest ein, und für die von Hitler angestrebte „Wiederherstellung des Hausbesitzes" nannte er lediglich eine objektive Voraussetzung: Die Sanierung der öffentlichen Hand, die den größten Teil des Hausbesitzes besaß[79].

---

[78] s. Anmerkung 63. Um die gestellte Frage empirisch genau beantworten zu können, erscheint es unerläßlich, diese Besprechung ausführlich wiederzugeben.

[79] Dieses Problem wurde erst zusammen mit dem Zweiten Reinhardt-Programm durch das Gemeindeumschuldungsgesetz vom 21. 9. 1933 in Angriff

Ohne eine Neuordnung der öffentlichen Finanzen könnten auch die Handwerker nicht beschäftigt werden, erklärte Vögler und forderte eine „Umstellung" der Steuer- und Sozialgesetzgebung. Hitler wollte daraufhin wissen, ob die Steuerfreiheit auch für andere Industriezweige „als nur für die Automobilindustrie günstig wäre, um die Massen von der Straße wegzubringen", erhielt jedoch keine Antwort auf diese Frage, da sich die anschließenden Beiträge nicht auf dieses Thema bezogen.

Die wichtige Rolle der kleineren Wirtschaftseinheiten bei der Überwindung der Wirtschaftskrise stellte Generaldirektor Schmitt in den Mittelpunkt seines Beitrags: Ohne daß die „Kleinen und Kleinsten" wieder Aufträge vergeben, werde man nicht vorankommen. Wörtlich sagte Schmitt: „Die entscheidende Rolle spielt die kleine Einheit." Und weiter: „Man denkt viel zuviel an die großen Unternehmen."

Kann man in Anbetracht solcher Äußerungen davon ausgehen, daß die Arbeitsbeschaffungspolitik des späteren Reichswirtschaftsministers nur von den Belangen der Industrie ausgehen würde?

Auch die Anregungen von Bergwerksdirektor Bernhard Leopold von den Ribeckschen Montanwerken haben nichts mit großunternehmerischen, dafür eher mit mittelständischen Interessen gemein: Er setzte sich für den verstärkten Bau von städtischen Kleinwohnungen ein.

Die vom Präsidenten des Börsenvorstandes, Paul Hamel, angesprochene „Hilfe für sofortige Eheschließungen" als großunternehmerischer Förderung zu interpretieren, dürfte auch auf Holzwege führen. Sein Argument, das Wesentliche bleibe zunächst, Arbeit zu beschaffen, wobei er sich die Finanzierung „leicht" vorstellte, muß mehr allgemein- als finanzpolitisch oder interessenspezifisch verstanden werden.

Die Darstellung der Besprechung zwischen Hitler und den Industriellen legt den Schluß nahe, Hitler habe bei diesem Treffen weder das Einverständnis der Großunternehmer erhalten noch es erhalten wollen. Die Besprechung hatte den Charakter eines allgemeinen Gedankenaustausches über das Thema der Arbeitsbeschaffung, bei dem ein — übrigens außerordentlich heterogenes — Meinungsbild ohne jede Verbindlichkeit für die eine oder andere Seite hergestellt wurde. Von der Billigung eines konkreten Plans, der den anwesenden Unternehmern vorgelegt wurde, kann keine Rede sein. Dazu hätte dieser Plan — in allen Einzelheiten — den Teilnehmern vorgelegt werden müssen. Dies geschah aber nicht. Die Bewertung dieser Besprechung wird von der Unterscheidung zwischen einem allgemeinen Gedankenaustausch und einem detaillierten Planungs-

---

genommen. Daher erübrigt sich die Frage des Einverständnisses der Industriellen hierzu auf dieser Besprechung.

gespräch auszugehen haben. Und schließlich: Wäre der Nutzen für die Unternehmer nicht sehr dürftig ausgefallen, hätte die nationalsozialistische Arbeitsbeschaffungspolitik die Züge der Vorschläge getragen, die von den Industriellen in diesem Gespräch unterbreitet worden sind?

Der Maßnahmenkatalog

Das Erste Reinhardt-Programm sah öffentliche Aufträge im Werte von einer Milliarde Mark vor und wurde durch Wechsel finanziert, die bei der Reichsbank rediskontierbar waren. Das Programm enthielt mit einer Ausnahme keine Maßnahmen, die am 29. Mai vorgeschlagen wurden. Diese Ausnahme waren die Ehestandsdarlehen bis zu eintausend RM, die Ehefrauen gewährt wurden, die zwischen dem 1. Juni 1931 und dem 31. Mai 1933 mindestens sechs Monate in einem Arbeitnehmerverhältnis gestanden hatten[80]. Möglicherweise kann eine weitere Bestimmung mit der von einigen Unternehmern erhobenen Forderung nach einer Umgestaltung der Steuerpolitik in Zusammenhang gebracht werden: Ersatzbeschaffungen, die zwischen dem 30. Juni 1933 und vor dem 1. Januar 1935 in Maschinen „und dergleichen" erfolgten, wurden von der Einkommens-, Körperschafts- und Gewerbesteuer befreit. Es will aber nicht recht einleuchten, daß diese steuerpolitische Maßnahme auf den Einfluß der Besprechung vom 29. Mai zurückzuführen sein soll. Die Aufhebung der Kraftfahrzeugsteuer wurde beispielsweise schon am 10. April vorgenommen.

Die Verteilung der Mittel für die Maßnahmegruppen aus dem Ersten Reinhardt-Programm müßte über die Prioritäten der staatlichen Arbeitsbeschaffungspolitik weiteren Aufschluß geben. Am 1. Oktober 1936 ergab sich folgendes Bild[81]: Von der bereitgestellten Summe von einer Milliarde RM wurden 994 389 400 RM bewilligt und 948 068 500 RM ausgezahlt[82].

Auch beim Ersten Reinhardt-Programm, über dessen Verteilung allein der Reichsfinanzminister verfügte, ohne daß ein beteiligter Minister gehört wurde[83], lag das Schwergewicht bei den Aufträgen an die Bauindustrie. Im Zusammenhang mit dem Maßnahmenkatalog des Sofortpro-

---

[80] Laut C. W. Guillebaud, The Economic Recovery of Germany 1933-1938, London 1939, S. 102 f., wurden vom August 1933 bis zum Jahresende 1938 Darlehen für insgesamt 1 121 000 RM vergeben. Die durchschnittliche Höhe betrug 600 RM.
[81] Denkschrift des Reichsfinanzministeriums. Vertraulich! Nur für den Dienstgebrauch! „Die Arbeitsbeschaffungsmaßnahmen der Reichsregierung 1932-1935" (fortan: Denkschrift Finanzministerium), BAK, R 2/18701.
[82] Die Verteilung nach Sachgebieten ist Tabelle E im Anhang IV zu entnehmen.
[83] Staatssekretär des Reichsministers für Ernährung und Landwirtschaft (Name war nicht zu ermitteln) an Reichsfinanzminister, 29. 6. 1933, BAK.

gramms wurde bereits erklärt, daß dies keineswegs eine spezifisch nationalsozialistische Priorität war. Besonders auffallend ist der im Vergleich zum Sofortprogramm überproportional gestiegene Anteil der Instandsetzungs- und Ergänzungsarbeiten um rund das 280fache[84]. War dies das vorweggenommene „Zuckerbrot" für den gewerblichen Mittelstand, während man die „Peitsche", die im Juli herausgeholt wurde, noch nicht hervorzog? Die Tendenz zur „Zuckerbrot-und-Peitsche"-Taktik war bekanntlich auch in Verbindung mit dem geplanten Abbau der „Soziallasten" zu sehen als Hitler den Haushalt ausgleichen wollte. Der überproportionale Anstieg der Maßnahmen, für die der gewerbliche Mittelstand ein so außerordentlich reges Interesse bekundete, kann jedoch auch anders interpretiert werden: Ende Juni 1933 habe die Vertretung mittelständischer Interessen den Höhepunkt ihres Einflusses erreicht. Beiden Interpretationen haftet etwas Willkürliches an, beide haben ihr Für und Wider. Aus den Zahlen allein wird man noch keine verbindlichen Aussagen über die Prioritäten staatlicher Arbeitsbeschaffungspolitik treffen können. Aufschlußreicher ist die Mitteilung des Reichsarbeitsministers, man werde für de Instandsetzungs- und Ergänzungsarbeiten grundsätzlich nur Kredite von 20 000 RM und darüber bewilligen[85]. Welcher Handwerksbetrieb konnte in der allgemein trostlosen wirtschaftlichen Situation solche Kredite aufnehmen? Und vor allem: Welche Sicherheiten konnte er bieten, um überhaupt Kredite zu bekommen?

An den Krediten für die öffentlichen Aufträge wurden keine privaten Banken beteiligt. Daher ist die Feststellung erlaubt, daß die Privatbanken an dieser Form der nationalsozialistischen Arbeitsbeschaffungspolitik kein Interesse haben konnten. Es bliebe festzustellen, welche Rolle die Privatbanken bei den arbeitsbeschaffenden Maßnahmen seit 1932 überhaupt gespielt haben[86].

Andere Bestimmungen des Ersten Reinhardt-Programms trugen teilweise archaisch-vorindustrielle Züge, die das Interesse „der" Industrie an diesen Maßnahmen sicherlich nicht gesteigert haben dürften: Hierzu

---

R 2/18676. Staatssekretär Krohn vom Reichsarbeitsministerium meldete im Namen seines Ressortchefs Protest gegen die Praktiken am 11. 8. 1933 beim Reichsfinanzminister an, BAK, R 2/18677; vgl. auch den Vorgang zu der vom Reichsarbeitsminister für den 30. 6. 1933 anberaumten Chefbesprechung, in: BAK, R 2/18675.

[84] Die Gesamtsumme für diese Arbeiten war sogar noch höher, wie aus dem Abschnitt über das Zweite Reinhardt-Programm hervorgeht. Die obige Tabelle gibt nämlich zahlreiche Globalposten an.

[85] Reichsarbeitsminister an die Regierungspräsidenten und die Herren Oberpräsidenten, 18. 7. 1933, AVfK, DGT, B/3447.

[86] Obwohl ich hierüber im Nachlaß Max M. Warburgs einige Hinweise finden konnte, scheinen mir allgemeinere Aussagen über diese Frage noch verfrüht zu sein. Bei einer anderen Gelegenheit lege ich diese Materialien vor (Bankhistorisches Archiv, voraussichtl. Frühj. 1977). Für diese Studie wären sie zu stark individualisierend.

7. Das Erste Reinhardt-Programm

zählte wahrscheinlich auch die Anlehnung an die Naturalienwirtschaft in Form der Bedarfsdeckungsscheine, die in einer Höhe von fünfundzwanzig RM für je vier volle Arbeitswochen gewährt wurden und die gegen Kleidung, Wäsche und „Hausgerät" eingetauscht werden konnten. Bis zum Mai 1934 hatte die Reichsregierung für die Bedarfsdeckungsscheine 70 Millionen RM ausgegeben[87]. Sie erfreuten sich anscheinend einiger Beliebtheit bei den Arbeitnehmern. So befürchtete der Stadtrat von Nürnberg, daß der Ausschluß bestimmter Arbeitnehmergruppen von der Zuteilung eine „erhebliche Beunruhigung der Arbeiterschaft" zur Folge haben würde[88].

Auch die Bevorzugung der menschlichen Arbeitskraft gehört in den Katalog der Altertümeleien. Das alles war mehr Beschäftigung als die Beschaffung von Arbeitsplätzen. Auf Siedlungspläne, die ebenfalls mehr einer Beschäftigungstherapie glichen und die mit der Arbeitsbeschaffung nur die (falsche) Sammelbezeichnung verband, wurde nicht verzichtet. Das Material zur nationalsozialistischen Siedlungspolitik gibt noch deutlichere Auskünfte über die Ziele dieser Maßnahmen. Während man offiziell die „Auflockerung der Großstädte" anstrebte[89] oder die „Entwurzelung der Volksgenossen" verhindern wollte[90], plante man, den Zuzug in die Städte zu verhindern. Man befürchtete nämlich, daß die Zugezogenen Arbeitsplätze in Beschlag nehmen würden und neue Unruheherde in den Großstädten entstehen könnten[91]. Göring meldete Bedenken an, noch vor Weihnachten ein Gesetz zu verabschieden, „das gerade die arme Bevölkerung hart treffe"[92]. Hitler ließ sich „erweichen" und war bereit, das Gesetz erst im Frühjahr in Kraft treten zu lassen[93]. Im Frühjahr wurde dann das Zuzugsverbot in Städte mit starker Arbeitslosigkeit gesetzlich verankert[94] und durch das Gesetz „zur Befriedigung des Arbeitskräfte-

---

[87] Ministerialrat Poerschke vom Reichsfinanzministerium an den Referenten Meyer (im Hause), 23. 5. 1934, BAK, R 2/18682.

[88] Der Stadtrat zu Nürnberg, Finanzreferent, an Deutschen Gemeindetag, 1. 11. 1933, AVfK, DGT, B/3715.

[89] z. B. Reichsarbeitsminister an Reichsfinanzminister, betr. Arbeitsbeschaffung (Siedlungswerk), 22. 11. 1934, BAK, R 2/18701.

[90] So die Begründung des Gesetzes über die Einschränkung von Maschinen in der Zigarrenindustrie durch das Reichsarbeitsministerium, BAK, R 43 I/1464. Der Reichsarbeitsminister erklärte, daß die Zigarrenindustrie besonders in Städten mit bis zu 5 000 Einwohnern angesiedelt sei und er bei der zunehmenden Mechanisierung dieses Wirtschaftszweiges eine erhöhte Zahl Arbeitsloser befürchtete, die dann in die Städte abwandern würde. Dieser „Entwurzelung der Volksgenossen" wollte er durch Subventionen und den vermehrten Einsatz menschlicher Arbeitskraft vorbeugen.

[91] Beratungen des Kabinetts zum Entwurf eines Gesetzes zur Änderung fürsorgerechtlicher Vorschriften, 1. 12. 1933, BAK, R 43 I/1466.

[92] a.a.O.

[93] a.a.O.

[94] Gesetz zur Regelung des Arbeitseinsatzes vom 15. 5. 1934, RGBl. 1934, Teil I, S. 381 f., auch Martin Broszat, Der Staat Hitlers, München 1969, S. 205.

bedarfs in der Landwirtschaft" ergänzt[95]. Bereits lange vor dem Inkrafttreten dieser Gesetze hatte man auch in Zeitungen die „Abschiebung aufs Land"[96] propagiert. Unter „Abschiebung aufs Land" verstand man offiziell „die Gewährung von Reisegeld oder die Versagung der notwendigen Unterstützung" mit dem Ziel, die Abwanderung der Hilfsbedürftigen in andere Orte zu erreichen[97]. In der Regierung Papen hatte man noch „allgemein politische Bedenken" gegen „jede Beschränkung der Freizügigkeit"[98]. Unter den Nationalsozialisten waren Siedlung und „Abschiebung aufs Land" ihrem Inhalt nach komplementär. Die „Abgeschobenen" sollten durch den Aufbau von Arbeiterkleinsiedlungen nach dem Willen der Machthaber „treue Stützen des neuen Staates"[99] werden und — derselben Quelle zufolge — war dies eine der erfolgreichsten Taten der Reichsregierung.

Mit der Förderung des Eigenheimbaus durch „Reichsbaudarlehen" und Steuerbefreiungen für „neu errichtete Wohngebäude"[100] verfolgte die Regierung dasselbe Ziel: die „Auflockerung der Städte"[101]. Trotz des eher mageren Ergebnisses dieser Aktion sind die Zahlen aufschlußreich, weil sie die mit der Arbeitsbeschaffung verbundene Tendenz zur Neutralisierung städtischer Unruheherde unterstreichen.

---

[95] Gesetz zur Befriedigung des Arbeitskräftebedarfs in der Landwirtschaft vom 26. 2. 1935, RGBl., 1935, Teil I, S. 311.

[96] Frankfurter Zeitung, Nr. 563 - 565, 1. 8. 1933. Die FZ meldete zum Beispiel, daß von den westfälischen Arbeitnehmern bislang 30 000 Landhelfer vermittelt wurden, davon 10 000 in Westfalen und 20 000 in „die östliche Landwirtschaft", wo auch der größere Teil über den Winter bleiben würde.

[97] Deutscher Gemeindetag an Braunschweiger Gemeindetag, 20. 12. 1933, AVfK, DGT, B/741.

[98] Reichsminister des Innern an den Ministerialrat in der Reichskanzlei, Wienstein, 8. 10. 1933, BAK, R 43 I/2043.

[99] Der Staatssekretär im Bayerischen Staatsministerium für Wirtschaft, Abt. für Arbeit und Fürsorge, an Hitler, 28. 9. 1933, BAK, R 43 II/537.

[100] Gesetz betr. die Steuerbefreiung neu errichteter Wohngebäude vom 15. 7. 1933, RGBl. 1933, I, S. 493. Wohngebäude, die im Kalenderjahr 1933 im Rohbau vollendet und bis zum 31. 5. 1934 bezugsfertig wurden, waren bis zum Ende des Rechnungsjahres 1938 von der Grundsteuer der Länder und Gemeinden, von der Einkommen-, Körperschafts- und Vermögenssteuer sowie von der Aufbringungsunterlage befreit, vgl. Bodenbank-ÖffA, 1933, S. 63.

[101] s. Anmerkung 89.

7. Das Erste Reinhardt-Programm

Tabelle IV

Der Eigenheimbau nach Größen der Gemeinden[102]:

Gemeinden mit Einwohnern	v. H. Anteil der gesamten Stellenzahl
bis 2 000	38,3
2 001 bis 5 000	13,25
5 001 bis 20 000	16,05
20 001 bis 100 000	12,5
über 100 000	19,9
	100

Nur ca. 20 Prozent der Eigenheime wurden in diesem Zeitraum in Städten mit mehr als 100 000 Einwohnern gebaut.

Tabelle V

Eigenheimbau nach Berufsgruppen[103]:

Berufsgruppen	Zahl	v. H.
Angestellte	717	7,2
Arbeiter	3 111	31,1
Beamten	1 574	15,7
Frauen	956	9,6
Handwerker	2 243	22,4
Selbständige	974	9,7
Sonstige	425	4,3
	10 000	100

Es hat den Anschein, daß diese — freilich im Umfang äußerst begrenzte — Eigenheimaktion ein weiteres „Zuckerbrot" für die Arbeiter und Handwerker war. Allerdings müßten die Prozentzahlen des jeweiligen Berufsgruppenanteils ins Verhältnis zur Größe der verschiedenen Grundgesamtheiten gesetzt werden. So böte sich etwa der Quotient aus dem Verhältnis der Zahl der Selbständigen in der Eigenheimaktion zu der Zahl der Selbständigen in der Gesamtbevölkerung an. Erst diese Verhältniszahl gäbe näheren Aufschluß über die sozialen Prioritäten beim Eigenheimbau. Absolute Zahlen sind hier nur beschränkt aussagefähig, wenn auch nicht ganz ohne Bedeutung. Ob diese „künstlichen Arbeitsbeschaffungsmaßnahmen" „den" Industriellen zusagten, sei vorerst noch dahingestellt.

Lassen sich aus der geplanten (die tatsächliche war nicht zu ermitteln) regionalen Verteilung der Darlehen an die verschiedenen Länder des Reiches bestimmte Prioritäten erkennen[104]?

---

[102] s. Anmerkung 89 und 101. Die Zahlen beziehen sich auf die Zeit von November 1932 bis Oktober 1934.
[103] a.a.O.
[104] Der regionale Verteilungsplan ist in Tabelle F im Anhang IV zu finden.

Die detaillierte Untersuchung zeigt, daß die regionale Verteilung der Mittel — sogar bis auf die zweite Stelle hinter dem Komma — mit dem Prozentsatz der Arbeitslosigkeit korreliert[105]. Alle Hinweise — auch der Verteilungsplan des Sofortprogramms — deuten darauf hin, daß es keine Abweichungen von diesem Verteilungsprinzip gab. Sozialpolitische Motivationen der Regierung lassen sich nicht abstreiten. Man bekäme jedoch ein völlig schiefes Bild, wenn man dabei die von den Nationalsozialisten (und vor ihnen von Papen) praktizierte Parallelität von „Sozialpolitik" und dem Abbau sozialer sowie politischer Rechte aus den Augen verlöre. Die nationalsozialistische „Sozialpolitik" trug den Charakter von Geschenken, nicht von Rechten.

Mit der Effizienz der Arbeitsbeschaffung der Länder und der Provinzen scheint es nicht zum besten gestanden zu haben. Anfang Oktober 1933 bemängelte Finanzminister Schwerin-Krosigk vor den Reichsstatthaltern die schleppende Auftragserteilung der Kommunen und sprach von einer „Verantwortungslosigkeit" gegen die Nation[106]. Der tatsächliche Grund dürfte woanders zu suchen sein und ist viel unpathetischer: Der Vorbereitungsstand der lokalen Verwaltungseinheiten war, wie die Umfrage des Deutschen Städtetages seinerzeit gezeigt hatte, noch völlig unzureichend[107].

Auf die „Spende zur Förderung der nationalen Arbeit" braucht in dieser Untersuchung nicht näher eingegangen zu werden, da es sich hierbei einerseits um eine Verlagerung der Kaufkraft und keine Arbeitsbeschaffung durch aktive Konjunkturpolitik und andererseits um eine zusätzliche Belastung der Wirtschaft handelte[108]. Es sollte aber vermerkt werden, daß einige Unternehmer mit diesen Mitteln unterstützt[109] und wirtschaftliche Maßnahmen „nationalpolitischer" Art[110] durchgeführt wurden.

---

[105] Der Rückgang der Arbeitslosigkeit verlief regional äußerst unterschiedlich. Dabei fällt die übermäßige Steigerung der Beschäftigung in landwirtschaftlichen Gebieten auf. In Anbetracht der gezielten Förderung der Landwirtschaft und der „Abschiebung aufs Land" verwundert diese Entwicklung nicht.

[106] Meldung des Berliner Börsencouriers, Nr. 476, 11. 10. 1933, AVfK, DGT, B/875.

[107] Vgl. den Abschnitt über das Sofortprogramm und das zweite Kapitel über die Prioritäten staatlicher Arbeitsbeschaffungspolitik unter Brüning.

[108] Aus diesem Grund sprachen sich die Staatssekretäre Krohn und Grauert im Dezember 1933 gegen die Fortsetzung der Spende aus. Vermerk einer Besprechung der Staatssekretäre über die Belastung der Wirtschaft durch die Spende zur Förderung der nationalen Arbeit, 20. 12. 1933, BAK, R 2/18719.

[109] Zum Beispiel erhielten Darlehen die „Deutschen Werke Kiel AG" für 2,515 Mill. RM und die Vereinigten Oberschlesischen Hüttenwerke AG 0,7 Mill. RM, die Wenzeslaus-Grube Neurode 50 000 RM. Denkschrift Reichsfinanzministerium, BAK, R 2/18701.

[110] Keine Spezifizierung angegeben. Außerdem wurden u. a. aus den Mitteln der Spende aufgebracht: 2,37 Mill. RM für den Bau von Luftschutzräumen

Am 27. Juni 1933 trat das „Gesetz über die Errichtung eines Unternehmens Reichsautobahn" in Kraft[111], und gleichzeitig wurde der „Generalinspektor des deutschen Straßenwesens" ernannt. Das ausschließliche Recht des Autobahnbaus lag bei der Deutschen Reichsbahngesellschaft. Von den für dieses Projekt bewilligten 350 Millionen RM[112] waren bis zum 31. Dezember 1934 erst 166 Millionen RM ausgezahlt worden[113].

Alles in allem ist dieser Betrag kaum höher als beispielsweise die 336,6 Millionen RM für die landwirtschaftlichen Meliorationen aus dem Papen-, Sofort- und Reinhardt-Programm[114], so daß auch beim Autobahnprojekt in den Jahren 1933 und 1934 die psychologische Wirkung, die einen Mythos mitbegründete, keineswegs unterschätzt werden sollte. Wahrscheinlich deshalb mußte die Verlagerung des Schwerpunkts auf indirekt arbeitsbeschaffende Maßnahmen vorsichtig vorgenommen werden, obwohl Hitler keinen Widerstand befürchtete, denn solange Reichswehr und Polizei unberührt blieben, sah er keine Schwierigkeiten bei der Beseitigung eines etwaigen Unruheherdes[115].

8. Der Übergang zur indirekten Arbeitsbeschaffung

Der allmähliche Übergang von der direkten zur indirekten Arbeitsbeschaffung wurde notwendig, weil, wie der ehemalige Reichswirtschaftsminister Schmitt sagte[116], bis zum Herbst 1933 die ersten auch durch die Arbeitsbeschaffungsprogramme bedingten Schwierigkeiten auftraten. Der Materialbedarf konnte kaum gedeckt werden, der Export ging zurück[117], Devisenschwierigkeiten wurden sichtbar[118]. Unmittelbar nach

---

sowie die Errichtung und Erweiterung von Flugplatzanlagen, 5 Mill. RM für Erdölbohrungen, 1,338 Mill. RM für „Schürfungen auf lebenswichtige Metalle", a.a.O.

[111] RGBl. 1933, II, S. 509.

[112] 300 Mill. RM durch Vorfinanzierungen, 50 Mill. RM aus Haushaltsmitteln (Bodenbank-ÖffA, 1934, S. 66); auch Albert, S. 28.

[113] Bodenbank-ÖffA, 1934, S. 67. Für die Angabe Sauers in: Bracher/Sauer/Schulz, S. 801, daß für den Autobahnbau jährlich 500 Mill. RM vorgesehen waren, konnte kein Beleg gefunden werden.

[114] Bodenbank-ÖffA, 1934, S. 68.

[115] Deshalb lehnte Hitler auf der Kabienettssitzung vom 14. 7. 1933 Gehaltskürzungen für Polizei und Reichswehr ab, BAK, R 43 I/1463.

[116] Protokoll der Berufungsverhandlungen gegen Dr. H. Schacht, 2. 8. - 1. 9. 1948 (am 4. 8. 1948) IFZ Spruka Schacht, Bd. I.

[117] Vgl. auch Kroll, S. 494. Während der Außenhandelssaldo 1932 einen Überschuß von 1 072,7 Mill. RM aufwies, ging er 1933 auf 667,8 Mill. RM zurück und schrumpfte 1934 auf einen Negativsaldo von —284,1 Mill. RM. Ausführlich zur Entwicklung des deutschen Exports die Arbeit von Dorte Doering, Deutsche Außenwirtschaftspolitik 1933 - 1935. Die Gleichschaltung der Außenwirtschaft in der Frühphase des nationalsozialistischen Regimes, Berlin 1969, Angaben auch in: Statistisches Jahrbuch für das Deutsche Reich 1935, S. 200:

seinem Amtsantritt am 1. Juli 1933 nahm Schmitt eine Kurskorrektur in der Arbeitsbeschaffungspolitik vor: Zunächst forderte er die „Untersagung der Einwirkung anderer Personen und Organisationen auf die Vergebung öffentlicher Aufträge von Reich, Ländern und Gemeinden"[119].

Schmitt ließ keinen Zweifel daran aufkommen, daß er damit den „Kampfbund für den gewerblichen Mittelstand" meinte, der auf die örtlichen Beschaffungsstellen Druck ausübte. Der „Kampfbund" hatte unter anderem in Berlin, Dessau und Essen die Forderung erhoben, öffentliche Aufträge nur an lokale Firmen zu vergeben[120]. Gegen diese Eingriffe seitens des „Kampfbunds" und, wie Schmitt später ergänzte[121], der SA sowie der Gau- und Kreisleitungen ging der neue Wirtschaftsminister zuerst vor. Der Einfluß der mittelständischen Organisationen wurde zurückgedrängt, und der Wirtschaft sollte die Möglichkeit gegeben werden, „aus Eigenem" heraus wieder zu arbeiten[122]. Das „unbedingte Ja der Reichsregierung zur privaten Initiative"[123] wurde vollends sichtbar.

In Vernehmungen nach dem Krieg bestätigte Schmitt, daß zu diesem Zeitpunkt die Beendigung der „Eingriffe in die Wirtschaft" der „wesentliche Punkt" der Regierungspolitik gewesen sei[124]. Die Kurskorrektur — es war kein Kurswechsel (was die Erhöhung der Mittel für die direkte Arbeitsbeschaffung wie das Sofortprogramm um 100 Millionen auf 600 Millionen RM und die Projekte des Zweiten Reinhardt-Programms unterstreichen) — bedeutete mehr als bisher die Verlagerung des Schwerpunkts auf die indirekte Arbeitsbeschaffung, vorwiegend auf steuerpolitische Maßnahmen[125].

Am 13. Juli kündigte der Reichswirtschaftsminister in einer Rede vor Unternehmern an, künftig die Konjunktur stärker durch Investitionsan-

---

Deutsche Warenausfuhr in Mill. RM:

1931	10 116
1932	6 056
1933	5 140
1934	4 406

[118] s. zum Beispiel Fischer, Deutsche Wirtschaftspolitik, S. 104.

[119] Anlage zum Protokoll der Kabinettssitzung vom 14. 7. 1933, BAK, R 43 I/1464.

[120] a.a.O.

[121] Spruka Schacht, s. Anmerkung 116.

[122] Reichswirtschaftsminister Schmitt auf der Besprechung über die wirtschaftliche Lage der Hansestädte am 27. 9. 1933 (Vermerk Ministerialrat Raps) BAK, R 2/18679, vgl. auch Arthur Schweitzer, Big Business in the Third Reich, Bloomington 1964, S. 122 f. Zur Abberufung der Kommissare s. den Zweiten Teil der Arbeit.

[123] s. Anmerkung 122, Rede Schmitt.

[124] s. Anmerkung 121.

[125] Vgl. auch Schweitzer, Big Business, S. 125.

8. Der Übergang zur indirekten Arbeitsbeschaffung

reize als durch öffentliche Aufträge beleben zu wollen[126]. Konkrete Schritte in Form von Steuererleichterungen ließen nicht lange auf sich warten. Diese Form arbeitsbeschaffender Maßnahmen zusammen mit einer immer deutlicher die Privatwirtschaft fördernden staatlichen Politik entsprachen weit eher als das Erste Reinhardt-Programm den Anregungen, die Hitler von den Industriellen am 29. Mai unterbreitet wurden. Aber entsprachen gerade die an diese Steuervorteile geknüpften Bedingungen unbedingt den Forderungen der Großunternehmer? Das Gesetz über Steuererleichterungen vom 15. Juli 1933[127] sah vor: Einkommen- und Körperschaftssteuervergünstigungen im Zeitraum zwischen dem 30. Juni 1933 und dem 1. Januar 1935. Die Höhe der Steuernachlässe betrug zehn Prozent der eigenen Aufwendungen für Instandsetzungs- und Ergänzungsarbeiten an Gebäuden und Gebäudeteilen, die einem gewerblichen Betrieb des Steuerpflichtigen dienten. Außerdem wurde die Befreiung einmaliger Zuwendungen an Arbeitnehmer mit nicht mehr als 3600 RM Jahreseinkommen von der Einkommen- und Schenkungssteuer verfügt, sofern diese Zuwendungen in der Zeit vom 1. August bis 31. Dezember 1933 in der Form von Bedarfsdeckungsscheinen gewährt wurden. Schließlich wurde neuen Unternehmungen, deren Produkte als „überragendes Bedürfnis der gesamten deutschen Volkswirtschaft anerkannt" wurden, Steuerfreiheit gewährt. Die Steuerbefreiung neu errichteter Wohngebäude — auf sie wurde bereits eingegangen — gab die Regierung ebenfalls am 15. Juli bekannt[128]. Die möglichen Ersparnisse in der Einkommen- und Körperschaftssteuer waren nicht unerheblich, aber sie waren an Projekte gebunden, die, ebenso wie die Steuerbefreiung für neu errichtete Wohngebäude, in erster Linie der Bauindustrie und wahrscheinlich auch einigen Handwerksbetrieben zugute kamen. Die Steuervorteile durch Zuwendungen in Form von Bedarfsdeckungsscheinen dürften vornehmlich für die Konsumgüterindustrie interessant gewesen sein. Bei der Besprechung vom 29. Mai waren aber weder die Konsumgüterindustrie noch das Handwerk vertreten. Von der Steuerfreiheit für neue Unternehmungen war gewiß ein großer Impuls für Wirtschaftszweige zu erwarten, die, wie die Automobilindustrie und die Treibstoffwirtschaft, am Beginn ihrer Entwicklung standen. Allerdings muß man bedenken, daß gerade diese Industriezweige hoher Anfangsinvestitionen und Forschungsausgaben bedurften.

Bis auf die weitreichenden Erleichterungen der Abschreibungsbedingungen, die zweifellos einen erheblichen Investitionsanreiz bedeuteten, ist es eigentlich kaum möglich, von einer einseitigen Bevorzugung der Großunternehmer zu sprechen. Es hat den Anschein, daß die überwiegen-

---

[126] Schulthess, 1933, S. 174 ff., auch Schweitzer, Big Business, S. 125, Kroll, S. 473 f.
[127] RGBl. 1933, I, S. 491 f.
[128] Ebd.

den Vorteile der nationalsozialistischen Steuergesetzgebung, die das Kernstück der indirekten Arbeitsbeschaffung der Nationalsozialisten bildete, auf das Konto der mittleren Industrie, besonders der Bauwirtschaft, verbucht werden müssen, obwohl diese am politischen Entscheidungsvorgang — so weit es aus den Regierungsakten hervorgeht — nicht unmittelbar beteiligt waren.

9. Das Zweite Reinhardt-Programm und flankierende Maßnahmen

Angesichts des befürchteten saisonalen Konjunkturabschwungs im Winter und der damit verbundenen politischen Gefahren verfügte die Regierung im September einen weiteren größeren Schub arbeitsbeschaffender Maßnahmen: Am 18. September wurde die Gewährung von Darlehen bis zu 2000 RM aus Reichsmitteln für erwerbslose ältere Angestellte bekanntgegeben[129]. Diese Darlehen waren sicherlich Hilfsmaßnahmen für die „white collar workers", die seit jeher Sympathie für die NSDAP hegten und nun auf diese Weise eine Abfindung bekamen. Weit wichtiger ist das „Zweite Gesetz zur Verminderung der Arbeitslosigkeit" vom 21. September 1933, das Zweite Reinhardt-Programm[130]. Hausbesitzer erhielten hierbei aus Etatmitteln des Staates Zuschüsse für Instandsetzungs- und Ergänzungsarbeiten, Wohnungsteilungen oder -umbauten. Diese Arbeiten mußten bis zum 31. März 1934 abgeschlossen sein. Fünfhundert Millionen Mark hatte die Regierung für dieses Programm veranschlagt.

Ein regionaler Verteilungsplan war nicht auffindbar, aber es kann wahrscheinlich davon ausgegangen werden, daß er im Verteilungsprinzip nicht vom Ersten Reinhardt-Programm abwich. Im Ersten Reinhardt-Programm war der jeweilige Anteil für die Länder mit minimalen Abweichungen vom Anteil der regionalen Bevölkerung an der Einwohnerzahl des Reiches abhängig[131].

Ganz im Sinne der Kurskorrektur, die im Juli vorgenommen wurde, enthielt auch das Zweite Reinhardt-Programm zahlreiche Steuererleichterungen. So wurde die landwirtschaftliche Grundsteuer vom 1. Oktober 1933 bis zu 25 Prozent und die Umsatzsteuer für die Landwirtschaft bis zu 50 Prozent gesenkt. Weitere Erleichterungen (auf Kosten der Arbeitnehmer) wurden der Landwirtschaft zusammen mit der Forstwirtschaft so-

---

[129] Richtlinien des Reichsarbeitsministers vom 18. 9. 1933, a.a.O., S. 63.
[130] Zweites Gesetz zur Verminderung der Arbeitslosigkeit, RGBl. 1933, I, S. 651 ff., zusammengefaßt unter anderem in: Bodenbank-ÖffA, 1933, S. 63 und S. 67, vgl. Kroll, S. 465 ff.
[131] Der regionale Verteilungsplan der 300 Millionen RM Zuschüsse für Ergänzungs- und Instandsetzungsarbeiten aus dem Ersten Reinhardt-Programm ist Tabelle G im Anhang IV zu entnehmen.

9. Das Zweite Reinhardt-Programm

wie der Binnen- und Küstenschiffahrt durch die Befreiung von der Arbeitslosenversicherung gewährt[132].

Ebenso wie bereits am 15. Juli neu errichtete Wohnhäuser, die bis zum 31. März 1934 bezugsfertig sein sollten, wurden nun auch Kleinwohnungen und Eigenheime unter derselben Bedingung von der Einkommen- und Vermögenssteuer, von der Grundsteuer des Landes und der Hälfte der Grundsteuer der Gemeinde befreit. Für den Neuhausbesitz wurde die Grundsteuer bis zu 50 Millionen RM gesenkt[133].

Das ebenfalls am 21. September erlassene Gemeindeumschuldungsgesetz sollte wieder in verstärktem Maße die Auftragsvergabe durch die Gemeinden ermöglichen[134].

Im Zusammenhang mit dem Zweiten Reinhardt-Programm, das in erster Linie den Um-, Auf- und Ausbau intensivieren sollte, ist auch der Erlaß des Reichsfinanzministers vom 28. November zu sehen[135]: Steuerschuldnern wurden Steuerrückstände unter der Bedingung erlassen, daß sie für Beträge in derselben Höhe Aufwendungen für Ersatzbeschaffungen, Instandsetzungs- und Ergänzungsarbeiten, Wohnungsteilungen oder -umbauten vornahmen. Das Handwerk, das an diesen Arbeiten besonders interessiert war, konnte solange von diesen Aufträgen nicht profitieren, wie die Kreditmöglichkeiten für den gewerblichen Mittelstand unzureichend blieben. Die meisten Handwerker konnten den Gläubigern keine Sicherheit bieten und erhielten nur in seltenen Fällen Kredite. Um diesem Zustand abzuhelfen, wurde der Reichsfinanzminister ermächtigt, Reichsgarantien bis zu zehn Millionen RM für Kredite zu übernehmen, die an Kleingewerbetreibende und gewerbliche Kreditgenossenschaften oder Privatbankiers gewährt wurden[136]. Staatssekretär Funk drängte darauf, diese Garantieübernahme bei der Bekanntgabe in der Presse ausdrücklich als arbeitsbeschaffende Maßnahme zu bezeichnen[137]. Der Reichskommissar für den gewerblichen Mittelstand, Ministerialdirektor Wienbeck, zeigte sich über diese Kreditgarantien befriedigt[138]. In

---

[132] Gesetz über Änderungen der Arbeitslosenhilfe vom 22. 9. 1933, RGBl. 1933, I, S. 656 f.

[133] s. Anmerkung 130.

[134] Gemeindeumschuldungsgesetz vom 21. 9. 1933, RGBl. 1933, I, S. 647. Siehe hierzu Horst Matzerath, Nationalsozialismus und kommunale Selbstverwaltung, Stuttgart 1970, S. 96, Fritz Reinhardt, Die Arbeitsschlacht der Reichsregierung, S. 63 ff., auch Reichswirtschaftsminister Schmitt auf der Kabinettssitzung am 19. 9. 1933, BAK, R 43 I/1465.

[135] Erlaß des Reichsfinanzministers vom 28. 11. 1933, Bodenbank-ÖffA, 1933, S. 63.

[136] Gesetz über die Übernahme von Garantien für Kredite an das Kleingewerbe vom 31. 10. 1933, RGBl. 1933, I, S. 793, Bodenbank-ÖffA, 1933, S. 67. Die Beratung hierüber fand im Kabinett am 17. 10. 1933 statt, BAK, R 43 I/1465.

[137] BAK, a.a.O.

[138] a.a.O.

Wirklichkeit war diese Hilfe nur ein Tropfen auf einen heißen Stein[139], die zudem vom Kabinett nur mit wenig Enthusiasmus gebilligt wurde. Es einigte sich darauf, künftig derartige Garantien nicht mehr zu übernehmen[140].

„Generalrat der Wirtschaft"

Holte sich Hitler vor der Bekanntgabe des Zweiten Reinhardt-Programms die Zustimmung der führenden Männer aus der Wirtschaft auf der Sitzung des „Generalrats der Wirtschaft" am 20. September 1933 ein[141]? Ebenso wie bei der Frage im Zusammenhang mit der Besprechung zwischen Hitler und den Industriellen am 29. Mai soll hier zunächst logisch und dann empirisch vorgegangen werden.

Auf die Gestaltung des Ersten Reinhardt-Programms hatten die Großunternehmer — soweit aus den Regierungsakten ersichtlich — keinen entscheidenden Einfluß. Scheint es plausibel, daß sich Hitler das Einverständnis der „führenden Männer der Wirtschaft" für Maßnahmen einholte, von denen nicht sie, sondern vornehmlich mittelständische und landwirtschaftliche Interessen betroffen waren und deren — am Haushaltsvolumen — gemessener Betrag vergleichsweise unerheblich — man ist fast geneigt zu sagen: nicht der Rede wert — war?

Der „Generalrat der Wirtschaft"[142] war ein totgeborenes Kind: Er tagte nur ein einziges Mal, nämlich am 20. September 1933. Weshalb sollte sich Hitler ausgerechnet von diesem Gremium und zu diesem Gesetz das Einverständnis der Großunternehmer einholen?

---

[139] Vgl. die Darstellung von Hans Kehrl, Krisenmanager im Dritten Reich, S. 30.
[140] Sitzung des Reichsministeriums vom 17. 10. 1933; BAK, R 43 II/273.
[141] So die These von Petzina, Hauptprobleme, S. 48.
[142] BAK, R 43 II/320. Wie WTB am 15. 7. 1933 meldete, wurden in den Generalrat der Wirtschaft berufen:
Herbert Backe, Domänenpächter (Berlin),
Prof. Dr. Carl Bosch (Heidelberg),
Geh. Landesbaurat Dipl.-Ing. Eugen Böhringer, Direktor der Maximilianhütte (Rosenberg, Oberpfalz),
Generaldirektor August Diehn, Deutsches Kalisyndikat (Berlin),
Bankier August von Finck (München),
Dr. Otto Chr. Fischer, Präsident des Centralverbandes des Deutschen Bank- und Bankiersgewerbes (Berlin),
Dr. Dr. Albert Hackelsberger, Fabrikbesitzer (Deflingen),
Regierender Bürgermeister Krogmann (Hamburg),
Dr. G. Krupp von Bohlen und Halbach (Essen),
Pr. Staatsrat Dr. Robert Ley, Führer der Deutschen Arbeitsfront (Berlin),
Dr. Carl Luer, Handelskammerpräsident, Treuhänder der Arbeit (Frankfurt/Main),
Pr. Staatsrat Friedrich Reinhardt, Bankdirektor (Berlin),
Dr. Hermann Reischle, Führer des Landhandels und der landwirtschaftlichen Genossenschaften (Berlin),

Geben die einzelnen Beiträge der Mitglieder des „Generalrats der Wirtschaft" Hinweise auf eine von Hitler erwünschte Billigung der neuen arbeitsbeschaffenden Maßnahmen der Regierung[143]? Reichswirtschaftsminister Schmitt schien in der Tat um die Gunst der Unternehmer zu werben. Der Minister gab zu verstehen, daß sich die Regierung darüber klar sei, „diese künstliche Arbeitsbeschaffung" nicht „auf die Dauer" betreiben zu können. Vielmehr müsse die „künstliche Arbeitsbeschaffung" von einer „wirklichen privatwirtschaftlichen Bewegung der Gesamtwirtschaft abgelöst" werden. In diesem Zusammenhang wies Schmitt auf die bereits erfolgten steuerpolitischen Maßnahmen hin. In diesen Ausführungen ist bis auf den Verweis auf die Steuerpolitik nichts enthalten, was Schmitt nicht bereits vorher — etwa am 13. Juli — gesagt hätte. Ähnlich wie bei der Besprechung vom 29. Mai — als es um die Frage der Arbeitszeitverkürzung ging — fochten Carl Bosch vom IG Farben-Konzern und Albert Vögler von den Vereinigten Stahlwerken ihre Kontroverse um die „Arbeitsstreckung" aus. Trotz der Arbeitsstreckung, die allerdings keine Dauerlösung sein könne, sollten, so Carl Bosch, die geltenden Stundenlöhne beibehalten werden, denn durch die Arbeitsstreckung würden die Löhne praktisch erhöht, die Steuereinnahmen des Staates vermehrt und letztlich die gesamte Wirtschaft angekurbelt werden. Als „Unsinn" kanzelte Vögler diesen Vorschlag Carl Boschs ab, den er als Bekämpfung der „Arbeitslosigkeit durch Teilung des Kuchens in mehr Teile" umschrieb. Für wesentlich vielversprechender hielt Vögler eine Wiederbelebung der Wirtschaft durch steuerliche Erleichterungen. Besonders lobte er die Steuergutscheinaktion Papens. Die Wirtschaft würde immer noch von den Folgen zehren, „die im Oktober/November 1932 durch die Steuergutscheine hervorgerufen worden sind".

Gegen die besonders von Schacht propagierte expansive Geld- und Kreditpolitik („Wir nehmen heute auch zweitklassige Wechsel."[144]) meldete Carl Bosch Bedenken an. Eine Belebung der Produktion ohne die gleichzeitige Stärkung der Kaufkraft war seiner Meinung nach wenig er-

---

Kurt Freiherr von Schröder, Handelskammerpräsident (Köln),
Carl Friedrich von Siemens (Berlin),
Pr. Staatsrat Dr. Fritz Thyssen (Mülheim a. d. Ruhr),
Generaldirektor Dr. Albert Vögler (Dortmund).
Namen und Zahl der Unternehmer hatten sich verändert im Vergleich zum 29. 5. 1933.

[143] Protokoll der Sitzung des Generalrats der Wirtschaft vom 20. 9. 1933, BAK, R 43 II/321.

[144] Oder: „Ich erkläre Ihnen hier ganz offiziell für die Reichsbank, daß die Reichsbank bereit ist, für jedes auch nur halbwegs mögliche Geschäft, für jedes Geschäft also, das auch nur halbwegs ein Wiedereinkommen des investierten Kapitals in Aussicht stellt, den nötigen Kredit auf irgendeine Weise herzugeben." Und weiter: „Ich habe gar keine Angst vor einer Inflation". Nur Preissteigerungen und eine Schwächung der Massenkaufkraft befürchtete er, sagte Schacht.

folgversprechend. Und genau das tun zu wollen, warf er Schacht vor[145]. Ley, keinesfalls höflicher als Feder bei der Besprechung im Mai, wandte sich daraufhin an Carl Bosch: „Ich begreife das nicht." Und: „Dafür habe ich allerdings kein Verständnis." Das forsche Auftreten des Nationalsozialisten Ley gegenüber den Industriellen wird verständlich, wenn man bedenkt, daß sein „Führer" die Gelegenheit nicht ungenutzt vorübergehen ließ, um den Wirtschaftlern gegenüber den Primat der Politik hervorzuheben[146].

Reichswirtschaftsminister Schmitt erteilte eine Lektion in Volkswirtschaftslehre, die als Umschreibung des Multiplikatorprinzips verstanden werden könnte. Sie war in ihrer Aussage — anders als seine eingangs vorgetragene quasi-Apologie — ein Bekenntnis zur Politik des „deficit spending", bei dem ein Auftrag den anderen auslösen und aus dem „Schneeball" eine „Lawine" werden müsse.

Läßt man die Dokumente selbst sprechen und stellt die Bezüge nur zu dem Inhalt der Beiträge selbst her, kommt man zu folgendem Schluß: Auf der Sitzung des „Generalrats der Wirtschaft" wurde ein Meinungsbild über die Einstellung der Unternehmer zur Arbeitsbeschaffung hergestellt, und die Unterredung hatte nicht den Charakter einer abschließenden Besprechung über die Gestaltung einer noch zu verabschiedenden Maßnahme. Hitler beabsichtigte also nicht, sich die Zustimmung der Großunternehmer zum Zweiten Reinhardt-Programm einzuholen[147].

10. Das Ende der zivilen Arbeitsbeschaffungspolitik

Das Ende der direkten (zivilen) Arbeitsbeschaffungspolitik der nationalsozialistischen Regierung zeichnete sich bereits im Oktober 1933 ab.

In einem Schnellbrief vom 28. Oktober 1933 lud Reichsarbeitsminister Seldte Finanzminister Schwerin-Krosigk zu einer Besprechung ein, in der geprüft werden sollte, in welcher Form und mit welchen Mitteln die Bekämpfung der Arbeitslosigkeit im Frühjahr 1934 fortgeführt werden

---

[145] Näheres über Carl Boschs Stellung zur Arbeitsbeschaffung im Abschnitt über die Chemieindustrie.

[146] Zu dieser Frage vor allem: Tim W. Mason, Der Primat der Politik — Politik und Wirtschaft im Nationalsozialismus, in: Argument Nr. 41, 8. Jhg., S. 473 ff.; Eberhard Czichon, Der Primat der Industrie im Kartell der nationalsozialistischen Macht, in: Argument Nr. 47, 10. Jhg., S. 168 ff.; Tim W. Mason, Primat der Industrie? — Eine Erwiderung, a.a.O., S. 193 ff. Dietrich Eichholtz und Kurt Gossweiler, Noch einmal: Politik und Wirtschaft 1933 - 1945, a.a.O., S. 210 ff,; Wilhelm Treue, Mason, Czichon und die historische Wahrheit, in: Aus Politik und Zeitgeschichte. Beilage zur Wochenzeitschrift „Das Parlament", Nr. 20, 13. 5. 1972, S. 43 ff.

[147] Wie die Teilnehmerliste außerdem noch zeigt, sind nicht einmal alle Anwesenden der Großindustrie zuzurechnen.

sollte[148]. Am 3. November fand eine Ressortbesprechung statt, zu der die verantwortlichen Minister lediglich Regierungsbeamte schickten[149]. Der Inhalt dieser Besprechung verdient aber Beachtung, weil er auf „kommende Dinge" hinweist und die Akzentverlagerung der staatlichen Wirtschaftspolitik deutlich werden läßt. Die Teilnehmer der Besprechung waren geteilter Meinung. Die einen (Beisiegel und Zschuke) sprachen sich für die Fortsetzung der direkten Arbeitsbeschaffung auch im Jahre 1934 aus, weil sie im kommenden Jahr „auch im günstigsten Falle" mit vier Millionen Arbeitslosen rechneten, während die anderen (Ronde, Vorwerk und Richter) für die indirekte Arbeitsbeschaffung (weitere steuer- und kreditpolitische Erleichterungen, Zinssenkungen, „Sozialleistungsvorteile", Förderung des Exports und ähnliches) plädierten. Die Befürworter der direkten Maßnahmen wiesen darauf hin, daß für 1934 noch 600 bis 700 Millionen Mark aus dem Ersten Reinhardt-Programm zur Verfügung stehen würden[150]. Sie dachten an Projekte, die den Maßnahmen des Ersten Reinhardt-Programms weitgehend ähnelten. Ministerialrat Ronde vom Reichswirtschaftsministerium, der eine „organische Belebung der Wirtschaft" anstrebte, war nun bereit, Arbeiten der öffentlichen Hand zu befürworten, wenn sie, wie die Erdölwirtschaft, der „Verbreiterung der Rohstoffgrundlage" oder der „Förderung der Elektrowirtschaft" dienten[151]. Aber auch diese beiden Bereiche sollten nur für

---

[148] Schnellbrief des Reichsarbeitsministers an den Reichsfinanzminister, 28. 10. 1933, BAK, R 2/18678.

[149] Vermerk (Ministerialrat Stephan vom Reichsarbeitsministerium) über das Ergebnis der Ressortbesprechung betr. Maßnahmen zur Bekämpfung der Arbeitslosigkeit im Jahre 1934, 3. 11. 1933, a.a.O. An dieser Besprechung nahmen teil: Ministerialrat Beisiegel und Oberregierungsrat Richter, der Referent Vorwerk vom Reichsarbeistministerium, Ministerialrat Ronde vom Reichswirtschaftsministerium, Ministerialrat Raps vom Reichsfinanzministerium und der Direktor der Reichsanstalt Zschuke.

[150] Diese Angaben sind falsch, denn aus einer Aufstellung des Reichsfinanzministeriums vom 1. 12. 1933, die den Stand der Kreditbewilligungen und Auszahlungen der verschiedenen Arbeitsbeschaffungsprogramme am 25. 11. 1933 angab, ergeben sich folgende Zahlen (BAK, R 2/18649). Vom Ersten Reinhardt-Programm waren bis zum 25. 11. 1933 insgesamt 584 031 938 RM bewilligt worden. Über den Restbetrag war noch nicht verfügt worden. Von den drei Arbeitsbeschaffungsprogrammen (Papen-, Sofort-, Erstes Reinhardt-Programm) waren von den drei hauptsächlich beteiligten Kreditinstituten (ÖffA, Deutsche Rentenbank-Kreditanstalt, Deutsche Bau- und Bodenbank) 880 671 491 RM zwar bewilligt, aber noch nicht ausgezahlt worden. Über bereits erfolgte Zusagen im Zweiten Reinhardt-Programm in Höhe von 500 Mill. RM lagen dem Reichsfinanzministerium keine Unterlagen vor. Für 1934 war daher insgesamt mit einem „Arbeitsvorrat" von 1,8 Milliarden RM zu rechnen:
    880 671 491 Mill. RM (1933 bewilligt; noch nicht ausgezahlt)
    415 968 062 Mill. RM (Erstes Reinhardt-Programm; noch nicht bewilligt)
+ 500 000 000 Mill. RM
1 796 639 553 Mill. RM.

[151] Sein Ressortchef, Reichswirtschaftsminister Schmitt, und Staatssekretär Feder argumentierten im Kabinett ähnlich und verwiesen auf den arbeitsbeschaffenden Effekt der Förderung der Mineralölwirtschaft. Kabinettsvor-

den Fall mit Aufträgen bedacht werden, daß überhaupt öffentliche Arbeiten vergeben werden würden.

Die entscheidende Besprechung, auf der das Ende der direkt arbeitsbeschaffenden Maßnahmen beschlossen wurde, fand am 6. Dezember 1933 im Reichsarbeitsministerium statt[152]. Reichsarbeitsminister Seldte, der den Vorsitz führte[153], sprach sich für die Fortsetzung der Arbeitsbeschaffung im Jahre 1934 aus. Sein Staatssekretär Krohn widersprach ihm und plädierte statt dessen für eine Entlastung der Arbeitnehmer bei Spenden und Beiträgen zur Sozialversicherung, um dadurch die allgemeine Kaufkraft zu erhöhen. Finanzminister Schwerin-Krosigk und Staatssekretär Feder pflichteten ihm bei. Der Präsident der Reichsanstalt, Syrup, hielt 1934 lediglich die Bekämpfung der Arbeitslosigkeit in ihren „Hochburgen" Berlin und Sachsen für nötig. Staatssekretär Krohn, offensichtlich der Wortführer dieser Besprechung, verwies auf den noch vorhandenen „Arbeitsvorrat" von rund 2 Milliarden RM[154], von denen am 1. April 1934 voraussichtlich noch 1 Milliarde RM zur Verfügung stehen würde. Von dieser Milliarde erwartete er eine wesentliche Erleichterung für den Arbeitsmarkt. Dann wurde er deutlicher: Im Jahre 1934 sollten

---

lage des Reichswirtschaftsministers und Protokoll der Sitzung vom 1. 12. 1933, BAK, R 43 I/1466.

[152] Niederschrift über die Chefbesprechung im Reichsarbeitsministerium am 6. 12. 1933 zur Frage der Bekämpfung der Arbeitslosigkeit im Jahre 1934, BAK, R 43 II/537; auch R 2/18679. Schweitzer, Big Business, S. 235, datiert das Ende der Arbeitsbeschaffungspolitik der öffentlichen Hand auf den April 1934, als die Frist der finanziellen Hilfe für die Instandsetzungs- und Ergänzungsarbeiten ablief. Aber es muß eingewendet werden, daß diese arbeitsbeschaffenden Maßnahmen nur ein Teil des Maßnahmebündels zur Arbeitsbeschaffung waren. Schweitzer schreibt weiter, im April 1934 haben „die Generale" die Bestimmung durchsetzen können, neue öffentliche Aufträge nur für militärische Zwecke zu vergeben und in der Durchführung befindliche zivile Arbeitsbeschaffungsprojekte allmählich zu beenden (S. 293). Leider belegt Schweitzer die These nicht, daß „die Generale" auf das Ende der Arbeitsbeschaffungsprojekte drängten. Die vorliegende Untersuchung, die sich nicht mit der Thematik der Aufrüstung befaßt, kann lediglich den Nachweis zu bringen versuchen, daß das Ende arbeitsbeschaffender Aufträge durch den Staat bereits vor April 1934 abzusehen war und keineswegs nur Generale auf ein Ende der Arbeitsbeschaffung drängten.

[153] An dieser Besprechung nahmen teil (BAK, R 2/18679):
Reichsfinanzministerium: Reichsminister Graf Schwerin von Krosigk, Ministerialrat Poerschke, Regierungsrat Gase;
Reichsverkehrsministerium: Reichsminister Frhr. von Eltz-Rübenach, Ministerialdirektor Klausener;
Reichswirtschaftsministerium: Staatssekretär Feder, Ministerialrat Ronde;
Reichsministerium für Ernährung und Landwirtschaft: Staatssekretär Backe, Abteilungsleiter Kummer, Ministerialrat Hillebandt, Dr. Lorenz;
Wirtschaftsbeauftragter des Reichskanzlers, Keppler;
Reichsarbeitsministerium: Staatssekretär Dr. Krohn, Ministerialräte Dr. Beisiegel, Durst, Dr. Stephan, Oberregierungsrat Dr. Fischer;
Reichsanstalt für Arbeitsvermittlung und Arbeitslosenversicherung: Präsident Dr. Syrup.

[154] Vgl. Anmerkung 150.

10. Das Ende der zivilen Arbeitsbeschaffungspolitik 143

Mittel für Arbeitsgebiete aufgebracht werden, die „auch abgesehen vom Gesichtspunkt der Arbeitsbeschaffung gefördert werden müssen". Ähnliche Hinweise machte auch der Finanzminister: Er erwähnte außer dem „großen Programm der Reichsautobahnen" auch noch „andere vom Reich vordringlich zu erfüllenden Aufgaben" oder, wie es Staatssekretär Krohn ausdrückte, „auch abgesehen vom Gesichtspunkt der Arbeitsbeschaffung" förderungswürdige Arbeitsgebiete sind eine Umschreibung für die nun eindeutige Verlagerung des wirtschaftspolitischen Schwerpunkts[155]. Staatssekretär Feder wurde etwas deutlicher: Die Belebung der Wirtschaft war für ihn das Ergebnis des wiederhergestellten politischen Vertrauens und nicht der Arbeitsbeschaffung. Auch „ohne Rücksicht auf die Frage der Arbeitsbeschaffung" müsse man neue Rohstoff- und Energiequellen erschließen.

Staatssekretär Krohn faßte das Ergebnis der Besprechung zusammen: Man war sich einig, „daß im nächsten Jahre — zunächst jedenfalls — Mittel für die Bereitstellung neuer zusätzlicher Arbeitsgelegenheiten nicht bereitgestellt werden sollten". Für die Fortführung der öffentlichen Arbeitsbeschaffung bis zum Herbst 1934 genügten der vorhandene „Arbeitsvorrat" aus den bisherigen Programmen und dem Projekt der Reichsautobahnen sowie die vom Reichsfinanzminister erwähnten „anderen vordringlichen Aufgaben des Reiches". Die Belebung der Wirtschaft im Jahre 1934 sollte durch eine allgemeine Zinssenkung, die Stärkung der Kaufkraft, durch Steuerermäßigungen und die Verringerung der Soziallasten erreicht werden. Künftige zivile Arbeitsbeschaffungsmaßnahmen waren damit zu den Akten gelegt worden.

Den „neuen" Prioritäten entsprechend beschloß das Kabinett am 8. Dezember 1933 Erleichterungen im Kapitalverkehr, die auf Kosten der Gläubiger gingen[156] und durch die zivile Projekte wie der Wohnungsbau wieder über den Kapitalmarkt finanziert werden mußten[157].

Die „neuen" Prioritäten sickerten schnell durch. Der Leiter der Abteilung Gesundheitswesen, Wohlfahrtspflege und Sozialpolitik des Deutschen Gemeindetages, der Beigeordnete Schlüter, führte Anfang Januar 1934 im Reichsarbeitsministerium Besprechungen, aus denen er erfuhr, daß die Regierung „nicht (daran) denkt, ins Gewicht fallende Arbeitsbe-

---

[155] Daß es sich nur um die nun eindeutige Priorität der Aufrüstung handelte, kann aus der Literatur mit Sicherheit geschlossen werden. Allerdings: Aus dieser Quelle kann sie nicht abgeleitet werden.
[156] Kabinettssitzung vom 8. 12. 1933, BAK, R 43 I/1467; unter anderem die Verlängerung des Kündigungsschutzes für zinsgerechte Hypotheken, die Verlängerung des Hypothekenmoratoriums, die Ablösung von Grundstückslasten durch Hingabe von Schuldverschreibungen.
[157] Beschluß des Kabinetts über die Einstellung der Mittel für den Wohnungsbau, 22. 3. 1934, BAK, R 43 I/1468.

schaffungsmaßnahmen vom Frühjahr 1934 an" durchzuführen[158]. Vordergründig, und für den politischen Hausgebrauch, verkündete die Regierung, den Reichshaushalt wieder ausgleichen zu wollen[159].

Finanzminister Schwerin-Krosigk erklärte in einem Vortrag am 5. Januar 1934, der Weg aus der „Krisenerstarrung" der Wirtschaft müsse über eine „allmähliche Entlastung des Unternehmers" von den „überhöhten Lasten" führen. Daher seien die sozialen Lasten abzubauen und Steuererleichterungen wünschenswert[160]. Hier hatte Schwerin-Krosigk die Argumente vieler Unternehmer fast wörtlich übernommen. Politik im Sinne der Unternehmer? Gewiß! Aber Politik durch die Unternehmer oder im Auftrag der Unternehmer? Gerade dafür gibt es in den Akten der Regierung und ihrer Bürokratie keine oder nur wenige Hinweise. Außerdem wäre dieser Blickwinkel zu begrenzt: Denn Schwerin-Krosigk wollte, wie er bereits auf der Besprechung am 6. Dezember 1933 andeutete[161], die allgemeine Kaufkraft durch eine Lastensenkung — für möglichst weite Teile der Bevölkerung — erhöhen. Auf der Chefbesprechung vom 24. Februar 1934 kündigte er die Senkung der Abgabe zur Arbeitslosenversicherung an, die für „geringere Einkommen" sogar ganz aufgehoben werden sollte. Die Regelung sollte vom 1. April 1934 an in Kraft treten. Diese Art der Arbeitsbeschaffung erschien ihm volkswirtschaftlich richtiger als die unmittelbare Arbeitsbeschaffung durch Bereitstellung öffentlicher Arbeiten, die immer einen „künstlichen und anonymen Charakter" hatten[162].

11. Notstandsarbeiten als politisch-psychologisches Mittel 1934

Die Beendigung der Arbeitsbeschaffung galt offiziell noch als „vertraulich"[163]. Erst im April 1934 — nach der Ankündigung der „Dritten Arbeitsschlacht" durch Hitler am 21. März[164] — wurde die Kunde vom Ende der Arbeitsbeschaffung halbamtlich[165].

---

[158] Aktenvermerk des Leiters der Abt. III des Deutschen Gemeindetages, Schlüter, 3. 1. 1934, AVfK, DGT, B/875.

[159] Kölner Zeitung vom 6. 1. 1934, in: AVfK, DGT, B/875.

[160] „Aufgaben der Finanzpolitik", Vortrag Schwerin-Krosigks, 5. 1. 1934 (ohne Ort), IFZ, Schwerin-Krosigk, ZS/A-20, Bd. 3.

[161] Vermerk Ministerialrat Beisiegel vom Reichsarbeitsministerium über die Chefbesprechung vom 26. 2. 1934 im Reichsarbeitsministerium, BAK, R 2/18599.

[162] a.a.O.

[163] Vgl. Brief des Deutschen Gemeindetages an den Gemeindetag für Schleswig-Holstein im Deutschen Gemeindetag, 15. 3. 1934, AVfK, DGT, B/875; auch: DGT an Badischen Gemeindetag, 15. 3. 1934, a.a.O., B/741.

[164] Vgl. BAK, R 43 II/537. Goebbels erklärte den 21. März 1934 zum „Großkampftag". Hitlers Rede wurde direkt vom Radio übertragen. Arbeiter und Schüler wurden in Betrieben und Schulen versammelt, um die Rede zu hören. Die ausfallende Arbeitsstunde wurde den Arbeitern aber nicht bezahlt. (Rundschreiben des Arbeitsministers an alle Reichsministerien, 17. 3. 1934), a.a.O.

11. Notstandsarbeiten als politisch-psychologisches Mittel 1934

Wie wenig aber die Arbeitsbeschaffungspolitik der Nationalsozialisten an ihren formulierten Zielsetzungen gemessen werden kann, veranschaulicht die Diskrepanz zwischen Worten und Taten auf dem Gebiet der Notstandsarbeiten im Jahre 1934. Die Zahlen sprechen eine deutliche Sprache: Im Jahre 1934 wurden im Deutschen Reich durchschnittlich 390 986 Menschen durch Notstandsarbeiten beschäftigt, während es noch 1933 nur 161 423 waren[166]. Die Zahl der Notstandsarbeiter erreichte 1934 ihren absoluten Höhepunkt, obwohl zum Beispiel Schwerin-Krosigk wenig von solchen „künstlichen und anorganischen" Maßnahmen hielt und daher zur „organischen Arbeitsbeschaffung" überleiten wollte. Die Einstellung dieser Arbeiten hielt er aber „aus politischen Gründen" für „schwierig"[167]. Daher war er auch bereit, 1934 weitere 250 Millionen RM für die Grundförderung der Notstandsarbeiten aufzubringen. Das Reichsarbeitsministerium hatte 380 Millionen RM, der Präsident der Reichsanstalt 400 Millionen RM gefordert. Dagegen wurde die vom Reichsarbeitsministerium ins Auge gefaßte Zahl derer, die durch die Notstandsarbeiten beschäftigt werden sollten, nicht verringert. Um trotz der geringeren Mittel die gleiche Anzahl von Menschen beschäftigen zu können, senkte man einfach vom 1. März 1934 an den Tagessatz für die Arbeiter von drei auf 2,50 RM.

Aus der Provinz mehrten sich daraufhin die Stimmen, die auf die grundsätzliche politische und psychologische Bedeutung der Notstandsarbeiten hinwiesen. Zugleich forderten sie, die Höhe der Tagessätze wieder auf drei Mark festzusetzen.

Die Bemerkung Schwerin-Krosigks, die Einstellung der Notstandsarbeiten sei „aus politischen Gründen schwierig", wird durch die Reaktion aus den verschiedenen Ländern vollauf bestätigt: Der Gauleiter der NSDAP in Schlesien warnte, daß die Einstellung der Notstandsarbeiten eine „außerordentliche Einbuße an Vertrauen innerhalb aller Volkskreise" bedeuten würde[168]. Als zwei Monate später die Entlassung von 37 000 Notstandsarbeitern in Schlesien wegen der knappen finanziellen Mittel drohte, machte der Gau Schlesien der NSDAP den Präsidenten der Reichsanstalt für Arbeitsvermittlung und Arbeitslosenversicherung darauf aufmerksam, daß dies „eine verheerende Wirkung auf die schle-

---

[165] Vgl. Badischer Gemeindetag an Finanz- und Wirtschaftsministerium Karlsruhe, 11. 4. 1934, AVfK, DGT, B/741; auch: Deutscher Gemeindetag an den Gemeindevorsteher in Rohnau, a.a.O., B/3714; Deutscher Gemeindetag an den Bürgermeister der Stadt Segeberg/Holstein, 16. 4. 1934, a.a.O.; Deutscher Gemeindetag an Oberbürgermeister Frankfurt/Main, 9. 4. 1934, DGT, B/2724.

[166] Statistisches Jahrbuch für das Deutsche Reich, 1935, S. 309. Näheres vgl. die Tabelle C in Anhang IV.

[167] s. Anmerkung 163.

[168] Der Gauleiter der NSDAP Schlesien an Staatssekretär Reinhardt, 3. 3. 1934, BAK, R 2/18599.

sische Bevölkerung" ausüben müsse[169]. Wenige Wochen später wandte sich der Oberpräsident der Provinzen Nieder- und Oberschlesien direkt an Hitler[170]. Er beklagte sich über die zuniedrigen Kontingente, die der Provinz für Notstandsarbeiten zugewiesen wurden, und über die Herabsetzung der Tagessätze. Da die „organische Arbeitsbelebung" in beiden Provinzen seiner Meinung nach unmöglich war, sah er nur noch die Möglichkeit der Notstandsarbeiten. Die drohende Entlassung von — bei ihm waren es gar 55 000 bis 60 000 — Notstandsarbeitern, würde den „dunklen politischen Kräften", die auf derartige Rückschläge nur warteten, eine günstige Gelegenheit bieten, „erneute Anstrengungen zu unternehmen, um die schlesischen Arbeiter propagandistisch verstärkt zu bearbeiten". Dies würde „politische Unsicherheit gerade in Arbeiterkreisen" zur Folge haben, was in Schlesien, „einer von slawischen Staaten auf drei Seiten begrenzten und von kommunistischen Nestern durchsetzt gewesenen Provinz" unbedingt verhindert werden müsse. Der „Führer" war offenbar von der politischen und ethnischen — oder wie man damals lieber sagte: „völkischen" — Gefahr beeindruckt. Das 26 Millionen RM-Kontingent für Schlesien wurde verdoppelt[171].

Auch der Oberpräsident der Provinz Ostpreußen, Koch, wies auf die durch die Maßnahmen der nationalsozialistischen Regierung erfolgte „Besserung" der „seelischen Verfassung" der Bevölkerung hin, deren „Zuversicht für die Zukunft gestärkt worden" sei[172]. Auch er warnte Hitler vor einer „Gefährdung der wirtschaftlichen und politischen Entwicklung", die durch die Herabsetzung der täglichen Grundförderung entstehen könne[173]. Die Warnung Kochs wurde nicht überhört: Ostpreußen, das seinerzeit vom Innenminister des Papen-Kabinetts wegen der kommunistischen und nationalsozialistischen Agitation als „Hauptunruheherd" des Reichs bezeichnet wurde[174], erhielt zwei Millionen RM zusätzlich[175]. Auf Warnsignale dieser Art scheint Hitler reagiert zu haben.

---

[169] NSDAP, Gau Schlesien, an den Präsidenten der Reichsanstalt für Arbeitsvermittlung und Arbeitslosenversicherung, 4. 6. 1934, a.a.O.

[170] Der Oberpräsident der Provinzen Nieder- und Oberschlesien an den Reichskanzler, 22. 5. 1934, BAK, R 43 II/537.

[171] Reichsfinanzminister an Staatssekretär in der Reichskanzlei, 4. 7. 1934, a.a.O.

[172] Der Oberpräsident der Provinz Ostpreußen, Koch, an Reichsfinanzminister Schwerin-Krosigk, am 4. und 20. 3. 1934, BAK, R 2/18599. Ein ähnlicher Grundton in der Denkschrift des Gauleiters des Gaus Westfalen-Nord (zitiert im Brief des Reichsarbeitsministers an den Stellvertreter des Führers und andere, 1. 8. 1935, BAK, R 2/18601) hebt hervor, daß durch die Arbeitsbeschaffung Kommunisten „überwiegend Anhänger des Führers" geworden sein.

[173] Der Oberpräsident der Provinz Ostpreußen, Koch, an den Reichskanzler, 4. 3. 1934, BAK, R 43 II/537.

[174] Protokoll der Ministerbesprechung vom 9. 8. 1932, BAK, R 43 I/1457.

[175] Reichsfinanzminister an Reichsarbeitsminister, 17. 4. 1934, BAK, R 2/18599.

11. Notstandsarbeiten als politisch-psychologisches Mittel 1934

Das vom Thüringischen Ministerpräsidenten, Marschler, ausgesprochene[176] und vom Reichsstatthalter in Thüringen, Sauckel, befürwortete Anliegen[177], den Betrag der Grundförderung in diesem Land bei drei Mark je Tagewerk zu belassen, leitete Hitler mit der Bitte „um wohlwollende Prüfung" an den Reichsfinanzminister weiter[178]. Die Prüfung des Reichsfinanzministers fiel — wie nicht anders zu erwarten war — „wohlwollend" aus. In Thüringen durfte man den Notstandsarbeitern wieder drei Mark pro Tag auszahlen[179].

Proteste gegen die Kürzung der Tagessätze kamen auch aus Sachsen[180], Bayern[181] und Pommern[182]. Sie alle scheinen ihre Wirkung nicht verfehlt zu haben, denn im Oktober 1934 teilte der Präsident der Reichsanstalt allen Landesarbeitsämtern mit, daß „in besonderen Fällen" der Tagessatz drei Mark pro Arbeiter betragen könne[183]. Ob aber Ostpreußen zu den „besonderen Fällen" gehörte, muß aufgrund der dortigen Arbeitsmarktlage zumindest fraglich bleiben. Denn Ostpreußen hatte 1934 mit 0,7 Prozent die wenigsten Arbeitslosen im Deutschen Reich[184]. Die Bevorzugung kann also nur politisch motiviert gewesen sein. Bei der Kontingentierung der Mittel des Ersten Reinhardt-Programms war dies noch anders. Inzwischen brauchte man anscheinend diese Rücksichten, die Schwerin-Krosigk noch im Februar 1934 für nötig hielt, nicht mehr zu nehmen.

Die offizielle Version der Arbeitsmarktpolitik besagte, daß „Zentren der Arbeitslosigkeit" entlastet und städtische Arbeitslose außerhalb der Großstädte beschäftigt werden sollten[185]. Aber die eigentliche Absicht, weniger die wirtschaftliche Not zu überwinden als vielmehr durch „Abschiebung aufs Land" und Beschäftigungstherapien politische Gefahren

---

[176] Der Thüringische Ministerpräsident, Marschler, an den Staatssekretär in der Reichskanzlei, 14. 3. 1934, BAK, R 43 II/537.

[177] Der Reichsstatthalter von Thüringen, Sauckel, an den Staatssektretär in der Reichskanzlei, 15. 3. 1934, a.a.O.

[178] Staatssekretär in der Reichskanzlei an den Reichsstatthalter in Thüringen, Sauckel, 17. 3. 1934, a.a.O.

[179] Reichsfinanzminister an Thüringischen Ministerpräsidenten, 14. 8. 1934, BAK, R 2/18599.

[180] Sächsisches Wohlfahrtsministerium an den Präsidenten der Reichsanstalt für Arbeitsvermittlung und Arbeitslosenversicherung, 20. 3. 1934, BAK, R 2/18599.

[181] Der Bayerische Ministerpräsident an den Reichsfinanzminister, 12. 4. 1934, a.a.O.

[182] Der Präsident des Landesarbeitsamtes Pommern an den Reichsfinanzminister, 13. 4. 1934, a.a.O.

[183] Rundschreiben des Präsidenten der Reichsanstalt für Arbeitsvermittlung und Arbeitslosenversicherung an alle Landesarbeitsämter, 8. 10. 1934, BAK, R 2/18600.

[184] Statistisches Jahrbuch, 1935, S. 317.

[185] s. Anmerkung 136.

zu neutralisieren, läßt sich leicht erkennen. Mit der Zeit wurden die Mittel für Notstandsarbeiten immer weiter eingeschränkt. Für den Winter 1934/35 wollte der Reichsfinanzminister hierfür lediglich noch sechs Millionen RM aus Haushaltsmitteln bewilligen[186]. Das „sozialpolitische Moment" mußte, wie der Präsident der Reichsanstalt, Syrup, Ende 1935 sagte, gegenüber der „Erzeugung von Ersatzstoffen für ausländische Rohstoffe etwas zurückstehen"[187].

Eine erste Zwischenbilanz der nationalsozialistischen Arbeitsbeschaffungspolitik läßt sich thesenartig formulieren:

— Das sozialpolitische Moment der nationalsozialistischen Arbeitsbeschaffungspolitik diente von Anfang an rein politischen Zielen: Der Errichtung und Festigung des charismatischen Führertums Adolf Hitlers.

— Der wirtschaftliche Aufschwung wurde lediglich wenige Monate lang mit propogandistisch wirksamen Maßnahmen direkter Arbeitsbeschaffung betrieben, um dann allmählich — und von der Öffentlichkeit weitgehend unbemerkt — in eine „organische Arbeitsbeschaffung" übergeleitet zu werden. In dieser Phase des Übergangs von der „künstlichen" beziehungsweise „anorganischen" zur „organischen" Arbeitsbeschaffung wurden die Notstandsarbeiten fortgesetzt, um mögliche politische Risiken zu verringern.

— Die Frage, ob und inwieweit die Arbeitsbeschaffungspolitik nur ein Teil der systematischen Aufrüstung war oder parallel zur Aufrüstung betrieben wurde, kann nicht Gegenstand dieser Untersuchung sein. Die hier erörterten Maßnahmen beziehen sich ausschließlich auf den zivilen Bereich, für den sie von den nationalsozialistischen Machthabern auch bestimmt waren. Eine Untersuchung hierüber muß aber anderen Arbeiten vorbehalten bleiben[188].

— Ein mitbestimmender oder gar entscheidender Einfluß der Großunternehmer, der mittleren Industrie oder des Handwerks konnte anhand der Regierungsakten nicht festgestellt werden. Die Abhängigkeit der nationalsozialistischen Machthaber von einer oder mehreren Untersuchungsgruppen läßt sich in der staatlichen Arbeitsbeschaffungspolitik ebensowenig erkennen.

---

[186] Aufzeichnung der Chefbesprechung vom 6. 11. 1934 über Fragen der Arbeitsbeschaffung, BAK, R 2/18626.

[187] Syrup auf der Sitzung des Arbeitsbeschaffungsausschusses, 18. 1. 1935, BAK, R 2/18626.

[188] Hierzu die demnächst erscheinende Arbeit von Jürgen Stelzner und ein demnächst von mir erscheinender Aufsatz (in: Militärgeschichtliche Mitteilungen).

Zweiter Teil

Prioritäten, Aktionen und Reaktionen der Großindustrie, der mittleren Industrie und des Handwerks zur Arbeitsbeschaffungspolitik 1930-1934

Da sich diese Arbeit mit dem Verhältnis von Wirtschaft und Politik auseinandersetzt, können Schlußfolgerungen, auch in bezug auf den speziellen Untersuchungsgegenstand, nur dann gezogen werden, wenn man nicht nur die Regierungsakten, sondern auch Materialien über die wirtschaftlichen Gruppierungen hinzuzieht.

In diesem Zweiten Teil wird zu fragen sein:

— Welche programmatischen Vorstellungen vertraten die Untersuchungsgruppen in der Frage der Arbeitsbeschaffungspolitik vor der Öffentlichkeit und „hinter den Kulissen"[1]?
— Bestand zwischen den vor der Öffentlichkeit und im geschlossenen Kreis bezogenen Positionen ein Widerspruch[2]?
— Hatten die programmatischen Erklärungen demnach Steuerungs- oder Rechtfertigungscharakter[3]?
— Wo bestand Übereinstimmung mit den Prioritäten staatlicher Arbeitsbeschaffungspolitik, wo nicht[4]?
— Läßt sich gerade in den Grundsatzfragen erkennen, ob die Prioritäten staatlicher Arbeitsbeschaffungspolitik Funktion des von einer oder mehreren Untersuchungsgruppen ausgeübten Drucks waren[5]?

Der Übersichtlichkeit halber sollen diese Fragen für jede Untersuchungsgruppe zunächst getrennt und erst am Ende vergleichend und bewertend beantwortet werden.

---

[1] Dieser Abschnitt bezieht sich auf die in bezug auf die Wirtschaft formulierten Punkte a) und b). Vgl. dazu den Abschnitt „Fragestellungen" in der Einleitung zu dieser Studie.
[2] Vgl. Punkt c).
[3] Vgl. Punkt d) und e).
[4] Vgl. Punkt f).
[5] Vgl. Punkt h).

Um auch im Zweiten Teil zeitliche und umstandsbedingte Veränderungen berücksichtigen zu können, wird eine chronologische Darstellung bevorzugt. Soweit wie möglich werden inhaltliche Schwerpunkte abschnittsweise behandelt.

Sechstes Kapitel

Der Reichsverband der Deutschen Industrie und die Vereinigung der Deutschen Arbeitgeberverbände[6]

1. RDI und VDA[7] in der Ära Brüning
Selbsteinschätzung der politischen Potenz[8]

Nur die möglichst umfassende Kenntnis der Einflußnahme von RDI und VDA auf die Politiker erlaubt Rückschlüsse auf die Bedeutung der Vorschläge und der Kritik, die beide Organisationen auch in bezug auf die Frage der Arbeitsbeschaffungspolitik übten[9]. Es muß allerdings einschränkend hinzugefügt werden, daß Klagen von Wirtschaftlern über ihren geringen Einfluß auf die Politik nichts Spezifisches für die eine oder andere Periode sind. Man könnte sie sozusagen als einen „topos" bezeichnen. Man sollte die Selbsteinschätzung der politischen Potenz der Unternehmer nicht ignorieren, genauso wenig sollte man sie jedoch als einzigen Maßstab für die Bewertung des tatsächlichen politischen Einflusses der Unternehmer zugrundelegen. Daher ist dieser Abschnitt eher als Orientierungshilfe zu verstehen.

---

[6] Es ergeben sich in diesem Abschnitt zum Teil personelle Überschneidungen, weil führende Vertreter einiger Gewerbzweige auch in RDI und VDA führende Positionen innehatten. Soweit diese Personen im Zusammenhang mit diesen beiden Organisationen in Zusammenhang gebracht werden, sind ihre Äußerungen im Rahmen des RDI oder der VDA zugrundegelegt worden. Hat zum Beispiel Paul Reusch im RDI zu einem Problem Stellung bezogen, wird dies im Abschnitt über den RDI behandelt. Sprach er aber als Chef des GHH-Konzerns, sind diese Äußerungen im Abschnitt über die Schwerindustrie wiederzufinden.

[7] RDI und VDA waren Verbände, die ähnliche Ziele arbeitsteilig verfolgten.

[8] Dieser Abschnitt bietet einen allgemeinen Hintergrund zum Punkt h) für die Wirtschaft.

[9] Allgemein zu diesen Verbänden vgl.: Gerard Braunthal, The Federation of German Industry in Politics, Ithaca, New York 1965; Gerhard Erdmann, Die deutschen Arbeitgeberverbände im sozialgeschichtlichen Wandel der Zeit, Neuwied - Berlin 1966; Hans-Hermann Hartwich, Arbeitsmarkt, Verbände und Staat 1918 - 1933. Die öffentliche Bindung unternehmerischer Funktionen in der Weimarer Republik, Berlin 1967; hierzu unter anderem: Interessenverbände in Deutschland, hrsg. v. Heinz Josef Varain, Köln 1973; Die bürgerlichen Parteien in Deutschland. Handbuch der Geschichte der bürgerlichen Parteien und anderer bürgerlicher Interessenorganisationen vom Vormärz bis zum Jahre 1945, hrsg. v. einem Redaktionskollektiv unter Leitung von Dieter Fricke, Berlin (DDR), Bd. 1: 1968, Bd. 2: 1970.

Am 23. Mai 1930 befaßte sich der Hauptausschuß des RDI mit dem Thema Politik und Wirtschaft[10]. Der Reichstagsabgeordnete der DDP, Philip Wieland[11], selbst auch Mitglied des Hauptausschusses des RDI und Messingfabrikant, beklagte die politische Zerrissenheit und „bodenlose Gleichgültigkeit" des bürgerlichen Lagers. Daher empfahl er die Bildung einer „großen bürgerlichen Partei", die den Sozialdemokraten gegenübergestellt werden sollte. Anders könne die Wirtschaft, die in den bürgerlichen Parteien an mangelndem Einfluß litt, kein politisches Gewicht erringen.

„Wir kümmern uns zu wenig um die Politik", bemängelte Wieland und appellierte an die Mitglieder des RDI-Hauptausschusses, sich stärker politisch zu betätigen. „Man muß sich mehr um Politik kümmern, wenn man Einfluß gewinnen will; das haben die Sozialdemokraten längst verstanden."

Paul Silverberg stimmte Wieland voll zu, warnte aber vor einer „Politisierung der Verbände"[12]. Die Entstehung wirtschaftlicher Organisationen „aus politischen Grundelementen" lehnte er mit dem Hinweis auf das Beispiel der Gewerkschaften ab. Vertreter der Wirtschaft müßten in die „kleinen Gremien der Selbstverwaltung eindringen", um ihren Standpunkt zu vertreten. „Hinein in die aktive politische Tätigkeit von unten bis oben", forderte Silverberg unter „Bravo"-Rufen und Händeklatschen die Zuhörer auf[13].

Die Fachgruppe Bergbau im RDI reagierte auf Silverbergs Rede noch am gleichen Tag — schriftlich[14]. Sie befürwortete seinen Appell: „Hinein in die Politik", weil die „Demokratisierung unseres Parteiensystems so fest ist, daß nur der letzten Endes Einfluß hat, der praktisch an der Front mitarbeitet". Die Industriellen verfielen in den großen Fehler zu glauben, „mit dem Ausschreiben von Schecks für politische Fonds und für Wahlen und mit der Kritik an parlamentarischen Handlungen das zu tun, was man von ihnen erwarten kann"[15].

Ernst von Borsig dachte an andere Wege: Der Vorsitzende der VDA, der auch dem Hauptausschuß des RDI angehörte, regte die Bildung eines „Parlamentarischen Ausschusses" von RDI und VDA an, der „mit Abgeordneten aller bürgerlichen Fraktionen" in den Dialog treten sollte[16].

---

[10] Protokoll der Sitzung des RDI-Hauptausschusses vom 23. 5. 1930, Bayer-Archiv, 62/10.5.b.

[11] s. Anmerkung 10.

[12] a.a.O.

[13] Im Protokoll vermerkt.

[14] Fachgruppe Bergbau des RDI an Silverberg, 23. 5. 1930, BAK, Silverberg 274.

[15] a.a.O.

1. RDI und VDA in der Ära Brüning 153

Zwar bedauerte Borsig die geringe Neigung der „großen Mehrzahl" der Industriellen, sich politisch zu betätigen, aber er beurteilte die Aussichten der Industriellen in die verschiedenen Gremien gewählt zu werden als äußerst gering.

Die führenden Mitglieder des RDI und der VDA fühlten sich anscheinend politisch vergleichsweise machtlos, und der im Juni 1930 unternommene Versuch beider Verbände, Einfluß auf den Gang der Dinge zu nehmen, spricht auch nicht gerade von einem Gefühl der Machtfülle.

Die Vorstände von RDI und VDA beschlossen auf einer gemeinsamen Sitzung am 13. Juni, zusammen mit den Gewerkschaften dem Reichspräsidenten eine grundsätzliche Erklärung zur Bekämpfung der Arbeitslosigkeit vorzulegen, weil — wie von Raumer es sagte — Einfluß auf die Regierung nur mit Hilfe der Gewerkschaften ausgeübt werden könne. Außerdem besäßen die Gewerkschaften im Gegensatz zu den Unternehmern ein großes Wählerpotential. Nur die Gewerkschaften seien in der Lage, „die Regierung zu wirklich entscheidenden Schritten zu veranlassen". Die Unternehmer hätten „nur etwas bei der Wahlhilfe zu sagen, dann höre es auf", meinte von Raumer[17].

Auch Konrad Piatschek von den Albert-Piatschek-Bergwerken in Halle war der Meinung, daß die „Bataillone der Gegner zur Zeit stärker" seien[18]. Er führte diesen Umstand auf die mangelnde Solidarität der Arbeitgeber zurück[19]. Trotz des Gefühls ihrer politischen Ohn-Macht[20] glaubten die Industriellen an die Macht ihrer Argumente, mit denen sie die Gewerkschaftsführer zu überzeugen hofften, vor allem in der Frage der Arbeitszeitverkürzung, in der ihnen der Standpunkt der Gewerkschaften „absurd" zu sein schien. Abraham Frowein hielt „diese Leute" (die Gewerkschaftler) „letzten Endes" nicht für „böswillig", vielmehr

---

[16] s. Anmerkung 10. Im Protokoll wurde unterstrichen: alle bürgerlichen Fraktionen. Auch Henry Ashby Turner jr., Big Business and the Rise of Hitler, in: American Historical Review, 75.1, 1969/70 (fortan: Turner: AHR), S. 58, weist auf die Tatsache hin, daß die Industriellen in DDP, Zentrum, DVP und DNVP verstreut waren und in diesen Parteien eine „pressure group" neben vielen anderen war.

[17] Protokoll der gemeinsamen Sitzung der Vorstände des RDI und der VDA am 13. 6. 1930, Bayer-Archiv, 62/10.3.b.

[18] a.a.O.

[19] Diese Zerrissen- und Zerstrittenheit der Unternehmer betonen auch (indirekt) Arthur Schweitzer, Big Business, S. 94 ff.; Wilhelm Treue, Der deutsche Unternehmer in der Weltwirtschaftskrise 1928 - 1933, S. 105, in: Werner Conze und Hans Raupach, Die Staats- und Wirtschaftskrise des Deutschen Reiches 1929/33, Stuttgart 1967; Gerald Feldman, The Social and Economic Policies of German Big Business 1918 - 1929, in: American Historical Review, 75.1., 1969/70, S. 55.

[20] Vgl. auch Borsig auf der Sitzung des RDI-Präsidiums am 13. 6. 1930, Bayer-Archiv 62/1.3. Borsig spricht davon, die Industrie hätte eigentlich doch verhältnismäßig sehr wenig politisch zu sagen.

müsse ihnen jemand „einmal zeigen, was falsch ist". Einige Unternehmer hatten allerdings gegen eine gemeinsame Aktion mit den Gewerkschaften grundsätzliche Bedenken: So befürchtete zum Beispiel Fritz Thyssen, die Aktion würde das Unternehmertum „zu einer unmittelbaren Verknüpfung mit dem marxistischen System führen", und dem Präsidenten des Verbandes Sächsischer Industrieller, Wittke, war das Tempo zu schnell[21]. Die näheren Einzelheiten der geplanten gemeinsamen Aktion gehören nicht in den Rahmen dieser Studie, aber bereits am Vorgehen der Industriellen zeigt sich, wer damals den Ton angab.

Es ist nicht anzunehmen, daß die zitierten Äußerungen der Unternehmer demagogisch gemeint waren, denn es bestand hierzu kein Anlaß. Man war „unter sich", und es bestand kein Zwang zur Öffentlichkeit im handlungsfreien Raum, sämtliche politischen Alternativen standen im Grunde genommen zur Disposition.

Nach den Wahlen vom September 1930 wuchs das Gefühl der politischen Machtlosigkeit der Industrievertreter noch weiter an: Das geschäftsführende Präsidialmitglied des RDI, Geheimrat Kastl, stellte vor dem Hauptausschuß des RDI am 19. September bedauernd fest, daß viele Abgeordnete, die der Wirtschaft nahestanden, nicht wiedergewählt worden seien und die Zahl der Abgeordneten, zu deren „wirtschaftlicher Einsicht" man ein besonderes Vertrauen haben könnte, sich stark vermindert habe[22].

Die grundsätzlichen Prioritäten

Vor der Großen Krise

An der grundsätzlichen Stellung von RDI und VDA in der Frage der Arbeitsbeschaffung fällt zweierlei besonders auf:

Erstens die Kontinuität der Argumentation. Bereits vor dem Beginn der großen Wirtschaftskrise wich sie wenig von späteren Bekundungen ab. Der tatsächliche Krisenverlauf wurde als Bestätigung der eigenen Prognosen empfunden. Zweitens löste das Stichwort „Arbeitsbeschaffung" bei den führenden Vertretern beider Verbände andere Assoziationen aus als bei der Regierung. Arbeitsbeschaffung wird nicht — wie auf der Regierungsebene — gleich mit der direkten Arbeitsbeschaffung in Zusammenhang gebracht, sondern eher mit grundsätzlichen wirtschafts- und ordnungspolitischen Erwägungen verknüpft.

Es sollte nicht unerwähnt bleiben, daß die Diskussion um die Arbeitsbeschaffung von beiden Verbänden ebenso wie von den übrigen Unter-

---

[21] a.a.O.
[22] Protokoll der Sitzung des Hauptausschusses (HA) des RDI am 19. 9. 1930, Bayer-Archiv, 62/10.5.b.

suchungsgruppen in einem national beschränkten Rahmen geführt wurde und daß forcierte Rüstungsaufträge nicht als Mittel zur Bewältigung der Krise empfohlen oder gar gefordert wurden.

Der Kontinuität der Argumentation wegen muß zunächst auf die im Jahre 1929 veröffentlichte Denkschrift des RDI „Aufstieg oder Niedergang? Deutsche Wirtschafts- und Finanzreform"[23] hingewiesen werden, soweit sie für das Verständnis der erwähnten Argumentationskette von RDI und VDA in der Frage der Arbeitsbeschaffungspolitik notwendig ist:

Außer der Forderung nach mehr „Bewegungsfreiheit" für die Wirtschaft und der grundsätzlichen Kritik an der „Wirtschaftsdemokratie" bemängelte das Präsidium des RDI die zu hohen „Gestehungskosten", die einen nachteiligen Einfluß auf die deutschen Exportmöglichkeiten ausübten[24]. Die Wiederherstellung der Rentabilität und der Kapitalbildung in der Wirtschaft war dem RDI zufolge die wichtigste Voraussetzung, um „die Lebenshaltung des deutschen Volkes" zu bessern.

Scharfe Kritik wurde in der Denkschrift an der „falschen Finanz- und Sozialpolitik" geübt, die für die „besorgniserregende Lage" am Arbeitsmarkt verantwortlich gemacht wurde[25]. Für die beste Sozial- und Lohnpolitik hielt der RDI die Festsetzung von Arbeitsbedingungen, „welche die Arbeitslosigkeit vermindern oder gänzlich beseitigen" würden[26]. Und das sei nur durch die „Beseitigung der wirtschaftlichen Hemmungen" möglich. Welche „Hemmungen" wollte der RDI beseitigt sehen[27]?

Die Betätigung der öffentlichen Hand in Bereichen, die der „Individualwirtschaft" vorbehalten bleiben sollten, die Steuervorteile der öffentlichen Unternehmungen und die „Wohnungszwangswirtschaft". Neben einer Reform der Sozialversicherung, die auf den Abbau sozialer Leistungen hinauslief[28], forderte der RDI die Abschaffung der Verbind-

---

[23] „Aufstieg oder Niedergang? Deutschen Wirtschafts- und Finanzreform." Eine Denkschrift des Präsidiums des RDI, Berlin 1929 (fortan: Aufstieg oder Niedergang). Im folgenden kurz zusammengefaßt.

[24] Ebd., S. 8 f.

[25] Ebd., S. 10. Es sei an die hohe Arbeitslosenzahl von 1929 erinnert (vgl. 1. Kapitel).

[26] a.a.O.

[27] Ebd., S. 11 f.

[28] Der RDI erkannte zwar richtig, daß mehr Sozialpolitik gleichbedeutend mit „mehr Staat" in der Wirtschaft ist (vgl. Hans Achinger, Sozialpolitik als Gesellschaftspolitik. Von der Arbeiterfrage zum Wohlfahrtsstaat, Hamburg Gesellschaftspolitik. Von der Arbeiterfrage zum Wohlfahrtsstaat, Reinbek bei Hamburg 1958, S. 155), sah aber nicht, daß Sozialleistungen durchaus antizyklischen Charakter haben und daher als Transferzahlungen des Staates an die privaten Haushalte durchaus zur Überwindung der Deflationsspirale beitragen können (vgl. Keese, S. 46 f.). Allerdings bestanden damals für diese Erkenntnis nicht die wirtschaftstheoretischen Voraussetzungen.

lichkeitserklärung[29], die durch eine neu zu schaffende Reichsschiedsstelle ersetzt werden sollte.

In der Finanz- und Steuerpolitik[30] schlug der Reichsverband eine „wesentliche Senkung" der öffentlichen Ausgaben sowie der Steuern vor und plädierte für mehr indirekte Steuern, eine Verwaltungsreform sowie eine Reform des Haushaltsrechts und die Abschaffung der Hauszinssteuer. Schließlich drängte man auf einen Finanzausgleich zwischen Reich, Ländern und Gemeinden.

Neben der Forderung nach einer verstärkten Förderung des Exports betonte der RDI die Notwendigkeit, den Kapitalmarkt nur für „produktive Zwecke" in Anspruch zu nehmen[31].

Die Denkschrift aus dem Jahre 1929 macht deutlich, daß der Reichsverband die Lage am Arbeitsmarkt als Ergebnis der staatlichen Ordnungs-, Wirtschafts-, Finanz- und Sozialpolitik verstand. Die Arbeitslosigkeit wurde demnach aus den allgemeinen Bedingungen abgeleitet und nicht isoliert gesehen. Für RDI (und VDA) führte in der Wirtschaftspolitik nichts an der negativen Einstellung zur Verbindlichkeitserklärung vorbei. Auch der Beschäftigungsstand wurde mit ihr in Zusammenhang gebracht. Allein dieser Ansatz erklärt die Zurückhaltung des RDI (und auch der VDA) gegenüber der direkten Arbeitsbeschaffung.

1930

Haben sich im Laufe der Zeit und mit der zunehmenden Verschärfung von Krise und Arbeitslosigkeit die Vorstellungen des Reichsverbandes und der Vereinigung zu Fragen der „Arbeitsbeschaffung" geändert[32]?

In einem Rundschreiben der VDA vom 11. März 1930 wurde erneut auf den Zusammenhang von Lohnsteigerungen und „Selbstkostenbelastungen" hingewiesen, die zur Entlassung von Arbeitskräften führten[33].

---

[29] Turner, AHR, S. 57, führt die Distanz der Großindustrie zur Weimarer Republik u. a. auf die kostenintensiven gesetzlichen Sozialleistungen und die Existenz der Verbindlichkeitserklärung zurück.

[30] „Aufstieg oder Niedergang", S. 13 ff.

[31] Ebd., S. 15 f.

[32] Es sei an die Bedeutung des Zeitfaktors (t) erinnert, auf den in der Einleitung im Abschnitt Fragestellungen hingewiesen worden ist.

[33] Rundschreiben der VDA, 11. 3. 1930: Argumente und Forderungen gewerkschaftlicher Lohnpolitik und Gegenargumente, BAK, Nachlaß Silverberg 457. Es werden genannt: Preiserhöhungen behindern vor allem den Export und helfen weder Arbeitgebern noch -nehmern. Rationalisierung führt auch nicht zu einer Senkung der Selbstkosten. Konjunkturlöhne sind nur vertretbar, wenn nicht nur eine Lohnsteigerung sondern auch ein Lohnabbau erfolgt. Die Umverteilung der Gewinne zugunsten der Arbeiter findet ihre Grenzen im Rahmen des Ausbaus des Produktionsapparates, der notwendig ist, um im internationalen Wettbewerb bestehen zu können. Die Arbeitszeitverkürzung führt

Auf der Sitzung der Sonderkommission der VDA zur Behandlung der Arbeitslosenfrage am 5. Juni 1930[34] erklärten die Anwesenden[35], daß sie in der Verbindlichkeitserklärung von Schiedssprüchen „eine zentrale Ursache der wirtschaftlichen und moralischen Schädigungen" sehen, die eine „Befriedung" in der Wirtschaft hemmen müsse.

Daß die steigende Zahl der Arbeitslosen die Verantwortlichen in beiden Verbänden zutiefst beunruhigt hat, beweisen die von ihnen unternommenen Initiativen: Der RDI gründete im Juni eine Kommission, deren Ziel es sein sollte, die Ursachen der Arbeitslosigkeit zu untersuchen und Maßnahmen zur ihrer Behebung zu erörtern[36]. Die VDA rief ebenfalls noch im selben Monat einen ständigen Ausschuß für Arbeitslosenfragen ins Leben[37]. Für einige Unternehmer liefen die bestehenden ordnungspolitischen Bedingungen, die ihrer Meinung nach die wirtschaftliche Misere bedingt hatten, auf „Sozialismus" hinaus, den man verlassen müsse, um wieder vorwärts zu kommen[38].

Das zu hohe Lohnniveau gewisser Arbeitergruppen, zum Beispiel der Bauarbeiter, stieß bei den Wirtschaftlern auf Ablehnung, weil es ihrer Meinung nach die Mieten in die Höhe trieb und letztlich zu Lasten des ganzen Volkes ging. Daher wandte sich der Textilfabrikant Georg Müller-Oerlinghausen im Vorstand des RDI am 22. Mai 1930 an Finanzminister Moldenhauer und bat ihn, von „sehr richtig"-Zwischenrufen der übrigen Anwesenden begleitet, dem Baumarkt keine neuen Gelder zuzuführen. Es sei ein „Verbrechen" am Volk, dem Baumarkt neue Gelder zufließen zu lassen[39].

---

zu einer Minderung der Gesamtproduktion, steigert die Produktionskosten und führt letztlich zur Vermehrung der Arbeitslosigkeit.

[34] Protokoll der Sitzung der Sonderkommission der VDA zur Behandlung der Arbeitslosenfrage, 5. 6. 1930, BAK, Nachlaß Silverberg 457.

[35] Blohm (Schiffahrt), Brauweiler (VDA), Bücher (AEG), Kraemer (Papierfabrikant), Hamm (DIHT), Kastl (RDI), Knüttel, Müller-Oerlinghausen (RDI; Textilfabrikant), Pietrkowski (RDI, Chemieindustrie), E. Poensgen (RDI, VESTAG), von Raumer (AEG), Schwarz (IGF, Vertreter Carl Boschs), Silverberg.

[36] Der Geschäftsführer des RDI, Jacob Herle, an die Mitglieder des Präsidiums, Vorstands und Hauptausschusses des RDI sowie an die Fachgruppen der landschaftlichen Verbände, 3. 6. 1930, Bayer-Archiv, 62/10.4.d.

[37] Das geschäftsführende Präsidialmitglied der VDA, Roland Brauweiler, an Silverberg, 19. 9. 1930, BAK, Nachlaß Silverberg 464. Den Vorsitz in diesem Ausschuß führte Ernst von Borsig, der — nach seinem Tod — von seinem Stellvertreter Pietrkowski abgelöst wurde. Außerdem gehörten dem Ausschuß noch Abraham Frowein (Textilfabrikant), Blohm, Hueck (Fachgruppe Bergbau), E. Poensgen und Wittke (Sächsische Arbeitgeber), an.

[38] Ernst von Borsig (Präsident der VDA) auf der Sitzung des Hauptausschusses des RDI am 19. 9. 1930, Bayer-Archiv, 62/10.5.b. Das Protokoll vermerkt als Reaktion auf diese Äußerung Borsigs „lebhafte Zustimmung".

[39] Das Protokoll der Sitzung des Vorstands des RDI vom 22. 5. 1930 (Bayer-Archiv, 62/10.4.d) vermerkt hier „Bravo"-Rufe.

Hinter den Kulissen, auf einer gemeinsamen Sitzung der Vorstände des Reichsverbands und der Vereinigung, vertrat Kastl denselben Standpunkt. Er war der Ansicht, Bauaufträge könne man nur vergeben, wenn man gleichzeitig eine Herabsetzung der „außerordentlich überhöhten Bauarbeiterlöhne" durchführen würde. Das gelte auch für die Aufträge der Reichsbahn und Reichspost[40]. Der Schluß liegt nahe, daß diese Äußerungen für weite Kreise in RDI und VDA Steuerungsfunktion hatten.

Nur kurze Zeit später entschied sich die Regierung für das „Baukreditgesetz", das die Bautätigkeit beleben sollte.

Carl Duisberg sah im November 1930 die Ursachen der Arbeitslosigkeit und der Wirtschaftskrise in der „immer wieder betonten" Überlastung der Betriebe auf steuerlichem, sozial- und lohnpolitischem Gebiet. Die unproduktive Verwendung öffentlicher Mittel würde die Kapitalvernichtung außerdem noch vorantreiben, erklärte der Präsident des RDI[41]. Sein Vorstandskollege Loening sah keine Möglichkeit für eine Wende zum Besseren, solange im deutschen Volk der „Irrwahn" bestehe, daß wirtschaftspolitisch Falsches sozialpolitisch richtig sein müsse[42].

Zwischen den Programmen, die der RDI und die VDA der Öffentlichkeit vorlegten und ihren auch im internen Kreis geäußerten Auffassungen bestand in diesen Grundsatzfragen volle Übereinstimmung. Die Identität von volkswirtschaftlicher „Erkenntnis" und betriebswirtschaftlichem „Interesse" daraus herleiten zu wollen, erscheint jedoch konstruiert. Ohne auf die Frage einzugehen, ob auch die volkswirtschaftliche „Erkenntnis" aus dem betriebswirtschaftlichen „Interesse" abgeleitet werden kann, muß folgendes gesagt werden: Die internen Sitzungen von RDI und VDA galten der Klärung der eigenen Positionen. Diese wurden aber zu jener Zeit nicht in Frage gestellt oder revidiert. Sie müssen daher mit den wirtschaftstheoretischen Überzeugungen der Industriellen übereingestimmt haben, übten als Steuerungsfunktion aus. Zugleich faßten sie den zunehmenden Schrumpfungsprozeß in der Wirtschaft als Bestätigung ihrer Vorhersagen auf und glaubten einerseits, ihre Theorie nicht revidieren zu müssen und sie andererseits zur Rechtfertigung ihres Standpunktes verwenden zu können. Wer aber den Industriellen unterstellte, den Schrumpfungsprozeß selbst gewollt und deshalb diese Überzeugungen vertreten zu haben, geht davon aus, Unternehmer würden Geschäfte des Konkurses wegen betreiben. Abgesehen davon ist es anhand der vorgelegten Quellen zwar durchaus möglich, eine weitgehende Übereinstimmung der volkswirtschaftlichen „Erkenntnis" beider Ver-

---

[40] Am 13. 6. 1930, Bayer-Archiv, 62/10.3.b.
[41] Protokoll der Sitzung des Hauptausschusses des RDI, 27. 11. 1930, Bayer-Archiv, 62/10.5.b.
[42] Protokoll der Sitzung des Vorstands des RDI, 26. 11. 1930, Bayer-Archiv, 62/10.4.d.

bände festzustellen, aber ein einheitliches betriebswirtschaftliches „Interesse" kann bei derart heterogen zusammengesetzten Organisationen unmöglich vorausgesetzt werden.

Das empirische Material für das Jahr 1930 erlaubt keinen Zweifel: Die Industriellen haben damals geglaubt, mit der Forderung nach einer Senkung der Produktionskosten das Rezept zur Überwindung der Krise und Arbeitslosigkeit nicht nur gefunden, sondern auch stets verschrieben und selbst beherzigt zu haben. Man kann sich daher nicht darüber wundern, daß die Senkung der „Gestehungskosten" als — freilich indirekt — arbeitsbeschaffende Maßnahme bei RDI und VDA, man möchte fast sagen, absolute Priorität genoß. Die Vereinigung der Deutschen Arbeitgeberverbände riet Brüning im November 1930 von „künstlichen" Maßnahmen zur Wiederbelebung der Wirtschaft ab und verwies auf das ihrer Meinung nach „einzige Mittel" zur notwendigen Vergrößerung von Produktion und Handel: die „Senkung der Gestehungskosten"[43].

Denselben Standpunkt vertrat Georg Müller-Oerlinghausen gegenüber Gewerkschaftsvertretern und fügte noch hinzu, daß nicht der Lohnabbau, sondern die „Selbstkostensenkung" das Primäre sei. Dieses Ziel könne man unter anderem durch die Senkung der Ausgaben der öffentlichen Hand erreichen. Auch ein Preisabbau sei notwendig, könne aber nur zusammen mit Lohnsenkungen durchgeführt werden. Eine Preissenkung „auf Kredit" lehnte er ab[44]. Müller-Oerlinghausen vertrat damit eine Position, die er mit fast allen führenden Kollegen von RDI und VDA teilte, und die auf wirtschaftstheoretisch-volkswirtschaftlichen und nicht auf pragmatisch-betriebswirtschaftlichen Überlegungen beruhte.

1931

Auch in den folgenden Monaten wiederholte man die gleichen grundsätzlichen Argumente: Im Januar 1931 wurde — wiederum im internen Kreis von RDI und VDA[45] — der Standpunkt vertreten, die Überwindung der Arbeitslosigkeit sei nur durch die Beseitigung ihrer Ursachen möglich: Eine „freie Wirtschaftsentwicklung"[46] ohne „hemmende Fesseln" und vor allem die „Senkung der Gestehungskosten"[47] wurden als unerläßliche Grundlagen für die Überwindung der Arbeitslosigkeit genannt.

---

[43] VDA an Reichskanzler, 4. 11. 1930, BAK, R 43 I/2038.
[44] Besprechung zwischen RDI, VDA, Reichsarbeitsministerium und Gewerkschaftsvertretern im Reichsarbeitsministerium am 12. 11. 1930, Bayer-Archiv, 62/10.8.
[45] VDA-Rundschreiben betr. die Beratungen des Vorstands der VDA und des Präsidiums des RDI über die Beseitigung der Arbeitslosigkeit.
[46] Im Text unterstrichen.
[47] Im Text unterstrichen: Senkung der Gestehungskosten.

6. Kap.: RDI und VDA

Reichsarbeitsminister Stegerwald hatte andere Vorstellungen zur Überwindung von Krise und Arbeitslosigkeit: Er hielt einer Delegation von RDI und VDA vor, daß eine Senkung der Produktionskosten nur durch die Aufhebung der Verbindlichkeitserklärung von Schiedssprüchen möglich sei, was die SPD in Opposition zur Regierung treiben würde. Das Kabinett könnte sich nicht länger halten und würde durch eine „extreme Rechtsregierung" abgelöst werden. Die Forderung der Industrie laufe daher praktisch auf eine „rechtsradikale Diktatur" hinaus[48]. Krasser als durch Stegerwalds Vorwurf kann die geringe Übereinstimmung, die in dieser Grundsatzfrage zwischen den Vertretern der führenden Industrieorganisationen und dem für den Arbeitsmarkt zuständigen Minister herrschte, nicht verdeutlicht werden.

Eine VDA-interne Denkschrift[49] vom Februar 1931 erhärtet den bisherigen Gesamteindruck und fügt einige neue Aspekte zur grundsätzlichen Position von RDI und VDA hinzu: Als Ursachen der hohen Arbeitslosigkeit wurden — der Reihe nach — die ungünstige internationale Konjunkturentwicklung, die Kriegsfolgen und die „gesamte Wirtschafts-, Finanz- und Sozialpolitik Deutschlands in der Nachkriegszeit" genannt.

Welche wirtschaftspolitischen Maßnahmen empfahl die Vereinigung? Sie verwies auf die Denkschrift des RDI: „Aufstieg oder Niedergang" aus dem Jahre 1929 und auf die ebenfalls vom RDI herausgegebenen „Beiträge zu einem Agrarprogramm" vom Mai 1930. Aufträge der öffentlichen Hand wurden wegen mangelnder Elastizität der Vergabemöglichkeiten abgelehnt. Außerdem seien noch „privatwirtschaftliche Bedenken" zu erheben, da die Umschlagszeit der Kapitalien der öffentlichen Hand für Kanal-, Straßen- und Hausbauten ein „Mehrfaches" der in Industrieanlagen investierten Kapitalien betrage. Auch dieses Argument bekräftigt die von RDI und VDA ausgesprochene Distanz zur Forcierung der Bautätigkeit. Die Möglichkeit einer erfolgversprechenden und augenblicklichen Entlastung des Arbeitsmarktes sah man bei der VDA nicht. Strukturelle Änderungen zog man Augenblickserfolgen vor. Eine langfristige und substantielle Besserung könne aber nur eintreten, wenn die Grundsätze von RDI und VDA — zum Beispiel die Senkung der Produktionskosten und die Beseitigung der Verbindlichkeitserklärung — befolgt würden.

Der Vorsitzende der VDA, Ernst von Borsig, schien den Weg, den er als richtig erkannt hatte, ohne Rücksicht auf die politische Opportunität ge-

---

[48] Vermerk über eine Besprechung zwischen Brüning, Dietrich, Stegerwald, Brauweiler, Frowein, Dorffs und Knüttl, 29. 1. 1931, BAK, R 43 I/2039.

[49] VDA: Stichworte und Materialien zur Beurteilung der Arbeitslosen- und Arbeitslosenversicherungsfragen, ohne Datum (aber der chronologischen Reihenfolge der Ablage nach: Februar 1931), BAK, Nachlaß Silverberg 464.

hen zu wollen. Den Hauptausschuß des RDI beschwor er, zur Überwindung der Arbeitslosigkeit nicht an Furcht und bolschewistische Gefahren zu appellieren, sondern „wirkliche, ruhige und gewissenhafte Maßnahmen" zu treffen[50]. Die Versammelten zollten ihm, wie das Protokoll vermerkt, hierfür „lebhafte Zustimmung".

Gerade der prononcierte Standpunkt Borsigs beweist die Steuerungsfunktion des Programms der Arbeitgeberseite und dokumentiert, daß die makroökonomischen Vorstellungen der Arbeitgeber (ihre „Erkenntnis") nicht nur von ihrem mikroökonomischen Interesse geprägt wurden. Sie hielten diese Grundsätze für die wirtschaftlich (und sozial) optimale Lösung, erkannten dabei aber durchaus die politische Inopportunität, die sie jedoch nicht davon abbrachte, von ihrer Überzeugung abzurücken. Beim RDI war man sogar der Meinung, die eigenen „Leitgedanken" seien „besonders mit dem Interesse der Arbeiterschaft" identisch[51].

Ihrer Meinung nach sachlich falsche und an der politischen Opportunität des Augenblicks orientierte Empfehlungen unterbreitet zu haben, warf die VDA der Brauns-Kommission im April 1931 vor[52]. „Der Arbeitgeber", das offizielle Sprachrohr der VDA, kritisierte den Ansatz der Kommission, der an sozial-, nicht aber an wirtschaftspolitischen Prioritäten orientiert gewesen sei. Eine „liebevolle Vertiefung in die politischen und ein ängstliches Ausweichen vor den wirtschaftlichen Hintergründen" kennzeichnete, der VDA zufolge, die Arbeit der Kommission[53], die sich angesichts der großen Arbeitslosigkeit der „kleinlichen Frage" des Doppelverdienertums angenommen habe[54].

Immer wieder drangen RDI und VDA auch im Laufe des Jahres 1931 im Zusammenhang mit der Arbeitslosigkeit und Wirtschaftskrise auf die Senkung der Produktionskosten[55]. Es verwundert daher nicht, daß der Vorstand des RDI am 19. Juni 1931 die Notverordnung vom 5. Juni als „entschieden Abbau der überspannten Sozialpolitik"[56] begrüßte und

---

[50] Protokoll der Sitzung des Hauptausschusses des RDI, 20. 2. 1931, Bayer-Archiv, 62/10.5.b.

[51] Unterlage A für die Besprechung einer RDI-Delegation mit Brüning, 18. 9. 1931, Bayer-Archiv, 62/10.8.

[52] „Der Arbeitgeber", 15. 4. 1931, S. 185 f.

[53] a.a.O.

[54] Eines der Anliegen des Handwerks übrigens, vgl. H. A. Winkler, Mittelstand, Schweitzer, Big Business.

[55] Vgl. zum Beispiel Eingabe des RDI an Brüning, 20. 8. 1931, BAK, Nachlaß Silverberg 231 und Schreiben von Krupp von Bohlen, Peter Klöckner, Silverberg, Vögler, Fritz Springorum, Carl Friedrich von Siemens, Bücher, von Borsig, Reusch an Brüning, 30. 7. 1931 (a.a.O.). In diesem Brief betonen sie, daß man für die Überwindung der Arbeitslosigkeit der Wirtschaft „die Fesseln" abnehmen müsse.

[56] Protokoll der Sitzung des Vorstandes des RDI, 19. 6. 1931, Bayer-Archiv, 62/10.4.e.

dem Reichskanzler sein Vertrauen aussprach. Allein die Krisensteuer bereitete dem RDI-Vorstand Sorgen. Er befürchtete die Abwanderung der von der Krisensteuer besonders hart getroffenen Angestellten ins radikale Lager „nach rechts und links"[57]. Die Radikalisierung dieser „soliden Schicht der Bevölkerung" hielten die Industriellen für politisch bedenklich.

Das Vertrauen des RDI in die Regierung Brüning war danach nicht mehr von langer Dauer: Im Herbst war es wegen der Lethargie der Regierung, die zu keiner klaren wirtschaftspolitischen Linie finden konnte, erschüttert[58].

In der Unterredung mit Brüning am 18. September 1931 trug die Delegation des RDI in Grundsatzfragen keine neuen Aspekte vor[59]. Allerdings wurde der Ton der RDI-Delegation drängender: Die Stimmung in weitesten Kreisen der deutschen Industrie sei „geradezu verzweifelt" und beim Ausbleiben durchgreifender Maßnahmen erscheine „eine weitere Zunahme der Zusammenbrüche und eine katastrophale Vermehrung der Arbeitslosigkeit unabwendbar"[60]. Die Empfehlung einer stärkeren binnenwirtschaftlichen Orientierung stellt ein Novum dar[61].

Erwähnenswert, weil zunächst noch erstaunlich, ist die Befürwortung vermehrter öffentlicher Aufträge durch „öffentliche und halböffentliche Auftraggeber", um die im Herbst zu erwartende Steigerung der Erwerbslosenzahl zu vermeiden. In der vorgeschlagenen Finanzierungsweise blieb man konventionell: Eine viereinhalbprozentige Anleihe sollte das nötige Geld aufbringen[62], und durch eine Steueramnestie sollten hierfür zusätzliche Mittel freigemacht, man muß schon sagen, herausgelockt werden[63]. An eine verbindliche Zweckbindung dachte der RDI aber nicht, denn als

---

[57] a.a.O.
[58] s. Anmerkung 51. Der Delegation gehörten an: Duisberg, Frowein, Kraemer, Kastl, Herle. Von der Regierungsseite nahmen teil: Brüning, Pünder, Schäffer, Trendelenburg, Weigert, (Ministerialdirektor) Fessler.
[59] Unterlage B für die Besprechung von RDI-Vertretern mit Brüning, 18. 9. 1931, a.a.O. Die RDI-Delegation riet Brüning u. a. zu weiteren Senkungen der Selbstkosten (Steuererleichterungen, Ausgabensenkungen der öffentlichen Hand um mindestens 2 Milliarden RM), einer Reichs- und Verwaltungsreform mit „zwingenden Bestimmungen" für die Finanzpolitik der Kommunen, einer Konsolidierung der kurzfristigen Gemeindeverschuldung durch die Ausgabe von Reichsschatzanweisungen, einer „Reform" der Sozialversicherungen, der Auflockerung des Tarifwesens und der Beseitigung der Verbindlichkeitserklärung, der Aufhebung der Reste der Zwangswirtschaft im Wohnungswesen und zur Senkung der Hauszinssteuer mit dem Ziel einer Mietermäßigung.
[60] Unterlage A für die Besprechung am 18. 9. 1931, s. Anmerkung 51.
[61] a.a.O.
[62] In einem Memorandum an Brüning vom 19. 8. 1931 hatte er eine steuerfreie Anleihe angeregt. Vgl. Protokoll der Sitzung des Vorstands des RDI vom 25. 9. 1931, Bayer-Archiv, 62/10.4.e.
[63] a.a.O. Protokoll der Sitzung des Vorstands des RDI, 25. 9. 1931.

die Reichsregierung dann eine steuerfreie Reichsbahnanleihe als Teil einer Steueramnestie ausgab, bezeichnete Kastl diesen Schritt als „nicht sehr glücklich", weil sie an die Reichsbahn gebunden war. Er fand sich aber bereit, diesen „volkswirtschaftlich und organisch vielleicht nicht ganz richtigen Eingriff" zu billigen, um im Oktober und November keine „ganz schlimmen Verhältnisse auf dem Arbeitsmarkt (zu) bekommen"[64].

Die Delegation des RDI bestärkte Brüning in seiner Absicht, eine neue Reparationsregelung anzustreben. Der Reichskanzler befand sich in diesem Punkt also in voller Übereinstimmung mit den Industriellen, die sich durch die Lösung der Reparationsfrage eine wirtschaftliche Erleichterung erhofften[65].

Der Inhalt der Unterredung Brünings mit der RDI-Delegation erlaubt Zweifel an einem ungestörten und fortwährenden Kommunikationsfluß zwischen den Industriellen und der Regierung. So bekannte das geschäftsführende Präsidialmitglied des RDI, Kastl, daß manches, was der Kanzler in diesem Gespräch gesagt habe, der Industrie bekannt, manches aber „völlig neu" gewesen sei. Der Reichskanzler „hätte schon viel früher so offen reden sollen". Er hatte es dem RDI gegenüber ganz offensichtlich nicht getan.

Während der RDI nur beschränkten Zugang zum Regierungschef gehabt zu haben scheint, gibt es Hinweise darauf, daß es Einzelpersönlichkeiten aus der Wirtschaft leichter hatten, sich Zugang zu Brüning zu verschaffen. Anders kann jedenfalls Kastls Hinweis, „die Wirtschaft insgesamt" werde durch die Verbände und nicht durch Einzelpersonen vertreten, kaum verstanden werden. Kastls Appell scheint nicht erfolglos geblieben zu sein: Im November beschloß Brüning, von „Einzelempfängen" führender Wirtschaftler abzusehen[66]. Allerdings kann nicht mit Sicherheit gesagt werden, daß dieser Entschluß tatsächlich mit Kastls Bitte zusammenhing, denn die (nur für den internen Gebrauch bestimmte) Begründung der Reichskanzlei bezog sich auf die Gründung des Wirtschaftsbeirats der Regierung, der nun Einzelgespräche überflüssig gemacht hätte.

Die Forderung des RDI nach vermehrten Aktivitäten der öffentlichen und halböffentlichen Auftraggeber sollte keine Eintagsfliege bleiben. Kastl befürwortete sie erneut im Vorstand des RDI am 25. September[67], blieb aber in der vorgeschlagenen Art der Finanzierung konventionell: Die Aufträge sollten aus laufenden Haushaltmitteln bestritten werden. Die sich anbahnende Rekordhöhe an Arbeitslosen hat wahrscheinlich den

---

[64] a.a.O.
[65] Hier und im folgenden Protokoll der Besprechung Brüning mit Vertretern des RDI, 18. 9. 1931, Bayer-Archiv, 62/10.8.
[66] Vermerk der Reichskanzlei, 12. 11. 1931, BAK, R 43 I/2015.
[67] s. Anmerkung 63.

Reichsverband dazu bewogen, grundsätzliche Bedenken gegen Aufträge der öffentlichen Hand in den Hintergrund zu stellen. Zu einer ausdrücklichen Befürwortung antizyklischer Maßnahmen durch den Staat in Form von öffentlichen Aufträgen konnte man sich jedoch nicht durchringen.

Die gemeinsame Erklärung deutscher Wirtschaftsverbände vom 29. September 1931[68] umfaßte viele bekannte grundsätzliche Anliegen, die RDI und VDA schon früher mehrfach wiederholt hatten und deren Erwähnung keine neuen Aufschlüsse liefern würde. Interessanter ist die breite „Allianz", die sich hier gebildet hat.

Die Notverordnung vom 6. Dezember 1931 entsprach den Vorstellungen von RDI und VDA vor allem wegen der neuerlichen Steuererhöhungen und der Preissenkungsverordnungen nicht und führte, den Angaben Schwerin-Krosigks zufolge, zu einer Distanzierung des RDI vom Reichskanzler[69]. Dabei richtete sich der Widerstand, wie es Silverberg ausdrückte, weniger gegen die Preissenkungen an sich, als vielmehr gegen die staatliche Einwirkung auf die Preisbildung. Er wollte zwar keinen „Nachtwächterstaat", aber derartige Eingriffe lehnte er aus grundsätzlichen Erwägungen ab[70].

Die durch die Notverordnung vom 6. Dezember entstandene Entfremdung zwischen dem Reichsverband und Brüning wurde außerdem noch dadurch verstärkt, daß die führenden Mitglieder des RDI über die Pläne der Regierung lediglich aus der Presse informiert wurden[71]. Wenn man, wie Karl W. Deutsch, den Regierungsprozeß als Problem der Steuerung und diese als Problem der Kommunikation begreift[72], kann man nur zu dem Schluß gelangen, daß die Kommunikationsintensität zwischen den Regierungsstellen und dem RDI nicht sehr stark gewesen sein kann. Geht man zudem noch, wiederum wie Karl W. Deutsch, davon aus, daß Macht nicht an einer einzigen Stelle konzentriert ist[73], kann man nur auf eine (für den RDI) unbefriedigende politische Informations- und Beeinflussungsmöglichkeit schließen.

---

[68] Gemeinsame Erklärung der deutschen Wirtschaftsverbände, 29. 9. 1931, u. a. in: Anlage Nr. 22 der Geschäftlichen Mitteilungen des RDI, 3. 10. 1931; auch: Mitteilungen des Hansa-Bundes für Gewerbe, Handel und Industrie, Nr. 10, 1. 10. 1931.
[69] Schwerin-Krosigk, IFZ, ZS/A-20, Bd. 4.
[70] Rede Silverbergs im Club von Berlin: Die Aufgaben der Privatwirtschaft, 3. 3. 1932, BAK, Nachlaß Silverberg 36.
[71] RDI an Brüning, 2. 12. 1931, BAK, R 43 I/2407.
[72] Karl W. Deutsch, Politische Kybernetik, S. 31.
[73] Ebd., S. 288 f. Deutsch spricht (S. 290) von der „Milchmädchenrechnung mit der konzentrierten Souveränität". Diese „konzentrierte Souveränität" habe es wohl im Absolutismus gegeben, sie existiere aber nicht in modernen Industriegesellschaften. Für Deutsch besteht ein „politisches System" aus „autonomen Teilbereichen" (S. 288).

1. RDI und VDA in der Ära Brüning

Die letzten fünf Monate der Amtszeit Brünings

Wie eng für den RDI auch noch im März 1932 die Arbeitsbeschaffungsfrage mit der „Zwangsschlichtung" verknüpft war, zeigen die drei Grundsätze, die der Präsidial- und Vorstandsbeirat des RDI zur Arbeitsbeschaffung aufstellte[74]. Im Zusammenhang mit dem öffentlichen Arbeitsbeschaffungsprogramm, das nur die Möglichkeit für die Finanzierung eines „organischen Bedarfs" schaffen sollte, strebte man im RDI an, die „Zwangsschlichtung zu durchbrechen". Die „Vorwegnahme" künftiger Aufträge durch ein öffentliches Arbeitsbeschaffungsprogramm und jede „künstliche Bedarfsschöpfung" wurden zwar abgelehnt, aber man schien sich mit einem öffentlichen Arbeitsbeschaffungsprogramm abgefunden zu haben, ohne an dessen ökonomische Rationalität zu glauben. Noch im Februar hatte Kastl im Vorstand des RDI vor der Illusion gewarnt, durch ein „künstliches Arbeitsbeschaffungsprogramm dauernde Erleichterungen" erreichen zu können. Die vernünftige Gestaltung des „Unkostenfaktors der öffentlichen Hand" und die Beseitigung der vorhandenen Hemmungen für die Privatwirtschaft seien entscheidend[75]. Die politischen Prioritäten des RDI erfüllten nur die Steuerungsfunktion. Die volks- und erst recht die betriebswirtschaftlichen Grundsätze wurden hintangestellt. Das gilt sowohl für die „Erkenntnis" als auch für das „Interesse" in beiden Bereichen.

Auch in der Frage der staatlichen Eingriffe in die Wirtschaft modifizierte der RDI im März — wenigstens im internen Kreis des Präsidial- und Vorstandsbeirats — seinen Standpunkt. Bei der Erörterung der Handelspolitik sprach man sich zwar grundsätzlich gegen jede „Planwirtschaft" als „Dauereinrichtung" aus, gestand jedoch aufgrund der „außerordentlichen Lage" „elastische Eingriffe des Staates" zu. Nur Lange-Krefeld konnte der Billigung „elastischer Staatseingriffe" nicht zustimmen[76].

Nach außen hin wurde immer noch die alte Linie verfochten. In der Besprechung zwischen Brüning und Arbeitgebervertretern am 13. Mai 1932 teilte Siemens-Generaldirektor Köttgen dem Reichskanzler den „Hauptwunsch der Arbeitgeber" mit: Möglichst wenig Eingriffe „der Bürokratie" in die Wirtschaft. Diesen Wunsch unterbreitete er sogar

---

[74] RDI-Wochenbericht 7/32; 12. 3. 1932, Krupp-Archiv, FAH, IV E 180. Bericht über die Sitzung vom 9. 3. 1932, außer Silverberg, der den Vorsitz innehatte, waren anwesend: von Bohlen, Robert Bosch, Kastl, Lange-Krefeld, Piatschek, Pietrkowski, Retzmann, Reuter, Riepert, von Simson, Wittke.

[75] Rundschreiben des RDI vom 19. 2. 1932 über die Sitzung des Vorstands vom 19. 2. 1932, Bayer-Archiv, 62/10.4.e.

[76] RDI-Wochenbericht 6/32; 5. 3. 1932, Krupp-Archiv, FAH, IV E 180. Bericht über die Sitzung des Präsidial- und Vorstandsbeirats für allgemeine Wirtschaftspolitik vom 4. 3. 1932. Auch hier führte Silverberg den Vorsitz. Außer ihm nahmen noch 13 andere Industrielle teil.

noch bevor er — wieder einmal — die Lockerung des Schlichtungswesens anschnitt. Zwischen dem „Hauptwunsch der Arbeitgeber" und einem ganz besonderen Wunsch, den sie vortrugen, bestand ein nicht zu übersehender Widerspruch: Einer der beiden RDI-Vertreter, Kraemer, bat den Reichskanzler um die Einwirkung der Regierung auf die Großbanken, um Überbrückungskredite vom Reich zur Finanzierung von Aufträgen zu sichern[77]. Hierbei waren also die staatlichen Initiativen willkommen.

Besonders die Aufträge der Reichsbahn und Reichspost fanden die Zustimmung des RDI und der VDA[78]. Daher bedauerten sie in der Besprechung mit Brüning am 13. Mai, daß die Verhandlungen mit dem Generaldirektor der Reichsbahn, Dorpmüller, „absolut negativ" verlaufen seien.

Obwohl der Reichsverband und die Vereinigung sich auch mit einem größeren öffentlichen Arbeitsbeschaffungsprogramm (politisch) abgefunden hatten — sie befürworteten die Vorschläge des vorläufigen Reichswirtschaftsrates[79], in dem übrigens auch Aufträge der Bahn und Post vorgesehen waren — wichen sie nicht von ihren wirtschaftstheoretischen Grundsätzen, ihrer volkswirtschaftlichen Erkenntnis, ab: So wichtig die Aufgaben seien, die im Maßnahmenkatalog des Vorläufigen Reichswirtschaftsrates vorgeschlagen wurden, die Forderung nach einer „grundsätzlichen Umstellung der staatlichen Willensrichtung" könne deshalb nicht abgeschwächt werden. Diese „Umstellung" erfordere die Kürzung der sozialen Leistungen und soweit wie nur irgend möglich — gerade im „Interesse der Arbeiterschaft" — die Entlastung der Wirtschaft von Beiträgen.

Bauarbeiten scheint man bei RDI und VDA nun nicht mehr generell wie seinerzeit wegen der hohen Bauarbeiterlöhne abgelehnt zu haben. Kraemer befürwortete in der Unterredung mit Brüning ausdrücklich Straßenbauprojekte, die die Stein- und Teerindustrie beleben würden, und hieß auch Hausreparaturen gut, weil sie dem Handwerk helfen könnten[80].

Fazit

— Insgesamt bestätigt die Darstellung der grundsätzlichen Prioritäten und der von den Stichworten „Arbeitsbeschaffung" und „Arbeitslo-

---

[77] Vermerk der Reichskanzlei über eine Besprechung Brünings mit Arbeitgebervertretern, 13. 5. 1932, BAK, R 43 I/2045. Die Arbeitgeberseite vertraten: Kraemer und Kastl (für den RDI) sowie Koettgen und Brauweiler (für die VDA).
[78] Vgl. auch Kastl an von Bohlen, 14. 5. 1932, Krupp-Archiv, FAH, IV E 178, auch BAK, Nachlaß Silverberg 232, Rundschreiben des RDI am 13. 5. 1932.
[79] RDI an den Reichskanzler, 10. 5. 1932, BAK, R 43 I/1141.
[80] s. Anmerkung 77.

sigkeit" ausgelösten Argumentationskette bei RDI und VDA die eingangs erwähnte These von der Kontinuität der Haltung beider Organisationen.

— Die Darstellung hat außerdem gezeigt, daß die der Öffentlichkeit vorgetragene Programmatik weitgehend Steuerungsfunktion hatte. Eine zusätzliche Rechtfertigungsfunktion brauchte sie ohnehin nicht zu erfüllen, da RDI und VDA ihre Auffassungen durch den Krisenverlauf bestätigt sahen. Seit dem Herbst 1931 mehren sich die Hinweise auf eine Modifizierung des Standpunkts der verantwortlichen Männer. Sie scheinen aber eher politische Gründe zu haben und deuten nicht auf eine Revision der volkswirtschaftlichen „Erkenntnis" beziehungsweise Theorie. Bis zum Herbst 1931 war man in beiden Organisationen bereit, die eigenen Leitgedanken fast kompromißlos zu vertreten, weil man sie für die effektivste Alternative zur damaligen Wirtschaftspolitik hielt. Auf eine Formel gebracht: RDI und VDA dachten bis zum Herbst 1931 strategisch und nicht taktisch. Danach waren sie eher bereit, taktisch-politisch als volkswirtschaftlich-strategisch zu denken.

— Am Enscheidungsvorgang der Regierung waren und wurden der RDI und die VDA — zumindest bei der Arbeitsbeschaffungspolitik — nicht beteiligt. Der Kommunikationsfluß zwischen den „autonomen Teilbereichen" der Regierung und beiden Verbänden war offenbar nur schwach.

— Die grundsätzlichen Prioritäten staatlicher Arbeitsbeschaffungspolitik waren währen der Amtszeit Brünings nicht Funktion des von RDI und VDA auf die staatlichen Entscheidungsträger ausgeübten Drucks.

Die „Russengeschäfte"

Bei aller gebotenen Vorsicht, die man bei Vergleichen wahren sollte, könnte man fast sagen, daß die Lieferabkommen mit der Sowjetunion so etwas wie der Rapallo-Vertrag für die deutsche Industrie waren. Ohne Einzelheiten der Darstellung vorwegzunehmen, sei bereits an dieser Stelle die These vertreten, daß sich die Sowjetunion nicht nur um die Effektivität der „reaktionären" Reichswehr, sondern auch um die „kapitalistische" deutsche Industrie verdient gemacht hat[81].

---

[81] Man kann aber auch wie die „Rote Fahne" die Dinge anders sehen: Für die deutschen Arbeiter wäre „die Bittfahrt der Borsig und Klöckner nach Moskau ein eigentümlicher Ausdruck des Triumphs des Sozialismus über den Kapitalismus". „Rote Fahne" vom 27. 2. 1931, zitiert nach Puchert, S. 29. Was die „Rote Fahne" aber verschweigt, ist die Tatsache, daß diese „Bittfahrt der Borsig und Klöckner" der Bitte der sowjetischen Regierung entsprach (vgl. Anmerkung 76).

6. Kap.: RDI und VDA

Der Vorstand des RDI befaßte sich rund ein Jahr früher als das Kabinett Brüning mit den „Russengeschäften"[82]. Der Papierindustrielle Kraemer, Vorsitzender des Rußlandausschusses der deutschen Wirtschaft, der eine „wirtschaftliche Wiedergesundung" Deutschlands vom Osten und nicht vom Westen erwartete[83], vergaß bei der Diskussion über die Vertretbarkeit dieser Lieferungen nicht, seine Kollegen im Vorstand des RDI im Januar 1930 daran zu erinnern, daß Deutschlands „politische und militärische Kreise in Rußland verliebt" seien[84]. Kraemer sprach sich für die Lieferungen an die Sowjetunion aus, da man gute Geschäfte am besten mit Leuten machen könne, denen es schlecht gehe, und empfahl seinen Kollegen, den Kampf gegen den Bolschewismus ruhig der Kirche zu überlassen. Er hielt es für unmöglich, die 150 Millionen Menschen, die in Rußland lebten, auf die Dauer aus der Weltwirtschaft auszuschließen und wies auf die Industrialisierung der Sowjetunion hin, die in einem „phantastischen Tempo" betrieben werde. Als zusätzliches Argument zugunsten einer Befürwortung der „Russengeschäfte" nannte Kraemer den „stalinistischen Terror", der Umsturzgefahren weitgehend ausschloß[85]. Anstelle eines direkten Kredits von 500 Millionen RM an die Sowjetunion, den man ursprünglich erwogen hatte, empfahl er einen Pauschalkredit an die deutsche Industrie für Exportzwecke. Die Wirtschaft sollte dann einzelne Geschäfte mit Rußland tätigen. Einen anderen Weg hielt Kraemer für ungangbar, da sonst das Zentrum wegen der Stellung der Kirche zum Bolschewismus und die SPD wegen der gegen sie gerichteten Attacken Moskaus[86] protestieren würden.

Kraemer unterstrich mit Nachdruck die Notwendigkeit, trotz der ablehnenden Haltung gegenüber dem System in der Sowjetunion diese Geschäfte zu tätigen, und fügte hinzu, daß er noch nie jemanden gefunden habe, der ein Geschäft zurückgehalten hätte, weil ihm die Gesinnung irgendeines Kunden nicht gefallen habe. Außerdem werde sich „dieser merkwürdige Kommunismus" den wirtschaftlichen Auffassungen des Westens mit der Zeit anschließen.

---

[82] Protokoll der Sitzung des Vorstands des RDI, 16. 1. 1930, Bayer-Archiv, 62/10.4.d.

[83] „Der Deutsche Ökonomist", Nr. 2321, 17. 7. 1930, S. 986.

[84] Protokoll der Sitzung des Vorstands des RDI, 16. 1. 1930, Bayer-Archiv, 62/10.4.d. Die Begründung Kraemers wurde, wie das Protokoll vermerkt, mit „Heiterkeit" aufgenommen. Interessant ist die Ähnlichkeit der Argumentation westlicher Industriestaaten vor der Intensivierung der wirtschaftlichen und politischen Beziehungen mit der Volksrepublik China.

[85] B. Puchert, Die Entwicklung der deutsch-sowjetischen Handelsbeziehungen von 1918 - 1939, in: Jahrbuch für Wirtschaftsgeschichte 1973, Teil IV S. 27, preist diese „Sicherheit" auf seine Art: Die Überlegenheit der sozialistischen Produktionsweise, die frei von zyklischen Krisen sei, habe sich gerade in der Weltwirtschaftskrise gezeigt. Nach dem Preis der „Stabilität" fragte er freilich nicht. Den nannte Kraemer.

[86] These vom „Sozialfaschismus" der SPD.

1. RDI und VDA in der Ära Brüning

Carl Duisberg schmeckte diese Begründung weniger. Er war nur bereit, die „Russengeschäfte" in Gang zu bringen, „um diesen Leuten so viel Geld als möglich abzunehmen"[87].

Im Zusammenhang mit der Arbeitsbeschaffung oder, wie es Hans Kraemer nannte, mit der „Beschäftigung von Arbeitslosen"[88] werden die „Russengeschäfte" erstmals im September 1930 im RDI erwähnt. Der Vorsitzende des Rußlandausschusses der deutschen Wirtschaft empfahl seinen Kollegen vom RDI-Vorstand diese Geschäfte mit der Begründung, daß sie nützlicher als die Errichtung von Dämmen seien, die man bei Düsseldorf im Rahmen von ökonomischen Notstandsarbeiten baute, damit Hasen und Füchse „nicht im Raum ersaufen"[89].

Die darauf folgende im Protokoll vermerkte „Heiterkeit" mag im übrigen auch als erster Hinweis für den Stellenwert gelten, den man im Kreis des RDI dieser Form der Arbeitsbeschaffung beimaß.

Kraemer warnte die Industriellen zugleich davor, nicht, wie seinerzeit bei dem Globalkredit von 300 Millionen RM[90], eine Firma gegen die andere auszuspielen, und drang auf das Ende des „schlimmen Nachlaufens" der deutschen Wirtschaft nach diesen Geschäften. Auch eine vollkommene Garantie der Kredite durch Reich und Länder lehnte er ab, weil sie zu neuen Preisunterbietungen führen und das ganze Risiko auf den Steuerzahler abwälzen würde. „Sehr-richtig"-Rufe drückten die Zustimmung der Kollegen aus. In diesem Punkt handelten die Mitglieder des RDI-Vorstands also durchaus im Sinne ihrer allgemeinen Grundsätze. Sie forderten eine Begrenzung der staatlichen Wirtschaftsaktivitäten nicht nur deklamatorisch, sondern waren hierfür auch bereit, eine mögliche Risikosteigerung in Kauf zu nehmen.

Die im Februar 1931 ausgesprochene Einladung der russischen Regierung an deutsche Industrielle war den Worten Kastls nach keine besondere Aktivierung der Wirtschaftsbeziehungen zu Rußland, sondern „eine Fortsetzung von industriellen Besuchen"[91].

---

[87] s. Anmerkung 82.
[88] Protokoll der Sitzung des Vorstands des RDI vom 19. 9. 1930, Bayer-Archiv, 62/10.4.d.
[89] a.a.O.
[90] Aus dem Jahre 1926. Vgl. den Abschnitt über die „Russengeschäfte" im zweiten Kapitel des Ersten Teils. Im folgenden wieder siehe Anmerkung 88.
[91] Protokoll der Sitzung des Vorstands des RDI, 20. 2. 1931, Bayer-Archiv, 62/10.4.e: Die Einladung erging, wie Kastl ausdrücklich betonte, an Einzelpersonen, und zwar u. a. an: Borsig, Buz (MAN), Busch (Klöckner), Paul, Hager-Remscheid, Klotzbach (Krupp), Köttgen (Siemens-Schuckert-Werke), Poensgen (VESTAG). Die Zusammensetzung der Delegation zeigt bereits z. T. die Interessenlage.

Die Praxis der „Russengeschäfte" verlief keineswegs so, wie es sich Hans Kraemer erhofft hatte. Die deutschen Firmen unterboten sich gegenseitig[92]. Auch die „Pfui"-Rufe der Mitglieder des RDI-Vorstands konnten nicht darüber hinwegtäuschen. Zwischen dem selbsterhobenen Anspruch und der eigenen Tätigkeit klaffte ein großer Unterschied.

Die volkswirtschaftliche „Erkenntnis" wurde zugunsten des betriebswirtschaftlichen „Interesses" zurückgestellt. Die programmatischen Vorstellungen der Industriellen hatten hier weder eine Steuerungs- noch Rechtfertigungsfunktion. Pragmatismus war gefragt. Aus der heutigen Sicht ließe sich sagen: Das betriebswirtschaftliche Interesse wäre auch volkswirtschaftlich richtig gewesen. Nur: Die volkswirtschaftliche „Erkenntnis" von RDI und VDA hinkte der betriebswirtschaftlichen hinterher.

Der Konkurrenzkampf muß besonders zwischen dem Maschinen-, Werkzeug- und Apparatebau ausgetragen worden sein, weil diese Wirtschaftszweige, den Angaben Kraemers zufolge, hauptsächlich an den „Russengeschäften" beteiligt waren. Die tatsächlichen Bestellungen aus der Sowjetunion waren mehr als doppelt so hoch wie die erwartete Auftragshöhe. Beim Abschluß des „Pjatakoff-Abkommens" im April hatte man mit Bestellungen für 300 Millionen RM gerechnet. Es wurden aber im Zeitraum vom 1. März bis 15. September 1931 Lieferungen im Wert von 632 Millionen RM[93].

In den „Russengeschäften" deckten sich die Absichten des RDI und der Reichsregierung also durchaus. Regierung und Industrie erkannten die Möglichkeit, Arbeitslose zu beschäftigen beziehungsweise Aufträge zu erhalten. (Die Betonung hing von der jeweiligen Perspektive ab.) Ein spezifischer Druck des RDI auf die Regierung und ihre Bürokratie wird in den RDI-Akten noch weniger sichtbar als in den Regierungsdokumenten. Ebenso wie die Reichsregierung war man anscheinend auch beim RDI bereit, von den gesetzten Normen der Geldpolitik abzugehen, und nur wenige nahmen daran Anstoß, daß seit dem Jahresende 1931 das Portefeuille der Reichsbank bereits zu einem Drittel aus Finanzwechseln, und zwar besonders „Russenwechseln" bestand. Reichsbankpräsident Luther hatte mit „Zittern und Zagen" eingewilligt[94].

---

[92] Protokoll der Sitzung des Vorstands des RDI vom 23. 4. 1931, a.a.O.; Puchert, S. 29, zufolge waren besonders die Schwer-, Elektro- und Maschinenbauindustrie an diesen Geschäften beteiligt.

[93] Protokoll der Sitzung des Vorstands des RDI vom 25. 9. 1931, a.a.O.

[94] Aufzeichnungen Schwerin-Krosigk, IFZ, ZS/A-20, Bd. 4, vgl. im Ersten Teil die Angaben Grotkopps und die Belege hierfür.

Die geld- und kreditpolitischen Vorstellungen

Die Wirklichkeit der „Russengeschäfte" stand in einem auffallenden Widerspruch zu den formulierten Grundsätzen von RDI und VDA und auch zu dem Appell, den beispielsweise Paul Silverberg noch im Mai 1930 an den damaligen Finanzminister Moldenhauer richtete[95]. Silverberg warnte Moldenhauer vor jeglicher „Schuldenmacherei" und empfahl ihm, seitens der Regierung keine Bank- und Wechselschulden einzugehen.

Die Sorge der Industriellen um ein ausgeglichenes Budget und die in der Öffentlichkeit erhobene Forderung nach einer Kürzung der Staatsausgaben sind bereits erwähnt worden. Stets klang die Warnung vor „Währungsexperimenten" und inflationären Gefahren durch.

Die Haltung des Reichsbankpräsidenten war für die Durchsetzung der geldpolitischen Voraussetzungen des Reichsverbands und der Vereinigung sicherlich ebenso wichtig wie die geldpolitischen Prioritäten der Reichsregierung, denn noch war die Reichsbank von der Regierung unabhängig.

Der Bedeutung der Unabhängigkeit der Reichsbank als Garant gegen eine Diktatur von rechts oder links und gegen eine mögliche „Inflation" schien sich nur der Textilfabrikant Georg Müller-Oerlinghausen im Vorstand des RDI bewußt gewesen zu sein. Denn außer ihm wies niemand auf die Versuchung hin, der gerade eine Diktatur durch die mögliche Betätigung der Notenpresse ausgesetzt sein würde, um insbesondere Staatsbeamte und Arbeiter zu bezahlen[96]. Aber niemand ging auf den von Müller-Oerlinghausen aufgezeigten Zusammenhang zwischen dem politischen System und der Stellung der Reichsbank ein. Man blieb bei der Erörterung der Fragen der allgemeinen Geldpolitik, in denen, wie aus den Akten hervorgeht, bis zum Sommer 1931 weitgehende Übereinstimmung bestand.

Paul Silverberg scheint einer der ersten gewesen zu sein, die im Laufe der folgenden Monate aus der offiziellen geld- und kreditpolitischen Linie ausscherten. Am 3. August 1931 schlug er dem Kabinett, zu dessen Besprechung er ebenso wie Vögler von den Vereinigten Stahlwerken eingeladen worden war, vor, zur Entlastung der Gemeinden für zwei Milliarden RM Schatzanweisungen des Reiches und der Länder auszugeben. Diese Schatzanweisungen sollten auf acht Jahre nur beschränkt begebbar als Sicherheitsleistung und als „Unterlage für die Schaffung von Giralgeld" verwendbar sein[97]. Sie sollten nach den Vorstellungen

---
[95] Sitzung des Vorstands des RDI, 22. 5. 1930, Bayer-Archiv, 62/10.4.d.
[96] Sitzung des Vorstands des RDI, 26. 11. 1930, a.a.O.
[97] Protokoll der Ministerbesprechung vom 3. 8. 1931, BAK, R 43 I/1451.

Silverbergs nur eine geringe Verzinsung haben, wozu „die in Frage kommenden Großbanken" bereits ihr Einverständnis gegeben hatten. Der Plan Silverbergs wurde vor allem wegen der Bedenken des ebenfalls eingeladenen ehemaligen sozialdemokratischen Finanzministers Hilferding verworfen. Hilferding war der Meinung, Silverbergs Plan berge Inflationsgefahren[98].

Es ist nicht klar ersichtlich, ob, über die zeitliche Parallelität hinaus, auch ein inhaltlicher Zusammenhang darin zu sehen ist, daß nur wenige Tage später, am 19. August 1931, der RDI in einem Schreiben an Brüning die Erhaltung und Ausweitung des Kreditvolumens empfahl[99] und dem Kanzler nahelegte, bei den Aufträgen der Reichsbahn „fiskalische Rücksichten zurückzustellen"[100]. Mit einiger Sicherheit kann vermutet werden, daß dem RDI an einer Bekanntgabe dieser Pläne über den internen Kreis der Industriellen hinaus nicht gelegen war. Diese taktische Linie läßt sich in einem Rundschreiben des Vereins Deutscher Eisen- und Stahlindustrieller (VDESI) erkennen, in dem darauf aufmerksam gemacht wurde, der RDI wolle öffentliche Auseinandersetzungen um seine Forderungen zur Finanz- und Wirtschaftslage verhindern, damit diejenigen Kräfte, innerhalb und außerhalb der Regierung, die sich der Richtigkeit dieser Leitgedanken bewußt seien und sich dafür einsetzen wollten, nicht in ihrer Wirksamkeit gestört und behindert würden[101]. Der im Rundschreiben des VDESI genannte Maßnahmenkatalog umfaßte im wesentlichen die gleichen Punkte, die der RDI Brüning am 19. August vorgelegt hatte.

Sehr wirksam scheinen die zitierten „Kräfte innerhalb und außerhalb der Regierung" die Belange der Industriellenorganisationen, wenigstens in den geld- und kreditpolitischen Forderungen, nicht vertreten zu haben. Jedenfalls war ihr Durchsetzungsvermögen gering. Immerhin kann man aus dieser Quelle aber schließen, daß der Kommunikations„strom" floß. Seine Stärke dürfte allerdings eher mit einem Bach als mit einem Strom vergleichbar sein, wenn man bedenkt, daß man sich zum Beispiel im Kabinett für die Einwände des Sozialdemokraten Hilferding und gegen die Vorschläge des Industriellen Silverberg aussprach.

Am 18. September trug eine Delegation des RDI Brüning die kreditpolitischen Forderungen des Reichsverbands in einer Besprechung direkt vor und motivierte sie unter anderem mit der Unmöglichkeit, eine langfristige Anleihe aus dem Ausland zu erhalten. Dieser Umstand machte

---

[98] a.a.O.
[99] RDI an den Reichskanzler, 19. 8. 1931, BAK, R 43 I/2373.
[100] a.a.O.
[101] Rundschreiben des VDESI, 22. 8. 1931, über die „Stellungnahme des RDI zur gegenwärtigen Finanz- und Wirtschaftslage" vom 20. 8. 1931, BAK, R 13 I/228.

eine vornehmlich binnenwirtschaftliche Orientierung der deutschen Wirtschaftspolitik nötig[102]. Was bereits angesichts des Meinungswechsels von Paul Silverberg in geldpolitischen Fragen vermutet wurde, bestätigt sich: Durch die Änderungen der sachlichen Umstände hat sich allmählich auch die geld- und kreditpolitische Generallinie von RDI- und VDA-Industriellen teilweise gewandelt. Diese Wandlung war aber noch sehr zaghaft, teilweise inkonsequent und dazu geeignet, die wirtschaftlich belebenden Impulse zu neutralisieren: Die öffentliche Hand, so forderte die RDI-Delegation, sollte ihre Ausgaben um mindestens zwei Milliarden RM senken. Um denselben Betrag sollten die Steuern gesenkt werden, damit die Selbstkosten der Wirtschaft verringert werden könnten. Davon versprach man sich beim Reichsverband eine Produktionssteigerung und eine Besserung der Arbeitsmarktlage. Dieser Gedanke genoß — trotz der Modifizierung der geld- und kreditpolitischen Forderungen — nach wie vor absolute Priorität.

Abraham Frowein unterbreitete Brüning den Wunsch nach einer stärkenden Förderung der Wiedereinführung des Wechselkredits in der Form echter Warenwechsel, die „bei Gott nicht den Charakter inflatorischer Art" hätten. Hier sprach sich Frowein theoretisch für eine optisch weniger wahrnehmbare, faktisch aber unbestreitbare Erweiterung des Geldvolumens aus, die vor allem im Handelsverkehr mit der Sowjetunion bereits praktiziert wurde. Ob man bei den „Russenwechseln" von Warenwechseln und nicht von Finanzwechseln sprechen sollte, kann in Anbetracht der langen Einlösungsfristen, die gerade bei diesen Geschäften üblich waren[103], zumindest angezweifelt werden. Öffentlich und auch nichtöffentlich bezeichnete man im Reichsverband diese Geldpolitik mit den Worten: „Ausschöpfung der Kreditmöglichkeiten, aber keine Währungsexperimente[104]."

Im November 1931 war es wiederum Silverberg, der sich am weitesten vorwagte. Für die Sitzung des Wirtschaftsbeirates am 16. November arbeitete er eine Vorlage aus, in der er zur Wiederbelebung der Wirtschaft und zur Einschränkung der Arbeitslosigkeit nunmehr ohne Umschweife die „Erweiterung des Kreditvolumens"[105] empfahl. Sie sei möglich, führte Silverberg in seiner Begründung aus, weil durch den Abzug der auslän-

---

[102] Aufzeichnung über die Besprechung beim Reichskanzler, 18. 9. 1931, Bayer-Archiv, 62/10.8 und Unterlage B für diese Besprechung, a.a.O., vgl. Anmerkung 59.

[103] Schwerin-Krosigk, IFZ, ZS/A-20, Bd. 4, spricht von Einlösungsvorgängen bis zu zwei Jahren. Für ihn waren die „Russenwechsel" Finanzwechsel, die (vgl. den Abschnitt über die „Russengeschäfte") das Portefeuille der Reichsbank zu einem Drittel füllten.

[104] So zum Beispiel Kastl auf der Sitzung des Vorstands des RDI, 25. 9. 1931, Bayer-Archiv, 62/10.4.e. Kastl bezog diese Formel ausdrücklich auf den von Frowein dem Kanzler empfohlenen Kurs.

[105] Im Text unterstrichen. BAK, R 43 I/1166.

dischen Kredite das Kreditvolumen um vier Milliarden Mark geschrumpft war und die Reichsbank ohnehin zahlreiche „unechte Handelswechsel" besaß. Silverberg wollte für eine Milliarde Mark Dreimonatswechsel ohne Prolongationsmöglichkeit ausgeben lassen, deren Kontrolle einer der Reichsbank untergeordnete „Diskontbank" obliegen sollte. Die „Diskontbank" habe für die zu ihr gelangenden Handelswechsel als Gegenwert „Verrechnungsschecks" in Abschnitten von nicht weniger als 500 Mark auszugeben. Der Diskontierungssatz sollte vier Prozent betragen und die Schecks drei Monate lang uneinlösbar sein. Die Einlösung hätte durch die „Diskontbank" spätestens zum Stichtag des Warenwechsels erfolgt sein sollen. Eine Inflationsmöglichkeit schloß Silverberg hierbei aus, da hinter den Schecks „echte Warengeschäfte" stünden und nach drei Monaten zu pari bezahlt werden müßten. Die Mitglieder des Wirtschaftsbeirates hatten Bedenken und sahen im „Silverberg-Plan" die Absicht, „neue Umlaufmittel" zu schaffen[106]. Außerdem befürchteten sie durch die Schaffung der „Diskontbank" eine allgemeine Verteuerung, da auch die Reichsbank einen Diskont fordern müsse. Schließlich hielten sie die Fähigkeit der Reichsbank, weitere Wechsel aufzunehmen, wegen des schon bestehenden Finanzwechselvolumens von 1,5 Milliarden Mark für stark eingeschränkt. Der Wirtschaftsbeirat, dem auch Reichswirtschaftsminister Warmbold angehörte, der im allgemeinen zu den Anhängern einer expansiven Geldpolitik gerechnet wird[107], lehnte den „Silverberg-Plan" einstimmig mit dem Hinweis auf mögliche Inflationsgefahren, die dieser Plan berge, ab. Eine etwaige Kreditgewährung wollte das Gremium nur durch die Reichsbank vornehmen lassen, hielt aber die Zeit für das „Anlaufen der Wirtschaft" noch nicht für gekommen. Dies könne nur geschehen, wenn ein umfassendes Programm aufgestellt sei.

Doch Silverberg ließ nicht von seinen Plänen ab. Vor dem Club von Berlin betonte er am 3. März 1932, daß zwar eine Erweiterung des Kreditvolumens zum Zwecke einer Wirtschaftsankurbelung „auf dem Wege der Konstruktion von sogenannten Finanzwechseln" für ihn nicht in Frage komme, befürwortete aber die Erweiterung des Handels- und Warenwechselverkehrs[108].

Der Vorstand des RDI war über Silverbergs Pläne für eine Kreditausweitung geteilter Meinung: Am 22. April 1932 versuchte Silverberg dem RDI-Vorstand erneut seinen Standpunkt darzulegen[109]. Er wandte sich gegen eine „generelle Klausel", die jede Kreditausweitung ablehnte und

---

[106] Aufzeichnung der Sitzung des Wirtschaftsbeirates vom 16. 11. 1931, a.a.O.
[107] Vgl. dagegen Czichon, Wer verhalf?
[108] „Die Aufgaben der Privatwirtschaft", Rede Silverbergs im Club von Berlin, 3. 3. 1932, BAK, Nachlaß Silverberg 36.
[109] Protokoll der Sitzung des Vorstands des RDI, 22. 4. 1932, BAK, Nachlaß Silverberg 37.

bezeichnete die Hereinnahme von Handelswechseln, die auch von der Reichsbank gewünscht wurde, als Kreditausweitung. „Viele und reichliche Kredite seien als Grundlage für die Erweiterung des Handelsvolumens und für die Erweiterung des Arbeitsmarktes" nötig. Die Erklärung Silverbergs wurde einerseits mit Zurufen wie: „künstliche Kreditausweitung" und andererseits durch Bemerkungen wie: „natürliche Kreditausweitung" quittiert. Diese Reaktionen verdeutlichen, wie sehr sich im RDI-Vorstand die Geister an der Geld- und Kreditpolitik schieden. Dabei kann man nicht darüber hinwegsehen, daß weite Kreise der Wirtschaft in der Praxis, besonders bei den „Russengeschäften", das betrieben, was sie in der Theorie verwarfen. Eine Schlußfolgerung, zu der wir auch bei der Erörterung der „Russengeschäfte" gelangten.

Volkswirtschaftliche „Erkenntnis" (hier: die geld- und kreditpolitischen Konzeptionen) und betriebswirtschaftliches „Interesse" klafften wieder auseinander.

Sowohl für die Gruppe um Silverberg als auch für seine Kontrahenten hatte die „Erkenntnis" sowohl Steuerungs- als auch Rechtfertigungsfunktion[110]. Auch bei einer gleichen Interessenlage sind also verschiedene „Erkenntnisse" („Theorien") möglich.

Eine weitgehende Übereinstimmung bestand zwischen dem Kurs der Regierung Brüning und den geld- beziehungsweise kreditpolitischen Vorstellungen jener Kreise im RDI, die Silverbergs Pläne ablehnten. Und das scheint ein großer Teil gewesen zu sein. Andererseits sind Abweichungen auch festzustellen. Sie weisen auf „kommende Dinge" in der Geld- und Kreditpolitik.

Die Stellung führender Wirtschaftler — also auch der Verantwortlichen von RDI und VDA — zum Wagemann-Plan unterstreicht den bisherigen Gesamteindruck zum Thema Geldpolitik im Rahmen der Wiederbelebung der Wirtschaft und der Überwindung der Arbeitslosigkeit. Aber die Diskussion um diesen Plan Wagemanns, der seit 1923 Präsident des Statistischen Reichsamtes war und im Jahre 1925 das „Deutsche Institut für Konjunkturforschung" gegründet hatte[111], liefert einige zusätzliche und aufschlußreiche Details.

Am 30. Januar 1932 kamen im Haus der Industrie- und Handelskammer zu Berlin Vertreter des RDI, des Deutschen Industrie- und Handelstages, des Zentralverbands des deutschen Groß- und Überseehandels, der Hauptgemeinschaft des Deutschen Einzelhandels und des Vereins Deutscher Eisen- und Stahlindustrieller mit Wagemann zu einer Unterredung zusammen[112].

---

[110] Zur Interpretation dieses Problems vgl. den Abschnitt über die „Russengeschäfte".
[111] Grotkopp, S. 34.

Wagemann argumentierte recht offensiv, wies darauf hin, sich mit den Gewerkschaften bereits weitgehend geeinigt zu haben[113] und fragte die Wirtschaftler, ob sie „bis zur Katastrophe" warten wollten. Er wies sie darauf hin, daß die Reichsbank ohnehin „Inflation macht", da Finanzwechsel das zur gesetzlichen Deckung vorgesehene Gold und die fehlenden Devisen ersetzen. Wagemann selbst hatte keine Bedenken gegen diese Politik der Reichsbank, sondern wollte sie nur mit seinem Plan legalisieren[114] und erwähnte in diesem Zusammenhang den „englischen Professor Keynes", der eine vierzigprozentige Golddeckung als ein „dummes Prinzip" abgelehnt habe. Eine „kleine Inflation" hielt Wagemann für unschädlich[115]. Die Wirtschaftler warfen Wagemann vor, die Bevölkerung auf die „mangelhafte Deckung des Zahlungsmittelumlaufs" aufmerksam gemacht und das Entstehen einer „Inflationsangst" betrieben zu haben. Reichert und Herle wollten den Plan „aus der öffentlichen Diskussion herausnehmen" und ihn „hinter verschlossenen Türen" eingehend prüfen[116]. Man war also nicht nur im RDI daran interessiert, den internen geldpolitischen „Diskurs" „hinter verschlossenen Türen" zu führen. Reichert befand, daß Wagemann die Hauptursache der Krise nicht richtig erkannt hatte, da nicht das Versagen der Banken, sondern die Rücknahme der ausländischen Kredite die wirtschaftliche Misere bedingt hätten[117]. Hamm und Keinath unterstellten Wagemann, den „Vertrauensschwund" in die deutsche Wirtschaft noch gefördert zu haben[118]. Außerdem habe die öffentliche Diskussion bewirkt, „daß der Plan von der äußersten Linken und Rechten ausschließlich im Zusammenhang mit der Frage der Arbeitsbeschaffung" gesehen wurde, was zur überstürzten Realisierung der Vorschläge führen würde[119]. (Hier zeigte sich ein sehr lückenhafter Informationsstand der Wirtschaftler, denn die Regierung verwarf den Wagemann-Plan ohne große Bedenken. Man wird wieder

---

[112] Vertrauliche Niederschrift einer Unterredung zwischen Wagemann, Hamm (DIHT), Herle, Ramhorst (RDI), Keinath, Engel (Zentralverband des Deutschen Groß- und Überseehandels), Demuth (Industrie- und Handelskammer Berlin) und Reichert (VDESI) in der Industrie- und Handelskammer zu Berlin am 30. 1. 1932, BAK, R 13 I/231. Auch in den Beständen des DIHT befindet sich ein Protokoll dieser Aussprache: BAK, R 11/1371. Hierin werden außer den bereits aufgeführten Gesprächsteilnehmern noch genannt: von der „Hauptgemeinschaft" die Herren Heinrich und Grünfeld und Lange (Verein Deutscher Maschinenbau-Anstalten). Im übrigen bringt das jeweils andere Protokoll wichtige Ergänzungen. Diese Darstellung ist eine Synthese aus beiden und ergibt — hoffentlich — ein möglichst umfassendes Bild.

[113] BAK, R 13 I/231.
[114] a.a.O.
[115] BAK, R 11/1371.
[116] BAK, R 13 I/231.
[117] a.a.O.
[118] BAK, R 11/1371.
[119] a.a.O.

Rückschlüsse in bezug auf die Kommunikationsintensität der Verbände mit der Regierung ziehen müssen.) Demuth und Reichert beschuldigten den Präsidenten des Statistischen Reichsamtes schließlich noch, den Ver- „Versuch einer Autarkie" unternommen zu haben[120]. Die Vertreter aller an der Besprechung beteiligten Verbände lehnten den Wagemann-Plan einmütig ab. Sie befanden sich damit in voller Übereinstimmung mit der Geldpolitik der Regierung Brüning (oder vice versa).

Der RDI wollte sich aber mit der verbalen Ablehnung des Plans nicht zufriedengeben. Das geschäftsführende Präsidialmitglied des RDI, Geheimrat Kastl, teilte dem geschäftsführenden Präsidialmitglied des DIHT mit, daß aus Kreisen des RDI in „zunehmendem Maß" Kritik an Arbeitsweise und Veröffentlichungen des Instituts für Konjunkturforschung herangetragen worden seien. Der RDI, der zu den Mitbegründern des Instituts gehörte und es aus den Beiträgen mitfinanzierte, könne bei dem Gewicht, das „diese kritischen Stimmen besitzen", nicht umhin, die Frage nach einer weiteren Zusammenarbeit mit dem Institut zu stellen und dessen finanzielle Unterstützung im Präsidium und dem Vorstand des RDI zu erörtern[121]. Die Initiative des RDI führte schließlich zu einer Herabsetzung der Mittel aus der Wirtschaft an das Institut für Konjunkturforschung um 50 Prozent auf 15 000 Mark jährlich. Man wollte die Hilfe nicht ganz streichen, da sich sonst die Gewerkschaft des Instituts bemächtigen würde, und um durch eine „enge Zusammenarbeit" zwischen dem Institut und den Wirtschaftsverbänden „unerwünschte Publikationen" zu verhindern[122]. Diese „enge Zusammenarbeit" sah die Mitwirkung eines Vertrauensmannes des RDI vor[123].

Die Front der Wirtschaftsvereinigungen scheint gegen den Wagemann-Plan geschlossen gewesen zu sein. Nur Silverberg soll, den Angaben Paul Reuschs zufolge, dem Plan „nicht ganz ablehnend" gegenübergestanden haben[124].

Wie immer man die Konsequenzen, die der RDI und der DIHT zogen, beurteilen mag, sie legen Zeugnis dafür ab, daß die Mehrheit in beiden Verbänden gegen eine expansive Geldpolitik war. Sie sah in der Erweiterung des Geldvolumens keine Möglichkeit, Wirtschaftskrise und

---

[120] a.a.O.
[121] Kastl an Hamm, 2. 4. 1932, HA/GHH, Nachlaß Reusch, 400.101.2024/10.
[122] Blank (Leiter des Berliner Büros der Gutehoffnungshütte) an den Leiter der Abt. Wirtschaft der GHH, Scherer, 13. 4. 1932, HA/GHH, Nachlaß Reusch, 400.101.2024/10. Blank wurde, wie er berichtet, hierüber von Herle, der mit Hamm eine Unterredung geführt hatte, in Kenntnis gesetzt.
[123] Kastl an das Institut für Konjunkturforschung, 27. 9. 1932, Krupp-Archiv, IV E 202.
[124] Reusch an Wilmowsky, 3. 12. 1932, HA/GHH, Nachlaß Reusch, 400.101.290/39.

Arbeitslosigkeit zu überwinden. Daß sie ihre Ablehnung ernst meinten, beweist das Zuschließen des Geldhahns für das Institut. Der Lautenbach-Plan verschwand übrigens gleich (und ohne Kommentar) in den Akten Kastls[125].

„Keine Währungsexperimente" für die Arbeitsbeschaffung. Das war die auch im internen Kreis vertretene Auffassung in RDI und VDA[126]. Dies bedeutete aber nicht ein beabsichtigtes generelles Stagnieren des Geld- und Kreditvolumens. Beide Verbände zogen aber solche Maßnahmen und Pläne vor, durch die das Geld von der privaten und nicht der staatlichen Seite in den Kreislauf gepumpt werden würde. Recht besehen ging es auch gar nicht um das Problem „deficit spending ja oder nein?". Entscheidend war vielmehr die Frage: „Wer pumpt Geld in den Kreislauf?"

Kreislauftheoretische Betrachtungen müssen auch den Industriellen bekannt gewesen sein, denn Wagemann bezog sich zum Beispiel in seiner Unterredung mit Vertretern der Wirtschaftsverbände ebenso auf Keynes wie Reichsarbeitsminister Seldte im Frühjahr 1933[127]. Es ist nicht allein die Tatsache der Erwähnung von Keynes durch Wagemann, die diese Vermutung nahelegt, sondern vor allem die Selbstverständlichkeit, mit der er die Bekanntheit von Keynes' Gedanken voraussetzte. Hinzu kommt, daß zwar noch nicht die „Allgemeine Theorie", wohl aber einige ihrer Grundgedanken bereits in mehreren Publikationen vorlagen. Grundsätzlich konnte Keynes auch einer freundlichen Aufnahme seiner Ideen in Deutschland sicher sein, denn hier zollte man ihm wegen seiner Schrift über die wirtschaftlichen Konsequenzen des Versailler Vertrages[128] wohlwollenden Respekt.

Direkt arbeitsbeschaffende Aktionen der öffentlichen Hand

Auf die ablehnende Haltung beider Organisationen gegenüber Aufträgen der öffentlichen Hand ist bereits zum Teil in den vorangegangenen Abschnitten hingewiesen worden. Hier sollen lediglich die hauptsächlichen Beweggründe für die Ablehnung bestimmter Maßnahmen erwähnt werden.

---

[125] BAK, Nachlaß Kastl 4, Abschrift des Lautenbach-Plans. „Vertraulich".

[126] Sitzung des Vorstands des RDI, 19. 2. 1932, Bayer-Archiv, 62/10.4.e. Auch Wochenbericht des RDI 7/32; Sitzung des Präsidial- und Vorstandsbeirats für allgemeine Wirtschaftspolitik, 4. 3. 1932, Krupp-Archiv, FAH, IV E 180.

[127] Keese, S. 37, vertritt diese These im allgemeinen Zusammenhang. Er spricht davon, daß kreislauftheoretische Gedanken damals noch „weitgehend unbekannt" waren.

[128] John M. Keynes, The Economic Consequences of Peace, London 1919; deutsche Übersetzung München – Leipzig 1920.

Vergabepraktiken

Das geschäftsführende Präsidialmitglied des RDI, Geheimrat Kastl, befürchtete durch „öffentliche Vergebungen" einen von der Regierung systematisch betriebenen „schematischen Preisabbau"[129]. Außerdem könnten die staatlichen Stellen durch ihre wirtschaftliche Macht einen „unfairen Druck" auf die Lieferanten ausüben. Im Rahmen der von der Reichspost vergebenen Aufträge habe man zum Beispiel „ganz gleichgültig, um welchen Gegenstand es sich handelt" von den Lieferanten Preisabschläge von zehn Prozent gefordert. Der RDI trat mit der Post in Verbindung, blieb aber erfolglos. Die Reichsbahn hatte sogar für alte Lieferungen einen allgemeinen Preisnachlaß von zehn Prozent verlangt und Firmen, die sich weigerten, gedroht, sie aus der Auftragsliste zu streichen. Die Mitglieder des RDI-Vorstands fanden dies „unerhört". Kastl hielt sogar die Rechtssicherheit von Geschäftsabschlüssen für gefährdet. Er hatte nichts gegen billige Einkäufe der Reichsbahn einzuwenden, bestritt ihr aber das Recht, als Großabnehmer ihre Machtstellung „in übelster Weise" zu mißbrauchen. Nach mehrfachen Protesten des RDI erteilte die „Reichsbahnhauptverwaltung" schließlich in einem Runderlaß die Anweisung, bereits abgeschlossene Verträge zu halten und „die Vertragstreue in jeder Weise durchzuführen". Auch die „Reichsbahnhauptverwaltung" wollte, wie es in der offiziellen Begründung hieß, keine schematischen Preisabbauaktionen. Es muß aber Firmen gegeben haben, die trotz der Preissenkungsaktionen die Aufträge annahmen, denn Kastl warnte die Industrie davor, sich bei der Konkurrenz um die Aufträge der Reichsbahn gegenseitig zu „zerfleischen".

Außer der Reichspost und Reichsbahn unternahm auch die Preußische Regierung ähnliche Versuche, die Preise der Lieferanten zu drücken. Sie ging sogar soweit, von den Lieferfirmen die Offenlegung ihrer Kalkulation zu verlangen und war lediglich bereit, ihnen einen Bruttoertrag von zehn Prozent zuzugestehen. Trotz der Warnungen des RDI erklärten sich „einzelne Industriezweige" mit all diesen Bedingungen einverstanden, was Kastl veranlaßte, sich über die „mangelnde gemeinsame Linie" der Industrie zu beklagen. Diese Haltung würde öffentlichen Preiskontrollen Vorschub leisten. Der Vorstand des RDI fand Kastls Ausführungen „sehr richtig".

Bei Aufträgen der Länder und Städte, erklärte Kastl, käme der „blühendste Unsinn" zustande, durch den wertvolles Kapital vergeudet werde, wobei lediglich der „Anschein eines anziehenden Beschäftigungsgrades" entstehe. Der RDI könne „unter keinen Umständen zulassen, daß ein solcher Unfug weiter getrieben wird". Diesen „ganz blühenden Un-

---
[129] Sitzung des Vorstandes des RDI, 19. 9. 1930, Bayer-Archiv, 62/10.4.d. Auch die folgenden Ausführungen beziehen sich auf diese Quelle.

sinn" in wirtschaftlichen Fragen hätten immer nur die sogenannten Rechtsregierungen in Deutschland getrieben, weil die „Verbeugung vor der Masse und vor den volkswirtschaftlichen Redakteuren dieser oder jener Tageszeitung" für sie existenznotwendig sei.

Notstandsarbeiten

Als besonders krasses Beispiel dieses „blühenden Unsinns" verwies Generaldirektor Eugen Köngeter auf ein Projekt der Stadt Düsseldorf. Dort wurden im Rahmen des Arbeitsbeschaffungsprogramms Gelder bewilligt, die nun unbedingt ausgegeben werden mußten. Und so beschloß man, bei Kaiserswerth, „wo nur Hasen und Füchse herumlaufen", den Hochwasserschutz zu erweitern[130].

„Arbeitsbeschaffung" wurde zu jener Zeit in Kreisen des RDI mit „Preisabbauaktionen" und Notstandsarbeiten assoziiert; beide stießen hier auf Ablehnung.

Die Vereinigung der Deutschen Arbeitgeberverbände hielt Notstandsarbeiten nur zur Prüfung der „Arbeitswilligkeit der Erwerbslosen" geeignet[131]. Sie sah in Notstandsarbeiten keinen „nennenswerten Faktor im Kampf gegen die Arbeitslosigkeit", da sie der produktiven Wirtschaft Kapital entziehen und an anderer Stelle die Arbeitslosigkeit vergrößere[132].

Einen Vorschlag von Finanzminister Dietrich, privaten Betrieben im Falle zusätzlicher Einstellungen von Arbeitslosen Zuschüsse aus dem Etat der Arbeitslosenversicherung zu gewähren, lehnten RDI und VDA ebenfalls ab[133]. Sie wollten auch über diesen Umweg die wirtschaftlichen Aktivitäten des Staates nicht fördern und wiesen in diesem Zusammenhang alle Gedankengänge „einer irgendwie gearteten Subventionspolitik" entschieden zurück, weil diese zu einer „Verschiebung der privatwirtschaftlichen Konkurrenzgrundlagen" führen würde. Außerdem war ihrer Meinung nach die gerechte Verteilung der Mittel problematisch. Die Arbeitgeber beließen es nicht nur bei unverbindlichen Grundsatzerklärungen: Sie protestierten gegen Zuschüsse der Reichsbahn von zwei Mark täglich für jeden beschäftigten Wohlfahrtserwerbslosen an ein-

---

[130] a.a.O.
[131] BAK, R 43 I/2038.
[132] „Stichworte und Materialien zur Beurteilung der Arbeitslosen- und Arbeitslosenversicherungsfrage", Februar 1931, auch BAK, Nachlaß Silverberg 464.
[133] VDA-Rundschreiben vom 16. 1. 1931, BAK, Nachlaß Silverberg 464. Ein Vergleich dieser Reaktion mit der Beurteilung der Mehreinstellungsprämien der Regierung Papen bietet sich an. Allerdings muß dabei die Unterschiedlichkeit der politischen Voraussetzungen beachtet werden.

zelne Firmen und erhoben „allerschwerste Bedenken gegen diese Art der Inangriffnahme öffentlicher Arbeiten"[134].

Angesichts der düsteren Aussichten für den Arbeitsmarkt im Winter 1931/32 scheint sich der kategorische Widerstand gegen öffentliche Aufträge abgeschwächt zu haben[135]. Eine Wandlung, die inhaltlich und zeitlich auch in den grundsätzlichen und geldpolitischen Konzeptionen sichtbar wurde. Die Mittel für die direkte Arbeitsbeschaffung sollten die „öffentlichen und halböffentlichen Auftraggeber" nach den Vorstellungen des RDI aus einer steuerfreien Anleihe — nicht aus planmäßigen Haushaltsmitteln — erhalten[136]. Geldpolitisch gesehen wollten sie, daß der Staat dieselben Mittel, die er durch die Anleihe abschöpfte, wieder in die Wirtschaft hineinpumpte. Das Geldvolumen sollte also von der direkten Arbeitsbeschaffung der öffentlichen Hand unangetastet bleiben.

Siedlungsprojekte

Widersprüchlich waren die Aussagen der Arbeitgeberorganisationen in bezug auf die Siedlungsprojekte der Regierung: Während der RDI in einem Schreiben an Brüning am 10. Mai 1932 Siedlungsprojekte im Rahmen der Arbeitsbeschaffung begrüßte[137], erklärte Hans Kraemer, der zusammen mit anderen führenden Vertretern des RDI und der VDA mit dem Kanzler am 13. Mai zusammentraf, daß die Industrie nicht viel von Siedlungsplänen halte und landwirtschaftliche Meliorationen vorziehe[138].

Vielleicht ist aber in der positiven Beurteilung vom 10. Mai der Akzent auf den Hinweis zu setzen, daß die Siedlung im Rahmen der Arbeitsbeschaffung, die stets ohnehin als „künstlich" bezeichnet wurde, begrüßenswert sei. Dann würden beide Aussagen inhaltlich übereinstimmen. Ansonsten wurde den Siedlungsprojekten als Mittel zur Überwindung der Arbeitslosigkeit in den Kreisen von RDI und VDA nicht viel Beachtung geschenkt.

Abschließend bleibt festzustellen:

— In der Haltung „der" Industrie zu Aufträgen der öffentlichen Hand bestand ein Widerspruch zwischen den erhobenen Bedenken und den

---

[134] RDI und VDA (gez. Kastl, RDI, Erdmann, VDA) an den Reichswirtschaftsminister, 26. 1. 1932, BAK, R 2/18813.

[135] Vgl. den 1. Abschnitt dieses Kapitels. Kastl am 25. 9. 1931 im Vorstand des RDI, Bayer-Archiv, 62/10.4.e und: Stellungnahme des RDI zur gegenwärtigen Finanz- und Wirtschaftslage, 20. 8. 1931, in: Rundschreiben des VDESI, 22. 8. 1931, BAK, R 13 I/228.

[136] s. Kastl, Anmerkung 135.

[137] RDI an Reichskanzler, 10. 5. 1932, BAK, R 43 I/1141.

[138] Vermerk der Reichskanzlei über eine Besprechung mit Arbeitgebervertretern vom 13. 5. 1932, BAK, R 43 I/2045.

tatsächlich getätigten Geschäften. In der Terminologie unserer Fragestellung: Es bestand eine Diskrepanz zwischen volkswirtschaftlicher „Erkenntnis" und betriebswirtschaftlichem „Interesse". Fraglich erscheint, ob man in Anbetracht der vergleichsweise ungünstigen Geschäftsbedingungen von einem echten betriebswirtschaftlichen „Interesse" sprechen kann. Die wirtschaftliche Lage der Firmen muß äußerst hoffnungslos gewesen sein, wenn sie bereit waren, noch nachträgliche Preisnachlässe und festgesetzte Bruttoerträge in Kauf zu nehmen. Sie scheinen überhaupt keine Alternative besessen zu haben.

— Zwischen den Wünschen der Regierung und beider Wirtschaftsorganisationen bestand, sicherlich bis zum Herbst 1931, keine Übereinstimmung in Fragen der direkten Arbeitsbeschaffung der öffentlichen Hand. Weder im Ziel noch in den angewandten Mitteln.

— Die von den staatlichen Behörden betriebenen Notstandsarbeiten hielten die Wirtschaftler für „blühenden Unsinn". Auch hier bestand also keine Übereinstimmung.

— Siedlungsprojekte, eines der bevorzugten Vorhaben der Regierung Brüning zur Überwindung der Arbeitslosigkeit, stießen auf eine Haltung, die man mit: „zurückhaltend bis indifferent" bezeichnen könnte.

Weniger zurückhaltend und indifferent waren RDI und VDA in der Frage der Arbeitszeitverkürzung.

Weniger Arbeit für den gleichen Lohn?
Zur Frage der gesetzlichen Arbeitszeitverkürzung

In der Ablehnung der gesetzlichen Arbeitszeitverkürzung durch den Reichsverband und die Vereinigung ist während der gesamten Regierungszeit Brünings keine Änderung festzustellen. Auch die Argumente, auf die bereits teilweise eingegangen wurde, wiederholten sich nicht selten: Die gesetzliche Arbeitszeitverkürzung, hieß es in einer Stellungnahme der VDA, würde die Gestehungskosten erhöhen und letztlich auch keinen Beitrag zur Überwindung von Krise und Arbeitslosigkeit liefern können[139]. Außerdem sei sie überflüssig, da bereits ohnehin weitgehend kurzgearbeitet werde. Wenn sich überhaupt eine Veränderung der Arbeitszeit anbiete, so die VDA, dann könne man nur die Arbeitszeit verlängern, und zwar bei gleichbleibenden Schicht- beziehungsweise Wochenlöhnen. Der Hinweis auf die in der Praxis bereits weitgehend befolgte Verkürzung der Arbeitszeit birgt den Schlüssel zum Verständnis der nach außen vorgetragenenen Ablehnung in diesem strittigen Punkt. Es bestand also kein erneuter Widerspruch zwischen Anspruch und Wirk-

---

[139] Zum Beispiel Präsidium der VDA an Brüning, 27. 10. 1930, BAK, R 43 I/2038.

lichkeit der Industriellen. Beiden Wirtschaftsorganisationen ging es vornehmlich um die Ablehnung einer gesetzlich verordneten, allgemeinverbindlichen und schematischen Arbeitszeitverkürzung. Gegen kürzere Arbeitszeiten, über die von Betrieb zu Betrieb im Einzelfall entschieden wurde, hatten RDI und VDA keinerlei Einwände zu erheben. Im Gegenteil, man empfahl sogar den Einzelbetrieben, die Arbeitszeit zu verkürzen, soweit dies möglich sei, betonte aber, daß die Entscheidung nur vom jeweiligen Betrieb getroffen werden könne[140].

Die entscheidende Meinungsverschiedenheit zwischen Regierung und Industrie zielte also erneut auf die Frage, ob und inwieweit der Staat regulierend in die Wirtschaft eingreifen sollte. Die Entschließungen und Stellungnahmen von RDI und VDA zur Frage der gesetzlichen Arbeitszeitverkürzung wurden in den ersten Monaten des Jahres 1931 häufiger[141]. Aus gutem Grund, wie sich zeigen sollte, denn die Brauns-Kommission, die inzwischen ihre Arbeit aufgenommen hatte, sollte nur wenig später — im April 1931 — die Einführung der gesetzlichen Vierzigstundenwoche empfehlen[142].

Am 21. April meldete die VDA ihren Protest gegen diese Empfehlung der Brauns-Kommission an[143]. Die Befürworter der Arbeitszeitverkürzung in der Regierung wichen der Kontroverse nicht aus: Am 20. Februar 1931 wagte sich Reichsarbeitsminister Stegerwald mit seinen Vorschlägen in die „Höhle des Löwen"[144]. Stegerwald erklärte den Mitgliedern des Hauptausschusses des RDI, daß die Arbeitszeitverkürzung Mittelpunkt der Pläne im Kampf gegen die Arbeitslosigkeit sei. Zwar beurteilte auch er sie skeptisch, aber bei einer weiter steigenden Zahl der Arbeitslosen sah er keine andere Möglichkeit, als sich mit diesem Gedanken auch „gesetzgeberischerseits" zu beschäftigen.

Die Industriellen brachten ihre Ablehnung in der Form verbindlich, aber in der Sache klar und unmißverständlich zum Ausdruck. Ernst von Borsig unterrichtete den Reichsarbeitsminister davon, daß er allen Bestrebungen „außerordentlich sympatisch" gegenüberstehe, die das

---

[140] Rundschreiben der VDA, 20. 1. 1931, betr. Beratungen des Vorstands und des Präsidiums der VDA zum Arbeitslosenproblem, BAK, Nachlaß Silverberg 464.
[141] Zum Beispiel Entwurf einer Entschließung des RDI und der VDA zur Arbeitslosenfrage, 19. 2. 1931, Bayer-Archiv, 62/10.5.b.
[142] Gutachten der Kommission zur Prüfung des Problems der Arbeitslosigkeit über die Arbeitszeitfrage, Berlin (April) 1931.
[143] VDA an Reichsarbeitsminister betr. „Gutachten der Kommission zur Prüfung der Arbeitslosenfrage" über die Arbeitszeitfrage, 21. 4. 1931, u. a. BAK, R 2/18816, Nachlaß Silverberg 464. Preller, S. 437, behauptet, die Vorschläge der Brauns-Kommission seien „unter voller Würdigung der Einwände der Arbeitgeberseite" erfolgt. Dem kann nicht zugestimmt werden.
[144] Im folgenden: Hauptausschuß des RDI, 20. 2. 1931, Bayer-Archiv, 62/10.5.b, im folgenden zusammengefaßt nach dieser Quelle.

Ziel, Arbeitslose weg von der Straße zu bekommen, „individualistisch" auffassen und Erwerbslose aufnehmen, wo es nur irgend möglich sei. Kurzum: Er war gegen eine gesetzliche Regelung in der Frage der Arbeitszeitverkürzung.

Carl Duisberg, der Präsident des RDI, führte die Argumentation Borsigs weiter, indem er die grundsätzliche Bedeutung der „Individualwirtschaft" betonte, ohne die man nicht „aus dem Schlamassel herauskommen" könne.

Die Beiträge Borsigs und Duisbergs sind im Grunde genommen nur eine Umschreibung des bekannten Standpunkts, den sowohl der RDI als auch die VDA vertraten. Arbeitszeitverkürzung als Entscheidung von Betrieb zu Betrieb: ja, als gesetzliche Vorschrift: nein, weil dadurch die Kompetenzen des Staates in der Wirtschaft noch umfassender würden. „Der Arbeitgeber" drang darauf, die Wirtschaft „in Ruhe" zu lassen[145]. RDI und VDA hingen noch an einer altliberalen Wirtschaftsordnung, die es einfach nicht mehr gab[146].

Trotz dieser Kritik an Stegerwald und seinen Vorschlägen zur Arbeitszeitverkürzung verband man den Vortrag des Ministers mit einer Vertrauensbekundung des RDI-Hauptausschusses zum Kabinett Brüning[147]. Eine dem Arbeitsminister von der VDA zugestellte Aufstellung zeigt, daß man es in der Frage der Arbeitszeitverkürzung seitens der Industrie nicht nur bei Lippenbekenntnissen bewenden ließ[148].

Im Frühjahr 1932 verschärfte sich der ablehnende Ton von RDI und VDA: Gustav Krupp von Bohlen machte Brüning besonders auf die negativen Folgen einer gesetzlichen Arbeitszeitverkürzung für die mittlere und kleinere Industrie aufmerksam[149], und für Kastl war eine gesetzliche Arbeitszeitverkürzung ein „weiterer Schritt auf dem Weg zur Zwangswirtschaft"[150]. An dieser „konzertierten Aktion" des Protestes beteiligte sich auch die VDA mit einem Schreiben an den Reichskanzler vom 2. Mai 1932[151].

---

[145] „Der Arbeitgeber", 15. 4. 1931, S. 185.
[146] Vgl. Wilhelm Treue, Der deutsche Unternehmer, S. 109.
[147] s. Anmerkung 145.
[148] Tabelle H im Anhang IV zeigt diese Aufstellung.
[149] Telegramm Krupp von Bohlen an Brüning, 4. 5. 1932, BAK, R 43 I/2043.
[150] Kastl an Brüning, 3. 5. 1932, a.a.O.
[151] VDA an Brüning, 2. 5. 1932, BAK, a.a.O.

2. RDI und VDA in der Regierungszeit Papens

Kontinuität

Da die Grundsatzpositionen beider Organisationen in Fragen der Arbeitsbeschaffungspolitik bekannt sind, kann in den folgenden Abschnitten chronologisch vorgegangen werden. Es wird festzustellen sein, ob durch die veränderten Regierungen und — dadurch bedingt — auch durch teilweise neue Maßnahmen zur Arbeitsbeschaffung die Industrieorganisationen einen Kurswechsel oder taktische Veränderungen vollzogen haben. Der Faktor „Zeit", durch dessen Berücksichtigung veränderte Umstände sichtbar werden, gewinnt zusätzliche Bedeutung.

Am 14. Juni 1932 traf eine Delegation des RDI mit dem neuen Reichskanzler von Papen zusammen[152].

Die Vertreter des RDI begrüßten die Absicht der neuen Regierung, die Stabilität der Währung „mit allen Mitteln" verteidigen zu wollen und unterstrichen ihre strikte Ablehnung von „Währungsexperimenten". Eine Mahnung, nicht durch öffentliche Arbeitsbeschaffung „deficit spending" zu betreiben. Arbeitsbeschaffungspläne, die auf Kosten der Währungsstabilität ausgeführt würden, richteten mehr Schaden als Nutzen an, erklärten sie. Eine „vernünftige Arbeitsbeschaffung", wie sie vom Reichswirtschaftsrat vorgeschlagen wurde, könne man dagegen befürworten[153]. Sie hatten auch nichts dagegen, alle Kreditmöglichkeiten auszuschöpfen. Eine dauernde volkswirtschaftliche Arbeitsbeschaffung hielten die Industriellen aber grundsätzlich nur auf dem Weg der Wiederherstellung freier Entwicklungsmöglichkeiten der Wirtschaft für möglich. Diese „natürliche, organische Arbeitsbeschaffung" sei weit wichtiger als große Arbeitsbeschaffungsprogramme, hieß es in der Stichwortliste der Delegation. Zu Maßnahmen direkter Arbeitsbeschaffung wurde erst im letzten Punkt dieser Liste Stellung bezogen[154].

Ein erneuter Beweis dafür, daß der RDI eine Überwindung der Arbeitslosigkeit und Wirtschaftskrise nur durch veränderte wirtschaftliche und politische Rahmenbedingungen, also durch Maßnahmen indirekter Arbeitsbeschaffung, anstrebte.

Einen ersten konkreten Anlaß, mit der Arbeitsbeschaffungspolitik der neuen Regierung zufrieden zu sein, bereitete Reichsarbeitsminister Hugo Schäffer den Industrieorganisationen. Er regte beim Präsidenten der Reichsanstalt für Arbeitslosenvermittlung und Arbeitslosenversicherung die Bildung von „Kurzarbeitsausschüssen" in den einzelnen Lan-

---

[152] Aide-Mémoire des RDI zur deutschen Wirtschaftspolitik (Grundlage für eine Besprechung mit dem Reichskanzler) am 14. 6. 1932, BAK, Nachlaß Kastl, 5.
[153] a.a.O.
[154] Stichworte zum Aide-Mémoire, a.a.O.

desarbeitsämtern an. In diesen „Kurzarbeitsausschüssen" sollten sich Arbeitgeber, Schlichter und Landesbehörden zusammenfinden, um Mittel und Wege zur Arbeitsstreckung zu erörtern. Schäffer ging dabei von der Annahme aus, gegen den Widerstand der Arbeitgeber in der Frage der Arbeitszeitverkürzung nicht den gewünschten Erfolg erreichen zu können und entschied sich deswegen für den Weg der Freiwilligkeit[155].

Die VDA begrüßte die Entscheidung des Reichsarbeitsministers, eine „gesetzliche und schematische Regelung" fallengelassen zu haben und bat ihre Mitglieder, sich für eine Mitarbeit in den geschäftsführenden Ausschüssen der Landesarbeitsämter zur Verfügung zu stellen[156].

Die Stellungnahme des RDI zu den Erklärungen des neuen Kabinetts und zu den Notverordnungen vom 14. Juni war eher zurückhaltend[157]. Ausdrücklich gebilligt wurde die Haltung der Regierung nur in der Abrüstungs- und Reparationsfrage sowie die Ankündigung eines „grundsätzlichen Trennungsstriches gegenüber staatssozialistischen feindlichen Bestrebungen". Kritisiert wurde dagegen die Einführung neuer und die Erweiterung alter Steuern. Die Entscheidung, öffentliche Aufträge zu gewähren und diese an private Unternehmen zu vergeben, wurde begrüßt. Aber ein „Enthusiasmus" des RDI der neuen Regierung gegenüber war nicht erkennbar[158].

Inzwischen machten die Arbeitgeber auch mit der „vernünftigen Arbeitsbeschaffung", wie sie vom Reichswirtschaftsrat vorgeschlagen worden war, keinesfalls nur die besten Erfahrungen. Noch am 19. Juli hatte der Ausschuß für Arbeitsbeschaffung im RDI seine Übereinstimmung mit den Grundsätzen des Arbeitsbeschaffungsprogramms des Reichswirtschaftsrates erneut bekundet[159] und der Regierung empfohlen, über eine Kreditausweitung der Reichsbank für weitere Arbeiten, insbesondere der Reichsbahn und -post, zu verhandeln[160].

Am 3. August lenkte der RDI die Aufmerksamkeit Papens auf einen Erlaß des Preußischen Ministers für Landwirtschaft, Domänen und

---

[155] Reichsarbeitsminister Schäffer an den Präsidenten der RAfAuA, Syrup, 17. 6. 1932, BAK, Nachlaß Silverberg 459.

[156] Rundschreiben der VDA, 24. 6. 1932, a.a.O.

[157] Unterlage für die außerordentliche Präsidialsitzung am 17. 8. 1932, BAK, Nachlaß Silverberg 249.

[158] Turner, AHR, S. 62, spricht von dem „Enthusiasmus", den die Regierung Papen in Wirtschaftskreisen hervorrief. Zur Reaktion des RDI in bezug auf die öffentlichen Aufträge: Eingabe des RDI (Kastl) an den Reichskanzler betr. Arbeitsbeschaffung öffentlicher Stellen, 2. 8. 1932, BAK, R 43 I/2045; auch: Krupp-Archiv, FAH IV E 180.

[159] Niederschrift über die Sitzung des Ausschusses für Arbeitsbeschaffung (im RDI), 19. 7. 1932, BAK, Nachlaß Silverberg 310.

[160] a.a.O., vgl. Eingabe Anmerkung 161. Es sollten auch diskontfähige Wechsel prolongiert werden (RDI-Wochenbericht 16/32), 6. 8. 1932, Krupp-Archiv, FAH IV E 180.

Forsten vom 11. Juni 1932, der davon ausging, daß die Unternehmer bei Aufträgen der öffentlichen Hand zwanzig Prozent der Gesamtkosten auf drei bis fünf Jahre stunden würden. Der RDI befürchtete durch diese Bedingungen einen Ausschluß der kleineren und mittleren Betriebe von diesen Aufträgen, weil die beabsichtigte Stundung gerade kapitalschwache Betriebe benachteiligen würde und bat die Reichsregierung (die nach dem „Preußenschlag" ohnehin weniger Mühe mit der Preußischen Regierung zu erwarten hatte), auf eine Aufhebung dieser Bestimmungen zu drängen[161]. Es änderte sich aber nichts an den Vergabepraktiken. Im Gegenteil: das Vorgehen des Preußischen Ministers sollte kein Einzelfall bleiben. Der Reichsverkehrsminister bat die zuständigen Stellen zu prüfen, ob nicht die finanziellen Vorteile, die den Unternehmern durch die Notverordnungen vom 4. und 5. September zuteil wurden, Anlaß zu einer nachträglichen Herabsetzung der in Aussicht genommenen Vertragspreise sein könnten. Der Verkehrsminister wies die einzelnen Stellen, die für die Vergabe öffentlicher Aufträge zuständig waren, an, darüber zu befinden, ob und wie von nachträglichen Preisnachlässen Gebrauch gemacht werden könne[162]. Die Geschäftsführung des RDI glaubte, wie sie Papen mitteilte, davon ausgehen zu können, daß das Vorgehen des Reichsverkehrsministers nicht im Sinne des Wirtschaftsprogramms der Reichsregierung liege[163]. Papen wurde gebeten, auf den Verkehrsminister einzuwirken und ihn zu veranlassen, seine bisherige Vergabepolitik aufzugeben. Natürlich mußte sich der RDI in seiner Ablehnung von öffentlichen Aufträgen bestätigt fühlen, bewahrheiteten sich doch durch die Vergabepraxis der Behörden seine früher geäußerten Befürchtungen.

Offensichtlich konnten solche Eingriffe auch unter Papen nicht verhindert werden. Mehr noch: Sie wurden sogar von Kabinettsmitgliedern betrieben. Man wird deshalb (auch) bei den arbeitsbeschaffenden Maßnahmen der Regierung Papen nicht einseitig von einer unternehmerfreundlichen Arbeitsbeschaffungspolitik sprechen können. Die Ablehnung der Vergabekriterien erfüllte, solange diese nicht tatsächlich angewandt wurden, Steuerungsfunktion. Nach der Bestätigung der ausgesprochenen Befürchtungen diente sie der Rechtfertigung des RDI/VDA-Standpunkts.

Auch die Arbeitsbeschaffung der Reichsbahn verlief anscheinend nicht zur Zufriedenheit des RDI. Die Reichsbahn betrieb in zunehmendem Maße Arbeiten in eigener Regie, das heißt, sie vergab keine Aufträge an Privatfirmen, und Initiativen für ein Arbeitsbeschaffungsprogramm im

---

[161] Eingabe des RDI (Kastl) an den Reichskanzler betr. Arbeitsbeschaffung öffentlicher Stellen, 2. 8. 1932, a.a.O., auch BAK, R 43 I/2045.
[162] Eingabe des RDI (Herle, Loening) an den Reichskanzler, 10. 10. 1932, BAK, R 13 I/233.
[163] a.a.O.

Winter, die der Reichsverband beim Generaldirektor der Reichsbahn, Dorpmüller, unternommen hatte, blieben erfolglos[164]. Die Regierung Papen war, so scheint es, nicht in der Lage, den Kurs der Reichsbahn bei den Vergaberichtlinien im Sinne des RDI zu bestimmen. Vielleicht wollte sie es auch gar nicht.

Die Auffassung von Karl W. Deutsch, der die Regierungsebene in einzelne „autonome Teilbereiche" aufgliedert, bestätigt sich hier erneut. Denn im Zusammenhang mit der Arbeitsbeschaffung der Reichsbahn wies die Regierung Papen, ebenso wie die Regierung Brüning, einen Autoritätsmangel auf: Die Regierung Brüning konnte sich nicht im „autonomen Teilbereich" der Regierungsbürokratie durchsetzen, und die Regierung Papen teilte dieses Schicksal mit ihrer Vorgängerin im „autonomen Teilbereich" der Reichsbahn.

Kurswechsel

Noch Mitte August 1932 waren sich weder der RDI noch Reichsbankpräsident Luther über die Arbeitsbeschaffungspolitik der Regierung im klaren. Daß die Regierung der „organischen" Arbeitsbeschaffung den Vorzug geben würde, war für sie zu diesem Zeitpunkt nicht absehbar. Denn mit der Regierung Papen scheint die Kommunikationsintensität nicht sehr stark gewesen zu sein. Und ohne Kommunikation ist ein starker Einfluß auf die staatlichen Entscheidungsträger höchst unwahrscheinlich.

Der Gang der Ereignisse bestätigt diese Annahme: Am 16. August kamen Luther und Reusch zusammen, um über „die Angelegenheit des Arbeitsbeschaffungsprogramms" zu sprechen[165]. Luther war von Papen zu einer Besprechung am nächsten Tag aufgefordert worden und nahm an, die Regierung wolle „größere Summen" für die Arbeitsbeschaffung ausgeben. Er bat Reusch, auf der außerordentlichen Präsidialsitzung des RDI, die ebenfalls am 17. August stattfinden sollte, auf eine Ablehnung „jeder künstlichen Arbeitsbeschaffung" zu dringen, weil sie den wirtschaftlichen Wiederaufstieg lähmen und den wirtschaftlichen Nutzen der schweren Krise sehr bald in Frage stellen würde. Reusch versprach dem Reichsbankpräsidenten, sich entsprechend einzusetzen. Auch Kastl, mit dem Luther am gleichen Tag zusammentraf, stimmte ihm zu und wollte beim RDI in dieselbe Richtung wirken.

Am 17. August 1932 kam das Präsidium des RDI zu seiner außerordentlichen Sitzung zusammen. Zum einen wohl wegen der Ungewißheit über den Regierungskurs in der Arbeitsbeschaffungspolitik und zum anderen, um einen einheitlichen Standpunkt[166] des RDI in dieser Frage her-

---
[164] Kastl an Silverberg, 21. 10. 1932, BAK, Nachlaß Silverberg 235.
[165] Eintragung Luthers, 16. 8. 1932, BAK, Nachlaß Luther 369.
[166] Im Jargon: Konsens.

zustellen[167]. Die bisherigen Auffassungen in der Frage der öffentlichen Arbeitsbeschaffung sollten überdacht und der eigene Standpunkt geprüft werden[168].

Man legte aber Wert darauf, die Diskussion — ähnlich wie seinerzeit als der Wagemann-Plan erörtert wurde — nicht in der Öffentlichkeit zu führen, da man befürchtete, daß die Bevölkerung durch die Erfahrungen der Inflation in allen Fragen, die mit der Währungsstabilität nur irgendwie zusammenhingen, empfindlich reagieren würde. Eine unvorsichtige Äußerung könne unermeßlichen Schaden anrichten und deshalb müsse das Thema vorsichtig behandelt werden, befand Herle[169].

Der Chemieindustrielle Edmund Pietrkowski hielt das Grundsatzreferat über das Thema: „Arbeitsbeschaffung durch öffentliche Stellen[170]." Einige seiner Gedanken wurden in dieser Form erstmals im RDI offen ausgesprochen. Der Bedeutung seiner Ausführungen wegen seien die wichtigsten Punkte seines Referats stichwortartig zusammengefaßt[171]:

— Der Arbeitsbeschaffung maß Pietrkowski einen hohen politischen Stellenwert bei. Die großen Wahlerfolge der NSDAP führte er auf ihr Versprechen zurück, den Menschen „auf neuen Wegen" Arbeit und Brot zu verschaffen.

— Als Devise der Stunde gab er deshalb aus: „Eine Million Menschen müssen weg von der Straße!", um die „gefährlichen Auswirkungen" der Arbeitslosigkeit zu verhindern. Er betonte ausdrücklich den politischen Charakter dieser Forderung.

— Ihre Verwirklichung erwartete er nur von einer „aktiven Konjunkturpolitik der öffentlichen Hand" in Form einer „gesteigerten Auftragsvermehrung unter Vorgriff auf bessere Zeiten".

— Diese Form der konjunkturellen Belebung hatte in seinen Augen „nichts wirtschafts- oder systemfeindliches an sich", sofern sie sich auf Gebieten bewegte, die „von jeher zu den Aufgaben des Staates zählten".

— Zur Finanzierung der öffentlichen Arbeiten sollte das Reich eine Kreditausweitung durch öffentliche oder ad hoc zu schaffende neue Kreditinstitute in die Wege leiten. Die Reichsbank sollte den zusätzlichen Notenbedarf in ihr Portefeuille nehmen und den Bestand an Finanzwechseln erhöhen. Die Möglichkeit von Kapitalfehlleitungen

---

[167] Redeentwurf Herles für Krupp von Bohlen, 16. 8. 1932, für die Präsidialsitzung des RDI am 17. 8. 1932, Krupp-Archiv, FAH IV E 178.

[168] a.a.O.

[169] a.a.O.

[170] „Arbeitsbeschaffung durch öffentliche Stellen", Referat Edmund Pietrkowskis, gehalten auf der Sondersitzung des RDI-Präsidiums am 17. 8. 1932, Krupp-Archiv, FAH IV E 178, auch: BAK, Nachlaß Silverberg 232.

[171] Dies und die folgende Zusammenfassung des Referats s. Anmerkung 170.

6. Kap.: RDI und VDA

und „planmäßiger Inflation" schloß Pietrkowski dabei aus, da das Ausmaß der Kreditschöpfung genau festgelegt werden sollte und die Arbeiten sich selbst tragen könnten. Im notwendigen Rückfluß an die Reichsbank sah er eine weitere Sicherung.

— Daß diese Finanzierungsmethode „eigentlich gegen die Norm" war, störte Pietrkowski nicht, denn: „Was haben wir schon — nicht erst seit dem Juli 1931 — gegen diese Grundlage gesündigt!" Als Beispiele für die Verstöße nannte er die „Russengeschäfte" und die „Osthilfe".

— Der außerordentlichen Umstände wegen war er bereit, die „Dekkung" der Währung durch eingefrorene Finanzwechsel zu akzeptieren. Nur sollte man dabei nicht „marktschreierisch" vorgehen.

Das Präsidium des RDI stimmte der von Pietrkowski vorgeschlagenen Linie „einmütig" zu, entschloß sich aber, den Text seines Referats „weder im ganzen noch in Teilen" zu veröffentlichen[172]. Lediglich die Mitglieder des Präsidiums, des Vorstands, die Fachgruppen und die „landwirtschaftlichen Verbände" erhielten eine schriftliche Vorlage, denn Krupp von Bohlen wollte die Ziele des RDI in der Arbeitsbeschaffungspolitik durch persönliche Erörterungen mit den Fachministern und dem Reichskanzler, nicht aber in der Öffentlichkeit zu erreichen versuchen[173]. Die Mitglieder des RDI wurden davon in Kenntnis gesetzt, daß alle Hebel angesetzt wurden, die „irgendwie und irgendwo" zur Verfügung standen[174]. Sehr wirksam scheinen diese Hebel nicht gewesen zu sein, denn man wußte beim RDI immer noch nicht, welche Linie die Regierung in der Arbeitsbeschaffung verfolgen würde.

Die Pressemitteilung des RDI vom 18. August gab keine Hinweise auf den vollzogenen Kurswechsel des Präsidiums. Sie wiederholte den bekannten Standpunkt des Reichsverbands: Durch öffentliche Arbeitsbeschaffungsmaßnahmen sei keine konjunkturfördernde Beeinflussung zu erwarten. Alle „uferlosen Pläne", die zur Ausführung von Milliardenprojekten von verschiedenen Seiten aufgestellt wurden, lehnte der RDI nach wie vor ab. Eine Besserung der Wirtschaftslage und die Behebung der Arbeitslosigkeit sei nur durch die „Beseitigung der innerwirtschaftlichen Hemmungen", durch eine Produktionskostensenkung und Rentabilität der Betriebe möglich. Reichsbahn und -post sollten aber „erheblich mehr als bisher" Aufträge vergeben[175].

---

[172] Krupp von Bohlen an Herle, 23. 8. 1932, Krupp-Archiv, FAH IV E 178.
[173] a.a.O.
[174] Rundschreiben des RDI, 18. 8. 1932, Streng vertraulich! Nur zur persönlichen Information, BAK, Nachlaß Silverberg 232.
[175] Pressemitteilung des RDI über die außerordentliche Sitzung des Präsidiums vom 17. 8. 1932, Rundschreiben des RDI vom 18. 8. 1932, Streng vertraulich! Nur zur persönlichen Information, Krupp-Archiv, FAH IV E 178, auch: BAK, Nachlaß Silverberg 232.

2. RDI und VDA in der Regierungszeit Papens

Der Inhalt des Referats von Pietrkowski und die „einmütige" Zustimmung des Präsidiums zeigen zunächst, daß auch Kastl und Reusch, die Luther noch am Tage zuvor in der Ablehnung „künstlicher Arbeitsbeschaffungspläne" zugestimmt hatten, entweder Luther gegenüber wortbrüchig wurden oder durch die im RDI-Präsidium vollzogene Prüfung des eigenen Standpunkts einen Meinungswechsel vollzogen haben.

Für die Wahrscheinlichkeit der letzten Vermutung spricht ein Dokument, das an die Mitglieder des RDI-Präsidiums als „Unterlage für die außerordentliche Präsidialsitzung am 17. August" verteilt wurde. Hierin wurden zu dem Fragenkomplex „Arbeitsbeschaffung — Kreditvolumen — Währungsfrage" vier Forderungen aufgestellt:

— Ablehnung aller „künstlichen Arbeitsbeschaffungsprogramme" und der mit diesen verbundenen Finanzierungsvorschläge. Statt dessen Anwendung aller „organischen Mittel".
— Vorsichtige Behandlung der Finanzierungsfrage; keine Währungsexperimente.
— Entsprechend den Forderungen des Reichswirtschaftsrats ist nur organisch entstandener und nur mangels Finanzierungsmöglichkeiten zurückgestauter Arbeitsbedarf zu finanzieren.
— Neue Bauaufträge müssen mit einer Senkung der Bauarbeiterlöhne gekoppelt werden.

Die „Ankurbelungstheorie" wurde ausdrücklich abgelehnt. Nur die Empfehlung, mehr Warenwechsel zuzulassen, deutet auf einen geldpolitischen Kurswechsel hin. Aber Warenwechsel, sofern sie echte Warenwechsel sind, vergrößern das Geldvolumen nicht in demselben Maße wie Finanzwechsel und sind vor allem keine Vorgriffe[176].

Die Sitzung des RDI-Präsidiums vom 17. August 1932 scheint demnach tatsächlich einer grundlegenden Überprüfung der eigenen Position gedient zu haben, wobei durch die Kraft der Argumente, über alle Differenzen persönlicher Art und von Wirtschaftszweig zu Wirtschaftszweig hinweg, eine Korrektur des bisherigen Kurses vorgenommen wurde.

Trotz der Zustimmung zur öffentlichen Arbeitsbeschaffung kann man aber nicht von einem grundlegenden Kurswechsel, sondern nur von einer Kurskorrektur sprechen. Pietrkowski hatte nachdrücklich betont, daß die Zustimmung zu einer aktiven Konjunkturpolitik des Staates ausschließlich politische Gründe habe. Vom Standpunkt der ökonomischen Rationalität lehnte man die Arbeitsbeschaffung der öffentlichen Hand nach wie vor ab. Insofern gibt die Pressemitteilung sogar die tatsächliche Position des RDI wieder und verschleiert nichts. Mit anderen Worten: Die volks-

---
[176] Unterlage für die außerordentliche Präsidialsitzung des RDI am 17. 8. 1932, BAK, Nachlaß Silverberg 249.

wirtschaftliche „Erkenntnis" wurde dem politischen „Interesse" untergeordnet. Nur zog es der RDI vor, den politischen Kompromiß in Fragen der Arbeitsbeschaffung durch den Staat nicht in der Öffentlichkeit zu vertreten, um sich für später keine Rückzugspositionen zu verbauen. Man betrachtete die öffentliche Arbeitsbeschaffung ausdrücklich als Übergangsmaßnahme bis zur Gesundung der Wirtschaft, allerdings nicht — wie die Regierung Papen unter anderem durch den Einfluß Hindenburgs — bis zu einer Gesundung der Landwirtschaft.

Der Widerspruch zwischen den in dieser Zeit öffentlich vorgetragenen Forderungen und den tatsächlichen Empfehlungen und Bemühungen des RDI muß als Änderung der „Taktik" und nicht der „Strategie" verstanden werden.

Die in der Öffentlichkeit vertretene Position hatte durchaus noch Steuerungsfunktion. Man versuchte das (wirtschaftliche) Ziel auf (politischen) Umwegen zu erreichen, weil es auf rein wirtschaftlichen Wegen nicht mehr möglich war.

Während aus den Schaubildern im ersten Kapitel nicht klar hervorging, ob auch den Kreisen der Großindustrie der Zusammenhang zwischen Arbeitslosigkeit und politischer Radikalität bewußt war, wird durch die Ausführungen Pietrkowskis und die Billigung seiner Argumente durch das zentrale Gremium des RDI deutlich, daß man sich über die Verflechtung beider Probleme keinen falschen Vorstellungen hingab.

In dieser Stunde der Wahrheit gestand man sich selbst sogar erstmals ein, bei den „Russengeschäften" gegen die geldpolitische Norm „gesündigt" zu haben. Noch vor Monaten hatte man diese Methode angeprangert, sie jedoch ungerührt weiter betrieben.

Die Kurskorrektur des RDI vollzog sich — nachträglich gesehen — kurz vor der Verwirklichung seiner vor dem 17. August vertretenen Arbeitsbeschaffungskonzeption und legt deshalb die Vermutung nahe, daß man sich beim RDI bereits mit Plänen für eine öffentliche Arbeitsbeschaffung abgefunden und die Hoffnung auf „organische Arbeitsbeschaffungsmaßnahmen" aufgegeben hatte. Durch die Hinweise, die seine führenden Vertreter zum Beispiel durch Luther erhalten hatte, mußte sich der RDI auf „künstliche Arbeitsbeschaffungspläne" gefaßt machen. Zwar wußte man Ende August auch beim RDI, daß die Zukunft der deutschen Wirtschaft möglicherweise auf Jahre hinaus von den Entscheidungen, die in jenen Tagen und Wochen fallen sollten, abhängen werde, aber selbst kurz vor dem 28. August, dem Tag der Rede Papens in Münster, tappte die RDI-Spitze noch immer im Dunkeln und konnte nur auf das Durchsetzungsvermögen der Kräfte im Kabinett hoffen, die den „ernsten Versuch" machen wollten, „durch ein Festhalten an privatwirtschaftlichen Grundsätzen die Krise zu meistern"[177].

2. RDI und VDA in der Regierungszeit Papens 193

Obwohl man beim RDI alle „Hebel" hinter den Kulissen in Bewegung setzte, wußte man immer noch nichts genaues und behielt sich weitere Schritte nach der angekündigten Rede des Reichskanzlers vor[178].

Die zunächst vorläufig gemachte Beobachtung des niedrigen Kommunikationsgrades zwischen RDI und Regierung kann als erhärtet gelten. Es gilt nur noch, die logische Folgerung zu formulieren: Die Prioritäten der staatlichen Arbeitsbeschaffungspolitik der Regierung Papen waren nicht Funktion des Drucks, den RDI (und VDA) auf sie ausübten.

Inwieweit aber die Arbeitsbeschaffungspolitik Papens inhaltlich den Vorstellungen von RDI und VDA entsprach, muß noch geprüft werden.

Die Notverordnungen vom 4. und 5. September

Am 6. September glaubte der RDI in einem Rundschreiben, das sich mit der Notverordnung vom 4. September befaßte, feststellen zu können, daß die Grundtendenzen des Regierungsprogramms und der Notverordnung durchaus in der allgemeinen Linie lagen, die seit Jahren vom RDI vertreten wurde[179].

Die sozialpolitischen Bestimmungen der Notverordnung vom 5. September stießen dagegen auf große Bedenken. In einem Rundschreiben unterrichtete die Vereinigung der Deutschen Arbeitgeberverbände ihre Mitglieder davon, daß die am 7. September bei Besprechungen im Reichswirtschafts- und -arbeitsministerium anwesenden Spitzenverbände der Arbeitgeber eindringlich „auf die großen Gefahren der Bestimmungen über die Beschäftigungsprämien und der Vollzugsordnung über Vermehrung und Erhaltung der Arbeitsgelegenheit und die Schwierigkeit ihrer Durchführung" hingewiesen hätten. In demselben Rundschreiben setzte die VDA ihre Mitglieder über den Inhalt eines an den Reichsarbeitsminister gerichteten Schreibens in Kenntnis, indem sie sich von einer amtlichen Mitteilung distanzierte, in der es geheißen hatte, die Vertreter der Wirtschaft erwarteten von den Maßnahmen der Regierung eine Belebung der Konjunktur.

Die Leser dieses Rundschreibens wurden darauf aufmerksam gemacht, daß der Inhalt dieses Briefes nicht zur Veröffentlichung gedacht war. Man war bei der VDA trotz der geäußerten Bedenken „unter Würdigung der großen Linie und der letzten Ziele" zur Mitarbeit am Regierungsprogramm bereit und befürchtete, durch eine Veröffentlichung des Schrei-

---

[177] Rundschreiben des RDI vom 26. 8. 1932. „Nur zur persönlichen Information!" BAK, Nachlaß Silverberg 232.
[178] a.a.O.
[179] Rundschreiben des RDI vom 6. 9. 1932 betr. die Notverordnung vom 4. 9. 1932, BAK, Nachlaß Silverberg 242. Im Text des Rundschreibens unterstrichen: „... die Grundtendenzen des Programms wie der Verordnung durchaus der allgemeinen Linie liegen, die wir seit Jahren vertreten."

bens an den Arbeitsminister könnte ein „falsches Bild von der Beurteilung der Maßnahmen durch die Unternehmer" entstehen[180].

Auch der RDI äußerte in einem Rundschreiben seine Bedenken, wollte sie aber ebenfalls nicht öffentlich äußern, „da sonst das ganze Programm in Gefahr sei"[181].

Brauweiler und Erdmann, die zu den wichtigsten Männern der VDA gehörten, war vor den Folgen der sozialpolitischen Bestimmungen der Notverordnung vom 5. September „bange", während Reichswirtschaftsminister Warmbold die Meinung vertrat, daß die Regierung nun alles Notwendige getan habe und wenn die Unternehmer die Wirtschaft nicht beleben könnten, sie selbst die Schuld treffe[182].

Man könnte die Reaktion des RDI und der VDA wahrscheinlich am besten mit: „Ja, aber" kennzeichnen[183].

Es kam zu zahlreichen Streiks, deren Durchschlagskraft bei näherem Hinsehen jedoch vergleichsweise gering war[184]. Der Steuergutscheinak-

---

[180] Rundschreiben der VDA am 8. 9. 1932, BAK, Nachlaß Silverberg 459.

[181] Rundschreiben des RDI an die Mitglieder des Präsidiums und des Vorstands, 16. 9. 1932, Krupp-Archiv, FAH IV E 202.

[182] Tagebuch Schäffer, 4. 10. 1932, IFZ, ED 93/23.

[183] Tim W. Mason, Zur Entstehung des Gesetzes zur Ordnung der nationalen Arbeit vom 20. Januar 1934: Ein Versuch über das Verhältnis „archaischer" und „fortschrittlicher" Momente in der deutschen Geschichte (fortan: Mason, Gesetz 20. 1. 1934), in: Industrielles System, S. 348 f. Mason stützt sich auf Preller, S. 399 ff. und weist darauf hin, daß „die modernen Sektoren der deutschen Industrie im Laufe des von Papenschen Experiments ihr eigenes Interesse an der Aufrechterhaltung der Verbindlichkeit von Tarifverträgen entdeckten", noch nicht hinreichend belegt sei. Die Bewertung der sozialpolitischen Bestimmungen der Notverordnung vom 5. September ist zum Beispiel ein Beleg hierfür. Darüber hinaus zeigt sie, daß dieses Interesse durchaus schon am Beginn und nicht erst „im Laufe des von Papenschen Experiments" bestand. Völlig abwegig ist es dagegen, wie Erika Kücklich, Streik gegen Notverordnungen! Zur Gewerkschafts- und Streikpolitik der KPD gegen die staatsmonopolistische Offensive der Regierung Papen im Sommer und Herbst 1932, in: Beiträge zur Geschichte der Arbeiterbewegung 13 (1971), S. 454 ff. von einer Offensive des staatsmonopolistischen Kapitalismus zu sprechen, weil „die Monopole" durchaus nicht eine solche Offensive wollten. Schneider, Arbeitsbeschaffung, S. 196, behauptet, daß „der Unternehmerschaft" die Notverordnungen „noch nicht weit genug gegangen" seien und Papen „die Unterstützung der Privatwirtschaft verloren hatte" (S. 198). Diese Behauptungen sind schlicht falsch. Marcon behauptet (S. 203 f.), daß der RDI einen maßgeblichen Anteil am Zustandekommen der lohnpolitischen Bestimmungen hatte. Dem kann nicht zugestimmt werden.

[184] 1932 kam es insgesamt zu 648 Streiks, 1931 waren es 463 und 1930 nur 353. Dagegen kann festgestellt werden, daß bestimmte Betriebe gezielt bestreikt wurden, denn während 1930 vom Streik 3403 Betriebe betroffen wurden, waren es 1931: 4753 und 1932 nur 2610. Bei den 648 Streiks im Jahre 1932 hatten die Arbeitnehmer nur in 154 Fällen einen vollen, in 161 einen teilweisen und in 333 gar keinen Erfolg. Auch die Zahl der betroffenen Arbeiter (171 555) war vergleichsweise gering: 1931 waren es 297 013 und 1930: 302 190 (alle Angaben

tion war mehr Zustimmung beschieden[185]. Trotzdem sind die Steuergutscheine, wie Schwerin-Krosigk schreibt, „nur in mäßigem Umfang angefordert worden". Er vermutet als Ursache für die ausbleibende Reaktion das mangelnde Vertrauen der Unternehmer in die Stabilität der Regierung Papen[186]. Der RDI sah zunächst das Problem in der Schaffung eines ausreichenden Marktes für die Steuergutscheine[187]. Zugleich scheint er einen Mißbrauch befürchtet zu haben. Diesen Schluß legt der Text eines internen Schreibens nahe[188]: Der Reichsverband erwarte von seinen Mitgliedern „selbstverständlich", daß jeder Mißbrauch mit den neuen Bestimmungen ausgeschaltet bleibe. Im Klartext muß das wohl bedeuten: Der RDI befürchtete diesen Mißbrauch. Es sei jedoch daran erinnert, daß der RDI bereits im Januar 1931 dem Gedanken an Mehreinstellungsprämien skeptisch gegenüberstand, weil man jede „irgendwie geartete Subventionspolitik" ablehnte[189]. Präsidium und Vorstand des Reichsverbands bezeichneten die Rede Papens in Münster und die danach erfolgten Maßnahmen als ernsten Versuch der Regierung, „eine Belebung der Wirtschaft von der Seite der persönlichen Initiative her auszulösen"[190], hielten es aber in Übereinstimmung mit der VDA für ihre Pflicht, „aufbauende" Kritik zu üben, um den angestrebten Erfolg zu sichern. Zu dieser aufbauenden Kritik zählte der neuerliche Vorschlag, die kommunale Umschuldungsaktion vorzunehmen und vor allem die „ernsteste Sorge" wegen der beabsichtigten Kontingentierung landwirtschaftlicher Einfuhren.

Die Ablehnung der Kontingentierung durch den Reichsverband erfolgte, wie es hieß, nicht aus Opposition gegen die Landwirtschaft oder um die Interessen der Exportindustrie zu wahren, vielmehr würde die Kontingentierung nicht den Erfolg haben, den sich die Landwirtschaft hiervon erhoffte. Der Industrie würden aber die Möglichkeiten einer Wiederbelebung genommen werden, was die von der Reichsregierung erstrebten Ansätze zur Behebung der Arbeitslosigkeit gleich im ersten Stadium vernichten würde[191]. Schließlich würden die Kontingentierungsmaßnahmen zu einem handelspolitischen Konflikt größten Ausmaßes führen[192].

---

aus dem Statistischen Jahrbuch für das Deutsche Reich, 1934, S. 321). Eine sehr einseitige Darstellung der Streikwelle vom Herbst 1932 findet man bei Kücklich.

[185] Schwerin-Krosigk, IFZ, ZS/A-20, Bd. 1.
[186] a.a.O.
[187] RDI an die Mitglieder des Präsidiums des Vorstands und des Hauptausschusses, 23. 9. 1932, betr. die Sitzung des Präsidiums und des Vorstands vom 22. 9. 1932, BAK, Nachlaß Silverberg 242 und 265.
[188] a.a.O.
[189] Vgl. den vorangegangenen Abschnitt über den RDI zur Arbeitsbeschaffungspolitik der Regierung Brüning.
[190] s. Anmerkung 187. Auch im folgenden danach zusammengefaßt und zitiert.

6. Kap.: RDI und VDA

Der im allgemeinen wohlinformierte „A-Brief" meldete, daß der Konflikt um die Kontingentierung auch den alten Gegensatz zwischen der „westlichen Industrie" und Hugenberg, der in dieser Frage mit Papen eng zusammenarbeitete, verschärft hat[193]. Diese Gruppe der „westlichen Industrie", die monatelang die nationalsozialistische Bewegung unterstützt und sich inzwischen von ihr gelöst haben soll, bekämpfte nun Papen wegen der Kontingentierungsmaßnahmen[194]. Die Meldungen scheinen aber weit übertrieben gewesen zu sein, denn der RDI betonte auch bei seiner herben Kritik der Kontingentierungsmaßnahmen nicht nur dem Kanzler gegenüber, sondern auch im internen Kreis die grundsätzliche Unterstützung des Regierungskurses[195]. Außerdem standen in den Wahlen vom November 1932 gerade weite Kreise der „westlichen Industrie" auf der Seite Papens, weil sie der Meinung waren, die Industrie müsse „mit allen Mitteln" versuchen, daß das gegenwärtige Kabinett am Ruder bleibe[196].

---

[191] Text des Telegramms des RDI an Papen, a.a.O. Noch am 4. März 1932 sprach sich der Präsidial- und Vorstandsbeirat für allgemeine Wirtschaftspolitik mit nur einer Gegenstimme für den Erlaß eines allgemeinen Ausfuhrverbots aus (RDI-Wochenbericht 6/32, 5. 3. 1932, Vertraulich!), Krupp-Archiv, FAH IV E 180; vgl. Marcon, S. 335.

[192] Rundschreiben des RDI vom 22. 9. 1932 an die Mitglieder des Präsidiums betr. die Präsidialsitzung vom 19. 9. 1932, BAK, Nachlaß Silverberg 242.

[193] „A-Brief" Nr. 280, 23. 9. 1932 (IFZ). Zu Hugenbergs Einstellung in der Frage der Kontingentierung John A. Leopold, Alfred Hugenberg and German Politics, Diss. Washington D. C. The Catholic University of America, 1970, S. 285 und 302.

[194] Fritz Klein, Rezension von Turners Aufsatzsammlung, Faschismus und Kapitalismus in Deutschland. Studien zum Verhältnis zwischen Nationalsozialismus und Wirtschaft, Göttingen 1972, in: Zeitschrift für Geschichtswissenschaft 21 (1973), S. 1522 - 1525. Die Behauptung Kleins, Hugenberg sei Favorit der „Monopolherren" gewesen, kann aufgrund des dokumentarischen Materials wohl nicht ernsthaft aufrechterhalten werden. Auch Turner (AHR, S. 60, Anm. 20) betont die Distanz zwischen Hugenberg und der Industrie in der Endphase der Weimarer Republik, vgl. auch Petzina, Hauptprobleme, passim, Leopold, S. 56, datiert den Bruch Hugenbergs mit dem RDI auf das Jahr 1927. Er sei durch Hugenbergs Autarkieziele herbeigeführt worden.

[195] Vgl. Anmerkung 187. Der Geschäftsführer des RDI, Jacob Herle, war der Meinung, „daß man alles tun müsse, um die Regierung Papen am Ruder zu erhalten", da sonst mit einer Regierung aus NSDAP und Zentrum zu rechnen wäre, die „ausgesprochen wirtschaftsfeindlich" sein und „rein gewerkschaftliche Tendenzen" verfolgen würde (Blank an Reusch, 1. 9. 1932, HA/GHH Nachlaß Reusch 400.101.2024/10).

[196] So Vögler auf der Besprechung im Club von Berlin am 19. 1. 1932, HA/GHH, Nachlaß Reusch, 400.101.2024/10. Außer Vögler waren bei dieser Besprechung anwesend: C. F. von Siemens, Krupp von Bohlen, Bücher (AEG), Silverberg, Berckemeyer, Ernst von Borsig, Piatschek, A. Frowein, Funke (Brauindustrie), Tischbein (Continental-Gummi), Pietrkowski, Vögele (Mannheim), Max Schlenker (Langnamverein), von Löwenstein (Bergbauverein), Philipp Helfferich (Pfälzer Industrienverband: nicht zu verwechseln mit Emil Helfferich, der dem Kepplerkreis angehörte), Kastl, Herle, Heinecke (alle RDI), Blank (Leiter des Berliner Büros der GHH), vgl. auch Turner, S. 62, auch Stegmann, S. 434.

Da er die Stärkung der bürgerlichen Parteien für so wichtig hielt, war Kastl bereit, auch über die Kontingentierungsabsichten Hugenbergs hinwegzusehen. Bücher von der AEG, dem sicherlich viel an Exporten lag, war der Meinung, die Industrie habe „allen Anlaß, die jetzige Reichsregierung in jeder Form zu unterstützen"[197]. Auch Silverberg empfahl die Unterstützung der Regierung, bestand aber darauf, daß man sich auch einmal eine andere Stellungnahme vorbehalten müsse, wenn die Regierung auf irgendwelchen Gebieten Maßnahmen ergreifen sollte, die für die Wirtschaft nicht tragbar seien[198]. Es blieb beim „Ja, aber" der Industrie, wobei das „Ja" grundsätzlich gemeint, das „aber" auf Einzelmaßnahmen bezogen war.

3. RDI und VDA in der Regierungszeit Schleichers

Das über den Reichsverband und die Vereinigung verfügbare Material zur Arbeitsbeschaffungspolitik der Regierung Schleicher ist äußerst dürftig. Daher werden hier nicht mehr als Splitter dargestellt werden können.

Der Hauptausschuß des RDI setzte am 14. Dezember sozusagen das Zeichen[199]. Krupp von Bohlen, Präsident des RDI, sprach gegenüber der Regierung Schleicher den Wunsch aus, „daß sie sorgfältig bedacht sein möge, die Grundlinien des Programms Papen zu wahren". Bei der gleichen Gelegenheit sprach er Papen seinen Dank aus, den er nicht nur von der Industrie, sondern auch von „weiteren Volkskreisen" verdient hätte. Krupp von Bohlen erwähnte auch die „nicht unerhebliche Kritik", die seitens der Industrie an „einzelnen Punkten" der Papenschen Wirtschaftspolitik geübt wurde, verwies aber ausdrücklich auf die Stellungnahme des Präsidiums und des Vorstands des Reichsverbands, die Papens Maßnahmen als ernsten Versuch der Regierung bezeichneten, „eine Belebung der Wirtschaft von der Seite der persönlichen Initiative her auszulösen".

Die Wirtschaft könne nur ein Höchstmaß an Leistungen vollbringen, wenn man ihr durch die „Beseitigung der unnatürlichen partei- und machtpolitischen Hemmungen eine wirkliche Chance gäbe", erklärte Krupp von Bohlen. Hier wurde die alte Forderung nach der Beseitigung der staatlichen Eingriffe, wie zum Beispiel die Beseitigung der Verbindlichkeitserklärungen, noch übertroffen.

In der Frage der Arbeitsbeschaffung bestand für RDI und VDA kein Grund zur Beunruhigung. Im ersten Teil dieser Studie, der sich mit den

---

[197] Besprechung im Club von Berlin, s. Anmerkung 196.
[198] a.a.O. Für Czichon zählte Silverberg zu den stärksten Stützen Papens (vgl. Anmerkung 203).
[199] Sitzung des Hauptausschusses des RDI, 14. 12. 1932, Bayer-Archiv, 62/10.5.b.

staatlichen Prioritäten befaßte, wurde deutlich, daß weder die anderen wirtschaftlichen Spitzenverbände noch der RDI Klage über die arbeitsbeschaffenden Maßnahmen der Regierung Schleicher führten. Zudem versicherte Reichswirtschaftsminister Warmbold dem Hauptausschuß des RDI noch am 14. Dezember, daß bei der Arbeitsvergabe keine Regiearbeiten geplant waren[200]. Gegen die Regiearbeiten — besonders der Reichsbahn — hatten führende Vertreter des Reichsverbands und der Vereinigung noch unter Papen Protest erhoben, ohne jedoch Erfolg zu haben, und mit der öffentlichen Arbeitsbeschaffung hatte man sich seit dem 17. August 1932 zumindest abgefunden und hielt sie für politisch notwendig.

Der Leitartikel „1933" von Robert Brauweiler, dem Geschäftsführer der Vereinigung, in der von der VDA herausgegebenen Zeitschrift „Der Arbeitgeber"[201] gibt keinerlei Hinweise auf eine zu erwartende Ablehnung der Arbeitsbeschaffungskonzeption der Schleicher-Regierung durch die Industrie. Der Ruf nach „planmäßiger Arbeitsbeschaffung" sei bei der großen Arbeitslosigkeit verständlich, schrieb Brauweiler. Nur die Koppelung mit dem Vorwurf, die Privatwirtschaft hätte versagt, sei falsch. Die Wirtschaft müsse in „Ruhe, Stetigkeit und Freiheit" und ohne wirtschaftswidrige Einflüsse von innen und außen arbeiten. Brauweiler bestritt nicht, daß auch die öffentliche Auftragsvergebung zur Wiederbelebung der Wirtschaft materiell und psychologisch wesentlich beitragen könne und müsse. Er hielt auch den Zeitpunkt für gekommen, öffentliche Aufträge zu vergeben, da er sich hiervon eine weitere Belebung der bereits teilweise erholten Privatwirtschaft erhoffte. Strittig waren nur Inhalt und Umfang der (öffentlichen) Arbeitsbeschaffung, denn Brauweiler glaubte, daß das hierfür notwendige Kapital nicht vorhanden sei und man die Arbeiten nur durch neue Geldschöpfung finanzieren könne.

Mit seinen geldpolitischen Vorstellungen war Brauweiler spätestens seit dem 17. August 1932 auch in den Kreisen der Industrie nicht mehr ganz auf dem neuesten Stand. Aber die grundsätzlich positive Stellungnahme entsprach durchaus dem „neuen" Kurs des Reichsverbands und der Vereinigung.

Das Mißtrauen „der Industrie" und „aller Wirtschaftsorganisationen", über das der „A-Brief" am 13. Januar 1933 berichtete[202], kann aufgrund der vorgelegten Materialien demnach nicht in der Arbeitsbeschaffungspolitik Schleichers begründet gewesen sein.

Politische und nicht wirtschaftliche Gründe (oder möglicherweise andere wirtschaftliche Gründe) müssen für dieses „Mißtrauen" verantwort-

---

[200] a.a.O.
[201] Roland Brauweiler, 1933, in: „Der Arbeitgeber", 1. 1. 1933, S. 1 f.
[202] „A-Brief" Nr. 324, 13. 1. 1933, IFZ.

3. RDI und VDA in der Regierungszeit Schleichers

lich gemacht werden. Die Nachforschungen über die anderen Untersuchungsgruppen müssen zeigen, ob diese vorläufige Vermutung, die anhand des relativ spärlichen Materials über den RDI und die VDA gewonnen wurde, bestätigt wird. Hierfür wäre es nützlich, kurz auf bereits vorliegende Ergebnisse über das Verhältnis „der Industrie" zur Wirtschaftspolitik Schleichers einzugehen. Turner begründet das Mißtrauen der Industrie Schleicher gegenüber politisch: Man habe die Allianz mit den Gewerkschaften abgelehnt und fand sich nicht mit der Ablösung Papens ab[203]. Petzina schreibt, „die Industrie" habe zu Schleicher in Opposition gestanden und nennt besonders den Druck Krupps[203a]. Ähnlich sieht es Hallgarten: Die Schwerindustrie nennt er insbesondere[203b]. Treue zählt Silverberg zu denen, die Schleicher unterstützt hätten[203c]. Silverbergs geldpolitische Ansichten kamen — wie wir sahen — großen Arbeitsbeschaffungsprojekten durchaus entgegen, aber — wie der Abschnitt über den DIHT zeigt — war Silverberg nicht vom Kurs Schleichers angetan, da dieser den RDI seiner Meinung nach nicht genügend konsultiert hatte. Czichon sieht in der Arbeitsbeschaffungspolitik Schleichers den zentralen Punkt in der Auseinandersetzung mit der Politik des Kanzlers. Er zeigt folgende Frontstellung auf. Die eine „linksmarktwirtschaftliche" Gruppierung setzte sich aus Vertretern der Chemie- und Elektroindustrie sowie der verarbeitenden Industrie und des Exporthandels zusammen. Ihnen soll eine zunehmend große Gruppe von „Industriellen und Bankiers" gegenübergestanden haben. Die erste Gruppe habe eine aktive Konjunkturpolitik des Staates als Ausweg aus der Krise befürwortet, dafür aber den etappenweisen Abbau der Demokratie zugunsten einer autoritären Staatsform angestrebt, sei für einen „reformierten Kapitalismus" eingetreten. Ihr ideologischer und organisatorischer Ausdruck sei die „Studiengesellschaft für Geld- und Kreditwirtschaft" gewesen (in der weitgehend Vertreter der mittleren Industrie zu finden waren; M. W.). Zu den Anhängern des „reformierten Kapitalismus" sollen gezählt haben: Otto Wolff, Krupp, Wilmowsky, Kastl, Kraemer, Merton u. a. Zur „rechten Gruppierung" der „deutschen Keynesianer" sollen Silverberg, Duisberg, Schmitz, C. F. von Siemens, Klöckner, Flick, Paul Reusch, Karl Haniel, Robert Bosch, Friedrich Springorum, Robert Pferdmenges u. a. gehört haben. Ihr politischer Repräsentant sei Papen, ihr Sprachrohr die „im wesentlichen" von Silverberg finanzierten „Deutschen Führerbriefe" gewesen. Als Schleicher Reichskanzler wurde, sei diese Gruppe endgültig zu Hitler übergeschwenkt[203d]. Werner

---

[203] Turner, AHR, S. 65 f.
[203a] Petzina, Hauptprobleme, S. 27.
[203b] George F. Hallgarten, Hitler, Reichswehr und Industrie. Zur Geschichte der Jahre 1918 - 1933, Frankfurt/Main 1962, S. 108.
[203c] Treue, Deutsche Unternehmer, S. 124.
[203d] Czichon, Wer verhalf?, S. 24 ff.

Müller und Jürgen Stockfisch behaupten, Silverberg habe sich auf seinen „Urlaubssitz" nach Lugano zurückgezogen, als er sich 1933 - 1934 gegenüber „anderen Monopolvertretern" nicht durchsetzen konnte. Seine Ausbootung habe nichts damit zu tun gehabt, daß er jüdisch gewesen sei[203e]. Die Akten über die Industrie- und Handelskammer Köln im Nachlaß Silverberg[203f] zeigen, daß die Ausbootung Silverbergs nicht 1933 - 1934, sondern bereits im April 1933 vorgenommen wurde, und zwar durch die neuen Machthaber in Kooperation mit dem Bankier von Schröder. Die Korrespondenz Silverbergs, z. B. mit Krupp[203g] und Duisberg[203h], bezeugt die tiefe menschliche Erschütterung, die sowohl der (angeblich) „rechte" (Duisberg) als auch der (angeblich) „linke" (Krupp) „Keynesianer" für das Schicksal Silverbergs empfanden. Außerdem zeigen die vorgelegten Quellen, daß z. B. auch Krupp Schleicher auf die vorbildliche Wirtschaftspolitik Papens verwies. Das Kräftespiel, das Czichon aufzeigt, gleicht deshalb eher dem Aufbau eines komplizierten Moleküls als der historischen Wirklichkeit. Hinzu kommt, daß der RDI über alle (besonders von Czichon behaupteten) Grenzen hinweg Aufträge der öffentlichen Hand spätestens seit dem 17. 8. 1932 nicht mehr ablehnend gegenüberstand. Auch Brauweilers Artikel zeigt dies. Die Existenz von derartigen „Koalitionen" kann stichhaltig nur an den Quellen über die einzelnen Wirtschaftszweige und Verbände erfolgen, was deshalb in dieser Studie geschehen soll.

4. Der Reichsstand der Deutschen Industrie in der Anfangsphase der nationalsozialistischen Herrschaft

Nicht lange nach der „Machtergreifung", am 19. Juni 1933, wurden RDI und VDA zum „Reichsstand der Deutschen Industrie" zusammengeschlossen. Aus der VDA wurde die „Sozialpolitische Abteilung" des Reichsstands der Deutschen Industrie. Zugleich büßte der Reichsstand schnell eine der früheren Funktionen des Reichsverbands, Entscheidungen gemeinsam zu erörtern oder zu treffen[204], ein.

Die Arbeit der verschiedenen Gremien und Ausschüsse trat mehr und mehr in den Hintergrund, so daß auch die Quellenlage noch ungünstiger ist. Bestenfalls lassen sich Einzelaspekte belegen. Meinungsbild und Meinungsbildung des Verbands werden undurchsichtiger, fundierte Aussagen

---

[203e] Werner Müller und Jürgen Stockfisch, „Die Velten-Briefe". Eine neue Quelle über die Rolle des Monopolkapitals bei der Zerstörung der Weimarer Republik, in: ZfG 17 (1969), S. 1565 - 1589.

[203f] BAK, Nachlaß Silverberg 101 und 114.

[203g] Krupp-Archiv, FAH, IV E 894 und HA/GHH, Nachlaß Reusch, 400.101.124/35.

[203h] Bayer-Archiv, Duisberg Autographen-Sammlung.

[204] Über die Entwicklung der Verbände unter anderem Ingeborg Esenwein-Rothe, Die deutschen Wirtschaftsverbände 1933 - 1945, Berlin 1965.

4. Der Reichsstand der Deutschen Industrie

über die Haltung „der" deutschen Industrie zu Fragen der Arbeitsbeschaffung müssen daher hier — mehr als in den vergangenen Abschnitten — aus Einzelarchiven, zumeist von Firmen, zusammengetragen werden.

Die Vorschläge zur Arbeitsbeschaffung, die von der NSDAP vor der „Machtergreifung" unterbreitet wurden, lösten beim RDI alles andere als Begeisterung aus. Das Urteil des damaligen Geschäftsführers des Reichsverbands, Herle, zum Wirtschaftlichen Sofortprogramm der NSDAP im Sommer 1932[205] war geradezu vernichtend. Der Leiter des Sekretariats von Paul Silverberg, Bauer, war der Meinung, daß dieses Programm keine ernsthafte Diskussion wert sei[206]. Auch der Leiter der volkswirtschaftlichen Abteilung der Gutehoffnungshütte, Scherer, hatte wenig Positives zum Sofortprogramm zu sagen[207], und Paul Reusch hielt es für „Unsinn", hatte aber von einem nichtgenannten Mittelsmann erfahren[208], daß Hitler „keinen wirtschaftlichen Unsinn" machen werde[209].

Ob diese Beschwichtigungen ausgereicht haben, um bei den Unternehmern ein Gefühl der Unsicherheit nicht erst aufkommen zu lassen, muß bezweifelt werden[210].

Auch der erzwungene Rücktritt Ludwig Kastls und die Ernennung Hans von Lukes zum Kommissar beim RDI werden sicherlich nicht zur Beschwichtigung „der" Industrie geführt haben, zumal Otto Wagener, der Hans von Luke ernannte, Ende 1931 auf einer internen Tagung der NSDAP über die Arbeitsbeschaffung Hitler davon in Kenntnis setzte, daß besonders die Groß- und Schwerindustrie sowie die Hamburger Exporteure von der „Exportkrankheit" befallen seien. Diese „Exportsüchtigen" waren für ihn die „wahren Feinde Deutschlands und des deutschen Volkes"[211].

Selbst Mitglieder des Kepplerkreises beklagten während der ersten Monate der nationalsozialistischen Herrschaft ein „wirres Durcheinan-

---

[205] BAK, Nachlaß Silverberg 232, HA/GHH Nachlaß Reusch, 400.101.220/13 a, abgedruckt in: Dirk Stegmann, Zum Verhältnis von Großindustrie und Nationalsozialismus 1930 - 1933. Ein Beitrag der sogenannten Machtergreifung, in: Archiv für Sozialgeschichte 13 (1973), S. 399 - 482.

[206] Dr. Bauer an Silverberg am 24. 8. 1932, BAK, Nachlaß Silverberg 232. Trotzdem glaubt Czichon daran, daß Bauers Chef Hitler u. a. wegen der Arbeitsbeschaffungspläne der Nationalsozialisten an die Macht bringen wollte.

[207] Abteilung W (Scherer) an Reusch, 24. 10. 1932, HA/GHH, Allgemeine Verwaltung 400.127/3.

[208] Nach Stegmann, passim.

[209] Paul Reusch an Herle, 22. 9. 1932, HA/GHH, Nachlaß Reusch, 400.101.220/13 a.

[210] Auch Turner, AHR, S. 62, schreibt, daß der Schaden durch das Sofortprogramm bereits angerichtet war.

[211] Tagung der NSDAP über Arbeitsbeschaffung, Ende 1931 (ohne Datum), IFZ ,ED 60.

der" auf wirtschaftlichem Gebiet[212] und befürchteten bis zu diesem Zeitpunkt die „Herrschaft wirtschaftlicher Schwarmgeister und Utopisten"[213]

Der Rücktritt Hugenbergs und Hitlers Rede vor den Reichsstatthaltern, auf der er von „Revolution" auf „Evolution" umschalten ließ, trugen unter anderem zur Beruhigung im RDI bei[214].

Im August sah der Reichsstand eine wesentliche Voraussetzung für den wirtschaftlichen Erfolg erfüllt: Das Vertrauen der Wirtschaft war wiederhergestellt[215]. In dieser Phase der wirtschaftlichen Unsicherheit, in der die neue Reichsregierung vornehmlich symbolische Maßnahmen zur Arbeitsbeschaffung unternahm, sorgte sich der RDI mehr um die wirtschaftspolitischen Rahmenbedingungen als um die Überwindung der Arbeitslosigkeit. Denn für den RDI war — wie es im „Aide-Mémoire der deutschen Industrie"[216] hieß, das kurz nach den Wahlen vom 5. März verfaßt sein muß — die wichtigste Voraussetzung zur Überwindung der Wirtschaftskrise und der Arbeitslosigkeit die Wiederherstellung des sozialen Friedens und die Überwindung der Idee des Klassenkampfes. Ruhe, Rechtssicherheit und die Trennung von Staat und Wirtschaft galt es, dem RDI zufolge, anzustreben.

Zur Lösung der wirtschaftlichen Probleme und der Arbeitslosigkeit empfahl der Reichsstand weiter: Die Vermeidung von Währungsexperimenten, den Ausgleich der öffentlichen Haushalte, den Schutz der nationalen Produktion, jedoch nicht zu Lasten des Exports, von dem zwanzig Prozent der Bevölkerung lebten, den Schutz für die Landwirtschaft durch eine Stärkung des inneren Marktes ohne einseitige Schutzmaßnahmen und die Vermeidung sozialer Lasten.

Es stand für die Industrie in der Frage der Arbeitsbeschaffung anfänglich keinesfalls zum Besten. Die öffentlichen Stellen, die Aufträge erteilten, versuchten nach wie vor, einen starken Preisdruck auszuüben[217].

Erst durch den von Rudolf Hess im Juli 1933 ausgegebenen Erlaß, der das Kommissarwesen in der Wirtschaft auflöste, die Ausbootung Otto

---

[212] Emil Helfferich, 1932-1946. Tatsachen. Ein Beitrag zur Wahrheitsfindung, Jever 1969, S. 20. Zum Kepplerkreis, Freundeskreis Himmler, Klaus Drobisch, Der Freundeskreis Himmler. Ein Beispiel für die Unterordnung der Nazipartei und des faschistischen Staatsapparates durch die Finanzoligarchie, in: ZfG 8 (1960), S. 304 ff.; Reinhard Vogelsang, Der Freundeskreis Himmler, Göttingen - Zürich - Frankfurt/M. 1972.
[213] Helfferich, S. 22.
[214] Geschäftliche Mitteilungen des RDI, 20. 7. 1933, S. 87 f.
[215] „Der Arbeitgeber", 1. 8. 1933, S. 227 f.
[216] Aide-Mémoire der deutschen Industrie zur deutschen Wirtschafts-, Finanz- und Sozialpolitik, ohne Datum (aber dem Zusammenhang nach kurz nach den Wahlen vom 5. 3. 1933), Krupp-Archiv, FAH IV E 203.
[217] Ein nicht genanntes Vorstandsmitglied des RDI führte hierüber auf der Vorstandssitzung vom 17. 2. 1933 Klage. Geschäftliche Mitteilungen des RDI vom 28. 2. 1933, S. 28.

Wageners und die Zurückdrängung des „Kampfbundes für den gewerblichen Mittelstand" ging die Phase der Unsicherheit und der Angst vor einer „Zweiten Revolution" für die Wirtschaft allmählich ihrem Ende zu. Aber erst durch die Aktion gegen die SA-Führung vom 30. Juni 1934 wurde das Gespenst einer „Zweiten Revolution" verjagt und die Phase der Unsicherheit faktisch beendet[218]. Zu dieser Zeit hatte aber die (zivile) Arbeitsbeschaffung nur noch propagandistische Funktionen.

Stießen die arbeitsbeschaffenden Maßnahmen der nationalsozialistischen Regierung, die sowohl „organisch" in Form von Steuersenkungen als auch „anorganisch" in Form von Aufträgen der öffentlichen Hand waren, auf das Wohlwollen des Reichsstands der Deutschen Industrie?

Die Zeitschrift „Der Arbeitgeber" lobte die Bestimmungen des Ersten Reinhardt-Programms, „die in glücklicher Weise die Erkenntnis verbinden, daß eine echte Wirtschaftsbelebung auf der Investitionsseite und hier zuerst bei den Ersatzbeschaffungen" beginne[219]. Mit der Zufriedenheit über den einsetzenden wirtschaftlichen Aufschwung ging die Sorge um Preissteigerungen einher, die sich besonders in der Bauindustrie bemerkbar machten.

Die „Geschäftlichen Mitteilungen" des Reichsstands berichteten Mitte August 1933 über einen Erlaß des Reichsarbeitsministers, in dem es hieß, er werde keine weiteren Mittel mehr für Instandsetzungs- und Umbauarbeiten verteilen, wenn sich die Preissteigerungen für Baustoffe fortsetzen sollten[220].

Dieser Erlaß war, obwohl gerade der RDI früher die besonders hohen Produktionskosten im Baugewerbe angeprangert hatte, sicherlich nicht im Sinne der Industriellen, die sich — jedenfalls vor der „Machtergreifung" — stets gegen die Einmischung des Staates in die Preisbildung gewendet hatten.

Die teilweise Entlohnung von Arbeitnehmern in Form von Bedarfsdeckungsscheinen dürfte beim Reichsstand auch wenig Enthusiasmus ausgelöst haben. Bereits im September 1930 lehnte die Vereinigung der Deutschen Arbeitgeberverbände eine Entlohnung in Naturalien ab, weil sie eine negative moralische und psychologische Wirkung hätte und außerdem einen zu großen Verwaltungsapparat notwendig machte[221].

---

[218] Vgl. auch Stegmann, S. 441. Zum allgemeinen Zusammenhang: Charles Bloch, Die SA und die Krise des NS-Regimes, 1934, Frankfurt/Main 1970.
[219] „Der Arbeitgeber", 1. 8. 1933, S. 228.
[220] Geschäftliche Mitteilungen, 21. 8. 1933, S. 108.
[221] VDA-Rundschreiben vom 9. 9. 1930, Stichworte und Materialien zur Beurteilung der Arbeitslosen- und Arbeitslosenversicherungsfrage, BAK, Nachlaß Silverberg 457.

Auch die „Maschinenfeindlichkeit", ein „Archaismus", der mit der staatlichen Arbeitsbeschaffung der Nationalsozialisten einherging, bereitete dem Reichsstand Sorgen[222].

Am 15. Juli 1933, also am Tage der Bekanntgabe weiterer Steuererleichterungen, aber wohl nicht wegen dieser Vergünstigungen, teilte der Geschäftsführer des RDI, Herle, Reichsfinanzminister Schwerin-Krosigk mit, daß der Reichsstand es als eine gern erfüllte Pflicht ansehe, durch Einwirkung auf die ihm angeschlossenen Verbände und Firmen und durch die Unterrichtung der Öffentlichkeit „das große von der Reichsregierung begonnene Werk der Überwindung der Arbeitslosigkeit zu fördern"[223].

Jacob Herle legte diesem Brief eine Pressenotiz bei, in der dem Reichskanzler und dem Reichswirtschaftsminister die dankbare Anerkennung der Industrie für ihre programmatischen Ausführungen über die wirtschaftlichen Aufgaben der Reichsregierung ausgesprochen wurde[224]. Reichswirtschaftsminister Schmitt hatte am 13. Juli vor Unternehmern eine Kurskorrektur in der Arbeitsbeschaffungspolitik angekündigt, in der er das von der Regierung ins Auge gefaßte Ende der „künstlichen" Arbeitsbeschaffung erkennbar werden ließ. Die Industrie begrüßte vor allem die „energischen Maßnahmen der Reichsregierung zur Sicherung von Ruhe und Ordnung in der Wirtschaft, weil dadurch das Vertrauen gefördert und die Belebung der Wirtschaft ermöglicht würden[225]. Als zusätzliche Geste gegenüber der Regierung wurde die Gründung eines „Sonderausschusses für Arbeitsbeschaffungsfragen" beschlossen, dessen Leitung der Industrielle Albert Pietzsch von den Elektrochemischen Werken München innehatte[226]. Dabei spielte es offensichtlich keine Rolle, daß bereits seit Juni 1932 im Reichsverband ein solcher Ausschuß bestand. Seine Mitglieder, zum Beispiel Pietrkowski und Silverberg, wurden aber nach der „Machtergreifung" sehr schnell ausgebootet. Der neue „Sonderausschuß für Arbeitsbeschaffungsfragen" sollte die Finanzierungsmöglichkeiten der Arbeitsbeschaffung und die Pläne der Regierung auf diesem Gebiet prüfen, Vorschläge für eine durch öffentliche Aufträge sowie durch private Initiativen in die Wege geleitete Arbeitsbeschaffung ausarbeiten und sich mit dem „Problem Mensch und Maschine" befassen[227].

---

[222] Von sechs Artikeln in „Der Arbeitgeber" vom 15. 10. 1933 wenden sich drei gegen „diese Maschinenfeindlichkeit". Zum Thema der „Archaismen" vgl. Mason, Gesetz 20. 1. 1934.

[223] Jacob Herle an den Reichsfinanzminister, 15. 7. 1933, BAK, R 2/18825.

[224] Pressenotiz des RDI, Anlage zum Brief Herles an den Reichsfinanzminister, 15. 7. 1933, a.a.O.

[225] a.a.O.

[226] a.a.O.

[227] Reichsstand der deutschen Industrie an Krupp von Bohlen, 24. 7. 1933. Krupp-Archiv, FAH IV E 201.

Dieses Schreiben Jacob Herles unterstreicht erneut, daß man beim Reichsstand veränderte Rahmenbedingungen für das primäre Ziel hielt, nach dessen Verwirklichung man keine Schwierigkeiten bei der Überwindung der Arbeitslosigkeit erwartete.

Für eine in den Kreisen des RDI erhoffte Koppelung von Aufrüstung und wirtschaftlicher Wiederbelebung gibt es nur wenige Hinweise[228].

Trotz der in der Öffentlichkeit zur Schau getragenen Zufriedenheit über die arbeitsbeschaffenden Maßnahmen der Regierung war man, einer Notiz des „A-Briefes" vom 11. August zufolge, in „Wirtschaftskreisen" über die Art der Propaganda im Kampf gegen die Arbeitslosigkeit besorgt. Es würde ein zu großer Optimismus erzeugt werden, der Enttäuschungen wecken und ernste Gefahren nach sich ziehen könnte[229]. Diese Sorge hielt aber die Zeitschrift „Der Arbeitgeber" nicht davon ab, noch Anfang September ihren Teil zum Propagandawirbel in einer Sondernummer zur Arbeitsbeschaffung beizutragen[230].

Äußerungen einiger Mitglieder des „Sonderausschusses für Arbeitsbeschaffungsfragen" dürften ein repräsentatives Bild über die Ende Juli 1933 im Reichsstand vertretenen Positionen auf diesem Gebiet[231] geben. Alte und neue Arbeitsbeschaffungskonzeptionen des RDI beziehungsweise Reichsstandes werden deutlich erkennbar.

— Albert Pietzsch war der Wortführer all jener, die eine Ankurbelung der Privatwirtschaft durch den Staat für notwendig hielten. Er gestand zwar ein, daß alle Beschaffungsmaßnahmen „praktisch" auf „Notendruck" hinausliefen, betrachtete dies aber als einzige Alternative, da der Anleiheweg noch verschlossen war. Er erwartete jedoch angesichts des ständig wachsenden allgemeinen Vertrauens die baldige Möglichkeit einer Anleihenfinanzierung. Der Sächsische Industrielle, Wittke, Siemens-Generaldirektor Carl Köttgen und Baldermann stimmten ihm zu.

— Köttgen wollte diese Fragen vor allem nicht in der Öffentlichkeit diskutieren, um keine Beunruhigung bei der Bevölkerung entstehen zu

---

[228] z. B. in „Der Arbeitgeber" vom 15. 10. 1933, S. 339 ff., wo u. a. auf die kriegspolitische Bedeutung der Arbeitsbeschaffung hingewiesen wird.
[229] „A-Brief" Nr. 401, 11. 8. 1933, IFZ.
[230] „Der Arbeitgeber", 1. 9. 1933.
[231] Wochenbericht des RDI 10/33, 31. 7. 1933, über eine Besprechung im Reichsstand am 13. 7. 1933, Krupp-Archiv, FAH IV E 181. Obwohl im Wochenbericht nicht vermerkt, dürfte es eine Besprechung des „Sonderausschusses für Arbeitsbeschaffungsfragen" gewesen sein, da Albert Pietzsch den Vorsitz führte. Auch die Nennung einiger Namen im Krupp-Archiv (FAH IV E 204) macht dies wahrscheinlich. Außer Pietzsch waren noch anwesend: Baldermann, Blohm, Brandi, Kemna, Kloepfer, Köttgen, Lambrecht, Nadolny, Poensgen, Reuter (Reichskuratorium für Wirtschaftlichkeit), Reuter (VDMA), Schauke, Wittke, Erdmann, Herle, von Brakel, Hermann, Houben, Hoppen, Betz.

lassen. Genau wie zwei Jahre zuvor bei den „Russengeschäften" und bei der Diskussion um den Wagemann-Plan im Januar 1932 war man im RDI anscheinend darauf bedacht, die geldpolitische Reflexion und praktische Revision nicht an die Öffentlichkeit dringen zu lassen.

— Die Befürworter der neuen Arbeitsbeschaffungskonzeption (vor allem: Pietzsch, Baldermann und Kloepfer) beurteilten die Aussichten für die deutsche Exportindustrie skeptisch, da sich nur wenige Abnehmer für die Waren finden würden. Auf keinen Fall wollten sie, daß der Export zu Lasten des Binnenmarktes gehe.

— Selbst die konventionellere Linie war schon recht weitgehend modifiziert, vergleicht man sie mit der früheren: So hatte Blohm keine grundsätzlichen Einwände gegen staatliche Hilfsmaßnahmen, glaubte aber nicht, daß die Privatwirtschaft aus sich selbst heraus den Aufschwung fortsetzen könnte.

— Die Wechselfinanzierung bei der Arbeitsbeschaffung hielt er für nicht unbedenklich.

— Reuter von der Vereinigung Deutscher Maschinenbau-Anstalten (VDMA) schlug statt dessen vor, die Arbeitsbeschaffung durch den Export zu finanzieren, drang aber mit diesem Vorschlag nicht durch.

Die Befürworter der neuen Arbeitsbeschaffungskonzeption argumentierten in dieser Besprechung noch in erster Linie pragmatisch, aber die theoretische Begründung ließ nicht lange auf sich warten und wurde von Albert Pietzsch „ratenweise" am 27. September[232] und 18. Oktober 1933[233] vorgetragen. Daß es Pietzsch war, ist nicht verwunderlich, gehörte er doch dem „Beirat" von Reichsarbeitsminister Seldte an, der, wie im ersten Teil bereits erwähnt, Hitler unter ausdrücklicher Berufung auf Keynes im April 1933 die Durchführung einer antizyklischen Wirtschaftspolitik empfohlen hatte.

Die grundsätzliche Bereitschaft, direkt arbeitsbeschaffende Maßnahmen des Staates hinzunehmen, war im RDI seit dem 17. August 1932, also nach dem Referat Edmund Pietrkowski, kein Novum mehr. Aber anders als Pietrkowski motivierte Pietzsch die Befürwortung einer aktiven Konjunkturpolitik keineswegs nur politisch, er argumentierte theoretisch. Mit anderen Worten: Bei Pietrkowski übte das politische „Interesse" und bei Pietzsch die volkswirtschaftliche „Erkenntnis" Steuerungsfunktion aus.

---

[232] Sitzung des Sonderausschusses für Arbeitsbeschaffungsfragen des RDI am 27. 9. 1933, Krupp-Archiv, FAH IV E 204.

[233] Krupp-Archiv, FAH IV E 206, Albert Pietzsch: „Arbeitsbeschaffung und Marktordnung", Referat auf der konstituierenden Sitzung des Ausschusses für allgemeine Wirtschafts- und Sozialpolitik des Reichsstandes der deutschen Industrie, 18. 10. 1933.

4. Der Reichsstand der Deutschen Industrie

Da Pietzsch immer häufiger Grundsatzreferate im Reichsstand hielt, kann wohl davon ausgegangen werden, daß er entweder die Mehrheitsmeinung im RDI wiedergab oder es politisch opportun war, auf seinen Kurs zu setzen.

Die wesentlichen Punkte seiner Ausführungen seien in Thesenform genannt:

— Solange für private Investitionen „kein Feld" vorhanden ist, muß öffentliche Arbeitsbeschaffung betrieben werden.
— Die Arbeitsbeschaffung erzwingt den Export „von selbst", da sie binnenwirtschaftlich zu einer „Anspruchsteigerung" und so zu einer Vermehrung des Imports führt. Dieser erhöhte Import muß durch den Export kompensiert werden.
— Die Arbeitsbeschaffung senkt die fixen Produktionskosten, verbilligt die deutschen Waren und macht sie dadurch konkurrenzfähiger[234].

Hier hatte sich ein bemerkenswerter Wandel vollzogen: Für Pietzsch war die Arbeitsbeschaffung — anders als in der früheren Argumentation vieler Industrieller — ein Mittel zur Senkung und nicht zur Erhöhung der Produktionskosten. Freilich hatten sich inzwischen die staatlichen Rahmenbedingungen geändert, und auch Gewerkschaften gab es nicht mehr. Nun aber bahnte sich eine Schwerpunktverlagerung der staatlichen Arbeitsbeschaffungspolitik auf den militärischen Bereich an. Im Endeffekt hinkten die Industriellen der Entwicklung wieder nur hinterher.

Seinen Argumentationsrahmen erweiternd führte Pietzsch aus[235]:
— Die in Deutschland während der Wirtschaftskrise betriebene Sparpolitik war falsch, denn Investitionen lassen sich nur durch Spargelder ermöglichen, die diese in Kapital verwandeln.
— Zu hohe Sparzinsen hemmen die Investitionsfähigkeit, und rückläufige Investitionen verschärfen die Arbeitslosigkeit.

Pietzsch berief sich bei diesen Ausführungen mehrfach auf Wagemann und übernahm dessen Unterscheidung zwischen Konsum- und Spargeld. Wagemann war nun offensichtlich wieder zitierbar im Reichsstand der Deutschen Industrie.

— In Zeiten der Depression investiert die Privatwirtschaft nicht, da keine Gewinnaussichten bestehen. Daher muß der Staat diese Aufgabe zeitweilig übernehmen.
— Langfristig ist dies auch für den Staat vorteilhaft, denn er spart Unterstützungsgelder und nimmt im Falle einer konjunkturellen Belebung mehr Steuern ein.

---

[234] Zu diesem Abschnitt s. Anmerkung 232.
[235] Hierzu s. Anmerkung 233.

— Kreditaufnahmen durch das Reich sind nötig, aber alle „noch so fein ersonnenen geldlichen Methoden der produktiven Kreditschöpfung, des Notendrucks oder der Steuervorwegnahme" müssen abgelehnt werden.

Damit hatte der Reichsstand offiziell zwischen aktiver Konjunkturpolitik und bewußter Inflationierung unterschieden. Aber jetzt war der Staat bereit, inflationäre Entwicklungen in Kauf zu nehmen. Gerade jetzt wäre die alte Vorsicht des RDI am Platz gewesen. Wieder hinkten die Industriellen der Entwicklung hinterher.

Da Pietzsches Referat vom Reichsstand gedruckt wurde, kann es nicht als internes Dokument betrachtet werden. Man wird demzufolge zu folgenden Schlüssen gelangen können:

Der Reichsstand hatte dem Staat mehr Betätigungsmöglichkeiten in der Wirtschaft eingeräumt. Zum einen mußte das den Industriellen angesichts der sinkenden privaten Investitionen nur recht sein und zum anderen waren sie sicherlich nicht in der Lage, sich der Gleichschaltungswelle, die zu vermehrten staatlichen Kompetenzen in fast allen Bereichen führte[236], vollständig zu entziehen. Es bestand also auch von den allgemeinpolitischen Bedingungen her die Notwendigkeit, dem Staat ein größeres Betätigungsfeld in der Wirtschaft zuzugestehen. Die praktische geldpolitische Bedeutung, die eine öffentliche Arbeitsbeschaffung haben konnte und die spätestens seit dem Herbst 1933 auch wirtschaftstheoretisch bestimmend war, wurde zunächst absichtlich verschwiegen, um bei der Bevölkerung nicht unnötigerweise Inflationsängste auszulösen. Als der Staat aber tatsächlich Inflationstendenzen willentlich billigte, bezog man beim Reichsstand nicht dagegen Stellung. Und das, obwohl sich nicht nur der Bestand an Arbeitsbeschaffungs-, sondern auch an Mefo-Wechseln ständig erweiterte.

Aber zu diesem Zeitpunkt war weder die Inflationsbereitschaft der Regierung so klar erkennbar noch bestand 1933/34 eine tatsächliche Inflationsgefahr. Außerdem wurde die Wirtschaftspolitik der Regierung durch ihre Erfolge legitimiert. In der neuen Arbeitsbeschaffungsprogrammatik des Reichsstands im Herbst 1933 bestand zwischen volkswirtschaftlicher „Erkenntnis" und betriebs- sowie volkswirtschaftlichem „Interesse" Identität. Die „Erkenntnis" erfüllte sowohl Steuerungs- als auch Rechtfertigungsfunktion. Sie bestimmte und rechtfertigte den Kurs des Reichsstands und wurde außerdem noch durch die volks- und betriebswirtschaftlichen Erfolge gerechtfertigt.

---

[236] Zur Frage Polykratie, staatlicher Monismus: Martin Broszat, Der Staat Hitlers, München 1969, und David Schoenbaum, Hitlers Social Revolution, Class and Status in Nazi Germany 1933 - 1939, London 1967 (deutsche Ausgabe: Köln - Berlin 1968).

Aber auch hier paßte sich die volkswirtschaftliche „Erkenntnis" dem betriebswirtschaftlichen „Interesse" erst nachträglich an. Und auch hier sollte sie sich in der Zukunft hemmend auswirken, weil sie sich nicht rechtzeitig auf den veränderten Regierungskurs einstellte[237]. Sie führte jedenfalls nicht zum Erkennen der Inflationsgefahren, die in der Aufrüstungspolitik lagen.

---

[237] Im weiteren Sinne hierzu: Karl Heinrich Kaufhold, Wirtschaftsgeschichte und ökonomische Theorien. Überlegungen zum Verhältnis von Wirtschaftsgeschichte und Wirtschaftstheorie am Beispiel Deutschlands, in: Geschichte heute. Positionen, Tendenzen und Probleme, hrsg. v. Gerhard Schulz, Göttingen 1973, S. 256 - 280.

Siebentes Kapitel

Der Deutsche Industrie- und Handelstag

Da die Materiallage über den Deutschen Industrie- und Handelstag (DIHT) nicht so günstig wie über den Reichsverband ist, kommt diesem Kapitel lediglich eine vergleichende Aufgabe zu. Der DIHT könnte in dieser Studie als eine Art „panel group" zum RDI verstanden werden.

Der Vergleich zwischen diesen beiden beziehungsweise drei Verbänden, wenn man die Vereinigung der Deutschen Arbeitgeberverbände hinzurechnet, bietet sich an, da von den 123 Mitgliedern, die der DIHT während der Weimarer Republik zählte, 68 auch noch dem Reichsverband der Deutschen Industrie (RDI) angehörten[1] und einige der führenden Vertreter des RDI auch wichtige Funktionen beim DIHT innehatten. Schäfers Angaben zufolge bestand die Haupttätigkeit des DIHT in der laufenden Zusammenarbeit mit der Ministerialbürokratie[2].

Die Denkschriften des DIHT, die im allgemeinen sehr ausführlich waren, wurden in der Reichskanzlei kaum bearbeitet. Schäfer schreibt, daß es eigentlich nur die Pressemitteilungen des DIHT waren, die seiner Stimme in der Öffentlichkeit Gewicht verschafften[3].

Übte der DIHT tatsächlich einen so geringen Einfluß aus? Stimmte er mit der Arbeitsbeschaffungspolitik der Regierungen zwischen 1930 und 1934 überein? Von welchen Prioritäten ging er aus?

---

[1] Dieter Schäfer, Der Deutsche Industrie- und Handelstag als politisches Forum der Weimarer Republik. Eine historische Studie zum Verhältnis von Politik und Wirtschaft, Hamburg 1966, S. 33. Das Buch Schäfers gibt einen kurzen, aber brauchbaren Überblick über den DIHT. Zu Einzelfragen wird man wenig Angaben hierin finden.

[2] Ebd., S. 71.

[3] a.a.O.

1. Der Deutsche Industrie- und Handelstag in der Ära Brüning

Die grundsätzlichen Positionen

Bereits am 2. Juni 1930 setzte sich der Deutsche Industrie- und Handelstag in einer Eingabe, die er zusammen mit anderen Organisationen[4] an den Reichskanzler richtete, für Streichungen in den Ausgaben der öffentlichen Hand ein[5].

Der Widerstand des DIHT gegen eine großzügige Ausgabenpolitik der staatlichen Stellen, das zeigt sich bereits zu Beginn dieses Kapitels, rührte nicht erst seit dem Einsetzen der intensiveren Debatte um die öffentliche Arbeitsbeschaffung. Die Kontinuität der Argumentation wird ebenso wie beim Reichsverband der Deutschen Industrie zu beachten sein.

Franz von Mendelsohn, langjähriger Präsident des Deutschen Industrie- und Handelstages, machte auf der öffentlichen Vollversammlung des DIHT am 25. März 1931 seinen Zuhörern die politischen Gefahren der steigenden Arbeitslosigkeit deutlich:

Besonders junge Menschen würden „in Scharen" dem „kollektivistischen Gedanken" verfallen, „wenn sie nicht mehr die Möglichkeit und Aussicht des Aufstieges für sich als Individuen sehen". Er hielt es daher für unbedingt notwendig, die bereits beschäftigten Arbeitskräfte in den Betrieben weiter zu beschäftigen und neue einzustellen[6].

Auch das geschäftsführende Präsidialmitglied des DIHT, Eduard Hamm[7], argumentierte in erster Linie politisch: „In der gegenwärtigen Krise der Weltwirtschaft geht es auch um Anerkennung und Bestand der kapitalistischen Marktwirtschaft[8]."

Mendelsohn und Hamm gingen in ihren Überlegungen zur Arbeitslosenfrage offensichtlich von politischen Prioritäten aus. Die Abwehr des „kollektivistischen Gedankens", von dem Mendelsohn sprach — und es ist keineswegs sicher, daß er sich nur auf linke Parteien bezog—, hatte für beide absoluten Vorrang. Man wird deshalb erwarten dürfen, daß sie in diesem Abwehrkampf das wirkungsvollste Mittel zur Überwindung der Arbeitslosigkeit einsetzen wollten. Ein Mittel, mit dem die Ursachen

---

[4] Hauptgemeinschaft des Deutschen Einzelhandels, Centralverband des deutschen Bank- und Bankiergewerbes, RDI, VDA, Reichsverband des Deutschen Groß- und Überseehandels, BAK, R 43 I/2364.

[5] a.a.O.

[6] Protokoll der Vollversammlung des DIHT, 25. 3. 1931, BAK, Nachlaß Silverberg 643.

[7] Eduard Hamm: 1924 - 1933 geschäftsführendes Präsidialmitglied des DIHT, 1923 Reichswirtschaftsminister; Mitglied der DDP, später der Deutschen Staatspartei.

[8] s. Anmerkung 6.

des Übels kuriert und nicht nur gegen Symptome angegangen werden sollte. Kurz: Diese Empfehlungen müßten Steuerungsfunktionen erfüllen und ihrer volks- und betriebswirtschaftlichen „Erkenntnis" sowie ihrem volks- und betriebswirtschaftlichen „Interesse" entsprochen haben.

Mendelsohn sprach sich gegen eine Arbeitsbeschaffung der öffentlichen Hand aus, weil er hierin planwirtschaftliche Tendenzen zu erkennen glaubte, denen nicht Vorschub geleistet werden sollte. Er verwies ausdrücklich auf die Sowjetunion als negatives Beispiel einer nichtfunktionierenden Planwirtschaft[9].

Der Hinweis Mendelsohns bringt einen neuen Aspekt in die Beurteilung der Diskussion um die Arbeitsbeschaffung, die während der dreißiger Jahre in Kreisen der Unternehmerschaft geführt wurde. Die Ablehnung von Maßnahmen der direkten Arbeitsbeschaffung durch die öffentliche Hand hatte nicht nur innenpolitisch-ideologische, sondern auch pragmatisch-wirtschaftliche Gründe, die nicht zuletzt außenpolitisch (beziehungsweise außenwirtschaftlich)-ideologisch waren. Man wird auch diesen Aspekt nicht außer acht lassen dürfen, wenn man dem Verständnis von Unternehmerkreisen in Fragen der Arbeitsbeschaffung auf den Grund gehen will.

Mendelsohn stand mit seiner Anschauung nicht allein. Auch sein späterer Nachfolger, Grund, der die „Arbeitsbeschafffung" mit Maßnahmen der Wohlfahrtspflege gleichsetzte, hielt wenig davon, dem Arbeitslosen eine Schaufel in die Hand zu drücken und ihn anzuweisen, „nun den Lohn zu schaufeln". Er empfahl, durch Steuernachlässe Preis- und Lohnkostensenkungen anzustreben[10]. Dieses öffentlich vertretene Konzept zur Arbeitsbeschaffung wurde rund zwei Monate später auch dem Reichsarbeitsminister ans Herz gelegt: Nur wurde in diesem Brief allgemein von einer notwendigen Senkung der Selbstkosten gesprochen, die mit einer Verringerung der öffentlichen Ausgaben einhergehen müsse[11].

Auch beim Deutschen Industrie- und Handelstag gab man also Maßnahmen der indirekten Arbeitsbeschaffung eindeutig den Vorzug und war darauf bedacht, durch staatliche Projekte weder das Geldvolumen noch die wirtschaftliche Tätigkeit der öffentlichen Hand zu erweitern.

Hamm hielt die Möglichkeit einer „volkswirtschaftlich vertretbaren Arbeitsbeschaffung" für „leider recht beschränkt": Im Rahmen einer solchen Arbeitsbeschaffung, die für ihn ebenso wie für seine Kollegen in DIHT mit Maßnahmen der direkten Arbeitsbeschaffung gleichbedeutend war, schienen ihm nur öffentliche Aufträge der Reichsbahn und Reichs-

---

[9] a.a.O.
[10] a.a.O.
[11] Das Präsidium des DIHT an den Reichsarbeitsminister, 20. 5. 1931, BAK, R 43 I/2040.

post „volkswirtschaftlich vertretbar" zu sein. „Innerhalb des Rahmens des tatsächlichen Bedarfs und der finanzpolitischen Möglichkeit ist die Vergebung solcher Aufträge nach Kräften zu fördern", schrieb er den Mitgliedern des DIHT-Vorstands[12]. Ein nichtöffentliches Rundschreiben der Geschäftsführung an die Mitglieder des Vorstands des DIHT vom September 1931 zeigt erneut die Übereinstimmung zwischen den öffentlich, zum Beispiel in der Vollversammlung, und den nichtöffentlich vertretenen Positionen dieser Organisation[13]. Zu den „wirtschaftspolitischen Erfordernissen" zählte man: Eine Preissenkung, die über eine Kostensenkung in Form von Lohn- und Gehaltskürzungen anzustreben sei, die Abschaffung der Verbindlichkeitserklärung, die durch betriebliche Vereinbarungen ersetzt werden sollte, geringere Ausgaben der öffentlichen Hand, die Vermeidung weiterer Steuererhöhungen und den Abbau der Hauszinssteuer[14].

Öffentliche Arbeiten sollten nur von Reichsbahn und Reichspost, nicht aber von den Gemeinden vergeben werden, deren Finanzlage dies nicht erlaubte. Statt „unproduktive Unterstützung" zu beziehen, sollten die Arbeitslosen zu Pflichtarbeiten in der „Wegeverbesserung" herangezogen werden. Schließlich galt es den Außenhandel zu fördern.

Wenige Tage später richtete sich der DIHT in einem Schreiben „zur wirtschaftlichen Lage" an den Reichskanzler und wiederholte im Grunde genommen genau die Punkte, die im vorstandsinternen Katalog der „wirtschaftspolitischen Erfordernisse" genannt wurden[15]. Wieder entsprechen öffentliche und nichtöffentlich vertretene Prioritäten einander.

Im Gegensatz zum Reichsverband der Deutschen Industrie scheint man beim Deutschen Industrie- und Handelstag an den hohen Löhnen im Baugewerbe weniger Anstoß genommen zu haben, denn die Förderung der Bautätigkeit, die durch den Abbau der Hauszinssteuer ermöglicht werden sollte, wurde bei den Beratungen des Hauptausschusses des DIHT am 10. September 1931 „einmütig" gefordert[16]. Vierzehn Tage später leitete der DIHT die Beschlüsse des Hauptausschusses an Brüning und die übrigen Regierungsmitglieder weiter[17]. In diesem Schreiben

---

[12] Hamm an die Mitglieder des Vorstands des DIHT, 29. 8. 1931, BAK, Nachlaß Silverberg 640.

[13] „Zur gegenwärtigen Wirtschaftslage und den wirtschaftspolitischen Erfordernissen", 7. 9. 1931, HA/GHH, Nachlaß Reusch, 400.101.23/33 a.

[14] Für den Abbau bzw. die Beseitigung der Hauszinssteuer trat auch der RDI energisch ein. (RDI-Vorstand 25. 9. 1931, Bayer-Archiv, 62/10. 4.e.) Auch: Hauptinhalt der RDI-Eingabe an Papen, 10. 5. 1932, BAK, Nachlaß Kastl 5.

[15] DIHT an Brüning, 12. 9. 1931, BAK, R 43 I/2373.

[16] Rundschreiben des DIHT betr. Hauszinssteuer, 11. 9. 1931, BAK, Nachlaß Silverberg 645, vgl. auch Sitzung des Hauptausschusses des DIHT vom 10. 9. 1931, a.a.O.

[17] DIHT an Brüning, 24. 9. 1931, BAK, R 43 I/2351.

wurde auch darauf hingewiesen, daß der Abbau der Hauszinssteuer die Hausbesitzer entlasten und daher befähigen werde, „Arbeiten der Erneuerung und Verbesserung des Althausbesitzes" in die Wege zu leiten. Diese privaten Aufträge schienen dem DIHT „volkswirtschaftlich nützlich" zu sein, während der öffentliche Wohnungsbau nur den Mangel an Kleinwohnungen lindern und Hilfestellung bei der landwirtschaftlichen und „gärtnerischen" Siedlung leisten sollte. Am 3. Dezember 1931 bekräftigte der Hauptausschuß des DIHT seine Forderung nach einem Abbau der Hauszinssteuer, motivierte sie diesmal aber anders[18]:

Die Hauszinssteuer führe durch ihre Überwälzung auf die Mieter zur Verteuerung der Mieten, erhöhe die Lebenshaltungskosten und trage schließlich auch im Produktionssektor zu den hohen Selbstkosten bei.

Noch kurz vor dem Rücktritt Brünings — als die Möglichkeit einer staatlichen Arbeitsbeschaffung in der Öffentlichkeit und in der Regierung lebhafter als je zuvor erörtert wurde — sprach sich der neue Präsident des DIHT, Grund, gegen jede „künstliche Arbeitsbeschaffung" aus[19]. Erneut betonte er die Notwendigkeit einer allgemeinen Kostensenkung, der Aufhebung des Schlichtungswesens, der Freiheit des Vertragsabschlusses und der Anpassung der Lohnvereinbarungen an die besonderen Verhältnisse der Einzelbetriebe. „Auch das ist eine Politik der Arbeitsbeschaffung, und zwar eine Arbeitsbeschaffungspolitik im allerweitesten Sinne[20]." Tags darauf wurde der Standpunkt des DIHT dem Reichskanzler schriftlich unterbreitet[21]. Inhaltlich enthielt das Schreiben an Brüning wenig Neues. Die alten Forderungen wurden nur erneut bekräftigt und mit einer vehementen Ablehnung des ADGB-Planes zur Arbeitsbeschaffung verbunden.

Eine gesetzlich verordnete Verkürzung der Arbeitszeit für alle Wirtschaftszweige lehnte der DIHT ebenso wie der RDI im Herbst 1931[22] und im Mai 1932[23] ab. Während sich der Protest des DIHT und RDI gleichermaßen gegen eine gesetzlich verordnete Verkürzung der Arbeitszeit und nicht gegen die Arbeitszeitverkürzung an sich richtete, war doch der vom RDI angeschlagene Ton weitaus schärfer: Für den RDI war eine gesetzlich verordnete Verkürzung der Arbeitszeit „ein weiterer Schritt auf dem Weg zur Zwangswirtschaft"[24]. Der DIHT wiederholte nur seine

---

[18] Sitzung des Hauptausschusses des DIHT, 3. 12. 1931, BAK, Nachlaß Silverberg 645.

[19] In der Vollversammlung des DIHT am 11. 5. 1932, BAK, Nachlaß Silverberg 643.

[20] a.a.O.

[21] „Zur gegenwärtigen wirtschaftlichen Lage", der Präsident des DIHT an den Reichskanzler, 12. 5. 1932, BAK, R 43 I/1170.

[22] s. Anmerkung 13.

[23] DIHT an den Reichskanzler, 3. 5. 1932, BAK, R 43 I/2043.

[24] Geheimrat Kastl für den RDI an den Reichskanzler, 3. 5. 1932, a.a.O.

grundsätzliche Ablehnung einer gesetzlichen Regelung dieser Frage und bezog sich dabei auf die ohnehin weitgehend praktizierte Kurzarbeit[25].

Die geld- und kreditpolitischen Vorstellungen

Die Reichsbank solle sich „soweit wie irgend möglich in den Dienst der Krediterleichterung und -ausweitung stellen". Eine Unterschreitung der Deckungsgrenze von vierzig Prozent für den Güter- und Geldumlauf führe zu keiner Inflationsgefahr, nur sei die „Führung und Beeinflussung der öffentlichen Meinung in Fragen der Kreditpolitik" nötig. Diese unkonventionelle geld- und kreditpolitische Empfehlung sprach der DIHT in einem Schreiben an Kanzler Brüning am 27. August 1931[26] aus. Intern äußerte sich DIHT-Geschäftsführer Hamm zwei Tage später ähnlich[27].

So früh wich beispielsweise der Reichsverband der Deutschen Industrie in offiziellen Stellungnahmen nicht von der herkömmlichen geldpolitischen Norm ab, und außerdem hatte die Mehrheit im RDI diese volkswirtschaftliche „Erkenntnis" selbst im internen Kreis noch nicht akzeptiert.

Im September 1931 wurde der DIHT noch klarer und riet im Zusammenhang mit der Forderung nach einem Abbau der Hauszinssteuer zur Aufgabe der deflationistischen Politik. Die Inflationsgefahr wollte man zwar vermeiden, aber Deflation „auf unabsehbare Zeit" schien auch gefährlich zu sein[28].

Als Paul Silverberg, der im Herbst 1931 den Spitzengremien des RDI und der Regierung Pläne für eine Erweiterung des Kreditvolumens vorgelegt hatte, im Hauptausschuß des Deutschen Industrie- und Handelstages am 3. Dezember 1931 die Meinung vertrat, das momentane Kreditvolumen sei zu klein und der Weg aus Wirtschaftskrise und Arbeitslosigkeit führe nur über die Erhöhung des Kredit- und „Wirtschaftsvolumens", widersprach ihm keiner der Anwesenden. Silverberg blieb auch trotz eines Zwischenrufs von Reichsbankpräsident Luther dabei, daß die Reichsbank Kreditrestriktionen ausübte. „Für mich (ist) das A und O für die Wiederankurbelung der Wirtschaft die Erhöhung des Kreditvolumens", schloß Silverberg, der zu diesem Zweck zur (noch stärkeren) Ausweitung der Wechselgeschäfte riet[29].

---

[25] s. Anmerkung 23.
[26] DIHT an den Reichskanzler, 27. 8. 1931, BAK, R 43 I/659.
[27] Das geschäftsführende Präsidialmitglied des DIHT, Hamm, schrieb den Mitgliedern des Vorstands, die Reichsbank werde mit einer gewissen Kühnheit eine „möglichst auf Deckung des volkswirtschaftlichen Kreditbedarfs gerichtete Politik" treiben müssen, um die durch die Kreditentziehungen des Auslands bedingten Schrumpfungsgefahren auszugleichen. Hamm an die Mitglieder des Vorstands des DIHT, 29. 8. 1931, BAK, Nachlaß Silverberg 640.
[28] DIHT an den Reichskanzler, 24. 9. 1931, BAK, R 43 I/2351.

Aus diesen für damalige Verhältnisse nicht gerade herkömmlich zu nennenden geldpolitischen Ideen wird man keine falschen Schlüsse ziehen dürfen: Den nächsten Schritt einer bewußten Erweiterung des Geldvolumens wollte man auch beim DIHT nicht gehen. So stieß der Wagemann-Plan auf heftigen Widerstand in den Reihen des DIHT und in verschiedenen regionalen Industrie- und Handelskammern. Eduard Hamm hielt Wagemann engegen, daß man durch „innerwirtschaftliche Maßnahmen" einen allgemeinen Vertrauensschwund nicht ersetzen könne und eine „Rettung" aus Wirtschaftskrise und Arbeitslosigkeit nur von außen möglich sei. Auch der Präsident der Industrie- und Handelskammer Berlin, Demuth, glaubte eine Gesundung der deutschen Wirtschaft nur durch internationale Maßnahmen einleiten zu können[30].

In einer Besprechung der Industrie- und Handelskammer Berlin[31] bezeichnete er eine etwaige Verwirklichung des Wagemann-Plans „zu dem Zeitpunkt" als „absurd". Demuth räumte zwar ein, daß Wagemann selbst keine Inflation wollte, es „aber auch ein Delikt der fahrlässigen Brandstiftung" gebe, und der Plan sei nun einmal nicht ohne eine Inflation möglich. Diese würde für Deutschland aber den Verlust des Exports bedeuten, ohne die Möglichkeit einer „Sonderkonjunktur" in Deutschland, die er als „Utopie eines verschüchterten Kindes" bezeichnete. Nachhaltig befürwortete er statt dessen die Senkung von Löhnen und Preisen. Er schloß seine Ausführungen mit einem Appell zur Deflationspolitik, für die die Kammer stets eingetreten sei. Diese Beteuerung Demuths erscheint angesichts der geldpolitischen Empfehlungen des DIHT als relativ unwahrscheinlich, es sei denn, die Industrie- und Handelskammer Berlin hätte einen völlig selbständigen Kurs gesteuert.

Die Industrie- und Handelskammer Flensburg nahm auf ihrer Vollversammlung im Februar 1932 eine Entschließung an, in der auch sie den Wagemann-Plan ablehnte, weil er, wie man hier glaubte, die Kreditfähigkeit Deutschlands im Ausland und das Vertrauen der deutschen Sparer zur Sicherheit der Reichsmark gefährdete[32].

---

[29] Sitzung des Hauptausschusses des DIHT, 3. 12. 1931, BAK, Nachlaß Silverberg 645. Man wird anhand des vorgelegten Materials nicht davon ausgehen können, daß man im DIHT eine „strikt konservative Währungspolitik" betrieb, wie sie Schäfer, S. 65, zufolge der langjährige Präsident des DIHT, Franz von Mendelsohn, befürwortet haben soll.

[30] Aussprache Wagemanns mit Repräsentanten verschiedener Wirtschaftsverbände, 30. 1. 1932, BAK, R 11/1371. Eine ausführliche Darstellung des Gesprächsverlaufs ist im 6. Kapitel nachzulesen.

[31] Vermerk über eine Besprechung der Berliner Industrie- und Handelskammer über den Wagemann-Plan, 29. 1. 1932, BAK, R 11/1371.

[32] Industrie- und Handelkammer Flensburg an den DIHT, 24. 2. 1932, BAK, R 11/1371.

Aus ähnlichen Gründen lehnte der Deutsche Industrie- und Handelstag den Arbeitsbeschaffungsplan des ADGB ab, denn „erstes Gesetz" (ist) „die Sicherheit und Festigkeit der Währung aufrechtzuerhalten"[33].

Kann man von einem Kurswechsel des DIHT in seinen geld- und kreditpolitischen Konzeptionen sprechen? Es läßt sich nicht bestreiten, daß dieser Verband noch im Sommer und Herbst 1931 andere Empfehlungen auf diesem Gebiet ausgesprochen und sogar eine bewußte Abkehr von der Deflationspolitik angestrebt hatte. Insofern trafen die Worte Demuths den Sachverhalt nicht. Noch im Dezember wurde Silverberg, der im Hauptausschuß des DIHT für eine Erweiterung des Kreditvolumens plädierte, nicht widersprochen.

Ende Januar aber steß nun der Wagemann-Plan auf heftige Ablehnung im DIHT und in verschiedenen regionalen Industrie- und Handelskammern. Zusammen mit dem RDI kürzte der DIHT seine Unterstützung für das Institut für Konjunkturforschung, dem Wagemann vorstand[34]. Wie ist diese widersprüchliche Haltung des DIHT zu erklären?

Die Zeitspanne zwischen der dezidierten Kritik und der ausgesprochenen Befürwortung der Wirtschaftspolitik Brünings durch den DIHT war äußerst knapp, und in jenen Wochen änderte sich nichts Grundsätzliches an der Deflationspolitik der Regierung. Im Gegenteil, sie wurde durch die Notverordnung vom Dezember 1931 noch verschärft. Es bleiben demnach eigentlich keine anderen Ablehnungsgründe für den Wagemann-Plan übrig als eben dieser Plan selbst. Möglicherweise gab er beim DIHT zu Befürchtungen Anlaß, daß selbst kleine Schritte in Richtung auf einen Abbau der Deflationspolitik inflationären Tendenzen Auftrieb geben könnten. Aber selbst wenn man diese Erklärung akzeptiert, wird man scheinbar einräumen müssen, daß der geldpolitische Kurs des DIHT bereits vor der Diskussion um den Wagemann-Plan inkonsequent war. Denn einerseits trat man für eine Erweiterung des Kreditvolumens und die Überwindung der deflationistischen Wirtschaftspolitik ein, aber andererseits wiederholte man die grundsätzlichen Bedenken gegen Aufträge der öffentlichen Hand. An diesem letzten Punkt hielt man beim DIHT beharrlich fest.

Der scheinbare Widerspruch wird wohl am ehesten gelöst, wenn man davon ausgeht, daß der DIHT ständig von einem Grundsatz ausging: der Bevorzugung der Maßnahmen der indirekten Arbeitsbeschaffung. Innerhalb dieses Rahmens waren Kurskorrekturen möglich. Ein Beispiel: Als man beim DIHT noch für eine liberalere Geldpolitik eintrat, wich man nicht vom Prinzip der indirekten Arbeitsbeschaffung ab. Man emp-

---

[33] Der Präsident des DIHT an den Reichskanzler, 12. 5. 1932, BAK, R 43 I/1170.
[34] Vgl. hierzu das 6. Kapitel.

fahl den Abbau der Hauszinssteuer, um den Hausbesitzern die Möglichkeit zu erleichtern, Aufträge für Reparaturen zu vergeben. Den öffentlichen Wohnungsbau wollte man aber nur auf wenige Tätigkeiten beschränkt sehen. Geld- und Kreditpolitik waren für den DIHT Instrumentarien der indirekten (!) Arbeitsbeschaffung und außerdem sollte der Übergang allmählich herbeigeführt werden, weil man glaubte, daß eine „Führung und Beeinflussung der öffentlichen Meinung in Fragen der Kreditpolitik" nötig sei.

Der Wagemann-Plan war aber ein Paukenschlag, der in der Öffentlichkeit sehr starke Beachtung gefunden hatte. Auch in anderen Verbänden mißfiel gerade das Aufsehen, das dieser Plan erregt hatte[35].

Möglicherweise war man angesichts dieser Umstände beim Deutschen Industrie- und Handelstag der Meinung, sowohl in der Öffentlichkeit als auch intern eine Kurskorrektur vornehmen zu müssen, um inflationistischen Tendenzen von vornherein entgegenzutreten. Man wollte sich nicht, wie es Demuth ausdrückte, ebenso wie Wagemann des „Delikts der fahrlässigen Brandstiftung" schuldig machen. Diese Interpretation legt nur ein „vielleicht" nahe, sie versucht sich aber weitgehend an den Zusammenhang des Materials zu halten, bleibt also quellenimmanent.

2. Der Deutsche Industrie- und Handelstag in der Regierungszeit Papens

Die Einzelheiten der Notverordnungen vom 4. und 5. September 1932 waren der Geschäftsführung des Deutschen Industrie- und Handelstages ebenso wie dem Reichsverband der Deutschen Industrie vor ihrer Veröffentlichung unbekannt[36]. Man wird hieraus, ebenso wie bereits in dem Kapitel über den RDI, auf den Kommunikationsgrad zwischen der Regierungsbürokratie und dem Deutschen Industrie- und Handelstag schließen können. Er kann nicht sehr hoch gewesen sein, da die Geschäftsführung des DIHT noch am 1. September weitgehend im Dunkeln tappte und sich im wesentlichen auf den Inhalt der Rede Papens in Münster beziehen mußte. Schließt man, wiederum in Anlehnung an Karl W. Deutsch, von der Kommunikationsintensität auf die Mitbeteiligung beim Vorgang der Entscheidungsfindung, wird man keine starke Einflußnahme des DIHT auf die staatlichen Instanzen erwarten können.

Anfang September vollzog der DIHT in bezug auf die Arbeitsbeschaffung der öffentlichen Hand eine gewisse Modifizierung seines bisher vertretenen Standpunkts: Die staatliche Arbeitsbeschaffung wurde für „Notzeiten" ausdrücklich gutgeheißen, sollte aber in der „Aufrechter-

---

[35] Auch hierzu das 6. Kapitel.
[36] Vgl. Rundschreiben des DIHT an die Mitglieder betr. Wirtschaftsprogramm der Reichsregierung, 1. 9. 1932, BAK, Nachlaß Silverberg 643.

haltung einer gesunden Währung und in den Erfordernissen der Finanzwirtschaft" ihre Grenzen finden. Deshalb war nach Mitteilung des Verbands eine öffentliche Arbeitsbeschaffung, „in dem in Milliarden gehenden Umfang, wie sie oft in der Öffentlichkeit verlangt wurde", nicht zulässig. Gegen die Arbeitsbeschaffungspläne Papens hatte der DIHT, soweit sie nach der Rede von Münster bekannt waren, „unter dem Gesichtspunkt der Währungs- und Finanzerfordernisse keine Bedenken"[37].

Das geschäftsführende Präsidialmitglied des DIHT, Eduard Hamm, gab auf der Sitzung des Hauptausschusses am 5. Oktober die wohl entscheidende Begründung für den Meinungswechsel[38]. Die öffentliche Arbeitsbeschaffung habe „stimmungsgemäß weiteste Volkskreise hinter sich" und könne politisch und wirtschaftlich nicht ernst genug genommen werden. „Der ganze Arbeitsdrang eines arbeitsamen Volkes, namentlich einer heranwachsenden arbeitssuchenden Jugend, ist in ihr zusammengedrängt." Noch ein anderes politisches Moment fügte er in seine Begründung ein: SPD, KPD und NSDAP vereinigten nach den letzten Wahlen 73,6 Prozent der abgegebenen Stimmen auf sich. Fast drei Viertel aller Stimmen entfielen auf Parteien, „die der bestehenden Wirtschaftsordnung ablehnend, wenn auch nicht mit gleichen Zielsetzungen gegenüberstehen". Die Fortsetzung des Widerstands gegen die direkte Arbeitsbeschaffung der öffentlichen Hand hielt Hamm politisch schlechterdings für unmöglich, obwohl er sie anscheinend rein wirtschaftlich gesehen nach wie vor ablehnte.

Wie nahm der DIHT die indirekt arbeitsbeschaffenden Maßnahmen der Notverordnungen vom 4. und 5. September auf? Bereits am 1. September nahm der DIHT in einem Rundschreiben zu einigen dieser Maßnahmen Stellung, wenn auch aufgrund der noch unvollständigen Information unter Vorbehalt[39]. Da aber Papen in seiner Rede bereits konkrete Hinweise gegeben hatte, glaubte der DIHT, eine „vorläufige Würdigung" abgeben zu können.

Die von der Regierung angekündigte Regelung trage der von Wirtschaftskreisen immer betonten Tatsache Rechnung, „daß die Höhe der Steuerlast in immer stärkerem Maße die Erhaltung und Ausweitung jeder wirtschaftlichen Tätigkeit gehemmt und damit die Möglichkeiten, Arbeitskräfte zu beschäftigen, eingeengt hat".

In den Steuergutscheinen sah man zwei Möglichkeiten: Die Befreiung von künftigen Steuern ohne die Aufwendung von Barmitteln und die Möglichkeit ihrer Verwendung als Kreditunterlage. Mit den ersparten

---
[37] a.a.O.
[38] Sitzung des Hauptausschusses des DIHT, 5. 10. 1932, BAK, Nachlaß Silverberg 646.
[39] s. Anmerkung 36. Die ganze vorläufige Würdigung ist in diesem Rundschreiben zu finden.

Beträgen könnte die Privatwirtschaft neue Aufträge finanzieren, die zu einer Ausweitung der Produktion führen würden. Man erwartete, daß die Inhaber gewerblicher Betriebe und der Hausbesitz den größten Nutzen aus diesen Steuerscheinen ziehen würden. „Freilich würde die Verwendung der Steuerersparnis zu Hausreparaturen mit der Folge einer Belebung des Arbeitsmarktes in noch größerem Maße zu erwarten sein, wenn auch bei der Bezahlung der Hauszinssteuer Anrechnungsscheine ausgefolgt würden". Die Abschaffung der Hauszinssteuer war offensichtlich nach wie vor eines der vordringlichen Anliegen des DIHT in der Frage der Arbeitsbeschaffung.

Eine Inflationsgefahr sah der DIHT in den Steueranrechnungsscheinen nicht, da er eine parallele Vermehrung des Warenumlaufs erwartete. Auch eine Verwendung der Scheine als Zahlungsmittel befürchtete man nicht, da ihre geringste Stückelung fünfzig Mark betragen sollte und sie nicht für die Zahlung der Einkommensteuer gedacht waren. „Die große Masse der Bevölkerung, insbesondere der Arbeitnehmerschaft, wird an dem Erwerb der Scheine kein Interesse haben." Auch hierin lag nach Meinung des DIHT „ein Schutz gegen eine etwaige Ausweitung ihres Umlaufbereichs". Da aber die Steuerscheine an der Börse notiert werden würden, bestehe die Möglichkeit einer ungünstigen Auswirkung auf festverzinsliche Papiere, so daß zu überlegen wäre, wie dieser Entwicklung entgegengewirkt werden könnte. Trotz dieser Bedenken im Detail appellierte die Geschäftsführung des DIHT an die Mitglieder, die Steuerscheine nicht liegen zu lassen und zur Ausweitung der produktiven Tätigkeit beizutragen.

Auf der Sitzung des Hauptausschusses des DIHT vom 5. Oktober 1932 wurde die „vorläufige Würdigung" vom 1. September bestätigt. Die Idee der Steuergutscheine nannte man im wesentlichen richtig und begrüßte sie[40]. In der Praxis wurden dann, wie Hamm auf der Vorstandssitzung des DIHT am 6. Dezember 1932 mitteilte, die Steuerscheine „relativ gering beansprucht", und nur „um des Prinzips der Kontinuität willen" befürwortete er die Fortführung dieser Regelung[41].

Die Kritik des Deutschen Industrie- und Handelstages an den lohnpolitischen Bestimmungen der Notverordnung steigerte sich im Laufe der Zeit stufenweise:

---

[40] Sitzung des Hauptausschusses des DIHT, 5. 10. 1932, BAK, Nachlaß Silverberg 646.

[41] Sitzung des Vorstands des DIHT, 6. 12. 1932, BAK, Nachlaß Silverberg 641. Die vorgelegten Materialien dürften zur Relativierung der Behauptung Schneiders (Arbeitsbeschaffung, S. 200) beitragen, „die" Unternehmer hätten die Fortführung des Systems der Steuergutscheine gewollt. Schneider gibt hierfür nur drei Belege, darunter den Brief des DIHT an die Reichsregierung vom 8. 12. 1932 (BAK, R 2/18657), der im Anschluß an die Vorstandssitzung vom 6. 12. abgeschickt wurde. Auf die Vorstandssitzung selbst geht Schneider nicht ein.

2. Der Deutsche Industrie- und Handelstag der Regierung Papen

— Am 1. September wurde die Regelung noch zaghaft bemängelt. Man erwartete eine Benachteiligung solcher Unternehmer, die in der Vergangenheit aus sozialen Gründen ihre Belegschaften nicht verringert hatten. Dennoch hob der DIHT den „gesunden Gedanken" hervor, der dieser Bestimmung zugrundelag[42].

— Am 8. September, also nur eine Woche später, entschied man sich für einen schärferen Ton: Man befürchtete „Ungerechtigkeiten und bedenkliche Verschiebungen der Wettbewerbslage" auf Kosten von Betrieben, die ihre Arbeiterzahl durch Kurzarbeit gehalten hatte[43]. Lobendes wurde nicht mehr erwähnt.

— Am 5. Oktober wurde die DIHT-Spitze am deutlichsten[44]: Alle Mitglieder des Hauptausschusses lehnten die lohnpolitischen Bestimmungen ab, weil diese das Verhältnis von Unternehmern und Arbeitnehmern nachteilig beeinflußten. Und dieses Problem hielt man beim DIHT für die „Kernfrage" bei der Beurteilung der Notverordnung.

Hamm war der Meinung, daß die bestehende Regelung den Lohn der Arbeitnehmer „bis auf das Existenzminimum herabdrücken" würde, weshalb er politische Beunruhigungen nicht ausschloß. Aus den gleichen Gründen lehnten auch die übrigen Sprecher, unter ihnen Silverberg, Reusch, Abraham Frowein und DIHT-Präsident Grund, die Regierungsmaßnahmen ab. Meinungsverschiedenheiten bestanden nur in der Frage, ob der DIHT die Notverordnung öffentlich oder nur Papen persönlich gegenüber kritisieren sollte. Schließlich wählte man den stilleren Weg.

In einer nachträglichen Beurteilung der Wirtschaftspolitik Papens bedauerte Hamm zwar das Ausscheiden des Kanzlers, bezeichnete es aber wegen der Fehler in der „psychologischen Art der Behandlung gewisser, namentlich der sozialen Fragen" als unvermeidbar. Grundsätzlich hatte er an Papens Wirtschaftspolitik wenig auszusetzen, da der Kanzler die Krise mit Hilfe der Privatwirtschaft überwinden wollte. Auch gegen das Prinzip der Tariflohnunterschreitungen, die „auf der Arbeitgeberseite und bei deren Organisationen („im einzelnen") starke Bedenken" hervorgerufen hatten, erhob er keine Einwendungen, denn damit sollte das unliebsame Tarifsystem gelockert und den Verhältnissen in den einzelnen Betrieben angepaßt werden[45]. Hamms Kritik orientierte sich an rein po-

---

[42] s. Anmerkung 36.
[43] Rundschreiben des DIHT vom 8. 9. 1932 zu den sozialpolitischen Bestimmungen der Notverordnung des Reichspräsidenten zur Belebung der Wirtschaft vom 4. 9. und zur Verordnung der Reichsregierung zur Vermehrung und Erhaltung der Arbeitsgelegenheit vom 5. 9. 1932, BAK, Nachlaß Silverberg 643.
[44] s. Anmerkung 38.
[45] Sitzung des Vorstands des DIHT, 6. 12. 1932, BAK, Nachlaß Silverberg 641.

litischen Prioritäten. Diese hatten, ebenso wie während der Amtszeit Brünings, für ihn und die anderen führenden Vertreter des Deutschen Industrie- und Handelstages Steuerungsfunktion.

Scharfe Kritik wurde in den Reihen des DIHT auch an der Kontingentierung der Einfuhr landwirtschaftlicher Waren geübt. Der Präsident des Deutschen Industrie- und Handelstages, Grund, vertrat vor dem Hauptausschuß am 5. Oktober die Auffassung, daß die Stärkung des Exports die beste Arbeitsbeschaffung überhaupt sei. „Die Ausfuhr zu fördern ist daher weniger als je eine Frage weltwirtschaftlicher oder kosmopolitischer Ideologie, sondern eine Aufgabe der Arbeitsbeschaffung für deutsche Menschen[46]." Der Vizepräsident der Handelskammer Mannheim, Vögele, befürchtete handelspolitische Repressalien der Handelspartner als Reaktion auf die deutsche Einfuhrkontingentierung und erwartete Rückwirkungen auf die Arbeitslosigkeit[47].

Die Industrie- und Handelskammer Köln, an deren Spitze Paul Silverberg stand, telegrafierte an Papen und erhob „in letzter Stunde" ihren „dringenden Einspruch" gegen die Kontingentierungspläne der Regierung, da ein nicht wiedergutzumachender Rückschlag in der Wirtschaftsankurbelung und vermehrte Arbeitslosigkeit nicht auszuschließen sein würden[48].

An der Wirtschaftspolitik Papens billigte der DIHT im Endeffekt also nur das Prinzip: den Willen, die Krise mit Hilfe der Privatwirtschaft zu überwinden. Die Steuergutscheine wurden mit Zurückhaltung aufgenommen, die Tariflohnunterschreitungen „nur" aus politischen und die Kontingentierungspläne aus politischen und wirtschaftlichen Gründen abgelehnt. Viel Positives bleibt beim näheren Hinsehen nicht übrig.

3. Der Deutsche Industrie- und Handelstag in der Regierungszeit Schleichers

In der Vorstandssitzung des DIHT am 6. Dezember 1932 gab Paul Silverberg seiner Reserve gegenüber der Regierung Schleicher Ausdruck und sah schon „Planwirtschaftstendenzen oder sogar sozialistische Tendenzen" auf die Wirtschaft zukommen. Vor der Regierungsbildung habe Schleicher auch keine Fühlungnahme mit den Unternehmerverbänden aufgenommen und weder Krupp noch Kastl oder Brauweiler seien gehört worden[49].

---

[46] Sitzung des Hauptausschusses des DIHT, 5. 10. 1932, BAK, Nachlaß Silverberg 646.
[47] a.a.O.
[48] a.a.O.
[49] s. Anmerkung 45.

Ein Umstand, der auf eine niedrige Kommunikationsintensität zwischen den Unternehmerorganisationen und (auch) der Regierung Schleicher hinweist. Ausgehend von unseren Prämissen kann daraus geschlossen werden, daß beide Verbände an der Entscheidungsfindung nicht beteiligt und die staatlichen Instanzen von ihnen weitgehend unabhängig waren.

Die Zukunftsaussichten und die personelle Zusammensetzung des neuen Kabinetts beurteilte Hamm recht nüchtern: Die Berufung Gerekes als Reichskommissar für Arbeitsbeschaffung habe wohl mehr den Zweck gehabt, Herrn Gereke an die Regierung zu binden als umgekehrt die Reichsregierung an die Vorschläge des Herrn Gereke[50].

Nach der Rundfunkrede des Kanzlers vom 15. Dezember, einer vertraulichen Aussprache zwischen Schleicher, Grund und Hamm sowie einer Besprechung mit Reichswirtschaftsminister Warmbold am 19. Dezember[51] kam der DIHT zu einem durchaus ausgewogenen und der Arbeitsbeschaffungspolitik Schleichers gegenüber wohlwollenden Urteil. Es wurde nicht nur im engeren Kreis des Vorstands abgegeben, sondern auch den Mitgliedern übermittelt[52]. „Vor allem ist zu begrüßen, daß die neue Regierung, wie der Kanzler ausdrücklich erklärte, das Wirtschaftsprogramm der Reichsregierung von Papen in seinem wesentlichen Grundgedanken auch für sich übernommen hat." Die Bemerkung Schleichers, er sei weder ein Anhänger des Kapitalismus noch des Sozialismus, löste beim DIHT wenig Befürchtungen aus. „Aufgrund der Stellung, die Herr von Schleicher zum Arbeitsbeschaffungsprogramm und zu verschiedenen anderen Fragen einnahm", war man beim DIHT der Auffassung, daß auch er „die Bedeutung der privatwirtschaftlichen Initiative und des Wertes der freien Unternehmertätigkeit durchaus würdigt."

Es sei nicht Schleichers Art, sich dogmatisch festzulegen, dafür ziehe er die „Einstellung auf die nächsten Ziele" vor. Aber gerade diese Ziele seien gefährdet, „wenn nicht immer wieder gewisse Grundtatsachen berücksichtigt würden".

Für die von Schleicher vorgesehene Arbeitsbeschaffung sah der DIHT „volkswirtschaftlich vernünftige Aufgaben in Fülle". Schwierigkeiten vermutete man in der Frage der Finanzierung, über die der Kanzler keine näheren Angaben gemacht hatte, aber die ins Auge gefaßte Mitarbeit des Reichsbankpräsidenten bot „die sicherste Garantie", daß keine inflationären Maßnahmen beabsichtigt waren und der ursprüngliche Gereke-Plan, der inflationär gewirkt hätte, nicht verwirklicht werden

---

[50] a.a.O.
[51] Vgl. hierzu ausführlich das 3. Kapitel.
[52] DIHT-Rundschreiben betr. Regierungsprogramm 19. 12. 1932, BAK, Nachlaß Silverberg 644, auch: HA/GHH, Nachlaß Reusch, 400.101.23/33 b.

würde. „Wir glauben vielmehr, daß die Arbeitsbeschaffung in den Grenzen und Methoden des früheren Arbeitsbeschaffungsplanes bleiben wird, wobei allerdings eine Beschleunigung und insbesondere eine Verlagerung der für Neueinstellungen vorgesehenen siebenhundert Millionen auf anderweitige Arbeitsförderung zu erwarten sein wird."

Die Kontinuität zwischen der Arbeitsbeschaffungspolitik Papen und Schleichers, die nicht immer beachtet wird[53], wurde vom DIHT klar erkannt.

Sehr begrüßt wurde die Absicht der Regierung Schleicher, Aufträge an Unternehmer zu vergeben und keine Arbeiten in eigener Regie in die Wege zu leiten[54]. Ein Argument, mit dem Gereke — anscheinend mit einigem Erfolg — den Unternehmern seine Arbeitsbeschaffungspolitik schmackhaft machen wollte[55]. Der DIHT erwartete von der Regierung Schleicher ferner die Erhaltung einer Linie, die einerseits „dem sozialen, sittlichen und wirtschaftlichen Bedürfnis der Arbeitsbeschaffung" so weit entgegenkam, wie dies mit der Währungs- und Finanzlage vereinbar war und andererseits das Vertrauen der öffentlichen Meinung auf Sicherheit und Stabilität erhielt. Zugleich vertraute man beim DIHT darauf, daß sich die ruhige realpolitische Betrachtung der Lage auch weiterhin durchsetzen würde. Auch in der Handelspolitik erwartete der DIHT von der Regierung Schleicher Verbesserungen[56].

Die Aufhebung der lohnpolitischen Bestimmungen der Notverordnung vom September 1932 stieß beim DIHT, wie zu erwarten, auf keinen Widerstand. Im Gegenteil, auch in Kreisen der Unternehmer sei die Tariflohnunterschreitung bei Mehreinstellung hinsichtlich der wirtschaftlichen Zweckmäßigkeit und in bezug auf das sozial Erträgliche umstritten gewesen und zudem selten angewandt worden. Der DIHT betrachtete diese Regelung als Mißerfolg, weil sie Streiks provoziert und politisch radikalen Gruppen Auftrieb gegeben hatte[57].

Noch im Januar zeigte sich Hamm mit der Arbeitsbeschaffungspolitik der Regierung Schleicher zufrieden. Er konnte keine ernsthafte Abweichung von der Wirtschaftspolitik Papens feststellen und fand lobende Worte für Schleichers Entscheidung, sich noch stärker als Papen seinerzeit an Reichsbankpräsident Luther zu binden, der beim DIHT als Garant der Währungsstabilität angesehen wurde[58]. Außerdem sei auch die öffentliche Arbeitsbeschaffung wesentlich anders geworden als es der ursprüngliche Gereke-Plan vorsah und „verschiedene Mitglieder des Ka-

---

[53] Vgl. hierzu das 4. Kapitel.
[54] s. Anmerkung 52, wenn nicht anders vermerkt.
[55] Vgl. das 4. Kapitel.
[56] s. Anmerkung 52.
[57] a.a.O.
[58] Sitzung des Vorstands des DIHT, 18. 1. 1933, BAK, Nachlaß Silverberg 642.

binetts hätten eine sehr bestimmte grundsätzliche Stellung zu den wirtschaftlichen Problemen, die mit Vertrauen ihnen gegenüber erfüllen können". Dennoch wies er nicht die Gefahr von der Hand, daß durch Opportunitätsdenken „ein gewisses Abgleiten nach der planwirtschaftlichen Seite" vor sich gehen könnte. Abraham Frowein, Paul Reusch und DIHT-Präsident Grund wiederholten ihren Standpunkt: Staatliche Aktivitäten in der Wirtschaft sollten beschränkt bleiben[59].

Trotz dieser zum Teil kritischen Stimmen, die sich auch eher auf Mögliches als auf Wirkliches bezogen, muß festgestellt werden, daß die Haltung des Deutschen Industrie- und Handelstages gegenüber der Arbeitsbeschaffungspolitik Schleichers von einer mehr als wohlwollenden Neutralität gekennzeichnet war. Man erkannte die bestehende Kontinuität zwischen der Arbeitsbeschaffungspolitik Papens und Schleichers, beurteilte die Schritte des neuen Kanzlers aber auch vorwiegend deshalb positiv, weil er dem politisch Möglichen weit eher als sein Amtsvorgänger Papen Rechnung trug. Für den DIHT betrieb Schleicher die Arbeitsbeschaffung Papens mit geschickteren politischen Mitteln, und vor allem versuchte er durch die Zurücknahme der lohnpolitischen Bestimmungen, die den sozialen Unfrieden schürten, das Klima zwischen den Tarifparteien zu verbessern.

4. Der Deutsche Industrie- und Handelstag in der Anfangsphase der nationalsozialistischen Herrschaft

Dem Deutschen Industrie- und Handelstag wurde seine organisatorische und personelle Eigenständigkeit durch die Nationalsozialisten schon sehr frühzeitig entzogen. Adrian von Renteln, der den ehemaligen Präsidenten Grund verdrängte, rechtfertigte den Eingriff in den Deutschen Industrie- und Handelstag damit, daß „der Angelegenheit vom politischen Gesichtspunkt aus eine entscheidende Bedeutung zukomme", da Dr. Grund Demokrat sei und der Deutsche Industrie- und Handelstag eine Domäne der Demokratischen Partei war[60]. In der Tat zeigte der DIHT wenig Begeisterung über die „Machtergreifung"[61].

---

[59] a.a.O.
[60] Vermerk der Reichskanzlei 16. 5. 1933, BAK, R 43 II/328. Mit der letzten Behauptung hatte Renteln nicht einmal unrecht. Vgl. hierzu Schäfer, passim. Auch das geschäftsführende Präsidialmitglied des DIHT, Eduard Hamm, gehörte zur DDP bzw. später zur Deutschen Staatspartei (Schäfer, S. 46). Die Nebenbemerkung Stegmanns, S. 427 f., Franz Heinrich Witthoeft, 1. Stellvertretender Präsident des DIHT, sei seit 1932 Mitglied des Keppler-Kreises gewesen, suggeriert (willentlich?), daß die NSDAP im DIHT starken Rückhalt gefunden hätte. Eine derartige Behauptung wäre schlichtweg falsch. Auch die frühe Ausbootung des Präsidenten der Industrie- und Handelskammer Köln, Silverberg, zeigt, wie unbequem die Industrie- und Handelskammern den Nationalsozialisten in ihrer alten Zusammensetzung gewesen sein müssen (hierzu: BAK, Nachlaß Silverberg 114).

Einmal noch meldete sich der DIHT von der Gleichschaltung zu wirtschaftspolitischen Fragen zu Wort: Gleich am 1. Februar 1933 übergab er Hitler ein Memorandum über die „Grunderfordernisse der Wirtschaftspolitik"[62], in dem auch Maßnahmen zur Behebung der Arbeitslosigkeit vorgeschlagen wurden. Als wichtigste Bedingung hierfür wurde die Belebung des „privaten Wirtschaftslebens" genannt und die „Bedeutung der Vertrauensfrage" hervorgehoben. Von einer starken Regierung erhoffte man sich die Überbrückung parteipolitischer Gegensätze und die Schaffung der „notwendigen Vertrauensgrundlage". „Neben dieser privaten Arbeitsbeschaffung" dürfe die „starke wirtschaftliche und soziale Bedeutung der öffentlichen Arbeitsbeschaffung" nicht unterschätzt werden, wobei allerdings auf die Währung und die Privatwirtschaft Rücksicht genommen werden müsse.

An der Bevorzugung der indirekten Arbeitsbeschaffung hatte sich beim DIHT auch nach dem 30. Januar nichts geändert. Der politischen Zweckmäßigkeit wegen lehnte man wie schon seit dem Sommer des Jahres 1932 auch die öffentliche, das heißt die direkte Arbeitsbeschaffung, als flankierende Maßnahme nicht mehr ab.

Zu den „Grunderfordernissen der Wirtschaftspolitik" zählte der DIHT als weitere Rahmenbedingung die Gewährleistung der Rechtssicherheit. Nur so könne sich Kapital bilden und die Konsolidierung der Schulden erreicht werden. Obwohl der DIHT jetzt der „nationalen Arbeitsbeschaffung" die Priorität einräumte, warnte er davor, die Entwicklung der Zahlungsbilanz zu „vernachlässigen", denn „Einfuhrhemmungen" würden den Export gefährden und zu mehr Arbeitslosigkeit führen.

Schließlich empfahl der DIHT die Fortführung des Systems der Steuergutscheine[63] und plädierte erneut für den Abbau der Hauszinssteuer, durch den besonders für den Mittelstand die Realwerte schnell wiederhergestellt werden könnten. Zudem würde der gewerbliche Mittelstand, der ein „starker Träger staatsbürgerlicher Verflechtung" sei, neue Arbeitsmöglichkeiten erhalten.

Neu ist in diesem Memorandum die Bevorzugung der „nationalen Arbeitsbeschaffung" gegenüber dem Export. Wer aber zwischen den Zeilen liest, wird erkennen, daß sich zwar die Wortwahl, nicht aber die Substanz der Argumente des DIHT in bezug auf eine Förderung des Ex-

---

[61] Vgl. die Sitzung des Vorstands des DIHT, 1. 3. 1933, BAK, Nachlaß Silverberg 642. Grund und Hamm waren den „kommenden Dingen" gegenüber besondern skeptisch.

[62] Zusammengefaßt nach: DIHT an den Reichskanzler, 1. 2. 1933, BAK, R 2/18659.

[63] Diese Empfehlung des DIHT benutzt Schneider, Arbeitsbeschaffung, S. 200, als zweiten Beleg für seine Behauptung, daß „die" Unternehmer die Fortsetzung des Steuergutscheinsystems gewünscht hätten.

ports verändert hat. Und wenn in der Substanz der Argumente keine Änderung eintrat, spricht eigentlich nichts dafür, daß sich das Ziel geändert haben sollte. Wenn man weiterhin in Rechnung zieht, daß der DIHT einem „nationalen" Kanzler Empfehlungen aussprach, deren Verwirklichung er sich erhoffte und daß der DIHT vor der „Machtergreifung" eine kritische Distanz gegenüber der „Bewegung" des neuen Kanzlers bewahrt hatte, wird man durchaus die These vertreten können, der DIHT habe nach wie vor die Förderung des deutschen Exports als eine außerordentlich wirkungsvolle Maßnahme indirekter Arbeitsbeschaffung angesehen. Einem Reichskanzler Hitler mußte der Deutsche Industrie- und Handelstag diese Empfehlung natürlich anders verpacken als früheren Regierungschefs.

Ein Rundschreiben[64] des DIHT vom 20. Februar 1933 bestätigt den anhand zurückliegender Quellen gewonnenen Schluß vollends: Eine starke Ausfuhr und geringe Einfuhr sei die optimale Methode zur Arbeitsbeschaffung. Aber die Verflechtung der Weltwirtschaft und ihre wechselseitige Bedingtheit ließen es nicht zu, „daraus so einfache Schlußfolgerungen im Sinne der Unterdrückung der Einfuhr zu ziehen, wie dies gelegentlich geschieht", mahnte der DIHT, dem wahrscheinlich das Gerede von der Autarkie allmählich unheimlich wurde. Was der DIHT aber nicht erkannte, war die Möglichkeit, in Zeiten einer schlechten Auslandskonjunktur und eines schrumpfenden Welthandels durch „nationale" Arbeitsbeschaffungsmaßnahmen einen Ausgleich zu schaffen und den Binnenmarkt zu beleben[65].

Die Industrie- und Handelskammer Berlin beklagte sich im August 1933 über zunehmende Exportschwierigkeiten, die durch die „Greuelpropaganda im Ausland und durch die Zurückdrängung des nichtarischen Einflusses im Inland" bedingt seien. Deshalb forderte die Berliner Industrie- und Handelskammer die neuerliche Freigabe von Handel und Gewerbe für „Nichtarier", soweit diese vor 1914 in Deutschland ansässig waren und sich in keiner Weise marxistisch betätigt hatten[66].

Aus diesem Schreiben kann gefolgert werden: Die Behinderungen des Exports durch rassische Irrationalismen stießen in Kreisen der exportorientierten Wirtschaft auf Ablehnung. Diese Kreise waren unter anderem in den regionalen Industrie- und Handelskammern und ganz offensichtlich in der Industrie- und Handelskammer Berlin organisiert.

---

[64] DIHT-Rundschreiben, 20. 2. 1933, BAK, Nachlaß Silverberg 644.
[65] Vgl. zu diesem Gedanken im allgemeinen Zusammenhang: Hans Böhi, Volkswirtschaftliche Voraussetzungen erfolgreicher Arbeitsbeschaffung, Bern 1935, S. 120 f.
[66] Industrie- und Handelskammer zu Berlin an den Reichsarbeitsminister, 18. 8. 1933, AVfK, DGT, B/3447 und: DIHT an den Reichswirtschaftsminister, (auch) 18. 8. 1933, BAK, R 43 II/537.

Auch nach der Gleichschaltung wurde eine zwischen den Zeilen herauszulesende Kritik an den arbeitsbeschaffenden Maßnahmen der Regierung laut. Da aber im Zuge der Gleichschaltung vorwiegend „mittelständisch" orientierte „Parteigenossen" mit Spitzenpositionen in den Industrie- und Handelskammern betraut wurden[67], vollzog sich auch in den Beurteilungsgrundlagen des DIHT eine Wandlung. Fortan gab es im DIHT zwei Strömungen.

Diese Behauptung soll anhand von zwei Beispielen belegt werden. Das erste ist die Reaktion auf das Erste Reinhardt-Programm. Offiziell lobte auch der DIHT die „große volkswirtschaftliche Bedeutung" dieses Programms und hob besonders die Bestimmungen über Ersatzbeschaffungen hervor. „Vertraulich" wurde jedoch vermerkt, daß das Reichsministerium für Volksaufklärung und Propaganda Wert darauf legte, „bei jeder sich bietenden Gelegenheit" auf die Bedeutung des Arbeitsbeschaffungsgesetzes hinzuweisen. Auch die einzelnen Industrie- und Handelskammern sollten sich an dieser „Aufklärungsaktion" beteiligen[68].

Man mag nun einwenden, der DIHT hätte wie andere Verbände auch die Werbetrommel für das Arbeitsbeschaffungsprogramm Reinhardts gerührt, aber die vertrauliche Hervorhebung der propagandistischen Funktion erlaubt die Vermutung, daß der DIHT im nichtvertraulichen Teil des Rundschreibens seinen „nationalen" Pflichten nachkam, während er in der vertraulichen Bemerkung auf den tatsächlichen Stellenwert des Ersten Reinhardt-Programms hinwies. Selbst wenn man dieses Argument annimmt, wird man jedoch ebenso unterstellen können, daß die steuerlichen Vorteile dieses Programms in den „traditionellen" Kreisen des DIHT eine wohlwollende Aufnahme gefunden haben. Schließlich wurde diese Form der indirekten Arbeitsbeschaffung vom DIHT jahrelang gefordert. Vermutlich waren die „Mittelständler" im DIHT mit den neuen Bestimmungen nicht recht zufrieden.

Die Kritik des DIHT am Zweiten Reinhardt-Programm — und das ist das zweite Beispiel — wurde offener vorgetragen, und ihre Urheber werden daher deutlicher erkennbar. Es müßten aller Wahrscheinlichkeit nach wiederum die „Mittelständler" im DIHT gewesen sein, was nicht weiter verwunderlich ist, da sie mehr und mehr den offiziellen Standpunkt des Verbands vertraten. Schließlich war ja auch Arian von Renteln, der ehemalige Führer des „Kampfbunds für den gewerblichen Mittelstand" inzwischen zum Präsidenten des DIHT aufgerückt. Der DIHT beklagte sich über Schwierigkeiten bei der Finanzierung des „Selbstaufbringungs-

---

[67] So Heinrich Uhlig, Die Warenhäuser im Dritten Reich, Köln - Opladen 1956, S. 74 f.
[68] DIHT-Rundschreiben an die Mitglieder betr. Arbeitsbeschaffungsprogramm, insbesondere Steuerfreiheit für Ersatzbeschaffung, 28. 6. 1933, BAK, R 11/293.

4. Der DIHT zu Beginn der nationalsozialistischen Herrschaft

betrages", den die einzelnen Hausbesitzer beisteuern mußten, um staatliche Zuschüsse für Instandsetzungs- und Reparaturarbeiten zu erhalten. Nur durch die Senkung der Hauszinssteuer erhoffte man sich einen Wandel zum Besseren[69].

Am 16. Dezember wurde der DIHT beim Reichsfinanzminister vorstellig und erklärte ihm, daß besonders der „gewerbetreibende Hausbesitz" große Schwierigkeiten bei der Beschaffung des „Selbstaufbringungsbetrages" hatte, da man in diesen Kreisen keine Sicherheiten bieten konnte und der Kreditweg daher ausgeschlossen war. Sollte die Ertragsfähigkeit der Häuser nicht (in erster Linie durch die Senkung der Hauszinssteuer, M. W.) gesteigert werden, würde die getroffene Regelung den ohnehin leistungsfähigen Teil der Hausbesitzer bevorzugen. „Wir sehen somit", beharrte der DIHT, „den Kernpunkt des ganzen Problems der Arbeitsbeschaffung durch Hausinstandsetzungen in der Gestaltung des aus dem Haus fließenden Ertrags[70]."

Bis zur Gleichschaltung war dies im DIHT keineswegs der „Kernpunkt des ganzen Problems der Arbeitsbeschaffung durch Hausinstandsetzungen". Es war vielmehr ein spezifisch „mittelständisches" Problem. Interne Spannungen im DIHT zwischen der „traditionellen", exportorientierten und der „mittelständischen" Linie blieben — und das überraschte — auch nach dem Juli 1933 nicht aus.

Die Entfremdung zwischen dem DIHT und der Regierung sowie die Auseinandersetzung der beiden verbandsinternen Gruppen scheint in den folgenden Monaten eher zu- als abgenommen zu haben. Dabei läßt sich zugleich auf eine verstärkte Stellung der mittelständisch orientierten Strömung schließen: „Die ganze deutsche Wirtschaft werde allmählich in eine vollkommen untragbare Planwirtschaft hineingetrieben", beklagte sich das Beiratsmitglied Kuebarth aus Königsberg im März 1934. Seine letzte Hoffnung setzte er in den „Führer", der unbedingt selbst über diese Dinge unterrichtet werden sollte. Niemand im Beirat des DIHT widersprach ihm[71]. Alle schienen der Meinung zu sein, daß auch diese unliebsame Wendung ohne die Kenntnis des „Führers" vor sich gegangen war. Diesen Kurswechsel konnten sie aber weder verhindern noch aufhalten, denn weshalb hätten sie sonst um Hitlers Beistand bitten sollen? Im DIHT gerieten also die „Mittelständler" nach dem Juli 1933 nicht, wie man zunächst erwarten würde, in die Defensive.

Anhand der wenigen verfügbaren Materialien lassen sich vorläufig folgende Schlußfolgerungen ziehen:

---

[69] DIHT-Rundschreiben an die Mitglieder, 18. 12. 1933, a.a.O.
[70] a.a.O.
[71] Sitzung des Beirats des DIHT, 27. 3. 1934, BAK, R 11/366.

- In den ersten beiden Monaten des nationalsozialistischen Regimes hat der Deutsche Industrie- und Handelstag substantiell seine alte Linie in der Frage der Arbeitsbeschaffung weiterverfolgt. Trotz unwesentlicher Veränderungen in den inhaltlichen Kernpunkten der Programmatik wurden Abstriche in der Form der Empfehlungen gemacht. Man wählte eine andere, neue „Verpackung", um die alten Ziele zu verwirklichen.

- Nach der „Gleichschaltung" scheint es im DIHT zwei Strömungen gegeben zu haben: Die eine traditionelle, die in der Förderung des Außenhandels die optimale Form einer Arbeitsbeschaffung sah und sich gegen „planwirtschaftliche" Tendenzen sowie exportschädigende rassische Irrationalismen zur Wehr zu setzen versuchte. Die andere Strömung war eher an den Zielen des gewerblichen Mittelstands orientiert und war — freilich aus anderen Gründen als die traditionelle Strömung im DIHT — mit den arbeitsbeschaffenden Maßnahmen der nationalsozialistischen Regierung unzufrieden. Dabei gab es durchaus Berührungspunkte zwischen beiden Strömungen. Zum Beispiel wurde die Forderung nach einer Senkung beziehungsweise dem Abbau der Hauszinssteuer von beiden getragen.

- Einen Standpunkt „des" Verbands zur Arbeitsbeschaffungspolitik der Nationalsozialisten gab es beim Deutschen Industrie- und Handelstag (noch) weniger als zum Beispiel beim Reichsstand der Deutschen Industrie.

Achtes Kapitel

Die Schwerindustrie

1. Die Schwerindustrie in der Ära Brüning

Die funktionale und personelle Verzahnung der Eisen- und Stahlindustrie mit dem Bergbau läßt eine gleichzeitige Untersuchung dieser Wirtschaftszweige sinnvoll erscheinen. Eine gesonderte Behandlung von Verbänden der Schwerindustrie würde zu unnötigen Wiederholungen führen, die vermieden werden sollten. Unterschiedliche Einschätzungen und Vorgehensweisen von einzelnen Unternehmern oder Organisationen dieser Branchen in der Arbeitsbeschaffungsfrage sollen, soweit sie vorhanden sind, ebenfalls in diesem Kakitel behandelt werden. Die inhaltlichen Schwerpunkte sollen abschnittsweise und die Positionen der verschiedenen Wirtschaftszweige innerhalb der Schwerindustrie einzeln erörtert werden. Die Darstellung wird sich vornehmlich auf die Eisen- und Stahlindustrie sowie auf den Bergbau konzentrieren.

Selbsteinschätzung der politischen Potenz

„Wir können uns politisch nicht mehr durchsetzen", beklagte sich Direktor Vielhaber noch vor dem Regierungsantritt Brünings am 19. Februar 1930 auf der Sitzung des Hauptvorstands und des Fachgruppenausschusses des Vereins Deutscher Eisen- und Stahlindustrieller (VDESI). Sein Kollege Blohm war sogar der Ansicht, die Arbeitgeber der Eisen- und Stahlindustrie würden ihre Wünsche schwächer als die Arbeitnehmer vertreten[1].

Hat sich an dieser vor dem Amtsantritt Brünings unwidersprochenen Selbsteinschätzung während dessen Regierungszeit etwas verändert?

Das Gefühl der politischen Ohnmacht schien sich eher noch verstärkt zu haben. Im Herbst 1931 mehrten sich die Austritte aus dem VDESI, weil viele Mitglieder sich von der Organisation mangelhaft informiert fühlten und die politischen Bemühungen des Vereins für erfolglos hielten[2]. Die Geschäftsführung beeilte sich prompt, diesen Eindruck zu re-

---

[1] Sitzung des Hauptvorstands und des Fachgruppenausschusses des VDESI, 19. 2. 1930, BAK, R 13 I/104.

[2] Mitteldeutsche Gruppe des VDESI (Schröder) an Baare (von der Geschäftsführung des VDESI) am 6. und 7. 10. 1931, BAK, R 13 I/23. Der im Frühjahr

vidieren, und betonte die ständige „enge und persönliche Fühlungnahme" des VDESI mit den Reichs- und Landesbehörden. Außerdem sei der Verband die von den Reichsbehörden „anerkannte und stets zu Rate gezogene Spitzenorganisation der Eisenindustrie" und verfüge über „ausgezeichnete Beziehungen zu Parlamenten und zur Presse". „Wir sind jederzeit in der Lage, die Wünsche unserer Mitglieder in unmittelbarem Benehmen meist durch mündliche Vorstellung bei den betreffenden Behörden vorzubringen", hieß es in der beschwichtigenden Antwort der zentralen Geschäftsstelle. Schließlich verwies sie noch darauf, daß der Reichskanzler „vor kurzem" führende Vertreter des Vereins empfangen und versprochen hatte, für Aufträge und Beschäftigung in der Eisenindustrie zu sorgen. Die Geschäftsstelle des VDESI führte die neuen Aufträge der Reichsbahn, die auch der eisenverarbeitenden Industrie zugutekommen würden, auf den Druck der Regierung zurück und glaubte die Regierungsinitiative mit dem Gespräch beim Kanzler in Zusammenhang bringen zu können[3].

Das Gefühl der Machtlosigkeit scheint aber trotzdem — wenigstens im Jahre 1931 — sehr ausgeprägt gewesen zu sein[4]. So wußte der Leiter des Berliner Büros der Gutehoffnungshütte[5], Martin Blank, nicht einmal genau, ob Trendelenburg und Treviranus, wie letzterer ihm gegenüber versichert hatte, sich im Kabinett tatsächlich „mit äußerster Energie für die Interessen der Wirtschaft" einsetzten[6].

Die Vorschläge von Treviranus und Trendelenburg zur Arbeitsbeschaffung waren, wie im ersten Teil dieser Arbeit gezeigt wurde, in der

---

1931 verbreiteten Behauptung, die Schwerindustrie strebe eine Diktatur an, weil sie ihre Ziele anders nicht durchsetzen könne (vgl. auch Schweitzer, Big Business, S. 11), traten VDESI und Langnamverein energisch entgegen; (Pressemitteilung über die außerordentliche Mitgliederversammlung des Langnamvereins zusammen mit der Nordwestlichen Gruppe des VDESI, 3. 3. 1931, BAK, R 13 I/130; auch Mitteilungen des Langnamvereins, Jahrgang 1931, Nr. 1, Vorwort Max Schlenker, Geschäftsführer des Langnamvereins), BAK, Nachlaß Silverberg 29. Der Text der Redebeiträge gibt in der Tat keinen Hinweis auf diese Forderung.

[3] Zu diesem Abschnitt: Baare an Schröder, 10. 10. 1931, BAK, R 13 I/23; vgl. auch den Abschnitt über die Aufträge der Reichsbahn.

[4] Vgl. hierzu auch Henry A. Turner jr., Die ‚Ruhrlade'. Geheimes Kabinett der Schwerindustrie in der Weimarer Republik (fortan: Turner, Ruhrlade), in: Turner, Faschismus und Kapitalismus, S. 134 ff. besonders, weil, so Turner, Brüning mit der SPD kooperierte. Nicht einmal die Deutsche Allgemeine Zeitung, die sie mitfinanzierten, machte ihren Kurs mit. Vgl. auch: Kurt Koszyk, Zum Verhältnis von Industrie und Presse, in: Industrielles System, S. 704 - 716, und: derselbe, Paul Reusch und die „Münchener Neuesten Nachrichten", in: VHZ, 20 (1972), S. 75 - 103.

[5] Näheres über die Gutehoffnungshütte zum Beispiel in: Andreas-Marco Graf von Ballestrem, Es begann im Dreiländereck. Das Stammwerk der GHH — die Wiege der Ruhrindustrie, Tübingen 1969, ind: Erich Maschke, Es entsteht ein Konzern. Paul Reusch und die GHH, Tübingen 1969.

[6] Blank an Reusch, 1. 10. 1931, HA/GHH, Nachlaß Reusch, 400.101.2024/9.

Tat nicht immer im Sinne großunternehmerischer Interessen im allgemeinen oder schwerindustrieller Anliegen im besonderen.

Das Gefühl der politischen Schwäche wurde bei der Schwerindustrie sicherlich auch noch durch ihre keineswegs unverschuldete Isolation gesteigert. Sie zeigte sich beispielsweise im Reichswirtschaftsrat im Februar 1931. Dort attackierten die Eisenerzeuger die Gewerkschaften wegen ihrer Lohnpolitik, die Regierung wegen ihrer Wirtschafts-, Steuer- und Außenpolitik, die Vertreter der eisenverarbeitenden Industrie, die auf eine baldige Eisenpreissenkung drangen, und schließlich noch „eine gewisse Presse"[7]. Praktisch hatten die Eisenerzeuger alle gegen sich, sogar ihrer Partner vom „AVI-Abkommen", die eisenverarbeitende Industrie[8].

Der Bergbauverein sorgte für die Übermittlung seiner jeweiligen Situationseinschätzung besonders durch die vierteljährlichen „Situationsberichte", die an das Oberbergamt in Dortmund geschickt und von dort dem Handelsminister weitergeleitet wurden[9]. Diese Berichte deuten noch nicht auf besondere Einflußmöglichkeiten hin, weisen aber auf einen fortwährenden Informationsfluß, der zur Entscheidungsfindung unerläßlich ist und sicherlich nicht schaden konnte.

Die grundsätzlichen Prioritäten

Bergassessor Wedding von der Geschäftsführung des Bergbauvereins nannte auf der Tagung des Rheinisch-Westfälischen Steinkohlenbergbaus im Oktober 1930 die Reparationszahlungen, die Zollpolitik der Gläubigerländer und die zu hohen Selbstkosten in der deutschen Wirtschaft als Hauptursache der großen Arbeitslosigkeit in Deutschland[10]. Als Ursachen der „übertriebenen Selbstkosten" bezeichnete er die Soziallasten, die starren Tarifverträge, die große Steuerbelastung, die zu hohen Ausgaben der öffentlichen Hand und die falsche Lohnpolitik. Auch bei der Eisen- und Stahlindustrie sah man es ähnlich: Das geschäftsführende Hauptvorstandsmitglied des Vereins Deutscher Eisen- und Stahlindustrieller, Reichert, betonte den Zusammenhang zwischen der seit Jahren übertriebenen Lohnpolitik und der steigenden Arbeitslosigkeit. Ihr eigentlicher Grund war seiner Meinung nach aber politischer Natur und mußte deshalb mit politischen Mitteln überwunden werden. Welche politischen Faktoren hatten die Arbeitslosigkeit bedingt?

[7] Aufzeichnung der Hauptvorstands- und Fachgruppen-Ausschußsitzung des VDESI, 12. 2. 1931, BAK, R 13 I/104.

[8] Zum AVI-Abkommen: Ulrich Nocken, Industrial Conflicts and Alliances as Examplified by the AVI-Agreement, in: Industrielles System, S. 693 - 704.

[9] Die sehr ausführlichen und aufschlußreichen Situationsberichte wurden seit dem 31. 12. 1929 vom Bergbauverein verfaßt. Bergbau-Museum Bochum 15/462,1—. Es dürfte hier wohl vom Preußischen Handelsminister die Rede sein.

[10] Bergassessor Wedding auf der Tagung des Rheinisch-Westfälischen Steinkohlenbergbaus, 16. und 17. 10. 1930, Bergbau-Museum Bochum 13/407.

8. Kap.: Die Schwerindustrie

Wie konnte man sie beseitigen? Nur durch die Vereinigung der „politischen Willenskräfte" sowie die Überwindung „sozialistischer Wunschvorstellungen"[11].

Schon ein Jahr zuvor, 1930, hatte der VDESI diesen Standpunkt vertreten und vor allem Lohnsenkungen zur Überwindung der Arbeitslosigkeit empfholen[12].

Es zeigt sich bereits am Anfang dieses Abschnitts deutlich: Auch in der Schwerindustrie verband man die Vorstellungen für die Überwindung der Arbeitslosigkeit mit einer grundsätzlichen Korrektur des bisherigen allgemein- und wirtschaftspolitischen Kurses. Man versprach sich eine echte Besserung der Lage auf dem Arbeitsmarkt nur durch langfristige, strukturelle Veränderungen der Wirtschaft. Optisch wirksame Beschäftigungsvorhaben, die kurzfristig den Eindruck einer Wende vermittelten, lehnte man ab. Auf eine Formel gebracht: Bei der Schwerindustrie dachte man ebenso wie beim RDI strategisch und nicht taktisch. RDI und Schwerindustrie glaubten fest daran, daß ein höheres Beschäftigungsniveau nur durch die Senkung der Selbstkosten zu erreichen gewesen wäre[13].

Als die Ruhrlade im Februar 1931 staatliche Regelungen erwartete, die künftige Entlassungen verhindern sollten, wollte sie als Gegenleistung eine Verringerung der Selbstkosten durch Lohn- und Steuersenkungen fordern[14]. Wenige Tage nach der Sitzung der Ruhrlade wandte sich Vögler in einem Schreiben an Brüning und setzte ihm die Nachteile auseinander, die der deutschen Industrie durch die hohen Selbstkosten im internationalen Wettbewerb entstanden. Vöglers Angaben zufolge waren die Löhne im Ausland um dreißig bis fünfzig Prozent niedriger als in Deutschland[15].

Arbeitsbeschaffung durch Lohn- beziehungsweise Selbstkostensenkungen — das war nicht nur sein Konzept. Bergassessor Hueck von der Fachgruppe Bergbau hielt, wie er Arbeitsminister Stegerwald gegenüber versicherte, eine Änderung der „schematischen Behandlung der Selbstkostenfrage", Steuerermäßigungen und Korrekturen in der Sozialgesetz-

---

[11] W. J. Reichert, „Die Hauptursachen der Arbeitslosigkeit und Möglichkeiten ihrer Überwindung", Sonderdruck aus „Ruhr und Rhein", Heft 31, 1931, BAK, R 13 I/613.

[12] Rundschreiben des VDESI, 19. 9. 1930, BAK, R 13 I/230. In diesem Rundschreiben wurde die Schrift von Rudolf Wedemeyer: „Mit Lohnsenkungen gegen die Arbeitslosigkeit?" empfohlen, weil sie „sich im Rahmen der industriellen Auffassungen bewege".

[13] Obwohl 1931 zwischen dem RDI und dem Bergbauverein Spannungen bestanden (Bayer-Archiv), 62/10.8) und auch Vögler im RDI fremdelte (a.a.O.).

[14] Besprechung der Ruhrlade am 2. 2. 1931 bei Albert Vögler, Krupp-Archiv, FAH IV E 152.

[15] Albert Vögler an Brüning, 11. 2. 1931, BAK, Nachlaß Silverberg 464.

gebung für die „optimale Arbeitsbeschaffung"[16]. Aber die in der Öffentlichkeit vorgetragenen und der Regierung vorgelegten Analysen und Empfehlungen entsprachen durchaus dem im internen Kreis vertretenen Kurs von führenden Repräsentanten der Schwerindustrie.

„Es gibt keine andere Lösung als die Senkung der Selbstkosten durch Lohnherabsetzung (und die) Einschränkung der Steuer- und Soziallasten", schrieb Springorum im Februar 1931 an Krupp von Bohlen. „Arbeit schaffen heißt Konsum schaffen." Springorums wichtigstes Ziel war es, „das Heer der Arbeitslosen unter allen Umständen" wieder zu beschäftigen[17]. Er orientierte sich also an politischen Prioritäten, die er mit seiner volkswirtschaftlichen „Erkenntnis" in Einklang zu bringen versuchte. Man wird daher erwarten können, daß er den „objektiv" volkswirtschaftlich optimalen Weg suchte. Wenn diese Prämisse stimmt, dann gilt auch, daß sich Springorum von einer Selbstkostensenkung volkswirtschaftlich am meisten versprach. Diese volkswirtschaftliche „Erkenntnis", die in diesem Falle nicht ganz vom betriebswirtschaftlichen „Interesse" zu trennen sein dürfte, erfüllte bei ihm demnach Steuerungsfunktion.

Bei Springorums Kollegen verhielt es sich ähnlich: Kruppdirektor Arthur Klotzbach — wie Springorum Mitglied der Ruhrlade —[18] sah keine andere Möglichkeit, mehr Menschen Beschäftigung zu geben und die Produktion zu steigern, als durch eine „Lohnreduktion"[19]. Und GHH-Chef Paul Reusch sah keinen anderen Ausweg, als sich „wie das alte Preußen noch oben zu hungern"[20].

Von der Arbeitnehmerseite erwartete man offenbar die gleichen Einsichten: So lehnten die der Schwerindustrie nahestehenden „Deutschen Führerbriefe" den Arbeitsbeschaffungsplan des ADGB mit dem Vorwurf ab, er orientiere sich an taktischen Bedürfnissen und kümmere sich zu wenig um die wirtschaftliche und finanzielle Situation, die nur durch eine Beseitigung der „Hemmungen" für die Wirtschaft verbessert werden könnte[21]. Hierfür mußte aber, dessen waren sich die „Deutschen Führer-

---

[16] Protokoll der Sitzung des RDI-Hauptausschusses, 20. 2. 1931, Bayer-Archiv, 65/10.5.b.
[17] Springorum an von Bohlen, 21. 2. 1931, Krupp-Archiv, FAH IV E 152.
[18] Über die Ruhrlade: Turner, Ruhrlade, in: ders., Faschismus und Kapitalismus, S. 114 ff.
[19] Klotzbach an Krupp von Bohlen, 26. 2. 1931, Krupp-Archiv, FAH IV E 152.
[20] Paul Reusch „Bemerkungen zur Lage" auf der Tagung des Langnamvereins am 3. 6. 1931, HA/GHH, Nachlaß Reusch, 400.101.221/36.
[21] „Deutsche Führerbriefe", 8. 3. 1932 (IFZ). Die „Deutschen Führerbriefe" wurden von Franz Reuter herausgegeben. Stegmann (S. 420) schreibt, sie seien „von der westlichen Kohle- und Eisenindustrie" getragen worden. Müller/Stockfisch, S. 1565 f., nennen als „Hintermänner": Silverberg, Gattineau (von der IGF) und Steinberg, Pressechef und Aufsichtsratmitglied im Stahlverein.

briefe" bewußt, die „psychologisch-politische Plattform" erst noch vorbereitet werden[22].

Noch im Mai 1932 schien der Mitgliederversammlung der Norddeutschen Gruppe des VDESI die Überwindung der wirtschaftlichen Hemmnisse nur politisch möglich zu sein[23]. Und große Arbeitsbeschaffungsprogramme aus „psychologisch-politischen" Gründen lehnten die meisten Unternehmer der Schwerindustrie ab, denn: „Was Unruhen betreffe", beschwichtigte Klöckner seine Kollegen, „so gewähre die Schupo genügend Schutz." Bei etwaigen Unruhen im Revier war verabredet, daß die Schupo durch Polizeimannschaften aus anderen Städten verstärkt werden und die Reichswehr dann in diejenigen Städte gehen würde, deren Polizeikontingente in den Unruhestätten des Reviers im Einsatz wären[24]. Es kam also lediglich darauf an, die politisch bedingten „wirtschaftlichen Hemmnisse" zu beseitigen, um die Arbeitslosigkeit zu überwinden; und dies schien nur über die Änderung der politischen Prioritäten möglich zu sein.

Nicht-wirtschaftliche Faktoren hatten die Krise bedingt, durch nicht-wirtschaftliche Maßnahmen sollte sie behoben werden. Mit diesen Worten könnte man die Mehrheitsmeinung der Unternehmer aus der Schwerindustrie während der Ära Brüning kennzeichnen. Aber es gab auch andere Schwerindustrielle, die ihre grundsätzlichen Prioritäten in der Frage der direkten, öffentlichen Arbeitsbeschaffung revidierten:

Fritz Klein, Neue Dokumente zur Rolle Schachts bei der Vorbereitung der Hitler-Diktatur, in: ZfG 5 (1957), passim, nennt Poensgen vom Stahl- und Brandi vom Bergbauverein. Die „Deutschen Führerbriefe" selbst betonten „auf dem Boden der Privatwirtschaft und insofern der Wirtschaft nahe zu stehen" (22. 11. 1932). Belegbar ist, daß die „Deutschen Führerbriefe" unter anderem vom Langnamverein unterstützt wurden (Blank an Max Schlenker, 29. 2. 1932, HA/GHH, Nachlaß Reusch, 400.101.2024/10). Der Leiter des Berliner Büros der GHH, Martin Blank, war der Meinung, die „Deutschen Führerbriefe" würden „manchmal gefährlich weit nach links abbiegen" (a.a.O.). Reusch erwog sogar, die Unterstützung für die „Deutschen Führerbriefe" zu streichen (Reusch an Schlenker, 15. 3. 1932, HA/GHH, Nachlaß Reusch, 400.101.221/11 b), nachdem die Beihilfe des Langnamvereins am 1. 1. 1932 bereits um 40 % gekürzt worden war (Schlenker an Reusch, 12. 3. 1932, a.a.O.). Das ist ein weiteres Argument gegen Czichons Behauptung, Reusch habe zum rechten Flügel der Keynesianer in Deutschland gehört, deren Sprachrohr die „Deutschen Führerbriefe" gewesen seien. (Vgl. das Kapitel über den RDI.) Schlenker war der Meinung, die „Deutschen Führerbriefe" verträten in wirtschafts- und sozialpolitischen Fragen „durchweg die Auffassungen des Westens in eindeutiger Weise", was in den politischen Artikeln „nicht immer" der Fall sei. Wenig neue Aussagen enthält: E. Berliner, Das monopolistische Problem der Massenbasis. Die „Deutschen Führerbriefe" und Alfred Sohn-Rethel. Anmerkungen und Dokumentationen zu einer unvollkommenen Enthüllung, in: Blätter für internationale Politik, Februar 1974, S. 154 ff.

[22] „Deutsche Führerbriefe", 8. 3. 1932.

[23] Vgl. Dr. Niebuhr auf der Mitgliederversammlung der Norddeutschen Gruppe des VDESI, 3. 5. 1932, BAK, R 13 I/35.

[24] Aktennotiz Reichert, 15. 7. 1931, BAK, R 13 I/602.

Zum Beispiel Hermann Röchling, Stahlfabrikant aus Völklingen an der Saar. Noch im August 1931 forderte er eine Ausgabensenkung der öffentlichen Hand, weil nur so die große Zahl der Arbeitslosen in den Wirtschaftsprozeß eingegliedert werden könnte[25]. In der Spätphase der Regierung Brüning wirkte er dann an der Gestaltung der Arbeitsbeschaffungspläne des Reichsfinanzministeriums mit[26]. Möglicherweise hat bei Röchling ein Lernprozeß stattgefunden.

Die Steuerungsfunktion seiner volkswirtschaftlichen „Erkenntnis" war offenbar nicht so stark, daß keine Revision mehr vollzogen werden konnte. Man wird also nicht allgemein von „den" grundsätzlichen Prioritäten aller Unternehmer aus der Schwerindustrie während der Ära Brüning sprechen können, sondern muß individuelle Abweichungen sorgfältig registrieren.

Die „Russengeschäfte"

Der Leiter des Berliner Büros der Gutehoffnungshütte, Martin Blank, berichtete im Juli 1930 seinem Generaldirektor Paul Reusch mit Befremden über die „Wogen der Rußland-Begeisterung der deutschen Industrie"[27].

Besonders der Elektroindustrielle von Raumer, der auch dem Rußland-Ausschuß der deutschen Industrie angehörte, soll von Rußland „restlos begeistert" gewesen sein. Aber auch Otto Wolff trat für eine weitere erhebliche Ausdehnung des Rußland-Geschäfts ein.

Paul Reusch selbst teilte diese Begeisterung nicht und gedachte die Ausweitung der „Russengeschäfte", die er als Erhöhung des „Risiko-Kontingents" betrachtete, bei seiner „Gesamteinstellung den Russen gegenüber" vom Grad der Beschäftigung in Deutschland abhängig zu machen. So wollte er dem Antrag der MAN-Nürnberg, die eine Erhöhung des Kontingents in den „Russengeschäften" beantragt hatte, nur dann zustimmen, wenn das Arbeitsbedürfnis in Deutschland außerordentlich groß sei. Aber auch dann sollten die „russischen Aufträge" auf Abteilungen mit einem sehr schlechten Beschäftigungsstand beschränkt bleiben[28].

Reusch ließ sich also von politischen Prioritäten leiten und hielt außerdem im Gegensatz zu Kollegen seines eigenenen und anderer Wirtschaftszweige die „Russengeschäfte" vom betriebswirtschaftlichen Standpunkt für zu risikobeladen. Ausschlaggebend waren für Paul Reusch die schlechten Zahlungsgewohnheiten der sowjetischen Partner.

---

[25] Hermann Röchling an Carl Duisberg am 15. 8. 1931, Bayer-Archiv 62/26.
[26] Nachlaß Schäffer, IFZ, ED 93/46.
[27] Blank an Reusch, 11. 7. 1930, HA/GHH, Nachlaß Reusch, 400.101.2025/3.
[28] Paul Reusch an MAN-Nürnberg, 7. 10. 1930, a.a.O.

8. Kap.: Die Schwerindustrie

Auch im Verein Deutscher Eisen- und Stahlindustrieller machte man sich wegen der Zahlungsverschleppungen der Russen Sorgen und wurde im November 1930 beim Reichswirtschaftsministerium vorstellig. Dort war man der Meinung, es nur mit „einzelnen Fällen" zu tun zu haben. Die wiederholten Versuche des VDESI, die Verantwortlichen im Reichswirtschaftsministerium von diesem Standpunkt abzubringen, blieben erfolglos[29].

Im Dezember 1930 wollte Paul Reusch sich wegen der langfristigen und nicht risikofreien Wechselzahlungen auf keine weiteren Geschäfte mit den Russen einlassen[30]. Ein Entschluß, der auch geldpolitisch beachtenswert ist, weil, wie die vorangegangenen Abschnitte gezeigt haben, die „Russengeschäfte" das Finanzwechselportefeuille der Reichsbank erheblich vergrößerten. Damit entschied er sich zugleich für die herkömmliche restriktive Geldpolitik der Regierung, die sich bei diesen Geschäften, gemessen an ihrer Norm, nicht konsequent verhielt.

Abgesehen von allen anderen Gründen versprach sich Reusch weder volks- noch betriebswirtschaftlich viel von den Aufträgen aus der Sowjetunion. Er erwartete für die deutsche Eisen- und Stahlindustrie „auch nicht annähernd eine so große Geschäftsbelebung" wie es „von manchen Kreisen" dargestellt werde, erklärte er dem Aufsichtsrat der Gutehoffnungshütte im März 1931[31].

Der Kurs der Gutehoffnungshütte und der ihr angeschlossenen Firmen, besonders der MAN, scheint in der Frage der „Russengeschäfte" konstant geblieben zu sein, denn auch im Juli und September erteilte Paul Reusch die Weisung, keine weiteren Aufträge aus der Sowjetunion „hereinzunehmen"[32].

Als die BIZ in Basel im August 1931 die deutsche Kreditvergabe an die UdSSR sehr scharf kritisierte, war Reusch der Meinung, daß die Reichsregierung nicht geneigt sein würde, weitere Ausfallbürgschaften zu gewähren und die Diskontierungsmöglichkeit der „Russengeschäfte" zu fördern. Und unter diesen Umständen hielt er die Annahme von Aufträgen aus der Sowjetunion erst recht für unmöglich[33].

---

[29] Hierzu: Rundschreiben des VDESI, 29. 10. 1930, Vertraulich! Nicht für die Presse! BAK, R 13 I/224.
[30] Paul Reusch an MAN - Augsburg - Nürnberg - Gustavsburg, 30. 12. 1930, HA/GHH, Nachlaß Reusch, 400.101.2025/3.
[31] Bericht für die Aufsichtsratsitzung am 28. 3. 1931, HA/GHH, Allgemeine Verwaltung, 400.100/19.
[32] R. Buz (MAN) an Paul Reusch, 19. 7. 1931, HA/GHH, Nachlaß Reusch, 400.101.2025/4, und Paul Reusch an Buz, 17. 9. 1931, a.a.O.
[33] Paul Reusch an Kellermann (den „zweiten Mann" des GHH-Konzerns) am 18. 8. 1931, HA/GHH, Nachlaß Reusch, 400.101.2025/4.

1. Die Schwerindustrie in der Ära Brüning

Klöckner, Poensgen, Klotzbach, Sempell und Silverberg scheinen die Meinung Paul Reuschs nicht geteilt zu haben. Klöckner wollte die „Russenwechsel" als Devisen ansehen und war „bezüglich der Bonität" der Ansicht, „daß man heute Rußland für besser halten müsse als die meisten deutschen Debitoren"[34].

Klöckner betrachtete die Dinge zugleich politisch, verband sie mit der Frage der Arbeitsbeschaffung und hatte anders als Reusch keine ideologischen Skrupel, mit den Russen Geschäfte abzuschließen. Im Gegenteil, er sah in den Aufträgen aus der Sowjetunion ein vorzügliches Instrument zur Arbeitsbeschaffung und damit zur Bekämpfung des Kommunismus in Deutschland. Die Einstellung der Lieferungen an die UdSSR würde die Industrie im Rheinland, in Westfalen und die Hochofenwerke an der Küste dazu zwingen, die Betriebe um weitere zehn Prozent zu reduzieren und erneut Arbeiter zu entlassen. Die Kapazitätsauslastung dieser Werke würde dann lediglich dreißig Prozent betragen, und die Betriebe wären nicht mehr existenzfähig. Bei den Vereinigten Stahlwerken, Rheinstahl und Phönix zum Beispiel, müßten dann einzelne Werke geschlossen werden. „Diese Stillsetzungen würden das Revier verelenden und die letzte Widerstandskraft gegen die kommunistischen Bestrebungen beseitigen[35]." Alle finanziellen Bedenken schob Klöckner beiseite. Ihm kam es im Herbst 1931 vor allem darauf an, „den Winter zu überwinden und den Bürgerkrieg von uns zu halten." Daher war er auch der Meinung, „daß das Jahr 1932 in seinem weiteren Verlauf uns heute noch keine Sorgen bereiten dürfe"[36]. Für ihn war die Arbeitsbeschaffung, zu der er die „Russengeschäfte" zählte, das politische und wirtschaftliche Gebot der Stunde.

Nur wenige Tage nach dieser Besprechung Klöckners beschäftigte sich die Ruhrlade mit der Frage der „Russengeschäfte". Paul Reusch ging von seinem Standpunkt nicht ab. Er wollte lieber auf weitere Roh- und Walzeisenlieferungen verzichten und auf Lager halten, als „nicht ganz sichere Wechsel im Portefeuille zu haben"[37]. Er hatte auch noch einen anderen Grund, der seine reservierte Haltung den „Russengeschäften" gegenüber erklärt. Für ihn bedeuteten sie eine „Einmischung des Staates in die Privatgeschäfte"[38]. Aber Reusch blieb in der Ruhrlade ebenso wie bald

---

[34] Im folgenden Aktennotiz Peter Klöckners vom 7. 8. 1931 über eine Besprechung mit Reichsbankvizepräsident Dreyse und drei Herren des Reichsbankdirektoriums sowie Poensgen, Klotzbach, Sempell am 6. 8. 1931, BAK, Nachlaß Silverberg 486.

[35] Aktennotiz Peter Klöckners vom 11. 9. 1931 über eine Besprechung mit Herrn Schl. (Schleicher?) am 10. 9. 1931, BAK, Nachlaß Silverberg 334.

[36] Der Gesprächsverlauf a.a.O.

[37] Paul Reusch an Kellermann, Holz und Klemme (alle GHH) am 20. 9. 1931, HA/GHH, Nachlaß Reusch, 400.101.2025/4. Die Sitzung der Ruhrlade fand am 19. 9. statt (a.a.O.).

darauf im VDESI[39] isoliert. Dabei war Reuschs Haltung seit 1930 unverändert, lediglich der VDESI hatte einen Meinungswechsel vollzogen.

Mit Ausnahme von Paul Reusch gibt es keine Hinweise dafür, daß man den Regierungskurs in den „Russengeschäften" nicht billigte.

Die geldpolitischen Vorstellungen

Im Gegensatz zu den Untersuchungen über den Reichsverband der Deutschen Industrie ist es wenig sinnvoll, die geldpolitischen Vorstellungen, die im Kreise der Schwerindustrie vertreten wurden, gesondert zu behandeln. Wiederholungen bekannter Argumente wären nicht vermeidbar und die Abweichungen von der geldpolitischen Norm verdienten eher im Zusammenhang mit den Aufträgen der Reichsbahn Beachtung.

Dagegen sollte in diesem Abschnitt vermerkt werden, daß der Wagemann-Plan auch im Verein Deutscher Eisen- und Stahlindustrieller auf Ablehnung stieß. Tosse, Mitglied der Geschäftsführung des Vereins, befürchtete einen Vertrauensschwund gegenüber der deutschen Währung, beschwor schon das Gespenst der Inflation und vermutete, daß Wagemann seinen Plan mit der Billigung des zuständigen Ministers, also Finanzminister Dietrich, der Öffentlichkeit vorgelegt hatte[40]. Diese Mutmaßung läßt sich anhand der Regierungsakten nicht aufrecht erhalten. Sie deutet eher auf eine bezeichnende Lücke in der Kommunikation zwischen Regierung und Schwerindustrie hin. Die skeptischen Mitgliedern gegenüber abgegebene Beteuerung der zentralen Geschäftsführung des VDESI, sie verfüge über eine ständige „enge und persönliche Fühlungnahme" mit den Reichs- und Landesbehörden, will angesichts solcher Hinweise nicht einleuchten.

Die „Deutschen Führerbriefe" zeigten sich darüber verärgert, daß Wagemann „die Front der Sozialdemokratie gegen eine Inflation erschüttert" und die Billigung des Plans durch die Nationalsozialisten herbeigeführt hatte[41] und sahen „ungünstige Auswirkungen" bei den Gläubigern im Ausland voraus[42]. Es gehe nicht an, auf der einen Seite zu behaupten, zahlungsunfähig zu sein und auf der anderen Seite öffentliche Arbeitsbeschaffungsmaßnahmen in die Wege zu leiten[43]. Die Regierung Brüning konnte bei der Zurückweisung des Wagemann-Plans und dem gleichzei-

---

[38] Paul Reusch an Kastl, 19. 11. 1931, HA/GHH, Nachlaß Reusch, 400.101.2025/4.

[39] Jahresbericht 1932 der Mitteldeutschen Gruppe des VDESI (BAK, R 13 I/23). Es hieß hierin, daß „auch in diesem Jahre (das „Russengeschäft") für die Eisenindustrie von ausschlaggebender Bedeutung" war.

[40] Tosse am 17. 2. 1932 zitierte „Briefe nach Ostdeutschland", Nr. 17, 29. 2. 1932, in BAK, R 13 I/253.

[41] „Deutsche Führerbriefe", 2. 2. 1932.

[42] a.a.O., 8. 3. 1932.

[43] a.a.O.

tigen Hinweis auf die Reparationsfrage mit der Unterstützung wichtiger Kreise der Schwerindustrie rechnen.

Direkt arbeitsbeschaffende Aktionen der öffentlichen Hand

Vergabepraktiken

In den Reihen der Schwerindustrie beobachtete man die Preissenkungsaktionen öffentlicher Vergabestellen ebenso wie beim Reichsverband der Deutschen Industrie mit großem Unbehagen. Der Verein Deutscher Eisen- und Stahlindustrieller berichtete am 2. September 1930 über Proteste des Reichsverbands an das Reichswirtschafts-, -post- und -arbeitsministerium sowie an die Reichskanzlei und die Deutsche Reichsbahn-Gesellschaft[44]. Besondere Beunruhigung verursachten die Bemühungen der Reichsbahnverwaltung, für abgeschlossene Lieferverträge nachträgliche Preisreduktionen zu erhalten. Das Reichsverkehrsministerium verlangte von den Lieferfirmen die Annahme sogenannter Gleitklauseln, die bei einem möglichen Rückgang der Baustoffpreise oder der Löhne die Lieferanten dazu verpflichten sollten, die vergebende Stelle mit fünfundziebzig Prozent an den Ersparnissen zu beteiligen. RDI und VDESI lehnten aber Gleitklauseln nach oben und unten ab, weil sie zu einer allgemeinen Unsicherheit in der Preisentwicklung führen würden.

Die Proteste schienen nicht erfolglos geblieben zu sein. Bereits am 20. September ordnete der Generaldirektor der Reichsbahn-Gesellschaft, Dorpmüller, an, daß bereits abgeschlossene Verträge zu den „bisherigen Bedingungen" erfüllt werden müßten, Auftragsverweigerungen an Firmen, die Preisermäßigungen aus „berechtigten (im Text unterstrichen; M. W.) Gründen" ablehnten, nicht zulässig und bei zu hohen Angeboten Ablehnungen zu begründen wären[45].

Der Verein Deutscher Eisen- und Stahlindustrieller gab sich aber noch nicht zufrieden. Er war der Meinung, daß einzelnen Vergabestellen der Reichsbahn „noch immer zu weitgehende Freiheiten" gewährt wurden und wollte weiterhin gegen den schematischen Preisabbau vorgehen[46]. Andere Organisationen innerhalb der Schwerindustrie scheinen die Vergabepraktiken weniger berührt zu haben. Der Verein Deutscher Maschinenbauanstalten ließ sich zum Beispiel nicht davon abhalten, im Januar 1931 im Reichsfinanzministerium für staatliche Darlehen zur Vergabe öffentlicher Aufträge zu plädieren[47]. Aber im Mai und Juni 1931 vergaß

---

[44] Rundschreiben des VDESI, 2. 9. 1930, BAK, R 13 I/224.

[45] Der Generaldirektor der Deutschen Reichsbahn-Gesellschaft, Dorpmüller, an die Deutsche Reichsbahn-Gesellschaft Bayern. Sämtliche Reichsbahndirektionen und das Reichsbahn Zentralamt, 20. 9. 1930, BAK, R 13 I/224.

[46] Rundschreiben VDESI, 26. 9. 1930, a.a.O.

[47] Verein Deutscher Maschinenbauanstalten an den Reichsfinanzminister, 11. 1. 1931, BAK, R 2/18815.

man auch in der Eisenindustrie gerne die alten Klagen über die Vergabepraktiken der Reichsbahn; anscheinend um überhaupt noch Aufträge zu bekommen.

Aufträge der Reichsbahn

Dem Aufsichtsrat der Gutehoffnungshütte wurde am 2. Juni 1931 mitgeteilt, daß die Auftragseingänge der Reichsbahn einer „Katastrophe" gleichkamen. Die monatliche „Normalabnahme" der Reichsbahn, die zuvor immer Eisenlieferungen von siebzig- bis achtzigtausend Tonnen im Monat umfaßt hatte, betrug nur noch zwanzigtausend Tonnen im Monat[48].

Klöckner, Poensgen, Klotzbach, Gerwin und später auch Silverberg nahmen deshalb am 28. Mai im Auftrag des Stahlwerksverbands Verhandlungen mit Dorpmüller auf, um Aufträge der Reichsbahn im Werte von hundert Millionen Mark für die nächsten sieben Monate zu erhalten. Für diese Summe sollte die Eisenindustrie monatlich sechzigtausend Tonnen „Oberbaumaterial" an die Bahn liefern[49].

Bereits vor ihrem Beginn hatte die Reichsregierung den Verwaltungsrat der Reichsbahn wissen lassen, daß „aus besonderen Gründen, die vertraulich mitgeteilt werden", bei den Aufträgen der Bahn in einer Höhe von insgesamt zweihundert Millionen Mark „in erster Linie" die Schwerindustrie berücksichtigt werden sollte. Die Regierung stellte allerdings eine Bedingung: Bei diesem Arbeitsbeschaffungsprogramm mußte die Fünftagewoche durchgeführt werden[50]. Die Industrie protestierte. So verwies Ernst Poensgen auf die in der Eisen- und Stahlindustrie ohnehin weitgehend praktizierte Arbeitszeitverkürzung und fügte hinzu, daß selbst die neuen Aufträge „eine volle Beschäftigung der jetzigen Belegschaften" nicht gewährleisten könnten[51].

Die Finanzierung der Aufträge war zu diesem Zeitpunkt noch keineswegs sichergestellt. Vierzig Millionen sollte die Reichsbahn aus eigenen Mitteln aufbringen, sechzig Millionen sollten der Krisenfürsorge entnommen werden und hundert Millionen hatte der Stahlwerksverband

---

[48] Bericht für die Aufsichtsratsitzung der GHH am 2. 6. 1931, HA/GHH, Allgemeine Verwaltung, 400.100/19.

[49] a.a.O. und ergänzend: Aktennotiz Peter Klöckner vom 6. 6. 1931 über die am 5. 6. 1931 in Berlin von Silverberg, Gerwin und Klöckner geführten Verhandlungen wegen des Zusatzgeschäfts auf 280 000 t Eisenbahn-, Oberbau- und Brückenmaterial, BAK, Nachlaß Silverberg 486 (fortan: Aktennotiz Klöckner, 6. 6. 1931). Der Vorgang befindet sich auch im Krupp-Archiv, FAH IV E 99. 280 000 t = 7 x 40 000 t (20 000 t monatlich wurden bereits geliefert). Die Erweiterung der Aufträge war Gegenstand der Verhandlungen.

[50] Außerordentliche Tagung der Reichsbahn-Verwaltung, 27. 5. 1931, BAK, Nachlaß Silverberg 485.

[51] Poensgen auf der Mitgliederversammlung des VDESI und der Fachgruppe, 17. 6. 1931, BAK, R 13 I/130.

per Kredit aufzubringen[52]. Hauptsorge der Verhandlungsdelegationen des Stahlwerksverbands war aber gerade die Aufbringung dieses Hundertmillionenkredits. Peter Klöckner wandte sich an Oscar Wassermann von der Deutschen Bank und bat ihn um seinen Rat[53]. Die ursprüngliche Absicht des Stahlwerksverbands, eine Kapitalerhöhung um zehn Millionen Mark vorzunehmen, hielt Wassermann für ungünstig, weil sie für einen Akzepten-Umlauf von hundert Millionen Mark zu niedrig wäre. Statt dessen schlug er vor, das Kapital auf vierzig Millionen Mark zu vergrößern. Hiervon sollten nur fünfundzwanzig Prozent eingezahlt werden, so daß es effektiv also bei der geplanten Summe von zehn Millionen Mark bleiben würde. Durch die Ziehung der Wechsel auf den Stahlwerksverband und die Weitergabe der Akzepte an die Privatbanken A. Levy, Sal. Oppenheim jr. und Cie., Hirschland, Warburg und Mendelsohn sollten die Kredite liquide gemacht werden. Im übrigen legte Wassermann „keinen besonderen Wert" darauf, wegen dieses Geschäfts mit der Reichsbank zu verhandeln. Dennoch schien es ihm richtig, sie hierüber zu informieren, da Luther seinerzeit am Kabinettsbeschluß über die Arbeitsbeschaffung (der Reichsbahn; M. W.) teilgenommen hatte.

Der Rat Wassermanns an den Stahlwerksverband lief praktisch darauf hinaus, über kooperationsbereite Banken die Reichsbank zu umgehen, um auf eigene Faust eine — wenn auch im Umfang sehr begrenzte, aber dennoch nicht abzustreitende — Kreditschöpfung zu betreiben und damit die staatliche Geld- und Kreditpolitik zu unterlaufen.

Schließlich informierte der Stahlwerksverband aber doch die Reichsbank, wo der Plan Wassermanns erwartungsgemäß auf einige Skepsis stieß[54]. Da die Reichsregierung aber „mit aller Energie" auf der Durchführung der Reichsbahnaufträge bestand[55], kamen die Vertreter der Reichsbank „mit allerlei Anregungen heraus".

Das außergewöhnliche Interesse der eisenerzeugenden und eisenverarbeitenden Industrie wollte Generaldirektor Dorpmüller von der Reichsbahn nun auf seine Weise nutzen. Er erinnerte sich wieder an die alten Vergabepraktiken der Reichsbahn, gegen die RDI und VDESI noch von weniger als einem Jahr Sturm gelaufen waren: Er verlangte für das vorgesehene 280 000-Tonnen-Projekt eine „wesentliche Preissenkung"[56].

---

[52] Schriftstück ohne Bezeichnung und Adressat, BAK, Nachlaß Silverberg 486.
[53] Aktennotiz Klöckner, 6. 6. 1931, hier wie im folgenden.
[54] Da weder Luther noch Dreyse zu dem betreffenden Zeitpunkt in Berlin waren, verhandelte der Stahlwerksverband mit den Herren Vocke, Friedrich und Schneider.
[55] Aktennotiz Klöckner, 6. 6. 1931.
[56] a.a.O.

Klöckner und Silverberg erklärten sich hierzu bereit. Sie waren „entschlossen", das Geschäft zu Bedingungen abzuschließen, die sie offenbar nur der Not gehorchend akzeptierten. Anders kann ihre Bereitschaft hierzu angesichts ihrer früheren Haltung nicht erklärt werden. In der Tat betonte Klöckner, diesen „schweren Entschluß" nur gefaßt zu haben, „um endlich einen Schritt vorwärts zu kommen", und weil gerade die großen Werke wie Krupp, die Vereinigten Stahlwerke und die Gutehoffnungshütte „bezüglich der Beschäftigung auf den großen Straßen sehr in Verlegenheit sind"[57].

Die Finanzierung dieser Lieferungen in Form von Wechseln betrachtete man beim Stahlwerksverband nur als die zweitbeste Lösung, obwohl man der außerordentlich ungünstigen Geschäftslage wegen vorher bereit war, sogar auf eigene Faust das Wechselvolumen zu erweitern. Als Dorpmüller sich am 14. August 1931 bereit erklärte, die Lieferungen für die Monate Oktober und November in bar zu bezahlen, nahmen Klöckner, Poensgen und Klotzbach die Mitteilung mit Genugtuung auf[58]. Die Bereitschaft des Stahlwerksverbands, „private" Kreditschöpfung zu betreiben, fand also durchaus ihre Grenzen.

Die konventionelle geldpolitische „Erkenntnis" erfüllte offensichtlich nach wie vor eine Steuerungsfunktion und nur weil man „bezüglich der Beschäftigung auf den großen (Walz)straßen sehr in Verlegenheit" war, ließ man sich vorübergehend vom betriebswirtschaftlichen „Interesse" leiten. Die Verlegenheit dauerte trotz dieser Aufträge an und Klöckner beschloß, „den Herrn Reichskanzler für diese Sache noch mehr zu interessieren und ihm klarzumachen, daß unbedingt Mittel und Wege gefunden werden müssen, um jetzt noch vor dem Winter wieder Arbeiter einzustellen, anstatt weiter zu entlassen[59]".

Am 18. August empfing Brüning Poensgen, Klotzbach und Springorum[60] zu einer Aussprache[61], bei der möglicherweise über vermehrte Aufträge an die Eisenindustrie gesprochen wurde[62]. Denn der Erfolg dieser Besprechung blieb nicht aus:

---

[57] a.a.O.
[58] Aktennotiz Klöckner, 14. 8. 1931, Nachlaß Silverberg 486.
[59] a.a.O.
[60] Blank an Reusch, 18. 9. 1931, HA/GHH, Nachlaß Reusch, 400.101.2024/9. Der Ruf der Großindustrie nach staatlichen Aufträgen ist zum Teil also durchaus bereits vor 1932 erfolgt. Petzina, Hauptprobleme, S. 25, datiert diese Haltung der Großindustrie besonders auf das Jahr 1932. Dies ist nicht falsch, aber doch zu spät. Hallgarten, S. 84, gibt keinen Zeitpunkt, sondern einen Zeitraum an: die Weltwirtschaftskrise. Gibt dann aber auch das Jahr 1932 an (März und Juni) und bleibt unklar.
[61] Aktennotiz Klöckner, 14. 8. 1931.
[62] Blank an Reusch, 18. 9. 1931, HA/GHH, Nachlaß Reusch, 400.101.2024/9.

1. Die Schwerindustrie in der Ära Brüning

Im September erklärte sich der Verwaltungsrat der Reichsbahn nach vertraulichen Beratungen damit einverstanden, eine zusätzliche Summe von einhundert Millionen Mark „zur Beschaffung und zum Einbau von Oberbaumaterial" aufzuwenden. Diese Bestellungen sollten bis zum März 1932 laufen und „an andere Lieferanten des Ruhrgebiets" vergeben werden[63]. Damit belief sich die Gesamthöhe der Reichsbahnaufträge an die Eisenindustrie auf dreihundert Millionen Mark: im Zeitraum von Juni bis Dezember 1931 zweihundert Millionen Mark und vom Januar bis März 1932 weitere hundert Millionen Mark.

Um die im September vom Verwaltungsrat der Reichsbahn beschlossenen Aufträge in einer Höhe von einhundert Millionen Mark finanziell zu sichern, war die Reichsregierung sogar bereit, „falls die Kassenlage der Gesellschaft es erfordert", sozusagen per Offenmarktpolitik Reichsschatzanweisungen „vor Fälligkeit" zu übernehmen[64]. Ein Schritt, mit dem sie scheinbar ihre eigene Geldpolitik durchbrach, erweiterte sie doch damit das Geldvolumen. Da aber wegen des Hoover-Moratoriums (noch) weniger Zahlungsmittel in Umlauf gesetzt wurden, glaubte die Regierung diese Entscheidung verantworten zu können. Schließlich gab sie aber doch einer steuerfreien Anleihe der Reichsbahn den Vorzug. Für den Fall, daß diese Anleihe mehr als einhundert Millionen Mark einbrachte, sollten bei der Vergabe von Aufträgen „auch andere Gegenden außer dem Ruhrgebiet berücksichtigt werden".

Das Ergebnis der Reichsbahnanleihe übertraf alle Erwartungen. Es kamen 248,8 Millionen Mark zusammen. Der Verwaltungsrat wollte sie „den notleidenden Wirtschaftszweigen und Notgebieten im Reiche zugutekommen" lassen, und bei der Vergabe von Aufträgen sollten auch das Handwerk und die Kleinindustrie „besondere Berücksichtigung finden"[65].

Die Mittel dieser Anleihe kamen tatsächlich vielen Wirtschaftszweigen zugute, so daß man nicht von einer einseitigen Bevorzugung der Eisen- und Stahlindustrie sprechen kann. Es erhielten Aufträge[66]:

---

[63] Sitzung des Verwaltungsrats der Reichsbahn am 21./22. September 1931, BAK, Nachlaß Silverberg 485.
[64] Hier wie im folgenden: a.a.O.
[65] Pressenachricht über die 46. Tagung des Verwaltungsrats der Reichsbahn am 23./24. 11. 1931, a.a.O. Marcons Behauptung (S. 282), daß 1931 über die Haushaltsmittel hinaus für die Arbeitsbeschaffung der Reichsbahn nichts getan werden konnte, trifft demnach nicht zu.
[66] Soziale Praxis, Heft 52/53, 24./31. 12. 1931, S. 1737.

Wirtschaftszweig	Mill. RM
Eisen- und Stahlindustrie	51,5
Maschinen- und Fahrzeugbau	59,0
Industrie der Steine und Erden	16,5
Baugewerbe	5,3
Holzgewerbe	8,1
Kautschuk- und Asbestindustrie	0,1
	140,5

Der Rest von mehr als 100 Millionen Mark wurde für „zusätzliche Lohnaufwendungen" ausgegeben. Auch „die" Großindustrie wurde nicht einseitig gefördert. Die mittlere Industrie, besonders das Baugewerbe, hatte keinen Grund zum Klagen.

Auf die Vergabe von Aufträgen durch die Reichsbahn konnte sich die Schwerindustrie allerdings nicht immer verlassen. So weigerte sich die Reichsbahndirektion zum Beispiel im März 1932, neue Lokomotiven zu bestellen, um Entlassungen in den Reparaturwerkstätten der Reichsbahn zu vermeiden[67]. Die AEG, Krupp, Henschel und Schwartzkopf hatten gemeinsam versucht, die Verantwortlichen bei der Reichsbahn zu diesen Bestellungen zu bewegen, um, wie Hermann Bücher von der AEG an Krupp von Bohlen schrieb, das Ende der deutschen Lokomotivindustrie zu verhüten[68].

Von Brüning konnten sie zu diesem Zeitpunkt keine Unterstützung erwarten. Er schien von der arbeitsbeschaffenden Wirkung der Reichsbahn- und Reichspostaufträge nicht mehr recht überzeugt gewesen zu sein. Seiner Meinung nach hatte man hierbei Gelder verzettelt und nicht genügend auf menschliche Handarbeit zurückgegriffen[69].

Vergleicht man die Haltung führender Unternehmer der Schwerindustrie bei den Vorgängen um die Reichsbahnaufträge mit ihren grundsätzlichen Prioritäten, so ergibt sich ein unbestreitbarer Widerspruch: Während sie die wirtschaftlichen Aktivitäten der öffentlichen Hand bei den Aufträgen der Reichsbahn sogar selbst forcierten, bewahrten sie ansonsten eine kritische Distanz zu anderen öffentlichen Aufträgen.

Zwischen volkswirtschaftlicher „Erkenntnis" und betriebswirtschaftlichem „Interesse" bestand wiederum keine Identität. Aber ähnlich wie bei den „Russengeschäften" erfüllte ihr betriebswirtschaftliches „Inter-

---

[67] „Reichsbahndirektionspräsident" Leibbrand an Krupp von Bohlen, 12. 2. 1932, Krupp-Archiv, FAH IV E 99.
[68] H. Bücher (AEG) an Krupp von Bohlen, 23. 3. 1932, a.a.O. Wilmowski an von Bohlen, 1. 7. 1932, a.a.O. AEG, Krupp, Henschel an Reichsbahn, 23. 1. 1932, a.a.O.
[69] Chefbesprechung, 25. 1. 1932, BAK, R 43 I/2042.

esse" eine gewisse „Avantgardefunktion", denn es brachte allmählich die Grundfesten ihrer volkswirtschaftlichen „Erkenntnis" ins Wanken.

Subventionen?

Offenbar muß der Eisen- und Stahlindustrie vorgeworfen worden sein, in Form der Reichsbahnaufträge Subventionen zu erhalten, denn der VDESI sah sich genötigt, derartige Behauptungen kategorisch zurückzuweisen. Die Schwerindustrie nehme keine Subventionen an und selbst die Aufträge der Reichsbahn an die Eisenindustrie müsse der Stahlwerksverband durch Kredite finanzieren. Man könne daher nicht von einer Subventionierung reden. Der VDESI glaubte in derartigen Anschuldigungen den Versuch zu erkennen, die Schwerindustrie, „der man bekanntlich jede Schlechtigkeit nachsage", zu diskreditieren[70]. Den Vorgang um die Reichsbahnaufträge im Jahre 1931 wird man sicherlich in die eine oder andere Richtung interpretieren können, wobei die Beurteilung nicht frei von ideologischem Ballast wäre. Von einer eindeutigen Form der Subventionierung zu sprechen, dürfte wahrscheinlich zu einseitig sein, weil der Stahlwerksverband in der Tat die Kredite selber aufbringen mußte. Es läßt sich jedoch nicht bestreiten, daß Regierung und Reichsbank bei der Aufbringung der Kredite entscheidende Hilfe boten, und es sollte auch in Betracht gezogen werden, daß die Regierung bereit war, zeitweilig von ihren geldpolitischen Normen abzuweichen, um die Aufträge der Reichsbahn an den Stahlwerksverband zu finanzieren. Auch machte das Kabinett bei der Auftragsvergabe an die Eisenindustrie im Ruhrgebiet seinen Einfluß geltend, aber bei der bedrohlichen Arbeitsmarktlage in diesem industriellen Ballungsgebiet braucht diese Auftragskanalisierung keineswegs rein interessenpolitisch motiviert gewesen zu sein. Objektive Sachzwänge könnten die Entscheidung ebenso beeinflußt haben.

Siedlungsprojekte

Siedlungspläne beschäftigten die Schwerindustrie wenig. Der Berliner Vertreter der GHH, Martin Blank, hoffte im September 1931, „die Gefahr eines dilettantischen Vorgehens abzuwenden, die zweifellos besteht"[71]. Gemeint waren vor allem die Pläne von Dietrich und Treviranus, dessen Initiative auf diesem Gebiet sicherlich auch nicht das Vertrauen der Wirtschaft in seine Zuverlässigkeit festigte.

Der bau- und wohnungswirtschaftliche Ausschuß des Langnamvereins war Anfang 1932 dagegen der Meinung, daß „größere Aktivitäten auf dem Gebiet der innerdeutschen Umsiedlung" gerade im Hinblick auf die

---

[70] Pressenotiz VDESI und Fachgruppe über die Mitglieder-Versammlung am 17. 6. 1931, BAK, R 13 I/130.
[71] Blank an Reusch, 22. 9. 1931, HA/GHH, Nachlaß Reusch, 400.101.2024/9.

248   8. Kap.: Die Schwerindustrie

bevölkerungspolitische Entwicklung des rheinisch-westfälischen Industriegebiets „besondere Beachtung" verdienten. Am 29. Februar hatte der Ausschuß eine Eingabe an Brüning gerichtet, in der verstärkte Aktivitäten auf diesem Gebiet empfohlen wurden, und am 4. März befaßte sich der Langnamverein auf einer Tagung mit der Ostsiedlung[72].

Auch Krupp von Bohlen befürwortete Siedlungsprojekte, da die Beschäftigung aller Arbeitslosen „in absehbarer Zeit" unmöglich sei. Krupp zog vorstädtische „Randsiedlungen" aber landwirtschaftlichen Siedlungsplänen wie die Ostsiedlung vor[73]. In seiner Begründung der Siedlungsprojekte findet sich fast wörtlich die Argumentation des ehemaligen Reichsfinanzministers Dietrich wieder.

Zur Frage der Arbeitszeitverkürzung

Die Ruhrlade

Für Poensgen waren zusätzliche Arbeitszeitverkürzungen nicht akzeptabel, weil dadurch die Löhne unter die Arbeitslosensätze sinken könnten. Statt dessen schlug er im Januar 1931 vor, mit den Gewerkschaften ein Abkommen zu schließen, das bei einer gleichbleibenden Arbeitszeit von fünfundvierzig Wochenstunden eine Senkung des Stundenlohns um den Prozentsatz neueingestellter Arbeiter ermöglichen sollte[74]. Ein Vorschlag, der Teile der Papenschen Mehreinstellungsprämien, allerdings mit einem wesentlichen Unterschied, vorwegnahm. Poensgen wollte diesen Plan im gütlichen Einvernehmen mit den Gewerkschaften und nicht gegen ihren Willen verwirklichen. Einen ähnlichen Plan legte auch Krupp von Bohlen rund einen Monat später vor, wobei er sogar die Möglichkeit von Arbeitszeitgarantien seitens der Arbeitgeber nicht ausschloß[75].

Auch für die anderen Mitglieder der Ruhrlade war eine Arbeitszeitverkürzung ohne die gleichzeitige Senkung der Selbstkosten ausgeschlossen[76]. Deshalb wollten sie mit Brüning zu einem Gespräch zusammenkommen, um dem „Alleinbesuch" von Bosch[77] zuvorzukommen, der, wie sie gehört hatten, dem Kanzler seine Ideen einer Arbeitszeitverkürzung ohne Selbstkostensenkungen vorbringen wollte[78].

---

[72] Rundschreiben des Langnamvereins an die Mitglieder des Vorstands und den Hauptausschuß, 23. 3. 1932, HA/GHH, Nachlaß Reusch, 400.101.221/3 b.

[73] von Bohlen an Herle, 11. 6. 1932, Krupp-Archiv, FAH IV E 178.

[74] L. Grauert, i. A. von Poensgen an Silverberg, 13. 1. 1931, BAK, Nachlaß Silverberg 484; auch Krupp von Bohlen an Brüning, 7. 2. 1931, a.a.O.

[75] Krupp von Bohlen an Brüning, 7. 2. 1931, Nachlaß Silverberg 464; auch Krupp-Archiv, FAH IV E 152. (Eine Kopie bekamen: Vögler, Klöckner, Poensgen, Reusch, Springorum, Silverberg.)

[76] Besprechung in der Ruhrlade am 2. 2. 1931 im Hause Vöglers, Krupp-Archiv, FAH IV E 152. Näheres zur Ruhrlade besonders in Turner, Ruhrlade.

[77] Es wurde nicht vermerkt, ob von Robert oder Carl Bosch die Rede war.

Klöckner[79], Krupp von Bohlen[80] und Vögler[81] wurden vorgeschickt, um die „Gegenoffensive" in die Wege zu leiten. Ihr Zugang zu Brüning muß aber begrenzt gewesen sein, denn sie begnügten sich mit schriftlichen Eingaben.

Aber auch innerhalb der Ruhrlade konnte man sich nicht ohne Schwierigkeiten auf eine gemeinsame Linie einigen. So glaubte Paul Silverberg, daß der von Krupp unterbreitete Vorschlag einer Arbeitszeitgarantie durch die Arbeitgeber den Unternehmern zu große Risiken aufbürden würde, während Krupp seine Ideen in der Arbeitszeitfrage ganz bewußt mit einer Geste zur Verbesserung der „human relations" zwischen Unternehmern und Arbeitern verbinden wollte. Die Kompromißlösung der Ruhrlade mußte in der Mitte liegen: zwischen den Plänen Krupps und Poensgens einerseits und Silverbergs Kritik andererseits.

Man wird also selbst in dieser thematisch begrenzten Frage und innerhalb eines so kleinen Kreises, wie es die Ruhrlade war, wiederum stark differenzieren müssen. Durch Verallgemeinerungen käme man nur zu falschen Schlüssen.

Der Verein Deutscher Eisen- und Stahlindustrieller

Die Empfehlungen der Brauns-Kommission belebten beim VDESI die Diskussion um die Arbeitszeitfrage von neuem: Das geschäftsführende Hauptvorstandsmitglied, Reichert, warf der Kommission vor, versagt zu haben und aus parteipolitischer Befangenheit nicht auf die „Lebensfragen der Nation" eingegangen zu sein. Arbeitszeitverkürzungen hielt er ohnehin für unnötig, weil sie bereits weitgehend durchgeführt wurden und keine neuen Arbeitsmöglichkeiten schafften[82]. Stimmte diese Behauptung?

Der Syndikus der Norddeutschen Gruppe des VDESI, Adolf von Bülow, legte Zahlen vor: Im Februar 1931 mußten von 82 000 Arbeitern in den Hüttenwerken 56 000 und von 52 000 in der weiterverarbeitenden Eisenindustrie 28 000 Beschäftigte kurzarbeiten. Bülow machte der Kommission den Vorwurf, sich falschen Vorstellungen von der „Überarbeit" hinzugeben, denn viele verantwortungsbewußte Unternehmer streckten bereits die Arbeit im Interesse der Belegschaft „auf diese oder jene Weise",

---

[78] Besprechung in der Ruhrlade am 2. 2. 1931 im Hause Vöglers, Krupp-Archiv, FAH IV E 152.
[79] Peter Klöckner an Brüning, 7. 2. 1931, BAK, Nachlaß Silverberg 464.
[80] s. Anmerkung 75.
[81] Vögler an Brüning, a.a.O.
[82] W. J. Reichert, „Die Hauptursachen der Arbeitslosigkeit und Möglichkeiten ihrer Überwindung", Sonderdruck aus: „Ruhr und Rhein", Heft 31, 1931, BAK, R 13 I/613.

ohne dabei „viel Aufhebens zu machen" und nur wenige hätten das Bedürfnis, ihre Regelung den Behörden oder der Öffentlichkeit als die allein richtige anzupreisen[83].

Der Bergbau

Zwischen Kompromißbereitschaft und kategorischer Ablehnung jeglicher Form der gesetzlich verordneten Arbeitszeitverkünzung schwankte die Haltung des Bergbaus. Der Zechenverband in Essen vertrat den harten Kurs:

— Als die Brauns-Kommission im Frühjahr 1931 vorschlug, in einigen Wirtschaftszweigen die Vierzigstundenwoche zu verordnen, machte ihr der Zechenverband den Vorwurf, sich nicht mit „dem Angelpunkt des ganzen Problems", der Selbstkostenfrage, befaßt und statt dessen zur „Fortführung der Irrgartenpolitik" beigetragen zu haben[84].

— Wilhelm Wittke dagegen, der Vorsitzende des Bergbaulichen Vereins zu Zwickau und zugleich Vorsitzender des Verbandes Sächsischer Industrieller, zeigte sich im Oktober 1930 sogar dem Gewerkschaftsplan gegenüber verständnisvoll. Zwar hatte auch Wittke „erhebliche Einwendungen" gegen die von der Arbeitnehmerorganisation vorgeschlagene Vierzigstundenwoche, fand den Plan aber „diskutabel" und wollte ihn nicht „rundweg" ablehnen. Aus technischen Gründen zog er allerdings anstelle der Vierzigstundenwoche eine Fünftagewoche vor[85]. Zu einer verbindlichen Regelung kam es jedoch nicht.

— Im Gegensatz hierzu fand der niederschlesische Bergbau eine Kompromißformel: Im September 1931 wurde zwischen dem Verein für die bergbaulichen Interessen Niederschlesiens in Waldenburg und den Gewerkschaften eine Vereinbarung über die Einführung des Krümpersystems getroffen[86]. Die Vereinbarung sah im einzelnen eine Arbeitsdauer von sechs Monaten pro Arbeiter vor. Im siebenten Monat sollte er beurlaubt werden, wobei er während dieser Zeit die Hälfte des tariflichen Feriengeldes zu erhalten hatte. Vierzehn Tage mußte er ohne Lohn auskommen, um die Wartezeit der Arbeitslosenversicherung zu überbrücken. Nach weiteren vierzehn Tagen bekam er dann die Unterstützungszahlung der Arbeitslosenversicherung. Die Fachgruppe Bergbau unterstrich den „good will"-Charakter dieses

---

[83] Mitgliederversammlung der Norddeutschen Gruppe am 12. 5. 1931, BAK, R 13 I/35.

[84] Rundschreiben des Zechenverbands vom 10. 4. 1931, Bergbau-Museum Bochum, 13/421.

[85] Bergbaulicher Verein zu Zwickau an Hölling (Fachgruppe Bergbau im RDI), 10. 10. 1930, Bergbau-Museum Bochum, 15/68.

[86] Mitteilungen der Fachgruppe Bergbau, 21. 9. 1931, Bergbau-Museum Bochum, 15/91.

Abkommens, da die Belegschaftsziffer um rund ein Sechstel höher war als für die erzielte Absatzmenge eigentlich nötig[87].

Das Krümpersystem zielte darauf, die hohen Kosten der Feierschichten zu vermeiden[88].

Wie der Geschäftsführer des Niederschlesischen Bergbauvereins berichtete, hatten die Bergarbeiter Verständnis für die getroffene Regelung. Sie nahmen sie „ruhig" hin und sahen ein, daß die arbeitende Belegschaft „ein Solidaritätsopfer bringen müsse"[89].

Die Initiative des Niederschlesischen Bergbauvereins stieß bei den meisten anderen regionalen Bergbauvereinen auf schroffe Ablehnung[90]. Der Bergbauverein in Essen, der Sächsische Bergbau, der noch im Herbst 1930 sogar die Fünftagewoche für eine realisierbare Möglichkeit gehalten hatte, und der Mitteldeutsche Bergbau lehnten die niederschlesische Lösung ab. Nur der Niedersächsische Bergbauverein schloß eine ähnliche Regelung in seinem Zuständigkeitsbreeich nicht aus, da die Arbeiter „ein lebhaftes Interesse" an einer derartigen Regelung zeigten. Es muß jedoch berücksichtigt werden, daß sich die Ablehnung der meisten Bergbauvereine nicht gegen jegliche Form der Arbeitszeitverkürzung, sondern nur gegen das Krümpersystem richtete. Der Widerstand gegen Feierschichten war weitaus geringer. Hier zeigten sich alle kompromißbereit. Die Kritik am Krümpersystem hatte überwiegend technische Gründe, die mit der Art des Abbaus der verschiedenen Kohlensorten zusammenhingen.

Von der Vereinigung der Deutschen Arbeitgeberverbände bezog der niederschlesische Bergbau auch noch Schelte. Die VDA befürchtete eine Erhöhung der Unfallgefahr durch die Auswechselung von Spezialarbeitern und schloß auch nicht die Möglichkeit einer verstärkten Radikalisierung der Gesamtbelegschaft aus, „wenn jedermann zeitweise für vier Wochen außer Arbeit kommt". Gegen Feierschichten hatte aber auch die VDA keine Einwände zu erheben[91].

Bei aller Kritik am Krümpersystem war der Bergbau anderen Formen der Arbeitszeitverkürzung gegenüber durchaus aufgeschlossen. Im Laufe der Zeit zeichnete sich bei den Unternehmern des Bergbaus sogar eine Teilrevision ihrer früheren Prioritäten in der Arbeitszeitfrage ab: Die Leitung der Zechen der Vereinigten Stahlwerke erwog im Febuar 1932 ernsthaft die Möglichkeit, von den bislang praktizierten Feierschichten

---

[87] a.a.O.
[88] Niederschrift über die Geschäftsführer-Besprechung (der Fachgruppe Bergbau) am 24. 10. 1931, Bergbau-Museum Bochum, 15/91.
[89] a.a.O.
[90] Zusammengefaßt anhand der Geschäftsführer-Besprechung vom 24. 10. 1931.
[91] Rundschreiben der VDA, 2. 11. 1931, a.a.O.

abzugehen und statt dessen „die Argumente für die gewerkschaftliche Forderung nach einer Vierzigstundenwoche (zu) überdenken". Aus zwei Gründen schienen der Zechenleitung Feierschichten bedenklich zu sein: Erstens förderten sie das „Hinquälen der Krise" und zweitens würden die noch „in Arbeit stehenden Belegschaftsmitglieder" durch den Einkommensausfall, den sie bei Feierschichten hatten, kommunistischen Einflüssen zugänglich werden[92].

Den Widerstand der Schwerindustrie rief die Regierung Brüning im Mai 1932 nicht hervor, weil diese grundsätzlich gegen die Arbeitszeitverkürzung war, sondern weil der Regierungsplan eine gesetzlich verbindliche Regelung für alle Wirtschaftszweige vorsah. Krupp von Bohlen[93] und die Fachgruppe Bergbau im RDI[94] protestierten umgehend. Inhaltlich brachten sie keine neuen Argumente vor, sondern begnügten sich mit der beschwörenden Wiederholung ihres bekannten Standpunktes.

2. Die Schwerindustrie in der Regierungszeit Papens

Die grundsätzlichen Prioritäten

„Man will scheinbar im Westen mit der Arbeitsbeschaffung noch viel weiter gehen, obwohl man die Schwierigkeiten bei der Finanzierung sieht", glaubte Kastl[95] nach der Sitzung des Arbeitsbeschaffungsausschusses des RDI vom 19. Juli[96] schließen zu können. Kastl war der Meinung, daß vor allem Brandi und Springorum noch weitergehen wollten als die Regierung[97].

Kastls Reaktion mutet merkwürdig an, denn die Niederschrift der Sitzung, auf die er sich berief, enthält nur solche Äußerungen Brandis, die seine Skepsis der direkten, öffentlichen Arbeitsbeschaffung gegenüber vermuten lassen. Brandi attackierte vor allem die Ausführungsbestimmungen im Erlaß des Reichsverkehrsministers, die seiner Meinung nach der Wirtschaft „Fesseln" auferlegten, so daß er die verschiedenen Arbeitsbeschaffungsprojekte für uninteressant hielt. Gerade solche Richtlinien oder „Fesseln" waren aber bei öffentlichen Aufträgen so gut wie unumgänglich — auch unter Papen. So gab zum Beispiel der Reichsfinanzminister Anfang Oktober 1932 allgemeine Lieferungsbedingungen

---

[92] Geschäftsführung des Bergbau-Vereins Essen (Zusammenstellung: Erlinghagen), ohne Tag, Februar 1932, Bergbau-Museum Bochum, 13/689.
[93] Telegramm Krupp von Bohlens an Brüning, 4. 5. 1932, BAK, R 43 I/2043.
[94] Telegramm der Fachgruppe Bergbau im RDI an Brüning, 6. 5. 1932, a.a.O.
[95] Kastl an Krupp don Bohlen, 23. 7. 1932, Krupp-Archiv, FAH IV E 178.
[96] Niederschrift über die Sitzung des Arbeitsbeschaffungsausschusses des RDI am 19. 7. 1932, BAK, Nachlaß Silverberg 310.
[97] s. Anmerkung 96.

für die Vergabe öffentlicher Aufträge aus, gegen die der Verein Deutscher Eisen- und Stahlindustrieller Protest erhob. Der VDESI legte großen Wert auf die Feststellung, daß der sich „seit Jahren aus grundsätzlichen Erwägungen gegen die Einführung derartiger allgemeiner Lieferbedingungen gewandt" hatte[98]. Im August wandten sich der Bergbauverein und Zechenverband an Papen und drangen auf den Abbau staatlicher Kompetenzen im Ruhrbergbau[99]. Und dennoch sollten gerade sie einer staatlichen Arbeitsbeschaffung, die „mehr Staat" in der Wirtschaft bedeutete, das Wort geredet haben?

Auch Stellungnahmen des Bergbauvereins und Zechenverbands befaßten sich am 12. August auf einer gemeinsamen Sitzung mit dem Tagesordnungspunkt „Arbeitsbeschaffung und Möglichkeiten zur Beseitigung der Erwerbslosigkeit". Sie wiederholen im wesentlichen nur bekannte Forderungen: Langfristig wollten sie die Rückkehr zu einer „freien" und vor allem rentablen Wirtschaft, die „Auflockerung" (nicht aber die Beseitigung!) des Tarifwesens und Steuererleichterungen. Kurzfristig sollte die Regierung die Forderungen des Reichswirtschaftsrates erfüllen und zusätzlich, wie es der RDI vorgeschlagen hatte, den Straßenbau, die landwirtschaftlichen Meliorationen und die Aufträge der Reichsbahn und -post erweitern. Die Vergebung von öffentlichen Arbeiten „ist vom Standpunkt der freien Wirtschaft grundsätzlich als unerwünscht zu bezeichnen", da sie Eingriffe in die natürliche Entwicklung der Wirtschaft darstellten[100].

Man wird nach Kenntnis all dieser Quellen daher nur mit äußerster Vorsicht eine Generallinie der Industriellen „im Westen" in der Frage der direkten Arbeitsbeschaffung ausmachen können. Nur so viel läßt sich sagen: Als vorübergehende Notmaßnahme war man nun auch in der Schwerindustrie bereit, die direkte, öffentliche Arbeitsbeschaffung hinzunehmen, ja erkannte ihre Notwendigkeit. Dies war noch keine Revision, aber doch eine Modifizierung der alten Grundsätze.

---

[98] Reichert an RDI, 10. 10. 1932, BAK, R 13 I/233.
[99] Geschäftsführung Zechenverband an Brandi, 15. 8. 1932, Bergbau-Museum Bochum, 13/405. Die hier ausgesprochenen Forderungen wurden zusammen mit Eingaben der VDA an Papen weitergeleitet. Zu den Forderungen des Zechenverbands gehörten unter anderem Einschränkungen der behördlichen Kontrolle in den Gruben, „Einschränkungen der Belastung der behördlichen Kontrolle auf dem Gebiet der baupolizeilichen Maßnahmen", „weitestgehend Ausschaltungen staatlicher Eingriffe auf dem Gebiet der Arbeitsbedingungen".
[100] Zu diesem Abschnitt: Bergbau-Museum Bochum, 13/689. Am 10. 8. fand eine Vorbesprechung statt. Anlage zur Sitzung der Vorstands-Vorsitzenden des Bergbauvereins und des Zechenverbands.

Geld- und Kreditpolitik

Die Bereitschaft, bei einer eintretenden Produktionssteigerung das Kreditvolumen zu erweitern und „Währungsexperimente" zu wagen, scheint „im Westen" während der zweiten Hälfte des Jahres 1932 in der Tat (noch mehr) gestiegen zu sein. Unter den genannten Voraussetzungen sah auch Paul Reusch nichts, was einer Vermehrung des Kreditvolumens und Währungsexperimenten im Weg stehen konnte[101].

Auch der Reichskohlenverband und der „Große Ausschuß des Reichskohlenrates" bezogen in einer gemeinsamen Sitzung am 17. November gegen eine deflationistische Wirtschaftspolitik Stellung. Die Notverordnung vom Dezember 1931 nannten sie „ein wirtschaftliches Unglück für Deutschland"[102].

Wie weit die Deflationspolitik außenpolitisch notwendig war, wollte Silverberg „dahingestellt" sein lassen, bekräftigte aber nachdrücklich die Vorteile einer nichtdeflationistischen Wirtschaftspolitik: „Die Wirtschaftslage wird dann so sein, daß Produktion und Arbeiter ihre Freude daran haben werden[103]." Silverberg plädierte für diesen Weg, weil, das zeigt diese Äußerung in aller Deutlichkeit, er ihn für den wirtschaftlich effizientesten hielt. Politische Gründe stellte er hintan.

Zur Frage der Arbeitszeitverkürzung

In der Frage der Arbeitszeitverkürzung gab es in den Kreisen der Schwerindustrie keinen Positionswechsel. Dem Vorschlag von Reichsarbeitsminister Schäffer, in den Landesarbeitsämtern auf freiwilliger Basis „Kurzarbeitsausschüsse" zu gründen, sagte man zum Beispiel in der Gutehoffnungshütte wenig Erfolg voraus, da in vielen Wirtschaftszweigen ohnehin bereits weitgehend kurzgearbeitet wurde[104].

Auch im Bergbauverein beurteilte man diese Empfehlung skeptisch. „Das praktisch (im Text unterstrichen; M. W.) Mögliche (in der Frage der Arbeitszeitverkürzung) ist bereits überall durchgeführt, jedenfalls im Bergbau[105]."

---

[101] Bericht Paul Reuschs auf der Generalversammlung des GHH-Konzerns, November 1932 (ohne Tag), HA/GHH, Nachlaß Reusch, 400.101.2002/2.

[102] Niederschrift über die gemeinsame Sitzung des Reichskohlenverbands und des großen Ausschusses des Reichskohlenrates, 17. 11. 1932, BAK, Nachlaß Silverberg 187.

[103] a.a.O.

[104] Jahresbericht 1931/32 der Abt. A der GHH, HA/GHH, Allgemeine Verwaltung, 400.100/23.

[105] Stimmungsbericht des Bergbauvereins an das Oberbergamt in Dortmund (fortan: Stimmungsbericht Bergbauverein), 1. 7. 1932, Bergbau-Museum Bochum, 15/462,1.

Die Zahlen, die von der Geschäftsführung der Fachgruppe Bergbau der Vereinigung der Deutschen Arbeitgeberverbände vorgelegt wurden, bestätigen die Meldung des Bergbauvereins: Im Juni 1932 waren nur noch 0,33 Prozent der gesamten Belegschaft des Ruhrbergbaus zu normalen Arbeitszeiten beschäftigt. 40,6 Prozent arbeiteten vierzig bis siebenundvierzig Stunden, 47,17 Prozent arbeiteten zweiunddreißig bis neununddreißig Stunden und 11,9 Prozent arbeiteten weniger als einunddreißig Stunden[106].

Die öffentlichen Behauptungen der verschiedenen Wirtschaftszweige der Schwerindustrie entsprachen also durchaus der Wirklichkeit. Sie waren bereit, die Arbeitszeit freiwillig von Betrieb zu Betrieb zu verkürzen. Sie lehnten aber nach wie vor verbindliche Regelungen für die gesamte Wirtschaft ab[107].

Der Appell des Reichsarbeitsministers wurde deshalb lediglich zur Kenntnis genommen. Er war weniger beunruhigend als die Pläne des ehemaligen Arbeitsministers Stegerwald, der gesetzliche Regelungen in die Wege leiten wollte. Bei den Arbeitern waren Arbeitszeitverkürzungen nicht populärer als bei Unternehmern, und zudem war die Arbeiterschaft in der Frage der Arbeitszeitverkürzung und der Feierschichten geteilter Meinung[108].

Aufträge der Reichsbahn

Die Aufträge der Reichsbahn wirkten auch während der Regierungszeit Papens besonders für die Eisenindustrie „unmittelbar belebend". Der Auftragseingang war aber insgesamt rückläufig, was die Waggonindustrie mehr betraf als diejenigen Wirtschaftszweige, die „Oberbaumaterial" lieferten[109].

Nach anfänglicher Zurückhaltung schaltete sich die Regierung Papen in die Arbeitsbeschaffungspolitik der Reichsbahn ein[110]. Ende Juli hatte sich, wie Krupp von Bohlen feststellte, bei der Eisenindustrie der Auftragsrückgang der Reichsbahn „in höchst ungünstiger Weise" bemerkbar

---

[106] Geschäftsführung der Fachgruppe Bergbau an VDA, 24. 9. 1932. Die durchschnittliche Arbeitszeit auf den Schachtanlagen im Ruhrgebiet im Juni 1932, Bergbau-Museum Bochum, 15/92.

[107] Geschäftsführung des Zechenverbands an Brandi, 15. 8. 1932, Bergbau-Museum Bochum, 13/405.

[108] Stimmungsbericht Bergbauverein, 1. 7. 1932, Bergbau-Museum Bochum, 15/462,1.

[109] Bericht der mitteldeutschen Gruppe des VDESI über das Geschäftsjahr 1932, BAK, R 13 I/23.

[110] So fand, wie Dorpmüller dem Verwaltungsrat der Reichsbahn am 1. Juli berichtete, eine Chefbesprechung über die Frage der Arbeitsbeschaffung statt. Aber eine Beteiligung der Reichsbahn wurde nicht „in Aussicht" genommen; BAK, Nachlaß Silverberg 485. Silverberg gehörte dem Verwaltungsrat der Reichsbahn an.

gemacht[111] und auch bis Anfang September änderte sich daran nichts[112]. Der Auftragsrückgang der Reichsbahn bei der Eisen- und Stahlindustrie belief sich seit dem Ende des Sonderprogramms im März 1932 auf zwanzig bis fünfundzwanzig Prozent des „normalen Maßes"[113]. Anfang September hatte Klöckner in Erfahrung bringen können, daß die Reichsbahnverwaltung hoffte, fünfundsiebzig Prozent der Steuerscheine für die Beförderungssteuer lombardieren und für Zwecke der Arbeitsbeschaffung verwenden zu können. Am 17. September sollte darüber nochmals eine Besprechung zwischen Papen, Carl Friedrich von Siemens und Dorpmüller stattfinden[114]. Inzwischen hatte Klöckner von Papen die Zusage erhalten, daß die Regierung auf die Reichsbahnverwaltung Druck ausüben würde, um vom 1. Oktober an der Eisenindustrie Aufträge von monatlich fünfzigtausend Tonnen für „Oberbaumaterial" zu verschaffen[115].

Wenige Tage später wurde Albert Vögler bei Carl Friedrich von Siemens in derselben Angelegenheit vorstellig[116], und Springorum hatte sich deswegen bei Papen angesagt[117]. Die Bemühungen der Industrie hatten Erfolg. In seiner Sitzung vom 19. und 20. September beschloß der Verwaltungsrat der Reichsbahn, Aufträge für 180 Millionen Mark zu vergeben, die mit Steuerscheinen finanziert werden sollten. Diese Aufträge waren, wie Dorpmüller ausdrücklich hervorhob, als Maßnahmen gegen die Arbeitslosigkeit und zur Förderung der Industrie zu verstehen, da für die Reichsbahn selbst keinerlei betriebliche Notwendigkeit vorlag. Vom 1. Oktober 1932 an sollten für die Dauer von acht Monaten je vierzigtausend Tonnen „eiserne Oberbaustoffe" bei der Eisenindustrie in Auftrag gegeben werden. Der Verwaltungsrat versprach sich eine Belebung der Schienen-, Schwellen-, Fahrzeug- und Bauindustrie[118].

Die Aufträge gingen in erster Linie an die Vereinigten Stahlwerke, Krupp, Hoesch, Mannesmann, Klöckner[119] und die Gutehoffnungshütte[120]. In der Presseerklärung zu der Sitzung des Verwaltungsrates hieß es da-

---

[111] Krupp von Bohlen an Silverberg, Klöckner, Wilmowski, 25. 7. 1932, Krupp-Archiv, FAH IV E 99.

[112] Reichert appellierte daher an Dorpmüller, daß die Reichsbahn wieder der Hauptabnehmer der Eisen- und Stahlindustrie werden müsse. Reichert an Dorpmüller, 10. 9. 1932, BAK, R 13 I/233. Einen Brief ähnlichen Inhalts richtete Reichert am 5. 9. 1932 an C. F. von Siemens (a.a.O.).

[113] Reichert an Dorpmüller, 10. 9. 1932, a.a.O.

[114] Klöckner an Krupp von Bohlen, 6. 9. 1932, HA/GHH, Nachlaß Reusch, 400.101.290/45.

[115] Klöckner an Krupp von Bohlen, 8. 9. 1932, Krupp-Archiv, FAH IV E 99.

[116] Krupp von Bohlen an Klöckner, 12. 9. 1932, a.a.O.

[117] Klöckner an Krupp von Bohlen, 8. 9. 1932, a.a.O.

[118] Sitzung des Verwaltungsrates der Reichsbahn am 19./20. 9. 1932, BAK, Nachlaß Silverberg 485.

[119] Klöckner an Krupp von Bohlen, Klotzbach, Springorum, Vögler, Poensgen, Bierwes, 21. 9. 1932, Krupp-Archiv, FAH IV E 99.

gegen, daß die Mittel vornehmlich dem Kleingewerbe und Handwerk zugutekommen würden[121]. Im Protokoll der Sitzung war davon allerdings nicht die Rede. Hier sollte dem Kleingewerbe und Handwerk offensichtlich Sand in die Augen gestreut werden. Sicherlich mag der eine oder andere Auftrag auch diesen Gruppen geholfen haben, als Zielgruppe waren sie aber nicht ins Auge gefaßt worden.

Über zusätzliche Aufträge der Reichsbahn an die Industrie in einem Umfang von hundert Millionen Mark sollte außerdem noch verhandelt werden[122]. Sie wurden auf der Sitzung des Verwaltungsrates am 28. und 29. November 1932 bewilligt und sollten den Maschinen- und Fahrzeugstand sowie die „baulichen Anlagen" der Bahn erweitern[123]. Ganz unbestreitbar hat die Eisenindustrie bei der Arbeitsbeschaffung der Reichsbahn auf die Regierung Papen Druck ausgeübt, dem diese nachgab und den sie ihrerseits auf den Verwaltungsrat der Reichsbahn übertrug. Aber vor einer endgültigen Beurteilung sollte man beachten, daß Papen Klöckner eine Zusage für monatliche Lieferungen von fünfzigtausend Tonnen Oberbaumaterial gegeben hatte, aus denen dann nur vierzigtausend wurden.

Außerdem verlief die Bereitstellung der Mittel im Verwaltungsrat der Reichsbahn nur schleppend. Staatssekretär a. D. Gutbrodt zeigte sich jedenfalls „ziemlich erschossen über die allzu große Vorsicht, mit der Gelder für die Arbeitsbeschaffung (der Reichsbahn; M. W.) zur Verfügung gestellt (worden) sind und vor allem über die Industriellen im Verwaltungsrat, die mit so wenig Schwung an die Bereitstellung der Gelder herangegangen seien"[124]. Für die Dringlichkeit der Arbeitsbeschaffung der Reichsbahn gab es auch andere Gründe: Zweiundfünfzig Prozent der Belegschaft mußten hier Feierschichten einlegen, während es in der Industrie im allgemeinen nur siebenundzwanzig Prozent waren[125]. Man wird auch diese Zahlen zugrundelegen müssen, wenn man darüber entscheiden will, ob die Regierung und der Verwaltungsrat der Reichsbahn lediglich die Wünsche der Schwerindustrie erfüllten oder sich objektiven Sachzwängen fügten.

---

[120] Zu entnehmen dem Exposé des Leiters der volkswirtschaftlichen Abteilung der GHH, Scherer, für Kellermann, 9. 9. 1932, HA/GHH, Allgemeine Verwaltung, 400.127/3.

[121] Presseerklärung über die Sitzung des Verwaltungsrates der Reichsbahn am 19./20. 9. 1932, BAK, Nachlaß Silverberg 485.

[122] Klöckner an Krupp von Bohlen, 8. 9. 1932, Krupp-Archiv, FAH IV E 99.

[123] Pressenachricht über die Sitzung des Verwaltungsrates der Reichsbahn am 28./29. 11. 1932, BAK, Nachlaß Silverberg 485.

[124] Orientierungsbericht Oberst von Bredow an Schleicher, 29. 9. 1932, BA-Militärarchiv, Nachlaß Bredow, 97/2.

[125] Niederschrift der Sitzung des Verwaltungsrates der Reichsbahn, 29. 11. 1932, BAK, R 2/18820.

17 Wolffsohn

Die Notverordnungen vom 4./5. September 1932

Die „Deutschen Führerbriefe", die besonders nach den Juliwahlen von 1932 einer Annäherung an die NSDAP das Wort redeten, gaben am 30. August zu bedenken, daß eine zu weitgehende Anlehnung der Regierung an das Unternehmertum (und umgekehrt) politischen Schaden anrichten würde. Sollte die Regierung nämlich in der Bewältigung der Wirtschaftskrise, bei der unpopuläre Entscheidungen getroffen werden müßten, scheitern, „wird es wiederum die Wirtschaft sein, die die Zeche zahlt". Als Alternative schlugen sie die Mithilfe einer „großen Massenpartei" vor[126]. Die von Papen in Münster am 28. August angekündigten Tarifauflockerungen könnten, so befürchteten die „Deutschen Führerbriefe", die wirtschaftsfeindliche Stimmung der breiten Massen gefährlich schüren" und zogen es deshalb vor, diese Maßnahmen „von einer der großen Arbeitnehmerparteien" mitverantworten zu lassen[127].

Da die „Deutschen Führerbriefe" gerade in jenen Wochen der NSDAP mehrfach den Charakter einer „Arbeitnehmerpartei" zugesprochen hatten, kann man mit einiger Sicherheit annehmen, mit welchem Partner die Herausgeber liebäugelten.

Die Einzelheiten der arbeitsbeschaffenden Maßnahmen der Regierung Papen scheinen (auch) im Kreis der Schwerindustrie nicht vorher bekannt gewesen zu sein und man wird daraus schließen können, daß ihre Vertreter an der Gestaltung des Programms nicht mitwirkten. Diese Vermutung bestätigt der Bericht des ansonsten gut informierten Leiters des Berliner Büros der Gutehoffnungshütte, Martin Blank.

Noch am 3. September berichtete er Paul Reusch: „Das Wirtschaftsprogramm der Regierung scheint (sic! M. W.) fertiggestellt zu sein." Gewißheit konnte er sich nicht verschaffen, und Einzelheiten wurden ihm, wie er schrieb, nicht bekannt[128]. Im wesentlichen beschränkte sich seine Information auf den Inhalt der Rede Papens am 28. August in Münster. Darüber hinaus ist ihm „nicht viel Positives bekannt geworden"[129]. Überhaupt scheint der Informationsfluß der Gutehoffnungshütte zu Papen nicht sehr stark gewesen zu sein, hatte doch selbst Paul Reusch erst vierundzwanzig Stunden vor Papens Ernennung erstmals Nachricht über dessen bevorstehenden Amtsantritt erhalten[130]. Reusch fühlte sich, wie er Arbeitsminister Schäffer mitteilte, „in keiner Weise (an die Regierung Papen) gebunden"[131].

---

[126] „Deutsche Führerbriefe", 30. 8. 1932.
[127] „Deutsche Führerbriefe", 2. 9. 1932.
[128] Blank an Paul Reusch, 3. 9. 1932, HA/GHH, Nachlaß Reusch, 400.101.2024/10.
[129] Blank an Reusch, 1. 9. 1932, a.a.O.
[130] Paul Reusch an Hugo Schäffer (Reichsarbeitsminister), 17. 6. 1932, HA/GHH, Nachlaß Reusch, 400.101.293/12.

2. Die Schwerindustrie in der Regierungszeit Papens

Die Aufnahme der Notverordnungen vom 4. und 5. September und der in ihr verfügten arbeitsbeschaffenden Maßnahmen fiel bei der Gutehoffnungshütte zunächst wenig euphorisch aus. Erst zwei Monate später gestand Reusch auf der Generalversammlung des GHH-Konzerns, „daß es der Regierung Papen gelungen ist, durch vernünftige wirtschaftspolitische Maßnahmen das verlorengegangene Vertrauen wieder wachzurufen"[132]. Und noch später, im März 1933, lobte auch der Leiter der volkswirtschaftlichen Abteilung der GHH, Scherer, das Papen-Programm, „das ja den ersten Anfang der Entfesselung und Entlastung der Wirtschaft darstellte"[133].

Im September 1932 war man aber bei der GHH zurückhaltender: Blank rechnete im Zusammenhang mit den Mehreinstellungsprämien entweder mit „großen Schiebungen" oder mit der Notwendigkeit, „hinter jeden Betrieb einen kontrollierenden Beamten zu stellen"[134]. Scherer beurteilte die Erfolgsaussichten der arbeitsbeschaffenden Maßnahmen der Papen-Regierung im September 1932 auch zunächst noch vorsichtig: Im Zusammenhang mit den Anrechnungsscheinen war für ihn die Höhe des Gegenwerts entscheidend. Waren sie zu pari erhältlich oder mußte man mit einem disagio rechnen? Was sollte mit den Steuerrückständen geschehen, die für die GHH von „ziemlicher Bedeutung" waren? Für die Eisenindustrie ließen sich nach Meinung Scherers nur wenig Prognosen aufstellen, weil der „Erneuerungs- und Instandsetzungsbedarf", von dem das ganze Programm ausging, nicht primär von der Eisenindustrie kam. Mit einer sicheren Auftragsvermehrung rechnete er nur durch die Aufträge der Reichsbahn. Mit Hilfe der Steueranrechnungsscheine erwartete Scherer bei der Gutehoffnungshütte Mehreinstellungen von 925 Arbeitern; das entsprach 5,6 Prozent der Belegschaft des Jahres 1931/32[135].

Die Tariflohnunterschreitungen, die durch die Notverordnungen legalisiert wurden, konnte die GHH nicht ausnutzen, weil durch die bereits praktizierte Arbeitszeitverkürzung weitere Neueinstellungen unmöglich waren. Nur einzelne Werke innerhalb des Gutehoffnungshütte-Konzerns waren in der Lage, zusätzliche Arbeiter einzustellen, ohne jedoch diese Steuervergünstigungen beanspruchen zu können, da diese nur das Gesamtwerk erhalten konnte. Und der Konzern war aus den genannten Gründen nicht imstande, weitere Arbeitskräfte zu verpflichten[136].

---

[131] a.a.O.

[132] Reusch-Bericht auf der Generalversammlung des GHH-Konzerns im November 1932 (ohne Tag), HA/GHH, Nachlaß Reusch, 400.101.2002/2.

[133] Scherer an Mayer-Etscheit, Hauptverwaltung der GHH, 16. 3. 1933, HA/GHH, Allgemeine Verwaltung, 400.127/4 a.

[134] Blank an Reusch, 1. 9. 1932, HA/GHH, Nachlaß Reusch, 400.101.2024/10.

[135] Sämtliche Angaben in diesem Abschnitt aus: Abt. W, Scherer, an Kellermann, 9. 9. 1932, HA/GHH, Allgemeine Verwaltung, 400.127/3.

8. Kap.: Die Schwerindustrie

Die Erwartungen des VDESI[137] in bezug auf die Inanspruchnahme der Steuerscheine deckten sich mit den Prognosen des Instituts für Konjunkturforschung[138].

A. Steuerscheine zur Verrechnung der Steuern:

    160 Millionen Mark für die Landwirtschaft
    117 Millionen Mark für das Handwerk
    490 Millionen Mark für die Industrie
    330 Millionen Mark für Handel und Verkehr
    250 Millionen Mark für Hausbesitz und freie Berufe
    170 Millionen Mark für die Reichsbahn

1 517 Millionen Mark

B. Steuerscheine für die Mehreinstellung:

    50 Millionen Mark für das Handwerk
   550 Millionen Mark für die Industrie
    50 Millionen Mark für Handel und Verkehr
    50 Millionen Mark für die Reichsbahn

700 Millionen Mark

Man geht sicherlich nicht in der Annahme fehl, daß die erwartete Inanspruchnahme als Hinweis auf das angenommene Interesse der verschiedenen Wirtschaftszweige gedeutet werden kann. Man wird deshalb bei dieser Aufstellung den für die Industrie genannten Zahlen besondere Beachtung schenken müssen. Von dem gesamten Betrag, der für die Steuerscheine zur Verfügung gestellt worden ist, erwartete man, daß fast die Hälfte von der Industrie verwendet werden würde. Eine wenig überraschende Prognose, da zur Gruppe der „Industrie" nicht nur die Groß-, sondern auch die mittlere Industrie und die Kleinindustrie gezählt wurden und ein Wirtschaftsaufschwung ohne die Belebung „der Industrie" schlechterdings unmöglich ist. Man wird angesichts dieser Zahlen nicht mehr sagen können, als daß man in Kreisen des VDESI und des Instituts für Konjunkturforschung von den Steuergutscheinen ebenso wie in der Regierung einen wirtschaftlichen Aufschwung erwartete.

Wie reagierte man in Kreisen des Bergbaus auf die Notverordnungen vom 4. und 5. September 1932? Der Vorstand der Harpener Bergbau AG in Dortmund beschloß am 28. September, die Maßnahmen der Regierung

---

[136] Jahresbericht der Abteilung A der GHH 1932/33, HA/GHH, Allgemeine Verwaltung, 400.100/25.
[137] Bericht der mitteldeutschen Gruppe des VDESI über das Geschäftsjahr 1932, BAK, R 13 I/23.
[138] Deutsches Handwerksblatt, 26. Jhg., Heft 19, 1. 10. 1932, S. 362.

2. Die Schwerindustrie in der Regierungszeit Papens 261

„nach Möglichkeit zu unterstützen"[139]. Die Verringerung der Selbstkosten betrachtete Generaldirektor Fickler aber nach wie vor als „höchstes Gebot"[140].

In seinen Stimmungsberichten führte der Bergbauverein in Essen Klage über die „Sabotage" und den Widerstand, den die Gewerkschaften „in Verbindung mit radikalen Elementen" gegen die Durchführung der Notverordnungen ausübten. Man war beim Bergbauverein der Meinung, daß den Gewerkschaften die „Erhaltung ihrer Machtstellung" wichtiger war als das Schicksal der Arbeiterschaft, „deren Interessen sie zu vertreten vorgeben"[141]. Die Anwendung der lohnpolitischen Bestimmungen erfolgte im Bergbau zunächst nur zaghaft. Im Oktober und November 1932 nahmen lediglich zwei Zechen Tariflohnunterschreitungen vor[142]. Der Ruhrbergbau plante zunächst den Gebrauch der Vollmachten für die Zeit nach den Novemberwahlen, andere Bezirke standen diesen Möglichkeiten nach wie vor „abwartend" gegenüber[143]. Aber auch nach den Wahlen wendeten nur wenige Zechen die Tariflohnsenkungen an. Bis Ende Dezember 1932 hatten nur insgesamt siebzehn Zechen von den lohnpolitischen Bestimmungen Gebrauch gemacht. Dabei betrug die Mehreinstellung in diesen Zechen durchschnittlich 9,4 Prozent, wobei die Lohnsenkungen 25 400 Mann betrafen[144]. „Störungsversuche von radikaler Seite" blieben dabei, wie die Geschäftsführung des Zechenverbands in Essen feststellte, „völlig erfolglos"[145], und auch „mit den Belegschaften ergaben sich keine Schwierigkeiten"[146].

Die KPD berief zum Beispiel in einer Zeche der Hoesch AG in Köln-Neuessen eine Belegschaftsversammlung ein, die gegen die Bestimmungen der Notverordnungen protestierten und Streiks vorschlagen sollte. Die Belegschaft nahm aber von diesen Versuchen kaum Kenntnis[147].

---

[139] Niederschrift über die Vorstandssitzung der Harpener Bergbau AG, Dortmund, am 28. 9. 1932, BAK, Nachlaß Silverberg 216.

[140] Niederschrift über die Vorstandssitzung der Harpener Bergbau AG, Dortmund, am 28. 11. 1932, a.a.O.

[141] Stimmungsbericht Bergbauverein, 3. 10. 1932, Bergbau-Museum Bochum, 15/89.

[142] Stimmungsbericht des Bergbauvereins, 3. 1. 1933, a.a.O.

[143] Aktennotiz über eine Besprechung der Geschäftsführer der verschiedenen Bergbauvereine, 3. 11. 1932, Bergbau-Museum Bochum, 15/92.

[144] Stimmungsbericht Bergbauverein, 3. 1. 1933, Bergbau-Museum Bochum, 15/89.

[145] Geschäftsführung des Zechenverbands an Fachgruppe Bergbau, 4. 10. 1932, Bergbau-Museum Bochum, 15/92.

[146] Stimmungsbericht des Bergbauvereins, 3. 1. 1933, Bergbau-Museum, 15/89.

[147] Baldur (Geschäftsführung der Hoesch Köln-Essen AG für Bergbau und Hüttenbetriebe, Schachtanlage Fürst Leopold) an den Zechenverband, 2. 12. 1932, Bergbau-Museum Bochum, 15/92. Kücklich meldet dagegen (zweifelhafte) Erfolge der Streikbewegung.

Kumpel, die versuchten, die Belegschaften von der Anfahrt abzuhalten, wurden entlassen, so daß die ohnehin geringen Ansätze zum Widerstand von vornherein abgewürgt werden konnten. Im großen und ganzen wird man auch in bezug auf den Bergbau sagen können, daß die Möglichkeiten der gesetzlich erlaubten Lohnsenkungen weitgehend ungenutzt blieben; und das, obwohl man jahrelang die Lockerungen des „starren Tarifsystems" gefordert hatte. Der Bergbauverein in Essen führte diese geringe Inanspruchnahme auf „Unklarheiten in den Anwendungsbestimmungen" und „gewisse Widerstände innerhalb der Bürokratie des Reichsarbeitsministeriums" zurück[148]; ein Hinweis auf ein auffallendes Autoritätsdefizit der Regierung Papen. Es erging ihr bei arbeitsbeschaffenden Maßnahmen offenbar auch nicht viel besser als der Regierung Brüning, die sich von ihren Vertretern im Verwaltungsrat der Reichsbahn die eigenen Pläne durchkreuzen ließ.

Anders als die lohnpolitischen Bestimmungen der Notverordnungen vom September 1932 war den Steuergutscheinen anscheinend nur Zustimmung beschieden. Der Fachgruppe Bergbau zufolge waren sie ein „echter wirtschaftlicher Anreiz" für die Unternehmer im Bergbau[149].

Die Kontingentierungsfrage

Der Widerstand der Schwerindustrie gegen die Importrestriktionen scheint geschlossen gewesen zu sein:

Das Rheinisch-Westfälische Kohlensyndikat warnte noch Mitte Juli 1932 ausdrücklich vor Drosselungen der Einfuhr und Binnenmarktplänen, weil sie zu vermehrter Arbeitslosigkeit führen würden[150].

Noch im Januar 1933 war das Auslandsgeschäft nach wie vor durch die vielen Kontingentierungsmaßnahmen sowie durch die scharfe Konkurrenz außerordentlich erschwert[151].

Die „Deutschen Führerbriefe" vertraten die Auffassung, daß der Landwirtschaft nicht durch Einfuhrkontingentierungen, sondern nur durch eine Stärkung der Käufer geholfen werden könnte und die restriktive Handelspolitik die an sich richtige Wirtschaftspolitik der Papen-Regierung gefährden würde[152].

---

[148] s. Anmerkung 147.
[149] Geschäftsführung der Fachgruppe Bergbau an Erdmann (Geschäftsführer der VDA), 20. 12. 1932, Bergbau-Museum Bochum, 15/92.
[150] „Die Schädigung des deutschen Bergbaus durch eine einseitige Binnenmarktpolitik", Rheinisch-Westfälisches Kohlensyndikat, 16. 7. 1932, Bergbau-Museum Bochum, 13/407.
[151] Kohlenmarktbericht der GHH für die Aufsichtsratsitzung am 27. 1. 1933, HA/GHH, Allgemeine Verwaltung, 400.100/24, Heft 20.
[152] „Deutsche Führerbriefe", 19. 9. 1932.

Der Reichslandbund appellierte aber trotz aller Beschwichtigungen an die Reichsregierung, die Landwirtschaft nicht zum „Kuhhandelsobjekt einer kleinen Gruppe von Exportinteressen" zu degradieren und die Kontingentierung der landwirtschaftlichen Güter vorzunehmen[153]. Paul Reusch hielt die Erklärung des Reichslandbundes „gelinde gesagt" für eine „Unverschämtheit". In „Spezialfällen" hatte er nichts gegen Einfuhrkontingente einzuwenden, aber die jetzt von der Landwirtschaft geforderten Beschränkungen der Einfuhr müßten „unter allen Umständen verhindert werden"[154].

Auch im Langnamverein machte Reusch seinen Einfluß gegen die Forderungen der Landwirtschaft geltend. Die Freundschaft zur Landwirtschaft durfte nicht so weit gehen, „daß wir ruhig Gewehr bei Fuß stehen, wenn seitens der Regierung den maßlosen Forderungen der Landwirtschaft nachgegeben und dadurch unsere Exportindustrie schwer geschädigt wird"[155].

Trotz der Meinungsverschiedenheiten mit den Interessenvertretern der Landwirtschaft, besonders dem Reichslandbund, wollte Paul Reusch die Frage „in aller Stille" erörtern und nicht „an die große Glocke hängen"[156]. Es ist möglich, daß Reusch, ebenso wie dem RDI, daran gelegen war, Meinungsverschiedenheiten mit der Papen-Regierung nicht in der Öffentlichkeit auszutragen, um den allgemein positiven Tenor der Aufnahme durch die Wirtschaft nicht von den Mißklängen übertönen zu lassen. Es ist aber ebenso möglich und sogar wahrscheinlich, daß er sich an „Spielregeln" halten wollte, die auch in der Ära Brüning eingehalten wurden: Konfliktlösungen zunächst im geschlossenen Kreis zu suchen.

3. Die Schwerindustrie in der Regierungszeit Schleichers

Lehnte „die" Schwerindustrie die Wirtschaftspolitik Schleichers, die in erster Linie (direkte) Arbeitsbeschaffungspolitik war, ab? In der Literatur wird dies häufig behauptet. Schleichers Wirtschaftspolitik habe, so Turner[157], die Mitglieder der Ruhrlade nach längerer Unterbrechung dazu veranlaßt, ihre Zusammenkünfte wiederaufzunehmen. Hallgarten[158] schreibt, die Politik Schleichers habe bei der Schwerindustrie „Be-

---

[153] Die Erklärung des Reichslandbundes erschien in einer Notiz in der „Täglichen Rundschau" vom 18. 9. 1932. Ihr Inhalt ist einem Brief Paul Reuschs an Kastl vom 21. 9. 1932 zu entnehmen. HA/GHH, Nachlaß Reusch, 400.101.2024/10.
[154] Paul Reusch an Kastl, 21. 9. 1932, a.a.O.
[155] Reusch an Max Schlenker, 28. 9. 1932, HA/GHH, Nachlaß Reusch, 400.101.221/116.
[156] s. Anmerkung 155.
[157] Turner, Ruhrlade, S. 150.
[158] Hallgarten, S. 108.

unruhigung" ausgelöst, und Gossweiler[159] sieht es ähnlich. Auch Gerhard Schulz[160] betont die Befürchtungen der Schwerindustrie in bezug auf die Arbeitsbeschaffungspläne der Regierung Schleicher. Die „Bayerische Staatszeitung" wußte gar von Bezeichnungen wie „Irr- und Umweg", „Stümpermanipulationen" und „Dilettantismus" zu berichten, mit denen Kreise der Schwerindustrie die Arbeitsbeschaffungspolitik des neuen Kanzlers bedacht haben sollen. Papen habe, berichtete die „Bayerische Staatszeitung", seine Gespräche mit Hitler vor allem wegen des Widerstands der rheinisch-westfälischen Industrie gegen den Gereke-Plan aufgenommen[161]. Stegmann[162] trifft Unterscheidungen und ist der Meinung, die Schwerindustrie habe dem Kabinett Schleicher von Anfang an ablehnend gegenübergestanden. Lediglich eine kleine Gruppe um den Vorsitzenden und Geschäftsführer des Deutschen Industrie- und Handelstages (DIHT) sowie Otto Wolff und Paul Silverberg hätten der Regierung Schleicher Wohlwollen entgegengebracht[163].

Gereke[164] glaubt sich daran zu erinnern, Krupp von Bohlen habe das „Zögern" Papens in der Arbeitsbeschaffungsfrage bereits Ende Oktober 1932 mißbilligt[165] und versucht, Hindenburg für ein „groß angelegtes Arbeitsbeschaffungsprogramm" im Sinne Gerekes (und Schleichers) zu gewinnen. Über seinen Schwager Wilmowski soll Krupp von Bohlen Gereke sein „unbedingtes Vertrauen" ausgesprochen haben[166].

In dieselbe Richtung zielt Czichon[167]. Er behauptet, Krupp von Bohlen habe sich im Auftrag des RDI anstelle der Einfuhrkontingentierung für eine staatliche Arbeitsbeschaffung ausgesprochen, „da nur ein verstärkter Export und eine Arbeitsbeschaffung der öffentlichen Hand geeignet wären, die Wirtschaftskrise wesentlich einzuschränken"[168].

---

[159] Kurt Gossweiler, Der Übergang von der Weltwirtschaftskrise zur Rüstungskonjunktur in Deutschland 1933 bis 1934. Ein historischer Beitrag zur Problematik staatsmonopolistischer ‚Krisenüberwindung' (fortan: Gossweiler, Übergang), in: Jahrbuch für Wirtschaftsgeschichte, Teil II, 1968, S. 87.

[160] Gerhard Schulz, in: Bracher/Sauer/Schulz, S. 402.

[161] Bayerische Staatszeitung Nr. 10, 13. 1. 1933, AVfK, DGT, B/2054 I.

[162] Stegmann, S. 435.

[163] Ebd., S. 436. Czichon, Wer verhalf? S. 39, zählt dagegen zum Beispiel Silverberg zum „rechten" Kreis der deutschen Keynesianer, die Papen nahestanden und eine Annäherung zur NSDAP befürwortet haben sollen.

[164] Gereke, S. 205.

[165] Worin zeigt sich das „Zögern" Papens in der Arbeitsbeschaffungsfrage? Gerade er handelte doch auf diesem Gebiet als erster Reichskanzler entschlossen.

[166] Gereke, S. 210 f.

[167] Czichon, Wer verhalf? S. 38. Dabei sollte man nicht vergessen, daß Czichon Gereke bei der Abfassung seiner Erinnerungen „wissenschaftlich beraten" hat.

[168] Als einzigen Beleg führt Czichon ein Schreiben von Staatssekretär Meissner an Staatssekretär Planck vom 26. 10. 1932 an.

3. Die Schwerindustrie in der Regierungszeit Schleichers 265

Diese Behauptung Czichons kann nicht unwidersprochen bleiben. Ende Dezember 1932 schrieb Krupp in einem Aufsatz, daß man zwar die Rolle, die die öffentliche Hand „neben den Millionen von Privatbetrieben für die Vergebung von Aufträgen spielt, nicht gering einschätzen" sollte, hob zugleich aber die Wiederherstellung des Vertrauens als wichtigsten Faktor für eine wirtschaftliche Gesundung hervor. Die Wiederherstellung des Vertrauens war nach Ansicht von Krupp wichtiger als „planwirtschaftliche Maßnahmen der Arbeitsbeschaffung"[169].

Otto Wolff dagegen scheint tatsächlich über engere Kontakte zu Schleicher verfügt zu haben. So behauptete Brüning dem ehemaligen Staatssekretär im Finanzministerium, Hans Schäffer, gegenüber, daß Otto Wolff mit Schleicher zusammengearbeitet habe[170]. Otto Wolff selbst vertraute Schäffer an, diese Beziehungen soweit aufrechtzuerhalten, wie das Geschäft es erfordere[171]. Schleichers politische Äußerungen hielt er lediglich für „Irreführungen", die ihn nicht weiter beunruhigten. Otto Wolff hat seinen Einfluß nicht nur unter Schleicher geltend machen können. Bereits während der Kanzlerschaft Papens berichtete Staatssekretär Planck Hans Schäffer, „daß Otto Wolff jetzt eine große Rolle spiele" und „fast immer" mit Reichswirtschaftsminister Warmbold zusammensitze[172]. Und das, obwohl Otto Wolff nichts von Warmbold hielt, weil er ihm zu „doktrinär" und außerdem „in seinen Anschauungen zu stark von der IG" Farben abhängig war[173].

Aber Wolff war keinesfalls der einzige Vertreter der Schwerindustrie, der sich nicht von der Arbeitsbeschaffungspolitik Schleichers schrecken ließ. Nach einer Unterredung mit Gereke bestand für das geschäftsführende Hauptvorstandsmitglied des VDESI, Reichert, kein Grund zur Sorge mehr. Seiner Meinung nach bestand für Vertreter des privatwirtschaftlichen Systems kaum ein Anlaß, das Arbeitsbeschaffungsprogramm der Regierung abzulehnen, weil es in erster Linie darauf bedacht war, die Privatwirtschaft zu den öffentlichen Arbeiten hinzuziehen. Auch von einer Gefährdung der Währung wollte Reichert nicht sprechen, da der Umfang der Ausgaben für die Arbeitsbeschaffung der öffentlichen Hand auf fünfhundert Millionen Mark begrenzt wurde. Kritik übte er

---

[169] Gustav Krupp von Bohlen: Die dringlichsten Gegenwartsfragen der Industrie, namentlich der Montan-Industrie, Beitrag für die Zeitschrift „Technik und Wissenschaft", Krupp-Archiv, FAH IV E 202. Dieser wichtige Zusatz scheint Czichon entweder entgangen oder unbekannt geblieben zu sein.
[170] Gespräch Brüning — Schäffer, Tagebuch Schäffer, 7. 6. 1932, IFZ, ED 93/21. Zu den Kontakten Otto Wolf — Schleicher auch: IFZ, Nachlaß Schäffer, ED 93/33.
[171] Tagebuch Schäffer, 1. 7. 1932, IFZ, ED 93/21.
[172] Tagebuch Schäffer, 2. 9. 1932, IFZ, ED 93/22.
[173] Gespräche Otto Wolff — Schäffer, Tagebuch Schäffer, 13. 8. 1932, a.a.O., 213, auch: BAK, R 13 I/613, „Deutsche Allgemeine Zeitung", Nr. 53. 1. 2. 1933.

allerdings an den landwirtschaftlichen Meliorationen, die er nicht für rentabel genug hielt. Die Produktionsmittelindustrie brauche öffentliche Aufträge, unterstrich Reichert, denn eine Beschränkung der „öffentlichen Sachausgaben" würde zu einer „Beschäftigungsbeschränkung" und einer Steigerung der Arbeitslosigkeit führen. Die öffentliche Arbeitsbeschaffung könnte außerdem einen „Ausgleich der wirtschaftlichen Interessen zwischen den verschiedenen Gruppen unsrer Industrie" herstellen und gleichzeitig eine „Milderung an der brennendsten Stelle", der Arbeitslosigkeit, schaffen. Die beste Arbeitsbeschaffung war aber in seinen Augen die politische Beruhigung der Bevölkerung[174].

Die Arbeitsbeschaffung hatte für Reichert demnach wirtschafts-, sozial- und allgemeinpolitische Aufgaben zu erfüllen. Wirtschaftspolitisch: der Privatwirtschaft Aufträge zu verschaffen, die sie sonst nicht erhalten könnte. Sozialpolitisch: den Erwerbslosen Arbeit zu besorgen. Allgemeinpolitisch: einen Ausgleich zwischen den einzelnen Gruppen von Wirtschaft und Gesellschaft zu schaffen. In der Argumentation Reicherts fällt auf, daß er sich zum Teil, ohne jedoch darauf zu verweisen, auf die Worte Gerekes stützte. Dieser beteuerte seinerseits der Privatwirtschaft gegenüber, daß sie keine Befürchtungen wegen seiner Arbeitsbeschaffungspolitik haben müsse, da die öffentlichen Aufträge ihr zugutekommen würden.

Betont optimistisch gab sich auch die Mitteldeutsche Gruppe des Vereins Deutscher Eisen- und Stahlindustrieller. Sie erwartete von den öffentlichen Aufträgen „bei Beginn der milderen Jahreszeit" eine Belebung der Wirtschaftstätigkeit und hielt den Schrumpfungsprozeß für beendet[175]. Etwas vorsichtigerer Optimismus herrschte beim Langnamverein. Aber auch hier begann „seit einiger Zeit die Hoffnung zu keimen", daß wenigstens in gewissem Umfang ein Wendepunkt in der Krise erreicht war[176].

Es gab freilich auch negative Reaktionen: Die „Deutschen Führerbriefe" bezeichneten die Wirtschaftspolitik Schleichers als „Kapital- und Arbeitsvernichtung". Die Ankurbelung der Wirtschaft müßte über den Finanzminister und die Reichsbank und nicht über den Reichskommissar für Arbeitsbeschaffung erfolgen, der als einziger die im Rahmen der verschiedenen Programme erbauten Straßen und Kanäle benutzen würde. Nach Meinung der Redaktion beging die Regierung überhaupt einen Fehler bei der Berufung eines Reichskommissars für Arbeitsbeschaffung, da

---

[174] Nach BAK, R 13 I /613, „Deutsche Allgemeine Zeitung", Nr. 53. 1. 2. 1933, und Rundschreiben des VDESI, 4. 2. 1933, BAK, R 13 I/234.

[175] Bericht der Mitteldeutschen Gruppe des VDESI über das Geschäftsjahr 1932, BAK, R 13 I/23.

[176] Rundschreiben des Langnamvereins vom 29. 12. 1932, BAK, Nachlaß Silverberg 443.

3. Die Schwerindustrie in der Regierungszeit Schleichers

ein Beamter keinen Unternehmer ersetzen könnte. Am Ende würde als Arbeitsbeschaffung nur noch gelten, was der Herr Reichskommissar verfüge, „als ob die private Wirtschaft nicht mehr vorhanden wäre"[177]. Immerhin konnten sich selbst die „Deutschen Führerbriefe" zu Einschränkungen ihres zunächst scharf ablehnenden Urteils durchringen: Sie übersahen nicht, daß die Regierung Schleicher das Papen-Programm „in seinen wesentlichen Teilen anerkannt" und übernommen hatte[178]. Ein weiterer Beweis für die Kontinuität der Arbeitsbeschaffungspolitik Schleichers, die sich auch in der Rolle Otto Wolffs zeigte. Die Aufhebung der lohnpolitischen Bestimmungen bedauerten die „Deutschen Führerbriefe"[179], aber angesichts ihrer sehr begrenzten Anwendung durch die Schwerindustrie wird man dieser Kritik keinen allzu hohen Stellenwert einräumen müssen.

Legt man eine Meldung des „A-Briefes" vom 9. Januar zugrunde, wird man die Kritik der Schwerindustrie ernster nehmen müssen. Der „A-Brief" wußte von einer Aussprache Papens mit „Vertretern der westdeutschen Industrie" über die „Wirkung der Maßnahmen des Kabinetts Schleicher auf lohnpolitischem Gebiet und auf dem Gebiet der Arbeitsbeschaffung" zu berichten. In einem späteren Gespräch mit Schleicher soll Papen „die zum Teil sehr scharfe Kritik westdeutscher industrieller Kreise übermittelt" haben[180].

Aus dem vorliegenden Material über die Arbeitsbeschaffung wird die „sehr scharfe Kritik" der Schwerindustrie nicht recht ersichtlich. Weder in den öffentlichen Kommentaren noch in den internen Reaktionen läßt sich eine ausgesprochene Anti-Haltung der Schwerindustrie zur Arbeitsbeschaffungspolitik Schleichers erkennen, obwohl festgestellt werden muß, daß eigentlich alle ihre führenden Vertreter den Kurs Papens vorzogen. Ihr Widerstand richtete sich weniger gegen die arbeitsbeschaffenden Maßnahmen Schleichers als vielmehr gegen diejenigen, mit deren politischer Unterstützung er sein Programm verwirklichen wollte, man ist geneigt zu sagen: mußte. In erster Linie mißfiel ihnen die Anlehnung Schleichers an die Gewerkschaften.

Martin Blank von der Gutehoffnungshütte brachte beispielsweise wenig Verständnis dafür auf, daß sich Schleicher in einer Unterredung mit Gewerkschaftsvertretern gegen die sozialpolitischen Bestimmungen der Papenschen Notverordnung ausgesprochen hatte, so daß die Gewerkschaftler „ganz begeistert" von ihm waren, während er im Kabinett die Meinung vertreten haben soll, daß die Bestimmungen noch nicht weit

---

[177] „Deutsche Führerbriefe", 13. 12. 1932.
[178] „Deutsche Führerbriefe", 16. 12. 1932.
[179] a.a.O.
[180] „A-Brief" Nr. 322, 9. 1. 1933.

genug gingen[181]. Anscheinend befürchtete man Schleichers Doppelzüngigkeit, die einen Unsicherheitsfaktor für die unternehmerische Disposition war. Auch die Person Gerekes trug wenig zur Stärkung des Vertrauens des Unternehmerlagers bei. Blank war keineswegs der einzige Vertreter der Schwerindustrie, der die „Gefährlichkeit der Inflationspropaganda" fürchtete, die der Gereke-Plan angeblich herbeigeführt hatte[182]. Bei der Gutehoffnungshütte sah man die Gefahr, „daß öffentliche Gelder verschleudert werden"[183].

Es bleibt dabei: Schleicher vollzog wirtschaftspolitisch, das heißt in der Arbeitsbeschaffungspolitik, die auch von der Schwerindustrie geforderten Korrekturen. Er zog allerdings auch die allgemeinpolitisch notwendigen Konsequenzen: den kooperationsbereiten Arbeitnehmervertretern entgegenzukommen. Dafür erntete er die Kritik wichtiger Vertreter der Schwerindustrie.

Obwohl auch in diesem Wirtschaftszweig die lohnpolitischen Bestimmungen der Notverordnung vom September 1932 nur in sehr begrenztem Umfang angewendet wurden, bedauerte man, wie zum Beispiel der Essener Bergbauverein, ihre Aufhebung und warf Schleicher vor, diesen Entschluß „aus rein politischen Gründen" gefaßt zu haben[184]. Die Aufhebung der Bestimmungen erzeugte zusätzliche Unstetigkeit und Unsicherheit und stand daher, dem Bergbauverein zufolge, in diametralem Gegensatz zu den Notwendigkeiten eines wirtschaftlichen Aufstiegs[185]. Das Unbehagen der Schwerindustrie an der Wirtschaftspolitik Schleichers richtete sich mehr gegen ihre Rahmenbedingungen als gegen ihren Inhalt. So bemängelte man vor allem sein Schwanken zwischen „autoritärer Staatsführung und Militärsozialismus"[186].

In der Gutehoffnungshütte machte man die „Verworrenheit der innenpolitischen Lage und das scheinbare Fehlen jeglicher Initiative bei der gegenwärtigen Regierung" für die Zurückhaltung der Verbraucher und damit verbunden den Rückgang der Geschäftstätigkeit verantwortlich[187].

Die Kritik des Bergbauvereins ging über das Unbehagen an den politischen Rahmenbedingungen des Arbeitsbeschaffungsprogramms hinaus. „Wir erlauben uns zu bezweifeln, daß sich Arbeit ‚beschaffen' läßt", be-

---

[181] Blank an Paul Reusch, 10. 9. 1932, HA/GHH, Nachlaß Reusch, 400.101.2024/10.
[182] Blank an Reusch, 12. 10. 1932, a.a.O.
[183] „Arbeitsbeschaffung", HA/GHH, GHH-Werkszeitung, 14. 1. 1933.
[184] Stimmungsbericht des Bergbauvereins, 3. 1. 1933, Bergbau-Museum Bochum, 15/89.
[185] a.a.O.
[186] Stimmungsbericht Bergbauverein, 4. 4. 1933, a.a.O.
[187] Kohlenmarktbericht der GHH für die Aufsichtsratsitzung am 27. 1. 1933, HA/GHH, Allgemeine Verwaltung, 400.100/24, Heft 20.

tonte der Bergbauverein grundsätzlich und bemängelte an den Arbeitsbeschaffungsprojekten selbst die ungenügende Rentabilität, ohne die jedes Wirtschaften auf die Dauer unmöglich war, sah nur die zunehmende Verschuldung der Kommunen und fühlte sich in der Auffassung bestätigt, daß die private Wirtschaft weit eher als die öffentliche aus einem gegebenen Kapital das Beste „herauswirtschaften" konnte. Man begnügte sich nicht mit der Negation und empfahl als „das beste Arbeitsbeschaffungsprogramm" eine Entlastung der Wirtschaft „von dem unerträglichen Druck" auf dem Gebiet der Steuer-, Sozial- und Lohnpolitik. Vor allem sollte die Wirtschaft „wieder zur Ruhe" kommen. Alles übrige würden die „Selbstheilungskräfte" erledigen[188].

Die Ablehnung wirtschaftlicher Aktivitäten des Staates mischte sich beim Bergbauverein mit der Unzufriedenheit über die Rückkehr zum „Irrweg der alten Lohnpolitik" der Weimarer Republik und mit der neuerlichen Unsicherheit, die Schleicher in die Wirtschaft brachte. Diese schroffe Ablehnung der Arbeitsbeschaffungspolitik Schleichers findet man aber im Bereich der Schwerindustrie nur beim Bergbau.

4. Die Schwerindustrie in der Anfangsphase der nationalsozialistischen Herrschaft

Die Bewertung der Rahmenbedingungen

Nicht nur beim RDI war man den Arbeitsbeschaffungsplänen der NSDAP gegenüber skeptisch. Der Leiter der volkswirtschaftlichen Abteilung der Gutehoffnungshütte, Scherer, legte im Oktober 1932 seinem Chef Paul Reusch ein unvorteilhaftes Gutachten über das Wirtschaftsprogramm der NSDAP vor. Für die Erklärung Heinrichsbauers, in der nationalsozialistischen Terminologie drücke man „manche Dinge anders" aus als im „gewöhnlichen Leben", brachte Scherer kein Verständnis auf und war nur bereit, die „sachlich-wirtschaftliche Substanz" als Beurteilungsgrundlage des nationalsozialistischen Programms anzuerkennen[189]. Und davon hielt er anscheinend nicht viel.

Aber am Ende des Geschäftsjahres 1932/33 hatte sich einiges geändert: Die Abteilung Gelsenkirchen der Gutehoffnungshütte registrierte, daß es der nationalsozialistischen Regierung durch die verschiedenen Arbeitsbeschaffungspläne und deren zielbewußte Durchführung gelungen war, das Vertrauen der Wirtschaft wiederherzustellen. Vor allem hatte sich

---

[188] Stimmungsbericht Bergbauverein, 3. 1. 1933, Bergbau-Museum Bochum, 15/89.

[189] Scherer, Abt. W, an Paul Reusch, 24. 10. 1932, HA/GHH, Allgemeine Verwaltung, 400.127/3.

„nach einer kurzen Zeit der Verwirrung" die Erkenntnis durchgesetzt, „daß die Wirtschaft endlich in Ruhe gelassen werden muß"[190]. Auch im Jahresbericht anderer Abteilungen wurde mit Zufriedenheit die „Wende in der Arbeitsbeschaffungsfrage" zur Kenntnis genommen. Besonders erleichtert war man darüber, daß es anders als bei den Arbeitsbeschaffungsmaßnahmen Papens unter den Nationalsozialisten keinen „heißen Kampf der Parteien" gab, der seinerzeit die „Arbeitspolitik" zum Scheitern gebracht hatte[191].

Weniger überschwenglich urteilte der Chef des Konzerns, Paul Reusch, der sich „nach nunmehr geltenden Auffassungen" zum „alten Eisen" zählte[192]. Ende 1933 war er noch immer nicht von der Zurückdrängung der „kollektivistischen Auffassung" in der NSDAP überzeugt[193] und bewahrte ein gehöriges Maß an Mißtrauen, das durch eine „gewisse Stockkung" des Geschäfts, zum Beispiel im Maschinenbau bei der MAN[194], sicherlich nicht unbeeinflußt blieb. Auch die zusätzlichen Lasten, gegen die nicht nur die Schwerindustrie jahrelang protestiert hatte, verschwanden nicht umgehend und trugen wenig zur Zufriedenheit Reuschs und seiner Kollegen von der Schwerindustrie bei.

Springorum, der zusammen mit Vögler, Brandi, Krupp, Fickler, Tengelmann und von Löwenstein beim Treffen der Industriellen im Hause Görings am 20. Februar 1933 für die Eisen- und Stahlindustrie sowie für den Bergbau die Zusage gegeben hatte, für den Wahlkampf der neuen Reichsregierung einen Million Mark beizusteuern, schrieb Reusch, daß damit „aber auch alle Leistungen abgegolten sein müßten"[195].

Als auf die Industrie auch noch die Adolf-Hitler-Spende zukam, scheint das Maß bei Paul Reusch voll gewesen zu sein. „Ich kann nicht verhehlen", schrieb er im Mai 1933 an Springorum, „daß ich mich für meine Person nicht mit diesen Beschlüssen befreunden kann[196]."

---

[190] Geschäftsbericht der Abteilung Gelsenkirchen der GHH (Drahtproduktion), HA/GHH, Allgemeine Verwaltung, 400.100/25.

[191] Jahresbericht 1932/33 der Abteilungen Eisenhütte Oberhausen, Walzwerk Neu-Oberhausen, Walzwerk Oberhausen und Altenhundern, HA/GHH, Allgemeine Verwaltung, 400.100/25.

[192] Paul Reusch an Krupp von Bohlen, 25. 7. 1933, Krupp-Archiv, FAH IV E 206.

[193] Paul Reusch an Martin Blank, 4. 11. 1933, HA/GHH, Nachlaß Reusch, 400.101.2024/11.

[194] MAN-Bericht (Werk Augsburg) für die Generalversammlung des GHH-Konzerns im November 1933 (ohne Tag), HA/GHH, Nachlaß Reusch, 400.101.2002/2.

[195] Springorum an Paul Reusch, 21. 2. 1933, HA/GHH, Nachlaß Reusch, 400.101.290/36 e. Sechzig Prozent dieses Betrags sollte der Steinkohlenbergbau, vierzig Prozent die Eisen- und Stahlindustrie aufbringen (a.a.O.).

[196] Reusch an Springorum, 11. 5. 1933, a.a.O.

4. Die Schwerindustrie zu Beginn der NS-Herrschaft 271

Als aber der Druck von außen und innen, besonders durch Fritz Thyssen, verstärkt wurde, der von „Eisen und Kohle" zwei bis drei Millionen Mark für die Arbeitsbeschaffung forderte, damit „mit dem Arbeitsbeschaffungsprogramm nunmehr Ernst gemacht wird"[197], gab Reusch seinen Widerstand auf und sah ein, daß er sich mit der Adolf-Hitler-Spende „wohl oder übel abfinden" mußte[198].

Auch Fickler, Reuschs Kollege von der Ruhrlade, nannte auf der Vorstandssitzung der Harpener Bergbau AG die Adolf-Hitler-Spende eine „Belastung"[199]. Dabei muß der Vollständigkeit halber festgehalten werden, daß gerade Teile des Bergbaus mit den Mitteln einer anderen Spende, der „Spende zur Förderung der nationalen Arbeit", subventioniert wurden[200].

Reichert vom Verein Deutschen Eisen- und Stahlindustrieller war im Dezember 1933 zufriedener: Vor allem die „politische Beruhigung" und eine „Milderung der öffentlichen Lasten" habe sich positiv bemerkbar gemacht. Mit Genugtuung stellte er fest, daß die „allermeisten Maßnahmen" der Arbeitsschlacht im Jahre 1933 der Belebung der Privatwirtschaft dienten[201].

„Nachdem das deutsche Volk erneut am 12. November dem Führer sein unbedingtes Vertrauen ausgesprochen hat, sind alle früher die wirtschaftliche Belebung hindernden Bedenken über die Unsicherheit des Regierungskurses in Deutschland ein für allemal gegenstandslos geworden", verkündete im November 1933 der „Führer der deutschen Industrie", Krupp von Bohlen. Da, wie es hieß, wieder die Möglichkeit bestand, auf weitere Sicht zu disponieren, forderte er die Unternehmer auf, notwendige Ersatz- und Reparaturarbeiten, die im Rahmen des Zweiten Reinhardt-Programms gefördert wurden, nicht mehr länger hinauszuzögern[202].

---

[197] Abschrift (gez. E. Poensgen) über die Sitzung der Ruhrlade vom 12. 6. 1933, HA/GHH, Nachlaß Reusch, 400.101.24/15.
[198] Reusch an Karl Haniel, 15. 6. 1933, a.a.O.
[199] Niederschrift über die Vorstandssitzung der Harpener Bergbau AG, Dortmund, 14. 6. 1933, BAK, Nachlaß Silverberg 216.
[200] Vgl. das Kapitel über die Arbeitsbeschaffungspolitik der Regierung Hitlers im Ersten Teil dieser Studie. Materialien hierzu im BAK, R 2/18721. So erhielt auch der Sächsische Erzbergbau 1 Mill. RM (Reichsfinanzminister an den Sächsischen Finanzminister, 29. 1. 1934, a.a.O.) und die Wenzeslaus-Grube in Niederschlesien erhielt trotz der Bedenken des Reichswirtschaftsministers wegen der „rein politischen Motivation" 600 000 RM Reichshilfe (ÖffA an Reichsfinanzminister, 22. 3. 1934, a.a.O.).
[201] Sitzung des Hauptvorstands des VDESI und des Fachgruppenausschusses (der Fachgruppe Eisen und Stahl) am 7. 2. 1933.
[202] Rundschreiben des VDESI, 28. 11. 1933, BAK, R 13 I/624.

Die Wiederherstellung des Vertrauens sah „die" Wirtschaft als wichtigste Voraussetzung für das Gelingen der Arbeitsbeschaffung an[203]. Und erst als die Unternehmer dieses Vertrauens tatsächlich gewiß waren, zeigten sie sich bereit, ihren Teil zur Arbeitsbeschaffung beizutragen. In der Zeit des Umbruchs, besser Abbruchs, verhielten sie sich noch zurückhaltend. Das lag nach Meinung der „Deutschen Führerbriefe" auch daran, daß während der „politischen Umwälzung" der Kampf gegen die Arbeitslosigkeit in den Hintergrund trat und die Unternehmer sich keineswegs genaue Vorstellungen über ihre künftigen Aufgaben machen konnten[204]. Zunächst hegten sie, wie die „Deutschen Führerbriefe" es ausdrückten, lediglich die „Hoffnung", daß „der Wert des Unternehmers als Mittelsmann der Arbeitsbeschaffung" anerkannt werde und alle künftigen Arbeitsbeschaffungsprogramme auf dieser Erkenntnis aufbauen würden[205].

Auch beim Bergbau zeigte man sich in den ersten Monaten der nationalsozialistischen Herrschaft besorgt. Ende März 1933 war das durch die Wirtschaftspolitik der Regierung Papen erwachte Vertrauen „vollständig verschwunden"[206], und im April soll besonders der Inlandsabsatz „geradezu trostlos" gewesen sein. Erst im Mai 1933 gab es Anzeichen einer gewissen Belebung des Geschäfts[207]. Beim Bergbauverein in Essen führte man den anfänglichen Rückgang der geschäftlichen Aktivitäten auf die „Unsicherheit der innenpolitischen Lage" zurück[208].

Aber nicht allein die politischen Rahmenbedingungen hemmten während der ersten Monate nach der „Machtergreifung" den Beginn beziehungsweise Fortgang der Arbeitsbeschaffung. Auch nach der innenpolitischen Stabilisierung der nationalsozialistischen Herrschaft schufen die Richtlinien der Arbeitsbeschaffung Unbehagen. Die bevorzugte Einstellung von „alten Kämpfern" und Angehörigen der „Wehrverbände", die von den Behörden gewünscht wurde, umging die Gutehoffnungshütte wegen der, wie es im Jahresbericht der Abteilung Arbeit der GHH hieß, „beschränkten Verwendungsfähigkeit" dieses Personenkreises. Statt dessen griff man in diesem Konzern lieber auf „bewährte frühere Werksangehörige" zurück[209].

---

[203] Vgl. auch Krupp von Bohlen an Pietzsch, 14. 9. 1933, Krupp-Archiv, FAH IV E 204.

[204] „Deutsche Führerbriefe", 7. 4. 1933.

[205] „Deutsche Führerbriefe", 21. 4. 1933.

[206] Kohlenmarktbericht für die Aufsichtsratsitzung der GHH am 31. 3. 1933, HA/GHH, Allgemeine Verwaltung, 400.100/24, Heft 20.

[207] Kohlenmarktbericht vom 23. 5. 1933 für die Aufsichtsratsitzung der GHH am 30. 5. 1933, a.a.O.

[208] Stimmungsbericht Bergbauverein, 4. 4. 1933, Bergbau-Museum Bochum, 15/89.

[209] Jahresbericht 1933/34 der Abteilung A (Arbeit) der GHH, HA/GHH, Allgemeine Verwaltung, 400.100/27.

Der Verein Deutschen Eisen- und Stahlindustrieller taktierte anders: Die Mitglieder des Vereins bekamen im September 1933 ein Rundschreiben, in dem „Richtlinien über die rationellere Verteilung der Arbeit" genannt wurden. Die bevorzugte Vermittlung der alten Kämpfer müsse von diesen Richtlinien unberührt bleiben, forderte der VDESI[210].

Wie reagierte man beim Bergbau? In einer Besprechung mit verschiedenen Gesellschaften, die dem Bergbauverein angeschlossen waren, kam man im Juli 1933 zu dem Ergebnis, daß die Neueinstellung der alten Kämpfer sowie der Mitglieder von SA und Stahlhelm „eine Ehres- und Dankespflicht" sei[211].

Zwei Monate später stellte man im Bergbauverein dagegen fest, „daß diese neueingestellten Leute (gemeint waren die alten Kämpfer; M. W.) gegenüber den alten Bergwerksleuten eine erschreckend geringe Arbeitsleistung aufweisen". Die durch den Rückgang der Arbeitslosigkeit bedingte Verteuerung des Betriebes war in einigen Zechen so groß, „daß man es nicht verantworten kann, diese Angelegenheit laufen zu lassen"[212]. Trotz einer gewissen Streuung war die bevorzugte Einstellung „alter Kämpfer" nicht nach dem Geschmack der Schwerindustrie.

Direkt arbeitsbeschaffende Aktionen der öffentlichen Hand

Vergabepraktiken

Die Vergabepraktiken der nationalsozialistischen Machthaber, vor allem die gezielte Unterstützung von „Außenseitern", erregten im Kreis der Schwerindustrie beträchtliches Unbehagen. Ende März 1933 sollte daher eine „industrielle Kommission" unter der Führung Fritz Thyssens zu Hitler vorgeschickt werden, um gegen das „Großziehen von Außenseitern" zu protestieren[213].

---

[210] Rundschreiben des VDESI, 5. 9. 1933, BAK, R 13 I/622. Schweitzer, Big Business, S. 35, schreibt, Vertreter des Arbeitgeberverbands seien zu dem Schluß gekommen, die Gefahr einer „zweiten Revolution" bannen zu können, wenn die Mehrheit der SA Arbeit bekäme. Eine Erklärung, die aus dem Zusammenhang heraus einleuchtet, aber nicht belegt werden konnte.

[211] Rundschreiben der Sozialpolitischen Abteilung des Bergbauvereins Essen an die Vereinszechen, 15. 7. 1933, Bergbau-Museum Bochum, 13/432.

[212] Brandi an Loewenstein, 19. 9. 1933, Bergbau-Museum Bochum, 13/482.

[213] Der Vorgang aus einem Brief Ernst Poensgens an Fritz Thyssen, 29. 3. 1933, BAK, R 43 II/536. Diese Kommission sollte für folgende „Industriegruppen" sprechen: Deutsche Wagenbauvereinigung, Deutscher Stahlbau-Verband, Stahlwerksverband, Deutsche Lokomotiven-Vereinigung, Verein Deutscher Maschinenbau-Anstalten, Reichsverband der Deutschen Pflasterstein- und Schotterindustrie, Eisenfertigwaren- und Kleinwarenindustrie, Vereinigte Eisenbahn-Signalwerke, Reichsverband Deutscher Walzbesitzer, Holzindustrie. Diese Kommission umfaßte offensichtlich nicht nur Vertreter der Schwerindustrie, aber setzte sich zu großen Teilen aus diesen zusammen.

Wie Poensgen an Thyssen schrieb, kam es verschiedentlich vor, daß Firmen erst durch die öffentlichen Aufträge mit der Produktion der bestellten Artikel begannen[214].

Im Klartext hieß dies: Die Regierung förderte nicht, sie baute überhaupt erst Konkurrenten auf. Eine Politik, die erste Hinweise auf „kommende Dinge" wie zum Beispiel die Gründung der „Hermann-Göring-Werke" gibt. Der Staat gründete unter anderem auch neue Firmen, um bestehenden Konkurrenz zu machen, der sich die Privatwirtschaft zwar nicht beugen, aber anpassen mußte. Die „industrielle Kommission" unter Thyssens Leitung sollte Hitler auch auf die unzureichende Wirkung der Reichsbahnaufträge für ein Zusatz- und Belebungsprogramm der Wirtschaft aufmerksam machen[215].

Da die Reichsbahn bei der Verteilung der Mittel des Sofortprogramms trotz vielfacher Verhandlungen nicht berücksichtigt wurde, erscheint gerade dieses Anliegen besonders verständlich. Zwar wurde die geplante Unterredung mit Hitler zunächst dreimal verschoben und fand schließlich überhaupt nicht mehr statt, aber nachdem die Reichsbahn ein zusätzliches Arbeitsbeschaffungsprogramm von fünfzig Millionen Reichsmark in Gang gesetzt hatte und zudem noch Verhandlungen mit den interessierten Industriezweigen stattgefunden hatten, gab sich auch „die Industrie" zufrieden[216].

Über die Praktiken der Vergabestellen rissen aber weitere Beschwerden ähnlichen Inhalts nicht ab:

Der VDESI beklagte sich im April 1933 über die öffentlichen Auftraggeber, die „einen übermäßigen Druck auf die Abgabe von Angeboten" ausübten und „Außenseiter" bei der Erteilung von Aufträgen in stärkerem Maße berücksichtigten als Verbände oder Einzelfirmen, „die von jeher für die Befriedigung des Bedarfs der öffentlichen Hand tätig gewesen sind". Diese Fälle sollen auch dann eingetreten sein, wenn die Angebote der Verbandsfirmen nicht höher lagen als die der „Außenseiter"[217].

Aus den Reihen der „Schwerindustrie" kamen aber auch Proteste gegen andere Verfahrensweisen der öffentlichen Vergabestellen, die man weniger vermuten würde:

Beim Verein Deutscher Eisen- und Stahlindustrieller „häuften" sich in diesen und den folgenden Wochen Klagen über, wie es in einem Rund-

---

[214] a.a.O.
[215] Niederschrift über die Sitzung des Verwaltungsrates der Reichsbahn vom 28. 3. 1933, BAK, Nachlaß Silverberg 490.
[216] Heißt es im Vermerk der Reichskanzlei vom 27. 6. 1933, BAK, R 43 II/536. Der gesamte Vorgang findet sich in dieser Akte.
[217] Rundschreiben des VDESI, 10. 4. 1933, BAK, R 13 I/622.

schreiben des VDESI hieß, „zu weitgehende Forderungen der Kommunen an den Charakter solcher Firmen, die sich um die Zulassung zu öffentlichen Arbeiten bewerben"[218]. Die Klagen, die beim VDESI einliefen, wandten sich gegen die Anfragen der öffentlichen Arbeitgeber, die wissen wollten, ob es sich bei den betreffenden Firmen um „arische" oder „nichtarische" Firmen handelte. Der VDESI — und der RDI — sahen in diesen Praktiken die Zerstörung von „Firmen der deutschen Volkswirtschaft". Auch der Langnamverein wollte nicht, „daß die Beschaffungsstellen durch (die) Einleitung peinlicher Untersuchungen nach dem deutschstämmigen Charakter einer Firma in jedem Einzelfall und ohne besonderen Anlaß die Wirtschaft ständig in neue Beunruhigung versetzten, die letzten Endes auf Kosten der von der Reichsregierung an die Spitze ihres Programms gestellten Arbeitsbeschaffung geht"[219].

In den Anfangsmonaten des nationalsozialistischen Regimes war also zu den bereits bekannten Gründen, die gegen die Einschaltung von öffentlichen Behörden in die Vergabe von Aufträgen vorgebracht wurden, ein neues Argument hinzugekommen: Die Ideologisierung beziehungsweise „Arisierung" brachte zusätzliche Unruhe in die Wirtschaft hinein. Außerdem wirkten sich die Exzesse gegen jüdische Firmen für das Exportgeschäft negativ aus. Zum Beispiel hatte das Werk Augsburg der MAN durch die ausländischen Boykottmaßnahmen, die unter anderem wegen der antisemitischen Politik in Deutschland erfolgten, merklich „gelitten"[220]. Die antisemitischen Praktiken der Vergabestellen waren wenig geeignet, die Erfolgsaussichten des deutschen Exports zu verbessern. Man mag zwar einwenden, daß der Welthandel ohnehin rückläufig war, aber immerhin litt Deutschland sehr bald an einer beträchtlichen Devisenknappheit, die durch die „Arisierung" sicherlich nicht gemildert wurde.

Aber trotz der Befürchtungen, die zum Beispiel die MAN in bezug auf die „Ausfuhrschädigungen" hatte, stieg ihr Auftragsbestand. Bei der MAN-Augsburg erhöhte er sich seit dem Beginn des Jahres 1933 um rund vierzig Prozent. Das Inlandsgeschäft, besonders die „Arbeitsbeschaffungsaufträge der Staatsstellen und die Beschaffungserleichterungen für die Privatwirtschaft"[221], also die direkte und indirekte Arbeitsbeschaffung, hatten diesen Ausfall mehr als kompensiert.

---

[218] Rundschreiben des VDESI, 31. 5. 1933, a.a.O.

[219] Rundschreiben des Langnamvereins, 21. 7. 1933, BAK, Nachlaß Silverberg 444.

[220] Bericht der MAN (Werk Augsburg) für die Generalversammlung des GHH-Konzerns, November 1933 (ohne Tag), HA/GHH, Nachlaß Reusch, 400.101.2002/2.

[221] a.a.O.

Die Ablehnung des einen Ideologismus durch eine Maschinenfabrik erlaubt aber noch keine Rückschlüsse auf eine allgemeine Zurückweisung anderer Ideologismen durch die gesamte Maschinenindustrie. So wandte sich zum Beispiel der Verein Deutscher Maschinenbau-Anstalten (VDMA) an den Reichsarbeitsminister und ersuchte ihn, die Verwendung ausländischer Geräte bei den Projekten der Arbeitsbeschaffung zu verbieten und zugleich zu verfügen, daß neue Geräte, die bei diesen Arbeiten benutzt würden, nur deutscher Herkunft sein dürften[222].

Arbeitsminister Seldte erklärte sich lediglich mit dem letztgenannten Ansinnen einverstanden, während er ein Verwendungsverbot alter ausländischer Geräte ausschloß. Diese Entscheidung, verfügte Seldte, sollte „aus besonderen handelspolitischen Gründen nicht zur allgemeinen öffentlichen Kenntnis gelangen"[223].

Die Schwerpunktverlagerung der deutschen Handelspolitik wird sogar an diesem kleinen Beispiel ansatzweise sichtbar.

Direkte oder indirekte Arbeitsbeschaffung?

Unwillkommen waren die staatlichen Aufträge sicherlich nur wenigen Firmen, aber es scheint, daß man sie pragmatisch nutzte, ohne sie grundsätzlich zu befürworten. Belege für das Interesse von Firmen aus dem Bereich der Schwerindustrie lassen sich unschwer finden. So wandte sich die Generaldirektion der Mannesmann-Werke zusammen mit dem Röhrenverband im Juli 1933 an den Reichswirtschaftsminister und bat ihn, im Rahmen der Arbeitsbeschaffung um die Förderung des Ferngasprojekts, für das aus zahlreichen Städten und Gemeinden Pläne vorlagen[224].

Auch bei der Deutschen Werft, die zum Konzern der Gutehoffnungshütte gehörte, bewarb man sich um Aufträge der öffentlichen Hand. Seit März 1933 verhandelte die Deutsche Werft zusammen mit anderen Reedereien über Reichsdarlehen für den Schiffsbau, blieb jedoch zunächst erfolglos[225].

Im Rahmen des „erweiterten Arbeitsbeschaffungsprogramms der Regierung" erhoffte man sich dann Ende Mai bei der Deutschen Werft Mittel für Auftragserteilungen an den Schiffsbau[226]. Diese Hoffnung, die

---

[222] Brief des Reichsarbeitsministers an den Verein Deutscher Maschinenbau-Anstalten (VDMA), 17. 11. 1933, AVfK, DGT, B/875.

[223] a.a.O.

[224] Generaldirektion der Mannesmann-Werke an den Reichswirtschaftsminister, 18. 7. 1933 (Abschrift an den Reichsfinanzminister), BAK, R 2/18716.

[225] Mitteilung des Vorstandsmitglieds der Deutschen Werft, Scholz, auf der Aufsichtsratsitzung am 24. 3. 1933, HA/GHH, Nachlaß Reusch, 400.101.2012/14.

[226] Vorstandsmitglied Scholz auf der Aufsichtsratsitzung der Deutschen Werft am 31. 5. 1933, a.a.O.

4. Die Schwerindustrie zu Beginn der NS-Herrschaft

gleichzeitig auf eine nur mangelhafte Information über die Absichten der staatlichen Exekutive und deshalb auch auf einen geringen Einflußgrad hinweist, erwies sich als falsch. Im Rahmen des Ersten Reinhardt-Programms wurde der Schiffsbau mit nur drei Millionen Mark für den Bau von Heringsloggern bedacht[227]. Statt der erhofften Schiffe ließ der Staat also Schiffchen bauen.

Wie Vorstandsmitglied Scholz dem Aufsichtsrat am 31. Mai berichtete, bestand im Reichsarbeitsministerium zunächst die Bereitschaft, dem Schiffsbau Mittel aus dem Arbeitsbeschaffungsprogramm zur Verfügung zu stellen. Aber auch diese Hoffnung erwies sich als trügerisch, weil diese Gelder nur von den öffentlichen Vergabestellen ausgegeben werden konnten[228].

Erst Mitte Dezember 1933[229], als in der Wirtschaftslage des Schiffsbaus immer noch „keine Besserung" zu verzeichnen und die Beschäftigungslage nach wie vor „mäßig" war[230], bewilligte das Kabinett ein Umbauprogramm für Schiffe, von dem Scholz für die nächsten drei Monate „eine lebhafte Beschäftigung im Reparaturbetrieb" erwartete[231].

Offenbar war an eine Variante des Zweiten Reinhardt-Programms für den Schiffsbau gedacht. Von den eigentlichen Maßnahmen des Zweiten Reinhardt-Programms scheint Scholz aber nicht viel gehalten zu haben. Wie er dem Aufsichtsrat am 14. Dezember 1933 mitteilte, war die Deutsche Werft dem Appell der Regierung gefolgt und hatte „erhebliche" Mittel in die Betriebsverbesserung und „Werkinstandsetzungsarbeiten" investiert. All das bezeichnete er jedoch als „unproduktiven Lohn"[232].

Konzernchef Paul Reusch war in seiner Ablehnung der direkten Arbeitsbeschaffung noch klarer als Scholz. Zwar räumte Reusch auf der Generalversammlung des Konzerns im November 1933 ein, daß die „gegenwärtige Belebung der Wirtschaft" unter anderem auch auf das Arbeitsbeschaffungsprogramm der Regierung zurückzuführen sei, aber eine „echte Wirtschaftsbelebung" — daran glaubte Reusch nach wie vor — könnte nur von der Privatinitiative ausgehen[233].

---

[227] s. in Teil I das Kapitel über die Arbeitsbeschaffungspolitik der Nationalsozialisten.
[228] s. Anmerkung 227.
[229] Scholz auf der Aufsichtsratsitzung vom 14. 12. 1933, a.a.O.
[230] Vgl. die Ausführungen von Scholz auf den Aufsichtsratsitzungen vom 31. 8. und 14. 12. 1933, a.a.O.
[231] Scholz auf der Aufsichtsratsitzung vom 14. 12. 1933, a.a.O.
[232] a.a.O.
[233] Reusch auf der Generalversammlung des GHH-Konzerns, November 1933 (ohne Tag), HA/GHH, Nachlaß Reusch, 400.101.2002/2.

Die Standpunkte von Scholz und Reusch sind nur scheinbar widersprüchlich. Reusch steckte auf der Generalversammlung die Grundsatzlinie ab. Scholz mußte im konkreten Fall pragmatisch die (wenigen) Möglichkeiten nutzen, die sich für ihn boten, um die Wirtschaftslage der Deutschen Werft zu verbessern. Dennoch betrachtete auch er diese Lösungen nicht als optimal. Seine Kritik am Zweiten Reinhardt-Programm unterstreicht die Konsequenz seiner grundsätzlichen Ansichten in Fragen der Arbeitsbeschaffung. Auch das ursprüngliche Bemühen um Reichsdarlehen zielt in diese Richtung.

Im Rahmen der Erörterung von „Erkenntnis und Interesse" wäre folgendes anzumerken: Als Chef eines großen Konzerns sah Reusch (noch) mehr als Scholz die Verflochtenheit von volks- und betriebswirtschaftlichem „Interesse". Seine volks- und betriebswirtschaftliche „Erkenntnis" stimmte daher mit seinem betriebswirtschaftlichen „Interesse" in beiden Bereichen stärker überein als bei Scholz. „Erkenntnis" und „Interesse" übten in beiden Bereichen Steuerungsfunktion für Reusch aus. Bei Scholz überwog das betriebswirtschaftliche „Interesse".

Auch der Verein Deutscher Maschinenbau-Anstalten (VDMA) strebte eine Wirtschaftsbelebung über Maßnahmen der indirekten Arbeitsbeschaffung an. Am 18. April 1933 legte der VDMA der Reichsregierung einen Plan vor, mit dem durch Steuerersparnisse und Abschreibungserleichterungen die Auftragserteilung an die Produktionsmittelindustrie gesteigert werden sollte[234]. Im Mai 1933 waren die Verhandlungen des VDMA mit dem Reichsfinanzministerium und der wirtschaftspolitischen Abteilung der NSDAP so weit gediehen, daß man sich beim Verein Deutscher Maschinenbau-Anstalten Hoffnungen auf die Verwirklichung der vorgelegten Pläne machte[235]. Der VDMA schlug unter anderem vor, den Verlust der Firmen in den beiden letzten Jahren auf den künftigen Gewinn anzurechnen.

Zwei Vorschläge hatte er der Regierung außerdem noch unterbreitet: Neuangeschaffte Maschinen sollten im ersten Jahr mit zwanzig Prozent wie üblich abgeschrieben werden können, und vom verbleibenden Jahresgewinn sollten fünfzig Prozent des Maschinenwerts absetzbar sein. Zu dem normalen Abschreibungsvorteil sollten also Steuererleichterungen hinzukommen. Der zweite Vorschlag sah die Abschreibung des gesamten Anschaffungspreises der Maschine im ersten Jahr vor, bedeutete also eine stärkere einmalige Entlastung, erlaubte aber keine zusätzlichen Abschreibungen. Ähnliche Gedanken hatte der Verein Deutscher Maschi-

---

[234] Rundschreiben des Vereins Deutscher Maschinenbau-Anstalten (VDMA), 10. 5. 1933, HA/GHH, Allgemeine Verwaltung, 400.127/4.

[235] Rundschreiben des VDMA, 16. 5. 1933, a.a.O. Wenn nicht anders vermerkt, beziehen sich die folgenden Angaben zu diesem Vorgang auf das Rundschreiben vom 16. 5. 1933.

4. Die Schwerindustrie zu Beginn der NS-Herrschaft

nenbau-Anstalten bereits früheren Regierungen vorgeschlagen, aber „damals kein Entgegenkommen" gefunden.

Wie der VDMA weiter meldete, wollte die Regierung genau wissen, ob Steuererleichterungen tatsächlich die Investitionstätigkeit der Privatwirtschaft anregen würden. Kommunikation und Kontakte des VDMA mit Regierungs- und Parteistellen können angesichts dieses Materials als gut bis sehr gut bezeichnet werden.

Dennoch war der Vorstoß des Vereins Deutscher Maschinenbau-Anstalten keine „konzertierte Aktion" der gesamten Masichnenbau- und Schwerindustrie. Generaldirektor Kellermann von der Gutehoffnungshütte, die auch dem VDMA angehörte, kam zum Beispiel erst am 1. Juni, dem Tag der offiziellen Bekanntgabe des Regierungsprogramms, dazu, sich mit den Vorschlägen des Vereins überhaupt erst einmal zu beschäftigen. Kellermann selbst befaßte sich dann auch gar nicht mehr mit dem VDMA-Plan, weil er der Meinung war, daß er durch die Bestimmungen des „Gesetzes zur Minderung der Arbeitslosigkeit" überholt sei[236]. Der Leiter der volkswirtschaftlichen Abteilung der Gutehoffnungshütte, Scherer, gab dagegen (erst) am 2. Juni eine Stellungnahme zu den Vorschlägen des VDMA ab, die er an Paul Reusch weiterleitete[237]. Die vom VDMA vorgeschlagenen Vergünstigungen waren nach Meinung Scherers nur für Firmen, die Gewinne erzielt hatten, von Interesse. Für Firmen, die wie die Gutehoffnungshütte mit Verlust gearbeitet hatten, würde nur die (im Ersten Reinhardt-Programm tatsächlich verwirklichte; M. W.) Anregung eines zweijährigen Verlustvortrages nützlich sein. Zum Beispiel könnte dann der Verlust der GHH für die Geschäftsjahre 1930/31 und 1931/32, der rund 37 Millionen Mark betrug, mit späteren Gewinnen verrechnet werden. „Interessant" wäre dieser Vorschlag aber nur dann, wenn der Verlustvortrag bis zum Zeitpunkt späterer Gewinne möglich und nicht nur auf zwei Jahre begrenzt wäre. Vorläufig würde die GHH aber ebenso wie wohl „die meisten Betriebe in Deutschland" aus der vorgeschlagenen Vergünstigung keinen Vorteil ziehen können. Daher sah Scherer in Steuererleichterungen „in der gegenwärtigen Lage" keinen geeigneten Anreiz für Ersatzbeschaffungen.

Wich Scherer hier von der bisherigen Linie ab, die nicht nur von der Schwerindustrie vertreten wurde? Hatte „die Industrie" bislang nicht immer Steuererleichterungen als Mittel zur Belebung der Wirtschaft propagiert? Scherers Kritik steht nur in scheinbarem Widerspruch zu der bisherigen Haltung der Schwerindustrie, denn er befaßte sich hier nicht mit der allgemeinen Frage, auf welche Weise man die Wirtschafts-

---

[236] Scherer (Abt. W) der GHH an Paul Reusch, 2. 6. 1933, HA/GHH, Allgemeine Verwaltung, 400.127/4.
[237] a.a.O.

tätigkeit am besten beleben könnte. Vielmehr suchte er optimale Anreize für Ersatzbeschaffungen; er setzte sich also mit einer ganz speziellen Problematik auseinander. Während sich Scherer in der damaligen Situation von Anreizen zu Ersatzbeschaffungen weniger als der VDMA versprach, hielt er ein „sorgfältig durchdachtes Wirtschaftsprogramm", das in den folgenden drei bis vier Jahren durchgeführt werden sollte, und die Beendigung des Kommissarwesens in der Wirtschaft für eine weitaus mehr versprechende Lösung.

Trotz der offensichtlichen Ähnlichkeit der Abschreibungsbestimmungen des Ersten Reinhardt-Programms mit den Vorschlägen des Vereins Deutscher Maschinenbau-Anstalten, auf die sogar der Deutsche Industrie- und Handelstag[238] und das „Deutsche Handwerksblatt"[239] hinwiesen, gab sich der VDMA noch nicht zufrieden. Seine Erwartungen hatten sich, wie er dem Reichswirtschaftsminister schrieb, nicht erfüllt, da die Abschreibungsbestimmungen des Ersten Reinhardt-Programms in erster Linie den Firmen zugute gekommen sein sollen, die mit Gewinn gearbeitet hatten. Die Erweiterung des Maschinenparks verlief auch nicht so wie es sich der VDMA erhofft hatte. Er führte dies darauf zurück, daß die Regelungen des Programms nur Ersatz- und keine Neuanschaffungen betrafen und befürchtete, daß dadurch zu viele Altmaschinen auf dem Markt bleiben würden. Außerdem beklagte sich der VDMA über „maschinenfeindliche Strömungen", die es zwar auch schon vor 1933 gegeben hätte, sich seitdem aber besonders bemerkbar machten[240]. Noch deutlicher konnte die Kritik an den Durchführungsbestimmungen der Arbeitsbeschaffungsprogramme kaum noch vorgetragen werden. Aber der VDMA nahm kein Blatt vor den Mund und machte die „Zurücksetzung" der „Maschinenverwendung" hierfür ebenso wie für die unbefriedigende Entwicklung der Maschinenindustrie verantwortlich[241].

Auch die Entwicklung des Exports verlief nicht zur Zufriedenheit des VDMA, und er forderte daher günstigere Kreditbedingungen. Freilich erwähnte er dabei nicht seine eigenen Vorschläge, die er im November 1933 unterbreitet hatte und in denen ein Verwendungsverbot für ausländische Geräte bei Projekten der Arbeitsbeschaffung empfohlen wurde.

Man wird nicht umhin können, dem Verein Deutscher Maschinenbau-Anstalten eine in sich widersprüchliche Haltung zu attestieren. Die aus-

---

[238] Rundschreiben des DIHT an die Mitglieder, 2. 6. 1933, BAK, R 11/293.

[239] Deutsches Handwerksblatt, 27. Jhg., Heft 12, 15. 3. 1933, S. 226. Im Handwerksblatt wurde sogar die Meinung vertreten, daß der Abschreibungsmodus des Ersten Reinhardt-Programms dem Vorschlag des VDMA entsprochen habe. Alle Indizien deuten zunächst tatsächlich auf die Richtigkeit dieser Vermutung.

[240] VDMA an Reichswirtschaftsminister Schmitt, 19. 3. 1933, HA/GHH, Nachlaß Kellermann, 400.101.31/1.

[241] a.a.O.

schlaggebende Motivation dieser „Linie" scheint das (kurzfristige) betriebswirtschaftliche „Interesse" gewesen zu sein, das längerfristige volkswirtschaftliche Schäden nicht ins Kalkül zog. Wie sonst sollte man die Tatsache erklären, daß der VDMA im November 1933 Bestimmungen vorschlug, die durch ihre Importrestriktionen zugleich den Export treffen mußten, sich aber im März 1934 über den Rückgang des Exports beschwerte?

Es stellt sich in diesem Zusammenhang aber auch noch eine andere Frage: Wenn der VDMA mit den Bestimmungen des Ersten Reinhardt-Programms so unzufrieden war, erscheint es dann noch wahrscheinlich, daß er bei der Ausarbeitung des Programms über einen entscheidenden Einfluß verfügte? Die nachträgliche Kritik des VDMA entsprach inhaltlich genau den skeptischen Prognosen Scherers, der von diesen Regelungen keine entscheidenden Impulse für die Maschinenindustrie erwartet hatte.

Unabhängig davon wie man die Einflußmöglichkeiten des VDMA beurteilt, bleibt festzustellen, daß er weder mit der direkten noch mit der indirekten Arbeitsbeschaffung zufrieden war. Aber auch hier gab es Abstufungen: An der indirekten übte man Detail-, an der direkten sehr viel stärker prinzipielle Kritik.

Auch das geschäftsführende Hauptvorstandsmitglied des Vereins Deutscher Eisen- und Stahlindustrieller, Reichert, der sich noch Anfang 1933 ausdrücklich für Aufträge der öffentlichen Hand ausgesprochen hatte, erklärte im Dezember 1933, daß man ohne eine starke Belebung der Privatwirtschaft nicht auskommen könne. Konkret forderte er außer der politischen Beruhigung die „günstige Wirkung einer Milderung der öffentlichen Lasten" und die Ablehnung „gefährlicher Wirtschaftsexperimente". Unter diesen Voraussetzungen war er bereit, die zeitweise praktizierte „Vorbelastung des Haushalts durch die öffentliche Arbeitsbeschaffung", die er bis 1942 auf fünf Milliarden Mark bezifferte, in Kauf zu nehmen[242]. Die öffentliche Arbeitsbeschaffung betrachtete Reichert als ergänzende Maßnahme zur (bevorzugten) indirekten Arbeitsbeschaffung. Eine Finanzierung der öffentlichen Arbeiten „mit Hilfe der Notenpresse" wollte er aber nicht billigen.

Ernst Poensgen nahm weit kritischer als Reichert zur direkten Arbeitsbeschaffung und in diesem Zusammenhang zu den von den Behörden überprüften Vollmachten Stellung. Banken und Industrie standen, seinen Angaben zufolge, „auf der ganzen Linie" mit der Bürokratie im Kampf, „die nur aus der Tendenz heraus, daß die Lebenshaltung unter

---

[242] Aufzeichnung der Sitzung des Hauptvorstands des VDESI und des Fachgruppenausschusses der Fachgruppe Eisen und Stahl am 7. 12. 1933, BAK, R 13 I/106.

gar keinen Umständen verteuert werden darf, diese Forderung auf Gebiete überträgt, die mit der Lebenshaltung nicht das allermindeste zu tun haben"[243]. Seiner Meinung nach war man sich im Kreis der Eisen- und Stahlindustriellen darüber einig, daß die (direkte, öffentliche) Arbeitsbeschaffung eine vorübergehende Maßnahme zur Ankurbelung der Wirtschaft sei. Er selbst empfahl, die für die (direkte) Arbeitsbeschaffung ausgegebenen Mittel in einer allgemeinen Anleihe zu konsolidieren[244]. „Deficit spending" sah er also anscheinend nach wie vor als Notmaßnahme an, die er wider besseres Wissen zu akzeptieren hatte.

Beim Bergbau scheint, schließt man aus der Reaktion des Preußischen Ministers für Wirtschaft und Arbeit, ebenfalls keine große Vorliebe für die (öffentliche) Arbeitsbeschaffung bestanden zu haben. Der Preußische Minister hatte sich nämlich noch im April 1934 darüber beschwert, daß der Bergbau „nicht genug für die Arbeitsbeschaffung getan" habe[245]. Warum der Minister hierüber ausgerechnet zu einem Zeitpunkt Klage führte als die öffentliche Arbeitsbeschaffung mehr und mehr rein propagandistische Funktionen zu erfüllen hatte, ist nicht ganz einsichtig. Möglicherweise wollte er aber nur den Vorwürfen des Bergbaus zuvorkommen, denn dieser Wirtschaftszweig sah trotz der Arbeitsbeschaffung „mit einer deutlich ausgesprochenen Resignation" der Zukunft entgegen[246].

Die Argumente der Schwerindustrie gegen und ihre Kritik an Maßnahmen direkter Arbeitsbeschaffung blieben über die Jahre hinweg relativ gleich. Nur die konkreten Anlässe wechselten. Trotzdem gestand man ein, daß die öffentlichen Arbeitsbeschaffungsprogramme, wie es Paul Reusch im November 1934 sagte, für die Besserung der Beschäftigungslage „ausschlaggebend" waren[247]. Fraglich ist allerdings, ob Reusch, der bis Ende 1933 noch zu den schärfsten Kritikern der direkten, öffentlichen Arbeitsbeschaffung zählte, zivile Maßnahmen meinte. Die bisherigen Erörterungen sprechen eigentlich dagegen. Daß die Trennung zwischen Aufrüstung und Arbeitsbeschaffung in Kreisen der Schwerindustrie durchaus gemacht wurde, beweist die vertrauliche Aufzeichnung einer Besprechung Klotzbachs, Otto Wolffs, Poensgens und Reicherts mit dem Kommissar für Preisüberwachung, Goerdeler, die am 12. Dezem-

---

[243] a.a.O. Dabei betonte Poensgen ausdrücklich, daß sich dieser Kampf nicht gegen die Weltanschauung richte.
[244] a.a.O.
[245] Rundschreiben des Bergbauvereins, 13. 4. 1934, HA/GHH, Nachlaß Kellermann, 400.109/65.
[246] Stimmungsbericht Bergbauverein, 4. 4. 1934. Auch die Angabe über die Generalversammlung des Bergbauvereins hieraus, Bergbau-Museum Bochum, 15/89.
[247] Bericht Paul Reuschs auf der Generalversammlung des GHH-Konzerns im November 1934, HA/GHH, Nachlaß Reusch 400.101.2002/3.

ber 1934 stattfand[248]. Ernst Poensgen vertrat die Auffassung, daß die Konjunktur in erster Linie durch die (zivile) Arbeitsbeschaffung belebt worden sei und nun durch Investitionen der Privatwirtschaft fortgesetzt werden müßte. Otto Wolff widersprach ihm in der Ursachenbestimmung des Aufschwungs: „Die gegenwärtige Konjunktur rührt von der Rüstung und vom Straßenbau", erklärte er.

Trotz der unterschiedlichen Analyse blieb die von Poensgen ausgesprochene Empfehlung, den Aufschwung in der zweiten Phase durch Maßnahmen indirekter Arbeitsbeschaffung zu konsolidieren, unwidersprochen. Auch die „Arbeitsschlacht" der Nationalsozialisten hatte die Schwerindustrie von der Bevorzugung der indirekten Arbeitsbeschaffung nicht abbringen können.

Zur Frage der Arbeitszeitverkürzung

Bei der Gutehoffnungshütte hatte man nichts gegen die von der nationalsozialistischen Regierung beschlossene Vierzigstundenwoche einzuwenden, da diese Regelung nicht „schematisch", sondern den Betriebserfordernissen entsprechend durchgeführt werden sollte[249].

Auch beim Verein Deutscher Maschinenbau-Anstalten bestand „Geneigtheit", die Vierzigstundenwoche einzuführen. Nur „die Frage der Löhne und Gehälter" sollte noch mit den Arbeitgeberverbänden gelöst werden[250].

Der Arbeitgeberverband des Braunkohlebergbaus empfahl seinen Mitgliedsbetrieben, die Möglichkeit einer Einführung der Vierzigstundenwoche zu überprüfen[251]. Beim Verein Deutscher Eisen- und Stahlindustrieller gab man der Arbeitsstreckung den Vorzug. Von Partei- oder Regierungsstellen wollte man sich aber nach wie vor keine Vorschriften machen lassen. Ende August 1933 verabschiedete die Nordwestgruppe des Vereins Deutscher Eisen- und Stahlindustrieller („Arbeitsnordwest") eine Entschließung, in der den Mitgliedern empfohlen wurde, die Arbeit in den Betrieben zu strecken[252]. Wie die „Deutschen Führerbriefe" feststellten, lag dieser Appell im Interesse der Unternehmer, die dadurch ihr „Unkostenkonto für die Fürsorge" entlasten konnten[253]. Aber die

---

[248] BAK, R 13 I/601.
[249] Jahresbericht 1932/33 der Abt. A (Arbeit) der GHH, HA/GHH, Allgemeine Verwaltung, 400.100/27.
[250] Rundschreiben des VDMA, 12. 10. 1933 und Niederschrift über die Sitzung des Hauptvorstands des VDMA am 5. 9. 1933, HA/GHH, Nachlaß Kellermann, 400.101.31/1.
[251] Niederschrift über die Sitzung des Arbeitgeberverbands des Braunkohlebergbaus, 31. 8. 1933, Bergbau-Museum Bochum, 15/91.
[252] „Deutsche Führerbriefe", 1. 9. 1933.
[253] a.a.O.

„Deutschen Führerbriefe" warnten zugleich vor jeglichem „Schematismus" in der Arbeitszeitfrage.

Nicht immer und überall hielten sich Partei- und Regierungsinstanzen in der Arbeitszeitfrage so zurück. So beschwerte sich zum Beispiel die Geschäftsführung des Bergbauvereins in Essen im November 1933 über einen eigenmächtigen Aufruf des DAF-Bezirksleiters Westfalen Nord, Walter Nagel[254], zur Arbeitsstreckung. Der Bergbauverein verwies auf eigene Appelle vom August und Oktober 1933 und auf die Empfehlungen von „Arbeitsnordwest", in denen diese Form der Arbeitsbeschaffung propagiert worden war[255]. Die Zurückdrängung der Parteiinstanzen in dieser Frage scheint Erfolg gehabt zu haben. Nachdem Nagel noch ein zweites Mal zur verstärkten Arbeitsstreckung und zum Ende der Arbeitszeitverkürzung aufgerufen hatte, wurden ihm vom Treuhänder der Arbeit in Westfalen „derartige Eingriffe" verboten[256].

Über die Alternative: Kürzung der Arbeitszeit oder Streckung der Arbeitsmenge? ließ man bei der Schwerindustrie mit sich reden. Den „Schematismus" von Partei oder Staat lehnte man wie schon vor dem Machtantritt der Nationalsozialisten ab. Kein Novum.

---

[254] DAF-Bezirksleitung Westfalen-Nord (Walter Nagel) an die Bergwerks-AG Recklinghausen, 13. 10. 1933, Bergbau-Museum Bochum, 13/482.
[255] Geschäftsführung des Bergbauvereins Essen an den Treuhänder der Arbeit für das Wirtschaftsgebiet Westfalen, Klein, 9. 11. 1933, a.a.O.
[256] Der Treuhänder der Arbeit für das Wirtschaftsgebiet Westfalen, Klein, an die sozialpolitische Abteilung des Bergbauvereins Essen, 21. 11. 1933, a.a.O.

Neuntes Kapitel

Die Chemische Industrie

Es wäre wünschenswert, über die Haltung anderer Wirtschaftszweige ebenso ausführlich berichten zu können wie über die Schwerindustrie. Aber die Materiallage ist, wenigstens was die Frage der Arbeitsbeschaffungspolitik der Jahre 1930 bis 1934 betrifft, nicht überall so günstig wie in diesem Bereich. Wegen des Ungleichgewichts in der Quellenlage hat dieses Kapitel lediglich die Aufgabe, Vergleiche zu ermöglichen. Diese erleichtern die Einordnung der jeweiligen Standpunkte und liefern zusätzliches Material zur Bestätigung oder Widerlegung der bisher aufgestellten Hypothesen.

1. Die chemische Industrie in der Ära Brüning

Die grundsätzlichen Prioritäten

In den Wahlen vom September 1930 haben, nach den Worten Edmund Pietrkowskis, die Wähler gegen das bestehende Wirtschaftssystem protestiert[1]. „Die Arbeitslosenfrage ist damit zu einem Kampfruf gegen das System geworden, gegen das System der kapitalistischen, auf Privateigentum aufgebauten Wirtschaft." Nach Ansicht Pietrkowskis handelte es sich aber nicht um eine Krise im kapitalistischen System. „Staatssozialistische Einbauten" hätten es in die Krise gezogen und die „Selbstheilungsfaktoren" außer Kraft gesetzt. In seinen Augen war die „Arbeitslosenkrise" der deutschen Wirtschaft eine „Selbstkostenkrise, bedingt durch zu hohe Ausgaben der öffentlichen Hand und einen politisch bestimmten" Lohn. Welche Lösungsmöglichkeiten schlug Pietrkowski vor? Weitere Arbeitszeitverkürzungen lehnte er ab, und „schematische" Verkürzungen hielt er für „undenkbar". Direkte Arbeitsbeschaffungsmaßnahmen, die er mit Notstandsarbeiten gleichsetzte, sowie Programme der Reichsbahn und -post, scheiterten, seiner Meinung nach, an den finanziellen Möglichkeiten. Nur durch eine Auslandsanleihe, um die sich die

---

[1] Hier wie im folgenden: „Das Arbeitslosenproblem", Vortrag Pietrkowskis in der Mitgliederversammlung der VDA am 12. 12. 1930, abgedruckt in: „Der Arbeitgeber", 1. 1. 1931, S. 4. Edmund Pietrkowski war Vorsitzender des Vereins zur Wahrung der Interessen der chemischen Industrie Deutschlands und des Arbeitgeberverbands der chemischen Industrie Deutschlands. Er gehörte auch dem Präsidium und Vorstand des RDI an (vgl. das RDI-Kapitel).

Deutsche Gesellschaft für öffentliche Arbeiten bemühte, könne man „Arbeitsbeschaffung" finanzieren. Eine etwaige Kreditaufnahme des Reiches schloß er aus, da diese dem Kapitalmarkt Mittel entziehen würde.

Der Vorsitzende des Vereins zur Wahrung der Interessen der chemischen Industrie Deutschlands lehnte also arbeitsbeschaffende Maßnahmen der öffentlichen Hand, wie Notstandsarbeiten, nicht grundsätzlich ab, und der Versuch der Regierung, diese „Arbeitsbeschaffung" durch eine Auslandsanleihe zu finanzieren, scheint seine Billigung gefunden zu haben. Vor zusätzlichen Ausgaben des Staates für die Arbeitsbeschaffung warnte er ebenso wie beispielsweise der Vorsitzende des Aufsichts- und Verwaltungsrats der IG Farben AG und Präsident des RDI, Carl Duisberg, es noch kurz vor dem Regierungsantritt Brünings[2] getan hatte. Fast zwei Jahre später noch wich Duisberg von dieser Auffassung nicht ab. Wirtschaftskrise und Arbeitslosigkeit führte er im November 1931 vor allem auf zwei Ursachen zurück: Erstens auf den „großen Irrtum", „politische Beschlüsse und machtpolitische Erwägungen ohne weiteres in der Wirtschaft realisieren zu können" und zweitens auf die „Isolation einzelner Volkswirtschaften", die, wie er es sah, die Krise verschärft und „das feingliedrige Netz der Kreditbeziehungen zerrissen hatte". Er plädierte daher für eine „Selbstkostenanpassung", eine „Verwaltungsvereinfachung" und „Einsparungen in allen Bereichen"[3].

Für Duisberg waren Arbeitslosigkeit und Wirtschaftskrise demnach zunächst politisch bedingt. Anders als Pietrkowski, der durchaus direkte Arbeitsbeschaffungsmaßnahmen des Staates in Erwägung zog, empfahl Duisberg Methoden der indirekten Arbeitsbeschaffung über die Senkung der Selbstkosten und die Zurückhaltung in der allgemeinen Ausgabenpolitik.

„Russengeschäfte"

Den „Russengeschäften" gegenüber verhielt sich die IG Farben solange Duisberg ihren Kurs mitbestimmte, zurückhaltend. Die Konzernleitung war nicht damit einverstanden, der Sowjetunion langfristige Kredite zu gewähren und schloß mit ihr daher grundsätzlich nur kurzfristige Geschäfte ab[4]. Das geringe Interesse der IG Farben an den

---

[2] Carl Duisberg auf der Vollversammlung der Industrie- und Handelskammer Solingen, 14. 1. 1930, Bayer-Archiv, 63/5.5.

[3] Carl Duisberg auf der Vollversammlung des Verbandes der Bergischen Industrie- und Handelskammern, Solingen, 11. 11. 1931, Bayer-Archiv, 63/4; auch: Abhandlungen, Vorträge und Reden in den Jahren 1922 - 1933 von Carl Duisberg, hrsg. v. Direktorium der IG Farbenindustrie AG, Werk Leverkusen, Berlin 1933, S. 139 ff.

[4] Dies berichtete der Vertreter der IG im Rußland-Ausschuß der deutschen Wirtschaft, Mühlen. Aufzeichnung der Sitzung des Rußland-Ausschusses der deutschen Wirtschaft, 7. 3. 1930, Blank an Reusch, 9. 4. 1930, HA/GHH, Nachlaß Reusch, 400.101.2025/3.

Geldpolitik

Im Oktober 1931 drängte die IG Farben Brüning dazu, in sein zweites Kabinett Warmbold, Schmitz, Bachem und Möllendorf aufzunehmen[6]. Brüning war die Motivation für das Vorgehen der IG Farben auch noch nach seinem Rücktritt „zweifelhaft"[7]. Er vermutete jedoch, daß dem Finanzdirektor der IG, Schmitz, hierbei eine entscheidende Rolle zukam und brachte die Initiative der IG zugleich mit den Währungsplänen Wagemanns in Zusammenhang[8]. Schmitz verfügte ebenso wie Warmbold tatsächlich über enge Verbindung zu Wagemann[9], aber dennoch scheint es selbst innerhalb der IG „einige Stellen" gegeben zu haben, die Schmitz nicht als Wirtschaftsminister sehen wollten[10].

Bachem, den die IG Farben ebenfalls für einen Ministerposten im zweiten Kabinett Brüning vorgeschlagen hatte, stand auch hinter den Währungsplänen Wagemanns[11]. Die Verhandlungen fanden im Hotel Adlon in Berlin im Oktober 1931 statt[12]. IG Vorstandsmitglied Max Ilgner, der ebenfalls zu den Befürwortern der geldpolitischen Ideen Wagemanns zählte[13], trug die Kabinettswünsche seines Konzerns vor[14].

---

[5] Vgl. das Kapitel über die Haltung des RDI zur Arbeitsbeschaffung.

[6] Tagebuch Schäffer: 30. 6. 1932 und 14. 7. 1932. Gespräch Schäffer - Brüning, IFZ, ED 93/21. Vgl. auch das Kapitel über die Prioritäten staatlicher Arbeitsbeschaffungspolitik unter Brüning. Andere Quellen als das Tagebuch Schäffer fand ich nicht zu diesen Beeinflussungsversuchen.

[7] a.a.O.

[8] Vgl. Anmerkung 6; über die Zusammenarbeit Wagemanns mit seinem Schwager Warmbold: Näheres im 3. Kapitel dieser Arbeit. Herrn Helmut Tammen, der eine Studie über die IG anfertigt, verdanke ich den Hinweis, daß auch Möllendorf den Gedanken Wagemanns nahestand.

[9] Vgl. das Kapitel über die Prioritäten staatlicher Arbeitsbeschaffungspolitik unter Papen. Stegmann, S. 432, schreibt, daß Schmitz zusammen mit Max Ilgner (Vorstandsmitglied bei der IG Farben), Bachem und Vogel von der Hardy-Bank zum „Wagemann"-Kreis gehörten. Stegmann sagt zwar nichts Genaues über den „Wagemann"-Kreis, aber es ist anzunehmen, daß er den Kreis der „Reformer" in der „Studiengesellschaft für Geld- und Kreditwesen" meint. Allerdings sind sie bei Grotkopp, bei dem über die „Studiengesellschaft" viel nachzulesen ist, nicht genannt.

[10] Oberst a. D. Gilsa an Reusch, 9. 10. 1931, HA/GHH, Nachlaß Reusch, 400.101.293/4. Gilsa sollte Reuschs Bedenken gegen Schmitz in Berlin vortragen.

[11] Vgl. Gespräch Bachem - Luther. Eintragung Luthers vom 29. 11. 1932, BAK, Nachlaß Luther 370.

[12] Aufzeichnungen Schwerin-Krosigk, IFZ, ZS/A-20, Band 4, zum Tagebuch Hans Schäffers.

[13] Brief Schäffers an Grotkopp, 18. 8. 1953, IFZ, ED 93/46. Schäffer ist der Ansicht, daß Staatssekretär Trendelenburg unter Papen u. a. wegen seiner Bedenken „gegen die von Wagemann und Ilgner propagierten Währungs-

Einen großen Eindruck scheint er aber weder bei Schwerin-Krosigk noch bei Brüning hinterlassen zu haben, denn dieser nannte ihn einen „Versager" und jener hielt Ilgner für einen „politischen Naivling"[15].

Der Vorstoß der IG Farben, sofern sie ihn als Konzern tatsächlich stützte, hatte nur sehr begrenzten Erfolg: Von den vier Männern, die Brüning den Forderungen der IG entsprechend in sein Kabinett aufnehmen sollte, erhielt lediglich Warmbold einen Ministerposten, und auch er hat als Wirtschaftsminister die Ablehnung des Wagemann-Plans, für die sich das Kabinett im Januar 1932 entschied, nicht verhindert. In den Regierungsakten läßt sich nicht einmal ein Versuch Warmbolds feststellen, durch eine Vorlage oder eine Bemerkung im Kabinett die Ministerrunde für den Plan Wagemanns zu erwärmen.

Direkte Arbeitsbeschaffung der öffentlichen Hand

Im Kapitel über die Prioritäten, Aktionen und Reaktionen des RDI und der VDA wurde ausführlich auf das Referat Pietrkowskis eingegangen, in dem er am 17. August 1932 die „Arbeitsbeschaffung durch öffentliche Stellen" befürwortete.

Da er im August 1932 ebenso wie bereits im Dezember 1930 — obwohl damals vorsichtiger — die Notwendigkeit von Maßnahmen der direkten Arbeitsbeschaffung durch die öffentliche Hand mit der außergewöhnlich prekären politischen Situation begründete, kann von einer Kontinuität in der Argumentation gesprochen werden. Jetzt machte er bei seiner Befürwortung sogar noch weniger Abstriche. Eine grundsätzliche „Erweiterung der wirtschaftlichen Arbeit des Staates" lehnte der Vorsitzende des Vereins zur Wahrung der Interessen der chemischen Industrie Deutschlands aber ab[16].

---

experimente" (a.a.O.) sowie der „Treiberei der Leute von der IG und der Kleinlichkeit von Warmbold zum Opfer gefallen ist". Tagebuch Schäffer, 23. 8. 1932, IFZ, ED 93/22. Schäffers Darstellung wird im Kapitel über die staatlichen Prioritäten unter Papen nachgegangen.

[14] s. Anmerkung 6.
[15] s. Anmerkung 12.
[16] „Arbeitsbeschaffung durch öffentliche Stellen", Referat gehalten in der Sitzung des Präsidiums des RDI, 17. 8. 1932, „Streng vertraulich!" BAK, Nachlaß Silverberg 242. Es scheint daher mehr als zweifelhaft, ob man wie Kurt Gossweiler, Die Röhm-Affäre von 1934 und die Monopole, in: Monopole und Staat, Berlin (DDR) 1966, S. 156, davon sprechen kann, die Chemie- (und Elektro-)Industrie sei „Vorkämpfer der Staatseinwirkung auf die Wirtschaft" gewesen. Auch die anderen vorgelegten Materialien zum Thema der Arbeitsbeschaffung liefern wenig Hinweise für Gossweilers Behauptung. Ähnlich wie die Thesen Gossweilers auch Czichon, Wer verhalf?, passim.

2. Die chemische Industrie in der Regierungszeit Papens

Pietrkowskis Beurteilung der arbeitsbeschaffenden Maßnahmen der Regierung Papen zeigt einmal mehr, daß er trotz der politischen Billigung der direkten Arbeitsbeschaffung den Weg einer indirekten Arbeitsbeschaffung grundsätzlich vorzog. Da sich „zum ersten Mal seit Kriegsende" eine Reichsregierung uneingeschränkt zur „freien Erwerbswirtschaft" bekannt hatte, hielt er es für die „Pflicht aller deutschen Unternehmer, hinter das Papen-Programm mit seinen weitertragenden Plänen zu treten", und kein Vorstandsmitglied des Arbeitgeberverbands der chemischen Industrie Deutschlands widersprach ihm[17]. Tariflohnunterschreitungen betrachtete er jedoch, wie er seinen Kollegen im Vorstand des Arbeitgeberverbands der chemischen Industrie Deutschlands „vertraulich"[18] eröffnete, „im gegenwärtigen Zeitpunkt der Ankurbelung der Wirtschaft (als) nicht diskutabel"[19].

Man wird davon ausgehen können, daß die Zurückhaltung Pietrkowskis in bezug auf die sozialpolitischen Bestimmungen der Notverordnungen vom September 1932 repräsentativ für den Arbeitgeberverband der chemischen Industrie Deutschlands war, denn kein Vorstandsmitglied bezog gegen Pietrkowskis Äußerung Stellung. Dieser Widerspruch zwischen dem öffentlich und nichtöffentlich vertretenen Standpunkt kann möglicherweise mit dem — jedenfalls bei Pietrkowski — stark ausgeprägten Sinn für das politisch Sinnvolle und Notwendige erklärt werden. Gerade sein Referat, das er am 17. August 1932 im RDI hielt, unterstreicht diese Aussage. Es war ihm wichtig, politisch bedingte Unruhen zu vermeiden und nicht zusätzliche zu schaffen. Um dieses Ziel zu erreichen, befürwortete er auch direkt arbeitsbeschaffende Maßnahmen der öffentlichen Hand und deswegen scheint er auch die Tariflohnunterschreitungen für „nicht diskutabel" gehalten zu haben. Dieser politische Primat hatte für ihn ganz offensichtlich Steuerungsfunktion. Seine taktische Einstellung entsprach deshalb seinem politischen „Interesse", ohne das er das volks- und betriebswirtschaftliche „Interesse" nicht glaubte verwirklichen zu können.

Der Vorsitzende des Vorstands der IG Farben und spätere Nachfolger von Carl Duisberg im Vorsitz des Aufsichts- und Verwaltungsrats des Konzerns, Carl Bosch, zeigte wenig Interesse an den Prämien für Neueinstellungen, weil die IG Farben „aus sozialen Gründen die Belegschaft nicht im Verhältnis zum Produktionsrückgang abgebaut habe"[20].

---

[17] Niederschrift der Vorstandssitzung des Arbeitgeberverbands der Chemischen Industrie Deutschlands (fortan: Chemie-Arbeitgeber), 13. 9. 1932, Bayer-Archiv, 62/2.
[18] Im Text unterstrichen.
[19] s. Anmerkung 17.

Das mangelnde Interesse der IG Farben wird schwerlich als repräsentativ für die gesamte Chemieindustrie betrachtet werden können. Beim Arbeitgeberverband der chemischen Industrie Deutschlands gingen nach dem Kabinettsbeschluß über die Einstellung der Prämien zum 1. April 1933 mehrere besorgte Anfragen ein, durch die sich einige Firmen Klarheit über die Übergangsvorschriften verschaffen wollten. Die Vereinigung Deutscher Arbeitgeberverbände nahm daraufhin mit den zuständigen Regierungsstellen Verhandlungen über die Gestaltung der Übergangsvorschriften auf und bemühte sich, die Übergangsfristen möglichst auszudehnen[21]. Man wird aus diesem Hinweis ein durchaus vorhandenes Interesse an einer Verlängerung der Regelung ableiten können.

Die Einfuhrbeschränkungen, die von der Papen-Regierung zusammen mit den arbeitsbeschaffenden Maßnahmen beschlossen wurden, dürften bei dem wichtigsten Unternehmen der deutschen Chemieindustrie, der IG Farben, auf wenig Gegenliebe gestoßen sein. Noch Anfang Juni 1932 hatte Carl Duisberg „Zollmauern" abgelehnt und sich für eine offene Weltwirtschaft ausgesprochen, weil Deutschland seiner Meinung nach für seine Ausfuhr auf die Einfuhr ausländischer Rohstoffe angewiesen war[22]. Die Autarkiebestrebungen im Kabinett Papen, gegen die ihr „Protegé" Warmbold anfocht, werden daher bei der IG Farben Beunruhigung ausgelöst haben, während die unkonventionellere Geldpolitik der Regierung Papen auf Wohlwollen gestoßen sein dürfte. Immerhin war sie an den Versuchen, Brünings Deflationspolitik zu beenden, nicht unbeteiligt.

Die arbeitsbeschaffenden Maßnahmen der Regierung Papen stießen also weder auf volle Zustimmung noch Ablehnung „der" chemischen Industrie. Man wird jeweils von Maßnahme zu Maßnahme die Haltung dieses Wirtschaftszweiges prüfen müssen.

3. Die chemische Industrie in der Regierungszeit Schleichers

Bachem, den die IG Farben im Oktober 1931 im zweiten Kabinett Brüning sehen wollte, äußerte gegen die Ideen des neuen Reichskommissars für Arbeitsbeschaffung, Gereke, Bedenken. In erster Linie lehnte er den Gedanken Gerekes ab, den Gemeinden zinslose Kredite zu gewähren, weil damit „die Gefahr von Fehlinvestitionen der Kommunen

---

[20] Sitzung des Aufsichtsrats der IG Farben, 8. 9. 1932, Bayer-Archiv, 11/3, Band 5.

[21] Rundschreiben der Chemie-Arbeitgeber, 23. 3. 1933, Bayer-Archiv, 62/2.

[22] Carl Duisberg auf der Vollversammlung der Bergischen Industrie- und Handelskammern in Düsseldorf, 3. 6. 1932, Bayer-Archiv, 63/4. Auch Turner, AHR, S. 63, hebt die Exportabhängigkeit der IG hervor. Deshalb habe die IG auch die Forderung der NSDAP nach Autarkie und staatlicher Kontrolle abgelehnt.

viel zu sehr anwüchse"²³. Er hatte anscheinend trotz seiner Verbindungen zu Wagemann ein starkes Mißtrauen gegenüber der Ausgabenpolitik der öffentlichen Hand und war gegen ein uferloses Anschwellen von Krediten. Eine Haltung, die erneut beweist, daß die geldpolitischen „Reformer" alles andere als inflationäre Maßnahmen forderten, falls es dieses Beweises noch bedurfte. Außerdem bedeutete ihr Eintreten für eine Beendigung des Deflationskurses noch keine Befürwortung der direkten Arbeitsbeschaffung durch den Staat. Gereke wirft in seinen Erinnerungen Warmbold vor, seine Arbeitsbeschaffungspläne „hintertrieben" zu haben, weil dieser dagegen war, die Kommunen zu Trägern der Arbeitsbeschaffung zu machen²⁴. Auch Duisberg und Bosch haben, Gereke zufolge, die Pläne des Arbeitsbeschaffungskommissars nicht gebilligt²⁵.

Diese Angaben würden, unabhängig von ihrer Glaubwürdigkeit im Detail, bestätigen, daß man im Kreis der IG Farben einer liberaleren Geldpolitik, also Maßnahmen indirekter Arbeitsbeschaffung, Maßnahmen der direkten Arbeitsbeschaffung — wie sie Schleicher und Gereke durchzuführen gedachten — den Vorzug gab. Auch hier war man der wirtschaftlichen Betätigung der öffentlichen Hand gegenüber skeptisch²⁶.

Der Arbeitgeberverband der chemischen Industrie Deutschlands ging im Januar 1933 sogar soweit, Anträge verschiedener Parteien auf direkte Arbeitsbeschaffungsmaßnahmen als „Agitationsanträge" zu bezeichnen²⁷. Daraus kann nur geschlossen werden, daß sich entweder die Haltung dieses Arbeitgeberverbands zeit August 1932 geändert hat — denn damals befürwortete dessen Vorsitzender, Pietrkowski, die öffentliche Arbeitsbeschaffung — oder daß Pietrkowskis Standpunkt für seinen Verband weder im Sommer 1932 noch im Winter 1932/33 repräsentativ war. Denkbar wäre auch eine inzwischen kompromißlose Befürwortung der grundsätzlichen Priorität: der indirekten Arbeitsbeschaffung. Diese rigidere Haltung verwundert allerdings, wenn man sich an die relativ

---

²³ Gespräch Bachem - Luther, 29. 11. 1932, Eintragung Luthers, 29. 11. 1932, BAK, Nachlaß Luther, 370.
²⁴ Gereke, S. 213 f. Czichon, Wer verhalf?, S. 31, schreibt aber, Gereke sei ein „enger Freund" Duisbergs gewesen. Da bei Czichon fast kaum etwas nicht durch ökonomische Interessen bestimmt wird, gilt es, auf Widersprüche zwischen Gereke und dem wissenschaftlichen Berater seiner Erinnerungen hinzuweisen.
²⁵ Wenn diese Aussage stimmt, dann muß die Behauptung von Gossweiler, Die Röhm-Affäre von 1934, besonders S. 154 und S. 158, sowie Czichon, Wer verhalf?, passim, falsch sein, daß Schleicher der „Exponent" des „Reformflügels" „in der deutschen Industrie" (s. RDI-Kapitel, Anm. 203) war. Zum „Reformflügel" zählen beide besonders die Chemie- und Elektroindustrie.
²⁶ Erneut zeigt sich im Zusammenhang mit der Frage der Arbeitsbeschaffung, wie unhaltbar Gossweilers Behauptung (Die Röhm-Affäre von 1934, S. 156) ist, „die" Chemieindustrie sei Vorkämpferin einer Staatseinwirkung auf die Wirtschaft gewesen.
²⁷ Rundschreiben vom 30. 1. 1933, Bayer-Archiv, 62/2.

weitgehende politische Flexibilität dieses Verbands und vor allem dessen Vorsitzenden erinnert[28]. Unabhängig von der Erörterung der taktischen Linie des Arbeitgeberverbands der chemischen Industrie Deutschlands bleibt festzustellen: Die Priorität der indirekten Arbeitsbeschaffung hatte auch für diesen Verband Steuerungsfunktion.

Auch der Kali-Industrielle August Rosterg, dessen Nähe zur NSDAP allgemein bekannt ist[29], sprach sich „sehr scharf" gegen den Gereke-Plan aus[30]. Rosterg hatte in einem Artikel in der „Deutschen Bergwerkszeitung" die Meinung vertreten, man solle das Geld für den Plan des Arbeitsbeschaffungskommissars sparen und dafür der deutschen Wirtschaft Steuerermäßigungen gewähren[31]. In demselben Artikel forderte Rosterg die „Änderung des politischen Systems", die Abschaffung des Tarifsystems und die Senkung der „Gestehungskosten" durch Einkommenskürzungen.

4. Die chemische Industrie in der Anfangsphase der nationalsozialistischen Herrschaft

Der Arbeitgeberverband der chemischen Industrie Deutschlands konnte am 20. Juni 1933 seine Mitglieder voller Zufriedenheit über die Absicht der Reichsregierung in Kenntnis setzen, die Lebenslage der deutschen Arbeitnehmer verbessern zu wollen, dieses Ziel jedoch „auf organischem und nicht auf künstlichem Wege" anzustreben[32]. Da zu jener Zeit die Dinge nicht ohne Gefahr beim Namen genannt werden konnten, dürfte sich diese Mitteilung des Arbeitgeberverbands als Hinweis dafür erklären lassen, daß trotz der verstärkten direkten Arbeitsbeschaffung der öffentlichen Hand mit einem baldigen Übergang zur indirekten Arbeitsbeschaffung gerechnet wurde. Eine Annahme, die durch die kurz darauf vollzogene Kurskorrektur der Regierung ihre Bestätigung fand.

---

[28] Sie zielt in die Richtung der These Stegmanns, der schreibt (S. 436), ab Mitte Januar 1933 habe die „chemische Großindustrie" einen Konfliktkurs gegen Schleicher gesteuert.

[29] So erwähnt sie zum Beispiel auch Louis P. Lochner, Die Mächtigen und der Tyrann. Die deutsche Industrie von Hitler bis Adenauer, Darmstadt, 2. Aufl. 1955, S. 127, in seiner in bezug auf die Unternehmer sehr apologetischen Arbeit.

[30] Orientierungsbericht Bredows an Schleicher, 10. 1. 1933, BA-Militärarchiv, Nachlaß Bredow, 97/3. Offensichtlich ist damit nicht der Plan des deutschen Landgemeindetags vom Sommer 1932 gemeint. Es muß sich wohl um die von Gereke als Reichskommissar für Arbeitsbeschaffung geplanten arbeitsbeschaffenden Maßnahmen handeln.

[31] „Deutsche Bergwerkszeitung", 7. 1. 1933, aus: BAK, R 43 I/2046. Die gleichen Forderungen erhob er in der „Bayerischen Staatszeitung" vom 13. 1. 1933, aus: AVfK, DGT, B 2054/I.

[32] Ministerialdirektor Mansfeld auf der internationalen Arbeitskonferenz in Genf, abgedruckt in: Rundschreiben der Chemie-Arbeitgeber, 20. 6. 1933, Bayer-Archiv, 62/2.

4. Die chemische Industrie zu Beginn der NS-Herrschaft

Im Oktober 1933 berichtete der Arbeitgeberverband über das Referat Albert Pietzschs von den Elektrochemischen Werken München, das dieser im Ausschuß für allgemeine Wirtschafts- und Sozialpolitik des Reichsstandes gehalten hatte[33]. Pietzsch hatte in seinen Ausführungen erklärt, daß die (direkte) öffentliche Arbeitsbeschaffung die Aufgabe hätte, neue Investitionsanreize für die Privatindustrie zu schaffen und somit als Regulator in Zeiten ausbleibender Privatinvestitionen verstanden werden müsse.

Carl Bosch lobte im September 1933 vor dem Aufsichtsrat der IG Farben die Maßnahmen der nationalsozialistischen Regierung auf dem Gebiet der Arbeitsbeschaffung als „hoffnungsvollen Anfang" und verwies auf die vom Konzern selbst unternommenen Anstrengungen auf diesem Gebiet[34]. Durch die Bekämpfung des Kommunismus hatte die Regierung seiner Auffassung nach „einen weiteren Störfaktor aus der Deutschen Wirtschaft herausgenommen", der besonders zur Radikalisierung der jugendlichen Erwerbslosen geführt hatte. „Die Arbeitslosigkeit wurde so zu einer unabsehbaren Gefahr für Staat und Volk[35]." Mit dieser Feststellung hatte er zweifellos recht. In der Annahme, die Arbeitslosigkeit habe die Menschen in die Arme der Kommunisten getrieben, täuschte er sich allerdings sehr[36]. Die wenigen Zeugnisse, die wir kennen, legen den Schluß nahe, daß die direkte Arbeitsbeschaffung zwar nicht mehr auf Ablehnung in Kreisen der chemischen Industrie stieß, aber die Rahmenbedingungen als Teil indirekter Arbeitsbeschaffung für sie größere Bedeutung besaß.

Wenig erfreut war der Arbeitgeberverband der chemischen Industrie Deutschlands trotz anderslautender öffentlicher Bekenntnisse über die von der Regierung geforderte Einstellungspolitik. Zwar veröffentlichte der Verband in einem Rundschreiben an seine Mitglieder am 1. Juni den Appell der Partei, bis zum 15. Juli möglichst alle erwerbslosen Mitglieder der NSDAP mit Mitgliedsnummern zwischen eins und hunderttausend „in die Arbeit einzureihen", aber zugleich wies der Arbeitgeberverband darauf hin, daß es „nach wie vor" die „vornehmste Aufgabe des deut-

---

[33] Rundschreiben der Chemie-Arbeitgeber, 23. 10. 1933, a.a.O., vgl. im 6. Kapitel die Ausführungen Pietzschs im RDI.
[34] Aufsichtsrat der IG Farben, 29. 9. 1933, Bayer-Archiv, 11/3 und 11/5.
[35] „Wo ein Wille ist, ist auch ein Weg", in: „Der Kaufmann in der chemischen Industrie", 30. 11. 1933, BASF-Archiv, Bosch-Mappe XIII/2.
[36] Karl Holdermann, der seit 1929 Direktor und Leiter der Patentabteilung der IG Farben war, gab nach dem Krieg vor dem Nürnberger Militärgerichtshof eine eidesstattliche Erklärung zu Protokoll, in der er erwähnt, daß sich Carl Bosch „vom Dritten Reich ... im Anfang eine tatkräftige Wendung zur Behebung der Arbeitslosigkeit" versprach, bald aber merkte, „wohin der Hase lief" und zum „Feind der Bewegung" wurde, der ein „mehr als gespanntes Verhältnis zu Hitler" hatte. BASF-Archiv, Bosch-Mappe XVII, vgl. auch K. Holdermann, Im Banne der Chemie. Carl Bosch Leben und Werk, Düsseldorf 1953.

schen Unternehmertums" bleiben müsse, „möglichst viele unserer Volksgenossen, wo immer es möglich ist, in den Arbeitsprozeß wiedereinzugliedern"[37]. Deutlicher konnte der Aufruf der Partei nicht in seiner Wirkung abgeschwächt werden. Im Grunde genommen wurden die Mitgliedsfirmen dazu aufgefordert, ihre bisherige Einstellungspolitik fortzusetzen, ohne auf die politischen Bindungen der Erwerbslosen Rücksicht zu nehmen. Wenige Wochen später wurde der Arbeitgeberverband noch unzweideutiger: Die Unternehmer der chemischen Industrie waren zwar grundsätzlich bereit, bei der Sonderaktion zur Einstellung der „alten Kämpfer" mitzuwirken, aber „eine positive Verpflichtung, unabhängig vom Arbeitsbedarf und der fachlichen Eignung, eine bestimmte Anzahl Arbeitslose dieser Kreise bis zu einem bestimmten Zeitpunkt in die Betriebe einzustellen, kann von der Wirtschaft beziehungsweise den sie repräsentierenden Verbänden ... nicht übernommen werden." Entscheidend sollte der Arbeitsbedarf sowie die fachliche und persönliche Eignung sein, und der Unternehmer sollte das Recht haben, Angehörige der Wehrverbände und „alte Kämpfer" abzulehnen, wenn sie fachlich und persönlich nicht geeignet wären, auch wenn sie von den Arbeitsämtern geschickt worden sein sollten. Auch ehemalige Werksangehörige müßten bevorzugt eingestellt werden, weil es sich hierbei um eine „hervorragende moralische Verpflichtung des Arbeitgebers" handle, die der „Verbundenheit zwischen Werk und Arbeitnehmern" Ausdruck verleihe[38].

Der Aufbau der deutschen Mineralölindustrie kann im Rahmen einer allgemeinen Studie zur Arbeitsbeschaffung, die sich mit den Prioritäten der zivilen Arbeitsbeschaffung des Staates und der Haltung von Unternehmern verschiedener Wirtschaftszweige hierzu befaßt, nur unzureichend vom Komplex der Wiederaufrüstung getrennt werden.

Birkenfeld betont die große Bedeutung, die der Förderung der „Kraftverkehrswirtschaft" und damit zusammenhängend der Neuordnung und dem Ausbau der Mineralölwirtschaft für die Arbeitsbeschaffung der Nationalsozialisten zukam[39]. Hierzu muß vermerkt werden, daß die Subven-

---

[37] Bayer-Archiv, 62/2. Ein ähnlicher Aufruf erging in einem erneuten Rundschreiben am 17. 7. 1933 (a.a.O.).

[38] Zu diesem Abschnitt: Anlage zum Rundschreiben der Chemie-Arbeitgeber, 8. 7. 1933, Bayer-Archiv, 212/2. Das Deutsche Handwerksblatt schrieb (27. Jhg., Heft 13, 1. 7. 1933, S. 349 f.), daß diese Einstellungsbedingungen das Ergebnis von Verhandlungen zwischen der obersten Parteileitung, dem Präsidenten der Reichsanstalt und der VDA waren. Daß diese Verhandlungen stattgefunden haben, kann nicht ausgeschlossen werden, aber die VDA dürfte nicht einer der Verhandlungspartner gewesen sein. Sie bestand seit dem 19. Juni 1933 lediglich noch als „Sozialpolitische Abteilung" des Reichsstandes der Deutschen Industrie. Es könnte vielleicht aber zutreffen, daß es eine der letzten Verhandlungen der VDA als „VDA" war.

[39] Wolfgang Birkenfeld, Der synthetische Treibstoff 1933 - 1945, Ein Beitrag zur Wirtschafts- und Rüstungspolitik, Göttingen 1964 (fortan: Birkenfeld), S. 23.

tionen, die der Mineralölindustrie zugutekamen, so gut wie gar nicht aus den Mitteln für die direkte Arbeitsbeschaffung genommen wurden[40] und daß diese Form der Arbeitsbeschaffung für die betroffenen Unternehmungen, vor allem für die IG Farben, allein schon wegen der für sie ungünstigen Gewinnabgabeverpflichtungen an den Staat[41] und der hohen Forschungskosten des Hydrierverfahrens, die nicht gedeckt werden konnten[42], wenig lukrativ war. Wie Birkenfeld schreibt[43], stieß beispielsweise die Denkschrift von Professor Ubbelohde und Freiherr von la Roche-Starkenfels[44] bei den deutschen Produzenten der Mineralölwirtschaft auf Widerstand, weil sie zu sehr vom Gedanken der „unmittelbaren", also direkten, Arbeitsbeschaffung ausging. Ein weiterer Beweis für die Bevorzugung der indirekten Arbeitsbeschaffung durch die chemische Industrie. Es bleibt daher mehr als fraglich, ob die Motorisierung, die von der Regierung parallel betrieben wurde, für die IG Farben tatsächlich von großem Interesse war, wie es teilweise behauptet wird[45].

5. Der Standpunkt der chemischen Industrie in der Frage der Arbeitszeitverkürzung 1930 bis 1934

Gegen die Arbeitslosigkeit gebe es nur eine Lösung, schrieb Carl Bosch an Carl Duisberg am 31. Oktober 1930, nämlich die Herabsetzung der Arbeitszeit. „Ich weiß, daß ich damit einen großen Sturm der Entrüstung bei einem großen Teil unserer Industrie hervorrufen werde, aber ich sehe auch bei reiflicher Überlegung keinen anderen Weg," eröffnete er Duisberg[46]. In der Tat, der „Sturm der Entrüstung" folgte: Carl Bosch unterbreitete seinen Vorschlag auch dem Vorstand der Vereinigung der Deutschen Arbeitgeberverbände durch seinen wissenschaftlichen Sekretär, Ernst Schwarz, erntete aber keine Zustimmung. Duisberg, der bei dieser Vorstandssitzung der VDA auch anwesend war, soll Schwarz bei seinen Ausführungen „mit hochrotem Kopf" unterbrochen

---

[40] Vgl. Vermerk des Reichsfinanzministers vom 23. 5. 1933, BAK, R 2/18715 und Reichsfinanzminister an Ministerialrat Küsel-Glogau, 6. 7. 1933, a.a.O. Auch Protokoll einer Besprechung im Reichswirtschaftsministerium am 1. 8. 1933, BAK, R 2/18716, in der Staatssekretär Feder 20 Mill. RM aus Arbeitsbeschaffungsmitteln für die Mineralölwirtschaft forderte. Als Darlehensnehmer sollte die „Reichsmonopolverwaltung für Branntwein" fungieren (a.a.O.). Auch ÖffA an Reichsfinanzminister, 8. 9. 1934, 9. 5. 1935, 15. 2. 1933, a.a.O. 15 Mill. RM für die Zinkelektrolyse GmbH in Magdeburg.
[41] Hierzu Birkenfeld, S. 28.
[42] Ebd., S. 34.
[43] Ebd., S. 25.
[44] Vom 24. 5. 1933, in: BAK, R 2/18716.
[45] Gossweiler, Der Übergang, S. 88, behauptet es. Auch Czichon, Wer verhalf?, S. 49 f.
[46] Bayer-Archiv, 13/11.

und aufgefordert haben, „mit dem Unsinn auf(zu)hören"[47]. Zwar beruhigte sich Duisberg nach der Sitzung wieder, hörte sich die Argumente von Schwarz in Ruhe an und konnte ihnen sogar positive Aspekte abgewinnen, aber dieser Eklat zeigt doch in aller Deutlichkeit, daß man von einer einheitlichen Haltung eines oder mehrerer Wirtschaftszweige nicht sprechen kann. Wenn schon in der Führung eines einzigen Unternehmens einer Branche so grundverschiedene Konzeptionen in einem einzigen Punkt vertreten wurden, wie viel schwieriger muß dann die Verallgemeinerung zahlreicher Standpunkte mehrerer Unternehmungen zu verschiedenen Punkten sein. Carl Bosch trug seinerseits dazu bei, die internen Meinungsverschiedenheiten, die er mit Duisberg auch über die Geschäftsführung hatte, nicht an die Öffentlichkeit dringen zu lassen, vor allem so lange Duisberg im RDI federführend war. Um Duisberg nicht öffentlich entgegentreten zu müssen, zog sich Carl Bosch, wie er Krupp von Bohlen schrieb, aus der Mitarbeit im RDI weitgehend zurück[48]. Es scheint aber, daß der Kurs Carl Boschs sich innerhalb der IG Farben durchsetzen konnte, denn bei einer Besprechung zwischen Vertretern der IG, der AEG, Krupp, dem Norddeutschen Lloyd und Arbeitsnordwest, die Ende Januar 1931 stattfand[49], schlugen IG, der Norddeutsche Lloyd und die AEG gemeinsam vor, die Vierzigstundenwoche einzuführen — allerdings ohne einen Lohn- und Gehaltsausgleich. Die übrigen Teilnehmer an der Besprechung lehnten diesen Weg zur Bekämpfung der Arbeitslosigkeit in ihren Betrieben ab und schlugen statt dessen vor, die Stundenverdienste aller im jeweiligen Werk beschäftigten Arbeiter zu senken, um Neueinstellungen vornehmen zu können. Sie versprachen sich nur von einer Selbstkostensenkung eine dauerhafte Erleichterung auf dem Arbeitsmarkt[50].

Einig waren sich die Vertreter der verschiedenen Gewerbezweige nur im Ziel, weitere Entlassungen zu vermeiden beziehungsweise Neueinstellungen vorzunehmen, „selbst wenn sie den Werken zur Zeit keine Vorteile, sondern sogar gewisse Schwierigkeiten bringen könnten"[51]. Die Erörterungen dieser Besprechung zeigen zum einen in aller Deutlichkeit

---

[47] Ernst Schwarz, Erinnerungen an Carl Bosch, New York 1948, BASF-Archiv, Bosch-Mappe X. Leider nennt Schwarz keine Jahreszahl, es ist aber anzunehmen, daß es im Laufe des Jahres 1931 gewesen sein muß, weil in diesem Jahr die Diskussion über diese Frage intensiv geführt wurde und weil Schwarz von der Reaktion Carl Duisbergs berichtet. Duisberg gab im September 1931 seine Ämter im RDI und in der VDA auf.

[48] Carl Bosch an Krupp von Bohlen, 11. 6. 1931, Krupp-Archiv, FAH IV E 176.

[49] Aufzeichnung einer Besprechung am 23. 1. 1931 bei Dr. Preuß von der AEG; anwesend waren außer Dr. Preuß noch die Herren Hollederer (Krupp), Schwarz (IG), Karstedt (Norddeutscher Lloyd), Raabe (Arbeitsnordwest), Krupp-Archiv, FAH IV E 152.

[50] Vgl. Hollederer an Krupp von Bohlen, 24. 1. 1931, a.a.O.

[51] s. Anmerkung 49.

5. Der Standpunkt in der Frage der Arbeitszeitverkürzung 297

den Kurs „der" IG Farben und weisen zum anderen auf Meinungsverschiedenheiten zwischen den beteiligten Wirtschaftszweigen in der Frage der Arbeitszeitverkürzung hin. Es ist nicht ganz überflüssig zu erwähnen, daß diese Besprechung die ernste Sorge der Beteiligten aus dem Bereich der Wirtschaft über die Arbeitslosigkeit unterstreicht — und das zu einem Zeitpunkt, in dem sich das Kabinett nicht gerade sehr häufig mit Problemen der Arbeitslosigkeit befaßte[52].

Die IG blieb nicht nur bei unverbindlichen Empfehlungen, sondern führte die eigenen Vorschläge tatsächlich durch. Sie hatten demnach offensichtlich Steuerungsfunktion. Man könnte vielleicht sogar sagen, daß durch die wirtschaftliche „Erkenntnis" das volks- und betriebswirtschaftliche „Interesse" geprägt wurde.

Im Januar 1932 waren 83 Prozent der Belegschaft des Leverkusener Werks der IG Farben von der Kurzarbeit betroffen[53]. Am 1. März 1932 waren es bereits 91,7 und am 1. Dezember gar 95,2 Prozent[54], und im Oktober war die Arbeitszeit in der IG Farben auf $37^1/_2$ Stunden herabgesetzt worden, um weitere Entlassungen zu vermeiden[55]. Carl Bosch erwog im April 1932, alle Betriebe der IG Farben für einen vollen Tag in jeder Woche stillzulegen[56], um die Arbeitslosigkeit im eigenen Bereich einigermaßen in den Griff zu bekommen.

Es zeigt sich, daß die Bemerkung Carl Boschs im Zusammenhang mit den Mehreinstellungsprämien des Papen-Programms tatsächlich zutraf: Die IG Farben hatte bereits in der Vergangenheit aus sozialen Gründen versucht, so wenig Arbeiter wie nur irgend möglich zu entlassen, so daß die neuen Prämien für die IG Farben wenig neue Einnahmequellen verhießen. Diese soziale Einstellung in der Arbeitszeitfrage korrelierte aber keineswegs (und schon gar nicht bei allen Unternehmen) mit einer demokratiefreundlichen Haltung.

In dieser Frage zeigten sich auch NSDAP-freundliche Unternehmer kompromißbereit. So war zum Beispiel der Kali-Industrielle August Ro-

---

[52] Vgl. das 1. Kapitel.

[53] Niederschrift über die Besprechung der Betriebsführer, Werk Leverkusen, 4. 1. 1932, Bayer-Archiv, 13/4.2.

[54] Sitzungen der Sozialkommission, Bayer-Archiv, 211/6. In der gesamten chemischen Industrie arbeiteten Mitte Februar 1933 78,4 Prozent der Beschäftigten kurz (Rundschreiben der Chemie-Arbeitgeber, 19. 4. 1933, Bayer-Archiv, 62/2, über eine Umfrage des Verbands).

[55] Niederschrift über die Besprechung der Betriebsführer, Werk Leverkusen, 11. 10. 1932, Bayer-Archiv, 13/4.2. Bereits im Februar 1931 lobte der „Vorwärts" (25. 2. 1931) die Unternehmensleitung der IG wegen der dort praktizierten Kurzarbeit.

[56] Niederschrift über die Sitzung der Technischen Abteilung (Tea) der IG vom 14. 4. 1932, BASF-Archiv, C 621/2. Die „Tea" war die höchste technische Instanz der IG und trat jeweils am Vortag einer Vorstandssitzung zusammen.

sterg, der der NSDAP nahestand, ein engagierter Befürworter der Kurzarbeit und schlug sogar vor, die Fünftagewoche „zwangsweise" einzuführen[57]. Mit diesem Vorschlag wagte er sich weiter als seine Kollegen von der Chemieindustrie vor. Aber insgesamt ließ diese in der Frage der gesetzlichen Arbeitszeitverkürzung eher mit sich reden als andere Wirtschaftszweige.

---

[57] Vgl. die Artikel Rostergs in der „Bayerischen Staatszeitung" vom 13. 1. 1933 (AVfK, DGT, B 2054) und in der „Deutschen Bergwerkszeitung" vom 7. 1. 1933 (BAK, R 43 I/2046).

Zehntes (vergleichendes) Kapitel

Gruppen der mittleren Industrie zur Frage der Arbeitsbeschaffung: Zwischen Erneuerung und Beharren[1]

Definiert man die „mittlere Industrie" als diejenige Wirtschaftsgruppe, die weder zur Großindustrie noch zum gewerblichen Mittelstand zu rechnen ist, so faßt man außerordentlich heterogene Elemente in einem einzigen Begriff zusammen. Daraus ergeben sich operationale Schwierigkeiten, die nicht leicht zu überbrücken sind, denn es erscheint zweifelhaft, ob man völlig verschiedene Wirtschaftsbereiche aufgrund einer derart unklaren Abgrenzung in einer Gruppe zusammenfassen kann.

Eine quantitative Definition stößt aber ebenfalls auf nicht unerhebliche Schwierigkeiten: Welche verbindlichen Kriterien könnten die Abgrenzung zur Großindustrie oder zum gewerblichen Mittelstand definitiv bestimmen? Auch hier wäre man auf stark subjektive Ermessensgrundlagen angewiesen[2]. Schließlich sind gerade für Unternehmungen aus diesem Be-

---

[1] In diesem Abschnitt kann nur eine sehr skizzenhafte Darstellung der Haltung „der mittleren Industrie" vorgenommen werden, da allein schon der Umfang der bearbeiteten Materialien mit dem der meisten anderen Untersuchungsgruppen nicht verglichen werden kann. Archivbesuche mittelgroßer Firmen und regionaler Wirtschaftsverbände, die sicherlich zahlreiche Materialien über diese Gruppe bergen, konnten aus zeitlichen Gründen nicht erfolgen. Es wäre eine Aufgabe für andere Studien, auf diesem Gebiet intensiver zu arbeiten. Dennoch sollte das bearbeitete Material nicht beiseite geschoben werden, da es dieser vergleichenden Untersuchung eher zu- als abträglich sein kann.

[2] In der Literatur finden sich, soweit ich sehe, keine eindeutigen Definitionen für den Begriff der „mittleren Industrie": Er wird im allgemeinen ohne eine genaue Bestimmung angewendet. Zum Beispiel spricht Kaltefleiter, S. 48, von der Textilindustrie als „mittelständische Industrie" oder S. 46 f. von der „klein- bzw. mittelbetrieblichen Industrie", Ohlsen, S. 43 f. spricht vom „kleinen und mittleren Unternehmertum", Jürgen John, Rüstungsindustrie und NSDAP-Organisation in Thüringen 1933 bis 1939, in: ZfG 22 (1974), S. 412, von „Unternehmungen mittlerer Größe", Stegmann, S. 428 f., der „mittleren Industrie", Turner, AHR, S. 69, vom „middlesized business". In: Die bürgerlichen Parteien in Deutschland. Handbuch der Geschichte der bürgerlichen Parteien und anderer bürgerlicher Interessenorganisationen vom Vormärz bis zum Jahre 1945, hrsg. v. einem Autorenkollektiv unter Leitung von Dieter Fricke, Band II, Berlin (DDR) 1970, S. 201, wird von der „nichtmonopolistischen Bourgeoisie" gesprochen. Mehr Klarheit verschafft dieser — ideologisierte — Begriff freilich auch nicht.

reich Geschäftsberichte oder andere Firmenveröffentlichungen seltener zugänglich als beispielsweise im Bereich der Großindustrie.

Man wird sich deshalb wegen der Verschiedenheit und Vielfalt der Produktionsbereiche dieser Untersuchungsgruppe auf wenige Schwerpunktgruppen konzentrieren müssen. Sinnvollerweise sollte außerdem ein Verband ausgewählt werden, der sich weitgehend aus Mitgliedern dieser Gruppe zusammensetzte. Dadurch bietet sich die Möglichkeit, über Einblicke in die Haltung eines bestimmten Gewerbezweiges der mittleren Industrie hinaus auch einen Eindruck über die Haltung eines mehr oder weniger repräsentativen Querschnitts dieser Untersuchungsgruppe zu erhalten. Der Hansa-Bund für Gewerbe, Handel und Industrie, der, wie es im Handbuch der bürgerlichen Parteien in Deutschland heißt, als Sammelbecken der „nichtmonopolistischen Bourgeoisie" gedacht war[3], scheint den angesprochenen Kriterien nahezukommen, obwohl er außer den Belangen der „mittleren Industrie" auch Interessen des Handels und der Banken vertrat.

Unter den einzelnen Gewerbezweigen verdient in erster Linie die Bauwirtschaft besonderes Interesse, da zahlreiche Maßnahmen der direkten Arbeitsbeschaffung vor allem der Belebung des Baugewerbes galten.

Schließlich müßte auch auf die Gruppe der „Reformer" innerhalb der „Studiengesellschaft für Geld- und Kreditwirtschaft" eingegangen werden[4], da diejenigen Unternehmer, die zu der Studiengesellschaft gehörten, fast ausschließlich aus dem Bereich der mittleren Industrie kamen.

1. Die „Reformer"

Ansatzpunkt

Zur Gruppe der „Reformer", deren Initiator Ende 1931[5] der Lübecker Fabrikant Heinrich Dräger war[6], zählten unter anderen: der Zement-

---

[3] Handbuch der bürgerlichen Parteien in Deutschland, Bd. II, S. 201. Im Endeffekt, heißt es im Handbuch, beherrschten „die Monopole" auch diesen Verband. Beweise werden allerdings durch affirmatische Behauptungen ersetzt. Zur Frühgeschichte des Hansa-Bundes: Siegfried Mielke, Der Hansa-Bund für Gewerbe, Handel und Industrie, 1909 - 1914, der gescheiterte Versuch einer antifeudalen Sammlungspolitik, Göttingen 1976. Enstehung, Struktur und Bedeutung des Hansa-Bundes können hier allein schon aus räumlichen Gründen nicht geschildert werden.

[4] Dabei soll eine Wiederholung zum Beispiel der Darstellungen Grotkopps oder Krolls vermieden werden.

[5] Heinrich Dräger, Arbeitsbeschaffung durch produktive Kreditschöpfung. Neuauflage mit einem Geleitwort von Ernst Wagemann, Düsseldorf 1956 (fortan: Dräger 1956), S. 206.

[6] Kroll, S. 404. Dräger ist auch heute noch Besitzer und Leiter seines Unternehmens, das, wie Czichon, Wer verhalf?, S. 34, richtig bemerkt, Sauerstoffapparate herstellt. Obwohl Dräger nicht Mitglied der NSDAP war, erschien

1. Die „Reformer"

fabrikant Walter Dyckerhoff, der Syndikus der Industrie- und Handelskammer für Ostfriesland, Eiken Lübbers, der Webereibesitzer Friedrich Meyer zu Schwabedissen, der Textilfabrikant Reiners[7], der Schraubenfabrikant Werner Schaurte[8] und Robert Friedlaender-Prechtl[9], die sich mit Wissenschaftlern wie zum Beispiel Wagemann und Sombart, höheren Regierungsbeamten wie Lautenbach, Bankiers wie Otto Christian Fischer, aber auch Vertretern verschiedener Organisationen wie Günter Gereke vom Deutschen Landgemeindetag, dem späteren Reichskommissar für Arbeitsbeschaffung, und sogar Gewerkschaftlern wie Wladimir Woytinski zusammentaten.

Diese Gruppe war wirtschaftlich homogener als politisch[10], wobei sicherlich innerhalb der Gewerbezweige Größenunterschiede zu beachten wären. Allerdings läßt sich mit Sicherheit sagen, daß ihre Betriebe nicht zu den ganz großen der deutschen Wirtschaft gehörten. Wahrscheinlich ist dies ihr entscheidendes gemeinsames Merkmal. Inwieweit das betriebswirtschaftliche „Interesse" diese Gruppe zusammengebracht hat, konnte nicht festgestellt werden. Sicher ist aber, daß alle „Reformer" durch die volkswirtschaftliche „Erkenntnis" verbunden waren, die sie für die einzige praktikable Lösung zur Überwindung von Krise und Arbeitslosigkeit hielten: Sie alle waren von der absoluten Notwendigkeit einer direkten, staatlichen Arbeitsbeschaffung überzeugt. Ihrer Überzeugung nach war diese Form der Arbeitsbeschaffung kein „notwendiges Übel" während einer Zeit des Übergangs, sondern eine notwendige Ergänzung zu einer Wirtschaftsordnung, die sich zu sehr auf die Selbstheilungskräfte verließ. Dies ist wohl der entscheidende Unterschied zwischen dem Ansatzpunkt der „Reformer" und ihrer Kollegen von der Großindustrie. Die „Reformer" hielten vermehrte staatliche Aktivitäten in der Wirtschaft für unumgänglich oder waren wie Friedlaender-Prechtl

---

im Sommer 1932 seine Schrift „Arbeitsbeschaffung durch produktive Kreditschöpfung" im Eher Verlag zusammen mit den Aufsätzen von Daitz und Feder. In seinem Vorwort verwies Dräger sogar dort auf Woytinskis Verdienste. — An dieser Stelle möchte ich mich bei Herrn Dr. Dräger für die freundliche Zusendung zahlreicher Unterlagen bedanken.

[7] Es konnte nicht geklärt werden, ob Ludwig oder Wilhelm Reiners zu den „Reformern" gehörte. Beide waren aber als Textilindustrielle der mittleren Industrie zuzurechnen.

[8] Grotkopp, S. 26.

[9] z. B. s. Anmerkung 5, vgl. auch Hinweise im Beitrag von G. Schulz, in: Bracher/Sauer/Schulz, S. 401.

[10] Man denke etwa an Otto Christian Fischer, der schon früh über enge Kontakte zur NSDAP verfügte und Woytinski, den Gewerkschaftler. Dräger findet es „interessant", daß Dalberg und Woytinski, beide Mitbegründer der Studiengesellschaft, und auch Friedlaender-Prechtl „zu 100 %/o Israeliten" gewesen seien. (Nachträgliche [unveröffentlichte] Arbeit, Arbeitsbeschaffung durch produktive Kreditschöpfung, München 1932.) Mehr als eine quasi-„folkloristische" Marginalie kann dies nicht sein.

der Meinung, daß „Krisenvermeidung nur möglich ist, wenn in die Wirtschaft ein Plan eingebaut ist"[11]. Um Großarbeiten[12] in die Wege leiten zu können, sollte der Staat zur Defizitfinanzierung („deficit spending") oder, wie man es damals noch nannte, zur „produktiven Kreditschöpfung" übergehen und das „alte Dogma" der Golddeckung[13] aufgeben.

In ihrem Bekenntnis zu einer stärkeren Binnenkonjunktur waren die „Reformer" von vorindustriellen „Ideologismen" nicht ganz frei. Dräger faßte als Fernziel die „Reagrarisierung" Deutschlands ins Auge[14], und der Zementfabrikant Walter Dyckerhoff aus Wiesbaden empfahl vermehrte „volksbiologische" Investitionen, um dem deutschen Volk eine „breitere bäuerliche Basis" zu schaffen[15].

Trotz der vorindustriellen Ideologismen standen die „Reformer" in Fragen der Weiterentwicklung der wirtschaftlichen Theorie, im Gegensatz zu den meisten ihrer Kollegen von der Großindustrie, durchaus auf der Höhe ihrer Zeit. So berief sich Heinrich Dräger bei seiner Empfehlung, die staatliche Arbeitsbeschaffung durch Kreditausweitung zu finanzieren, auf den Bericht der MacMillan-Kommission, „die unter dem maßgebenden Einfluß des hervorragenden Geld- und Kreditwissenschaftlers J. M. Keynes stand"[16]. Es verdient festgehalten zu werden, daß sich Dräger nicht, wie viele damals, auf Keynes als Kritiker des Versailler Vertrages, sondern als „Geld- und Kreditwissenschaftler" berief, dessen Arbeit „Treatise on Money" zum Beispiel schon 1930 erschienen war.

Zur „Arbeitsbeschaffungs"politik Brünings

Die Wirtschaftspolitik Brünings hielten die Reformer für „grundsätzlich falsch", weil er durch Sparmaßnahmen die Wirtschaft sanieren wollte[17]. Doch auf ihre Kritik reagierte die Reichskanzlei nicht. Die verschiedenen Denkschriften, die ihr die Studiengesellschaft übermittelt hatte, stießen auf keinerlei Beachtung. Sie wanderten meist ohne Kommentare

---

[11] R. Friedlaender-Prechtl, Dynamik und Bilanz der Arbeitsbeschaffung, in: Die Wirtschaftswende, Sonderheft Februar 1933, S. 252. Zitiert aus dem — mir von Herrn Dräger übergebenen — Vorabdruck. Ähnliche Passagen finden sich auch im Buch Friedlaender-Prechtls, Wirtschaftswende, Leipzig 1931.

[12] Die Projekte selbst unterscheiden sich nicht von anderen Arbeitsbeschaffungsplänen und umfaßten unter anderem: Siedlungs-, Meliorations- und Straßenbauvorhaben, vgl. Dräger, Arbeitsbeschaffung durch produktive Kreditschöpfung, München 1932 (fortan: Dräger), S. 58 ff.

[13] z. B. Anmerkung 11.

[14] Dräger, S. 54.

[15] Dyckerhoff an Krupp von Bohlen, 18. 8. 1932, Krupp-Archiv, FAH IV E 173.

[16] Dräger, S. 44.

[17] Vgl. Heinrich Dräger, Gereke-Plan, in: Wirtschaftswende, Sonderheft, Februar 1933 (fortan: Dräger, Gereke-Plan), S. 1.

oder Randbemerkungen direkt zu den Akten[18]. Ganz mißachtet wurden sie aber in der Regierungsbürokratie nicht. So betonte der ehemalige Staatssekretär im Reichsfinanzministerium, Schäffer, im November 1932 in einem Brief an Friedlaender-Prechtl, daß die nicht erfolgte Durchführung eines großen Arbeitsbeschaffungsprogramms unter Brüning nur darauf zurückzuführen sei, daß das Ausland Deutschlands Zahlungsunfähigkeit bezweifelt hätte[19]. Auch in den höheren Regierungsstellen hat man also von den Reformern mehr als nur einfach Kenntnis genommen, ohne daß es dadurch zu einer tatsächlichen Beeinflussung der Regierungspolitik kam.

Zur Arbeitsbeschaffungspolitik Papens und Schleichers

Den Arbeitsbeschaffungsplan Papens hielten die Reformer für „grundsätzlich richtig", weil in ihm „die von einer Reihe unabhängiger Wirtschaftsdenker seit Jahren vertretenen Gedanken" „zum Durchbruch" gekommen seien. Man wird auch hier im Hinweis auf die „unabhängigen Wirtschaftsdenker" einen versteckten Hinweis auf Keynes herauslesen können, ohne jedoch Gewißheit darüber zu haben.

Kritisiert wurde am Papen-Plan der „Ansatzpunkt", der von dem „Dogma" verfälscht worden sei, daß nur die Privatwirtschaft „richtige und zweckmäßige Arbeit" schaffen könnte. Außerdem hatte ihrer Meinung nach die Regierung Papen nicht erkannt, daß Produktionskapital „im Übermaß" vorhanden war und daher bei der Privatwirtschaft keine Möglichkeit für zusätzliche Investitionen bestand. Der zur Verfügung gestellte Geldbetrag würde entweder zur Rückzahlung von Schulden verwendet oder thesauriert werden, nicht aber die beabsichtigte Wirkung erzielen, nämlich das Geldvolumen zu erweitern[20]. Dräger hielt den Gereke-Plan für eine (gelungene) Synthese aus „volkswirtschaftlicher Planung und privatwirtschaftlicher Durchführung". Daß er und die anderen Reformer den Gereke-Plan guthießen[21], ist nicht verwunderlich, da ja Gereke zu ihrem Kreis gehörte[22].

Zum Arbeitsbeschaffungsprogramm der Nationalsozialisten

Zum Arbeitsbeschaffungsprogramm der Nationalsozialisten konnten die „Reformer" — ihrer volkswirtschaftlichen „Erkenntnis" entsprechend

---

[18] s. BAK, R 43 I/2045 und 2046.
[19] Schäffer an Friedlaender-Prechtl, 22. 11. 1932, IFZ, Nachlaß Schäffer, ED 93/32.
[20] Zu diesem Abschnitt: Dräger, Gereke-Plan, S. 2.
[21] Ebd., S. 3.
[22] Dräger über die Gruppe Gereke-Herpel, unveröffentlichtes Manuskript Drägers, das ich dankenswerterweise von Herrn Dräger zur Vefügung gestellt bekam.

— wenig Negatives sagen. Friedlaender-Prechtl sprach im Mai 1935 dem Reichsfinanzminister — unaufgefordert — seine Glückwünsche zum Arbeitsbeschaffungsprogramm der Regierung aus[23]. Und nach dem Krieg konnten Überlebende dieses Kreises, wie zum Beispiel Dräger und Grotkopp, auf die erwiesene Richtigkeit des Konzepts verweisen[24]. Die Entwicklung hatte ihre Vorstellungen bestätigt. Auch ohne Rüstungsausgaben konnte durch staatliche Defizitfinanzierungs eine deflationistische Volkswirtschaft entscheidnd angekurbelt werden.

Spannungen zwischen „Reformern", mittlerer Industrie und Großindustrie

Die Unternehmer in der Studiengesellschaft erhielten nur wenig Schützenhilfe aus dem Lager der mittleren Industrie, obwohl auch hier Einschränkungen gemacht werden müssen. So schlug beispielsweise ein nicht genanntes „maßgebendes" Mitglied des Präsidiums des Bayerischen Industriellen Verbandes bereits im Sommer 1931 vor, die Golddeckung der Währung aufzugeben und den Notenumlauf zu erhöhen. Die zusätzlichen Mittel sollten für Aufträge der öffentlichen Hand verwendet werden. Hiervon erhoffte sich der Initiator dieses Plans eine Belebung der Wirtschaft und die Beseitigung beziehungsweise Eindämmung der Arbeitslosigkeit[25].

Eine ausdrückliche Bezugnahme auf die Studiengesellschaft läßt sich in diesem Dokument nicht finden, da diese Schrift im Sommer 1931 erschien, die Stuiengesellschaft aber erst gegen Ende desselben Jahres gegründet wurde. Inhaltliche Ähnlichkeiten lassen sich freilich nicht von der Hand weisen.

Im Lager der Großindustrie stießen die Unternehmer der mittleren Industrie, die zum Kreis der „Reformer" gehörten, auf wenig Verständ-

---

[23] BAK, R 2/18829: „Ich glaube mich aus dem Grunde berechtigt, Ihnen diese Glückwünsche auszusprechen, weil ich — wie Ihnen vielleicht zur Kenntnis gekommen ist — in meinen Schriften bereits während der letzten zwei Jahre des alten Regimes einen leidenschaftlichen Kampf für diese Aufnahme der öffentlichen Arbeitsbeschaffung geführt habe." (a.a.O.). Er bezeichnete sich in diesem Brief als „Stimme aus dem Publikum". Kroll, S. 435, spricht von einer „mehr als seltsamen Beziehung" zwischen Friedlaender-Prechtl und den Nationalsozialisten und suggeriert, daß er einen besonderen Schutz der Machthaber genoß. Das müßte auf einen hohen Bekanntheitsgrad Friedlaender-Prechtls bei den Machthabern schließen lassen. Diesen Eindruck vermittelt aber der Ton dieses Briefes nicht.

[24] Dräger, 1956, Grotkopp.

[25] Bayerischer Industriellenverband (BIV) an Carl Duisberg, 15. 6. 1931, Bayer-Archiv, 62/26. Der BIV übermittelte Duisberg bei dieser Gelegenheit die Schrift des nichtgenannten Präsidiumsmitglieds. Sie trug den Titel: „Ein Weg aus der Krise." Vermutungen über den Autor ließen sich anhand des Materials nicht anstellen. Zur Gruppe der „Reformer" hat der Anonymus wohl nicht gehört, denn aus dem süddeutschen Raum gab es, soweit ich sehe, keinen Unternehmer in diesem Kreis.

nis. Den Plan Walter Dyckerhoffs für ein staatliches Arbeitsbeschaffungsprogramm, das durch Kreditausweitung finanziert werden sollte, lehnte Krupp von Bohlen im August 1932 mit der Begründung ab, daß Dyckerhoff genau das tun wolle, was der Reichsverband bisher „vollbewußt" abgelehnt habe[26]. Worauf es Krupp bei der Beseitigung der Arbeitslosigkeit in erster Linie ankam, war der Schutz der Währung, die Freiheit der Wirtschaft und die Wiederherstellung der wirtschaftlichen Rentabilität[27].

Dyckerhoff seinerseits warf dem RDI vor, sich mit Floskeln zu begnügen. Mit dem Appell, mehr Vertrauen in die freie Unternehmerinitiative zu setzen, könnte die Wirtschaftskrise nicht überwunden werden. Wegen des „politischen Zündstoffs" des Arbeitslosenproblems käme es darauf an, unverzüglich zu handeln, um die Arbeitslosigkeit zu beseitigen. „Wenn die deutsche Unternehmerschaft in dieser entscheidenden Frage versagt, so wird sie von den Ereignissen schonungslos weggefegt werden", warnte Dyckerhoff[28].

Zu seiner Isolierung im Reichsverband und in der Vereinigung trug Dyckerhoff selbst auch nicht unerheblich bei, denn er weigerte sich, im gemeinsamen Arbeitsbeschaffungsausschuß von RDI und VDA mitzuarbeiten. „Theoretische Diskussionen parlamentarischer Art", wie sie dort seiner Meinung nach geführt wurden, hielt Dyckerhoff für nutzlos. Er zog es vor, „mit gleichgesinnten deutschen Unternehmern" ein konstruktives Programm auszuarbeiten[29].

Friedlaender-Prechtl ging es auch nicht besser: Der Leiter der volkswirtschaftlichen Abteilung der GHH, Karl Scherer, ging im Auftrag Paul Reuschs ausführlich auf den Aufsatz Prechtls „Dynamik und Bilanz der Arbeitsbeschaffung" ein und verwarf die meisten seiner Ideen[30]. Scherer war der Meinung, daß bislang nicht zu wenig, sondern zu viel investiert worden sei. Die „Rathausprunkbauten" und „Krankenkassenpaläste", die in den letzten Jahren erbaut wurden, stellten „ein geradezu ungeheuerliches Ausmaß von Fehl- und Verschwendungsaufwand" dar. Scherer hielt Prechtl vor, von der falschen Annahme auszugehen, daß Mehreinstellungen zu vermehrtem Bedarf und dadurch auch zu einer Produktionssteigerung führen würden und außer acht zu lassen, daß Löhne und Verdienste nicht gleich in Käufe umgesetzt, sondern zunächst vor allem

---

[26] Krupp von Bohlen an Herle, 23. 8. 1932, Krupp-Archiv, FAH IV E 173, a.a.O., IV E 178.

[27] Krupp von Bohlen an Dyckerhoff, 30. 8. 1932, a.a.O.

[28] Dyckerhoff an Krupp von Bohlen, 18. 8. 1932, a.a.O.

[29] a.a.O.

[30] Scherer an Friedlaender-Prechtl, 20. 2. 1933, HA/GHH, Nachlaß Reusch, 450.127/4a. Am 24. 1. 1933 hatte Friedlaender-Prechtl diesen Aufsatz an Paul Reusch mit der Bitte um Weiterleitung an „interessierte Persönlichkeiten" geschickt (a.a.O.). Prechtl scheint also eher als Dyckerhoff einen „Verständigungskurs" angestrebt zu haben.

zur Schuldentilgung verwendet werden würden. In einer Expansion der öffentlichen Investitionen sah Scherer eine Gefährdung von Währung und Haushalt und focht die „bedenkliche planwirtschaftliche Einstellung, die beim Verfasser zum Ausdruck kommt" an. Scherer sah in den Plänen Friedlaender-Prechtls die „Gefahr einer hundertprozentigen Zwangswirtschaft". Die starke Betonung des Binnenmarktes lehnte er ebenfalls ab und setzte dafür den Schwerpunkt auf die Bedeutung der Ausfuhr. Das volkswirtschaftliche Wissen Friedlaender-Prechtls scheint Scherer unterschätzt zu haben. Er warf ihm vor, das entscheidende Element seines Plans, die Annahme einer „allumfassenden Ankurbelungskraft der öffentlichen Investitionen stützte sich nicht auf nüchtern-wissenschaftliche Erkenntnis, sondern auf eine reine Hypothese"[31].

Die „Reformer" stießen ebenso wie bei den meisten Politikern auch bei den Kollegen der Großindustrie auf taube Ohren. Daß sie aber auch im Kreis der mittleren Industrie Rufer in der Wüste blieben, zeigt die Haltung des Hansa-Bundes für Gewerbe, Handel und Industrie zur Arbeitsbeschaffungsfrage.

2. Der Hansa-Bund für Gewerbe, Handel und Industrie

Der Hansa-Bund in der Ära Brüning

Die grundsätzlichen Positionen des Hansa-Bundes ähneln so sehr denen des Reichsverbands, der Vereinigung oder beispielsweise der Schwerindustrie, daß eine nähere Prüfung unangebracht wäre. Ähnlich wie der RDI hielt auch der Hansa-Bund vor und nach dem Beginn der Großen Krise an denselben wirtschaftspolitischen Prioritäten fest: Ausgabensenkung der öffentlichen Hand, umfassende Steuersenkung, Senkung der Produktionskosten und Ausweitung der privatwirtschaftlichen Betätigungsmöglichkeiten auf Kosten der wirtschaftlichen Tätigkeit des Staates[32]. Im Ton noch schärfer als der RDI und die VDA prangerte der Hansa-Bund den „Kollektivismus" an, den vor allem die Sozialdemokraten der deutschen Wirtschaftsgesetzgebung aufgezwungen hätten und forderte die Möglichkeit für ein „individualistisches Wirtschaften"[33]. „Wirtschaftsfreiheit gegen Wirtschaftsnot!" Das war die Parole des Hansa-Bundes zur Überwindung der Wirtschaftskrise, die oft und zugleich polemisch vorgetragen wurde[34]. Möglicherweise lag der, im Vergleich zum

---

[31] Scherer an Friedlaender-Prechtl, s. Anm. 30.

[32] Ernst Mosisch, Materialien zur Finanzreform, Heft 2 der neuen Folge der Denkschrift des Hansa-Bundes für Gewerbe, Handel und Industrie, Berlin 1929 (HA/GHH Fachbücherei).

[33] z. B. Rundschreiben des Hansa-Bundes an die Mitglieder, 28. 1. 1931, BAK, ZSg 1-289/1, Pos. 10.

[34] z. B. als Reaktion auf das Gutachten der Brauns-Kommission: Mitteilungen des Hansa-Bundes Nr. 5, 1. 5. 1931, S. 7 f., Rundschreiben an die Mitglieder,

2. Der Hansa-Bund für Gewerbe, Handel und Industrie

Reichsverband der Deutschen Industrie, noch schärfere Ton darin begründet, daß die verschiedenen Soziallasten für die mittlere Industrie eine noch größere Bürde als für die Großindustrie waren[35].

Die Ablehnung staatlicher Arbeitsbeschaffungsprogramme durch den Hansa-Bund entsprang keineswegs mangelnder Information und Auseinandersetzung mit der „neuen" Wirtschaftstheorie. So veranstaltete der Hansa-Bund beispielsweise im Juni 1931 eine Tagung, bei der unter anderen auch Professor Cassel aus Stockholm sprach[36], und Ernst Mosisch, Direktor und Mitglied des Präsidiums des Hansa-Bundes, besuchte Ende 1932 einen Vortrag von Keynes in Hamburg, ohne jedoch dessen wirtschaftspolitische Überlegungen gutzuheißen. So verwarf Mosisch den Vorschlag Keynes', Deutschland solle, ebenso wie seinerzeit England, seine Währung abwerten. Keynes habe dabei mehr als „englischer Interessent und Propagandist, denn als Wirtschaftler gesprochen", befand Mosisch[37].

Wirtschaftstheoretische Neuerer im Inland, wie zum Beispiel Ernst Wagemann, wurden auch nicht schonender behandelt. Ernst Mosisch war im Gegensatz zu Wagemann der Meinung, daß in Deutschland keine Kreditdeflation, sondern eine Kreditinflation bestand[38], wobei er sich — unausgesprochen — auf die „Finanzwechselinflation" bezog, die vor allem durch die „Russengeschäfte" verursacht wurde und von der jeder wußte, über die aber fast niemand offen sprach.

Die Pläne der Regierung Brüning für ein Arbeitsbeschaffungsprogramm der öffentlichen Hand lösten eine Reihe von — noch härteren — Angriffen auf die staatliche Wirtschaftspolitik aus[39]. „Hat sich der deutsche Wirtschaftskörper noch nicht genügend an all den Fehlern der öffentlichen Wohnungsbauwirtschaft und an den Arbeitsbeschaffungsprogrammen des Jahres 1926 ausgeblutet?", fragte Ernst Mosisch im März 1932[40]. Neuinvestitionen betrachtete er zu dem gegebenen Zeitpunkt als „Kapitalfehlleitung", da, wie er glaubte, eine „Überfülle brachliegender

---

6. 5. 1931; BAK, ZSg 1-289/1, Pos. 10, z. B. auch Rundschreiben an die Mitglieder, 15. 1. 1932, a.a.O., 28. 5. 1932, a.a.O.

[35] Franz Neumann, Behemoth, The Structure and Practice of National Socialism 1933 - 1944, Nachdruck London 1967, S. 15, hält die Sozialprogramme der Weimarer Republik für einen der Gründe, der indirekt die Zentralisierung (bzw. Monopolisierung) der Wirtschaft begünstigte und kleine und mittlere Unternehmer benachteiligte.

[36] Mitteilungen des Hansa-Bundes, Nr. 7, 1. 7. 1931, S. 2 ff.

[37] Mitteilungen des Hansa-Bundes, Nr. 2, 1. 2. 1932, S. 19.

[38] Ebd.

[39] Mosisch wies auch noch stolz darauf hin, daß kein deutscher Wirtschaftsverband die Wirtschaftspolitik Brünings so scharf angriff. Mitteilungen des Hansa-Bundes, Nr. 3, 1. 3. 1932, S. 33.

[40] a.a.O., S. 37.

modernster Produktionsanlagen" vorhanden war, die man nutzbar machen müsse, bevor man daran denken könne, die Produktionskapazitäten noch zusätzlich zu erweitern. Ähnlich wie der Reichsverband des deutschen Handwerks hielt Mosich die Mobilisierung der gehorteten Gelder anstelle von neuen Investitionen für dringend erforderlich[41]. Die Grundfrage bei der Erörterung von Arbeitsbeschaffungsprogrammen hieß für ihn: „Wie soll das Verhältnis zwischen Staat und Privatwirtschaft gestaltet werden?" Er ging freilich davon aus, daß wirtschaftliche Aktivitäten des Staates die freie Wirtschaft „durchkreuzten"[42].

Das Präsidium des Hansa-Bundes warnte noch Anfang Mai 1932 vor einer „Zermürbung der Kapitalbasis" durch unmittelbare oder mittelbare „staatswirtschaftliche Experimente", wie die öffentliche Arbeitsbeschaffung, weil die Stabilität der Währung das „letzte Aktivum" sei, das „für eine zielbewußte Wiederaufbauarbeit noch vorhanden ist"[43]. Zu dem Katalog der Maßnahmen, die das Präsidium zur Gesundung der Wirtschaft nannte, zählte: die völlige Aufhebung der Hauszinssteuer und „aller Reste der Wohnungszwangswirtschaft" zur Erleichterung der Arbeitsbeschaffung im Althausbesitz, die Reform des Tarif- und Schlichtungswesens unter Beseitigung der Verbindlichkeitserklärung, die Reform der Sozialversicherung, die Verminderung der Ausgaben der öffentlichen Hand und steuerliche Erleichterungen[44]. Schließlich empfahl der Hansa-Bund „vorsichtige Zurückhaltung gegenüber umfassenden staatswirtschaftlichen Vorhaben" wie Siedlungs- und Meliorationsprojekte[45]. Das eigentliche Ziel dieser Forderungen war: die Senkung der Produktionskosten[46]. Am 10. Mai wurde dieser Forderungskatalog der Reichskanzlei übermittelt, wurde dort jedoch nicht weiter zur Kenntnis genommen[47].

Der Hansa-Bund in der Regierungszeit Papens

So wenig Ernst Mosich die Regierung Papen als Vorkämpferin der wirtschaftspolitischen Parolen und Forderungen des Hansa-Bundes betrachtete, so sehr fühlte er sich „weltanschaulich und wirtschaftspoli-

---

[41] a.a.O.
[42] Ernst Mosich, Materialien zu wirtschaftspolitischen Gegenwartsfragen, Berlin 1932, S. 68 f.
[43] Der Hansa-Bund zur Arbeitsbeschaffung und Wirtschaftsgesundung, in: Mitteilungen des Hansa-Bundes, Nr. 5, 1. 5. 1932, S. 66.
[44] a.a.O., S. 67.
[45] s. Anm. 47.
[46] Auch die gesetzliche Verkürzung der Arbeitszeit zählte der Hansa-Bund zu den kostensteigernden Faktoren: E. Mosich, Materialien zu wirtschaftspolitischen Gegenwartsfragen, Berlin 1932, S. 83 f. Auch Hans Reich, Bemerkungen zum Gutachten der Brauns-Kommission, in: Mitteilungen des Hansa-Bundes, Nr. 5, 1. 5. 1932, S. 6.
[47] Hansa-Bund an das Büro der Reichskanzlei, 10. 5. 1932, BAK, R 43 I/2045.

tisch" der neuen Regierung „alles in allem" näher als der vorangegangenen[48]. Dies hielt die Führung des Hansa-Bundes nicht davon ab, noch am 9. August Papen fast wörtlich denjenigen Forderungskatalog vorzulegen, der Brüning am 10. Mai übermittelt worden war[49]. Die Notverordnung vom 14. Juni war demnach so gut wie gar nicht vom Hansa-Bund zur Kenntnis genommen worden. Wie der Präsident des Hansa-Bundes, Hermann Fischer, im Oktober 1932 einräumte, lastete auf dem „deutschen Unternehmertum" bis Ende August 1932 „ein ungeheurer Druck schwerster Besorgnis über den Inhalt der zu erwartenden wirtschaftspolitischen Entscheidungen des Kabinetts"[50].

Obwohl Fischer auch davon sprach, daß der Hansa-Bund durch den Regierungswechsel von Brüning zu Papen nun nicht mehr nur mahnen mußte, sondern auch mitbestimmen konnte[51], dürfte der Kommunikationsfluß zwischen seiner Organisation und der Regierung Papen nicht sehr intensiv gewesen sein. Wie sonst sollte man sich den „ungeheuren Druck" und die „Besorgnis" vor der Bekanntgabe der arbeitsbeschaffenden Maßnahmen erklären? Daß Fischer von „dem deutschen Unternehmertum" sprach, kann schwerlich darüber hinwegtäuschen, daß er wohl in erster Linie seinen eigenen Verband meinte, obwohl auch hier in Rechnung gezogen werden muß, daß keiner unserer Untersuchungsgruppen der Inhalt der Regierungspläne genau bekannt war.

Die Rede von Münster brachte dann die erhoffte Erleichterung[52]. Bei aller Begeisterung klang aber auch Kritik durch: Fischer bemängelte, daß die sozialpolitischen Bestimmungen „über den Schlichter hinaus gewerkschaftlichen Funktionären ein weitgehendes Recht zur Einsicht in die Betriebslage" gaben und daher nicht die alten Reglementierungen beseitigt, sondern neue hinzugefügt hätten. Der Abbau der Verbindlichkeitserklärung und die Ermöglichung einer „individuellen Lohngestaltung" wären, so sah er es, weitaus sinnvoller gewesen[53].

---

[48] Mosich an die Mitglieder des Präsidiums des Hansa-Bundes, 9. 8. 1932, BAK, R 43 I/1189.

[49] Hansa-Bund an den Staatssekretär in der Reichskanzlei, Planck, 9. 8. 1932, a.a.O., Forderungskatalog vom 10. 5. 1932, Anm. 47.

[50] Hermann Fischer, Die Stellung des Hansa-Bundes in der deutschen Wirtschaftspolitik, Vortrag 29. 10. 1932 (fortan: Fischer, 29. 10.), S. 3 f.

[51] a.a.O.

[52] Vgl. Fischer, der davon sprach, daß die „größten Gefahren für Staat und Volk vorbei" seien (a.a.O., S. 6), auch die Mitteilungen des Hansa-Bundes (Nr. 9, 1. 9. 1932, S. 114) gaben die überschwengliche Parole aus: „Unternehmer an die Front!" Noch am 28. August selbst sprachen Fischer und Mosich Papen telegrafisch ihre Anerkennung aus (Mitteilungen des Hansa-Bundes, Nr. 9, 1. 9. 1932, S. 113).

[53] Fischer, 29. 10., S. 12. Als Fischer vor dem wirtschaftspolitischen Gesamtausschuß des Hansa-Bundes diese Argumente erneut vortrug, erhielt er, wie das Protokoll vermerkt, starken Beifall. Die Forderungen des Hansa-Bundes

Das Steuergutscheinsystem ging Fischer noch nicht weit genug: Den Steuerdruck hätte die Regierung, über die Gutscheine hinaus, in einer umfassenden Finanzreform senken sollen. Außerdem hätte man die Hauszinssteuer in das Gutscheinsystem einbeziehen sollen[54]. Ebenso wie Mosisch[55] bedauerte er die Koppelung der Steuerscheine mit der Auflage, neue Arbeitskräfte einzustellen[56]. Trotz aller Kritik des Hansa-Bundes als einer Organisation der mittleren Industrie vor dem Beginn der Aktion stellte sich in ihrem Verlauf heraus, daß die Gutscheine von der kleineren und mittleren Industrie angefordert wurden, während aus den Reihen der Schwerindustrie kaum eine Reaktion zu verzeichnen war[57].

Die Kontingentierungspolitik der Regierung stieß beim Hansa-Bund noch Anfang Oktober auf Verständnis. Die Nachteile, die der gewerblichen Wirtschaft entstehen könnten, sollte man nicht überschätzen, hieß es in den „Mitteilungen"[58], aber bereits Ende Oktober war von dieser milden Reaktion nichts mehr zu spüren: Der Präsident des Bundes, Fischer, machte vor allem den Reichsminister für Ernährung und Landwirtschaft, von Braun, für diese Politik verantwortlich und bezeichnete sie als schädlich[59]. Zollerhöhungen würden der Landwirtschaft nicht helfen, sondern einzig und allein den Export gefährden und zu „staatswirtschaftlicher Reglementierung" führen[60]. Die Mitglieder des wirtschaftspolitischen Gesamtausschusses scheinen diese Auffassung geteilt zu haben[61]. Eine erwartete Reaktion, denn auch in der Vergangenheit hatte der Hansa-Bund stets für eine systematische Förderung der Ausfuhrwirtschaft plädiert und, wie beispielsweise Georg Gothein, zur Überwindung

---

an die Reichsregierung, in: Mitteilungen des Hansa-Bundes, Nr. 11, 1. 11. 1932, S. 146, s. auch Ernst Mosisch, Deutschlands Wirtschaftsgesundung in Gefahr. Ein neuer Mahnruf des Hansa-Bundes, Berlin (um) 1933 (fortan: Mosisch, Wirtschaftsgesundung), S. 13.

[54] Fischer, 29. 10., S. 16 f.

[55] Mosisch, Wirtschaftsgesundung, S. 13.

[56] Fischer, 29. 10., S. 17.

[57] Sitzung des Ausschusses der Reichsregierung für Arbeitsbeschaffung, 9. 2. 1933, BAK, R 43 II/536.

[58] Mitteilungen des Hansa-Bundes, Nr. 10, 1. 10. 1932, S. 131; vgl. auch a.a.O., Nr. 9, 1. 9. 1932, S. 114.

[59] Das Protokoll vermerkt hier „sehr richtig"-Zurufe aus dem Kreis des wirtschaftspolitischen Gesamtausschusses des Hansa-Bundes. Forderungen des Hansa-Bundes an die Reichsregierung, in: Mitteilungen des Hansa-Bundes, Nr. 11, 1. 11. 1932, S. 146. Die Mitteilungen gaben den Wortlaut der Rede Hermann Fischers vom 29. 10. 1932 wieder. Schon am 10. 5. 1932 (s. Anm. 47) und am 9. 8. 1932 hatte sich das Präsidium gegen autarkische Zielsetzungen ausgesprochen.

[60] Fischer, 29. 10., S. 7 ff.

[61] Vgl. Stenographische Niederschrift der Aussprache des wirtschaftspolitischen Gesamtausschusses des Hansa-Bundes vom 29. 10. 1932 (BAK, Nachlaß Gothein 48).

2. Der Hansa-Bund für Gewerbe, Handel und Industrie

der Wirtschaftskrise von der Anwendung „grotesker Quacksalbermittel" und „handelspolitischem Irrsinn" gewarnt[62].

Aus der Ablehnung der Kontingentierungspolitik der Regierung Papen durch den Hansa-Bund sollte man keine falschen Schlüsse auf die Reaktion „der mittleren Industrie" insgesamt ziehen: So brachte beispielsweise Philipp Helfferich, Vorstandsmitglied im Verband Pfälzischer Industrieller[63], für die „Gegenwehr der Industrie gegen die Kontingentierungspolitik" zwar Verständnis auf, wollte aber die „unverantwortliche Hetze" gegen die Landwirtschaft nicht billigen[64].

Im Verband Pfälzischer Industrieller, der sich mehrheitlich aus Vertretern der kleineren und mittleren Industrie zusammensetzte, stieß die Kontingentierungspolitik ganz allgemein auf weitgehendes Verständnis, was zu gewissen Spannungen mit dem Reichsverband der Deutschen Industrie führte[65].

Die kategorische Ablehnung der Kontingentierungspolitik durch den Hansa-Bund war also keineswegs repräsentativ für die heterogene mittlere Industrie insgesamt.

Der Hansa-Bund in der Regierungszeit Schleichers

In seinem Orientierungsbericht vom 19. Dezember 1932 an Schleicher erregte sich Oberst von Bredow über den „unverschämten" Pressedienst des Hansa-Bundes, der „Herrn General" Grundsatzlosigkeit in Wirtschaftsfragen vorwarf[66]. Unmittelbar nach Schleichers Rundfunkrede vom 15. Dezember, in der er der Bevölkerung umfangreiche arbeitsbe-

---

[62] Außenhandelspolitik, nicht Autarkiewirtschaft, Denkschrift des Außenhandelsverbands (Gothein war dort der Vorsitznde) 28. 5. 1932, BAK, Nachlaß Gothein 48. Gothein war auch Mitglied des wirtschaftspolitischen Gesamtausschusses des Bundes.

[63] Philipp Helfferich stand Hugenberg nahe und befürwortete deshalb auch dessen Verbleiben an der Spitze der DNVP, Blank an Reusch, 19. 10. 1932, HA/GHH, Nachlaß Reusch, 400.101.2024/10; auch Stegmann, S. 473.

[64] Industrie und Landwirtschaft, Artikel Philipp Helfferichs im „Pfälzischen Kurier" vom 26. 10. 1932, in: HA/GHH, Nachlaß Reusch, 400.101.24/3 a.

[65] Der Vorsitzende des Verbands Pfälzischer Industrieller an Krupp von Bohlen, 2. 5. 1933, Krupp-Archiv, FAH IV E 885. Obwohl aber der Verband dem RDI, und zwar besonders Kastl, vorwarf, in der Kontingentierungsfrage „nicht genügend entgegenkommend" gewesen zu sein, erklärte der Verbandsvorsitzende Hermann Oehlert, daß Kastl das „besondere Vertrauen" der kleinen und mittleren Industrie genossen habe (a.a.O.). Diese Vertrauensbekundung ist deswegen beachtlich, weil sie nach Kastls Zwangs„beurlaubung" und als Würdigung seiner Arbeit ausgesprochen wurde. Angesichts einer solchen Aussage scheint Ohlsen, S. 33, die Differenzen zwischen Mitgliederverbänden, in denen das kleinere und mittlere Unternehmertum dominierte, und dem RDI überzubewerten; ganz abgesehen davon, daß er nur einen Beleg für seine verallgemeinernde Behauptung anführt.

[66] BA-Militärarchiv, Nachlaß Bredow, 97/2.

schaffende Maßnahmen versprochen und sich selbst weder als Anhänger des Kapitalismus noch des Sozialismus bezeichnet hatte[67], standen die Zeichen beim Hansa-Bund gegen Schleicher auf Sturm. Das grundsätzliche Mißtrauen zwischen Schleicher, seinem Reichskommissar für Arbeitsbeschaffung, Gereke, und dem Hansa-Bund war aber schon älteren Datums[68]. Was der Pressedienst des Hansa-Bundes vom 19. Dezember 1932 tatsächlich kritisierte, war das Abweichen Schleichers von der „individualistischen Grundlinie" des Papen-Programms, der dem Einfluß „gewerkschaftlicher, planwirtschaftlicher und sozialistischer Kreise" zugeschrieben wurde[69].

Mosisch sah die deutsche Wirtschaft wieder von all jenen Kräften beherrscht, „die in den letzten zehn Jahren für die sozialen und wirtschaftlichen Nöte und die Überspannungen unserer parteipolitischen Gegensätzlichkeiten" verantwortlich waren[70], und lehnte ein Arbeitsbeschaffungsprogramm, das durch Vorgriffe auf künftige Steuerleistungen vorfinanziert werden sollte, nachdrücklich ab. Er erkannte zwar an, daß die Aufträge an private Betriebe vergeben werden sollten, warf der Regierung aber Bürokratisierungsabsichten vor[71]. Vor allem sah man beim Hansa-Bund die „psychologische Kraft", die Papens in Münster verkündetes Programm ausgelöst hatte, inzwischen wieder „fast ganz zerbrochen" und „von allen Seiten" neue „Einengungen und Lähmungen" auf die Wirtschaft zukommen. Die Kollegen von der Wirtschaft wurden von der Kritik des Hansa-Bundes auch nicht verschont: Dem „deutschen Unternehmertum" wurde vorgeworfen, zu optimistisch zu sein und sich in Illusionen über die Wirtschafts- und Finanzpolitik Schleichers zu verlieren[72]. Die scharfe Ablehnung der Schleicherschen Arbeitsbeschaffungspolitik übertraf die Kritik anderer Unternehmergruppen an der Wirtschaftspolitik des Kanzlers bei weitem. Auch hier wollte der Hansa-Bund für sich anscheinend den Anspruch erheben, die schärfste Kritik an der Regierungspolitik vorgetragen zu haben.

---

[67] Schulthess, Europäischer Geschichtskalender, S. 223 ff.
[68] So berichtete Bredow am 3. 9. 1932 über die „unerfreuliche Verbreitung der Ansichten Mosischs" und die „gefährliche Tätigkeit des Hansa-Bundes", Orientierungsbericht Bredows an Schleicher, 3. 9. 1932, BA-Militärarchiv, Nachlaß Bredow, 97/1. Stegmanns Behauptung, der Hansa-Bund habe (erst) ab Mitte Januar 1933 einen Kollisionskurs gegen Schleicher gesteuert (Stegmann, S. 436), ist also falsch. Der Hansa-Bund steuerte diesen Kurs schon lange vorher. In seinem Vortrag am 29. 10. 1932 hatte Hermann Fischer heftige Kritik am Gereke-Programm geübt und zur Sparsamkeit der öffentlichen Hände aufgerufen, Fischer, 29. 10., S. 16 f., auch: Mitteilungen des Hansa-Bundes, Nr. 11, 1. 11. 1932, S. 147.
[69] „Arbeit schaffen!", Pressedienst des Hansa-Bundes, 19. 12. 1932, BAK, R 2/18820.
[70] Mosisch, Wirtschaftsgesundung, S. 7 f.
[71] a.a.O., S. 14 ff.
[72] a.a.O.

2. Der Hansa-Bund für Gewerbe, Handel und Industrie

Der Hansa-Bund in der Anfangsphase der nationalsozialistischen Herrschaft

Die scharfe Kritik des Hansa-Bundes an der Wirtschaftspolitik Brünings und später Schleichers bedeutet in keiner Weise, daß dieser Verband die „Machtergreifung" der Nationalsozialisten freudig begrüßte. Ganz im Gegenteil. Der Hansa-Bund hatte die NSDAP, bevor sie an die Macht kam, stets voller Argwohn beurteilt. Noch vor den Juliwahlen 1932 richtete das Präsidium des Bundes einen Aufruf „An das erwerbstätige Bürgertum!", in dem eindringlich davor gewarnt wurde, „einer der sozialistischen Parteien, zu denen neben den Sozialdemokraten und den Kommunisten nach ihrem Programm und nach den Erklärungen ihrer Führer auch die Nationalsozialisten gehören, unmittelbare oder mittelbare Hilfe zuteil werden (zu) lassen"[73]. Im August 1932 hatte der Direktor des Bundes, Ernst Mosisch, die Mitglieder des Präsidiums erneut vor der NSDAP gewarnt, da diese eine „Alleinherrschaft" anstrebe[74]. Ernst Mosisch war dann auch einer der ersten aus der Führungsgruppe des Bundes, der nach dem Machtantritt der Nationalsozialisten seinen Abschied nehmen mußte[75].

Selbst vor den Märzwahlen 1933 zeigte sich der Hansa-Bund äußerst zurückhaltend und beteiligte sich nicht am allgemeinen Wahlrummel zugunsten der neuen Machthaber[76]. Statt dessen wandte er sich an die Vertreter der Regierung und verlangte von ihnen ein Bekenntnis zu den Richtlinien des Papenschen Programms von Münster[77]. Voller Beunruhi-

---

[73] Pressedienst des Hansa-Bundes, 1. 7. 1932, BAK, R 43 I/1189.

[74] Ernst Mosisch an die Mitglieder des Präsidiums des Hansa-Bundes, Streng vertraulich! Persönlich! Bericht zur Lage, 9. 8. 1932, BAK, R 43 I/1189.

[75] Am 31. 3. 1933 schied er aus seiner Stellung als wirtschaftspolitischer Direktor des Hansa-Bundes aus, Mitteilungen des Hansa-Bundes, Nr. 3, 1. 3. 1933, S. 33 f. Ein weiterer Beweis dafür, daß nicht alle, die Schleicher nicht wollten, an die Alternative Hitler dachten.

[76] Vgl. Mitteilungen des Hansa-Bundes, Nr. 3, 1. 3. 1933. Ob also, wie Stegmann (S. 428) dem Inhalt nach behauptet, „die mittlere Industrie" sich von dem antikapitalistischen, planwirtschaftlichen Gedankengut der NSDAP angezogen gefühlt habe, um sich gegen die großen Kartelle behaupten zu können, erscheint — in dieser allgemeinen Form — sehr fragwürdig.
Petzina, Autarkiepolitik, S. 21, schreibt dagegen, daß sich die Konsumgüterindustrie (die wohl zur mittleren Industrie gerechnet werden muß) der NSDAP gegenüber zunächst zurückhaltend verhielt. Zu beachten wäre auch die Tatsache, daß beispielsweise Clemens Lammers (Papierindustrie) und Georg Müller-Oerlinghausen (Textilindustrie) zu den prononciertesten Gegnern der NSDAP im Präsidium des RDI gehörten (vgl. Lochner, S. 181 f.). Turners Aussage (AHR), S. 69, ist vorsichtiger. Er schreibt, es gebe Hinweise dafür, daß „small and middlesized business" die NSDAP unterstützten. Auch der ehemalige Vorsitzende des Rußland-Ausschusses der deutschen Wirtschaft, der Papierindustrielle Hans Kraemer, war Ende September 1933 mit der Entwicklung alles andere als zufrieden (vgl. Hans Kraemer an Carl Duisberg, 28. 9. 1933, Bayer-Archiv, Duisberg-Autographensammlung).

[77] Mitteilungen des Hansa-Bundes, Nr. 3, 1. 3. 1933, S. 39.

gung verwies der Bund auf handelspolitische Störungen, die durch starke „staatswirtschaftliche Tendenzen" und innenpolitische Beunruhigungen bedingt waren[78].

Die letztgenannte Sorge sollte dem Hansa-Bund bald abgenommen werden, aber auf eine andere Art und Weise, als er es sich erhofft hatte. Die „handelspolitischen Störungen" gaben dem Bund allerdings auch weiterhin Anlaß zur Sorge. Im August 1933 führte der Hansa-Bund über das „Valuta dumping" des Auslands Klage und forderte, um weitere Exportrückgänge abzufangen, eine Abwertung der deutschen Mark[79]. Im September legte der Bund selbst ein Programm zur Förderung des Exports vor, das einen Ausgleich zum „Valuta dumping" der anderen Staaten schaffen sollte: Eine neu zu gründende Außenhandelsbank sollte einen Währungsausgleich vornehmen, um entweder Valuten zur alten Parität erwerben oder verkaufen zu können[80].

Dem Reichsfinanzminister behagte diese „Manipulierung des Außenwertes der Reichsmark" nicht, und er befürchtete, daß die Förderung des Exports über den benachteiligten Importeur auf den inländischen Konsumenten abgewälzt werden würde. Dem Minister lagen Berechnungen des Statistischen Reichsamtes vor, nach denen die Preissteigerung im Inland bei einer Verteuerung der Importe um etwa dreißig Prozent zwölf bis fünfzehn Prozent betragen müßte und lehnte daher den Plan des Hansa-Bundes ab[81]. Der Reichswirtschaftsminister und der Reichsstand der Deutschen Industrie hielten den Plan des Hansa-Bundes gleichermaßen für „absurd", und Wirtschaftsminister Schmitt lehnte jede Erörterung des Plans ab[82].

Die Unzufriedenheit des Bundes mit der Entwicklung des deutschen Exports dürfte in den folgenden Monaten eher zu- als abgenommen haben. Ende Juni 1934 sollen sich in der deutschen Wirtschaft, den Berichten von Max Prytz zufolge, zwei Fronten gebildet haben: die „heimische verbrauchsversorgende" Industrie, die „sehr zufrieden" und die ausfuhrorientierte Industrie, die außerordentlich unzufrieden war[83]. Ob die intensive Förderung der Instandsetzungsarbeiten an Gebäuden dem betriebswirtschaftlichen „Interesse" der Mitgliedschaft des Hansa-Bundes entsprach, dürfte zumindest zweifelhaft sein, denn noch im Oktober 1932 erhielt Ernst Mosisch „lebhafte Zustimmung" im wirtschaftspolitischen Gesamtausschuß, als er im Gegensatz zu einem seiner Vorredner vor

---

[78] a.a.O.
[79] Mitteilungen des Hansa-Bundes, Nr. 8, 1. 8. 1933, S. 114 f.
[80] Pläne zur Exportförderung, BAK, R 2/14208; auch: Mitteilungen des Hansa-Bundes, Nr. 9, 1. 9. 1933, S. 126 ff.
[81] a.a.O.
[82] RDI-Wochenbericht 12/33, 9. 9. 1933, Krupp-Archiv, FAH IV E 181.
[83] Tagebuch Schäffer, 29. 6. 1934, IFZ, ED 93/25.

einer Ausweitung der Arbeitsbeschaffung warnte. Sein Vorredner, der Geschäftsführer des Gewerbebundes Brandenburg, Zimmermann, hatte Hausreparaturen als „das idealste Arbeitsbeschaffungsprogramm, das es gibt" bezeichnet[84]. Lange und intensiv konnte der Hansa-Bund seine wirtschaftspolitischen Positionen nicht mehr vertreten: Am 31. Dezember 1934 wurde er aufgelöst[85].

3. Skizzen und Stichworte zur Haltung der Bauwirtschaft in der Frage der Arbeitsbeschaffung[86]

In den Akten des Reichsfinanzministeriums, in denen die Eingaben zur (direkten) Arbeitsbeschaffung zwischen August 1930 und Dezember 1933 gesammelt wurden, fällt die hohe Zahl der Eingaben aus dem Bauhaupt- und -nebengewerbe auf[87].

Der Gereke-Plan, der von vielen unserer Untersuchungsgruppen abgelehnt wurde, fand die Zustimmung des Reichsverbands Industrieller Bauunternehmungen. Der Verband begrüßte ausdrücklich die Betätigung der öffentlichen Hand in der Wirtschaft und erhob auch keinerlei Einwände gegen die „kreditorganisatorischen Maßnahmen", die im Gereke-Plan vorgesehen waren[88]. Eine vergleichsweise hohe Zahl von Unternehmern der Fachgruppe Bauindustrie hat in den ersten Monaten des Jahres 1933 Gereke mehrfach zu Besprechungen über die Durchführung der Arbeitsbeschaffung aufgesucht[89], woraus ein reges Interesse dieses

---

[84] Stenographische Niederschrift der Aussprache des wirtschaftspolitischen Gesamtausschusses des Hansa-Bundes, 29. 10. 1932, BAK, Nachlaß Gothein 48.

[85] Rundschreiben an die Mitglieder des Hansa-Bundes, 7. 12. 1934, BAK, ZSg 1-289/1, Pos. 10.

[86] Das auffindbare Material über die Bauindustrie ist bedauerlicherweise derart begrenzt, daß eine Ausweitung der Untersuchung über diesen Wirtschaftszweig nicht möglich war. Daher muß es vorläufig bei diesen „Skizzen und Stichworten" bleiben. Man könnte diesen Abschnitt möglicherweise auch in das Handwerkskapitel einbauen, mir scheint aber hier die Zuordnung zur mittleren Industrie zutreffender zu sein, da mehr von Bauunternehmern als von Bauhandwerkern die Rede ist. Außerdem wirkten sich gerade die Arbeitsbeschaffungsmaßnahmen im Tiefbau auf das Baugewerbe besonders positiv aus. Und hiervon hatten größere Bauunternehmungen den kleineren Betrieben des Handwerks gegenüber einen eindeutigen Vorteil. Schließlich gab es auch im Baugewerbe Unternehmen, die, wie zum Beispiel die Dyckerhoffschen Zementwerke, als Großunternehmen bezeichnet werden könnten. Dennoch bleibt die Zuordnung der Bauwirtschaft zur mittleren Industrie letztlich eine rein subjektive Entscheidung, und es lassen sich mit Sicherheit auch gute Argumente für eine Zuordnung zum Handwerk finden.

[87] BAK, R 2/18815 - 18829.

[88] Der Reichsverband Industrieller Bauunternehmungen an den Reichskanzler, 26. 10. 1932, AVfK, DGT, B 2054/II. Die Billigung erfolgte auf der Jahreshauptversammlung des Verbandes.

[89] Gereke an Krupp von Bohlen, 1. 3. 1933, Krupp-Archiv, FAH IV E 203.

Wirtschaftszweiges an direkten Arbeitsbeschaffungsmaßnahmen des Staates geschlossen werden kann[89a].

Wichtige Organisationen der Bauindustrie, wie zum Beispiel die Fachgruppe Steine und Erden sowie die Fachgruppe Bauindustrie, sahen auch den theoretischen Zusammenhang zwischen der Wirtschaftskrise und der Drosselung öffentlicher Aufträge. Eine im April 1933 der Reichsregierung übermittelte Denkschrift dieser Fachgruppen[90] und diverse Eingaben, die während der vorangegangenen Jahre an das Reichsfinanzministerium geschickt wurden, geben zu dieser Annahme Anlaß[91]. Die Vermehrung und nicht die Drosselung produktiver Sachausgaben der öffentlichen Hand sei in Krisenzeiten „oberstes und allgemein anerkanntes Gesetz der Konjunkturpolitik"[92]. Hiermit bekannte man sich eindeutig zu einer antizyklischen Konjunkturpolitik. Die Arbeitsbeschaffungsprogramme, die im April 1933 bereits durchgeführt wurden, hielten beide Fachgruppen für „befristete Übergangsmaßnahmen", die mit einer „Generalsanierung der öffentlichen Finanzwirtschaft" verbunden werden müßten.

Damit meinten beide Fachgruppen aus dem Bereich der Bauwirtschaft nur scheinbar dasselbe wie die anderen Untersuchungsgruppen, die gleichlautende Forderungen erhoben. Diese verlangten eine generelle Beschränkung der Auftragsvergebung durch staatliche Behörden, jene verlangten die Verringerung der unproduktiven Verwaltungsaufgaben („Wohlfahrtskosten" eingeschlossen) zugunsten der Sachausgaben, vor allem zugunsten von Aufträgen der Behörden an die Bauwirtschaft. Diese Sachausgaben würden die wirtschaftliche Tätigkeit in erheblichem Maße beleben, glaubten beide Fachgruppen. Als konkrete Projekte schlugen sie vor allem Aufträge im Straßen- und Wasserstraßenbau, im Hochbau sowie an die Reichsbahn und Reichspost vor. Nur gegen eine Form der wirtschaftlichen Betätigung der öffentlichen Hand hatten die Vertretungen der Bauwirtschaft etwas einzuwenden: die öffentlichen Regiebetriebe. Daher plädierten sie für deren „systematischen Abbau". Bereits im Mai 1933 versuchte die Reichsbank die Bremse anzuziehen, weil ihr die Kurssteigerungen von Bauaktien zu groß schienen. Sie empfahl die genauere Beachtung der Durchführungsbestimmungen des Sofortprogramms, in denen es hieß, daß der Unternehmergewinn auf ein möglichst geringes Maß zu beschränken sei[93]. Im Juni 1933 glaubte man auch im

---

[89a] Es ist jedoch auch möglich, daß sie versuchten, Gereke dazu zu bewegen, auch Hochbauprojekte in das Sofortprogramm aufzunehmen. Zum Protest des Spitzenverbands der Bauindustrie gegen den Ausschluß des Hochbaus bei der Unterrichtung durch Gereke: BAK, R 43 I/2046; auch Marcon, S. 274.

[90] Denkschrift der Fachgruppe Steine und Erden und Fachgruppe Bauindustrie an die Reichsregierung, S. 4, BAK, R 43 II/536; auch: BAK, R 2/18823.

[91] BAK, R 2/18815 - 18829.

[92] Im folgenden s. Anm. 90, S. 1 ff.

3. Skizzen und Stichworte zur Frage der Arbeitsbeschaffung

Reichskommissariat für Arbeitsbeschaffung, das nicht mehr Gereke unterstand, daß diese Bestimmungen nicht ausreichend beachtet wurden und empfahl den Landesbehörden, die Aufträge vergaben, auf die Anwendung dieser Vorschriften stärker zu achten[94]. Trotz der Klagen ließen sich die politischen Entscheidungsträger nicht davon abbringen, gerade die Bauwirtschaft auch künftig entscheidend zu fördern. Es sollte schließlich nicht übersehen werden, daß die sehr harte Konkurrenz der Baufirmen untereinander übermäßige Preiserhöhungen der Bauindustrie erschwerte. So wurde z. B. im Geschäftsbericht der Philipp Holzmann AG für das Jahr 1933 eine außerordentlich günstige Entwicklung festgestellt, gleichzeitig wurde jedoch Klage darüber geführt, daß die Preise durch den harten Wettbewerb außerordentlich gedrückt würden, so daß es auf dem Baumarkt vielfach zu „Schleuderangeboten" kam[94a].

Auch im Geschäftsjahr 1934 war man mit der Entwicklung der Preise unzufrieden. Es wurde zwar eingestanden, daß die Arbeitsbeschaffungsmaßnahmen der Regierung in erster Linie die Bauindustrie „befruchten" würden, die Gewinne aber wegen der niedrigen Preise in keiner Weise den Vorstellungen entsprachen, die man sich „in manchen Kreisen" hierüber machte. Vor allem galt dies für die Tiefbauarbeiten[94b], deren Anteil am Jahresumsatz sich fortlaufend erhöhte. 1934 betrug er bereits drei Viertel des Jahresumsatzes der Philipp Holzmann AG[94c].

Die Verlagerung der Bautätigkeit vom Hoch- zum Tiefbau mußte für das Bauhandwerk im Gegensatz zu Firmen von der Größe der Holzmann AG Nachteile bringen, denn man kann im allgemeinen davon ausgehen, daß die Handwerker in erster Linie im Hochbau tätig waren[94d].

Zu den größten Auftraggebern waren inzwischen die Reichsautobahngesellschaft, die Reichsbahn, die Reichswasserstraßenverwaltung und die „Heeresverwaltung" avanciert[94e].

Ähnlich war die Auftragsstruktur der Hochtief AG, einem anderen bedeutenden Bauunternehmen, das der mittleren Industrie zugerechnet

---

[93] Reichsbankdirektorium an den Staatssekretär in der Reichskanzlei, 8. 5. 1933, BAK, R 43 II/536.

[94] Rundschreiben des Reichskommissars für Arbeitsbeschaffung an die obersten Landesbehörden, 2. 6. 1933, AVfK, DGT, B 3447. Das Reichskommissariat unterstand zu jener Zeit bereits dem Reichsarbeitsministerium.

[94a] Geschäftsbericht der Philipp Holzmann AG, 1933, S. 5.

[94b] Geschäftsbericht der Philipp Holzmann AG, 1934, S. 5.

[94c] a.a.O., S. 7. 73 Prozent Tiefbauarbeiten, 24 Prozent Hochbauten, 3 Prozent Steinmetzbetriebe und Ziegeleien. 1935: 75 Prozent Tiefbau, 21 Prozent Hochbau, 4 Prozent Steinmetzbetriebe und Ziegeleien (Geschäftsbericht der Philipp Holzmann AG, 1935, S. 5).

[94d] J. K. Galbraith and C. G. Johnson, Our Public Works Experience, National Resources Planning Board, Washington D. C. 1941, S. 14.

[94e] Geschäftsbericht der Philipp Holzmann AG, 1935, S. 5.

werden kann[94f]. Auch bei Philipp Holzmann nahm der Umfang der Auslandsgeschäfte erheblich ab. Dabei war das Auslandsgeschäft „von jeher ein Hauptgebiet" der Tätigkeit dieses Bauunternehmens[94g]. Während im Jahre 1930 die Auslandsgeschäfte zweiundzwanzig Prozent des Jahresumsatzes ausmachten, waren es 1934 nur noch zwei Prozent[94h].

Durch die Inlandsaufträge wurde dieser Rückgang allerdings mehr als nur ausgeglichen. Die Entwicklung des Jahresgewinns zwischen 1930 und 1934 verdeutlicht dies:

Tabelle I

Jahresgewinne der Philipp Holzmann AG[94i]**:**

1930	1 695 895 RM
1931	218 628 RM
1932	— 3 694 RM
1933	403 456 RM
1934	521 519 RM
1935	806 881 RM

Die günstige Entwicklung seit 1933 kann bei der Philipp Holzmann AG eigentlich nur durch die öffentlichen Aufträge bewirkt worden sein, da sich der Privatwohnungsbau des Unternehmens selbst 1935 „noch in sehr engen Grenzen" hielt[94j]. Bei anderen Baufirmen dürfte die Situation ähnlich gewesen sein.

Der große Gewinner der arbeitsbeschaffenden Maßnahmen, besonders der direkten, aber auch der indirekten, war offenbar die Bauindustrie, die der Kategorie der mittleren Industrie zugerechnet werden kann. Kleinere Betriebe, die vornehmlich im Hochbau tätig waren, besonders Handwerksbetriebe, mußten bei der Verlagerung vom Hoch- zum Tiefbau das Nachsehen haben. Daher verwundert es nicht, daß es vor allem der Reichsstand des deutschen Handwerks war, der gegen die Baustoffindustrie Vorwürfe wegen übermäßiger Preiserhöhungen erhob.

Die Fachgruppe Steine und Erden wies die Vorwürfe zurück, unterstellte dem Reichsstand des deutschen Handwerks, falsche Zahlen angegeben zu haben und beschuldigte ihrerseits das Handwerk, durch schlechte Kalkulation die Preiserhöhungen in der Bauwirtschaft selbst ver-

---

[94f] 40 Jahre Hochtief Aktiengesellschaft für Hoch- und Tiefbauten, vorm. Gebr. Helfmann Essen, Essen 1936, S. 11.
[94g] Geschäftsbericht der Philipp Holzmann AG, 1933, S. 5.
[94h] Geschäftsbericht der Philipp Holzmann AG, 1934, S. 5.
[94i] Geschäftsbericht der Philipp Holzmann AG, Jahrgänge 1930 - 1935. Die Pfennigbeträge werden hier nicht ausgewiesen.
[94j] Geschäftsbericht der Philipp Holzmann AG, 1935, S. 5.

3. Skizzen und Stichworte zur Frage der Arbeitsbeschaffung

schuldet zu haben[95]. Ende Dezember 1933 kam es zu Schlichtungsverhandlungen unter dem Vorsitz des DIHT. Man einigte sich darauf, keine Beschwerden und Angriffe gegen einzelne Wirtschaftsgruppen in der Öffentlichkeit vorzutragen und bei „unvermeidlichen Preiserhöhungen" die betroffenen Abnehmerkreise vorher zu informieren[96]. Die beteiligten Gruppen hielten sich an diese Vereinbarung[97]. Offensichtlich war allen Beteiligten an einer reibungslosen Fortsetzung der öffentlichen und nichtöffentlichen Bauprojekte gelegen.

Die Fachgruppe Steine und Erden wurde in den ersten Monaten des Jahres 1934 bei den Regierungsstellen vorstellig, um eine Verlängerung für die Fristen des Zweiten Reinhardt-Programms über den 31. März hinaus zu erwirken. Bis Anfang Februar hatten sie nur das Einverständnis für Ausnahmefälle erhalten. Ansonsten war die Antwort der staatlichen Entscheidungsträger, in diesem Falle des Reichsarbeitsministers, abschlägig[98]. Daß die Frist dann stufenweise bis zum 31. März 1937 verlängert wurde[99], mag auf die Bitten der Fachgruppe zurückzuführen sein. Ein Beweis für ihren politischen Einfluß ist dieser Entscheidungsvorgang allerdings nicht, denn der Kommunikationsfluß zwischen Regierung und Fachgruppe lief nur einseitig. Die mangelhafte Information der Fachgruppe verdeutlicht dies.

---

[95] Zu diesem Vorgang „Entwurf" der Fachgruppe Steine und Erden über die Denkschrift des Reichsstands des deutschen Handwerks: Preissteigerungen von Rohstoffen und Halbfabrikaten und ihre Auswirkung auf Preise handwerklicher Arbeiten, 23. 12. 1933, BAK, R 13 XXXIV/1.

[96] Rundschreiben der Fachgruppe Steine und Erden, 27. 12. 1933, a.a.O.

[97] Bericht der Geschäftsführung auf der ordentlichen Mitgliederversammlung der Fachgruppe Steine und Erden, 1. 3. 1934, a.a.O.

[98] Günter Oeltze von Loebenthal, Nationalsozialistischer Wirtschaftsaufbau durch Arbeitsbeschaffung. Eine Darstellung der Auswirkung und Finanzierung der Arbeitsbeschaffungsmaßnahmen 1933/34, Leipzig 1934, S. 24.

[99] Reichsarbeitsminister an den Präsidenten der Reichsanstalt, 15. 3. 1935, BAK, R 43 II/537 und Reichsarbeitsführer (Rundschreiben), 28. 2. 1936, BAK, R 43 II/529c.

Elftes Kapitel

Die Zentral- und Regionalorganisationen des deutschen Handwerks[1]

Man wird davon ausgehen können, daß die Positionen der regionalen Handwerks- und Gewerbekammern sowie überregionaler Organisationen wie der Deutsche Handwerks- und Gewerbekammertag oder der Reichsverband des deutschen[2] Handwerks für die Haltung weiter Teile des Handwerks repräsentativ waren. Sicherlich spiegeln sie die zeitweilige Mehrheitsmeinung wieder. Auch bei veränderten Mehrheitsverhältnissen innerhalb der Organisationen darf man daher davon ausgehen, daß ihre Stellungnahmen die Mehrheitsmeinung zu einem bestimmten Zeitpunkt ausdrückten.

Bei aller Verschiedenheit zwischen Großindustriellen und Handwerksmeistern besteht eine wichtige Gemeinsamkeit: Beide sind Unternehmer, auch wenn die Dimensionen ihrer Unternehmen kaum vergleichbar sind. Beide haben ihre betriebswirtschaftlichen Dispositionen auch anhand der volkswirtschaftlichen Situation zu treffen und müssen hierfür zunächst eine Analyse vornehmen, die ihre volks- und betriebswirtschaftlichen Entscheidungsgrundlagen bestimmen wird.

Die Problematik der Arbeitsbeschaffung stellte sich für das Handwerk anders als für die Großindustrie. Beide, Großunternehmer und Handwerksmeister, mußten sich Mittel und Wege überlegen, um zu neuen Aufträgen zu gelangen, aber die Entscheidungen der Großunternehmer betrafen eine weitaus höhere Zahl von Erwerbslosen als die Überlegungen der Handwerksmeister. Die Auftragsbeschaffungsmethoden der Großunternehmer bedeuteten zugleich auch Methoden der Arbeitsbe-

---

[1] In Anlehnung an Heinrich August Winkler, Mittelstand, Demokratie und Nationalsozialismus, Köln 1972, S. 201, Anm. 26, wird der Begriff Handwerk als Teil des „gewerblichen Mittelstands" verstanden. Zur Begriffserklärung s. Winkler, Mittelstand, S. 24 ff., sofern das Wort „Mittelstand" oder „mittelständisch" gebraucht wird, ist es nur auf den gewerblichen Mittelstand zu beziehen; auch Theodor Geiger, Die soziale Schichtung des deutschen Volks. Soziographischer Versuch auf statistischer Grundlage, Stuttgart 1932 (Nachdruck Darmstadt 1972), S. 106 ff.

[2] „deutscher" wird hier in Anlehnung an die Schreibweise des „Deutschen Handwerksblatts" klein geschrieben.

schaffung für eine Menge Erwerbsloser. Die Auftragsbeschaffungsmethoden der Handwerksmeister betrafen in erster Linie sie selbst, einige Angehörige und Gesellen.

So gesehen stellt sich auch die Frage nach den politischen Konsequenzen der jeweils getroffenen Entscheidung anders. Für die Großunternehmer bestand, zumindest theoretisch, die Gefahr, daß eine erfolglose Auftrags- beziehungsweise Arbeitsbeschaffungspolitik die Heerscharen der Erwerbslosen radikalisieren und die Grundlagen der Privatwirtschaft[3] untergraben würde. Auftragsbeschaffungspolitik war daher für die Großunternehmer nicht nur von der Wirkung her Arbeitsbeschaffungspolitik. Sie war es auch politisch und wurde von vielen Großunternehmern auch so verstanden. Ihr Widerstand gegen die arbeitsbeschaffenden Maßnahmen der Regierung Papen war, wie wir sahen, daher auch weitgehend politisch und nicht wirtschaftlich motiviert. Die Großunternehmer mußten bei ihren Dispositionen betriebs- und volkswirtschaftliche sowie politische Erwägungen sehr viel mehr in Betracht ziehen als die Handwerksmeister, die sich — ohne große politische Risiken — durchaus von betriebswirtschaftlichen Impulsen leiten lassen konnten. Vor allem war für sie Arbeitsbeschaffungspolitik eigentlich nur Auftragsbeschaffungspolitik.

1. Die Zentral- und Regionalorganisationen des Handwerks in der Ära Brüning

Aktivitäten des Staates in der Wirtschaft?

Noch vor dem Regierungsantritt Heinrich Brünings verwahrte sich der Reichsverband des deutschen Handwerks „als Verfechter der Individualwirtschaft" in einer Eingabe an die Abgeordneten des Reichstags gegen Bestrebungen, den Aufgabenbereich der öffentlichen Hand auch auf die Betriebe der Bauwirtschaft auszudehnen[4]. Diese Forderung hätte zweifelsohne auch aus dem großunternehmerischen Bereich kommen können. Läßt der Inhalt dieser Eingabe auf eine ebenso große Distanz zur wirtschaftlichen Aktivität des Staates schließen? Erhoffte man sich auch im Handwerk einen Ausweg aus der Krise ohne direkte staatliche Hilfe?

Die im April 1930 abgegebene Stellungnahme des Leiters der Pressestelle beim Reichsverband des deutschen Handwerks, Joseph Bretzler, läßt diese Vermutung aufkommen: Eine „Lastensenkung" von innen und außen betrachtete er als „die erste Voraussetzung für eine Belebung der deutschen Wirtschaft". Unter einer Lastensenkung von außen verstand

---

[3] Andere würden die Vokabel „Kapitalismus" vorziehen.
[4] Deutsches Handwerksblatt (DHWB), 24. Jg., Heft 5, 1. 3. 1930, S. 88 ff. Die Eingabe wurde, wie es heißt, „Mitte Februar" (1930) den Abgeordneten übergeben.

er eine Änderung der Reparationsbedingungen; die Lastensenkung von innen nannte er beim Namen: eine Verringerung der Sozialabgaben[5]. Den verantwortlichen Politikern machte er den Vorwurf, in den vergangenen Jahren eine „Sozialpolitik im luftleeren Raum" betrieben zu haben, die zu einem „Anschwellen der sozialen Belastung" geführt habe. Es verwundert nicht, daß Bretzler in diesem Zusammenhang ausdrücklich auf eine Denkschrift der Vereinigung der Deutschen Arbeitgeberverbände hinwies, die auch zu diesem Schluß gekommen war[6]. Bretzler stand mit dieser Behauptung nicht allein: Die Handwerkskammer Bayreuth unterstrich in einer Entschließung, die auf der Vollversammlung am 29. April 1930 angenommen wurde, daß die überhöhten sozialen Lasten zu den zentralen Problemen des Handwerks zählten[7]. Außer den sozialen Lasten, mit denen in erster Linie die Sozialversicherung gemeint war, bemängelte man in den Handwerks- und Gewerbekammern ebenso wie beispielsweise im RDI und in der VDA die „Erstarrung der Lohngestaltung" durch das Tariflohnsystem und die Verbindlichkeitserklärung[8]. Dabei richteten sich die Bedenken in erster Linie gegen die mangelnde Flexibilität der lohnpolitischen Bestimmungen, die nur unzureichend den Verhältnissen in einzelnen Betrieben Rechnung trugen.

„Gibt es einen Weg aus unserer Krisis?" fragte Philipp Hessel aus Freiburg in einem Artikel im „Deutschen Handwerksblatt" am 1. Juli 1931. Seine Vorschläge zur Wiedereingliederung der Arbeitslosen in den Produktionsprozeß hätten ihrem Inhalt nach auch in den „Geschäftlichen Mitteilungen" des Reichsverbands der Deutschen Industrie oder in der Zeitschrift der Vereinigung der Deutschen Arbeitgeberverbände, „Der Arbeitgeber", stehen können: Alle Maßnahmen, die man bislang gegen die Arbeitslosigkeit unternommen habe, schrieb Hessel, seien dem Übel nicht auf den Grund gegangen, hätten die „Ursache nicht gepackt". Die zu hohen Produktionskosten, die vor allem durch die Arbeitslosenversicherung, die „niemals vorbeugend, also krisenbekämpfend" wirkte, und die Reparationslasten waren seiner Meinung nach die Hauptursachen der wirtschaftlichen Misere[9].

Der Geschäftsführer der Handwerkskammer Düsseldorf, Peters, hatte einige Wochen zuvor auf der Vollversammlung seines Verbands das Sündenregister noch etwas weiter gefaßt und direkter auf das Handwerk bezogen. Er nannte den Verlust zahlreicher Absatzgebiete, die Zollmauern,

---

[5] DHWB, 24. Jg., Heft 7, 1. 4. 1930, S. 123.
[6] DHWB, 24. Jg., Heft 11, 1. 6. 1930, S. 201.
[7] Vollversammlung der Handwerkskammer Bayreuth, 29. 4. 1930; DHWB, 24. Jg., Heft 12, 15. 6. 1930, S. 230 ff.
[8] Philipp Hessel, „Gestaltungswandel der deutschen Tariflohnpolitik?", DHWB, 24. Jg., Heft 13, 1. 7. 1930, S. 240 ff.
[9] DHWB, 25. Jg., Heft 13, 1. 7. 1931, S. 254 ff.

die „sprunghafte Industrialisierung in der ganzen Welt", die „Überspannung der Rationalisierung", die Konzernbildung, den Eintritt der Frauen in das Erwerbsleben und schließlich die Verringerung von Heer und Marine, die die Schaffung zahlreicher neuer Arbeitsplätze nötig gemacht hatte[10].

Die Analysen von Hessel und Peters decken sich in vielen sicherlich nicht unwesentlichen Punkten mit der Einschätzung weiter Kreise des Großunternehmertums. In einigen anderen Punkten aber, wie zum Beispiel in der Bewertung der Industrialisierung, der Rationalisierung und der Konzernbildung schwingt teilweise auch eine gewisse vorindustrielle romantische Sehnsucht mit[11], die auf die Grenzen der Gemeinsamkeit zwischen „Big Business" und Handwerk verweist. Aber weder Peters noch Hessel schlugen als Mittel zur Überwindung der Arbeits- (und Auftrags)losigkeit Maßnahmen der öffentlichen Arbeitsbeschaffung vor. Beide sahen vielmehr in indirekten Maßnahmen politischer und wirtschaftlicher Art den erfolgversprechenden Weg. Auch als führende Vertreter des deutschen Handwerks am 21. August 1931 mit Brüning zusammentrafen, erwähnten sie mit keinem Wort die Frage von öffentlichen Aufträgen. Vielmehr interessierte sie dagegen eine Verbesserung der Kreditbedingungen. Das Preisniveau des Handwerks sei vornehmlich deswegen so hoch, weil die Banken dem Handwerk nur wenige Kredite gewährten, beklagten sich die Vertreter des Handwerks. Deshalb unterbreiteten sie den Vorschlag, ein Kreditinstitut zu schaffen, „das mehr den Interessen des Handwerks diene"[12].

Offenbar versprachen sich auch die führenden Repräsentanten des Handwerks von Maßnahmen der indirekten Arbeitsbeschaffung mehr als von der direkten. Aber Zwischentöne waren unüberhörbar: So vertrat Meusch, der Generalsekretär des Reichsverbands des deutschen Handwerks, im September 1931 die Meinung, daß die „öffentliche Wirtschaftsführung" immer nur ein „Notbehelf" gegenüber der privaten sein könnte, wobei aber die Privatwirtschaft der „Volksgemeinschaft" gegenüber verantwortungsbewußt handeln müsse. Deshalb sprach er sich für eine „planvolle Marktwirtschaft" aus, eine Synthese aus der „freien planlosen Marktwirtschaft" und der „gebundenen marktlosen Planwirt-

---

[10] Vollversammlung der Handwerkskammer Düsseldorf, 16. 3. 1931, DHWB, 25. Jg., Heft 9, 1. 5. 1931, S. 171.
[11] Es sei in diesem Zusammenhang auf den aufschlußreichen Aufsatz von Henry A. Turner jr., Faschismus und Anti-Modernismus, in: ders., Faschismus und Kapitalismus, S. 157 ff., verwiesen.
[12] Vermerk der Reichskanzlei über eine Besprechung von Reichskanzler Brüning und Staatssekretär Trendelenburg mit Derlien (Vorsitzender des Reichsverbands des deutschen Handwerks), Pflugmacher (Präsident des Deutschen Handwerks- und Gewerbekammertags), Professor Dr. Stein (Anwalt des Deutschen Genossenschaftsvereins), 21. 8. 1931, BAK, R 43 I/2015.

schaft". Meusch nannte drei Aufgaben für die deutsche Wirtschaftspolitik: Die Überwindung der „Kapitalkatastrophe", die nur durch einen „innerpolitisch wirtschaftlichen Umbau" und eine „grundsätzliche Neuregelung der Reparationen" geschaffen werden könnte; die „Ausschaltung aller Hemmungen", die einer organischen Entwicklung der Preisgestaltung entgegenstanden, und schließlich den Abbau der Protektion und Subventionen für die Landwirtschaft[13]. Meusch ging sogar noch weiter: Er empfahl den Verzicht auf die Fortführung des öffentlich subventionierten Wohnungsbaus und plädierte statt dessen für eine steuerliche Entlastung des Hausbesitzes. Auf diese Weise, meinte Meusch, könnte man „die Summen zu rentablem Leben bringen"[14]. Die Äußerungen Meuschs lassen keinen Zweifel mehr aufkommen: Auch er zog Maßnahmen indirekter Arbeitsbeschaffung, vor allem auf steuerpolitischem Gebiet, der direkten Arbeitsbeschaffung, zum Beispiel in Form der Subventionierung des Wohnungsbaus, vor. Und das, obwohl gerade das Bauhandwerk, dessen Wohl und Wehe vom Reichsverband des deutschen Handwerks und dem Deutschen Handwerks- und Gewerbekammertag besonders aufmerksam registriert wurde, hiervon nachteilige Wirkungen erwarten mußte[15].

Inwieweit die Auffassung Meuschs für das Handwerk insgesamt repräsentativ war, ist nicht sicher, aber immerhin war Meusch der Geschäftsführer einer wichtigen Organisation des Handwerks und wird nicht ohne jede Rückendeckung innerhalb seines Verbands die Aufgaben deutscher Wirtschaftspolitik formuliert haben. Außerdem bewegte er sich durchaus innerhalb des Rahmens, der, soweit er sichtbar wurde, von den Vertretern des Handwerks bei Brüning abgesteckt worden war, und schließlich weicht auch der Forderungskatalog des Nordwestdeutschen Handwerkerbundes vom 17. September 1931 nicht von den Vorstellungen Meuschs ab: Der Nordwestdeutsche Handwerkerbund verlangte unter anderem steuerliche Erleichterungen, besonders für den Hausbesitz, eine „fühlbare Auflockerung des Tarifzwanges zwecks Senkung der Selbstkosten und damit Wiedereinstellung breitester Schichten der Arbeitslosen in den Produktionsprozeß"[16] sowie die Reform der Sozialversicherung.

---

[13] Vortrag Meusch auf dem 47. Rheinischen Handwerkertag zu Neuenahr, 13. 9. 1931, DHWB, 25. Jg., Heft 18, 15. 9. 1931, S. 342 f.

[14] Fortsetzung des Vortrags von Meusch in: DHWB, 25. Jg., Heft 19, 1. 10. 1931, S. 365.

[15] Eine Gewichtung der Häufigkeit und Reihenfolge der erwähnten Gewerbezweige zum Beispiel im DHWB und in den Versammlungen der regionalen Handwerks- und Gewerbekammern (auch im DHWB) veranschaulichen diese Behauptung.

[16] Nordwestdeutscher Handwerkerbund an den Reichsverband des deutschen Handwerks, 17. 9. 1931, BAK, R 43 I/2015. Am 19. 9. 1931 wurde der Forderungskatalog an den Reichskanzler weitergeleitet (a.a.O.). Dieser übermittelte ihn am 22. 9. 1931 dem Reichswirtschaftsminister, bei dem er „zu den Akten"

Eine auf der Vollversammlung am 11. November 1931 der Handwerkskammer zu Berlin verabschiedete Entschließung beinhaltet ähnliche Forderungen[17]. Bretzler sah im Oktober 1931 aufgrund des Kapitalmangels der öffentlichen Hand keine Möglichkeit, Aufträge von den Behörden zu erhalten. Deshalb erwachse „jedem einzelnen die Pflicht, notwendige Arbeiten erledigen zu lassen", denn „kleine und kleinste Aufträge gibt es in jedem Haushalt"[18]. Außer dieser Form direkter Arbeitsbeschaffung und der, wie er glaubte, schwer finanzierbaren Siedlungsprojekte sah er keine andere Möglichkeit für die „Bereitstellung von Arbeit".

Daß Maßnahmen der direkten Arbeitsbeschaffung Ende 1931 bei den führenden Repräsentanten des Handwerks keinen hohen Stellenwert besaßen, zeigt auch der „Wunschzettel", den die Berliner Vertreter des Reichsverbands des deutschen Handwerks Staatssekretär Pünder am 21. November 1931 zuleiteten[19]. Problematisch bleibt die Frage, inwieweit die Repräsentanten des Handwerks bei dieser Politik mit der Rückendeckung ihrer Mitgliedschaft rechnen konnten. Denn selbst in der Reichskanzlei war man im November 1931 zu dem Schluß gekommen, daß die Führung des Handwerks sich „ihren Leuten gegenüber" in einer sehr „schwierigen Lage" befand, weil sie die Forderungen ihrer Anhänger nicht erfüllen konnte[20]. Im Handwerk mehrten sich nämlich die Klagen, daß Regierungsvertreter kaum zu seinen öffentlichen Versammlungen kamen und seine Repräsentanten nur selten von den verantwortlichen Politikern zu Unterredungen empfangen wurden[21].

Dennoch scheinen die Vertreter des Handwerks auch in den folgenden Monaten nicht von der Bevorzugung der indirekt arbeitsbeschaffenden Maßnahmen abgewichen zu sein.

Selbst im April 1932, nachdem sich beispielsweise sogar schon der Reichsverband der Deutschen Industrie mit der direkten Arbeitsbeschaf-

---

gelegt wurde (a.a.O.). Alles ohne Kommentar der Regierungsstellen — Winkler, Mittelstand, S. 167, zufolge näherte sich besonders der Nordwestdeutsche Handwerkerbund seit 1930 der NSDAP an, was zu Verschärfungen mit dem Reichsverband des deutschen Handwerks geführt hat, ebd., S. 169.

[17] Entschließung der 68. Vollversammlung der Handwerkskammer zu Berlin, 11. 11. 1931; DHWB, 25. Jg., Heft 23, 1. 12. 1931, S. 451 f.

[18] Bretzler, Das Problem der Arbeitslosigkeit, DHWB, 25. Jg., Heft 20, 15. 10. 1931, S. 382.

[19] Reichsverband des deutschen Handwerks, Berliner Vertretung an Staatssekretär Pünder, 21.11. 1931 (Diskussionsgrundlage für die Vollversammlung des Reichsverbands des deutschen Handwerks am 25. 11. 1931), BAK, R 43 I/2015. Inhaltlich war hier nichts Neues enthalten.

[20] Vermerk der Reichskanzlei vom 20. 11. 1931, BAK, R 43 I/2015; vgl. auch Vermerk vom 13. 11. 1931 (a.a.O.). Ausführlich hierzu die Darstellung Winklers (Winkler, Mittelstand). Ähnlich auch bei der Hauptgemeinschaft des deutschen Einzelhandels (s. Uhlig, Warenhäuser, S. 55 ff.).

[21] s. o. Vermerk der Reichskanzlei, 20. 11. 1931.

fung als vorübergehende Notmaßnahme abgefunden hatte, blieb das offizielle Organ des Deutschen Handwerks- und Gewerbekammertages, das „Deutsche Handwerksblatt", „nach den bisherigen Verlautbarungen" noch immer sehr skeptisch. Hier glaubte man, daß die öffentliche Arbeitsbeschaffung im Grunde genommen nur eine „Vorwegnahme von Arbeiten" bedeutete, nach deren Beendigung der Rückschlag nur um so größer sein würde. Außerdem schien dem Deutschen Handwerks- und Gewerbekammertag die Finanzierungsfrage „noch in keineswegs befriedigender Weise gelöst" zu sein. Die Haupterfordernis sei keine öffentliche Arbeitsbeschaffung, sondern die „Stärkung des wirtschaftlichen Vertrauens", damit wieder „das an und für sich vorhandene Kapital wieder belebend in die Wirtschaft eingeleitet werden kann". Hierfür hielt man „eine vollkommene Umgestaltung der Wirtschafts- und Sozialpolitik" für nötig[22]. In „Der Arbeitgeber" hätte es sicherlich auch nicht sehr viel anders stehen können. Der Hinweis auf die „bisherigen Verlautbarungen" und die vagen Informationen über die Art und Weise der geplanten Finanzierung offenbaren eine nicht gerade intensiv zu nennende Kommunikation mit den verantwortlichen Regierungsstellen, woraus auf begrenzte politische Einflußmöglichkeiten des Handwerks geschlossen werden kann.

Auch das Arbeitsbeschaffungsprogramm des Allgemeinen Deutschen Gewerkschaftsbundes stieß bei beiden Spitzenorganisationen des Handwerks auf Ablehnung. „Man kann nicht wirtschaftliche Arbeit aus der flachen Hand hervorzaubern", hielt Bretzler dem ADGB entgegen und fügte hinzu, daß Arbeitsbeschaffung immer „zusätzliche künstliche Arbeit" bleibe, die keiner kranken Wirtschaft „auf die Beine" helfen könne[23]. Was konnte Bretzlers Meinung nach noch helfen? „Bestimmt keine Zwangsanleihe, keine Zwangswirtschaft, keine künstliche und zusätzliche Arbeitsbeschaffung, keine Verdrängung der freien Unternehmerinitiative durch planwirtschaftliche staatssozialistische Maßnahmen, sondern nur eine Beseitigung aller vorliegenden Hemmungen und Hindernisse, die einer ungestörten Entfaltung der Wirtschaftskräfte entgegenstehen"[24]. Bretzler plädierte vor allem für Steuerermäßigungen bei der

---

[22] Im folgenden: Bericht über die wirtschaftliche Lage des Handwerks im März 1932, DHWB ,26. Jg., Heft 8, 15. 4. 1932, S. 147.

[23] Bretzler, Schwarzarbeit und Arbeitsbeschaffung, DHWB, 26. Jg., Heft 7, 1. 4. 1932, S. 122.

[24] a.a.O., S. 123. Im Text dick gedruckt: „eine Beseitigung aller vorliegenden Hemmungen und Hindernisse". Angesichts dieser Materialien müßte die These Winklers, Mittelstand, S. 107: „Das Gros des gewerblichen Mittelstands versprach sich vom freien Wettbewerb der wirtschaftlichen Kräfte keine Lösung seiner Probleme" modifiziert werden: Zwischen den Repräsentanten und den Mitgliedern der Handwerksorganisationen bestand eine unterschiedliche Beurteilung in der Frage protektionistischer Maßnahmen des Staates zugunsten des gewerblichen Mittelstands. Die Führung müßte sich demnach an ihren Mitgliedern vorbei orientiert haben. Wie bereits erwähnt, könnte dies

Kraftfahrzeug-, Hauszins- und Biersteuer[25]. Noch am 15. Mai 1932 wies Philipp Hessel im „Deutschen Handwerksblatt" die „künstliche Arbeitsbeschaffung" entschieden zurück. Von dem Argument, die Arbeitsbeschaffung würde eine „Initialzündung" auslösen, hielt er nicht viel. „Was nützt es", fragte Hessel, „wenn der Motor, nachdem die Zündung verpufft ist, an anderer Stelle des Wegs wieder stehen bleibt[26]?"

Geld- und kreditpolitische Vorstellungen

Sowohl der Reichsverband des deutschen Handwerks als auch der Deutsche Handwerks- und Gewerbekammertag traten energisch für eine „Gesundung der öffentlichen Finanzen" durch einen Haushaltsausgleich ein[27]. Trotzdem stieß die Deflationspolitik der Regierung Brüning im Handwerk keineswegs auf ungeteilte Zustimmung. Die Notverordnung vom 5. Juni 1931 rief „starke Enttäuschung" hervor, und besonders erbittert zeigte man sich über die Krisensteuer. Die Befürchtung des RDI, die Krisensteuer könnte den Mittelstand radikalisieren, findet ihre Bestätigung. Gehaltskürzungen lehnte die Handwerksführung auch ab, da sie hiervon eine Verringerung der allgemeinen Kaufkraft und dadurch bedingt einen beschleunigten Auftragsrückgang erwartete. Die von der Reichsregierung beabsichtigten Maßnahmen waren nach Bretzlers Auffassung nur dazu geeignet, „die Lage zu verschlechtern und sie weiter dem Untergang zuzutreiben"[28]. Meusch, der Generalsekretär des Reichsverbands des deutschen Handwerks, prangerte im September 1931 die Deflationspolitik der Regierung heftig an, weil sie zu einem „starken Schrumpfungsprozeß" der Wirtschaft führte. Aber zugleich distanzierte er sich von allen Vorschlägen, „die die Einführung eines zusätzlichen Zahlungsmittels bezwecken" und lehnte die Devise: „Los vom Golde" ab. „Man kann gar nicht genug warnen vor Experimenten dieser Art[29]."

---

durch die verschiedenen volks- und beziehungsweise betriebswirtschaftlichen Prämissen beider Gruppen bedingt sein. Trotz dieser Teilkritik darf nicht übersehen werden, daß Winkler die Radikalisierung der Mitglieder gegen die Führung des Handwerks eingehend darstellt, Winkler, Mittelstand, z. B. S. 169.

[25] Bretzler (a.a.O.). Schon im Juni 1931 sprach sich der Referent für den Bereich Wiesbaden dafür aus, die Kfz-Steuer zu senken; DHWB, 25. Jg., Heft 11, 1. 6. 1931, S. 211 ff.

[26] Philipp Hessel, Die deutsche Wirtschaftspolitik am Wendepunkt, DHWB, 26. Jg., Heft 10, 15. 5. 1932, S. 184.

[27] Gemeinschaftliche Vorstandssitzung des Reichsverbands des deutschen Handwerks und des Deutschen Handwerks- und Gewerbekammertages, 7./8. 11. 1930, DHWB, 24. Jg., Heft 22, 15. 11. 1930, S. 433 ff.

[28] Nach: Bretzler, Der letzte Schritt? Zur 2. Notverordnung des Reichspräsidenten zur Sicherung von Wirtschaft und Finanzen, DHWB, 25. Jg., Heft 12, 15. 6. 1931, S. 220 ff.

[29] Vortrag Meuschs auf dem 47. Rheinischen Handwerkertag zu Neuenahr, 13. 9. 1931, DHWB, 25. Jg., Heft 18, 15. 9. 1931, S. 343.

Auch die Notverordnung vom 6. Oktober 1931 löste im Handwerk „starke Enttäuschung" aus[30], und für die vierte Notverordnung der Regierung Brüning vom Dezember 1931 fand Bretzler so starke Worte wie „Pferdekur" und „brutale Eingriffe"[31]. Im „Deutschen Handwerksblatt" wurde die Notverordnung vom Dezember 1931, die den Höhepunkt der Deflationspolitik Brünings darstellte, auch als „Vorstufe des Staatskapitalismus" bezeichnet[32].

Die Handwerksführung dachte an andere „Losungen": Durch die Wiederherstellung des Vertrauens sollte das gehortete Geld („man spricht immer noch von rund 1 Milliarde RM") aus seinem „Versteck" herausgeholt werden. Von einer Kreditausweitung befürchtete man aber eine Vergrößerung der Inflationsgefahr[33]. Im Mai 1931 scheint sich auch die Handwerksführung allmählich an den Gedanken einer staatlichen Defizitfinanzierung gewöhnt zu haben. So konnnte am 1. Mai im „Deutschen Handwerksblatt" ein Artikel erscheinen, in dem das Arbeitsbeschaffungsprogramm Stegerwalds, das Ausgaben von rund 1,3 Milliarden Mark vorsah, gutgeheißen wurde[34]. Die Befürwortung dieser Maßnahme begründete man nicht wirtschaftstheoretisch, sondern mit der ausweglosen Lage, die jede andere Alternative aussichtslos erscheinen ließ. Man fügte sich sozusagen in sein „Schicksal", ging aber weder von der eigenen volkswirtschaftlichen „Erkenntnis" noch vom betriebswirtschaftlichen „Interesse" aus. Die Handwerksführung hatte eingesehen, daß sie sich der „Erkenntnis" und dem „Interesse" anderer fügen mußte.

Aktionen und Reaktionen zu den wirtschaftlichen Tätigkeiten des Staates

Die Förderung des Baugewerbes, Preissenkungsaktionen, Regiebetriebe

Trotz der grundsätzlichen Distanz der Führung beider Handwerksorganisationen zu wirtschaftlichen Tätigkeiten der öffentlichen Hand scheint man sowohl in beiden Verbänden als auch in regionalen Handwerks- und Gewerbekammern des betriebswirtschaftlichen „Interesses" wegen die volkswirtschaftliche „Erkenntnis" hintangestellt zu haben. Das besondere betriebswirtschaftliche „Interesse" des Handwerks lag offensichtlich auf dem Gebiet der Förderung des Bauhandwerks und seiner

---

[30] Deutscher Handwerks- und Gewerbekammertag und Reichsverband des Deutschen Handwerks an den Reichskanzler, 12. 10. 1931, BAK, R 43 I/2015.

[31] Bretzler, Der Schlußstrich? Die Vierte Notverordnung und ihr wichtigster Inhalt, DHWB, 25. Jg., Heft 24, 15. 12. 1931, S. 463.

[32] H. Siedburger, Die wirtschafts- und finanzpolitische Bedeutung der Vierten Notverordnung für das Handwerk; DHWB, 26. Jg., Heft 1, 1. 1. 1932, S. 3.

[33] Bretzler, Schwarzarbeit und Arbeitsbeschaffung; DHWB, 26. Jg., Heft 7, 1. 4. 1932, S. 122.

[34] Arbeitsbeschaffung und Arbeitsdienst, ohne Verfasser, DHWB, 26. Jg., Heft 9, 1. 5. 1932, S. 163. Der Artikel wurde, wie es hieß, der Redaktion „von besonderer Seite" zur Verfügung gestellt.

Nebengewerbe. Eine zentrale Bedeutung kam in diesem Zusammenhang der Verwendung der Hauszinssteuererträge zu.

Wenige Wochen vor dem Regierungsantritt Brünings wandte sich der Reichsverband des deutschen Handwerks in einer Eingabe an die Abgeordneten des Reichstages und drang darauf, die „Wohnungszwangswirtschaft" sowie die Wohnungsämter zu beseitigen. Trotz dieser Forderung, die auf eine Beschränkung der wirtschaftlichen Tätigkeiten des Staates hinauslief, sah der Handwerksverband keinen Hinderungsgrund, zugleich die staatliche Förderung des Wohnungsbaus aus den Mitteln der Hauszinssteuer zu befürworten. Zwar „ist es auf die Dauer nicht zu billigen, daß ein Teil der Wirtschaft derart aus öffentlichen Mitteln subventioniert wird", fügte der Reichsverband beschwichtigend hinzu, aber ohne diese Hilfe würde die gesamte Bautätigkeit zum Erliegen kommen. Daher billigte das Handwerk „aus sozialen und wirtschaftlichen Gründen" diese Zweckbestimmung als „Notmaßnahme". Diese Erklärungen glaubte der Reichsverband sich und den Reichstagsabgeordneten schuldig zu sein, nachdem er in derselben Eingabe betont hatte, „Verfechter der Individualwirtschaft" zu sein[35].

Die „Basis" machte die Einschränkungen gar nicht erst. So richtete die Hauptversammlung der Handwerkskammer Kaiserslautern an die pfälzische Stadt-, Bezirks- und Gemeindebehörden die „dringende Bitte", alle Bauvorhaben zu fördern[36]. Staatliche Hilfsmaßnahmen zugunsten bestimmter Gruppen scheinen dieser Handwerkskammer keineswegs ablehnenswert gewesen zu sein. So zeigte man zwar auch für die Agrarhilfe Verständnis, gab aber der Befürchtung Ausdruck, daß diese auf Kosten der Unterstützung für das Handwerk gehen könnte[37]. Die sächsischen Handwerkerbaugenossenschaften begründeten ihr Anliegen, bei dem geplanten „Arbeitsbeschaffungsprogramm" der Regierung besonders berücksichtigt zu werden, mit der Notlage des sächsischen Wirtschaftsgebietes[38]. Auch hier findet sich im Gegensatz zu den beiden großen Dachorganisationen des Handwerks kein Hinweis auf eine grundsätzliche Ablehnung von protektionistischen Maßnahmen zugunsten bestimmter so-

---

[35] Die Eingabe wurde, wie es im DHWB hieß, „Mitte Februar" übermittelt; DHWB, 24. Jg., Heft 5, 1. 3. 1930, S. 88 ff.

[36] Hauptversammlung der Handwerkskammer Kaiserslautern, 30. 4. 1930; DHWB, 24. Jg., Heft 12, 15. 6. 1930, S. 230.

[37] a.a.O. Die Handwerkskammer Breslau bemühte sich im Frühjahr 1931 um die restlose Einbeziehung aller Kreise des Bezirks in die Osthilfe. Vollversammlung der Handwerkskammer Breslau, 21. 4. 1931, DHWB, 25. Jg., Heft 10, 15. 5. 1931, S. 195.

[38] Tagung der sächsischen Handwerkerbaugenossenschaften, 6. 6. 1930; DHWB, 24. Jg., Heft 13, 1. 7. 1930, S. 251. Auch die Vollversammlung der Handwerkskammer Altona appellierte am 14./15. 7. 1930 an die Reichsregierung, alle verfügbaren Gelder für die Belebung der Bautätigkeit aufzuwenden, DHWB, 24. Jg., Heft 15, 1. 8. 1930, S. 290.

zialer und wirtschaftlicher Gruppen. Das betriebswirtschaftliche „Interesse" der regionalen Organisationen scheint so groß gewesen zu sein, daß die eignen Wünsche noch nicht einmal versuchsweise volkswirtschaftlich begründet wurden. Zwischen den führenden Dachorganisationen und den regionalen Verbänden des Handwerks gab es offensichtlich Divergenzen in der Frage protektionistischer Maßnahmen.

Als sich die Reichsregierung im Juli schließlich für eine indirekte Förderung des Baugewerbes durch das Baukreditgesetz entschied, wollte man im Deutschen Handwerks- und Gewerbekammertag zunächst einmal abwarten[39]. Zusätzlich ließ man im Handwerksblatt einen Artikel abdrucken, in dem über das Baukreditgesetz ein klares Urteil gefällt wurde und in dem es hieß, das Gesetz sei zu spät gekommen[40]. Als dann eine größere Belebung des Baumarktes durch das Baukreditgesetz ausblieb, konnte das „Deutsche Handwerksblatt" auf die Bestätigung seiner Prognose verweisen[41].

Den Unmut des Handwerks erregten besonders die amtlichen Preissenkungsaktionen im Baugewerbe[42], die vor allem durch die „Regiebetriebe" initiiert wurden. Die Vollversammlung der Handwerkskammer Bayreuth nannte die Existenz der staatlichen Regiebetriebe, die das Preisniveau der frieen Wirtschaft senkten, als eines der zentralen Probleme des Handwerks[43]. Die Vorstände des Reichsverbands des deutschen Handwerks und des Deutschen Handwerks- und Gewerbekammertags wandten sich auf einer gemeinsamen Sitzung am 7. und 8. November 1930 dagegen, Preissenkungen zu erzwingen, da die Lage für das Handwerk schon ohnehin schwierig genug sei[44]. Die Aktivitäten der Regiebetriebe stellten nach Meinung beider Organisationen eine Verletzung des „Mittelstandsartikels" (164) der Verfassung dar. Aufträge und Lieferungen öffentlicher Betriebe müßten unter Anwendung der Reichsverdingungsordnung, die genaue Richtlinien hierfür beinhaltete, und „unter angemessener Berücksichtigung des Handwerks" erfolgen. Die beiden überregionalen Handwerksorganisationen waren in ihrer Ablehnung protektionistischer Maßnahmen alles andere als konsequent. Dies zeigte unter

---

[39] DHWB, 24. Jg., Heft 18, 15. 9. 1930, S. 348.
[40] Karl Müller, Was soll die Bauwirtschaft von der Finanz- und Wirtschaftsreform fordern? (a.a.O.), S. 357 ff.
[41] z. B. DHWB, 24. Jg., Heft 20, 15. 10. 1930, S. 390, DHWB, 25. Jg., Heft 2, 15. 1. 1931, S. 26.
[42] z. B. im Bericht über die wirtschaftliche Lage im September 1930, DHWB, 24. Jg., Heft 20, 15. 10. 1930, S. 390; Bericht über die wirtschaftliche Lage des Handwerks im Dezember 1930, DHWB, 25. Jg., Heft 2, 15. 1. 1931, S. 26.
[43] Vollversammlung der Handwerkskammer Bayreuth, 29. 4. 1930, DHWB, 24. Jg., Heft 12, 15. 6. 1930, S. 230. Siehe auch Vollversammlung der Handwerkskammer Altona, 14./15. 7. 1930, DHWB, 24. Jg., Heft 15, 1. 8. 1930, S. 290.
[44] Im folgenden nach: DHWB, 24. Jg., Heft 22, 15. 11. 1930, S. 434 f.

anderem ihr Appell, bei Entscheidungen über die Hilfe für die Landwirtschaft auch andere Berufsvertretungen anzuhören, um Benachteiligungen zu vermeiden.

Die Regierungsdokumente haben die Absicht der Politiker erkennbar werden lassen, bei den Aufträgen der Reichsbahn und Reichspost auch kleinere und mittlere Betriebe zu berücksichtigen. Entweder blieb es bei der Absicht oder das Handwerk fühlte sich subjektiv wieder einmal zurückgesetzt: So begrüßte die Vollversammlung der Handwerkskammer Heilbronn das Arbeitsbeschaffungsprogramm der Regierung für Reichsbahn und Reichspost, bemängelte aber, daß das Handwerk bei diesen Aufträgen „fast gar nicht vertreten" sei[45].

Mit Sorge beobachtete auch diese Handwerkskammer die gleichzeitig von der Regierung eingeleiteten Preissenkungsmaßnahmen, die teilweise zu „Schleuderangeboten" der interessierten Firmen geführt hätten. Die Kammer nahm eine Entschließung an, in der „eine diktatorische behördliche Senkung der Preise" abgelehnt wurde, weil sie den „natürlichen Gesetzen der Wirtschaft" widerspreche[46]. Was die Kammer allerdings nicht erkannte oder nicht erkennen wollte, war der Widerspruch ihrer eigenen Argumentation. Sie wollte Aufträge staatlicher Betriebe erhalten, ohne jedoch bereit zu sein, die Konsequenzen ihrer wirtschaftlichen Tätigkeit in Kauf zu nehmen. Die These Winklers: „Der Mittelstand konnte nur so lange staatserhaltend sein, als der Staat mittelstandserhaltend war"[47], ließe sich auch auf diese begrenzte Thematik übertragen.

Bis zum Ende der Regierungszeit Brünings hatten die Interessenorganisationen des Handwerks das Gefühl, bei den Aufträgen der Reichsbahn nicht genügend berücksichtigt worden zu sein. Noch auf der Kabinettssitzung vom 20. Mai 1932 erwähnte Brüning die Klagen der Handwerksführer über Regiearbeiten der Reichsbahn, die „seit Monaten" durchgeführt wurden, obwohl dem Handwerk nach der Ausgabe der Reichsbahnanleihe von 1931 zugesagt worden sei, in „gewissem Umfange" an den Arbeiten der Reichsbahn beteiligt zu werden[48].

Mehr als vage Versprechungen, gegen die Regiearbeit vorgehen zu wollen, erhielt das Handwerk von der Regierung Brüning nicht. So ver-

---

[45] Vollversammlung der Handwerkskammer Heilbronn, 26. 11. 1930, DHWB, 25. Jg., Heft 3, 1. 2. 1931, S. 48 f.

[46] a.a.O., vgl. auch die Haltung der Vollversammlung der Handwerkskammer Berlin, 3. 12. 1930 (a.a.O.), S. 50 f. und die Konferenz der hanseatischen Gewerbekammern, 4. 12. 1930 (a.a.O.), S. 51.

[47] Winkler, Mittelstand, S. 64. Winkler bezieht seine Aussage in erster Linie auf die Haltung des Mittelstandes im Kaiserreich.

[48] Protokoll der Ministerbesprechung vom 20. 5. 1932, BAK, R 43 I/1456. Die Besprechung mit den Vertretern des Handwerks fand ebenfalls am 20. 5. 1932 statt.

sicherte Brüning dem Berliner Handwerk am 17. März 1931, sich um eine Einschränkung der Tätigkeit der Regiebetriebe zu bemühen, „soweit diese nicht die öffentliche Versorgung mit Gas, Wasser, Elektrizität und den öffentlichen Verkehr zum Gegenstand haben"[49]. Zu dieser Geste sah sich der Kanzler anscheinend verpflichtet, weil sich die Beschwerden regionaler und überregionaler Handwerksverbände über die Konkurrenz der Betriebe der öffentlichen Hand häuften[50]. In diesem Punkt herrschte also im Handwerk volle Einigkeit.

Die Unzufriedenheit des Handwerks mußte zwangsläufig anwachsen: Die Regiebetriebe stellten ihre Tätigkeit nicht ein, nicht die erhofften Steuererleichterungen, sondern Steuererhöhungen wurden verfügt und auch die Aufträge der öffentlichen Hand, die den Baumarkt beleben sollten, blieben aus. Mehr noch: Man führte Klage darüber, daß die Erträge der ohnehin bekämpften Hauszinssteuer nicht, wie vom Gesetzgeber ursprünglich vorgesehen, für die Vergabe von Aufträgen an das Baugewerbe verwendet wurden[51]. Die Betonung des Übergangscharakters von öffentlichen Aufträgen hätte ebenso von einem Vertreter des RDI, der VDA oder der Schwerindustrie geäußert werden können. Lediglich die Zurückweisung des vom RDI erhobenen Vorwurfs, das Handwerk sei an den hohen Löhnen[52] — gemeint waren vor allem die hohen Löhne im Baugewerbe — interessiert, weist auf spezifisch handwerkliche Belange hin. In der Reaktion auf arbeitsbeschaffende Maßnahmen der öffentlichen Hand zeigt sich kaum ein wesentlicher Unterschied. Dieser volkswirtschaftlichen „Erkenntnis" zum Trotz baten führende Vertreter des Handwerks Brüning noch im Mai 1932, bei den Maßnahmen zur Förderung der Instansetzung von Wohngebäuden und bei der Vergabe öffentlicher Arbeiten stärker berücksichtigt zu werden und koppelten diesen Wunsch mit dem dringenden Appell, die behördlichen Preissenkungsaktionen zu beenden[53].

Am Ende der Regierungszeit Brünings standen die Repräsentanten des Handwerks mit leeren Händen vor ihren Mitgliedern. Weder die indirekte noch die direkte Auftrags- beziehungsweise Arbeitsbeschaffungspolitik war verwirklicht worden. Der Umbau der Wirtschafts-, Finanz- und Sozialpolitik war nicht vollzogen worden, die Förderung der Bau-

---

[49] Stichworte für eine Ansprache des Herrn Reichskanzlers an das Berliner Handwerk, 17. 3. 1931, BAK, R 43 I/2015.

[50] Siehe besonders die Akte BAK, R 43 I/2017.

[51] DHWB, 25. Jg., Heft 17, 1. 9. 1931, S. 296. Die jährlichen Erträge wurden auf 1,6 Milliarden RM beziffert.

[52] DHWB, 25. Jg., Heft 19, 1. 10. 1931, S. 366.

[53] Vermerk der Reichskanzlei über eine Besprechung Brünings mit dem Präsidenten des Deutschen Handwerks- und Gewerbekammertages, Pflugmacher, dem Vorsitzenden und dem Generalsekretär des Reichsverbands des deutschen Handwerks, Derlien und Hermann am 20. 5. 1932, BAK, R 43 I/2015.

tätigkeit reichte nicht aus, die Preissenkungsaktionen der Behörden wurden fortgesetzt und die Regiearbeiten nicht unterbunden. Schließlich, und das war für sie von großer politischer Bedeutung, konnten sie nicht die Ernennung eines „besonderen Staatssekretärs für das Handwerk" durchsetzen[54].

Alle diese Umstände mußten natürlich zu einer Schwächung der Position der Handwerksführer beitragen. Ihre Möglichkeiten, politisch mäßigend zu wirken und die volkswirtschaftliche „Erkenntnis" gegenüber dem betriebswirtschaftlichen „Interesse" obsiegen zu lassen, mußten sich verschlechtern.

Zur Frage der Arbeitszeitverkürzung

Bereits im November 1930 lehnte der Experte und Sprecher beider Organisationen in der Frage der Arbeitszeitverkürzung, Dethloff, den von den Gewerkschaften vorgelegten Plan für eine gesetzlich verordnete Verkürzung der Arbeitszeit auf vierzig Wochenstunden ab[55]. Die Verwirklichung dieses Plans würde nicht zu einer Vermehrung der Kaufkraft, sondern lediglich zu ihrer Verlagerung führen und daher völlig unwirksam bleiben. Außerdem zog seiner Meinung nach eine gesetzliche Vierzigstundenwoche für das Handwerk zahlreiche technische Probleme nach sich. Wird, so fragte er, ein Meister, der einen einzigen Gesellen beschäftigt, der seinerseits nun acht Stunden weniger arbeiten würde, für diese ausgefallenen acht Wochenstunden einen neuen Gesellen einstellen? Dethloff verneinte diese Frage kategorisch. Aufgrund der Arbeitsmarktlage könnte und würde dieser Handwerksmeister auf Schwarzarbeiter zurückgreifen, ohne einen neuen Gesellen einzustellen. Gerade die Schwarzarbeit hatte das deutsche Handwerk aber stets vehement abgelehnt und die mangelnde Initiative des Gesetzgebers gegen sie jahrelang angeprangert. In der Ära Brüning riß die Kette der lautstarken Proteste hierüber nicht ab. Dethloff wandte sich vor allem gegen die „Schematisierung" der Arbeitszeit. Ein Argument, das auch die Vertreter großunternehmerischer Interessen stets ins Feld führten. Alles in allem kam Dethloff zu dem Schluß, daß eine gesetzliche Vierzigstundenwoche dem Handwerk neue „unzumutbare Belastungen" aufhalsen würde. In einer Unterredung mit Brüning und anderen hohen Regierungsbeamten am 9. Dezember 1930 trug eine Delegation des Handwerks ihre Bedenken gegen eine gesetzliche Verkürzung der Arbeitszeit in aller Deutlichkeit noch einmal vor[56]. Die Sorge, die Regierung könnte diesen Plan verwirk-

---

[54] a.a.O. Ausführlich hierzu Winkler, Mittelstand.
[55] Im folgenden nach: I. Dethloff, Arbeitslosigkeit und Arbeitszeit, DHWB, 24. Jg., Heft 21, 1. 11. 1930, S. 405.
[56] Aufzeichnung (Feßlers) über die Besprechung mit Vertretern des Handwerks am 9. 12. 1930 „im Reichskanzlerhause". Anwesend waren: Brüning,

lichen, beschäftigte die Delegation weit mehr als andere Anliegen, wie zum Beispiel vermehrte Aufträge der Behörden für das Handwerk.

Die Empfehlungen der Brauns-Kommission, die gesetzliche Vierzigstundenwoche einzuführen, stießen beim Handwerk erwartungsgemäß auf Ablehnung. Das Handwerk war nur bereit, die Arbeitszeit freiwillig und den Verhältnissen in den einzelnen Betrieben entsprechend zu verkürzen oder zu strecken. Die im Gutachten der Kommission auf das Handwerk bezogene Klausel, Betriebe, die „in der Regel" weniger als zehn Arbeitnehmer beschäftigten, von den Bestimmungen über die Arbeitszeit auszuschließen, fand bei der Handwerksführung keine Gegenliebe, und zwar erstens, weil ihr unklar war, was man unter der Formulierung „in der Regel" zu verstehen habe und zweitens, weil man sich der Absicht widersetzte, das Handwerk in zwei Grupen zu spalten[57]. Als die Regierung dann durch die Notverordnung vom 5. Juni legitimiert wurde, mit der Zustimmung des Reichsrates die Vierzigstundenwoche in bestimmten Wirtschaftszweigen zu verfügen, ließ die Ablehnung des Handwerks nicht lange auf sich warten[58]. Und als die Regierung im Mai 1932 wiederum sehr ernsthaft die Einführung der gesetzlichen Vierzigstundenwoche erwog, ging die Handwerksführung in ihrer Beurteilung davon aus, daß es zu einer gesetzlichen Regelung dieser Frage allein aus rein politischen Gründen schließlich kommen würde, obwohl ihrer Meinung nach die wirtschaftlichen Nachteile einer solchen Maßnahme offensichtlich waren[59].

In diesem Zusammenhang ist es nicht unwichtig zu erwähnen, daß ein anderer Plan, den die Regierung Brüning zeitweilig erwog, dann aber verwarf, die Einführung eines zusätzlichen neunten Schuljahres, auch vom Handwerk abgelehnt wurde. Motiviert wurde die Ablehnung nicht nur mit den entstehenden Kosten sondern auch mit dem Umstand, daß die Lehrlinge mit vierzehn Jahren „aus dem Elternhause den Willen zur Einordnung noch mitbringen und nicht bereits durch andere Einflüsse bewogen, dazu nicht mehr neigen". Außerdem kämen bei einer verbesserten Ausbildung der Jugendlichen weniger Nachwuchskräfte zum Handwerk[60]. Man befürchtete offenbar durch die Verlängerung der

---

Trendelenburg, Ministerialdirektor von Hagenow, Ministerialrat Hoppe (Reichskommissar für das Handwerk) und für das Handwerk: Meusch und Hermann, BAK, R 43 I/2015.

[57] I. Dethloff, Arbeitslosigkeit und Arbeitszeitverkürzung, DHWB, 25. Jg., Heft 8, 15. 4. 1931, S. 141 f.

[58] Bretzler, Der letzte Schritt? Zur 2. Verordnung des Reichspräsidenten zur Sicherung von Wirtschaft und Finanzen, DHWB, 25. Jg., Heft 12, 15. 6. 1931, S. 222, auch: E. Schindler, Arbeitszeitverkürzung, DHWB, 25. Jg., Heft 13, 1. 7. 1931, S. 256 ff. Auch Eingabe des Reichsverbands des deutschen Handwerks an Brüning, 4. 7. 1931, DHWB, 25. Jg., Heft 15, 1. 8. 1931, S. 289.

[59] I. Dethloff, Arbeitszeitverkürzung, DHWB, 26. Jg., Heft 11, 1. 6. 1932, S. 203.

Schulpflicht unter anderem die Zerstörung der (nicht mehr ganz so intakten) vorindustriellen Welt, die das Handwerk in das Zeitalter der Industriegesellschaft hinüberretten wollte[61].

Siedlung

Die vorindustrielle Nostalgie des Handwerks mag einer der Gründe für dessen Interesse an den Siedlungsprojekten gewesen sein. Auch die Regierungsakten haben im Zusammenhang mit diesen Vorhaben deutliche Züge dieser spezifischen Nostalgie zutagetreten lassen. Die bevorzugte Verwendung menschlicher Arbeitskraft bei den Siedlungsvorhaben hat das „Interesse" des Handwerks an diesen Projekten sicherlich gesteigert, denn das Handwerk hatte sich immer wieder für den vermehrten Einsatz der menschlichen Arbeitskraft eingesetzt. So hieß es zum Beispiel noch im März 1932 in einem Artikel des Handwerksblatts[62], daß die menschliche Arbeitskraft die „Grundlage des Wohlstands"[63] sei und es deshalb gelte, die menschliche Arbeitskraft der Verwendung von Maschinen vorzuziehen. „Wesen und Grundlage des Handwerks ist von je der Mensch, die menschliche Arbeitskraft gewesen[64]." Dieser volkswirtschaftlichen „Erkenntnis" und diesem betriebswirtschaftlichen „Interesse" kamen die Siedlungsprojekte der Regierung sehr entgegen.

Von der verstärkten Durchführung der Siedlungsprojekte erhoffte man sich beim Handwerk auch eine „Erweiterung des binnenmarktlichen Kreislaufs", weil man die Fortsetzung der „Exportindustrialisierung" für aussichtslos hielt[65]. Die Einfuhr bestimmter, lebenswichtiger Rohstoffe erkannte man zwar an, da sich Deutschland nicht vom Welthandel ausschließen dürfe, aber eine Überbetonung des Exports lehnte man energisch ab.

Als einzig gangbaren Weg für die deutsche Wirtschaft sah das Handwerk eine „planmäßige Innenkolonisation" und einen „Rückgang der industriellen Konzentration zur provinzialischen, mittelständischen Gewerbe- und Industriewirtschaft"[66].

---

[60] M. Thienemann, Das 9. Schuljahr — ein Berufsschulvolljahr und das Handwerk, DHWB, 24. Jg., Heft 24, 15. 12. 1930, S. 466 f. Thienemann war Syndikus beim Deutschen Handwerks- und Gewerbekammertag.

[61] Zahlreiche Belege hierfür sind bei Winkler, Mittelstand, nachzulesen.

[62] Philipp Hessel, Mensch und Maschine — Schicksalswende des Kapitalismus? Die Zukunft des deutschen Handwerks, DHWB, 26. Jg., Heft 6, 15. 3. 1932, S. 101 ff.

[63] Auch dieser beinahe „marxistisch" zu nennende Satz belegt die eklektizistische „Ideologie" des Handwerks.

[64] s. Anm. 62.

[65] Philipp Hessel, Die deutsche Wirtschaftspolitik am Wendepunkt, DHWB, 26. Jg., Heft 9, 1. 5. 1932, S. 184.

[66] a.a.O.

Als die Inangriffnahme der Siedlungsvorhaben im Herbst 1931 aktuell wurde, meldete das Handwerk rechtzeitig sein Interesse an: Dem Leiter der Pressestelle des Deutschen Handwerks- und Gewerbekammertages, Bretzler, schien es „dringend geboten", das Handwerk bei der Durchführung der Siedlungen einzuschalten[67]. Unter Siedlung verstand man beim Handwerk vornehmlich die Siedlung auf dem Land. Städtische Randsiedlungen stießen dagegen auf eine Reaktion, die man mit skeptisch bis ablehnend bezeichnen könnte. Die Konferenz der süddeutschen Handwerkskammer sprach sich am 7. November 1931 für eine „einhellige Ablehnung der Maßnahmen der Notverordnung vom Oktober 1931" aus, die sich auf die „städtische Randsiedlung von Erwerbslosen" bezogen[68]. Die Teilnehmer dieser Konferenz waren der Auffassung, daß bei den Projekten der städtischen Randsiedlung Steuermittel „vergeudet", eine fühlbare Entlastung des Arbeitsmarktes nicht eintreten und die Schwarz- und Pfuscharbeit gefördert werden würde. Die Handwerksführung verlieh ihren Bedenken einen weniger krassen Ausdruck, konnte sich aber ebenfalls nicht für die Stadtrandsiedlung erwärmen: Da die „Festsetzung" eines großen Teils der Siedler endgültig sei, hielt sie es für „sinnlos", diese „Menschen an die Peripherie der Städte anzusiedeln". Die einzige Lösung, die sie für diese Menschen sah, war deren Ansiedlung auf dem Land, insbesondere in den Gebieten des deutschen Ostens[69].

Als sich die Regierung Brüning aber schließlich doch für die Förderung der vorstädtischen Kleinsiedlung entschied und bei der Durchführung der Arbeiten gemeinnützige Unternehmungen begünstigen wollte, fiel das Urteil des „Deutschen Handwerksblattes" erwartungsgemäß schlecht aus: Es wurde erklärt, daß die Absicht der Regierung, gemeinnützige Unternehmungen bevorzugt mit der Durchführung der vorstädtischen Siedlungsvorhaben zu betrauen, dem Privatunternehmertum für die Zukunft den Arbeitsboden entziehen würde. In der Praxis zeigte sich dann — nach den Angaben des Deutschen Handwerks- und Gewerbekammertages —, daß die Siedlungsprojekte dem Handwerk tatsächlich wenig Nutzen brachten, weil sie entweder in eigener Regie oder unter Verwendung von Schwarzarbeit durchgeführt würden[70].

---

[67] Bretzler, Das Problem der Arbeitslosigkeit, DHWB, 25. Jg., Heft 20, 15. 10. 1931, S. 382.
[68] Konferenz der süddeutschen Handwerkskammern, 7. 11. 1931, DHWB, 25. Jg., Heft 23, 1. 12. 1931, S. 451.
[69] Philipp Hessel, Die deutsche Wirtschaftspolitik am Wendepunkt, DHWB, 26. Jg., Heft 9, 1. 5. 1932, S. 186.
[70] Bericht über die wirtschaftliche Lage des Handwerks im Juni 1932, erstattet vom Deutschen Handwerks- und Gewerbekammertag, DHWB, 26. Jg., Heft 13, 1. 7. 1932, S. 268. Da die Papen-Regierung zunächst das von der Regierung Brüning vorbereitete Arbeitsbeschaffungsprogramm übernahm, läßt sich dieser Lagebericht vom Juni 1932 als Beleg verwenden.

Die Teilnehmer der Tagung der Handwerkerbaugenossenschaften im Freistaat Sachsen kamen resignierend zu dem Schluß, daß in der Zukunft Selbsthilfemaßnahmen im Vordergrund stehen müßten, weil sich die Durchführung der „Erwerbslosensiedlungen" als „Fehlleitung von Kapital" herausgestellt und zur staatlichen Konzessionierung der Schwarzarbeit, verbunden mit Regietätigkeit und der Unterstützung der „Wohnungsfürsorgegesellschaften" geführt hätte. Die zukünftige Arbeitsbeschaffung sollte ausschließlich auf dem Gebiet der Hausreparaturen, des Straßenbaus und der landwirtschaftlichen, nicht der vorstädtischen Siedlung liegen[71]. Die Entfremdung zwischen der Regierung Brüning und dem deutschen Handwerk hatte in der Problematik der Arbeits- beziehungsweise Auftragsbeschaffung den Höhepunkt erreicht.

2. Die Zentral- und Regionalorganisationen des Handwerks in der Regierungszeit Papens

Direkte Arbeitsbeschaffung

„Die Verzweiflungsstimmung im gewerblichen Mittelstand wächst, die Radikalisierung des Denkens — keineswegs eine vorübergehende Erscheinung — macht reißende Fortschritte." Mit diesen Worten skizzierte die außerordentliche Vollversammlung der Handwerkskammer München die eigene Lagebeurteilung wenige Wochen vor dem Amtsantritt Papens[72].

In einer „Betrachtung" zum Regierungswechsel und zu den bevorstehenden Reichstagswahlen" betonte der Leiter der Pressestelle des Deutschen Handwerks- und Gewerbekammertags, Joseph Bretzler, noch einmal die grundsätzliche Forderung der handwerklichen Spitzenorganisationen nach einer „grundsätzlichen Wandlung der bisherigen Methoden der deutschen Finanz- und Sozialpolitik"[73]. Besonderen Wert legte er dabei auf die Gewährleistung einer „individuellen Wirtschaftsführung und Tarifpolitik". Ansonsten enthielten seine grundsätzlichen Betrachtungen inhaltlich nichts Neues, dafür aber um so mehr Selbstbemitleidung. „Welche Partei, welches Kabinett kann es sich heute noch leisten, weiter wie bisher ohne Mittelstand zu regieren?", fragte Bretzler in seinem Artikel. Die Antwort auf seine Frage sollte er bald erhalten: Das Kabinett Papen konnte es.

---

[71] Tagung der Handwerkerbaugenossenschaften im Freistaat Sachsen, 3. 6. 1932, DHWB, 26. Jg., Heft 16, 15. 8. 1932, S. 315.

[72] Außerordentliche Vollversammlung der Handwerkskammer, München, 18. 4. 1932, DHWB, 26. Jg., Heft 11, 1. 6. 1932, S. 206.

[73] Im folgenden Bretzler, „Grundsätzliches zur Wirtschaftspolitik. Eine Betrachtung zum Regierungswechsel und zu den bevorstehenden Reichstagswahlen, DHWB, 26. Jg., Heft 12, 15. 6. 1932, S. 221 f.

Vor dem Erlaß der Notverordnungen vom 4. und 5. September konsultierte Papen allerdings doch noch Vertreter des Handwerks:

Am 24. August 1932 empfing er eine Delegation des Reichsverbands des deutschen Handwerks sowie des Deutschen Handwerks- und Gewerbekammertages[74]. Die Handwerksdelegation legte Papen diejenigen Forderungen vor, auf die in der Mitgliedschaft der beiden Verbände der größte Wert gelegt wurde: die Förderung der (direkten) Arbeitsbeschaffung für das Handwerk, die Möglichkeit, Altwohnungen wiederherzustellen, die Senkung der Hauszinssteuer, den Abbau der „Wohnungszwangswirtschaft" und schließlich auch die Aufforderung, die Tätigkeit des freiwilligen Arbeitsdienstes nicht mit dem Handwerk in Konkurrenz treten zu lassen, wie es bislang vor allem im Straßen- und Tiefbau geschehen sei. Wenige Tage später empfing der Kanzler auch noch einen anderen Vertreter des gewerblichen Mittelstands: den Vorsitzenden der Deutschen Haus- und Grundbesitzervereine, Stadtrat Humar, dem er Mittel zur Förderung des Hausbesitzes in Aussicht stellte[75].

Wie reagierte das Handwerk dann auf die arbeitsbeschaffenden Maßnahmen der Regierung Papen? Von den Aufträgen der Reichsbahn, die ursprünglich auch dem Handwerk zugutekommen sollten, merkte es, den Angaben seiner Vertretung zufolge, nicht viel. In den monatlichen Berichten über die wirtschaftliche Lage des Handwerks, die der Deutsche Handwerks- und Gewerbekammertag herausgab, findet sich, ebenso wie während der Amtszeit Brünings, kein Hinweis auf diese Aufträge oder eine etwaige positive Wirkung, die sie beim Handwerk verursacht haben könnten. Noch im Januar 1933, also bereits nach der Ablösung Papens durch Schleicher, beschwerte sich der Vorsitzende des Reichsverbands des deutschen Schlosserhandwerks, François, auf der öffentlichen Vollversammlung des Reichsverbands des deutschen Handwerks darüber, daß die Reichsbahn ihre Aufträge nur an große Unternehmungen vergeben habe[76]. Die im Kapitel über die Schwerindustrie vorgelegten Zahlen[77] zeigen, daß die Angaben von François nicht zutrafen und besonders das Baugewerbe in beachtlicher Weise berücksichtigt wurde. Auch er verwechselte die subjektive Unzufriedenheit mit den objektiven Auftragsanteilen. Die Hauptverwaltung der Deutschen Reichsbahn wies die Vorwürfe des Handwerks kategorisch zurück: Bei der Vergabe von Auf-

---

[74] Vermerk der Reichskanzlei, 24. 8. 1932, über eine Besprechung mit Derlien, Pflugmacher und Meusch, BAK, R 43 I/2015.

[75] Und zwar: 200 Mill. RM als „Rückgewähr von Haussteuern für den Hausbesitz" und 50 Mill. RM aus dem Etat des Reiches. Vermerk der Reichskanzlei, 1. 9. 1932, BAK, R 43 I/2045. Humar gehörte zur „Wirtschaftspartei"; s. Martin Schumacher, Hausbesitz, Mittelstand und Wirtschaftspartei in der Weimarer Republik, in: Industrielles System, S. 825.

[76] DHWB, 27. Jg., Heft 4, 15. 2. 1933, S. 62.

[77] Vgl. im Kapitel über die Schwerindustrie in der Ära Brüning.

2. Die Zentral- und Regionalorganisationen der Regierung Papen

trägen achte sie besonders auf die Bestimmungen der Reichsverdingungsordnung, die eine weitgehende Berücksichtigung des Handwerks vorsahen, und außerdem habe sie bereits im November 1931 Richtlinien für die Auftragsvergabe der Reichsbahn aufgestellt, in denen gefordert wurde, einen möglichst großen Kreis von „Bietern" mit Arbeit zu bedenken. Zur Stützung des Handwerks sollten ferner alle Arbeiten, die „für handwerksmäßige Ausführung geeignet sind, im weitesten Umfang an Handwerker vergeben" und schließlich sollten ortsansässige Handwerker bevorzugt behandelt werden. Für den Fall aber, daß ein Großunternehmer den Auftrag erhielt, sollte dieser „Unteraufträge" an eine möglichst große Zahl kleinerer Firmen weiterleiten[78].

Einige kleinere Städte, in denen vornehmlich Handwerksbetriebe existierten, führten beim Deutschen Städtetag Klage darüber, daß sie von der (direkten) Arbeitsbeschaffung ausgeschlossen worden seien[79]. Obwohl keine genauen Zahlenangaben über die regionale Verteilung unter Papen ausfindig gemacht werden konnten, erscheint diese Aussage anhand der Materialien über die Verteilung der späteren Arbeitsbeschaffungsmittel unwahrscheinlich. Möglicherweise haben auch diese kleineren Städte nur die eigene Not gesehen, ohne sie mit der Situation anderer Ortschaften in anderen Notstandsgebieten im Reich zu vergleichen.

Die ersten Reaktionen des Handwerks auf die im Juni 1932 verfügten Maßnahmen der direkten Arbeitsbeschaffung waren zwar nicht überschwenglich, jedoch keineswegs insgesamt negativ. Im „Deutschen Handwerksblatt" wurde gelobt, daß die einzelnen Projekte der Notverordnung vom 14. Juni als Notstandsarbeiten ausgeführt werden sollten, weil so eine Einschaltung des freiwilligen Arbeitsdienstes nur in Ausnahmefällen in Frage käme. „Diese Tatsache ist sehr zu begrüßen, weil so zu hoffen ist, daß dadurch dem Baugewerbe Arbeit verschafft werden kann." Begrüßt wurde auch die Absicht der Regierung, die Arbeiten nicht an einzelne „Generalunternehmer" zu vergeben und sie nicht in Regiearbeit ausführen zu lassen. Die Bereitschaft des Reiches, die Bürgschaft für Darlehen bis zu einer Höhe von tausend Mark zu übernehmen, die den Reparaturen und Teilungen von Wohnungen zugutekommen sollten, fand beim Handwerk eine wohlwollende Aufnahme, denn das Handwerk hatte immer wieder Schwierigkeiten bei der Beschaffung von Darlehen auf dem freien Geldmarkt[80].

---

[78] Deutsche Reichsbahn-Gesellschaft, Hauptverwaltung an den Reichsstädtebund, 2. 1. 1933, AVfK, DGT, B/3030.

[79] Notiz Mulert über die Bürgermeisterkonferenz des Schleswig-Holsteinischen Städtetages in Kiel, 15. 10. 1932, AVfK, DGT, B/2054/II.

[80] Münz, Arbeitsbeschaffung und Arbeitsdienst, DHWB, 26. Jg., Heft 15, 1. 8. 1932, S. 282. Das Reich übernahm die Bürgschaft für Darlehen bis zu einer Gesamthöhe von 100 Millionen RM. 1000 RM waren die oberste Grenze für Einzeldarlehen.

Bemängelt wurden allerdings die neuerlichen Steuererhöhungen, die in der Notverordnung vom 14. Juni verfügt wurden, weil durch sie die Lasten vermehrt und nicht, wie das Handwerk es für notwendig erachtete, verringert wurden[81].

Mitte August hielt der Deutsche Handwerks- und Gewerbekammertag die Geschäftslage im Handwerk für „katastrophal"[82]. Die Bautätigkeit beschränkte sich fast ausschließlich auf Kleinwohnungen, Siedlungsbauten und Reparaturarbeiten. Da aber, wie es hieß, die Konkurrenz der Schwarzarbeiter außerordentlich stark war, blieben diese Aufträge im Ergebnis „völlig bedeutungslos". Ganz so hoffnungslos scheint aber die Auftragslage für das Handwerk nicht gewesen zu sein, denn einige Absätze weiter wurde in demselben Bericht vermerkt, daß sich im Tiefbau die ersten Auswirkungen des Arbeitsbeschaffungsprogramms bemerkbar machten.

Die Notverordnungen vom 4./5. September 1932

Der Leiter der Pressestelle beim Deutschen Handwerks- und Gewerbekammertag, Bretzler, begrüßte es, daß sich die Reichsregierung die Belebung der Privatwirtschaft zum Ziel gesetzt habe. Zwar meldete er im einzelnen nicht unerhebliche Bedenken an und gab auch einer gewissen Unzufriedenheit Ausdruck, aber im Grundtenor war seine Reaktion auf die Notverordnungen durchaus wohlwollend. Auch der Syndikus des sächsischen Handwerks, Kunze, lobte die Entscheidung der Regierung, „die Privatinitiative zu ergreifen". „Alle bisherigen Arbeitsbeschaffungsmaßnahmen blieben unzulänglich, weil sie den Weg der öffentlichen Subventionierung gingen und nicht das Handwerk erreichten", während das Programm der Papen-Regierung den „falschen Weg einer künstlichen Arbeitsbeschaffung durch öffentliche Aufträge und durch neue Belastungen der Wirtschaft"[83] vermied. Anderer Meinung war die schlesische Handwerkskammer: Sie faßte eine Entschließung, in der sie ihrer Überzeugung Ausdruck gab, daß die Maßnahmen der Reichsregierung die Großindustrie begünstigten und die wirtschaftlichen Verhältnisse des Handwerks nicht berücksichtigt hätten. „Die Verordnungen vom 4. und 5. September 1932 kann das Handwerk nicht als Erfüllung seiner gerechten Forderungen betrachten", hieß es in der Entschließung[84]. Die schlesische Handwerks-

---

[81] H. Siedburger, Neue Steuern — Neue Lasten, DHWB, 26. Jg., Heft 13, 1. 7. 1932, S. 246.

[82] Im folgenden: Bericht über die wirtschaftliche Lage des Handwerks im Monat Juli 1932, erstattet von der Geschäftsstelle des Deutschen Handwerks- und Gewerbekammertages, DHWB, 26. Jg., Heft 16, 15. 8. 1932, S. 313.

[83] Vertreterversammlung des Sächsischen Handwerks, 9. 9. 1932, in Dresden, DHWB, 26. Jg., Heft 19, 1. 10. 1932, S. 372.

[84] Tagung der schlesischen Handwerkskammer in Liegnitz, 13. 9. 1932, DHWB, 26. Jg., Heft 20, 15. 10. 1932, S. 388 f.

kammer drang statt dessen auf die „schärfste Bekämpfung der Schwarzarbeit, die Beseitigung der handwerksmäßigen Regiearbeiten", die „größtmögliche Einschränkung der Gefangenenarbeit" und schließlich den „Wiederaufbau des deutschen Hausbesitzes"[85]. Schwerste Bedenken hatte die schlesische Handwerkskammer wegen der Form der „bargeldlosen Arbeitsbeschaffung", von der man gar nicht wissen könnte, ob sie nicht inflationär wirken müßte. Und solange diese Unklarheiten nicht beseitigt wurden, wollten die schlesischen Handwerker diesen Weg nicht empfehlen.

Weniger kraß war die Stellungnahme der Handwerkskammer zu Harburg: Sie begrüßte den Willen der Regierung, der Deflationspolitik ein Ende zu bereiten, hielt aber die „Belebungsmöglichkeiten" des Arbeitsbeschaffungsprogramms für „sehr begrenzt"[86]. Die Handwerkskammer Altona bemängelte, daß „durchgreifende Maßnahmen zum Wiederaufbau des Hausbesitzes und damit des Bau- und Baunebengewerbes" fehlten[87]. Dagegen begrüßte der Mitteldeutsche Handwerkskammertag die Möglichkeiten, die sich für die „Entfaltung" der privatwirtschaftlichen Kräfte ergaben, bemängelte aber auch, daß die von der Regierung verfügten Maßnahmen in erster Linie der „Großwirtschaft" zugutekommen würden[88].

Die Steuergutscheine

Dem System der Steuergutscheine konnte Bretzler „eine gewisse Großzügigkeit und einen sympathischen Unterton" nicht absprechen, hatte jedoch Bedenken, ob es richtig wäre, „jetzt, wo wir ohne jeden Zweifel unseren Produktionsapparat einschränken müssen, zu einem gewissen Ausbau der Anlagen wieder anzureizen". Außerdem nahm Bretzler an, daß die Steuerscheine weitgehend zur Schuldentilgung verwendet werden und daher die wirtschaftliche Tätigkeit nicht beleben würden. Da nur wenige kleine und mittlere Betriebe auf eine Steuersumme kä-

---

[85] Daß die NSDAP mit Anträgen, die den Abbau der Regiearbeiten verlangten, im Sächsischen Landtag am 22. 6. 1932, DHWB, 26. Jg., Heft 15, 1. 8. 1932, S. 296, beim Handwerk auf ein positives Echo stoßen würden, verwundert nicht, vgl. auch Schweitzer, Big Business, S. 87. Die letzte Formulierung gebrauchte übrigens Hitler auf der Besprechung mit führenden Industriellen am 29. 5. 1933. Vgl. im ersten Teil dieser Arbeit das fünfte Kapitel.

[86] Vollversammlung der Handwerkskammer zu Harburg, 30. 9. 1932, DHWB, 26. Jg., Heft 20, 15. 10. 1932, S. 389.

[87] Schweitzer, Big Business, S. 296 ff., hebt auch besonders das Interesse von „small business" an diesen Maßnahmegruppen hervor, arbeitete aber meines Erachtens die unterschiedlichen Prioritäten nicht klar genug heraus. Die Handwerksführung wollte auch Maßnahmen direkter Arbeitsbeschaffung, aber zuerst indirekte Maßnahmen. Die Mitgliedschaft wollte auch Maßnahmen indirekter Arbeitsbeschaffung, aber zuerst direkte Maßnahmen.

[88] Mitteldeutscher Handwerkskammertag, 5. 10. 1932, DHWB, 26. Jg., Heft 20, 15. 10. 1932, S. 390.

men, die zum Empfang des niedrigsten Steuerscheins in einer Höhe von fünfzig Mark berechtigte, hielt er eine Stückelung der Steuerscheine in kleinere Beträge für dringend erforderlich, denn, „wie die Regierung sagt", sollten gerade die kleinen und mittleren Betriebe durch die Steuervergünstigungen unterstützt werden. Daß die Hauszinssteuer nicht in das Vergünstigungssystem aufgenommen wurde, löste „in weiten Kreisen des Handwerks" Enttäuschung aus. Die Handwerksorganisationen wurden zwar bei den „zuständigen Regierungsstellen" vorstellig, blieben aber erfolglos. Vermißt wurde auch eine „Ermäßigung der überhöhten Soziallasten"[89].

Schrittweise steigerten die Handwerksorganisationen ihre Kritik: Anfang Oktober erschien im Handwerksblatt ein weiterer Artikel, der in einigen Einzelheiten noch klarer Stellung bezog[90]: Gegen den Gedanken der Steuerscheine wurden keine grundsätzlichen Einwände vorgebracht, man kritisierte jedoch all jene Regelungen, die nicht zugunsten des eigenen Gewerbezweiges verfügt wurden. Typisch für diese Haltung war Syndikus Kunze vom sächsischen Handwerk, der die Förderung der Privatinitiative durch die Regierung ausdrücklich gebilligt hatte und ebenso klar verlangte, daß die „Gutscheinbegrenzung" auf fünfzig Mark fallen müsse[91]. Als Papen am 24. Oktober 1932 zu der Versammlung von Handwerksmeistern in Berlin erschien, gab der Vertreter der Handwerkskammer Berlin in seiner Begrüßungsrede unumwunden der Erwartung Ausdruck, daß das Handwerk eine „umfassende Arbeitsbeschaffung durch weitere Maßnahmen auf dem Gebiet der Hausinstandsetzung sowie durch Staats- und Behördenaufträge auch an Klein- und Mittelbetriebe" erwartete. Mit Nachdruck plädierte er in der Gegenwart des Kanzlers noch dafür, die Hauszinssteuer in das System der Steuergutscheine miteinzubeziehen[92].

Die Wirkung der Steuerscheine blieb, den Angaben des Deutschen Handwerks- und Gewerbekammertages vom Januar 1933 zufolge, „so ziemlich ohne jeden Einfluß auf das Handwerk". Es seien, so wurde berichtet, auch „nur wenig Neueinstellungen zum Zweck der Erlangung von Steuerscheinen" erfolgt[93].

---

[89] Bretzler, Das neue Programm. Die Notverordnung des Reichspräsidenten zur Belebung der Wirtschaft, DHWB, 26. Jg., Heft 18, 15. 9. 1932, S. 342.

[90] H. Siedburger, Zur Praxis der Steuergutscheine für Steuerzahlungen, DHWB, 26. Jg., Heft 19, 1. 10. 1932, S. 362.

[91] Vertreterversammlung des Landesausschusses des sächsischen Handwerks, 9. 9. 1932, DHWB, 26. Jg., Heft 19, 1. 10. 1932, S. 372.

[92] BAK, R 43 I/2016.

[93] Bericht über die wirtschaftliche Lage des Handwerks in den Monaten Oktober bis Dezember 1932, erstattet von der Geschäftsstelle des Deutschen Handwerks- und Gewerbekammertages, DHWB, 27. Jg., Heft 2, 15. 1. 1933, S. 31.

Die lohnpolitischen Bestimmungen

Bretzler glaubte voraussehen zu können, daß die Möglichkeit, den Tariflohn bei Mehreinstellungen zu unterschreiten, zu einer verstärkten Konkurrenz der einzelnen Betriebe untereinander führen würde und mit dieser Bestimmung zugleich „in bewußter Absicht auf die Einführung der Vierzigstundenwoche hingezielt" werde. Eine Absicht, die das Handwerk strikt ablehnte[94]. Der Syndikus des sächsischen Handwerks, Kunze, lehnte die lohnpolitischen Bestimmungen ab, weil sie „zu größten Ungerechtigkeiten und voraussichtlich mißbräuchlicher Ausnützung" führen würden.

Zudem würden sie einen „ungeheuren Unterschied" zwischen subventionierten und nichtsubventionierten Betrieben" schaffen und diejenigen Unternehmer strafen, die ihre Arbeiter trotz größter Schwierigkeiten nicht entlassen hätten. Ein Argument, das unter anderem auch von Bosch, dem Deutschen Industrie- und Handelstag sowie dem Reichsverband der Deutschen Industrie in die Debatte gebracht wurde. Kunze begrüßte trotz aller Kritik an den lohnpolitischen Bestimmungen grundsätzlich den ihnen zugrundeliegenden Gedanken: die Auflockerung des Tarifsystems. „Es geht um das große Ganze", verkündete Kunze und erklärte, daß das Handwerk deshalb hinter dem Programm der Reichsregierung stehe[95].

Die Kontingentierung der landwirtschaftlichen Einfuhr

Nur wenige Tage vor der Verfügung der Regierung über die Kontingentierung der landwirtschaftlichen Einfuhr schrieb Philipp Hessel im „Deutschen Handwerksblatt", daß die bisherige Landwirtschaftspolitik den Großgrundbesitz einseitig protegiert hätte. Diese Förderungsmaßnahmen waren, seiner Meinung nach, falsch gewesen, weil der Getreideanbau, den vor allem der Großgrundbesitz betrieb, „wirtschaftlich erledigt" war und „daher ohnedies für eine Stärkung des Binnenmarkts nicht mehr in Frage kommt"[96]. Statt den Binnenmarkt zu erweitern, hatte die bisherige Landwirtschaftspolitik, wie er glaubte, eine noch größere Schrumpfung verursacht und gleichzeitig auch zu einem Rückgang des Exports geführt. Letzten Endes hätte sie damit „doppeltes Unheil" angerichtet[97].

---

[94] s. Anm. 85.
[95] s. Anm. 86.
[96] Gegen den langfristigen Rückgang unrentabler Handwerksbetriebe widersetzte sich das Handwerk dafür um so heftiger.
[97] Im folgenden nach: Philipp Hessel, Handelsvertrags- und Agrarpolitik von der Perspektive des Handwerks aus gesehen, DHWB, 26. Jg., Heft 17, 1. 9. 1932, S. 323.

Dabei favorisierte Hessel keineswegs eine exportlastige Orientierung der Wirtschaft. Im Gegenteil: Er plädierte für die Abschaffung der Meistbegünstigungsklausel und befürwortete ein System der „autonomen Zölle und der festen Kontingentierung". Rückwirkungen auf den Export hielt er in jedem Fall für unvermeidlich, da sich die Kapazität der Exportindustrie in Anbetracht der Lage auf dem Weltmarkt nicht mehr erhalten ließe. Das Schicksal des deutschen Handwerks, „das überwiegend Binnenproduktion" sei, hinge davon ab, inwieweit es gelingen würde, „die deutsche Wirtschaft aus ihrer starken Exportabhängigkeit zurückzuführen zu einer gestärkten Nationalwirtschaft".

Um dieses Ziel zu erreichen, bedeutete dem Handwerk die Hilfe für bäuerliche Klein- und Mittelbetriebe die wichtigste Aufgabe der künftigen deutschen Landwirtschaftspolitik. „Die derzeitige auf die einseitige Förderung des Großgrundbesitzes ausgerichtete Schutzzollpolitik" müsse dagegen das Handwerk entschieden ablehnen[98].

Direkt betroffen fühlte sich das Handwerk von der Kontingentierung landwirtschaftlicher Waren nicht. Es lag auch kein Grund dafür vor, denn es produzierte vornehmlich für den Binnenmarkt. Die gesamtwirtschaftlichen Folgen konnten aber auch das Handwerk nicht gleichgültig lassen. Im „Deutschen Handwerksblatt" erschien erneut ein Artikel, in dem gefordert wurde, nicht mehr „automatisch" jedem Land die Meistbegünstigung einzuräumen. Der Außenhandel müßte stärker kontrolliert werden, ohne gleich zur Planwirtschaft überzugehen. Wieder wurde für die Stärkung des Binnenmarkts Partei bezogen und eine parallele Drosselung der Einfuhr vorgeschlagen[99]. Weniger einseitig an den betriebswirtschaftlichen „Interessen" des Handwerks orientiert war die volkswirtschaftliche „Erkenntnis" von Syndikus Erich Tubbesing aus Bochum: Er zog in seine Betrachtung die Positionen beider Seiten ein. Da, seiner Überzeugung nach, sowohl die Landwirtschaft als auch die Industrie recht hatten, plädierte er für einen Ausgleich zwischen beiden Gruppen. Zunächst jedoch sollte sich die Landwirtschaft auf die Leistungsfähigkeit und Rentabilität der ausländischen Konkurrenz umstellen und wenn dies geschehe, seien Einfuhrbeschränkungen ohnehin überflüssig[100]. Alles in allem bestand beim Handwerk einer weiteren Zurückdrängung der Exportindustrie gegenüber keine Abneigung, weil man sich dadurch eine Förderung der Binnenwirtschaft und damit auch der eigenen Betriebe erhoffte. Ebenso-

---

[98] a.a.O. Die „Vossische Zeitung" berichtete auch noch am 27. 1. 1933 über die beim Handwerk herrschende Verbitterung über die „freigiebige Subventionierung" der Landwirtschaft, und das „Deutsche Handwerksblatt" veröffentlichte diese Meldung prompt; DHWB, 27. Jg., Heft 4, 15. 2. 1933, S. 76.

[99] F. Borck, Die Handelspolitik als Mittel zur Stärkung des Binnenmarktes, DHWB, 27. Jg., Heft 1, 1. 1. 1933, S. 3 ff.

[100] Erich Tubbesing, Das Handwerk zu den Agrarmaßnahmen, DHWB, 26. Jg., Heft 24, 15. 12. 1934, S. 476.

wenig wie man im Handwerk Maßnahmen zum Schutz der Großindustrie hinnehmen wollte, bestand die Bereitschaft, einen Protektionismus zugunsten des Großgrundbesitzes zu billigen. Das Handwerk war schlichtweg gegen die Protegierung der „Großen" in der Wirtschaft, es wollte sie für sich selbst.

Insgesamt könnte auch die Haltung der zentralen Handwerksorganisation gegenüber dem Arbeitsbeschaffungsprogramm der Regierung Papen mit den Worten „ja, aber" gekennzeichnet werden. Allerdings war das „aber" des Handwerks wahrscheinlich noch gewichtiger als das der verschiedenen Organisationen und Gewerbezweige der Großindustrie, vor allem weil die arbeitsbeschaffenden Maßnahmen Papens, die „so begrüßenswert sie waren, (...) dem Handwerk die ersehnte Hilfe nicht gebracht" haben[101]. Das „aber" verschiedener, jedoch nicht aller regionalen Handwerksverbände wog noch schwerer.

3. Die Zentral- und Regionalorganisationen des Handwerks in der Regierungszeit Schleichers

Die Vollversammlung der Handwerkskammer Hildesheim faßte am 29. Dezember eine Entschließung, in der sie erklärte, daß ihre Mitglieder „in dem Reichskommissar für Arbeitsbeschaffung, Herrn Dr. Gereke, und dem durch ihn und seine Mitarbeiter geschaffenen Arbeitsbeschaffungsprogramm der preußischen Landgemeinden ein geeignetes Mittel (sehen), die Not unseres Volkes zu beheben und die Erwerbslosigkeit zu beendigen". Außerdem hoffte man in Hildesheim auch auf die „Beseitigung der Widerstände gegen eine Arbeitsbeschaffung durch autonome und zinslose Kreditschöpfung"[102]. Hatte sich „das" Handwerk inzwischen für eine antizyklische Wirtschafts- und Finanzpolitik entschieden? Die Tatsache, daß der Reichsverband des deutschen Handwerks auf seiner Vollversammlung am 27. Januar 1933 den Präsidenten des Statistischen Reichsamtes, Wagemann, einen Vortrag halten ließ, könnte auf eine ostentative Geste schließen lassen, auch wenn er nur über das Thema: „Handwerk und Volkswirtschaft" sprach[103].

Anders als die verschiedenen Organisationen der Großindustrie brauchte der Reichsverband des deutschen Handwerks keine Rehabilitierung Wagemanns vorzunehmen, da seinem Plan ursprünglich kaum Beachtung geschenkt worden war. Aber seine Signalwirkung könnte allein das

---

[101] Vortrag von Schlosserobermeister François, Vorsitzender des Reichsverbands des deutschen Schlosserhandwerks auf der öffentlichen Vollversammlung des Reichsverbands des deutschen Handwerks in Berlin, 27. 1. 1933, DHWB, 27. Jg., Heft 4, 15. 2. 1933, S. 61.
[102] DHWB, 27. Jg., Heft 5, 1. 3. 1933, S. 92 f.
[103] DHWB, 27. Jg., Heft 3, 1. 2. 1933, S. 41 ff.

öffentliche Auftreten Wagemanns gehabt haben. Wenn es aber von der Führung des Handwerks als Signal gedacht war, so sorgte sie doch zugleich dafür, daß es nicht nur bei dem Signal in die eine, unkonventionellere, Richtung blieb. Denn außer Wagemann sprach auch der Vorsitzende des Reichsverbands des deutschen Schlosserhandwerks, François, der anderen finanz- und wirtschaftspolitischen Auffassungen nahestand. Sicherlich war seine öffentliche Autorität nicht so hoch einzuschätzen wie die Wagemanns, aber immerhin schuf er doch einen inhaltlichen Ausgleich: Auch François gab seiner Überzeugung Ausruck, daß „ohne eine wirkliche Arbeitsbeschaffung die deutsche Wirtschaftsnot nicht behoben werden kann" und begrüßte die Ernennung eines Reichskommissars für Arbeitsbeschaffung. Trotzdem habe man nicht alle Arbeitsmöglichkeiten ausgeschöpft, erklärte er. Seine Kritik richtete sich vornehmlich gegen Gerekes Absicht, die öffentliche Hand zum Träger der Arbeit zu machen. François empfahl statt dessen mit brutaler Rücksichtslosigkeit alle produktionshemmenden Steuern und Abgaben (zu) beseitigen". Die Parole sollte daher nicht heißen: „Keine neuen Steuern!" sondern: „Senkung aller Steuern und Lasten!" Vor allem galt es, die Hauszinssteuer in ihrer bestehenden Form zu ändern, um die „Instandhaltung des Altwohnraums" zu gewährleisten[104].

Hier taten sich innerhalb des Handwerks ganz offenbar zwei Fronten auf, die schon in den vergangenen Jahren zu beobachten waren, deren Fortbestand aber aufgrund der veränderten und radikaleren politischen Umstände zusätzliche Brisanz erhalten mußte. Die Mitgliedschaft an der „Basis", in den regionalen Handelsvertretungen, drängte auf Maßnahmen der direkten Arbeitsbeschaffung, war jedoch auch freilich bereit, die Vorzüge eines möglichen „Umbaus" der Wirtschafts- und Finanzordnung in Kauf zu nehmen. Die führenden Männer in der überregionalen Gesamtvertretung des Handwerks scheinen dagegen zunächst die indirekte Arbeitsbeschaffung über eine Senkung der verschiedenen „Lasten" angestrebt zu haben. Ein Arbeitsbeschaffungsprogramm der öffentlichen Hand hielten sie anscheinend nur mit zusätzlichen Geldern des Steuerzahlers für realisierbar und verwarfen es weitgehend. Die Finanzierungsmethoden Wagemanns sind dann wohl, trotz seines öffentlichen Auftretens beim Reichsverband des deutschen Handwerks von dessen Repräsentanten nicht ernsthaft als Alternative ins Auge gefaßt worden. Dennoch blieb der Führung des Handwerks unter dem Druck ihrer Mitgliedschaft keine andere Wahl, als sich parallel zu den Anstrengungen um eine Revision der grundsätzlichen Orientierung, also um die indirekte Arbeitsbeschaffung, auch um Aufträge der öffentlichen Hand, also um direkte Arbeitsbeschaffung, zu bemühen.

---

[104] Nach dem Vortrag auf der Vollversammlung des deutschen Handwerks in Berlin am 27. 1. 1931, DHWB, 27. Jg., Heft 4, 15. 2. 1933, S. 61.

3. Die Zentral- und Regionalorganisationen der Regierung Schleicher

Der Druck der Mitgliedschaft wurde nämlich immer spürbarer, und die Isolierung der Handwerksführung mußte zunehmen, solange sie sich nur um Maßnahmen der inidrekten Arbeitsbeschaffung bemühte. Ihre Lage mußte sich auch noch dadurch erschweren, daß sie über keinen direkten Zugang zur Regierungsspitze verfügte. Noch Ende Dezember 1932 wich Schleicher einer Aussprache aus, die der Reichsverband des deutschen Handwerks am 12. Dezember erbeten hatte[105]. Erst durch die Vermittlung von Reichstagsvizepräsident Thomas Esser von der Zentrumspartei[106] konnte Schleicher dazu bewogen werden, die Vertreter des Handwerks zu einer Unterredung zu empfangen[107]. Offenbar hatte der Brief Essers seine beabsichtigte Wirkung nicht verfehlt. Esser hatte dem Kanzler in eindringlichen Worten die zunehmende Radikalisierung des Handwerks und die fast ausweglose Position der „mäßigenden Führer" der handwerklichen Spitzenorganisation geschildert und eine Unterredung von Vertretern des Handwerks mit Schleicher, Warmbold und Gereke „noch diese Woche" nicht erbeten, sondern „beantragt"[108]. Die Antwort der Reichskanzlei folgte prompt: Die Vertreter des Handwerks sollten „noch diese Woche", am 5. Januar 1933, empfangen werden[109].

Aber selbst in dieser Unterredung[110] um „fünf Minuten vor zwölf" (wenn es nicht gar schon später war) versuchten die Handwerksführer einen Kompromißkurs zwischen ihrer volkswirtschaftlichen „Erkenntnis" und dem betriebswirtschaftlichen „Interesse" ihrer Mitgliedschaft zu steuern. Von den insgesamt sieben Wünschen, die Schleicher von den Repräsentanten des Handwerks unterbreitet wurden, bezogen sich lediglich drei auf Maßnahmen der direkten Arbeitsbeschaffung, wobei nicht unberücksichtigt bleiben sollte, daß sie, der Reihenfolge nach, erst an vierter, fünfter und sechster Stelle genannt wurden[111]. Welche Wünsche

---

[105] Der Staatssekretär in der Reichskanzlei an den Reichsverband des deutschen Handwerks, 27. 12. 1932, BAK, R 43 I/2016.

[106] Esser an Schleicher, 30. 12. 1932, a.a.O., Esser war zugleich auch Vorsitzender des Rheinischen Handwerkerbunds.

[107] Telegramm des Staatssekretärs in der Reichskanzlei, Planck, an Esser, 2. 1. 1933, a.a.O.

[108] s. Anm. 97.

[109] s. Anm. 98.

[110] Im folgenden nach der Aufzeichnung über die Besprechung Schleichers mit Vertretern des Handwerks am 5. 1. 1933, BAK, R 43 I/2016. An dieser Besprechung nahmen teil: der Reichskanzler, der Reichswirtschaftsminister, der Reichskommissar für Arbeitsbeschaffung, der Reichskommissar für das Handwerk und Kleingewerbe, Ministerialrat Feßler, Reichstagsvizepräsident Esser von der Zentrumspartei, der wesentlich zum Zustandekommen dieses Gesprächs beigetragen hatte, sowie vom Handwerk: Derlien, Pflugmacher, Ludwig (Berliner Handwerkskammer), Hermann und Meusch.

[111] Die Wünsche des Handwerks, die sich nicht auf Maßnahmen direkter Arbeitsbeschaffung bezogen: an erster Stelle lag ihnen an einer stärkeren Her-

trug die Handwerksführung vor? Bei den Vorhaben der Arbeitsbeschaffungsprogramme sollte das Handwerk „unter ausreichender Bezahlung" weitgehend hinzugezogen, das „östliche Handwerk" besonders berücksichtigt und Siedlungsprojekte unter der „Beteiligung des Handwerks am Siedlungsausschuß" verstärkt betrieben werden. Durch die Beteiligung am Siedlungsausschuß wollten die Handwerksvertreter die Praktiken bei der Durchführung dieser Projekte zu ihren Gunsten korrigieren, denn trotz ihrer grundsätzlichen Billigung, vor allem der ländlichen Siedlung, hatten sie immer wieder die Regiearbeiten und die „staatliche Sanktionierung" der Schwarzarbeit bei der Durchführung von Siedlungsvorhaben beklagt. Erstaunlicherweise fehlt auf dieser Wunschliste das bisher eigentlich immer zentrale Anliegen des Handwerks im Rahmen der direkten Arbeitsbeschaffung: die Förderung der Bau- und Reparaturtätigkeit. Möglicherweise waren die Handwerksführer der Meinung, ihre diesbezügliche Eingabe vom 17. Dezember 1932 würde ausreichen. In dieser hatte die Hauptgemeinschaft des Deutschen Einzelhandels zusammen mit dem Reichsverband des deutschen Handwerks Reichszuschüsse in einer Höhe von zweihundert Millionen Mark für „Arbeitsbeschaffung beim Hausbesitz" beantragt[112]. Diese Annahme verliert aber dadurch an Wahrscheinlichkeit, daß der Reichsverband des deutschen Handwerks, ebenfalls gemeinsam mit der Hauptgemeinschaft, bereits vor dem Gespräch mit Schleicher in einer anderen Eingabe für die Förderung der Ostsiedlung eingetreten war[113] und dieses Anliegen nun dem Kanzler noch einmal direkt vortrug. Auf der Besprechung mit Wirtschaftsminister Warmbold[114] am 19. Dezember 1932 erwähnten die Handwerksvertreter auch ihr Interesse an der Förderung der Instandsetzung von Häusern und ähnlichen Arbeiten.

Was immer die Gründe für die nicht erfolgte Erwähnung der Instandsetzungs- und Reparaturarbeiten während des Gesprächs mit Schleicher gewesen sein mögen, allein diese Tatsache unterstreicht, wie weit sich

---

vorhebung der Bedeutung des Reichskommissars für das Handwerk und Kleingewerbe innerhalb der Regierung. Der Reichskommissar sollte engere Verbindungen zu den Spitzenorganisationen des Handwerks aufnehmen. Die Stützung der gewerblichen Kreditgenossenschaften sollte umgehend erfolgreich abgeschlossen werden. Als drittes Anliegen brachten sie die Unterstützung der „Mobilisierungskasse für die mittelständische Wirtschaft", die in der Gründung befindlich war, vor. Nach den drei Wünschen, die sich mit der direkten Arbeitsbeschaffung befaßten, baten sie den Kanzler, an der Vollversammlung des Reichsverbands am 26./27. Januar teilzunehmen; Aufzeichnung über die Besprechung Schleichers mit Vertretern des Handwerks am 5. 1. 1933, BAK, R 43 I/2016.

[112] Hauptgemeinschaft des Deutschen Einzelhandels und Reichsverband des deutschen Handwerks an Schleicher, 17. 12. 1932, BAK, R 43 I/2047.

[113] Reichsverband des deutschen Handwerks und Hauptgemeinschaft des Deutschen Einzelhandels an Schleicher, 14. 12. 1932, a.a.O.

[114] s. das 4. Kapitel in Teil I.

die Handwerksführung in der Arbeitsbeschaffungsfrage von ihrer Mitgliedschaft entfernt hatte und wie ungeschickt sie sich selbst noch zusätzlich entfernte. Nach dem Gespräch mit Schleicher standen die Handwerksführer wieder mit leeren Händen da: Zwar hatte der Kanzler zugesagt, die Heranziehung des Handwerks bei der Durchführung der Arbeitsbeschaffungsprojekte wohlwollend zu prüfen, erkannte „den Wert der Förderung von Reparaturarbeiten im Althausbesitz" an und wollte sogar trotz der schwierigen Finanzlage der Länder die Beseitigung der Hauszinssteuer erwägen, aber zugleich gab er den Handwerksvertretern zu verstehen, daß die Siedlung auch künftig keine große Arbeitssteigerung für das Handwerk bringen würde, „weil sie in primitivster Form und wesentlich unter Heranziehung der Arbeitskraft der Siedler durchgeführt werden müsse"[115].

Ob und inwieweit die Führung des Handwerks in ihrer Distanz zu Gereke, die sich beispielsweise in der Unterredung mit Warmbold am 19. Dezember gezeigt hatte, die Beurteilung des Reichskommissars durch das ganze Handwerk wiedergab, kann nicht mit Sicherheit geschlossen werden. Erhebliche Zweifel dürften jedoch auch hier besonders angesichts der Vertrauensbekundung der Handwerkskammer Hildesheim angebracht sein[116]. Die Alternative „Anpassung oder Auseinanderbrechen"[117] hatte zum Teil auch die Handwerksführung selbst herbeigeführt. Die Mitgliedschaft wollte eine Auftragsbeschaffungspolitik[118], die Führung wollte dieses Ziel mit einer (indirekten) Arbeitsbeschaffungspolitik koppeln.

Die objektive Bilanz der Schleicherschen Arbeitsbeschaffungspolitik fiel für das Handwerk keineswegs negativ aus. Bestimmungen wie zum Beispiel die Verfügung, Aufträge nicht an „Generalunternehmer", sondern an kleine und mittlere Firmen zu vergeben, die beabsichtigte Verdrängung der Maschinenarbeit und schließlich auch die vom Reichsarbeitsminister in die Wege geleitete Hilfe bei Instandsetzungsarbeiten entsprachen inhaltlich durchaus den Wünschen, die das Handwerk immer wieder vorgebracht hatte. Gewiß, die Erfüllung eines Maximalprogramms war dies nicht, aber auch andere Gruppen mußten zurückstecken. Wenn aber schon eine Maßnahme wie die am 23. Dezember verfügte allgemeine Einrichtungs-, Erweiterungs- und Verlegungssperre für Einzelhandelsgeschäfte den gewerblichen Mittelstand nicht zufriedenstellen konnte[119], wie viel weniger konnte sich dann das Handwerk mit diesen

---

[115] s. Anm. 101.
[116] s. Anm. 94.
[117] Winkler, Mittelstand, S. 169.
[118] Vgl. auch Schweitzer, Big Business, S. 156 f.
[119] Winkler, Mittelstand, S. 150 f. Winkler bezeichnet diese Verordnung als „Höhepunkt des Mittelstandsprotektionismus", a.a.O.

eher bescheidenen Hilfen der Arbeitsbeschaffungspolitik Schleichers begnügen? Die subjektive Bilanz der Schleicherschen Arbeitsbeschaffungspolitik fiel für das Handwerk ungünstig aus.

4. Die Zentral- und Regionalorganisationen des Handwerks in der Anfangsphase der nationalsozialistischen Herrschaft

Das Sofortprogramm

Die Entscheidung über die Alternative: „Anpassen oder Auseinanderbrechen" brauchte das Handwerk durch den Machtantritt der Nationalsozialisten nicht mehr selbst zu lösen. Der Führungswechsel wurde, wo er noch „nötig" war, rasch vollzogen[120]. Erfüllten sich von nun an die Wünsche der radikaleren Gruppen im Handwerk? Hier ist nicht der Ort, an dem nochmals darauf hingewiesen werden muß, daß die Vorstellungen des gewerblichen Mittelstands über eine alternative Wirtschaftsordnung nicht verwirklicht wurden. Dies ist bereits mehrfach erfolgt[121].

Zu erörtern wäre hier dagegen die Frage, ob die von weiten Teilen des radikalen gewerblichen Mittelstandes geforderte Auftragsbeschaffungspolitik von den Nationalsozialisten in die Wege geleitet worden ist.

Zwar hatte Hitler unmittelbar nach seinem Machtantritt dem Präsidium des Reichsverbands des deutschen Handwerks am 17. Februar 1933 „seine vorbehaltlose Überzeugung von der entscheidenden Bedeutung des gewerblichen Mittelstands für den Wiederaufbau von Wirtschaft und Volksgemeinschaft" zum Ausdruck gebracht und die „Bestellung eines Vertrauensmannes der mittelständischen Wirtschaft an entscheidender Stelle und mit entsprechenden Vollmachten" versprochen[122], aber schon am 8. März befürchtete der im Sinne der nationalsozialistischen „Weltanschauung" sicherlich unverdächtige Karl Zeleny, daß der Vertrauensmann „im Gegensatz zu der Zusage unseres Führers mehr oder minder eine Statistenrolle spielen würde"[123].

---

[120] Vgl. Ohlsen, S. 33, Uhlig, Warenhäuser, S. 77, schreibt, daß auch die „große Stunde" der Kampfbünde und natürlich auch des nationalsozialistischen Kampfbundes für den gewerblichen Mittelstand schlug, der in dieser Bevölkerungsgruppe ständig mehr Zulauf gewonnen hatte. Konrad Heider, Die Geburt des Dritten Reiches, Zürich 1934², S. 256, nannte es: „die Revolution der noch nicht Subventionierten". Für Winkler, Mittelstand, S. 183, ist es die Phase, in der die Mittelstandsideologie und Kampforganisationen das Bild bestimmten und kurz vor der Erfüllung ihrer Wünsche schienen. Für Schweitzer, Big Business, S. 521, war vor allem die Zeit vom März bis Juli 1933 eine Phase der vorwiegend von der Mittelstandsideologie geprägten nationalsozialistischen „politischen Konterrevolution".

[121] z. B. durch Winkler, Mittelstand und Schweitzer, Big Business.

[122] WTB-Meldung, 17. 2. 1933, BAK, R 43 II/273.

[123] Zeleny an Staatssekretär Lammers, 8. 3. 1933, BAK, R 43 II/277. Zeleny war damals Referent für das Handwerk und Gewerbe bei der NSDAP.

4. Die Zentral- und Regionalorganisationen zu Beginn der NS-Herrschaft 351

Obwohl Hugenberg und auch Reichsbankpräsident Luther Mitte Februar der Meinung waren, daß man eine Arbeitsbeschaffung in Form von Wechselkrediten an das Klein- und Mittelgewerbe „aus sozialen und politischen Gründen bis zu einem gewissen Grade machen müsse, daß dies aber nicht der Weg aus der Krise sei"[124], schien die Auftragsbeschaffungspolitik der Nationalsozialisten für das Handwerk recht vielversprechend anzulaufen. Zudem wurde Luther sehr bald darauf als Botschafter nach Washington abgeschoben, und im Juni wurden auch Hugenberg ausgebootet.

Ermutigend mußte für das Handwerk der Plan Gerekes gewesen sein, sogenannte Arbeitsfinanzierungskassen zu gründen, um den mittleren und kleinen Firmen die Möglichkeit zu geben, vorliegende Aufträge „bis zum Eingang des Fakturenwertes" finanzieren zu können, weil vor allem die Großbanken, seiner Meinung nach, gerade diesen Betrieben im allgemeinen keine Kredite gewährten. Dies soll besonders dann der Fall gewesen sein, wenn diese Betriebe in der Provinz angesiedelt und der Hauptfiliale der Bank unbekannt waren. Leitende Angestellte der ortsansässigen Banken sollten in den „Arbeitsfinanzierungskosten", die als regionale Kreditinstitute gedacht waren, federführend sein. Aufgabe dieser Institute war die Annahme von Wechseln der an den Arbeiten beteiligten Firmen. Die Wechsel selbst sollte die Reichsbank rediskontieren, und ihr jeweiliger Höchstbetrag sollte pro Firma auf einhunderttausend und pro Auftrag auf 25 000 Mark begrenzt werden. Die „Arbeitsfinanzierungskassen" sollten insgesamt ein Eigenkapital von 6,25 Millionen Mark aufweisen, und diejenigen regionalen Banken, die eingeschaltet werden sollten, hatten dieses Kapital aufzubringen[125]. Auch die vom Preußischen Minister für Wirtschaft und Arbeit bewilligte Lockerung der Kreditsperre für Sparkassen[126] dürfte den Auftragsbeschaffungswünschen des Handwerks weitgehend entsprochen haben.

Schwierigkeiten bereitete dem Handwerk die Deutsche Gesellschaft für öffentliche Arbeiten (ÖffA): Sie war nicht bereit, von ihren Bestimmungen abzugehen, die unter anderem vorsahen, daß sich Firmen, die sich an der Wechselfinanzierung der ÖffA beteiligen wollten, nicht in

---

[124] Tagesbericht Luther, 14. 2. 1933, BAK, Nachlaß Luther 371.

[125] Denkschrift des Reichskommissars für Arbeitsbeschaffung: „Betrachtungen über die Gründung von Arbeitsfinanzierungskassen (AFK), um mittleren und kleinen Firmen die Möglichkeit zu geben, bei ihren vorliegenden Aufträgen bis zum Eingang des Fakturenwerts zu finanzieren", 11. 2. 1933, BAK, R 2/18659.

[126] Erlaß des Preußischen Ministers für Wirtschaft und Arbeit vom 27. 2. 1933, Nr. II/2408/33 Sp. betr. Mittelstandskredite der Sparkassen; in: Ministerialblatt für Wirtschaft und Arbeit, Jg. 1933, S. 29. Die Höchstgrenze für Personalkredite wurde von 1 000 auf 2 000 heraufgesetzt. Allerdings nur für Personalkredite „an den Mittelstand und wirtschaftlich schwächere Bevölkerungskreise und für produktive Zwecke", a.a.O., S. 30.

Zahlungsschwierigkeiten befinden durften. Den Aufträgen an die ÖffA waren Auskünfte von Banken und Sparkassen beizufügen, die Unterschriften der Firmen mußten der ÖffA und ihren Diskonteuren genehm sein, die Aufträge sollten nicht „außer Verhältnis" zu dem Geschäftsumfang und dem Vermögen der Firmen stehen, und schließlich wurde die unterste Stückelungsgrenze für die Wechsel auf fünftausend Mark festgesetzt[127].

Aus verschiedenen Städten im Reich trafen Klagen über diese Bestimmungen ein. Besonders in den kleineren und mittleren Städten soll es der „Mehrzahl der ortsansässigen Unternehmer, welche in den letzten Jahren stark verarmt sind", nicht gelungen sein, bei der Kreditvergabe berücksichtigt zu werden[128]. Der Bürgermeister und Rat der Stadt Stralsund kam zum Beispiel zu dem Schluß, daß die Bestimmungen der Reichsregierung über die Arbeitsbeschaffung in dieser Form „einer wirksamen Befruchtung besonders des kleineren und mittleren Gewerbes sehr hinderlich" seien[129]. Ähnliche Beschwerden rissen auch in den folgenden Monaten nicht ab, weil viele kleinere und mittlere Betriebe angeblich keine Aufträge erhielten, die auch nur annäherungsweise die fünftausen-Mark-Grenze erreichten. Um überhaupt an der Wechselfinanzierung der ÖffA teilhaben zu können, schlossen sich solche Betriebe zu „Arbeitsgemeinschaften" zusammen und verrechneten die jeweiligen Anteile untereinander[130]. Die „Arbeitsfinanzierungskassen" blieben Wunschvorstellungen, die harten Bedingungen der ÖffA dagegen Wirklichkeit; auch in der Phase, in der Mittelstandsideologen und Kampfbundorganisationen vor der Erfüllung ihrer Wünsche zu stehen schienen. Der Schein trog.

---

[127] Der Bürgermeister und Rat der Stadt Stralsund an den Deutschen Gemeindetag, 15. 3. 1933, AVfK, DGT, B/3714. Ob man angesichts dieser für den gewerblichen Mittelstand sehr harten Bestimmungen wie Schweitzer, Big Business, S. 160, davon sprechen kann, das Arbeitsbeschaffungsprogramm der Jahre 1933/34 sollte in erster Linie dem Kleingewerbe („small business") zugutekommen, erscheint doch etwas fraglich, obwohl im Kern sicherlich richtig.

[128] Vgl. Der Bürgermeister von Stralsund (s. o.), auch: Der Geschäftsführer des Deutschen Gemeindetages, Jeserich, an die ÖffA, 24. 3. 1933, AVfK, DGT, B/3883.

[129] s. Anm. 127.

[130] z. B. der Rat der Kreisstadt Plauen an den Deutschen Gemeindetag, 22. 7. 1933, AVfK, DGT, B/3715, Magistrat der Stadt Schmalkalden an den Preußischen Städtetag, 10. 4. 1933, AVfK, DGT, B/3714. Auch: Bayerischer Gemeindetag an Deutschen Gemeindetag, 3. 8. 1933, AVfK, DGT, B/741; der Bürgermeister von Bad Soden/Taunus an den Provinzialverband des Deutschen Gemeindetags in Frankfurt/Main, 29. 9. 1933, AVfK, DGT, B/3714, Gemeindetag für Schleswig-Holstein an den Deutschen Gemeindetag, 30. 4. 1934, a.a.O.

Das Erste Reinhardt-Programm

„Vom Standpunkt des Handwerks wird man diesem Programm ohne weitere Bedenken zustimmen können", kommentierte Bretzler, der für Kontinuität in der Handwerksführung bürgte, am 15. Juni 1933 im „Deutschen Handwerksblatt" das Erste Reinhardt-Programm. Er erwartete durch die vermehrte Beschäftigung, die nun besonders im Straßenbau möglich sein würde, eine Steigerung der allgemeinen Kaufkraft, die sich „befruchtend auf die handwerklichen Betriebe auswirken" würde. Auch von Bedarfsdeckungsscheinen erhoffte er sich eine für das Handwerk günstige Konsumsteigerung[131], hieß es doch in den Durchführungsbestimmungen über die Bedarfsdeckungsscheine, daß in erster Linie Schreinereien und sonstige Unternehmen des Handwerks als Verkaufsstellen zur Entgegennahme von Bedarfsdeckungsscheinen zugelassen waren. Diese Bestimmungen wiederum riefen die holzverarbeitende Industrie auf den Plan, die gegen ihre Benachteiligung Protest erhob[132]. Als der Deutsche Handwerks- und Gewerbekammertag jedoch die Idee hatte, Bedarfsdeckungsscheine gegen Steuerrückstände verrechnen zu lassen, anstatt sie in bar einzulösen, meldete der Reichsfinanzminister seine Bedenken an[133].

Die im Reinhardt-Programm vorgesehenen Siedlungsprojekte fanden „nur die Unterstützung des Handwerks". Zugleich gab man der Hoffnung Ausdruck, daß „nicht alle handwerklichen Arbeiten von den Siedlern selbst ausgeführt werden", sondern das Handwerk diese Aufträge erhalten würde[134]. Die Zustimmung des Handwerks zu den nationalsozialistischen Siedlungsplänen ist nicht verwunderlich, hatten doch die nationalsozialistischen Machthaber, wie aus den Regierungsakten ersehen wurde, die Absicht, Siedlungsvorhaben gleichzeitig mit einer „Abschiebung" der Erwerbslosen aufs Land zu verbinden. Dem Handwerk ging es zwar nicht um die Abschiebung, aber der Gedanke der „Ostsiedlung" hatte schon seit jeher beim gewerblichen Mittelstand großen Anklang gefunden. So erschien beispielsweise noch im April 1933 im „Deutschen Handwerksblatt" ein Artikel, der ausführlich auf die Möglichkeiten der Siedlung einging und in dem die Meinung vertreten wurde, daß man zwar weder die Erwerbslosigkeit noch die Wirtschaftskrise durch Siedlungsprojekte überwinden, dafür aber den Dauerarbeitslosen eine, wenn auch bescheidene, Existenzgrundlage schaffen könnte, die außerdem die

---

[131] Bretzler, Arbeit dem deutschen Volke. Ein Beitrag zu dem Gesetz zur Verminderung der Arbeitslosigkeit, DHWB, 27. Jg., Heft 12, 15. 6. 1933, S. 225.
[132] RDI-Wochenbericht 8/33, 30. 6. 1933, Krupp-Archiv, FAH IV E 181.
[133] Rheinisch-Westfälische Wirtschaftszeitung, 2. 9. 1933, aus: HA/GHH, Allgemeine Verwaltung, 400.127/4.
[134] s. Anm. 120.

Wirtschaft im deutschen Osten beleben würde[135]. Ähnliche Gedanken fand man später auch im Handwerksblatt wieder[136]. Die Hoffnungen, die das Handwerk in die Siedlungsvorhaben gesetzt hatte, scheinen sich, wenigstens eine Zeitlang, erfüllt zu haben: Die Deutsche Siedlungsbank teilte dem Reichsbankdirektorium am 21. September 1933 mit, daß „in der landwirtschaftlichen Siedlung (...) bisher die kleinen, in den Dörfern ansässigen Bauunternehmer und Handwerker herangezogen worden (sind) und (...) künftig noch in verstärktem Maße berücksichtigt werden müssen". Hierfür hielt die Deutsche Siedlungsbank aber eine Änderung der geltenden Wechselbestimmungen der ÖffA für nötig[137].

Die Bevorzugung ortsansässiger Unternehmer und Handwerker erregte nun aber den Unwillen einiger Großunternehmer: Aus dem Mitgliederkreis des Langnamvereins wurde bis zum Oktober 1933 „verschiedentlich darüber geklagt, daß bei der Vergabe öffentlicher Aufträge eine Bevorzugung ortsansässiger Betriebe erfolgte, wodurch insbesondere dem niederrheinisch-westfälischen Industriegebiet Aufträge verloren gehen". Die Beschwerden des Langnamvereins scheinen erfolgreich gewesen zu sein, denn die Geschäftsführung ließ die Mitglieder des Vereins wissen, daß die Bevorzugung ortsansässiger Betriebe gegen die Anweisung des Reichswirtschaftsministers erfolgt sei und „daß eine besondere Berücksichtigung ortsansässiger Unternehmer nur bei handwerksmäßigen Leistungen und auch bei diesen nur, soweit es sich nicht um umfangreiche Leistungen oder Spezialarbeiten handelt, gerechtfertigt ist." Die Geschäftsführung des Langnamvereins bat die Mitglieder, sie über derartige Fälle weiter zu unterrichten, um entsprechende Schritte in die Wege leiten zu können[138].

Gerade an diesem Beispiel zeigt sich sehr deutlich, daß allein die Verwirklichung von Projekten, die eine bestimmte Interessengruppe forderte, noch nicht als Maßstab für das Entgegenkommen der staatlichen Entscheidungsträger dieser Gruppe gegenüber betrachtet werden kann. Vordergründig in der Propaganda ließ sich so etwas ohne weiteres behaupten. Nur: die Propaganda kann die Wirklichkeit (nicht immer) verwischen.

---

[135] Heinrich Rönneberg, Hat der selbständige Mittelstand ein Interesse an der Siedlung? DHWB, 27. Jg., Heft 7, 1. 4. 1933, S. 121.

[136] z. B. Nicolai Haase, Handwerk und Siedlung I, DHWB, 27. Jg., Heft 16, 15. 8. 1933, S. 303 ff., ders., Siedlung II, DHWB, 27. Jg., Heft 17, 1. 9. 1933, S. 322 ff.

[137] Deutsche Siedlungsbank an das Reichsbankdirektorium, 21. 9. 1933, BAK, R 2/18706.

[138] Zu diesem Abschnitt: Rundschreiben des Langnamvereins, 28. 10. 1933, betr. Vergebung öffentlicher Aufträge, BAK, Nachlaß Silverberg 444. Der Langnamverein hatte, wie aus diesem Rundschreiben hervorgeht, eine Umfrage über dieses Problem durchgeführt.

4. Die Zentral- und Regionalorganisationen zu Beginn der NS-Herrschaft

Die Zuschüsse für Instandsetzungsarbeiten fanden beim Handwerk eine wohlwollende Aufnahme. Bretzler rechnete mit einer starken Beteiligung des Handwerks, er ließ jedoch vorsichtig eine gewisse Unzufriedenheit durchblicken, indem er vorschlug, die Instandsetzungsarbeiten auch mit der Hauszinssteuer zu verrechnen oder sie ganz abzubauen[139]. Die Verteilung der Zuschüsse erfolgte, ähnlich wie bereits beim Sofortprogramm und auch später beim Zweiten Reinhardt-Programm, nicht nach gruppenspezifischen Gesichtspunkten, sondern nach dem Prozentsatz der Bevölkerung eines Landes an der Einwohnerzahl des Reiches.

Ein Verteilungskriterium, das die weniger dicht besiedelten Gebiete in der Tat benachteiligen mußte und die zahlreichen Klagen aus diesen Gebieten, außer den anderen bereits genannten Gründen, noch verständlicher macht[140].

Der Anteil der Einwohnerzahl und Zuschüsse stimmten überein, so daß auch diese Maßnahme also nicht „dem" Handwerk insgesamt zugute kam, sondern dem Handwerk in dichter besiedelten Gebieten. Eine detaillierte Aufstellung über die Verteilung der Zuschüsse innerhalb Preußens war nicht aufzufinden, es kann aber — vor allem aufgrund der im ersten Teil vorgelegten Zahlen — mit einiger Sicherheit angenommen werden, daß auch dort die gleichen Verteilungsmaßstäbe angelegt wurden und sich an der Beurteilung der Verteilungskriterien und ihrer Auswirkungen nichts ändert.

Der Erlaß des Reichsarbeitsministers, in dem er drohte, bei weiteren Preissteigerungen im Baugewerbe keine Aufträge mehr an diesen Gewerbezweig zu vergeben, stieß in einer öffentlichen Stellungnahme des „Deutschen Handwerksblatts" auf volles Verständnis, wobei der Überzeugung Ausdruck gegeben wurde, „daß insbesondere die Handwerksorganisationen sich jeder ungerechtfertigten Preissteigerung entgegenstellen werden"[141]. Da man im Handwerk schon früher immer die eigenen hohen Preise als gerechtfertigt ansah und vor der „Machtergreifung" staatliche „Einmischungen" in die Preisbildung stets zurückgewiesen hatte, darf angenommen werden, daß sich die Zustimmung des Handwerks zu dieser Warnung des Arbeitsministers sehr in Grenzen hielt. Wie könnte es auch anders sein, denn immerhin war ein Großteil der Handwerker im Baugewerbe beschäftigt[142]?

Die Ehestandsdarlehen wurden im Handwerksblatt zunächst kommentarlos zur Kenntnis genommen[143], konnten aber die Hoffnungen, die be-

---

[139] s. Anm. 131.

[140] Die Verteilung der Zuschüsse für die Instandsetzung von Wohngebäuden und die Teilung von Wohnungen zeigt Tabelle I im Anhang IV.

[141] s. Anm. 131.

[142] Schweitzer, Big Business, S. 161, nennt eine Zahl von rund fünfzig Prozent.

sonders das Tischler- und Polsterhandwerk in sie gesetzt hatte, nicht erfüllen und trugen zu einer gewissen Unzufriedenheit in diesen Handwerksgruppen bei[144]. Mehr noch, das „Deutsche Handwerksblatt" berichtete im Oktober 1933, daß vielfach gefordert werde, die dem Handwerk zukommende Quote bei den Ehestandsdarlehen noch nachträglich festzulegen[145]. Dabei hatte gerade das Tischlerhandwerk keinen Grund zum Klagen, war es doch bei den Bestimmungen über die Bedarfsdeckungsscheine weitgehend auf seine Kosten gekommen. Es scheint, daß man im Handwerk wieder einmal das subjektiv Wünschbare mit dem objektiv Vertretbaren verwechselte.

Ausdrücklich begrüßt wurden natürlich diejenigen Vergaberichtlinien, die verfügten, bei den Bauaufträgen kleine und mittlere Unternehmer besonders zu berücksichtigen, keine Aufträge an Generalunternehmer zu vergeben und gemeinnützige Baugesellschaften nicht bevorzugt zu behandeln, weil, wie es im Handwerksblatt hieß, in diesen Betrieben „oft Korruption vorgekommen ist"[146]. Die von der Regierung bekundete Absicht, die Tätigkeit der Regiebetriebe einzuschränken, fand, wie erwartet, die volle Billigung des Handwerks[147], und man wird diese Beurteilung auch angesichts der veränderten politischen Landschaft durchaus als wahrheitsgetreu einschätzen können.

Es scheint, daß, wenigstens in den ersten Monaten der nationalsozialistischen Herrschaft, auch die Reichsbahn ihre Regiearbeiten eingeschränkt hat, denn auf der Sitzung des Verwaltungsrates der Reichsbahn am 4. Juli 1933 teilte der Leiter der Finanz- und Rechtsabteilung der Reichsbahn, Ludwig Homberger, mit, daß bei der Vergebung der Aufträge der Reichsbahn das Kleingewerbe und Handwerk weitgehend berücksichtigt wurden[148]. Mit einiger Wahrscheinlichkeit dürfte diese Mitteilung zugetroffen haben, weil bis zum Jahresende 1933 weder in den regionalen Handwerksorganisationen noch im „Deutschen Handwerks-

---

[143] s. Anm. 131.

[144] Bericht über die wirtschaftliche Lage des Handwerks in den Monaten Oktober, November, Dezember 1933, erstattet von der Geschäftsführung des Deutschen Handwerks- und Gewerbekammertages, Berlin, DHWB, 28. Jg., Heft 2, 15. 1. 1934, S. 29 ff. Auch Bericht über die wirtschaftliche Lage des Handwerks in den Monaten Juli, August, September 1933, erstattet von der Geschäftsführung des Deutschen Handwerks- und Gewerbekammertages, DHWB, 27. Jg., Heft 20, 15. 10. 1933, S. 391.

[145] Bericht über die wirtschaftliche Lage des Handwerks in den Monaten Juli, August, September 1933, erstattet von der Geschäftsführung des Deutschen Handwerks- und Gewerbekammertages, DHWB, 27. Jg., Heft 20, 15. 10. 1933, S. 391.

[146] Willy Brachvogel, Das Bauhandwerk im Spiegel der Konjunkturforschung, DHWB, 27. Jg., Heft 15, 1. 8. 1933, S. 300.

[147] s. Anm. 145.

[148] Sitzung des Verwaltungsrates der Reichsbahn, 4. 7. 1933, BAK, Nachlaß Silverberg 490.

4. Die Zentral- und Regionalorganisationen zu Beginn der NS-Herrschaft

blatt" über die Vergabepraktiken der Reichsbahn Klage geführt wurde; und gerade kleinlaut war das Handwerk bei der Wahrnehmung seiner „gerechten" Interessen bis zum Machtantrit der Nationalsozialisten nicht gewesen.

Mit der Vergabepraxis der Reichspost scheint man beim Handwerk zunächst auch zufriedengestellt worden zu sein: Der Referatleiter im Reichspostministerium, der für die Vergabe der Aufträge verantwortlich zeichnete, war, wie die Führerbriefe der NS-Hago im September 1933, also nach der Zurückdrängung des mittelständischen „Sturms und Drangs", zu berichten wußten, ein alter Parteigenosse, der „mit nationalsozialistischer Rücksicht" die Aufträge besonders an Handwerksmeister vergab[149]. Aber schon im Januar 1934 kamen aus dem Aachener Raum wieder Klagen über die unzureichende Berücksichtigung der „selbständigen Klein- und Mittelexistenzen" bei den Aufträgen von Post und Bahn[150]. Es blieb bei den Klagen — und der neuen, alten Wirklichkeit für den gewerblichen Mittelstand.

Die Bevorzugung der menschlichen Arbeitskraft bei den verschiedenen Projekten des nationalsozialistischen Programms zur direkten Arbeitsbeschaffung stieß beim Handwerk auf volles Verständnis. Als die Regierung beispielsweise das Verbot erließ, in der Zigarrenindustrie bestimmte Maschinen einzusetzen und statt dessen anordnete, mehr auf die Handarbeit zurückzugreifen, wurde diese Maßnahme im „Deutschen Handwerksblatt" als „ohne Zweifel einer der bedeutendsten Schritte zur Behebung unserer wirtschafltichen Nöte" gefeiert. Die Devise, die ausgegeben wurde, lautete: „Zurück zur Handarbeit, wo die Voraussetzungen dafür gegeben sind und wo die Möglichkeit besteht, dem Handwerk vor allem wieder eine Lebensgrundlage zu schaffen[151]."

Die Absicht der Reichsregierung, die Einführung der Vierzigstundenwoche zu propagieren, wurde im Handwerk mit Beunruhigung zur Kenntnis genommen. Aber seine abweichenden Wünsche wurden, anders als vor dem Machtantritt der Nationalsozialisten, sehr zurückhaltend, ja geradezu kleinlaut vorgetragen: Karl Zeleny, inzwischen zum Vizepräsidenten des Reichsstands des Deutschen Handwerks avanciert, sprach Staatssekretär Reinhardt gegenüber die „höfliche Bitte" aus, für das Handwerk Ausnahmebestimmungen zu erlassen, weil sich für diese Be-

---

[149] Führerbriefe der NS-Hago, 11. 9. 1933, S. 7, BAK, Sammlung Schumacher 242.

[150] Denkschrift des DIHT-Aachen, Januar 1934 (ohne Datum): Auftragsvergebung an die Aachener Grenzmark, ein nationales Gebot praktischer Grenzlandhilfe, Arbeitsbeschaffung für das Grenzland durch öffentliche Arbeiten, Behördenaufträge und Abwehr schädlicher Konzerneinflüsse, AVfK, DGT, B/875.

[151] Karl Dopf, Mensch und Maschine, DHWB, 27. Jg., Heft 21, 1. 11. 1933, S. 416 ff.

rufsgruppe bei der Durchführung der Vierzigstundenwoche „unüberwindliche Schwierigkeiten" auftun würden, die ernsthaft die Rentabilität der Betriebe gefährdeten[152].

Über die „Spende zur Förderung der nationalen Arbeit", die im Grunde genommen eher eine Belastung für große und erst recht für kleine Unternehmen sein mußte, wurde das Handwerk kommentarlos informiert, aber zugleich darauf aufmerksam gemacht, daß die Vorlage eines Spendenscheins bei „Steuerzuwiderhandlungen" Straffreiheit sichern könnte, wobei die Hälfte des Betrages trotzdem noch zu zahlen wäre[153]. Am 1. Juli gab das „Deutsche Handwerksblatt" seiner Erwartung Ausdruck, daß sich das Handwerk auch an der Sammlung für die Adolf-Hitler-Spende der deutschen Wirtschaft „restlos" beteiligen werde[154].

Sicherlich bemerkenswert, weil unerwartet, ist die Aufnahme der Abschreibungsbestimmungen des Ersten Reinhardt-Programms im „Deutschen Handwerksblatt": Diese Maßnahmen der „privaten Arbeitsbeschaffung", also der indirekten, waren, Bretzlers Meinung nach, für das Handwerk „von besonderem Interesse"[155]. Dieses „besondere Interesse" erscheint auf den ersten Blick recht verwunderlich, denn Maßnahmen indirekter Arbeitsbeschaffung propagierte vor der „Machtergreifung" vornehmlich die gemäßigte Führung des Handwerks, die dann rasch abgelöst wurde. Außerdem war abzusehen, daß gerade diese Bestimmungen der Maschinenindustrie besonders zugute kommen würden, und die Verwendung von Maschinen stand im Widerspruch zur vorindustriellen Nostalgie, die in weiten Kreisen des Handwerks herrschte. Wenn nun Bretzler, der auch schon vor dem Machtantritt der Nationalsozialisten in der Handwerksführung ein wichtiges Amt bekleidet hatte, noch im Juni 1933, auf dem Höhepunkt der mittelständischen Erfolgswoge, Methoden der indirekten Arbeitsbeschaffung mit warmen Worten der Anerkennung bedachte, muß angenommen werden, daß er die Meinung der neuen Handwerksführer wiedergab; andernfalls wäre sein Artikel nicht abgedruckt worden, zumal ein derart programmatischer.

Alle Erklärungen müssen, solange sie nicht belegt werden können, hypothetisch bleiben. Denkbar wäre, daß auch die radikaleren neuen Führungskräfte im Handwerk den Kuchen haben und ihn essen wollten. Warum sollten sie eine zusätzliche Erleichterung, die theoretisch auch vom Handwerk beansprucht werden konnte, ablehnen? Möglich wäre auch eine andere Erklärung: Die neue Handwerksführung befand sich

---

[152] Der Vizepräsident des Reichsstands des Deutschen Handwerks, Karl Zeleny, an Staatssekretär Reinhardt, 28. 9. 1933, BAK, R 2/18678.
[153] s. Anm. 120.
[154] DHWB, 27. Jg., Heft 13, 1. 7. 1933, S. 248 f.
[155] s. Anm. 120.

4. Die Zentral- und Regionalorganisationen zu Beginn der NS-Herrschaft   359

nun in einer veränderten Position. Sie war nicht mehr in der „Opposition", sondern selbst in der Verantwortung. Sie mußte, richtiger sie erkannte möglicherweise, daß sie sich ihrer veränderten Rolle anzupassen hatte. In dieser Rolle nun wurde ihre volkswirtschaftliche „Erkenntnis" nicht mehr nur vom betriebswirtschaftlichen und politischen „Interesse", sondern — möglicherweise — auch vom volkswirtschaftlichen und nun veränderten politischen „Interesse" geprägt. Ihre eigene Beurteilungsgrundlage mußte sich schon allein durch die Umstände ändern. Ihr politisches und volkswirtschaftliches „Interesse" mußte jetzt dem Erhalt und der Festigung des „neuen" Staates gelten, den sie schließlich selbst „mitbegründet" hatten.

Das „besondere Interesse" des Handwerks an den Abschreibungsbestimmungen des Ersten Reinhardt-Programms nahm teilweise geradezu groteske Formen an: Der Deutsche Handwerks- und Gewerbekammertag fragte beim Reichsfinanzminister an, ob auch der Kauf eines neuen Kleinlieferwagens durch einen Handwerksmeister, der vorher ein Fahrrad gefahren hatte, abschreibungsfähig sei. Der Minister gab hierauf einen abschlägigen Bescheid[156].

Bei aller Konzentration auf das Thema der Arbeitsbeschaffung darf nicht übersehen werden, daß im allgemeinen nur wenige Kommentare im „Deutschen Handwerksblatt" auf das Erste Reinhardt-Programm eingingen, und auch die Vollversammlungen der regionalen Handwerksorganisationen beschäftigten sich weit mehr mit Fragen der künftigen Wirtschaftsordnung als mit der direkten oder indirekten Arbeitsbeschaffung. Man wird demnach auch das Interesse des Handwerks an der Arbeitsbeschaffung als Ganzes nicht überbewerten dürfen. Am Propagandagetöse um die Arbeitsbeschaffung beteiligte sich aber auch das Handwerk[157].

Bei der bevorzugten Einstellung „alter Kämpfer" zeigte auch das Handwerk eine gewisse Zurückhaltung. Der Reichsverband des deutschen Handwerks leitete im Juni 1933 lediglich die Richtlinien weiter, die von der Vereinigung der Deutschen Arbeitgeberverbände mit der Obersten Parteileitung der NSDAP und dem Präsidenten der Reichsanstalt für Arbeitsvermittlung und Arbeitslosenversicherung ausgearbeitet worden waren[158] und die auch von den anderen Untersuchungsgruppen im allge-

---

[156] Rheinisch-Westfälische Wirtschaftszeitung, 2. 9. 1933, in: HA/GHH, Allgemeine Verwaltung, 400.127/4.
[157] z. B. nachdem Motto der Reichshandwerkswoche vom 15. bis 21. 10. 1933: „Segen der Arbeitsbeschaffung im Kleinen". Der Vizepräsident des Reichsstands des Deutschen Handwerks, Karl Zeleny, an Goebbels, 18. 8. 1933, BAK, R 43 II/273.
[158] DHWB, 27. Jg., Heft 13, 1. 7. 1933, S. 249 f. Es wurde bereits vermerkt, daß es entweder eine der letzten Verhandlungen der VDA als „VDA" war

11. Kap.: Die Zentral- und Regionalorganisationen

meinen weitergeleitet wurden. Diese Richtlinien enthielten zwar das übliche nationalsozialistische Getöse, aber eine „positive Verpflichtung" für die Einstellung der „alten Kämpfer" erwuchs den einzelnen Unternehmern nicht; den kleinen ebenso wenig wie den großen.

Trotz der Affinität von weiten Kreisen des Handwerks zum Nationalsozialismus war man anscheinend auch dort nicht bereit, im Geschäftsbereich zusätzliche Schwierigkeiten in Kauf zu nehmen; selbst nicht mit den eigenen Gesinnungsgenossen. Mit der „Solidarität" haben sie es vermutlich nur so lange gehalten, wie sie für den eigenen Vorteil nützlich war. Vor dem Druck des mittelständischen „Sturms und Drangs" genoß das Handwerk zudem möglicherweise einen gewissen Schutz, weil es immerhin auch zum „Mittelstand" gehörte und von den „eigenen Leuten" in der Öffentlichkeit weniger unter Druck gesetzt werden konnte.

Ganz sicher waren aber auch die Handwerksmeister nicht vor den Eingriffen des Kampfbundes und der NSBO: In Hüls, im Kreis Recklinghausen, soll die NSBO auf Handwerksmeister Druck ausgeübt haben, keine Gesellen zu entlassen[159].

Andere „Ideologismen", die keinerlei persönliche Risiken nach sich zogen, scheinen sich einer nicht zu übersehenden „Beliebtheit" erfreut zu haben: So meldete das „Deutsche Handwerksblatt" am 15. Juli 1933 voller Genugtuung, daß sich der Konsumgütermarkt belebte und unter anderem auch auf das „Bekleidungshandwerk" auswirkte. Im Handwerksblatt führte man dies, ohne jeden bedauernden Nebenton, auf die Tatsache zurück, „daß die Bevölkerung im Zuge der politischen Entwicklung jüdische Konfektionshäuser mied", was sich günstig bemerkbar machte[160].

Aktivitäten des gewerblichen Mittelstands, die Auftragsvergabe selbst in die Hand zu nehmen, wurde bald auf oberste Weisung hin ein Riegel vorgeschoben: Bereits Anfang Mai 1933 veranlaßten die aktive Einmischung und der Druck, den vor allem der Kampfbund für den gewerblichen Mittelstand[161] auf die Vergabestellen ausübte, Göring zu einer Intervention bei Adrian von Renteln, der an der Spitze des Kampfbundes stand[162].

(und nicht als „Sozialpolitische Abteilung" des Reichsstands der Deutschen Industrie) oder daß das DHWB eine Falschmeldung in die Welt setzte.

[159] Gewerkschaft Augusta Victoria, Hüls, Kreis Recklinghausen, an die sozialpolitische Abteilung des Bergbauvereins Essen, 7. 7. 1933, Bergbau-Museum Bochum, 13/480.

[160] Bericht über die wirtschaftliche Lage des Handwerks in den Monaten April bis Juni 1933, erstattet von der Geschäftsführung des Deutschen Handwerks- und Gewerbekammertags, DHWB, 27. Jg., Heft 14, 15. 7. 1933, S. 266.

[161] Der Kampfbund für den gewerblichen Mittelstand wurde von nationalsozialistisch gesinnten Mitgliedern des gewerblichen Mittelstands am 15. 12. 1932 ins Leben gerufen; BAK, NS 22/839. Näheres vor allem bei Winkler, Mittelstand, passim.

4. Die Zentral- und Regionalorganisationen zu Beginn der NS-Herrschaft 361

Es gab auch Verantwortliche im Kampfbund, die sich bemühten, „mäßigend" zu wirken. Sie teilten ihren Mitgliedern mit, daß das „Vertrauen der Wirtschaft auf eine stabile Wirtschaftsentwicklung (...) nicht durch Eingreifen (sic; M. W.), gleich welcher Art, erschüttert werden" dürfe[163]. Im Juni untersagte der Beauftragte der NSDAP für die Wirtschaft, Otto Wagener, dem Kampfbund die Einsetzung von Kommissaren und andere direkte Eingriffe in das Wirtschaftsleben[164].

Am 14. Juli beschloß das Kabinett auf das Drängen Hitlers hin die Änderung einiger Richtlinien, die noch vom Reichswirtschaftsminsterium überarbeitet werden und die den Aktionsradius des Kampfbundes einengen sollten[165]. Beim Verein Deutscher Eisen- und Stahlindustrieller (VDESI) wurde dieser Schritt mit Erleichterung registriert[166]. Auch der Langnamverein setzte seine Mitglieder voller Befriedigung über die veränderten Richtlinien für die Vergabe öffentlicher Aufträge in Kenntnis[167]. Durch diese Richtlinien sollte „die häufig eigennützigen Motiven entsprungene Einwirkung anderer Personen und Organe" unter keinen Umständen geduldet werden, und dem Kampfbund für den gewerblichen Mittelstand wurde die Einwirkung auf die Vergabe öffentlicher Aufträge von Reich, Ländern und Gemeinden untersagt[168].

Die (sehr) direkte Arbeitsbeschaffungspolitik wurde dem radikaleren Teil des gewerblichen Mittelstands untersagt, um keine neuen Unruhen in „die Wirtschaft" hineinzutragen. Daß aber das Handwerk an dieser Form der Auftrags- beziehungsweise Arbeitsbeschaffungspolitik beteiligt war oder sich beteiligen wollte, erscheint relativ unwahrscheinlich. Die „Solidarität" dürfte innerhalb „des gewerblichen Mittelstands" eher auf die „Weltanschauung" beschränkt gewesen sein.

---

[162] Uhlig, Warenhäuser, S. 75.

[163] Kampfbund für den gewerblichen Mittelstand, Gau München-Oberbayern der NSDAP. Der Landesbeauftragte für Bayern an alle Kreis- und Ortsgruppen Kampfbundführer und Fachgruppenleiter im Gau München-Oberbayern, 18. 5. 1933, BAK, Sammlung Schumacher 242. Dieser Appell galt als „vertraulich". Er könnte als Beleg für die hypothetisch formulierte Erklärung dienen, daß die neuen Handwerksführer in ihre neue Rolle als Verantwortungsträger hineinwachsen mußten, um die nationalsozialistischen „Errungenschaften" zu sichern und auszubauen. Einige scheinen diese Wandlung tatsächlich vollzogen zu haben.

[164] Uhlig, Warenhäuser, S. 106.

[165] Vgl. den Kommentar Niebuhrs von der Geschäftsführung des VDESI in dem Rundschreiben des VDESI vom 18. 7. 1933, BAK, R 13 I/623.

[166] a.a.O.

[167] Rundschreiben des Langnamvereins, 21. 7. 1933, BAK, Nachlaß Silverberg 444.

[168] a.a.O. Am 7. 8. 1933 wurde der Kampfbund schließlich in die DAF eingegliedert, Bracher/Sauer/Schulz, S. 192.

Das Zweite Reinhardt-Programm

Die Reichszuschüsse für Instandsetzungsarbeiten an Wohngebäuden und für die Teilung von Wohnungen aus dem Ersten Reinhardt-Programm wirkten sich nach Angaben des „Deutschen Handwerksblattes" ebenso wie die Ausdehnung der Vergünstigungen auf landwirtschaftliche Betriebsgebäude günstig auf die wirtschaftliche Lage des Handwerks aus. Da aber diese Mittel angeblich nicht ausreichten, begrüßte man im Handwerk die zusätzlichen Zuschüsse des Zweiten Reinhardt-Programms. Auch mit der Durchführung der Aufträge war man beim Handwerk zufrieden, denn das Handwerksblatt lobte das Vorgehen der Behörden gegen die Schwarzarbeit[169].

Ganz ungetrübt blieb das Verhältnis des Handwerks zu Regierungs- und Parteistellen jedoch auch auf diesem Gebiet nicht. Der Bezirksleiter der DAF in Westfalen, Walter Nagel, der wegen seines Appells zur Arbeitsstreckung bereits den Unmut von Großunternehmern der Schwerindustrie auf sich gezogen hatte[170], nahm im November 1933 an den Preiserhöhungen im Handel und Handwerk Anstoß und warnte diese „Hyänen von Volksgenossen" davor, die „nationalsozialistische Revolution zur Befriedigung ihrer Profitgier" zu mißbrauchen. Sollten sie die Preiserhöhungen nicht rückgängig machen, würde man sie zur Rechenschaft ziehen müssen. „Der Geist der Wirtschaftspartei"[171], mahnte Nagel, „wird ebenso vernichtet wie der Geist des Marxismus und des Liberalismus"[172].

Der Aufschwung im Handwerk setzte sich in den folgenden Monaten besonders durch die Zuschüsse des Zweiten Reinhardt-Programms fort, und auch mit der Beteiligung an den Aufträgen war man in dieser Wirtschaftsgruppe zufrieden. Bei den „direkten, öffentlichen Arbeiten" war dies nicht der Fall[173]. Bereits im Sommer 1934 machte sich durch die Belebung des Bauhaupt- und -nebengewerbes, besonders im Malerhand-

---

[169] Bericht über die wirtschaftliche Lage des Handwerks in den Monaten Juli, August, September 1933, erstattet von der Geschäftsführung des Deutschen Handwerks- und Gewerbekammertages, DHWB, 27. Jg., Heft 20, 15. 10. 1933, S. 389. Daß sich das Verhältnis zwischen Hoch- und Tiefbauten in den vorangegangenen Monaten genau umgekehrt hatte, registrierte das Handwerksblatt ohne Kommentar. Tiefbauten machten nun zwei, Hochbauten nur noch ein Drittel aller Bauprojekte aus, a.a.O. (vgl. auch den Abschnitt über die Bauindustrie im Kapitel über die mittlere Industrie.)

[170] Vgl. das Kapitel über die Schwerindustrie.

[171] Zeitweilig eine ausgesprochene Mittelstandspartei, vgl. Martin Schumacher, Wirtschaftspartei.

[172] Aufruf des Bezirksleiters der DAF in Westfalen, Walter Nagel, im Dortmunder Generalanzeiger, 9. 11. 1933, in: Bergbau-Museum Bochum, 13/482.

[173] Bericht über die wirtschaftliche Lage des Handwerks in den Monaten Oktober, November, Dezember 1933, erstattet von der Geschäftsführung des Deutschen Handwerks- und Gewerbekammertages, DHWB, 28. Jg., Heft 2, 15. 1. 1934, S. 29.

4. Die Zentral- und Regionalorganisationen zu Beginn der NS-Herrschaft

werk, ein „wesentlicher Facharbeitermangel" bemerkbar, und auch in anderen Zweigen des Bauhandwerks waren alle Facharbeiter wieder beschäftigt. In „vielen Fällen" bestand auch dort schon ein Facharbeitermangel[174].

Über Schwierigkeiten, die sich für das Handwerk bei der „Instandsetzungsaktion" des Zweiten Reinhardt-Programms durch die Gestaltung des Kreditsystems ergeben hatten, wurden noch im Juli 1934 Klagen laut. Leihgelder für den Selbstaufbringungsbetrag, den der Hausbesitzer zu erbringen hatte, soll das Handwerk kaum erhalten haben. Deshalb wurde im Handwerksblatt die Neuordnung des Kreditsystems gefordert, damit auch das Handwerk selbst Aufträge vergeben könne[175]. Das „Gesetz über die Übernahme von Garantien für Kredite an das Kleingewerbe", das die Reichsregierung im Oktober 1933 verabschiedet hatte[176], erwies sich offensichtlich als unzureichend. Und selbst diese Maßnahme hatte das Kabinett seinerzeit nur höchst unwillig verabschiedet. Alle Teilnehmer an der Ministerrunde waren sich darin einig, daß außer dieser Garantieübernahme keine weitere mehr folgen dürfte[177].

Die Klagen deckten sich mit den Erfahrungen, die auch der Deutsche Sparkassen- und Giroverband gesammelt hatte. Eine Rundfrage der Zentrale bei den Mitgliedsverbänden ergab nämlich, daß bei der Finanzierung der Instandsetzungsarbeiten das Handwerk benachteiligt wurde, weil es wegen seines Kapitalmangels nur in sehr begrenztem Maße in den Genuß von Krediten kommen konnte. Die vergleichsweise strengen Liquiditätsvorschriften der Sparkassen erschwerten die Kreditaufnahme des Handwerks für den erforderlichen „Selbstaufbringungsbetrag" zusätzlich[178]. Verantwortlich für die Schwierigkeiten des Handwerks, selbst bei den Sparkassen Kredite zu bekommen, war die Reichsregierung. Denn bereits im November 1933 drängte der Vorstand des Deutschen Sparkassen- und Giroverbands den Reichswirtschaftsminister um die Erlaubnis für eine Senkung der Liquiditätsreserven der Sparkassen von fünfzig auf fünfundzwanzig Prozent der jeweils verfügbaren Mittel. Begründet wurde dieser Vorschlag mit der Notwendigkeit, bei den Arbeitsbeschaffungsmaßnahmen mehr Personalkredite gewähren zu müssen[179]. Auch

---

[174] Wolf, Das Handwerk zur Instandsetzungsaktion, DHWB, 28. Jg., Heft 13, 1. 7. 1934, S. 245 ff. Hierzu jetzt Mason, Arbeiterklasse.
[175] a.a.O., S. 246 f.
[176] Vgl. das 5. Kapitel im ersten Teil. Diese Garantie war auf Kredite in einer Gesamthöhe von zehn Millionen RM begrenzt.
[177] Protokoll der Sitzung des Reichsministeriums, 17. 10. 1933, BAK, R 43 II/273.
[178] Der stellvertretende Präsident des Deutschen Sparkassen- und Giroverbands an den Reichsarbeitsminister, 9. 2. 1934, AVfK, DGT, B/875.
[179] Der Vorstand des Deutschen Sparkassen- und Giroverbands an den Reichswirtschaftsminister, 9. 11. 1933, a.a.O.

der Deutsche Gemeindetag befürwortete diese Maßnahme, aber die Reichsregierung sperrte sich dagegen[180].

Die Bemühungen des Handwerks richteten sich im Jahre 1934 im Zusammenhang mit der Auftrags- beziehungsweise Arbeitsbeschaffungspolitik vornehmlich auf die Verbesserung der Kreditmöglichkeiten. Der Generalsekretär des deutschen Handwerks, Schild, erklärte auf dem Reichskongreß der deutschen Handwerks- und Gewerbekammer in Kassel am 2. März 1934, daß angesichts des nahenden Endes der Zuschußaktion für Instandsetzungsarbeiten am 31. März „nunmehr von der Zuschußwirtschaft abgegangen werden müsse, um sie durch andere Mittel und Wege zu ersetzen". Im Mittelpunkt dieser neuen Wege stand für ihn die Frage des „mittelfristigen Kredits"[181].

Ob Schild diese volkswirtschaftliche „Erkenntnis" aus Überzeugung vertrat, ist nicht mit Sicherheit zu ermitteln, kann aber beispielsweise aufgrund der seinerzeitigen Reaktion auf das Erste Reinhardt-Programm nicht ausgeschlossen werden. Die Handwerksführer wurden nolens oder volens in die Verantwortlichkeit hineinverpflichtet; und nach dem 30. Juni dann erst recht[182]. Die indirekte Arbeitsbeschaffung wurde 1934 beim Handwerk noch „salonfähiger". Teilweise arbeiteten die Handwerksführer daran aktiv mit, teilweise hatten sie es passiv hinzunehmen. Die Forderungen des Handwerks nach erleichterten Kreditbedingungen rissen 1934 das ganze Jahr über nicht ab[183]. Daß die nationalsozialistischen Machthaber Kreditschöpfung betrieben, bleibt unbestritten, aber dabei wurde für einige Gruppen mehr, für andere jedoch weniger „geschöpft". Das Handwerk hatte — diesmal anscheinend nicht nur subjektiv — den Kürzeren gezogen. Leichter wurde die Auftrags- beziehungs-

---

[180] Deutscher Gemeindetag an den Gemeindetag für Schleswig-Holstein, 9. 5. 1934, AVfK, DGT, B/3714.

[181] DHWB, 28. Jg., Heft 6, 15. 3. 1934, S. 114.

[182] Als die Stunde des verschwommenen „Mittelstandssozialismus" endgültig schlug, hierzu: Charles Bloch, Die SA und die Krise des NS-Regimes 1934, Frankfurt/Main 1970; H. Brennecke, Die Reichswehr und der ‚Röhm-Putsch', München 1964; J. François, L'affaire Röhm - Hitler, Paris 1946; K. Gossweiler, Die deutsche Monopolbourgeoisie und das Blutbad vom 30. Juni 1934, unter besonderer Berücksichtigung des Kampfes zwischen Deutscher Bank und Dresdner Bank, Schwerindustrie und Chemie-/Elektroindustrie, Phil. Diss. Berlin (DDR) 1963; ders., Die Röhm-Affäre von 1934 und die Monopole, in: Monopole und Staat, Berlin (DDR), S. 151 ff.; H. Mau, Die ‚Zweite' Revolution — Der 30. Juni 1934, in: VHZ 1, 1953, S. 119 ff.; E. Paterna u. a., Deutschland von 1933 bis 1939. Von der Machtübertragung an den Faschismus bis zur Entfesselung des zweiten Weltkrieges, Berlin (DDR) 1969, S. 119; Schweitzer, Big Business, S. 239.

[183] z. B. Bericht über die wirtschaftliche Lage des Handwerks in den Monaten April, Mai, Juni 1934, DHWB, 28. Jg., Heft 14, 15. 7. 1934, S. 267; Heinrich Schild, Bauhandwerk und Arbeitsbeschaffung, DHWB, 28. Jg., Heft 18, 15. 9. 1934, S. 344 ff.; Gerhard Biskup, Grundlagen zur Prüfung der Kreditsicherheit im Handwerk, DHWB, 28. Jg., Heft 23, 1. 12. 1934, S. 457 ff.

4. Die Zentral- und Regionalorganisationen zu Beginn der NS-Herrschaft

weise Arbeitsbeschaffung für das Handwerk durch die im Jahre 1934 angewandten Vergaberichtlinien auch nicht. Das Reichsfinanzministerium wies kategorisch Anträge zurück, die öffentlichen Träger der Arbeit bei der Auftragsvergabe zugunsten bestimmter Lieferfirmen zu beeinflussen, vielmehr sollte es den „interessierten Unternehmungen überlassen bleiben, durch entsprechende Angebote im freien Wettbewerb Aufträge hereinzuholen"[184].

Für die Großindustrie mußten sich dabei natürlich weniger Schwierigkeiten auftürmen als für das Handwerk. Immerhin hatte sie stets für Maßnahmen indirekter Arbeitsbeschaffung plädiert. Nun hatte sie erhalten, was sie wollte. Beim Handwerk war das Bekenntnis seiner neuen Führer zur indirekten Arbeits- beziehungsweise Auftragsbeschaffung zwar vorhanden, aber doch zumindest ambivalent.

---

[184] Notiz, Ministerialrat Poerschke an den Referenten Lüttgen, im Hause, 5. 5. 1934, BAK, R 2/18682.

Schlußbetrachtung

Vier Fragegruppen gilt es, abschließend zu beantworten:

— War die staatliche Arbeitsbeschaffungspolitik Funktion des auf die Politiker ausgeübten Drucks durch eine oder mehrere Untersuchungsgruppen? Wer bestimmte den wirtschaftspolitischen Kurs in der Frage der Arbeitsbeschaffung[1]?

— Welche Rolle kam der volkswirtschaftlichen „Erkenntnis" und dem betriebswirtschaftlichen „Interesse" der Untersuchungsgruppen zu?

— Wie ist die Homogenität in und zwischen den verschiedenen Wirtschaftsgruppen zu beurteilen? Lassen sich „Interessenkoalitionen" innerhalb der Wirtschaft und mit den Politikern erkennen?

— Wem nutzte die Arbeitsbeschaffungspolitik der Jahre 1930 bis 1934 in erster Linie? Welchen wirtschaftlichen und politischen Nutzen zogen die Wirtschaftsgruppen aus der Arbeitsbeschaffung? Welche Funktion erfüllten sie für die staatlichen Entscheidungsträger?

Staat und Wirtschaft in der Frage der Arbeitsbeschaffung

Die Ergebnisse der quantitativen Auswertung (vgl. Anhang I) liefern keine Hinweise dafür, daß die Arbeitsbeschaffungspolitik einer der vier Regierungen der Jahre 1930 bis 1934 Funktion des Drucks war, den eine oder mehrere Untersuchungsgruppen auf die staatlichen Entscheidungsträger ausübten.

Es hat sich außerdem gezeigt, daß viele Maßnahmen, bei denen ein hoher Übereinstimmungsgrad zwischen Regierung und Untersuchungsgruppen beobachtet werden konnte, nicht auf die Initiative der Wirtschaft zurückzuführen waren. Umgekehrt blieben die Ergebnisse verschiedener Projekte, die von der Wirtschaft gefordert wurden und deretwegen man die Regierung bemühte, hinter den Erwartungen zurück. Die Aufträge der Reichsbahn, für die sich besonders die Schwerindustrie einsetzte, haben das deutlich gezeigt. So rissen Klagen aus der Schwerindustrie

---

[1] Diese Alternative wird lediglich deshalb so absolut formuliert, weil sie die Grundaussage der Theorie des staatsmonopolistischen Kapitalismus in Frageform faßt. Diese Theorie und die Bonapartismus-These sollen durch die Beantwortung der Frage — bezogen auf das Problem der Arbeitsbeschaffung — bestätigt oder widerlegt werden.

über die Vergabepraktiken der verantwortlichen Behörden weder unter Brüning, Papen und Schleicher noch unter den Nationalsozialisten ab. Aber auch der Reichsverband der Deutschen Industrie, der Deutsche Industrie- und Handelstag und das Handwerk bemängelten die Arbeitsbeschaffungspolitik der Reichsbahn.

Auf Versprechungen und Bemühungen der Regierungen konnte sich die Wirtschaft nicht immer verlassen. Die Regierung Brüning hatte nicht einmal genügend Autorität, um ihre Delegierten im Verwaltungsrat der Reichsbahn dazu zu bringen, die Interessen der Regierung wahrzunehmen. Sie sah ohnmächtig zu, wie sich ihre eigenen Vertreter im Verwaltungsrat gegen den Regierungskurs stark machten. Und als schließlich die Aufträge überhaupt vergeben wurden, legte man den Lieferfirmen Bedingungen auf, die diese Geschäfte für die Unternehmer wenig attraktiv gestalteten.

Die Wirtschaft, vom Großindustriellen bis zum Handwerksmeister, machte gegen diese Form der Arbeitsbeschaffung geschlossen „Front" und billigte sie, wenn überhaupt, nur der Not gehorchend.

Auch bei den „Russengeschäften", von denen in erster Linie der Reichsverband der Deutschen Industrie und die Schwerindustrie betroffen waren, konnte die Wirtschaft nur teilweise mit der Unterstützung der Regierung Brüning rechnen.

Zwar übernahm die Regierung einen Teil der Ausfallbürgschaften, aber die skeptischen Stimmen im Kabinett waren nicht zu überhören. Selbst auf einen ihrer angeblichen Vertrauensleute, Staatssekretär von Trendelenburg, konnte sich die interessierte Industrie nicht voll verlassen. Er empfahl der Regierung, statt Garantien für die „Russengeschäfte" zu übernehmen, vermehrte Aufträge der Reichsbahn zu fördern. Sicherlich kamen gerade diese Bestellungen den gleichen Wirtschaftszweigen zugute, aber für diese waren „Russengeschäfte" und Aufträge der Reichsbahn keine Alternative. Sie bemühten sich um beides.

Auch die unter anderem von Trendelenburg im Rahmen der amtlichen Preissenkungsaktionen mitgestalteten Richtlinien für die Vergabe öffentlicher Aufträge dürften bei „der" Wirtschaft auf wenig Gegenliebe gestoßen sein.

Außer Trendelenburg galt auch noch Treviranus als „Vertrauensmann" der Wirtschaft. Diese hatte indes Befürchtungen, daß die „dilettantischen" Siedlungspläne des Politikers verwirklicht werden könnten. Auf diese Art „Vertrauensmänner" war kein Verlaß, und als Stegerwald die öffentlichen Behörden anwies, keine Aufträge an Unternehmer „mit unsozialer Haltung" zu vergeben, waren Trendelenburg und Treviranus weder willens noch in der Lage, diese Anweisung zu verhindern.

Die Chemieindustrie, besonders die IG Farben, konnte im Oktober 1931 bei der Regierungsumbildung einen gewissen Teilerfolg erzielen: Von vier Männern, die von der IG für einen Ministerposten vorgeschlagen wurden, kam schließlich einer ins Kabinett. Aber auch er konnte (oder wollte?) die Ablehnung des von führenden Männern der IG getragenen Wagemann-Plans nicht verhindern, und freundlicher gesonnen war Brüning der IG nach dem Pressionsversuch vom Herbst 1931 auch nicht.

Der Hansa-Bund griff die Regierung Brüning schärfer als alle übrigen Untersuchungsgruppen an und zog die Konfrontation der Kooperation mit den politisch Verantwortlichen vor.

Das Handwerk fühlte sich bei den Entscheidungen der Regierung ständig übergangen, und die „Reformer" stießen bei den Verantwortlichen ohnehin auf taube Ohren.

Die Kommunikation zwischen der Regierung Brüning und den Untersuchungsgruppen war alles andere als intensiv: So erhielten Vertreter des RDI bei einer der nicht gerade häufigen Unterredungen mit Brüning im September 1931 einige wirtschaftspolitische Informationen, die ihnen „völlig neu" waren, und den Inhalt der Notverordnung vom 6. Dezember 1931 erfuhr der Reichsverband der Deutschen Industrie nur aus der Presse.

Auch die Ruhrlade scheint keinen Immediatzugang zu Brüning gehabt zu haben. Als sie im Februar 1931 in der Frage der Arbeitszeit beim Kanzler intervenieren wollte, begnügte sie sich mit schriftlichen Eingaben. Ihres Erfolges konnten sich die Industriellen nicht gewiß gewesen sein, denn gerade zu jener Zeit trug sich das Kabinett unter dem Einfluß der bald darauf veröffentlichten Empfehlungen der Brauns-Kommission mit dem Gedanken, die Arbeitszeit „schematisch" auf vierzig Wochenstunden zu begrenzen.

Besprechungen zwischen der Regierung und Vertretern der Schwerindustrie fanden selten statt, und so scheint zum Beispiel die Mitgliedschaft des VDESI die Beeinflussungsmöglichkeiten ihres Verbandes gering eingestuft zu haben: Im Herbst 1931 erklärten zahlreiche Mitgliedsfirmen ihren Austritt aus dem VDESI. Diese Entscheidung wurde vornehmlich damit begründet, daß der Verband nicht in der Lage gewesen sei, der Regierung gegenüber die Interessen der Eisen- und Stahlindustrie erfolgreich wahrzunehmen.

Über die Kommunikation hinaus waren nur wenige Unternehmer der Schwerindustrie, wie zum Beispiel Hermann Röchling, bereit, an der Gestaltung der Arbeitsbeschaffungspläne der Regierung Brüning mitzuarbeiten.

Die „Arbeitsbeschaffungs"politik der Regierung Brüning wurde also von dieser in eigener Regie und Verantwortung geplant und durchgeführt und sie bestand aus zahlreichen Kompromissen, bei denen jede Wirtschaftsgruppe sich mit einigen Zugeständnissen der Regierung begnügen mußte.

Die Regierung Papen war sicherlich unternehmerfreundlich. Da aber auch die Machtvollkommenheit dieser Regierung beschränkt war, konnten sich „die" Unternehmer von dieser Regierung nicht viel mehr erhoffen als von ihrer Vorgängerin.

So gelang es Papen nicht einmal, den Verwaltungsrat der Reichsbahn dazu zu bringen, die der Schwerindustrie bereits zugesagte monatliche Auftragshöhe für Bestellungen der Bahn zu billigen, und bei der Durchführung der lohnpolitischen Bestimmungen vom September 1932 hatte die Regierung innerhalb ihrer eigenen Bürokratie Widerstände zu überwinden. Der Mangel an Autorität, der das Vertrauen der Wirtschaft in die staatlichen Entscheidungsträger schwächen mußte, war also nicht nur ein Problem der Regierung Brüning.

Gingen die lohnpolitischen Bestimmungen der Notverordnung vom September 1932 auf die Initiative einer oder mehrerer Untersuchungsgruppen zurück? Keine der Untersuchungsgruppen kannte den Inhalt der Notverordnung vom 4. und 5. September vor ihrer Veröffentlichung, und sogar der RDI und führende Vertreter der Schwerindustrie waren auf Mutmaßungen angewiesen. RDI, DIHT, die Schwerindustrie und die chemische Industrie übten an diesen Maßnahmen scharfe Kritik, so daß eine entscheidende Mitgestaltung dieser Gruppen sehr unwahrscheinlich sein dürfte. Die Untersuchungen haben außerdem ergeben, daß die lohnpolitischen Bestimmungen nur in wenigen Einzelfällen in den Großunternehmen der verschiedenen Wirtschaftszweige angewendet wurden.

Für eine aktive Mitgestaltung der Pläne durch den Hansa-Bund oder das Handwerk gibt es keine Hinweise.

Die Kontingentierung landwirtschaftlicher Einfuhren fand nur beim Handwerk und bei Teilen der mittleren Industrie, zum Beispiel beim Verband Pfälzischer Industrieller, Verständnis, aber keine rückhaltlose Zustimmung. Hinweise auf eine aktive Mitgestaltung der Papenschen Arbeitsbeschaffungspolitik durch einzelne Unternehmer lassen sich kaum feststellen. Einer der wenigen Industriellen, dessen Mitarbeit belegt werden kann, ist Otto Wolff. Da er aber auch mit der Regierung Schleicher kooperierte, die von anderen sozialen und politischen Prioritäten ausging, dürfte Wolff eher fachmännische Detailempfehlungen gegeben als die allgemeinen Prioritäten der Arbeitsbeschaffungspolitik bestimmt haben. Die Papensche Arbeitsbeschaffungspolitik basierte, abgesehen von den „sozial"politischen Aspekten, primär auf den Wünschen Hindenburgs sowie der Landwirtschaft und wurde von keiner der Untersuchungsgruppen inauguriert.

Schleicher machte seine Arbeitsbeschaffungspolitik mit Außenseitern und für diese. Die „Reformer" hatten nun „ihren" Mann, Gereke, als Reichskommissar für Arbeitsbeschaffung in der Regierung. Das Handwerk trug ohnehin nur Bitten vor, sofern es hierzu überhaupt Gelegenheit erhielt: Der Hansa-Bund stand in ablehnender Distanz zu dieser Regierung, und die Großunternehmer mußte Schleicher für seinen Kurs zu gewinnen versuchen. Im besten Falle fand er hier Verständnis. Keine der verschiedenen Gruppen der Großindustrie hat die Arbeitsbeschaffungspolitik Schleichers wesentlich mitbeeinflußt oder sich für ihre Durchführung anderen Industriegruppen gegenüber stark gemacht. Außerdem war die Regierung Schleicher viel zu sehr mit ihrem eigenen politischen Überleben beschäftigt, als daß sie ein zuverlässiger „Partner" für die eine oder andere Wirtschaftsgruppe hätte sein können.

„Mittelständische" Gruppen haben in sehr massiver Weise versucht, die nationalsozialistische Arbeitsbeschaffungspolitik zu beeinflussen. Diese war jedoch offensichtlich nicht Funktion „mittelständischen" Drucks, denn als die — stark an den Wünschen dieser Gruppe orientierte — Arbeitsbeschaffung in die Wege geleitet wurde, war der politische Einfluß des „stürmenden und drängenden" Mittelstands bereits verdrängt worden.

Führte dann die nationalsozialistische Regierung die Wünsche der mittleren Industrie aus? Wer aber war „die" mittlere Industrie? Der Hansa-Bund, der sich für die nationalsozialistische Arbeitsbeschaffung kaum mehr erwärmen konnte als für die Maßnahmen der vorangegangenen Regierungen und dessen Vorschläge der Reichswirtschaftsminister als „absurd" bezeichnete? War die Bauindustrie „die" mittlere Industrie? Sie konnte scheinbar durchaus mit der Arbeitsbeschaffung der Nationalsozialisten zufrieden sein. Aber wo ließ sich eine Beeinflussung gerade durch diese Wirtschaftsgruppe beobachten? Im Frühjahr 1933 hatte sich ihre überregionale Dachorganisation an Reichskommissar Gereke gewandt, um die staatlichen Entscheidungsträger in ihrem Sinne zu beeinflussen und das Sofortprogramm um Maßnahmen im Hochbau zu erweitern. Günter Gereke gehörte jedoch nur wenige Wochen später nicht mehr zu denen, die an der Entscheidungsfindung der Regierung teilnahmen.

Die Gruppe der „Reformer" war in sich so heterogen, daß man eine einheitliche Interessenwahrnehmung ihrerseits nicht erwarten kann. Mit einiger Sicherheit dürften sie die nationalsozialistische Arbeitsbeschaffung geistig beeinflußt haben, hatte doch Heinrich Dräger 1932, sogar ohne Partemitglied zu sein, seine Schrift „Arbeitsbeschaffung durch produktive Kreditschöpfung" mit Hilfe der NSDAP veröffentlicht. Der Einfluß der „Reformer" beruhte jedoch zweifellos mehr auf der Kraft ihrer Argumente als auf wirtschaftlicher Macht. Bleibt also nur noch die Gruppe der Großindustrie, die als „Auftraggeber" in Betracht gezogen werden kann. Da die traditionelle Strömung des DIHT politisch sehr bald ausbeziehungsweise gleichgeschaltet und „mittelständisch" durchsetzt wurde, dürfte dieser Verband die Arbeitsbeschaffungspolitik der Regierung nicht entscheidend beeinflußt haben. Die Schwerindustrie und der RDI hatten sich noch unter Brüning für die Durchführung der „Russengeschäfte" eingesetzt. Bestand dieses große Interesse an den „Russengeschäften" nicht mehr als die Nationalsozialisten an die Macht kamen oder stand dieses Thema nicht mehr zur Debatte, weil die neue Regierung es überhaupt nicht mehr zur Sprache brachte?

Seit 1933 ging die deutsche Ausfuhr in die Sowjetunion ebenso schnell zurück wie sie Anfang der dreißiger Jahre angewachsen war. Das Interesse der Schwerindustrie und des RDI dürfte unverändert groß gewesen sein, nur bestimmten nicht sie den wirtschaftspolitischen Kurs, sondern die Regierung. Daß die politischen Machthaber den Ton angaben, zeigte auch der ultimative Spendenappell der Nationalsozialisten. Vor dem Machtantritt hatten alle Wirtschaftsgruppen derarige Vorschriften als „staatliche Einmischung" und Erhöhung der Lasten angeprangert. Es ist daher höchst unwahrscheinlich, daß sie die Unternehmer nun nicht mehr als Lasten, sondern als Privilegien empfanden.

Übte die Großindustrie einen entscheidenden Einfluß auf die Gestaltung des Ersten Reinhardt-Programms aus? Wurde dieses erste umfangreiche Arbeitsbeschaffungsprogramm der Nationalsozialisten erst nach der Zustimmung der Großindustrie in der Unterredung vom 29. Mai 1933 verfügt? Verlauf, Atmosphäre, Inhalt und Zeitpunkt der Besprechung lassen derartige Schlüsse nicht zu. Hitler hat sich in dieser Besprechung nicht das Einverständnis der Industriellen eingeholt, und das Reinhardt-Programm stand nicht zur Debatte. Man sprach über Fragen der Arbeitsbeschaffung im allgemeinen sowie über den „Bau großer Automobilstraßen" und die „Wiederherstellung des Hausbesitzes" im besonderen. Abgesehen davon war der zweitägige Abstand zwischen dieser Besprechung und der Bekanntgabe des Ersten Reinhardt-Programms viel zu kurz, um ein derart umfangreiches Gesetzeswerk auszuarbeiten.

Weit eher ließe sich eine Beeinflussung durch den Verein Deutscher Maschinenbau-Anstalten vermuten. Aber erstens war diese Intervention keine „konzertierte Aktion" des gesamten Maschinenbaus oder gar „der" Industrie und zweitens war selbst der Verein Deutscher Maschinenbau-Anstalten mit der Gestaltung des Programms nicht voll einverstanden. Auch in der übrigen Schwerindustrie wurde Kritik laut, die sich sogar gegen die Abschreibungsvorschriften, vor allem aber gegen die Bevorzugung der Handarbeit richtete. Weshalb sollte sich ausgerechnet die Schwerindustrie für derartige Maßnahmen begeistern?

In bezug auf das Zweite Reinhardt-Programm scheint eine entscheidende Beeinflussung durch die Großindustrie noch unwahrscheinlicher zu sein, da sich diese Wirtschaftsgruppe von einem Programm, das in erster Linie den Wünschen des „Mittelstands" und hier besonders des Handwerks entgegenkam, so gut wie nichts versprechen konnte. Gab nicht der „Generalrat der Wirtschaft" am 20. September 1933 seine Zustimmung zu diesem Programm? Diese Vermutung muß aufgrund der erarbeiteten Ergebnisse verworfen werden, und wiederum geben Verlauf, Atmosphäre, Inhalt und Zeitpunkt der Besprechung des „Generalrats der Wirtschaft" keinen Anhaltspunkt dafür, daß die Industriellen der Regierung vorschrieben, was sie zu tun hatte. Ebensowenig kann gesagt werden, daß sich die Regierung und die Großunternehmer die Macht in ihren jeweiligen Bereichen teilten.

Die Politiker steckten der Wirtschaft die Rahmenbedingungen ab, denen sich auch die Großindustrie zu fügen hatte. Das galt für die Spenden ebenso wie für die beiden Reinhardt-Programme, die steuerpolitischen und übrigen Maßnahmen auf dem Gebiet der Arbeitsbeschaffung.

Über das unmittelbar bevorstehende Zweite Reinhardt-Programm wurden die Großunternehmer im „Generalrat der Wirtschaft" lediglich in Kenntnis gesetzt und weder um Gegenvorschläge noch um die Billigung dieses Programms gebeten. Abgesehen davon waren die Vorbereitungen hierfür ohnehin schon abgeschlossen. Einen Tag nach der Sitzung des „Generalrats der Wirtschaft" wurde das Zweite Reinhardt-Programm bekanntgegeben.

Die erfolgreichen Proteste der Schwerindustrie gegen die Bevorzugung ortsansässiger Handwerksbetriebe kann nicht als Zeichen für die Machtfülle der Industrie gewertet werden, da die Regierung nur auf Gelegenheiten wartete, um allmählich von der „mittelständischen" Linie abzurücken, die sie bei der wirksamen Durchführung ihrer Ziele, vor allem auf militärischem Gebiet, nur behindern konnte.

Die „Ideologisierung" der Wirtschaft behagte der Schwerindustrie ebensowenig wie dem RDI, der traditionellen Linie des DIHT oder der chemischen Industrie. Weder die bevorzugte Einstellung „alter Kämpfer" noch die Benachteiligung „nichtarischer" Firmen wurde gebilligt, und von einer direkten Beeinflussung der Regierung durch diese Gruppen kann nicht gesprochen werden.

Banken und Industrie befanden sich, wie Ernst Poensgen sagte, 1933 das ganze Jahr über in ständigem Kampf mit der Bürokratie. In der Frage der Arbeitsbeschaffung setzte sich schließlich die Bürokratie nicht nur gegen die Schwerindustrie durch.

Die chemische Industrie war von den Maßnahmen der direkten Arbeitsbeschaffung so gut wie gar nicht betroffen, und das vom Umfang her einzig nennenswerte Arbeitsbeschaffungsprogramm, an dem dieser Wirtschaftszweig beteiligt war, der Ausbau der deutschen Mineralölindustrie, blieb aufgrund der staatlichen Bestimmungen geschäftlich unattraktiv. Das erste und letzte Wort hatte auch bei diesem Arbeitsbeschaffungsprogramm der Staat.

Selbst die für die Automobilindustrie so vorteilhaften Steuervergünstigungen gingen offensichtlich nicht auf die eigene Initiative der Repräsentanten dieser Branche zurück. Ihr letzter registrierbarer Beeinflussungsversuch reichte bis in die Amtszeit Papens zurück, und daß der Schwerpunkt nationalsozialistischer Arbeitsbeschaffung auf dem Gebiet der Steuerpolitik liegen würde, war bereits durch die Berufung des Steuerfachmanns Fritz Reinhardt zum Staatssekretär im Reichsfinanzministerium abzusehen. Der Zeitpunkt für dieses Gesetz ergab sich allein aus den Umständen. Am 1. April 1933 lief das alte Kraftfahrzeugsteuergesetz aus.

Eine Monographie kann selbstverständlich keine Theorie falsifizieren. Überprüft man jedoch bei der Untersuchung eines Einzelthemas — etwa der Arbeitsbeschaffung — eine Theorie und stellt fest, daß diese dabei nicht bestätigt wird, müssen erhebliche Zweifel an der Gültigkeit der Theorie angemeldet werden. Erhebliche Zweifel an der Gültigkeit der Theorie des staatsmonopolistischen Kapitalismus und der Bonapartismus-Theorie drängen sich nach der Untersuchung der Politik der Arbeitsbeschaffung der Jahre 1930 bis 1934 auf. Die Nationalsozialisten waren weder das „ausführende Organ" der verschiedenen Wirtschaftsgruppen noch konnten diese in ihrem „Machtbereich" nach eigenem Gutdünken schalten und walten. Das übernahmen die neuen Machthaber selbst. Die Arbeitsbeschaffung war für die Nationalsozialisten ein Mittel zur Erlangung und später zur Rechtfertigung der Macht. Hierfür bedienten sie sich der Hilfe der verschiedenen Wirtschaftsgruppen, solange sie glaubten, dieser Unterstützung zu bedürfen. Da eine unmittelbare und entscheidende Einflußnahme der Unternehmerschaft auf die staatlichen Instanzen der Jahre 1930 bis 1934 im allgemeinen nicht festgestellt wurde, könnte man möglicherweise argumentieren, daß industrielle Interessen einen überwiegend mittelbaren Einfluß auf die politischen Entscheidungsträger auszuüben vermögen. Allerdings muß dann die Frage erlaubt sein, wie festgestellt werden soll, daß dieser mittelbare Einfluß gerade von den Industriellen und nicht etwa beispielsweise von den führenden Wissenschaftlern ausgeübt wurde? Außerdem dürfte es äußerst schwierig sein, Kriterien für den mittelbaren politischen Einfluß von wirtschaftlichen Interessengruppen festzustellen. Man würde sich hierbei in den Bereich der Spekulation begeben. Dies wiederum könnte weitreichende Folgen haben, da hier zugleich ein Problemkreis angesprochen ist, der zentrale Beachtung bei der Erörterung der gesellschaftlichen Voraussetzungen faschistischer Systeme findet. Ohne zuverlässige Indikatoren entwickelt zu haben, würde man über dieses brisante Thema voreilige Aussagen treffen. Letzten Endes würde man die „Handlangerdienste" der Unternehmer bei der Machtübergabe an die Nationalsozialisten weit überschätzen, sei es, weil es politisch erwünscht ist, sei es, weil man sich ungern von den eigenen Hypothesen lossagt. Daß die Rolle der Unternehmer bei der nationalsozialistischen „Machtergreifung" häufig überschätzt wird, haben vor allem die ermpirischen Untersuchungen Henry Ashby Turners gezeigt. Vielleicht hat auch die vorliegende Arbeit hierzu einiges beitragen können?

Obwohl sich meine Studie nicht mit der Verknüpfung von Arbeitsbeschaffung und Aufrüstung beschäftigt hat, sind einige Bemerkungen hierzu notwendig.

Es kann nicht bestritten werden, daß die Aufrüstung unter den Nationalsozialisten absolute Priorität genoß und parallel zur Arbeitsbeschaffung begonnen und betrieben wurde. Es läßt sich aber nicht sagen, daß die Arbeitsbeschaffung mit der Aufrüstung identisch war. Rüstungsaufträge sind, im Sinne des hier verwendeten begrifflichen Instrumentariums, als direkt arbeitsbeschaffende Maßnahmen zu verstehen; aus den Mitteln der direkten Arbeitsbeschaffungsprogramme wurde die Aufrüstung aber nicht finanziert. Allerdings muß auch der Ausbau der Infrastruktur zur Aufrüstung gerechnet werden, und hier wäre der Bau der Autobahnen zu berücksichtigen. Dieser wurde jedoch nur in einem vergleichsweise geringen Umfang aus den Mitteln der Arbeitsbeschaffung bestritten. Bei der Durchführung der Projekte wurde zwischen (direkter) Arbeitsbeschaffung und Aufrüstung trotz anderslautender, anfänglicher Absichtserklärungen Hitlers ausdrücklich unterschieden. Erst nach dem Ende der direkten, zivilen Arbeitsbeschaffung, das am 6. Dezember 1933 beschlossen wurde ,war die direkte Arbeitsbeschaffung — abgesehen von den umfangreichen Notstandsarbeiten — mit der Aufrüstung identisch. Seit Anfang 1934 betrieb die Regierung im nichtmilitärischen Bereich fast ausschließlich indirekte Arbeitsbeschaffung, und zwar vornehmlich im politisch-psychologischen Sinn. Die Wirtschaft konnte aufgrund der politischen Stabilität sicherer disponieren. Das ist keine Bewertung, sondern eine Feststellung, die nur wegen der begrifflichen Klarheit nicht den Preis dieser politischen Stabilität nennt.

In diesem Zusammenhang muß erwähnt werden, daß die Untersuchungsgruppen weder vor noch nach der „Machtergreifung" die Aufrüstung als Mittel zur Bewältigung von Wirtschaftskrise und Arbeitslosigkeit empfohlen hatten. Das Handwerk hatte von Rüstungsaufträgen ohnehin nicht viel zu erwarten, da man eine schlagkräftige Armee kaum mit Handwerksbetrieben aufbauen kann, und die hier untersuchten Industriezweige beharrten gegenüber der am Binnenmarkt orientierten Landwirtschaft auf der Förderung des Exports, ohne von selbst die Aufrüstung als „Kompromißlösung" vorgeschlagen zu haben.

Es bleibt dabei: Den politischen und wirtschaftlichen Kurs der Arbeitsbeschaffung bestimmten die politisch Mächtigen und nicht die führenden Männer der Wirtschaft.

Volkswirtschaftliche „Erkenntnis" und betriebswirtschaftliches „Interesse"

Besonders auffallend ist, daß die Diskussion um die Weltwirtschaftskrise und die Arbeitsbeschaffung als ein möglicher Weg, aus ihr herauszukommen, in Deutschland in einem national beschränkten Rahmen geführt wurde. Die gleichzeitige englische, schwedische, amerikanische oder japanische Diskussion scheint kaum rezipiert worden zu sein[2]. Eine Bestätigung mehr, wie sehr die Deutschen der Weimarer Republik auf ihre eigenen Nöte, vor allem auf das Reparationsproblem fixiert waren, in dessen Lösung nicht nur Brüning, sondern auch die Mehrzahl der Untersuchungsgruppen die wichtigste Voraussetzung zur Überwindung der Wirtschaftskrise sahen.

Im Rahmen der lediglich auf die nationalen Probleme bezogenen Diskussionen um die Arbeitsbeschaffung konnte ein Zusammenhang zwischen der volkswirtschaftlichen „Erkenntnis" und dem betriebswirtschaftlichen „Interesse" der Untersuchungsgruppen nur teilweise beobachtet werden.

Deutlich erkennbar wurde dagegen, wie stark der jeweilige Ansatzpunkt der Untersuchungsgruppen von ihrem Erfahrungshorizont im Rahmen der nationalen Wirtschaft abhing. Je mehr sich die Gruppen bei der Wahrnehmung des für sie betriebswirtschaftlich Wünschbaren mit dem volkswirtschaftlich Machbaren konfrontiert sahen, desto mehr bezogen sie beide Momente in ihr Kalkül ein, und zwar sowohl in bezug auf die „Erkenntnis" als auch auf das „Interesse".

Beim Handwerk konnte dies am besten veranschaulicht werden. Sicherlich verfolgten Handwerksführung und -mitgliedschaft keine verschiedenen betriebswirtschaftlichen „Interessen". Sie unterschieden sich aber sehr in ihrer volkswirtschaftlichen „Erkenntnis". Der Handwerksführung in der Weimarer Zeit blieb gar keine andere Wahl, als ihre zunächst vom betriebswirtschaftlichen „Interesse" geprägte volkswirtschaftliche „Erkenntnis" allmählich zu revidieren oder korrigieren, um als Gesprächspartner von den staatlichen Entscheidungsträgern ernst genommen zu werden. Die „Basis" stellte Forderungen, die lediglich am Handwerksbetrieb orientiert waren und bei denen die volkswirtschaftliche „Erkenntnis" keine Rolle spielte. Gut ist, was dem Handwerk nutzt! war die Devise. Volkswirtschaftliche Probleme zählten nicht. Die Führung mußte sehen, wie sie Kompromisse aushandeln konnte und mußte

---

[2] Vgl. hierzu die Literaturangaben in Anm. 3 der Einleitung.

dafür ihre volkswirtschaftliche „Erkenntnis" überprüfen. Sie mußte abwägen, welche Kompromisse im Rahmen des volkswirtschaftlich Möglichen annehmbar waren und welche nicht.

Als die Handwerks„basis" unter den Nationalsozialisten in die Verantwortung miteinbezogen wurde, konnte ein ähnlicher Wandlungsprozeß ihrer volkswirtschaftlichen „Erkenntnis" beobachtet werden.

Die von der alten und neuen Handwerksführung aufgrund des Erfahrungshorizonts vollzogene Teilrevision der volkswirtschaftlichen „Erkenntnis" bedeutete nicht die Aufgabe des alten betriebswirtschaftlichen „Interesses". Man versuchte es lediglich mit anderen Mitteln zu erreichen, änderte die Taktik, nicht aber die Strategie. Das „Programm", geprägt vom betriebswirtschaftlichen „Interesse" und korrigiert von der volkswirtschaftlichen „Erkenntnis", hatte für das Handwerk demnach Steuerungsfunktion.

Ein ähnlicher, wenn auch nicht identischer, Wandlungsprozeß vollzog sich bei anderen Untersuchungsgruppen; allerdings etwas früher als bei der alten Handwerksführung der Weimarer Republik, die noch im April 1932 die indirekte der direkten Arbeitsbeschaffung vorzog.

Der RDI und Teile der Schwerindustrie vollzogen im Herbst 1931 eine nichtöffentliche Teilrevision ihrer volkswirtschaftlichen „Erkenntnisse" in bezug auf ihre geldpolitischen Vorstellungen und die Bedeutung öffentlicher Aufträge. Bis dahin hatte die volkswirtschaftliche „Erkenntnis", das eigene „Programm", eine Rechtfertigungsfunktion zu erfüllen· Man rechtfertigte die Praktiken im „Russengeschäft" und bei den Aufträgen der Reichsbahn damit, daß man alles das wider besseres Wissen tat. Aber der betriebswirtschaftliche Fehlschlag der volkswirtschaftlichen „Erkenntnis" zeigte sich immer deutlicher als nur noch öffentliche Aufträge und Verstöße gegen die eigenen geldpolitischen Vorstellungen den völligen geschäftlichen Ruin aufhalten konnten. Das betriebswirtschaftliche „Interesse" übte also eine gewisse Avantgardefunktion für die volkswirtschaftliche „Erkenntnis" aus.

Die Korrektur der volkswirtschaftlichen „Erkenntnis" des RDI war jedoch in erster Linie allgemeinpolitisch bedingt, wie die veränderte Bewertung der öffentlchen Arbeitsbeschaffung im August 1932 gezeigt hat. Man hatte beim RDI offenbar erkannt, daß die „wirtschaftspolitische" Betrachtungsweise um die „sozialpolitische" erweitert werden mußte. Steuerungsfunktion übte demnach die politische „Erkenntnis" aus, die volkswirtschaftliche wurde aus ihr abgeleitet und von betriebswirtschaftlichen „Interessen" mitgeprägt. Das betriebswirtschaftliche „Interesse" baute die Widerstände gegen die notwendige Korrektur der volkswirtschaftlichen „Erkenntnis" ab.

Schlußbetrachtung

Die Steuerungsfunktion des politischen „Interesses" wurde etwa in der Frage der Arbeitszeitverkürzung schon Anfang 1931 und in bezug auf die öffentliche Arbeitsbeschaffung ebenfalls im Herbst 1931 auch bei der Schwerindustrie sichtbar, als Krupp von Bohlen und Poensgen sich darum bemühten, ihre Vorschläge mit einer Geste der „human relations" zu verbinden. Die Großunternehmer der Schwerindustrie waren nicht bereit, aus optisch-politischen Gründen die direkte Arbeitsbeschaffung hinzunehmen, solange es ihrer volkswirtschaftlichen „Erkenntnis" entsprechend effizientere Methoden gab. Mit einem etwaigen Scheitern rechneten sie dabei zwar nicht, aber für den Ernstfall war der Einsatz der Polizei oder der Reichswehr vorgesehen.

Der Deutsche Industrie- und Handelstag korrigierte seine volkswirtschaftliche „Erkenntnis" im Sommer 1931, also etwas früher als der Reichsverband der Deutschen Industrie und Teile der Schwerindustrie. Der DIHT vertrat diese volkswirtschaftliche „Erkenntnis" im Gegensatz zu den beiden anderen Untersuchungsgruppen auch außerhalb des internen Kreises, das heißt er setzte die Regierung, nicht aber die breite Öffentlichkeit hiervon in Kenntnis. Als Erklärung für diese Vorgehensweise bietet sich kaum das betriebswirtschaftliche „Interesse" an, denn dieses war aufgrund der personellen Verflechtung von RDI, Schwerindustrie und DIHT weitgehend identisch. Die Gründe dürften eher politisch gewesen sein. Der DIHT stand der Demokratischen, später Staatspartei, näher als die beiden anderen Untersuchungsgruppen und war vielleicht deswegen eher bereit, aufgrund der außerordentlichen Lage, neue Wege zu beschreiten. Das politische „Interesse" hatte also auch und besonders beim DIHT Steuerungsfunktion.

Zu „Experimenten" neigte man im DIHT ebensowenig wie in anderen Gruppen. Das hat die Ablehnung des Wagemann-Plans deutlich gezeigt.

Während man die geldpolitisch „experimentierfreudigeren" Vorstellungen von Kreisen der chemischen Industrie wohl auch nicht auf das betriebswirtschaftliche „Interesse" zurückführen kann, dürfte dieser Zusammenhang bei der Bauindustrie eher herzustellen sein. Die chemische Industrie wurde von politischen Prioritäten geleitet, bei der Bauindustrie dürfte das betriebswirtschaftliche „Interesse" Steuerungsfunktion erfüllt haben.

Bei dem Hansa-Bund, einer anderen Gruppe der mittleren Industrie, wäre das betriebswirtschaftliche „Interesse" wiederum kein ausreichender Grund, der Prägung und Einfluß der volkswirtschaftlichen „Erkenntnis" erklären könnte. Obwohl staatliche Interventionen „nichtmonopolistischen" Betrieben, die im Hansa-Bund organisiert waren, eine Hilfe gegen Monopolisierungstendenzen bedeutet hätten, stemmte sich der Bund mit aller Macht gegen die wirtschaftliche Tätigkeit der öffentlichen Hand. Albert Pietzsch jedoch, der auch der mittleren, „nichtmonopolistischen" Industrie zuzurechnen wäre, bekannte sich ebenso wie der Großindustrielle Fritz Thyssen im Beirat von Reichsarbeitsminister Seldte zu den Vorstellungen von Keynes, die der Direktor des Hansa-Bundes verwarf. Fritz Thyssens volkswirtschaftliche (und übrigens auch politische) „Erkenntnis" entsprach nicht der seiner Kollegen in der Schwerindustrie und im RDI.

Zusammenfassend läßt sich also sagen, daß das betriebswirtschaftliche „Interesse" die volkswirtschaftliche „Erkenntnis" verständlicher, nicht aber voll verständlich werden läßt. Weder als einziger noch als entscheidender Erklärungsgrund reicht das betriebswirtschaftliche „Interesse" aus: Die volkswirtschaftliche „Erkenntnis" hing aber auch nicht allein von den wirtschaftstheoretischen Kenntnissen ab. Wie belegt werden konnte, war die Kritik von Keynes an den konventionellen Deckungsvorschriften für die Währung eines Landes beim DIHT, RDI, VDESI, Hansa-Bund und anderen wirtschaftlichen Spitzenorganisationen bekannt, aber übernommen wurde die Auffassung des englischen Nationalökonomen nur von wenigen.

Aufrechterhalten werden kann die Aussage, daß der Erfahrungshorizont die volkswirtschaftliche „Erkenntnis" entscheidend mitbeeinflußte.

Die Homogenität der Wirtschaftsgruppen

Die Homo- beziehungsweise Heterogenität der Untersuchungsgruppen zeigte sich in ihren Prioritäten, Aktionen und Reaktionen.

Tiefgreifende Meinungsunterschiede über die direkte und indirekte Arbeitsbeschaffungspolitik gab es vor allem im Handwerk während der Spätphase der Weimarer Republik, im Deutschen Industrie- und Handelstag in der Frühphase der nationalsozialistischen Herrschaft und in der mittleren Industrie.

Trotzdem kann eigentlich nur in bezug auf das Handwerk von einem gruppeninternen Konflikt gesprochen werden. Hier gab es zwei Strömungen innerhalb einer Wirtschaftsgruppe. Die mittlere Industrie war in ihrer Zusammensetzung so heterogen, daß man sie eher als „operationale" denn als reale Gruppe bezeichnen müßte, und beim DIHT ergab sich die Kontroverse als Folge der innerverbandlichen Umstrukturierung und nicht aufgrund gewachsener Spannungen. Im folgenden wird nur auf nachgewiesene Meinungsverschiedenheiten hingewiesen, die als Zeichen der Heterogenität der Gruppen zu verstehen sind. Übereinstimmende Positionen werden nur in Ausnahmefällen hervorgehoben.

Während der Regierungszeit Brünings zeichneten sich im RDI und bei der Schwerindustrie seit dem Spätsommer 1931, besonders aber im Frühjahr 1932, Meinungsverschiedenheiten in der Frage der „Kreditausweitung" ab. Vor allem Paul Silverberg sprach sich für einen derartigen Schritt aus, stieß aber auf teilweise energischen Widerstand. Dennoch waren diese Meinungsverschiedenheiten anscheinend nicht so gravierend, daß man nicht im August 1932 zu einer grundsätzlichen Einigung auch in dieser Frage kommen konnte. Man einigte sich auf den Überzeugungscharakter solcher Maßnahmen, ohne ihnen grundsätzlich zuzustimmen.

Die „Russengeschäfte" waren wegen der Ausweitung des Finanzwechselvolumens, besonders aber wegen der Zahlungsgepflogenheiten der russischen Partner weder im Reichsverband der Deutschen Industrie, wo die IG Farben Bedenken anmeldete, noch innerhalb der Schwerindustrie unumstritten. Selbst innerhalb der Ruhrlade gab es hierüber Meinungsverschiedenheiten, die aber zu keinen ernsthaften Spannungen in und zwischen den Gruppen führte.

Trotz einiger Meinungsverschiedenheiten in geldpolitischen Fragen bestand in bezug auf die Ablehnung des Wagemann-Plans zwischen dem RDI, der Schwerindustrie, dem DIHT, dem Hansa-Bund und sogar der chemischen Industrie Einigkeit. Daß sich auch die chemische Industrie dieser Ablehnung nicht entgegenstellte, ist verwunderlich, da führende Vertreter der IG Farben an der Gestaltung des Planes beteiligt waren. Sogar Reichswirtschaftsminister Warmbold, der den Wagemann-Plan zunächst unterstützt hatte, unternahm in der Regierung nichts, um diesen Plan durchzusetzen. Von einer wegen geldpolitischer Differenzen ausgelösten Spaltung oder „Koalitions"bildung innerhalb der Industrie kann also nicht die Rede sein. Das Handwerk enthielt sich offiziell und inoffiziell jeglicher Stellungnahme, und die „Reformer" begrüßten den Wagemann-Plan; immerhin hatten sie ihn mitkonzipiert.

Siedlungspläne interessierten vor allem das Handwerk, das aber von der konkreten Durchführung der Projekte enttäuscht wurde; der Hansa-Bund lehnte diese Arbeiten ab, weil er auch sie als „staatliche Einmischung" empfand. Der RDI gab zum Teil abweichende Stellungnahmen ab, widmete sich jedoch dieser Frage so gut wie gar nicht, und in der Schwerindustrie reichte die Reaktion von völliger Ablehnung bis zur Befürwortung. Zusätzlich wurde noch zwischen vorstädtischer und ländlicher Siedlung differenziert, wobei sich so verschiedene „Koalitionen" wie die zwischen dem Langnamverein und dem Handwerk bildeten, die beide die ländliche Siedlung bevorzugten, während beispielsweise Krupp von Bohlen der vorstädtischen Siedlung den Vorzug gab, und man bei der GHH die Siedlungspläne überhaupt für „dilettantisch" hielt.

In der Arbeitszeitfrage gab es wiederum Meinungsverschiedenheiten innerhalb der Untersuchungsgruppen und zwischen ihnen. Bis auf die chemische Industrie sprachen sich alle Untersuchungsgruppen gegen

„schematische", gesetzlich verordnete Arbeitszeitverkürzungen aus. Sofern diese Entscheidung den Einzelbetrieben überlassen blieb, erhoben sich aus den verschiedenen Untersuchungsgruppen keine Einwände. Im Gegenteil, man war ohnehin in weiten Teilen der Wirtschaft zu Kurzarbeit übergegangen, um weniger Arbeiter entlassen zu müssen.

Als im Frühjahr 1931 (wahrscheinlich Carl) Bosch Brüning seine Vorschläge für eine gesetzlich verordnete Arbeitszeitverkürzung unterbreiten wollte, versuchte besonders die Ruhrlade bei Brüning zu intervenieren, um die Verwirklichung dieser Pläne zu vereiteln. Auch beim RDI setzte sich die Linie Boschs nicht durch. Zwar mehren sich die Anzeichen dafür, daß diese und ähnliche Vorschläge in der chemischen Industrie Anklang fanden — so schlug August Rosterg sogar die Einführung der Fünftagewoche vor —, aber selbst innerhalb der chemischen Industrie, sogar innerhalb der IG Farben, gab es in der Frage der Arbeitszeitverkürzung Meinungsverschiedenheiten.

In der Ruhrlade stießen die Ideen Krupps und Ernst Poensgens auf die Kritik Silverbergs, und im Bergbau konnte man sich auch nicht auf „die" optimale Form der Arbeitszeitverkürzung einigen. Im Frühjahr 1932 begannen ehemalige Gegner der gesetzlichen Vierzigstundenwoche, zum Beispiel die Zechenleitung der Vereinigten Stahlwerke, ihre Positionen zu überdenken. Der Hansa-Bund wies derartige Vorschriften kategorisch zurück, und auch das Handwerk lehnte diese Pläne ab.

An den arbeitsbeschaffenden Maßnahmen der Regierung Papen übten die Untersuchungsgruppen aus verschiedenen Gründen Kritik, obgleich nur das Handwerk, und hier wiederum lediglich die „Basis", in Grundsatzfragen mit dem Regierungskurs kollidierte.

Die Anwendung der lohnpolitischen Bestimmungen erfolgte in den meisten Branchen der Großindustrie äußerst zaghaft. Eine Tatsache, die weniger auf den Widerstand der Arbeitnehmerorganisationen als auf die Skepsis der Unternehmer zurückzuführen war. Die Eisen- und Stahlindustrie, auch der Bergbau, die chemische Industrie und die im DIHT zusammengeschlossenen Unternehmer machten von der Möglichkeit, den Tariflohn zu unterschreiten, aus zwei Gründen keinen Gebrauch. Zum einen waren die Tariflohnunterschreitungen an Auflagen gebunden, die eine Inanspruchnahme nicht lohnend erscheinen ließ, und zum anderen erkannten sie, daß diese Bestimmungen die Arbeitnehmer so hart trafen, daß die Gefahr einer zunehmenden politischen Radikalisierung nicht ausgeschlossen werden konnte — und dieser Gefahr wollten die Großunternehmer auf jeden Fall aus dem Wege gehen.

Dem Hansa-Bund gingen die lohnpolitischen Bestimmungen noch nicht weit genug. Er bedauerte, daß man überhaupt Bedingungen erfüllen mußte, um die Steuergutscheine zu erhalten. Diese Kritik kann nicht über die Tatsache hinwegtäuschen, daß besonders kleine und mittlere Betriebe die Steuergutscheine in Anspruch nahmen.

Das Handwerk war geteilter Meinung. Die Handwerks„basis" sah in diesen Bestimmungen eine Bevorzugung der Großunternehmen, während die Handwerksführung den Maßnahmen grundsätzlich zustimmte und differenzierte Einzelkritik übte. Dabei gebrauchte sie Argumente, die fast wörtlich auch von seiten der Großindustrie vorgetragen wurden. Von einer „Koalition" zwischen Großindustrie und Handwerk wird man freilich nicht sprechen können, eher von einer Parallelität der Interessen.

Die Kontingentierung landwirtschaftlicher Einfuhren stieß bei allen Branchen der Großindustrie und dem Hansa-Bund gleichermaßen auf scharfe Ablehnung. Zu Differenzen kam es allerdings zwischen Teilen der mittleren Industrie, vor allem dem Verband Pfälzischer Industrieller, und dem RDI, dem jene vorwarfen, die Landwirtschaft zu heftig zu attackieren. Aber auch diese Meinungsverschiedenheiten führten zu keiner ernsthaften und lange andauernden Verstimmung auf der einen oder anderen Seite.

Das Handwerk glaubte in diesen Einfuhrbeschränkungen eine Bevorzugung der Großgrundbesitzer erkennen zu können, die es ebenso ablehnte wie die Förderung der Großindustrie.

Der Arbeitsbeschaffungspolitik Schleichers brachte der DIHT Verständnis und Vertrauen entgegen, die Reaktion der Schwerindustrie war geteilt, richtete sich hier aber allgemein weniger gegen das Arbeitsbeschaffungsprogramm des Kanzlers als vielmehr gegen seine unklaren Aussagen in allgemein- und wirtschaftspolitischen Grundsatzfragen. Für eine tiefgreifende Spaltung der Schwerindustrie, die durch eine Kontroverse um die Arbeitsbeschaffung ausgelöst wurde, gibt es in den Quellen keine Hinweise. In der chemischen Industrie war Skepsis verbreitet, und der Hansa-Bund griff zugleich die Regierung und das „deutsche Unternehmertum" an, weil es sich angeblich „Illusionen" über Schleichers Wirtschafts- und Finanzpolitik hingab. Die Handwerksführung machte offensichtlich unter dem Druck der „Basis" lediglich Ergänzungsvorschläge und scheint ansonsten zufrieden gewesen zu sein, daß überhaupt etwas unternommen wurde.

Seit der Machtübergabe an die Nationalsozialisten gewöhnte man sich beim RDI allmählich an die erweiterte Investitionstätigkeit des Staates, aber obwohl die offizielle Linie des Reichsstands den Regierungskurs voll billigte, scheint es doch noch Befürworter konventioneller Finanzierungsmethoden gegeben zu haben. Einhellig begrüßt wurde hier ebenso wie in der Schwerindustrie der Übergang von der direkten zur indirekten Arbeitsbeschaffungspolitik im zivilen Bereich.

Die in der Wirtschaft angewendeten „Ideologismen" fanden nur beim „Mittelstand" eine günstige Aufnahme. Dafür behagte ihm die indirekte Arbeitsbeschaffungspolitik weniger.

Was läßt sich insgesamt über die Homogenität der Gruppen und die „Koalitionen" zwischen ihnen sagen? Mit Ausnahme der Handwerks- „basis", die eine gewisse Sonderstellung einnahm, bildeten sich „Koalitionen" sowohl innerhalb der Untersuchungsgruppen als auch zwischen ihnen. Sie waren jedoch punktueller und nicht grundsätzlicher Natur. Es läßt sich also in den Grundsatzfragen der Arbeitsbeschaffung während der gesamten Untersuchungsdauer ein hohes Maß an Homogenität in der Wirtschaft feststellen: von der Großindustrie bis zur Handwerksführung. Diese Homogenität, die sich in erster Linie auf die volkswirtschaftliche „Erkenntnis" bezog, bestand trotz vielfältiger betriebswirtschaftlicher „Interessen". Man wird aus der Homogenität der „Erkenntnis", die häufig politisch geprägt war, jedoch keine gemeinsamen politischen Aktionen ableiten können, die sich beispielsweise auch parteipolitisch auswirkten. Trotz der Gemeinsamkeiten in der Frage der Arbeitsbeschaffung tendierte man beispielsweise im DIHT eher zur Staatspartei, und innerhalb der anderen Untersuchungsgruppen reichte das politische Spektrum vom Zentrum über die Volkspartei und die Deutschnationalen bis zu den Nationalsozialisten.

Der wirtschaftliche und politische Nutzen der Arbeitsbeschaffung

Wem nutzte die Arbeitsbeschaffung? Bei der Beantwortung dieser Frage muß zwischen dem wirtschaftlichen und politischen Nutzen unterschieden werden. Während sich die Bewertung des wirtschaftlichen Nutzens vorwiegend auf die verschiedenen Untersuchungsgruppen bezieht, ist bei der Beurteilung des politischen Nutzens auch nach dem Vorteil für die jeweilige Regierung zu fragen.

Der wirtschaftliche Nutzen der direkten, zivilen Arbeitsbeschaffung hielt sich für die meisten Untersuchungsgruppen mit Ausnahme der Bauindustrie in sehr engen Grenzen[3]. Bis 1932 kann überhaupt keine Rede davon sein, daß die verschiedenen Maßnahmen, die arbeitsbeschaffend wirken sollten, eine Besserung der wirtschaftlichen Situation herbeiführten. Sie waren im besten Falle dazu geeignet, einen noch rasanteren Schrumpfungsprozeß zu verhindern.

Die Grenzen des politischen Nutzens für die Untersuchungsgruppen werden anhand der „Selbstkostenfrage" sehr deutlich. Alle Untersuchungsgruppen haben die in ihrem Sinne ungünstige Lohn-Preis-Relation immer wieder angefochten, konnten sich aber mit ihren Forderungen nicht durchsetzen, da die Regierung Brüning in wirtschaftspoliti-

---

[3] Vgl. hierzu die detaillierten Angaben in Anhang II.

schen Fragen, also auch in der Arbeitsbeschaffung, einen Kompromißkurs zwischen den Arbeitnehmer- und Arbeitgeberinteressen ansteuerte. Das Handwerk wurde weitgehend ignoriert, hatte aber in der Selbstkostenfrage ähnliche Interessen wie die übrigen Arbeitgeber. Da die Regierung Brüning keine umfassende Arbeitsbeschaffungspolitik betrieb, mehr über sie redete und sie nur ansatzweise in die Wege leitete, kann auch nicht von einem politischen Nutzen der Arbeitsbeschaffungspolitik gesprochen werden.

Daß die Regierung Brüning keine Arbeitsbeschaffungsprogramme durchführen ließ, erwies sich besonders für sie selbst als großer politischer Nachteil. Da die Arbeitslosigkeit (multiplikativ, nicht linear) zur Radikalisierung der Bevölkerung beitrug, gefährdeten die Regierungspolitiker ihre Stellung durch das allzu lange Zögern auf dem Gebiet der Arbeitsbeschaffung. Sie hatten zwar den Zusammenhang zwischen Radikalisierung und Arbeitslosigkeit erkannt, konnten sich jedoch weder unmittelbar vor noch nach den Reichstagswahlen vom September 1930 und Juli 1932 sowie den Landtagswahlen vom April und Präsidentschaftswahlen vom März/April 1932 dazu entschließen, Arbeitsbeschaffungsprogramme in Angriff zu nehmen. Die Lösung der Reparationsfrage hielt die Regierung für wichtiger; und in diesem Punkt konnte sie mit der Unterstützung aller Untersuchungsgruppen rechnen. Ob auch die Handwerks„basis" die Lösung der Reparationsfrage für vordringlicher als die Durchführung staatlicher Arbeitsbeschaffungsprogramme hielt, bleibt ungewiß. Sicher aber ist, daß auch ihr die „Befreiung von den Fesseln" des Versailler Vertrages ein wichtiges, wenn nicht gar das wichtigste Anliegen war.

Das Handwerk war die einzige Untersuchungsgruppe, der aus der zögernden Haltung der Regierung in der Arbeitsbeschaffung politische Nachteile erwuchsen: Die Kontroverse um die Arbeitsbeschaffung vertiefte die Spaltung innerhalb des Handwerks.

Die indirekt arbeitsbeschaffenden Maßnahmen der Regierung Papen bewirkten bei allen Untersuchungsgruppen, mit Ausnahme des Handwerks, die seit langer Zeit erste Belebung der wirtschaftlichen Tätigkeit[4]. Für das Handwerk ergaben sich kaum Vorteile: Mehreinstellungsprämien konnten die meisten Handwerksmeister nicht erhalten, da sie nicht in der Lage waren, neue Arbeitskräfte einzustellen, und die unterste Stückelungsgrenze der Steuerscheine war so bemessen, daß sie vom Handwerk kaum in Anspruch genommen werden konnten.

Politisch brachten die arbeitsbeschaffenden Maßnahmen der Regierung Papen weder ihr selbst noch den Untersuchungsgruppen einen kurz- oder

---

[4] Ausführlich hierzu besonders Kroll und neuerdings Marcon.

langfristigen Vorteil. Das Handwerk fühlte sich nun vollends vernachlässigt und warf der Regierung vor, Großunternehmer und Großgrundbesitzer einseitig zu bevorzugen. Der Vorwurf des Handwerks ging in bezug auf die Großindustrie an der Realität vorbei, denn diese fühlte sich durch die Regierung in der Öffentlichkeit kompromitiert.

Die Mehrheit der großindustriellen Gruppen unterstützte Papen finanziell auch noch in den Wahlen vom November 1932. Dennoch kann nicht übersehen werden, daß gerade diesen Gruppen daran lag, nicht für die arbeitsbeschaffenden Maßnahmen der Regierung Papen verantwortlich gemacht zu werden. Die Quellen haben deutlich gezeigt, daß der RDI, der DIHT, die chemische Industrie und sogar die Schwerindustrie den kompromißlosen Regierungskurs vor allem aus politischen Gründen mißbilligten. Sie befürchteten — zu Recht —, daß besonders die lohnpolitischen Bestimmungen nicht nur der Regierung, sondern auch „den" Unternehmern angelastet und die Polarisierung verschärfen würden. Gerade der Versuch der Regierung, das „freie Unternehmertum" zu retten, beschwor nach der Überzeugung der Großunternehmer die Gefahr, das Gegenteil zu bewirken, und bedrohte nun sowohl das Unternehmertum als auch die Regierung selbst. Auch die Unternehmer der mittleren Industrie gewährten Papen keine volle Rückendeckung, da sie — wiederum — verschiedene Meinungen vertraten: Während der Hansa-Bund eindeutig für Papens Konzept eintrat und sogar eher der Meinung war, er sei noch nicht weit genug gegangen, hielten die „Reformer" Papens Arbeitsbeschaffungspolitik für zu „dogmatisch".

Die für Papen nicht ungünstigen Wahlergebnisse im November können nicht darüber hinwegtäuschen, daß sein Versuch, Arbeitsbeschaffungspolitik auf Kosten der Arbeiterschaft zu betreiben, nicht nur in sich widersprüchlich war, sondern auch die Position seiner Regierung weiter schwächte. Dabei verhielt sich die Regierung anfänglich nicht einmal ungeschickt. In der Frage der Arbeitszeitverkürzung gelang es ihr, sehr zum Verdruß der Gewerkschaften, die beschäftigte und erwerbslose Arbeiterschaft zu spalten, und hätte sich Papen an die Empfehlung Schleichers und die Weisung Hindenburgs gehalten, der eine gleichmäßige Verteilung der Opfer „auf alle Berufsstände" verlangt hatte, wäre es der Regierung möglicherweise gelungen, die Gewerkschaften zwar nicht für sich zu gewinnen, aber wenigstens zu einer gewissen Duldung zu bewegen. Papen betrieb statt dessen eine unter den gegebenen Umständen „unpolitische" Arbeitsbeschaffungspolitik. Er provozierte den Widerstand der Gewerkschaften, unterhöhlte selbst seine Position bei Hindenburg und stärkte indirekt die Stellung Schleichers. So lange nämlich Gewerkschaften bestanden, konnte Arbeitsbeschaffung nicht gegen sie betrieben werden.

So gesehen wurde die Arbeitsbeschaffungspolitik Papens das Lehrstück für Schleicher und Hitler, wobei jedoch beide unterschiedliche Schlußfolgerungen zogen. Dieser betrieb Arbeitsbeschaffung gegen und ohne die Gewerkschaften, jener zum Teil für sie und sicherlich mit ihnen. Zunächst erhielt Schleicher seine Chance. Er unternahm nach dem politischen Debakel seines Vorgängers den bewußten Versuch, die Gewerkschaften stärker an der Regierungsverantwortung mitzubeteiligen. Dadurch wiederum wurde das noch bestehende „delikate Gleichgewicht" der Kräfte in Politik und Wirtschaft gestört, ohne daß ein neues, geschweige denn stabileres entstand.

Über den wirtschaftlichen Nutzen der Arbeitsbeschaffungspolitik der Regierung Schleicher lassen sich wegen der kurzen Amtszeit seiner Regierung keine eindeutigen Angaben machen, und das Sofortprogramm kann in die Nutzenbewertung nicht einbezogen werden, da es unter völlig veränderten politischen Voraussetzungen verwirklicht wurde[5].

Einen beachtlichen, aber nur kurzfristigen wirtschaftlichen Nutzen brachten die zivilen Arbeitsbeschaffungsmaßnahmen der Nationalsozialisten eigentlich nur Teilen der mittleren Industrie und dem Handwerk. Der wirtschaftliche Nutzen dieser Gruppe stand aber in einem umgekehrten Verhältnis zum politischen. Daß der „Mittelstand", zu dem auch das Handwerk gehörte, von den Nationalsozialisten in erster Linie als ein Steigbügelhalter zur Macht mißbraucht wurde, den man nach der Machtübernahme schnell aufgab, ist weitgehend unumstritten. Der mittelständische „Sturm und Drang" in der Frühphase der nationalsozialistischen Herrschaft dürfte den Gegnern der „mittelständischen" Linie in der Partei zusätzliche Argumente geliefert haben. Die ständigen Versuche „aktionistischer" Mittelstandsgruppen, die öffentlichen Vergabestellen unter Druck zu setzen, stieß bei den anderen Wirtschaftsgruppen, zum Beispiel beim Reichsstand der Deutschen Industrie, bei der traditionellen Linie des DIHT, in weiten Kreisen der Schwerindustrie und besonders beim Langnamverein auf heftigen Widerstand. Auch die chemische Industrie und der Hansa-Bund dürften von diesen Aktionen wenig begeistert gewesen sein, so daß jeder neue Pressionsversuch, der dem „Mittelstand" einen kurzen wirtschaftlichen Nutzen gebracht haben mag, dessen politische Stellung untergrub. Das Handwerk stand diesem „Sturm und Drang" zwar grundsätzlich abwartend gegenüber, nahm aber die Vorteile dieser Aktionen gern in Kauf.

Allerdings wurde dadurch auch das Handwerk erpreßbar, und der „stürmende und drängende Mittelstand" übte hier und dort auf Handwerksmeister Druck aus.

---

[5] Marcon untersucht u. a. auch die volkswirtschaftlichen Auswirkungen des Sofortprogrammes.

Bereits Anfang 1934 machte sich in verschiedenen Handwerkszweigen ein Mangel an Facharbeitern bemerkbar, aber noch im selben Jahr wurden große Schwierigkeiten bei der Kreditbeschaffung für das Kleingewerbe sichtbar. Die wirtschaftliche Lage des Handwerks hatte sich nicht grundlegend verbessert. Die (mittlere) Bauindustrie zog sowohl aus der direkten, zivilen als auch aus der direkten, militärischen Arbeitsbeschaffung ihren wirtschaftlichen Nutzen. Es muß allerdings berücksichtigt werden, daß die Gewinne der Bauunternehmungen in den ersten beiden Jahren der nationalsozialistischen Herrschaft noch begrenzt blieben, da die Firmen versuchten, sich durch sogenannte Schleuderangebote gegegenseitig zu unterbieten. Trotz dieser Einwendungen bleibt unbestreitbar, daß der Bausektor den größten wirtschaftlichen Nutzen aus der direkten und indirekten, zivilen Arbeitsbeschaffung zog. Die meisten indirekt arbeitsbeschaffenden Maßnahmen des Jahres 1933 zielten auf dem Wege steuerlicher Vergünstigungen ebenfalls auf die Förderung der Bauwirtschaft.

Es erschiene konstruiert, wollte man von einem politischen Nutzen oder Nachteil für „die" mittlere Industrie sprechen, der durch die Arbeitsbeschaffungspolitik bedingt gewesen sein soll. Wenn der Hansa-Bund, im Gegensatz zum RDI schließlich aufgelöst wurde, ist es unwahrscheinlich, daß die mittlere Industrie insgesamt politisch gestärkt wurde. Andererseits gewann ein Mann wie Albert Pietzsch, der eher dieser Industriegruppe zuzurechnen wäre, im Reichsstand der Deutschen Industrie merklich an Einfluß.

Die direkten und indirekten Maßnahmen ziviler Arbeitsbeschaffung der nationalsozialistischen Regierung brachten der Großindustrie kaum wirtschaftliche Vorteile.

Von den vier größten Maßnahmegruppen der Arbeitsbeschaffungsprogramme: Verkehr, Hochbau, Tiefbau und landwirtschaftliche Meliorationen konnte die Großindustrie, wenn überhaupt, nur in sehr begrenztem Maße profitieren. Lediglich die Aufträge der Reichsbahn im Bereich Verkehr dürften bei der Schwerindustrie Interesse hervorgerufen haben. Für die chemische Industrie waren diese Maßnahmegruppen noch weniger reizvoll. Die wirtschaftliche Tätigkeit der Großindustrie wurde weder durch die direkte, zivile noch durch die indirekte, wirtschaftliche Arbeitsbeschaffung belebt. Sie erhielt die entscheidenden Impulse durch die direkte, militärische und indirekte, politisch-psychologische Arbeitsbeschaffung.

Daß die von den Nationalsozialisten angestrebte „Ruhe" in Wirtschaft und Politik der Ruhe auf einem Friedhof entsprach, soll und kann nicht bestritten werden. Es kann aber ebensowenig bestritten werden, daß politische Unruhen die wirtschaftliche Entwicklung beeinträchtigen. Diese

Feststellung ist weder pronationalsozialistisch noch antisozialistisch oder unsozial. Sie beinhaltet nicht die implizite Billigung, die politische Vertretung der Arbeitnehmerinteressen auszuschalten, und sie bedeutet erst recht keine Apologie der nationalsozialistischen Methoden. Man möge sich nur daran erinnnern, daß die Großunternehmer der untersuchten Industriezweige die Ausschaltung der politischen Vertretung der Arbeitnehmerinteressen mit ihrer Forderung nach politischer Stabilität nicht bezweckten. Die im Sommer und Herbst 1932 mögliche offene Kritik am Konfrontationskurs Papens hat dies deutlich gezeigt.

Die Frage nach dem politischen Nutzen der Arbeitsbeschaffung für die Großindustrie läßt sich am besten durch einen scheinbar paradoxen Satz ausdrücken: Der politische Vorteil für die Großindustrie lag gerade darin, daß die Arbeitsbeschaffung schon bald, nämlich Ende 1933, ad acta gelegt wurde und nur noch optische Aufgaben zu erfüllen hatte. Rüstungsaufträge waren seit jeher die Domäne staatlicher Wirtschaftsbetätigung, so daß sich an ihnen, unabhängig davon, ob man die Aufrüstung wollte oder nicht, keine Kontroverse entzündete. Scheinbar war die Wirtschaft wieder „Herr im Haus"; aber eben nur scheinbar.

Langfristig ließ sich Aufrüstung nicht ohne immer umfangreichere wirtschaftliche Tätigkeiten des Staates erfolgreich durchführen. Die „staatliche Einmischung" in der Arbeitsbeschaffung war nur der Anfang. Die Befürchtungen vieler Unternehmer aus der Zeit der Weimarer Republik hatten sich bewahrheitet, nur waren es nicht Sozialisten, sondern Nationalsozialisten, die nun die allgemeinen Rahmenbedingungen für die Wirtschaft festlegten. Ihre Unabhängigkeit im Bereich der Wirtschaft hatten die Unternehmer nun noch mehr an „den Staat" verloren.

Für die nationalsozialistischen Machthaber war die Arbeitsbeschaffung Generalprobe und Premiere zugleich: Es war die Generalprobe zur Bevormundung der Wirtschaft durch politische Entscheidungsträger, und es war gegenüber der Bevölkerung die Premiere optischer Erfolge nationalsozialistischer Politik. Dieser „Erfolg" kam zunächst den Gruppen zugute, die, wie der „Mittelstand" und die Arbeiterschaft, später das Nachsehen haben sollten.

Die Arbeitsbeschaffung war das „Zuckerbrot", das die Nationalsozialisten denen gaben, die sie später die „Peitsche" spüren ließen.

Anhang I

Quantitative Auswertung:

Messungsversuche:

Die Auswertung der erarbeiteten Ergebnisse soll in diesem Anhang auch in quantitativer Form erfolgen. Die durchgeführten Messungen beanspruchen jedoch keine absolute Gültigkeit und haben noch einen weitgehend experimentellen Charakter. Sie können wohl aber Hilfe leisten bei der abschließenden und vergleichenden Beantwortung der eingangs formulierten Fragestellungen. Vor allem soll die Frage nach dem Übereinstimmungsgrad zwischen der von der jeweiligen Regierung betriebenen Arbeitsbeschaffungspolitik und den Prioritäten, Aktionen und Reaktionen der verschiedenen Untersuchungsgruppen beantwortet werden.
Hieraus und aus einigen anderen Indikatoren abgeleitet soll auch der gesuchte Abhängigkeits- beziehungsweise Unabhängigkeitsgrad der verschiedenen Regierungen ermittelt werden.

Quantifizierungen qualitativer Aussagen können ohne Zweifel recht willkürlich sein, da sie stark subjektiv geprägt sind. Dieser verzerrende, subjektive Faktor ist wohl nie ganz auszuschließen. Wird die subjektive, quantitative Aussage aber qualitativ belegt, wird jene nachprüfbar. Objektiv wird sie auch dadurch noch nicht.

Auf eine subjektive und aufgrund der Belege im qualitativen Teil auf ihre Stringenz nachprüfbare quantifizierende Bewertung soll jedoch in dieser Studie nicht verzichtet werden. Die hier durchgeführten Messungsversuche sind eher als Orientierungshilfe für die Gesamtbeurteilung zu verstehen. Sie sollen die Überschaubarkeit der Antworten erhöhen und vergleichende Schlußfolgerungen erleichtern. Die Messungen selbst sind Methoden der empirischen Sozialforschung entliehen. Ihre Herleitung soll kurz skizziert werden:

Anhang I

<u>Exkurs: Die Bemessungsgrundlage, Herleitung der Meßgrößen</u>:

Der Übereinstimmungsgrad (Ü) kann alle Werte zwischen 1 und 7 erhalten. Bei vollinhaltlicher Identität zwischen der Regierung und der Untersuchungsgruppe inbezug auf eine Maßnahme erhält Ü den Wert 7; ist die Übereinstimmung nicht ganz so stark nur 6 und so weiter.
Die Konstruktion des Übereinstimmungsgrads ist im Prinzip der "Attitude Scale" (Meinungsskala) entliehen, die in der empirischen Sozialforschung vielfach bei der Quantifizierung qualitativer Aussagen angewandt wird.[1]
Die "Attitude Scale" für den Übereinstimmungsgrad erhält folgende Form:

sehr einverstanden / identisch	7
einverstanden / identisch	6
zum Teil einverstanden / identisch	5
weder/noch oder keine Bedenken	4
zum Teil nicht einverstanden / identisch	3
nicht einverstanden / identisch	2
überhaupt nicht einverstanden / identisch	1

Als weiteres Kriterium wird bei der Zuordnung des Ü-Wertes der Grad der Betroffenheit einer Untersuchungsgruppe mitzuberücksichtigen sein.

---

[1] Als Einführung hierzu F.N. Kerlinger, Foundations of Behavioral Research, New York 1966, S. 484 ff. Ausführlicher ist die Arbeit von J. Guilford, Psychometric Methods, New York 1954². Hierzu auch: Elisabeth Noelle-Neumann, Umfragen in der Massengesellschaft, Hamburg 1953; René König, Hg., Praktische Sozialforschung I. Das Interview. Formen - Technik - Auswertung, Köln 1957³ und ders., Hg., Praktische Sozialforschung II, Beobachtung und Experiment in der Sozialforschung, Köln 1956

Anhang I

Zur Vermeidung einer statischen Betrachtungsweise sollte man auch den Zeitfaktor (t) bei der Bemessung berücksichtigen. Daher wird eine Tabelle erstellt, in der in chronologischer Reihenfolge die einzelnen Maßnahmen, Pläne und Vorschläge der verschiedenen Regierungen zur Frage der Arbeitsbeschaffung aufgeführt sind.

Jede einzelne Maßnahme erhält einen Übereinstimmungswert zwischen 1 und 7 Das Grundmuster der Tabelle hätte folgendes Aussehen:

Maßnahme	t	Übereinstimmungswert
M_1	t_1	$Ü_{11}$
M_2	t_2	$Ü_{22}$
⋮	⋮	⋮
M_n	t_n	$Ü_{nn}$

Legende:
M = Maßnahme
t = Zeitpunkt
Ü = Ü-Wert

Mit Hilfe dieser Tabelle kann der durchschnittliche Übereinstimmungsgrad ($Ü_d$) zwischen der Arbeitsbeschaffungspolitik der jeweiligen Regierung und Untersuchungsgruppe ermittelt werden. Auch die Präferenz der Untersuchungsgruppe für einen Maßnahmeschwerpunkt läßt sich für den von der Tabelle abgedeckten Zeitraum feststellen, indem man den Durchschnittswert berechnet. Haben beispielsweise Arbeitsbeschaffungsmaßnahmen der Reichsbahn während des Untersuchungszeitraums die Werte 4, 5 und 6 erhalten, so beträgt der durchschnittliche Ü-Wert für diesen Maßnahmeschwerpunkt 5, das heißt die Untersuchungsgruppe war während des Untersuchungszeitraums mit den arbeitsbeschaffenden Maßnahmen der Reichsbahn zum Teil einverstanden;

insgesamt neigte die Untersuchungsgruppe hierbei also zu einer
eher positiven Beurteilung. Die Tabelle ermöglicht auch eine
graphische Darstellung des Übereinstimmungsgrads zwischen den
arbeitsbeschaffenden Maßnahmen der jeweiligen Regierung und
Untersuchungsgruppen während des Untersuchungszeitraums. Gerade diese Darstellungsweise dürfte zu einer weiteren Steigerung der Überschaubarkeit beitragen.

Die Quantifizierung des Abhängigkeits- beziehungsweise Unabhängigkeitsgrades der jeweiligen Regierung von einer bestimmten Untersuchungsgruppe läßt sich nicht ohne Schwierigkeiten durchführen. Die Schwierigkeit liegt vornehmlich darin begründet, daß Abhängigkeit oder Unabhängigkeit nicht unmittelbar, sondern nur aufgrund verschiedener Indikatoren, also mittelbar, feststellbar ist.

Als Indikatoren für den Abhängigkeits- beziehungsweise Unabhängigkeitsgrad wären denkbar:

- Der bereits ermittelte Wert von $Ü_d$, und zwar sowohl für
die Ermittlung der Abhängigkeit einer Regierung von einer
einzigen Untersuchungsgruppe als auch von allen Untersuchungsgruppen zusammen.

Ist nämlich der $Ü_d$-Wert niedrig, kann mit einiger Sicherheit
auf eine weitgehende Unabhängigkeit der jeweiligen Regierung
geschlossen werden. Bei einem hohen Wert für $Ü_d$ wird man zu
dem umgekehrten Schluß gelangen. Bei einem niedrigen $Ü_d$-Wert
wäre eine weitere Untersuchung der Abhängigkeit geradezu unsinnig, denn wenn eine Regierung von bestimmten "pressure
groups" abhängig ist, wird sie mit einem hohen Grad von Wahrscheinlichkeit keine Politik betreiben, die den Prioritäten
jener Gruppen zuwiderläuft. Erst bei einem $Ü_d$-Wert zwischen
5 und 7 könnte man sagen, daß die Arbeitsbeschaffungspolitik
einer Regierung möglicherweise Funktion des von den oder
einer Untersuchungsgruppe ausgeübten Drucks auf die staatlichen Entscheidungsträger war.

Ist jedoch der $Ü_d$-Wert vergleichsweise hoch, wird man noch
zusätzliche Indikatoren hinzuziehen müssen. Es böten sich an:

- Ein Vergleich zwischen den von den Untersuchungsgruppen erhobenen Forderungen und dem Ausmaß ihrer Verwirklichung. Dieser Indikator ist eine Variation des Übereinstimmungsgrades, zieht aber "input-" und "output-"Größen mit in Betracht.

- Hinweise auf mögliche Interessenkollisionen zwischen der Regierung und den Untersuchungsgruppen im Stadium der Entscheidungsfindung. Während einer Kabinettssitzung könnte beispielsweise ein Minister auf denkbare Gegenaktionen bestimmter Gruppen hinweisen, die durch die eine oder andere Regierungsmaßnahme ausgelöst werden würden.

- Auch die unwidersprochene Betonung des Primats der Politik könnte ein Indikator für die Unabhängigkeit einer Regierung von wirtschaftlichen "pressure groups" sein.

- Die Beantwortung der Frage : wer erbittet was von wem: die Vertreter der Wirtschaft vom Staat oder umgekehrt, die Repräsentanten des Staats von der Wirtschaft?

- Versteht man in Anlehnung an Karl W. Deutsch den Regierungsprozeß als ein Problem der Kommunikation,[2] so kann die Intensität der Kommunikation zwischen den "autonomen Teilbereichen"[3] einer Regierung und den Untersuchungsgruppen ein Indikator für das Maß ihrer Mitbeteiligung und Mitbestimmung an den Regierungsentscheidungen sein. Zugleich kann man mehr über die Abhängigkeit beziehungsweise Unabhängigkeit der Regierung von diesen Gruppen erfahren.
Bemessungsgrundlagen für die Kommunikationsintensität könnten sein: die Häufigkeit von Besprechungen zwischen den Untersuchungsgruppen und dem jeweiligen Regierungschef oder dem

---

[2] Karl W. Deutsch, Politische Kybernetik, S. 31
[3] op. cit., S. 288

zuständigen Fachminister. Auch die Zahl der Eingaben gibt
über die Art und Intensität der Kommunikation einen gewissen
Aufschluß. Vor allem kann eine hohe Zahl von Eingaben darauf
hinweisen, daß die jeweilige Untersuchungsgruppe nur selten
über einen direkten Zugang zu den staatlichen Entscheidungsträgern verfügte.

- Die Einschätzung der eigenen politischen Potenz durch die
Untersuchungsgruppen kann auch als Indikator für die Abhängigkeit beziehungsweise Unabhängigkeit der Regierung herangezogen werden. Zwar sind Bemerkungen über die eigene politische Ohnmacht sicherlich eher zu erwarten als gegenteilige
Äußerungen - wer gibt sich schon mit dem Erreichten zufrieden? -, aber wenn im internen Kreis derartige Selbstein-
schätzungen zu registrieren sind, können sie durchaus als
Indikator für den Abhängigkeits- beziehungsweise Unabhängigkeitsgrad einer Regierung von der betreffenden Gruppe verstanden werden. Denn im internen Kreis besteht kein Zwang
zu Demagogie oder zu umstandsbedingter Untertreibung. Hier
analysiert man und stellt aufgrund der Analyse Pläne auf.

Die Quantifizierung des Abhängigkeitsgrads könnte ebenfalls
nach dem Prinzip der "Attitude Scale" erfolgen:

Stark unabhängig	7
unabhängig	6
zum Teil unabhängig	5
weder/noch; nicht zu ermitteln	4
zum Teil abhängig	3
abhängig	2
stark abhängig	1

Eine ähnliche Tabelle wie für den Übereinstimmungsgrad ließe
sich auch hier konstruieren. Und ebenso wie beim Übereinstimmungsgrad sollte man auch beim Abhängigkeitsgrad das
arithmetische Mittel dem häufigsten Wert vorziehen.

Außer dem Übereinstimmungs- und Abhängigkeitsgrad wurde eingangs auch nach der Homogenität beziehungsweise Inhomogenität der einzelnen Untersuchungsgruppen gefragt. In den verschiedenen Kapiteln wurde auf diese Frage besonders dann eingegangen, wenn innerhalb einer Untersuchungsgruppe Meinungsverschiedenheiten inbezug auf die arbeitsbeschaffenden Maßnahmen aufkamen. Waren keine abweichenden Auffassungen festzustellen, wurde auf ausdrückliche Hinweise verzichtet.

Als Meßgröße für die Homogenität beziehungsweise Inhomogenität einer Gruppe verwendet man in der statistischen Methodenlehre im allgemeinen den Variationskoeffizienten.[4]
Der Variationskoeffizient (CV) gibt in Prozentzahlen Hinweise auf den Homogenitätsgrad einer statistischen Masse. Erhalten wir zum Beispiel für CV einen Wert von 5 Prozent, so ist der Streuungsgrad niedrig und die statistische Masse relativ homogen. Umgekehrt würde ein CV-Wert von 95 auf ein hohes Maß an Inhomogenität hinweisen. Zur Herleitung und Berechnung des Variationskoeffizienten wird auf die Fachliteratur verwiesen.[5]

Bei dem Material, auf das in dieser Arbeit zurückgegriffen werden konnte, scheint eine im Rahmen der statistischen Methodenlehre vertretbare Berechnung der Streuung nicht möglich zu sein. Versteht man beispielsweise das Präsidium des Reichsverbands der Deutschen Industrie als eine für "die deutsche Industrie" repräsentative Stichprobe - und das bereits ist nicht unproblematisch -, so ergibt sich die konkrete Schwierigkeit, jedem Präsidiumsmitglied einen Übereinstimmungs-

---

[4] Hans Kellerer, Statistik im modernen Wirtschafts- und Sozialleben, Reinbek bei Hamburg 1960, S. 65 ff. (CV für Coefficient of variation) oder: Wolfgang Wetzel, Statistische Formelsammlung Teil I, 2. erweiterte Auflage, Berlin 1966

[5] Kellerer, S. 65 ff. Dort auch weiterführende bibliographische Hinweise.

wert für die jeweils erörterte Maßnahme zuzuordnen, weil in
den Sitzungsprotokollen nur die Meinung derer wiedergegeben
wurde, die sich in der Sitzung zu Wort meldeten. Beifalls-
oder Mißfallenskundgebungen können auch nicht Einzelpersonen
zugeordnet werden, weil nur die Tatsache als solche in den
Protokollen Niederschlag fand. Selbst innerhalb einer Stichprobe wird man demzufolge nicht allen Personen einen Ü-Wert
zuordnen können. Dies aber wäre eine unerläßliche Voraussetzung für die statistische Berechnung der Streuung. Eine
quantitative Aussage über die Homogenität beziehungsweise
Inhomogenität einer Untersuchungsgruppe muß daher noch ein
Desideratum bleiben. Man könnte allerdings ähnlich wie bei
der Bestimmung des Übereinstimmungswertes eine "Attitude
Scale" zugrundelegen und die Homogenität in dieser Weise
quantitativ ausdrücken.

Grundsätzlich ließe sich aber auch bei historischen Studien
die Homogenität einer Untersuchungsgruppe ermitteln, wenn
man allen Teilen einer Stichprobe einen Wert zuordnen könnte.
So wäre zum Beispiel eine Studie über eine Parlamentsfraktion
in dieser Weise realisierbar, wenn Material über Äußerungen
aller Fraktionsmitglieder zum Untersuchungsgegenstand vor-
lägen. Im Rahmen der vorliegenden Arbeit wird man sich jedoch
vernünftigerweise auf qualitative Aussagen über die Homogenität beziehungsweise Inhomogenität der Untersuchungsgruppen beschränken, zumal auch die Quantifizierung des Übereinstimmungswertes lediglich als Denkanstoß verstanden wird.
Stehen sich innerhalb einer Untersuchungsgruppe zwei oder
mehrere klar zu unterscheidende Strömungen gegenüber, kann
man für diese Teilgruppen getrennte Ü-Werte ermitteln, die
als Indikatoren - jedoch nicht als Maßstab - für die Inhomogenität der gesamten Untersuchungsgruppe verstanden werden
können.

Bei der Ermittlung aller gesuchten Meßgrößen erhebt sich die
Frage nach der Repräsentativität der gefundenen Ergebnisse.
Dieses Problem betrifft quantitative ebenso wie qualitative
Aussagen. Gerade hier zeigen sich die Grenzen und Möglich-
keiten der Soziologisierbarkeit der Geschichte sehr deutlich.

Es muß nämlich gefragt werden, ob und inwieweit die Ergebnisse des Historikers, der eher dem Individuellen nachgeht, für den Soziologen verwertbar sind, der sich mit dem Allgemeinen befaßt.

Diese Problematik ist weder neu noch soll sie hier erörtert werden. Es ist jedoch nötig, sie in diesem Zusammenhang zu erwähnen. Ein Argument kann sicherlich nicht gegen die hier beabsichtigte Verallgemeinerung der individuellen Aussagen vorgebracht werden: daß die Stichproben, in diesem Falle die vorliegenden Quellen nicht umfangreich genug seien. Die statistische Signifikanz hängt weder vom Umfang der Stichprobe noch vom Größenverhältnis zwischen ihr und der Grundgesamtheit ab.[6]

Stichproben, die durch Zufallsgrößen zusammengesetzt wurden (random samples), haben sich in der empirischen Sozialforschung oft bewährt.[7]

Aber die Erarbeitung von geeigneten Stichprobenverfahren für historische Quellen bleibt in der Tat ein grundsätzliches Problem, an dem bei der Generalisierung historischer, das heißt singularisierender Aussagen nicht vorbeigegangen werden kann.

Die hier vorgeschlagenen Hilfsmittel sind sicherlich nicht das erreichbare Optimum dieser Methode. Sie sind als Versuch zu verstehen, bessere Instrumentarien zu entwickeln. Es dürfte nämlich auf die Dauer verantwortungslos sein, über historische Probleme weniger exakte Aussagen zu treffen als über die Eß- und Trinkgewohnheiten eines Volkes. Man wird daher auch bei Untersuchungen über das Verhältnis von

---

[6] vgl. Kellerer, S. 110 ff.
[7] vgl. Kellerer, S. 144 ff.

Wirtschaft und Staat mehr als bisher auf Methoden der empirischen Sozialforschung zurückgreifen müssen, um allmählich von den oft willkürlichen und nicht selten ideologieverdächtigen Bewertungskriterien abzukommen, die gerade im Zusammenhang mit diesem Thema immer wieder angewendet werden.

<u>Messungen zur Ermittlung des Übereinstimmungsgrades</u>:

Mit Hilfe der nachstehenden Tabellen soll der Übereinstimmungsgrad zwischen den Untersuchungsgruppen und den arbeitsbeschaffenden Maßnahmen der Regierungen Brüning, Papen, Schleicher und Hitler (bis 1934) ermittelt werden. Da für die Gruppe der mittleren Industrie nur vergleichsweise wenig Material zur Verfügung stand, über den Hansa-Bund jedoch etwas mehr ausgesagt werden konnte, wurde für "die" mittlere Industrie der Hansa-Bund ausgewählt. Wegen der Heterogenität und Meinungsvielfalt dieser Gruppe inbezug auf die Arbeitsbeschaffung kann ohnehin nicht von einer einheitlichen Linie die Rede sein. So ist die Entscheidung für den Hansa-Bund lediglich der Materiallage wegen getroffen worden.

Legende zu den Tabellen

"Übereinstimmungswerte zur Arbeitsbeschaffungspolitik"

Ü	=	Übereinstimmungswert
X_M	=	∅ der Ü-Werte für Maßnahmengruppen
X_{Mo}	=	∅ der Ü-Werte eines Monats
$Ü_d$	=	∅ der Ü-Werte einer Untersuchungsgruppe
D	=	Direkte AB
--	=	"zusammengesetzte" Maßnahme
( )	=	abgeleitete Werte

Anhang I 399

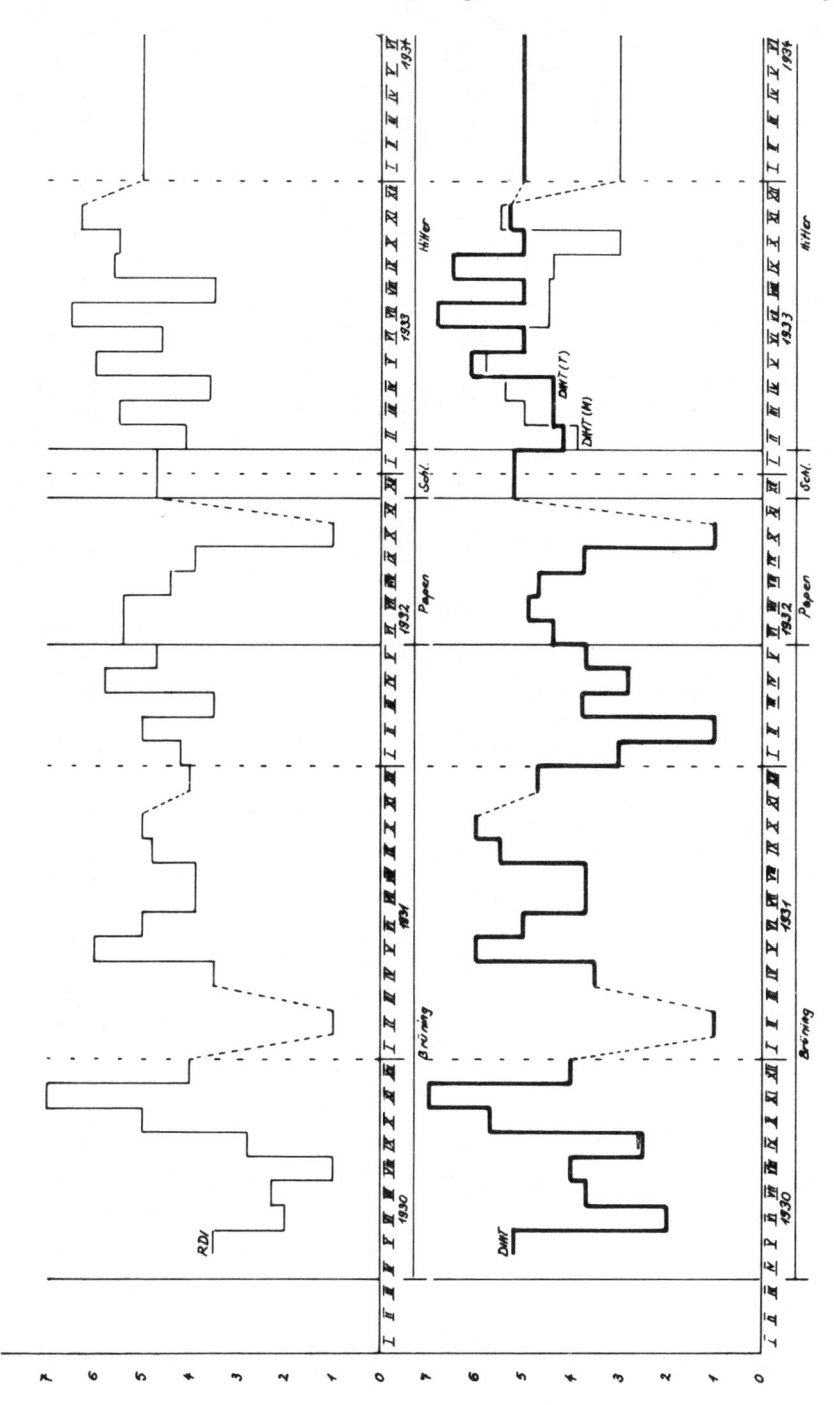

400 Anhang I

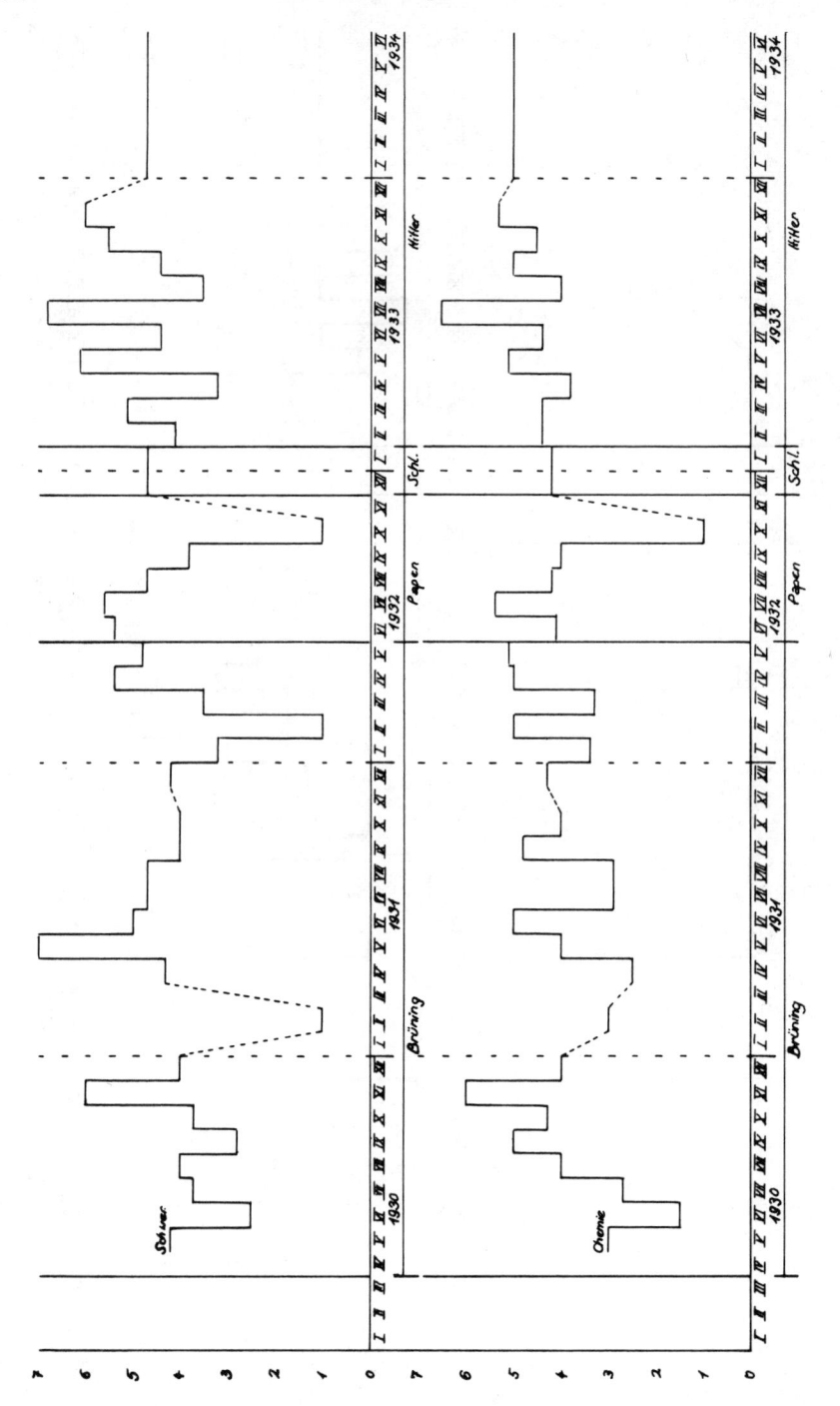

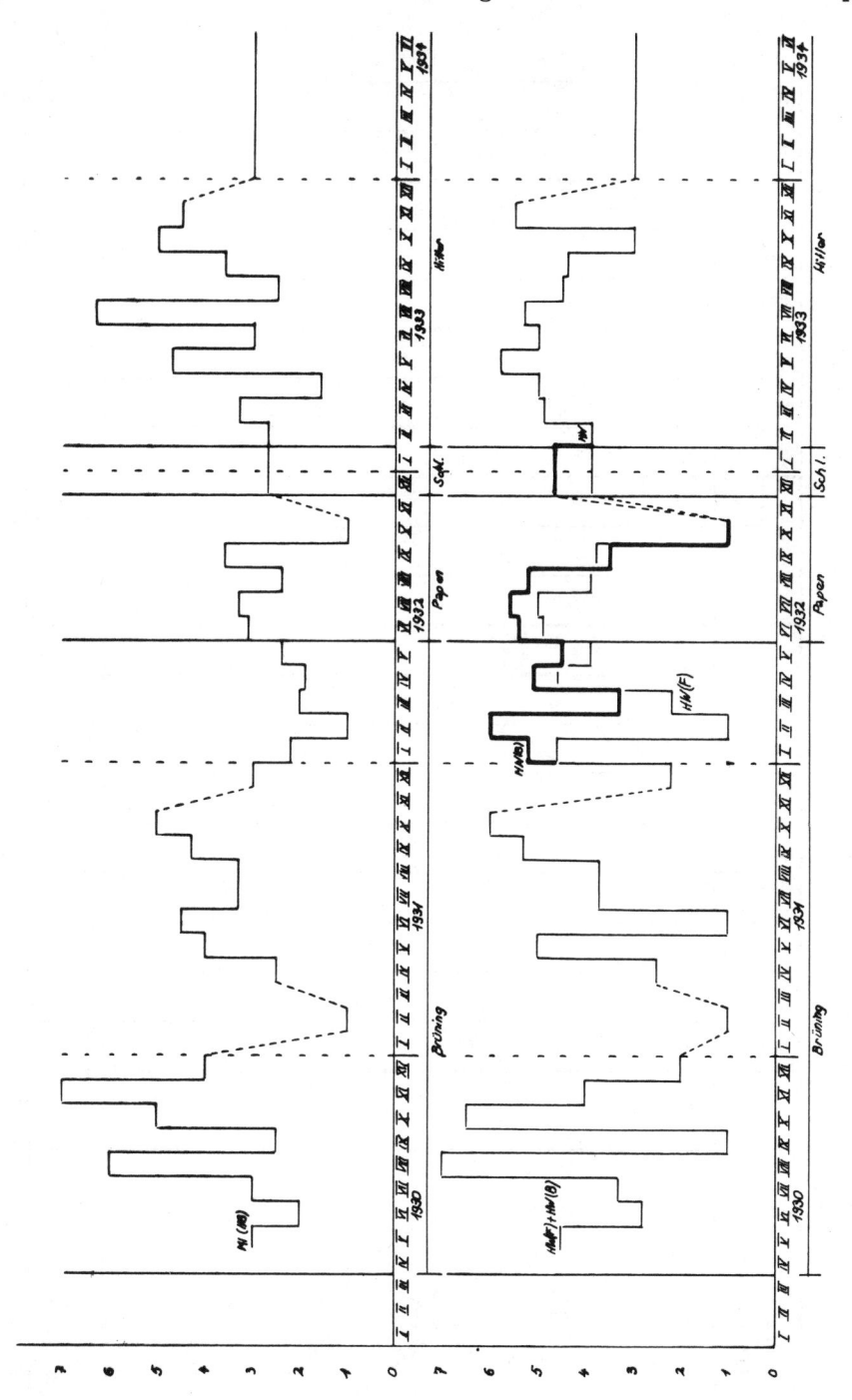

Anhang I

Anhang I

Übereinstimmungswerte zur Arbeitsbeschaffungspolitik der Regierung Brüning

HW(F) = Handwerk (Führung)
HW(B) = Handwerk (Basis)

Maßnahme / Plan / Finanzierung	Monat	RDI			DIHT			Schwer.			Chemie			MI (Hansa)			HW (F)			HW (B)		
		Ü	X_M	X_{Mo}	Ü	X_M	X_{Mo}	Ü	X_M	X_{Mo}	Ü	X_M	X_{Mo}	Ü	X_M	X_{Mo}	Ü	X_M	X_{Mo}	Ü	X_M	X_{Mo}
Direkte AB	5/30	1			2			(1)			2			(1)			1			1		
AB Reichsbahn 250 Mill.RM (aus Krediten)		5			6			(7)			3			(4)			5			5		
AB Reichspost 200 Mill.RM (Vorgriffe und Anleihe) D		5	2,8		6	4,8		(4)	3,8		3	2,4		(4)	2,2		5	4,6		5	4,6	
Straßenbauprojekte (Autobahn) 350 Mill.RM		{2/1}	3,5		5/5		5,2	{3/4}		4,2	2/2		3,0	{1/1}		3,0	5/7		4,5	5/7		4,5
Bauprojekte																						
Ablehnung einer zentralen Koordinierungsstelle für AB		7			(7)			(6)			(6)			(7)			(4)			(4)		
AB Reichsbahn verdoppeln	6/30	5			—			(7)			3			—			5			5		
Vergaberichtlinien D		1	3,0		4	4,0		(1)	4,0		1	2,0		(4)	4,0		1	3,0		1	3,0	
Steuererhöhungen		(1)		2,0	(1)		2,0	(1)		2,5	1		1,5	(1)		2,0	1		2,8	1		2,8
Keine Aufträge an Unternehmer mit unsozialer Haltung D		1			(1)			(1)			(1)			(1)			(4)			(4)		

Anhang I

Brüning

Maßnahme /Plan / Finanzierung	Monat	RDI Ü	RDI X_M	RDI X_{Mo}	DIHT Ü	DIHT X_M	DIHT X_{Mo}	Schwer. Ü	Schwer. X_M	Schwer. X_{Mo}	Chemie Ü	Chemie X_M	Chemie X_{Mo}	MI (Hansa) Ü	MI (Hansa) X_M	MI (Hansa) X_{Mo}	HW (F) Ü	HW (F) X_M	HW (F) X_{Mo}	HW (B) Ü	HW (B) X_M	HW (B) X_{Mo}
Baukreditgesetz 250 Mill.RM (Bürgschaften des Reiches) D	7/30	(1)			5			(4)			(4)			(4)			4			4		
Direkte AB für 1,5 Mrd. RM D		1		2,3(1)			3,7	(1)		3,7	2		2,7	(1)		3,0	1		3,3	1		3,3
Emission 6% für AB Reichsbahn 150 Mill.RM		(5)			5			(6)			2			(4)			(5)			(5)		
Steuersenkung für die Bauwirtschaft	8/30	(1)		1,0(4)	(4)		4,0	(4)		4,0	(4)		4,0	(6)		6,0	(7)		7,0	(7)		7,0
Steuererhöhungen	9/30	(1)			1			(1)			(1)			(1)			—			—		
Gehaltskürzungen		(7)	4,0		7	4,0		(7)	4,0		(7)	4,0		(7)	4,0		1	1,0		1	1,0	
Pläne für direkte AB (Auslandsanleihe) D		2		2,8	1		2,8	(2)		2,8	5(7)	6,0	5,0	(1)		2,5	1		1,0	1		1,0
Notstandsarbeiten D		1			1			(1)			(1)			(1)			(1)			(1)		

Brüning

Maßnahme / Plan / Finanzierung	Monat	RDI			DIHT			Schwer.			Chemie			MI (Hansa)			HW (F)			HW (B)		
		Ü	X_M	X_{Mo}	Ü	X_M	X_{Mo}	Ü	X_M	X_{Mo}	Ü	X_M	X_{Mo}	Ü	X_M	X_{Mo}	Ü	X_M	X_{Mo}	Ü	X_M	X_{Mo}
Kohlepreissenkung	10/30	(1)			(4)			(1)			(4)			(4)			(4)			(4)		
Neuntes Schuljahr abgelehnt		7		5,0	6		5,7	(4)		3,7	(4)		4,3	7		5,0	7		6,0	7		6,0
Ablehnung der 40-Stunden-Woche, weil Erhöhung der Selbstkosten		7			7			6			5			7			7			7		
Kommissar für AB abgelehnt	11/30	(7)		7,0	(7)		7,0	(6)		6,0	(6)		6,0	(7)		7,0	(4)		4,0	(4)		4,0
Notverordnung	12/30	(4)		4,0	(4)		4,0	(4)		4,0	(4)		4,0	(4)		4,0	(2)		2,0	(2)		2,0
Gesetzliche Arbeitszeitverkürzung	2/31	1		1,0	1		1,0	1		1,0	3		3,0	1		1,0	1		1,0	1		1,0
Russengeschäfte — 1 Mrd. RM Prinzipiell	4/31	6			(6)			7			3			(4)			(4)			(4)		
Wechselvolumen steigt dabei		5	4,3	3,5	(5)	4,3	3,5	7	5,3	4,3	(4)	2,6	2,5	1	3,0	2,5	1	3,0	2,5	1	3,0	2,5
Zahlungsgepflogenheiten —		(2)			(2)			2			(1)			(4)			(4)			(4)		
Brauns Kommission	D	1			1			1			(2)			(1)			1			1		

Anhang I

Brüning

Maßnahme /Plan / Finanzierung	Monat	RDI Ü	RDI X_M	RDI X_{Mo}	DIHT Ü	DIHT X_M	DIHT X_{Mo}	Schwer. Ü	Schwer. X_M	Schwer. X_{Mo}	Chemie Ü	Chemie X_M	Chemie X_{Mo}	MI (Hansa) Ü	MI X_M	MI X_{Mo}	HW (F) Ü	HW(F) X_M	HW(F) X_{Mo}	HW (B) Ü	HW(B) X_M	HW(B) X_{Mo}
AB Reichsbahn 200 Mill. RM (+ 100 Mill. RM)	5/31	6		6,0	6		6,0	7		7,0	(4)		4,0	(4)		4,0	5		5,0	5		5,0
Notverordnung	6/31	—																				
Prinzip (Senkung der Produktionskosten)		7	5,0	5,0	(6)(4)	5,0	5,0	(6)(4)	5,0	5,0	(6)(4)	5,0	5,0	(5)(4)	4,5	4,5	1	1,0	1,0	1	1,0	1,0
Reaktion		3															1			1		
AB Reichsbahn (Summe s.o.)	7–8/31																					
Prinzip		6	3,9	3,9	6(5)(1)(1)	3,7	3,7	7 7 3 3	4,7	4,7	(4) 2 (3) 1	2,9	2,9	(4)(1)(1)	3,3	3,3	5(4)(1)(1)	3,7	3,7	5(4)(1)(1)	3,7	3,7
Anleihe		5																				
5-Tagewoche		1																				
Preissenkungen Schwerindustrie vorziehen	D	1																				
Auch Handwerk und Kleinindustrie		(5)			(4)			7			(4)			(1)			(1)			(1)		
Keine Erweiterung des Kredit- u. Geldvolumens	—	(4)			(4)			(4)			(4)			(5)			7			7		
		5			(5)			2			(2)			(7)			7			7		

27 Wolffsohn

Anhang I

Brüning

Maßnahme /Plan / Finanzierung	Monat	RDI ü	RDI x_M	RDI x_{Mo}	DIHT ü	DIHT x_M	DIHT x_{Mo}	Schwer. ü	Schwer. x_M	Schwer. x_{Mo}	Chemie ü	Chemie x_M	Chemie x_{Mo}	MI (Hansa) ü	MI (Hansa) x_M	MI (Hansa) x_{Mo}	HW (F) ü	HW (F) x_M	HW (F) x_{Mo}	HW (B) ü	HW (B) x_M	HW (B) x_{Mo}
Keine direkte AB	9/31 D	3			7			5			(7)			(7)			5			5		
Neue Reparationslösung		7		4,8	(7)		5,5	7		4,0	(7)		4,8	(7)		4,3	7		5,3	7		5,3
Notstandsarbeiten	D	5			2			(1)			(1)			(1)			2			2		
Siedlung	D	(4)			6			3			(4)			2			7			7		
20% Hauszinssteuersenkung (Verwendung nicht gebunden)	10/31	(5)		5,0	6		6,0	(4)		4,0	(4)		4,0	(5)		5,0	6		6,0	6		6,0
Notverordnung	12/31 —	1			1			1			(1)			(1)			1			1		
Steuererhöhungen		2	4,3		1	4,0		2	4,0		(1)	3,5		(1)	4,0		1	2,5		1	2,5	
Preissenkungen		7			7			7			(7)			(7)			1			1		
Lohnsenkungen		7	4,0		7	4,7		6	4,2		(5)	4,3		(7)	3,0		7	2,2		7	2,2	
Weniger öffentliche Ausgaben	—																					
Pläne für Geldschöpfung	—	2	3,5		6	6,0		3	4,5		6	6,0		(1)	1,0		1	1,0		1	1,0	
Pläne für Kreditschöpfung	—	5			6			6			6			(1)			1			1		

Anhang I

Brüning

Maßnahme /Plan / Finanzierung	Monat	RDI Ü	RDI X_M	RDI X_{Mo}	DIHT Ü	DIHT X_M	DIHT X_{Mo}	Schwer. Ü	Schwer. X_M	Schwer. X_{Mo}	Chemie Ü	Chemie X_M	Chemie X_{Mo}	MI (Hansa) Ü	MI (Hansa) X_M	MI (Hansa) X_{Mo}	HW (F) Ü	HW (F) X_M	HW (F) X_{Mo}	HW (B) Ü	HW (B) X_M	HW (B) X_{Mo}
Priorität dem sozialpolitischen Ansatz	1/32 D	3			(1)			2			(4)			(1)			(3)			(3)		
Ablehnung Wagemann-Plan		7			7			7			2			7			7			7		
Direkte AB wegen psychologischer Wirkung ("Spatenarbeit")	D	(5)	3,0	4,2	(1)	1,0	3,0	(2)	1,5	3,2	(4)	2,5	3,4	(1)	1,0	2,2	(4)	5,5	4,6	7	7,0	5,2
Mehr Handarbeit		(1)			(1)			1			1			(1)			7			7		
Annahme des Lautenbach-Plans	D	5			(5)			(4)			(6)			(1)			(2)			(2)		
Direkte AB als Ausgleich für Leistungsminderung der Sozialversicherung (prinzipiell)	2/32 D	5	5,0		1	1,0		(1)	1,0		(5)	5,0		(1)	1,0		1	1,0		6	6,0	

Brüning

Maßnahme /Plan / Finanzierung	Monat	RDI Ü	RDI X_M	RDI X_{Mo}	DIHT Ü	DIHT X_M	DIHT X_{Mo}	Schwer. Ü	Schwer. X_M	Schwer. X_{Mo}	Chemie Ü	Chemie X_M	Chemie X_{Mo}	MI (Hansa) Ü	MI (Hansa) X_M	MI (Hansa) X_{Mo}	HW (F) Ü	HW (F) X_M	HW (F) X_{Mo}	HW (B) Ü	HW (B) X_M	HW (B) X_{Mo}
Direkte AB 1,2 – 1,4 Mrd. RM	3/32																					
Prinzip (Stegerwald u. Treviranus)		6			1			5			(5)			1			2			6		
Kreditausweitung		5			6			6			7			1			1			(4)		
"Letzte Rettung" D		6			1			2			2			1			(4)			(7)		
Politisch unklug		2	3,5	3,5	7	3,8	3,8	6	3,5	3,5	(4)	3,3	3,3	7	2,0	2,0	(4)	2,2	2,2	(1)	3,3	3,3
Keine Aufträge an Privatwirtschaft		1			4			1			(1)			(1)			(1)			(1)		
Unternehmergewinn gering halten		1			4			1			(1)			(1)			(1)			(1)		

Anhang I

Brüning

Maßnahme / Plan / Finanzierung	Monat	RDI			DIHT			Schwer.			Chemie			MI (Hansa)			HW (F)			HW (B)		
		Ü	X_M	X_{Mo}	Ü	X_M	X_{Mo}	Ü	X_M	X_{Mo}	Ü	X_M	X_{Mo}	Ü	X_M	X_{Mo}	Ü	X_M	X_{Mo}	Ü	X_M	X_{Mo}
	4/32																					
Russengeschäfte —		6			(5)			(6)			(4)			(3)			(3)			(3)		
Direkte AB 1,4 Mrd. RM (Prinzipiell, Finanzierung?) —																						
Hausreparaturen D		5			(1)			5			(5)	5,5		(1T)	1,0		7	7,0		7	7,0	
Hoch- und Tiefbauprojekte —		6	5,5		(1)	1,0		5	5,0		(6)	5,5		—			7	7,0		7	7,0	
AB Reichsbahn 200 Mill. RM? D		7	5,5	5,8	6		2,8	7		5,4	(5)	5,0	5,0	(4)		1,9	5		4,6	5		5,1
Direkte AB — Prinzip —		6			—			5			5			1			2			6		
Straßen- und Wasserstraßen 200 Mill. RM (Steuermittel) D		6	5,5		1	1,0		6	5,0		(6)	5,0		(1)	1,3		5	3,8		5	4,8	
Abwracken alter Schiffe? —		(5)						(4)			(4)			(1)			(4)			(4)		
Meliorationen 200 Mill. RM —		5						5			5			(2)			(4)			(4)		

Brüning

Maßnahme /Plan / Finanzierung	Monat	RDI			DIHT			Schwer.			Chemie			MI (Hansa)			HW (F)			HW (B)		
		Ü	X_M	X_{Mo}	Ü	X_M	X_{Mo}	Ü	X_M	X_{Mo}	Ü	X_M	X_{Mo}	Ü	X_M	X_{Mo}	Ü	X_M	X_{Mo}	Ü	X_M	X_{Mo}
Soziale vor wirtschaftliche Seite bei AB D	5/32	3			1			(2)			(4)			(1)			(4)			(4)		
Notstandsarbeiten (1/2 Entgelt in Gutscheinen) 500 Mill. RM D		(2)			(4)			(1)			(1)			(1)			2			2		
Siedlung D		5			6			6			(5)			2			7			7		
40-Stunden-Woche freiwillig (Brüning) gesetzlich (Stegerwald) I		6 1	3,5	4,7	6 1	3,5	3,7	7 3	5,0	4,8	6 6	6,0	5,1	7 1	4,0	2,4	7 1	4,0	3,9	7 1	4,0	4,5
Steuererleichterungen I		(7)			(7)			(7)			(7)			(7)			(7)			(7)		
Direkte AB Prinzip Bauprogramme Wechselfinanzierung und Steuervorgriffe D		6 6	5,6		– –	1,0		5 5	5,4		5 5	5,4		1 1	1,4		2 7	3,0		6 7	4,4	
Meliorationen Vorstädtische Siedlung I		6 5			1 –			6 5			7 5			1 2			1 (4)			4 (4)		
		5						6			5			2			1			1		
$Ü_d$		4,1			3,9			4,1			4,0			2,9			3,5			3,8		

Auswertung (Brüning)

Auf den durchschnittlichen Übereinstimmungswert wird noch in einem gesonderten Abschnitt einzugehen sein, so daß zunächst nur ein Vergleich der Einzelmaßnahmen vorgenommen werden soll, der die Ergebnisse der bislang getrennten Teile miteinander verknüpft. Wie schon nach der inhaltlichen Darstellung der Maßnahmen zu vermuten, war der Übereinstimmungsgrad zwischen den Untersuchungsgruppen und der Arbeitsbeschaffungspolitik der Regierung Brüning ausgesprochen gering. Bei allen Untersuchungsgruppen sind die Ü-Werte im allgemeinen so niedrig, daß man eine Abhängigkeit der Regierung von einer oder mehreren Untersuchungsgruppen nicht ernsthaft herauslesen kann. Dieses zunächst noch überblicksartige Fazit soll durch eine genaue chronologische Untersuchung der Maßnahmen überprüft werden. Für die Frage nach der Abhängigkeit beziehungsweise Unabhängigkeit der staatlichen Entscheidungsträger von den Untersuchungsgruppen sind nur die Werte zwischen 5 und 7 von Interesse, die als "Beeinflussungszone" bezeichnet werden sollen.

Im Mai 1930 kam lediglich der DIHT in diese Zone, wobei jedoch zu beachten ist, daß auch hier starke Schwankungen feststellbar sind. Diese wiederum deuten auf Kompromisse zwischen Forderungen und Ergebnissen. Die betreffende Gruppe mußte Maßnahmen hinnehmen, die ihr einmal mehr und einmal weniger zusagten: So stießen Pläne für direkt arbeitsbeschaffende Maßnahmen beim DIHT auf wenig Gegenliebe, während die Ablehnung einer zentralen Koordinationsstelle für die Arbeitsbeschaffung durchaus im Sinne des DIHT gewesen sein müßte.

Den niedrigsten Wert erreichte der Hansa-Bund, was bei seiner grundsätzlich ablehnenden Haltung der staatlichen "Einmischung" gegenüber nicht verwundert. Auch der RDI und die Chemieindustrie konnten mit der Arbeitsbeschaffungspolitik im Mai 1930 nicht recht zufrieden sein. Das Handwerk erzielte höhere Werte als die Schwerindustrie. Daß es jedoch über mehr Einflußmöglichkeiten als die verschiedenen Gruppen der Großindustrie verfügt haben soll, kann aufgrund der vorangegangenen Kapitel ausgeschlossen werden. Die quantitative Auswertung könnte diesen Verdacht aufkommen lassen. Spricht dies also gegen die getroffene Bewertung? Nein, denn ebenso könnte gesagt werden, daß sich an diesem Beispiel deutlich zeigt, daß Regieren vornehmlich darin besteht, Kompromisse zu schließen. Bei der Planung der Arbeitsbeschaffung im Mai 1930 zeichnete sich in der Tat eine Kompromißlinie der Regierung ab: diese stellte niemanden vollauf zufrieden, lief dadurch aber Gefahr, am Ende zwischen allen Stühlen zu sitzen.

Im Juni 1930 bewegte sich keine Gruppe in der Beeinflussungszone. Der Mittel- und Mittlerkurs der Regierung zeigt sich hier beispielsweise in den extrem unterschiedlichen Werten der Schwerindustrie: Die Absicht der Regierung, den Umfang der Arbeitsbeschaffung der Reichsbahn zu verdoppeln, mußte bei der Schwerindustrie eine wohlwollende Aufnahme finden, die damit verbundenen restriktiven Vergabepraktiken jedoch weit weniger.

Auch im Juli 1930 erreichte keine Gruppe die Beeinflussungszone.

Im August wurde das Einverständnis des Hansa-Bundes und des Handwerks abgeleitet. Die im August 1930 beschlossenen Steuererleichterungen für die Bauwirtschaft stießen auf die besondere Ablehnung des RDI. Hier wie auch bei anderen Maßnahmen oder Vorschlägen, von denen das Handwerk positiv betroffen war, kann man nicht auf eine erfolgreiche Einflußnahme schließen, da gerade diese Gruppe Kommunikationsschwierigkeiten mit der Regierung hatte.

Im September war die Übereinstimmung zwischen der Regierung und der Chemieindustrie am stärksten, nachdem sie aber zum Beispiel zwei Monate vorher am schwächsten war.

Auch im Oktober lösten Zufriedenheit und Mißmut der Untersuchungsgruppen einander ab. Die Werte für den RDI und die

Schwerindustrie machen dies am deutlichsten. Bei der Ablehnung
der Vierzigstundenwoche und des neunten Schuljahres ist eine
Beeinflussung durch die Denkschrift der VDA aufgrund der Zahlen
nicht auszuschließen. Bedenkt man jedoch, daß Stegerwald bei
der Ablehnung der Vierzigstundenwoche zwar die Argumente der
VDA inhaltlich übernahm, aber in der Frage des neunten Schuljahres eine den Arbeitgebern diametral entgegengesetzte Position vertrat, wird die Aussage der Zahlen modifiziert.
Die Kohlepreissenkung war wiederum ganz und gar nicht im Sinne
der Schwerindustrie und des RDI. Aufschlußreich ist die auch
im Oktober 1930 starke Übereinstimmung zwischen dem Handwerk
und den Gruppen der Großindustrie, mit Ausnahme der Chemie.
Die Tabelle macht dies auf einen Blick noch deutlicher als
die inhaltliche Darstellung in den einzelnen Kapiteln.

Im November bewerteten die Großindustrie sowie der Hansa-
Bund einerseits und das Handwerk andererseits die Regierungs-
entscheidung sehr verschieden.

Die Verschärfung der Deflationspolitik im Dezember 1930
stieß im Zusammenhang mit der Arbeitsbeschaffungsfrage auf
keine heftigen Reaktionen der Wirtschaftsgruppen. Es wäre
müßig, über diese Interpretationsorientierung hinaus Monat
für Monat die einzelnen Maßnahmen und Vorschläge zu kommentieren, da die Zahlen, wie sich zeigt, den qualitativen Aussagen der einzelnen Kapitel weitgehend entsprechen. Sie ermöglichen in erster Linie einen vergleichsweise überschaubaren Gesamtüberblick, der zugleich zeigt, wie häufig die
Untersuchungsgruppen die Arbeitsbeschaffungspolitik ähnlich
bewerten.

Natürlich schließt diese weitgehende Übereinstimmung in
Grundsatzfragen der Arbeitsbeschaffung Abweichungen in
Einzelbewertungen nicht aus.

Am schroffsten war auch 1931 die Haltung des Hansa-Bundes,
aber auch das Handwerk hatte wenige Gelegenheiten, mit den
Maßnahmen und Plänen der Regierung zufrieden zu sein. Diese

Gelegenheiten waren allerdings auch für die anderen Untersuchungsgruppen nicht zahlreich.

Daß die Arbeitsbeschaffungspolitik der Regierung Brüning aus vielen Kompromissen bestand, zeigen die Werte für die "zusammengesetzten" Maßnahmen. Die Arbeitsbeschaffungsprogramme der Reichsbahn liefern hierfür ein gutes Beispiel: Der Wert vom Mai 1931 verfälscht diese Aussage zum Teil, da er sich nur auf die Absicht der Regierung bezieht, arbeitsbeschaffende Maßnahmen der Reichsbahn zu fördern. Die Werte für den Juli und August beziehen sich dagegen schon auf die Einzelheiten der Durchführung der Maßnahmen selbst.

Der Durchschnittswert (X_M) für die Arbeitsbeschaffung der Reichsbahn macht auf einen Blick deutlich, daß die Regierung sich nicht auf alle Wünsche der interessierten Gruppen einließ. Auch anhand der Bewertungen der "Russengeschäfte" gelangt man zu diesem Ergebnis.

Obwohl die Werte der großindustriellen Gruppen inbezug auf die Notverordnung vom Juni 1931 um 5 lagen, konnte eine Beeinflussung nicht registriert werden.

Das völlige Einverständnis zwischen der Regierung Brüning und den Wirtschaftsgruppen veranschaulichen die Zahlen von September 1931 auf einen Blick.

Wie man auch diese Politik rein volkswirtschaftlich beurteilen mag, sie wurde von allen Untersuchungsgruppen mitgetragen.

Die Werte für die Pläne zur Geld- und Kreditschöpfung im Dezember 1931 legen den Schluß nahe, daß die Vorstellungen der Schwer- und Chemieindustrie zu diesem Zeitpunkt nicht mit denen der anderen Gruppen übereinstimmten. Im Januar 1932 änderte sich diese Situation: Jetzt war nur noch die Chemieindustrie isoliert, und selbst inbezug auf die Chemieindustrie hat sich gezeigt, daß Reichswirtschaftsminister Warmbold, "ihr Mann" im Kabinett, ihre Interessen nur unzureichend wahrnahm. Jedenfalls konnte die Regierung in geldpolitischen Fragen der Unterstützung der meisten Untersuchungsgruppen gewiß sein.

Im Frühjahr 1932, zum Beispiel im März, ähnelte die Einstellung der Großindustrie, mit Ausnahme des DIHT, der Position der Handwerks"basis". Das Arbeitsbeschaffungsprogramm der Regierung war zwar keine "konzertierte Aktion", wie man aufgrund der vergleichsweise einheitlichen Werte zunächst denken könnte, aber eine gewisse Koordination der Interessen wurde durch die Tätigkeit des Reichswirtschaftsrates erreicht.

Trotz verschiedener betriebswirtschaftlicher Interessen beurteilten der DIHT, der Hansa-Bund und die Handwerksführung die volkswirtschaftlichen Pläne der Regierung ähnlich. Dieser sichtbare Vergleich unterstreicht die in den einzelnen Kapiteln mehrfach aufgestellte Behauptung, daß ähnliche betriebswirtschaftliche "Interessen" noch keine identischen volkswirtschaftlichen "Erkenntnisse" bedingen und umgekehrt verschiedene betriebswirtschaftliche "Interessen" durchaus zu ähnlichen volkswirtschaftlichen "Erkenntnissen" führen können.

Die vorliegende Tabelle macht dies nun (im wahren Sinne des Wortes) sichtbar.

Übereinstimmungswerte zur Arbeitsbeschaffungspolitik der Regierung Papen

Maßnahme /Plan / Finanzierung	Monat	RDI Ü	RDI X_M	RDI X_{Mo}	DIHT Ü	DIHT X_M	DIHT X_{Mo}	Schwer. Ü	Schwer. X_M	Schwer. X_{Mo}	Chemie Ü	Chemie X_M	Chemie X_{Mo}	MI (Hansa) Ü	MI (Hansa) X_M	MI (Hansa) X_{Mo}	HW (F) Ü	HW (F) X_M	HW (F) X_{Mo}	HW (B) Ü	HW (B) X_M	HW (B) X_{Mo}
Freiwillige Arbeitszeitverkürzung	6/32	6			6			6			6			6			6			6		
Zentralstelle für AB abgelehnt		7			(6)			(7)			(2)			(6)			(4)			(4)		
Notverordnung 302 + 100 Mill. RM Bürgschaften D		6	5,4	5,4	(1)	4,4	4,4	6	5,4	5,4	6	4,1	4,1	1	3,9	3,9	2	4,9	4,9	6	5,4	5,4
Prinzip und Sozialleistungen geringer D		7			(4)			7			(5)			(5)			7			7		
Aufträge an Privatwirtschaft D																						
Nicht an Generalunternehmer D		4 1	4,5		6 1	3,0		(4) 1	4,5		(2) 1	3,5		(1) 1	2,0		7 1	4,3		7 1	5,3	
Steuererhöhungen		7			(7)			7			(7)			(7)			7			7		
Erst Reparationsfrage																						

Anhang I

Papen

Maßnahme /Plan / Finanzierung	Monat	RDI Ü	RDI X_M	RDI X_{Mo}	DIHT Ü	DIHT X_M	DIHT X_{Mo}	Schwer. Ü	Schwer. X_M	Schwer. X_{Mo}	Chemie Ü	Chemie X_M	Chemie X_{Mo}	MI (Hansa) Ü	MI (Hansa) X_M	MI (Hansa) X_{Mo}	HW (F) Ü	HW (F) X_M	HW (F) X_{Mo}	HW (B) Ü	HW (B) X_M	HW (B) X_{Mo}
AB und "Preußenschlag"	D 7/32	(4)			(4)			(4)			(4)			(4)			(4)			(4)		
Direkte AB als Übergang Prinzip		6			5			6			6			1			2			6		
Keine Erhöhung der Produktionskosten		7			6			7			7			7			(7)			(7)		
Erleichterte Kreditpolitik	D	6	5,4	5,4	6	5,0	4,9	7	5,6	5,6	7	5,6	5,4	2	2,4	3,3	(7)	4,8	5,0	(7)	5,6	5,6
Mehr Wechsel (aber Grenze)		7			7			7			7			1			1			1		
Mehr Handarbeit		1			(1)			1			1			1			7			7		
Lockerungen in der Tarifpolitik		7			5			7			6			7			7			7		

418 Anhang I

Papen

Maßnahme /Plan / Finanzierung	Monat	RDI Ü	RDI X_M	RDI X_{Mo}	DIHT Ü	DIHT X_M	DIHT X_{Mo}	Schwer. Ü	Schwer. X_M	Schwer. X_{Mo}	Chemie Ü	Chemie X_M	Chemie X_{Mo}	MI (Hansa) Ü	MI (Hansa) X_M	MI (Hansa) X_{Mo}	HW (F) Ü	HW (F) X_M	HW (F) X_{Mo}	HW (B) Ü	HW (B) X_M	HW (B) X_{Mo}
Warmboldplan	8/32																					
Steuererleichterungen für Reparaturarbeiten		(6)			(5)			5			(4)			(4)			7			7		
Besteuerung höherer Einkommen		1			1			1			(1)			(1)			7			7		
Auflockerung des Tarifrechts		7	5,4		5	5,0		7	5,4		(6)	4,4		7	3,6		7	5,8		7	5,8	
Erleichterung der Kreditpolitik		6			7			7			7			2			(7)			(7)		
Steuerscheine: niedrige Stückelung vermeiden		7			7			(7)			(4)			(4)			1			1		
Preisdruck der Vergabestellen	D	1		4,4	(1)		4,7	1		4,7	(1)		4,2	(1)		2,4	1		3,9	1		5,2
Direkte AB (geplant)																						
Erweiterung des Geldvolumens		3			6			6			7			1			1			(4)		
AB kurzfristig	D	6	4,0		6	5,3		6	4,7		6	5,0		1	1,0		2	1,7		6	5,7	
Zusammenarbeit mit Gereke		(3)			4			2			(2)			1			2			7		

Papen

Anhang I

Maßnahme/Plan/Finanzierung	Monat	RDI			DIHT			Schwer.			Chemie			MI (Hansa)			HW (F)			HW (B)		
		Ü	X_M	X_{Mo}	Ü	X_M	X_{Mo}	Ü	X_M	X_{Mo}	Ü	X_M	X_{Mo}	Ü	X_M	X_{Mo}	Ü	X_M	X_{Mo}	Ü	X_M	X_{Mo}
Notverordnungen — Prinzip Politisch	9/32	7 1			7 1			7 3			7 (1)			7 (4)			6 (4)			2 (4)		
Steuerscheine 1.500 Mill. RM Prinzip Konkret		7 5	4,1		7 6	3,8		7 5	4,4		7 4	4,2		5 5	4,5		5 1	3,9		5 1	3,3	
Mehreinstellungsprämien 700 Mill. RM		5			—			5			—			—			5			5		
Tariflohnunterschreitungen		3 1			1 1			3 1			5 1			5 1			1 5			1 5		
Kontingentierung —																						
Zuschüsse für Hausreparaturen 50 Mill. RM D		5			(5)			5			5			(4)			5			5		
Preisdruck der Vergabestellen D		1			(1)			1			1			(1)			1			1		
Ausgleich, weil Unternehmer bevorzugt		4		3,9	(4)	3,8		(4)	3,8		(4)	4,0		(2)		3,6	7		3,8	7		3,5

420 Anhang I

Papen

Maßnahme /Plan / Finanzierung	Monat	RDI			DIHT			Schwer.			Chemie			MI (Hansa)			HW (F)			HW (B)		
		Ü	X_M	X_{Mo}	Ü	X_M	X_{Mo}	Ü	X_M	X_{Mo}	Ü	X_M	X_{Mo}	Ü	X_M	X_{Mo}	Ü	X_M	X_{Mo}	Ü	X_M	X_{Mo}
AB Reichsbahn 180 Mill. RM	9/32																					
Zögern (bis September)	(Forts.) 4				2			1			(4)			(4)			(4)			(4)		
Initiative		7	4,0		6	4,0		7	3,0		(5)	4,3		(4)	3,0		(5)	3,3		(5)	3,3	
Regiearbeiten D		1			4			1			(4)			(1)			1			1		
Lieferbedingungen (Reichs- finanzminister D	10/32	(1)		1,0	(1)		1,0	1		1,0	(1)		1,0	1		1,0	1		1,0	1		1,0
$Ü_d$		4,5			4,3			4,6			4,3			3,4			4,2			4,6		

Anhang I

Auswertung: (Papen)

Die Einschätzung der direkten Arbeitsbeschaffungspolitik hat sich wenig verändert, nur der DIHT hat, legt man die Werte vom Juli 1932 zugrunde, seine Position teilweise revidiert.

In der Frage einer Zentralstelle und Arbeitszeitverkürzung bleiben die Wertungen konstant.

Aus den hohen Werten für das Handwerk, vor allem für dessen "Basis", in den Monaten Juni bis August kann man sicherlich keine Beeinflussung herleiten, denn unter Papen verfügte das Handwerk über noch weniger politische Einwirkungsmöglichkeiten als zuvor unter Brüning. Die Zahlen belegen lediglich die Tatsache, daß die Regierung Papen den ehrlichen Versuch unternahm, verschiedenen Wirtschaftsgruppen entgegenzukommen. In den folgenden Monaten verringerte sich die Übereinstimmung zwischen der Regierung, dem Handwerk und den anderen Gruppen.

Dieses Ergebnis widerspricht der im allgemeinen vertretenen Meinung, daß gerade "die Unternehmer" auf Papens Maßnahmen so wohlwollend reagierten. Je länger er regierte, desto geringer wurde ihr Wohlwollen. Mit Ausnahme des Hansa-Bundes gilt diese Feststellung für alle Untersuchungsgruppen.

Die Lockerungen in der Tarifpolitik wurden zwar von allen Untersuchungsgruppen grundsätzlich gutgeheißen, die praktische Ausführung dieser Absicht stieß jedoch auf Zurückhaltung. Der positivste Ü-Wert war lediglich ein: "weder-noch".

Die Maßnahmegruppe der Reichsbahnarbeiten, für die sich die Papen-Regierung im Interesse der Schwerindustrie energisch einzusetzen versuchte, führte insgesamt auch nur zu einer eher mäßigen Beurteilung. Die Bewertung der Chemieindustrie fiel noch am günstigsten aus; wahrscheinlich weil sie eigentlich gar nicht betroffen war.

Insgesamt schwankten während der Amtszeit Papens die Werte häufiger zwischen 1 und 7, und zwar besonders bei "zusammengesetzten" Maßnahmen. Maßnahmen, bei denen eine direkte Einflußnahme festgestellt werden konnte, wie die Arbeitsbeschaffung der Bahn, trugen am Ende auch nicht mehr Früchte.

Übereinstimmungswerte zur Arbeitsbeschaffungspolitik der Regierung Schleicher

Maßnahme/Plan/Finanzierung	Monat	RDI Ü	RDI X_M	RDI X_{Mo}	DIHT Ü	DIHT X_M	DIHT X_{Mo}	Schwer. Ü	Schwer. X_M	Schwer. X_{Mo}	Chemie Ü	Chemie X_M	Chemie X_{Mo}	MI (Hansa) Ü	MI (Hansa) X_M	MI (Hansa) X_{Mo}	HW (F) Ü	HW (F) X_M	HW (F) X_{Mo}	HW (B) Ü	HW (B) X_M	HW (B) X_{Mo}
Direkte AB 500 Mill. RM; Prinzip	12/32	—																				
	1/33	6			6			6			5			1			2			7		
Geringer Unternehmergewinn		1			(1)			(1)			1			(1)			(1)			(1)		
Reichskommissar für AB		2			4			2			(2)			1			2			7		
Öffentliche Aufträge an die Privatwirtschaft		7			7			7			5			5			7			7		
Aufträge nicht an "Generalunternehmer"		(4)	4,1		6	4,8		(4)	4,1		(2)	3,8		(1)	2,0		7	4,0		7	5,0	
Sozialpolitische Prioritäten D		3			6			(3)			5			(1)			3			3		
Verwendung menschlicher Arbeitskraft		1			(1)			(1)			(1)			(1)			7			7		
40-Stunden Woche (Empfehlung)		6			6			6			5			6			3			3		
Vorfinanzierung durch Wechselziehung		6	4,7		6	5,2		6	4,7		7	4,2		1	2,7		1	3,9		1	4,7	
RAM: Instandsetzungsarbeiten 50 Mill. RM		5			(5)			5			5			2			7			7		

Schleicher

Maßnahme / Plan / Finanzierung	Monat	RDI			DIHT			Schwer.			Chemie			MI (Hansa)			HW (F)			HW (B)		
		Ü	X_M	X_{Mo}	Ü	X_M	X_{Mo}	Ü	X_M	X_{Mo}	Ü	X_M	X_{Mo}	Ü	X_M	X_{Mo}	Ü	X_M	X_{Mo}	Ü	X_M	X_{Mo}
Keine Kontingentierung	12/32	7			7			7			(7)			7			3			3		
Steuerscheine	1/33	6			6			6			(4)			5			3			3		
Keine Tariflohnunterschreitungen bei Mehreinstellung	(Forts.)	7			7			7			(6)			(3)			(5)			(5)		
		4,7			5,2			4,7			4,2			2,7			3,9			4,7		

Auswertung: (Schleicher)

Bei der Arbeitsbeschaffungspolitik Schleichers zeigt sich eine stärkere Unterscheidung in der Bewertung der Großindustrie und des Hansa-Bundes einerseits und dem Handwerk andererseits. Trotzdem waren auch hier Gemeinsamkeiten vorhanden, zum Beispiel in der Reaktion auf die Bestimmungen über den geringen Unternehmergewinn oder die Auflage, Aufträge an die Privatwirtschaft zu vergeben. Innerhalb der Großindustrie lagen verschiedene Beurteilungen besonders der Chemieindustrie vor. In den geldpolitischen Fragen stand der Hansa-Bund dem Handwerk näher als der Großindustrie, in der Kontigentierungsfrage vertrat er die gleiche Position wie die Großindustrie.

Einseitige Interessenwahrnehmungen der Regierungen scheinen bei derart extremen Schwankungen wiederum sehr unwahrscheinlich gewesen zu sein, und die Kapitel haben dies auch deutlich werden lassen. Ohne die qualitativen Aussagen hätte man hier jedoch weiter prüfen müssen, ob und inwieweit eine Beeinflussung der Politiker festzustellen war.

Anhang I

Übereinstimmungswerte zur Arbeitsbeschaffungspolitik der Regierung Hitler

Maßnahme /Plan / Finanzierung	Monat	RDI Ü	RDI X_M	RDI X_{Mo}	DIHT Ü	DIHT X_M	DIHT X_{Mo}	Schwer. Ü	Schwer. X_M	Schwer. X_{Mo}	Chemie Ü	Chemie X_M	Chemie X_{Mo}	MI (Hansa) Ü	MI (Hansa) X_M	MI (Hansa) X_{Mo}	HW (F) Ü	HW (F) X_M	HW (F) X_{Mo}	HW (B) Ü	HW (B) X_M	HW (B) X_{Mo}
Preisdruck der Vergabestellen	2/33 D	1			(1)			(1)			1			(1)			(1)			1		
Instandsetzungen (Landwirtschaft)	D	5			(4)			(6)			(5)			(4)			(4)			6		
Sofortprogramm 500/600 Mill. RM		6			6			7			6			5			(1)			7		
Reichsbahn (keine Aufträge)		2			2			(2)			(1)			(4)			(4)			(2)		
Reichskommissar		2	4,3	4,1	(4)	4,5	4,2	7	3,9	3,9	(2)	4,3	4,1	2	4,7	4,4	(1)	2,8	2,7	7	3,9	3,9
Sozialpolitische Prioritäten		3			6			3			3			5			(1)			3		
Wechselfinanzierung		6			6			2			7			7			(1)			2		
Viel Meliorationen		5			(4)			(3)			(5)			(5)			(3)			(3)		
Wenig Siedlung	D	(4)			(4)			(2)			(4)			(4)			(6)			(2)		
Wenig Instandsetzungen und Hochbauten		(4)			(4)			(1)			(4)			(4)			6			(3)		
Mehr Tiefbauten		6			6			5			6			5			(2)			5		
Niedrige Lohnkosten		7			7			7			7			7			(5)			(7)		
Aufträge im freien Wettbewerb		(7)			(6)			2			(7)			(6)			(5)			(2)		
Bevorzugung "alter Kämpfer"		3			(1)			(6)			3			1			(1)			4		
"Großziehen von Außenseitern"	I	1			(2)			(4)			1			(6)			(1)			(4)		

426   Anhang I

Hitler

Maßnahme /Plan / Finanzierung	Monat	RDI			DIHT			Schwer.			Chemie			MI (Hansa)			HW (F)			HW (B)		
		Ü	X_M	X_{Mo}	Ü	X_M	X_{Mo}	Ü	X_M	X_{Mo}	Ü	X_M	X_{Mo}	Ü	X_M	X_{Mo}	Ü	X_M	X_{Mo}	Ü	X_M	X_{Mo}
Landhilfe	3/33	(4)			(4)									(4)			(4)			4		
Wechselkredite für Hausinstand- setzungen		(5)			(6)			(2)			5			(5)			(1)			2		
Direkte AB vor Wahlen	D	(6)			(6)			(2)			(4)			(5)			(1)			7		
Nationale Maßnahmen (weniger Export); fortwährend		5			1			(7)			5			(1)			(1)			7		
Einstellung der Mehrbeschäfti- gungsprämien		(4)		5,5	(4)		4,4	(6)		5,0	3		5,1	3		4,4	(4)		3,3	6		4,9
Entlassung des Reichskommissars	D	6			(4)			(4)			7			(7)			(7)			(1)		
Große Aufträge der Reichsbahn; fort- während	D	7			6			6			7			(5)			(4)			6		
Aufträge der Reichs- post; fort- während	D	7			(4)			6			6			(5)			(4)			6		

Anhang I

Hitler

Maßnahme /Plan / Finanzierung	Monat	RDI Ü	RDI X_M	RDI X_{Mo}	DIHT Ü	DIHT X_M	DIHT X_{Mo}	Schwer. Ü	Schwer. X_M	Schwer. X_{Mo}	Chemie Ü	Chemie X_M	Chemie X_{Mo}	MI (Hansa) Ü	MI (Hansa) X_M	MI (Hansa) X_{Mo}	HW (F) Ü	HW (F) X_M	HW (F) X_{Mo}	HW (B) Ü	HW (B) X_M	HW (B) X_{Mo}
Diskriminierung "nichtarischer Firmen" D	4/33	1			2			6			1			(2)			1			6		
Änderung der KFZ-Steuer		(7)			7			(4)			7			(5)			(4)			(4)		
Preisdruck der Vergabestellen D		1		3,6	1		4,4	4		5,4	1		3,2	(1)			(1)		1,6	2		5,0
Direkte AB		6			6			7			(4)			(5)			(1)			7		
zum 1. Mai Seldte: deficit spending D		3	4,5		6	6,0		6	6,5		3	3,5		6	5,5		(1)	1,0		(6)	6,5	

428 Anhang I

Hitler

Maßnahme / Plan / Finanzierung	Monat	RDI Ü	RDI X_M	RDI X_{Mo}	DIHT Ü	DIHT X_M	DIHT X_{Mo}	Schwer. Ü	Schwer. X_M	Schwer. X_{Mo}	Chemie Ü	Chemie X_M	Chemie X_{Mo}	MI (Hansa) Ü	MI X_M	MI X_{Mo}	HW (F) Ü	HW (F) X_M	HW (F) X_{Mo}	HW (B) Ü	HW (B) X_M	HW (B) X_{Mo}
Erleichterungen in der Arbeitslosenversicherung	5/33	7			7			7			(7)			(7)			(7)			7		
Adolf-Hitler-Spende		3			(2)			4			3			(2)			(3)			4		
Hitler: —																						
Haushalt ausgleichen D		7			(7)			6			7			(3)			(7)			6		
weniger Sozialleistungen		7	6,7	6,0	(7)	6,7	6,1	7	6,7	5,8	7	6,3	6,1	(6)	4,7	5,1	(7)	5,0	4,7	7	6,7	5,8
Direkte AB —		6			6			7			5			(5)			(1)			7		
Gespräch mit Industriellen —																						
Wirtschaftsbelebung über Privatinitiative		7			(7)			(2)			7			7			(7)			(2)		
Wiederherstellung des Hausbesitzes D		5			(6)			(7)			6			(5)			(4)			(7)		
"Automobilstraßen" D		6	6,0		6	6,5	6,1	(5)	5,3		6	6,5		(5)	5,8		(2)	4,3		(5)	5,3	
AB, damit Deutschland ein Machtfaktor wird —		(6)			7			(7)			(7)			(6)			(4)			(7)		

Hitler

Maßnahme / Plan / Finanzierung	Monat	RDI Ü	RDI X_M	RDI X_{Mo}	DIHT Ü	DIHT X_M	DIHT X_{Mo}	Schwer. Ü	Schwer. X_M	Schwer. X_{Mo}	Chemie Ü	Chemie X_M	Chemie X_{Mo}	MI (Hansa) Ü	MI (Hansa) X_M	MI (Hansa) X_{Mo}	HW (F) Ü	HW (F) X_M	HW (F) X_{Mo}	HW (B) Ü	HW (B) X_M	HW (B) X_{Mo}
Erstes Reinhardt-Programm	6/33																					
Öffentliche Aufträge 1 Mrd.RM D		6			6			7			5			5			(1)			7		
Wechselfinanzierung		6			6			2			7			7			(1)			2		
Ehestandsdarlehen		6			(4)			6			4			(4)			(4)			6		
Frauen in die Hauswirtschaft		(4)			(4)			7			(4)			(4)			(4)			7		
Abschreibungsförderungen		7			(7)			(6)			7			(7)			(7)			6		
2 Jahre Verlustvortrag		(6)			(6)			(4)			5			(4)			(4)			(4)		
Mehr Hochbauten D		5			(6)			(6)			6			(5)			(4)			6		
Zuschüsse für Instandsetzungen 300 Mill. RM D		5			(6)			(5)			5			(5)			(4)			5		
Tiefbauten etwa gleich D		6	4,5		(6)	4,9		(5)	4,9		6	4,3		(5)	4,3		(2)	3,0		5	4,9	
Nur Kredite über 20.000 RM für Instandsetzungen		6			(6)			1			6			(5)			(4)			1		

Anhang I

Hitler

Maßnahme /Plan / Finanzierung	Monat	RDI $Ü$	RDI X_M	RDI X_{Mo}	DIHT $Ü$	DIHT X_M	DIHT X_{Mo}	Schwer. $Ü$	Schwer. X_M	Schwer. X_{Mo}	Chemie $Ü$	Chemie X_M	Chemie X_{Mo}	MI (Hansa) $Ü$	MI (Hansa) X_M	MI (Hansa) X_{Mo}	HW (F) $Ü$	HW (F) X_M	HW (F) X_{Mo}	HW (B) $Ü$	HW (B) X_M	HW (B) X_{Mo}
Kredite über öffentliche Kreditinstitute	6/33 (Forts)	5		4,6	(4)		5,0	(7)		5,0	5			4,4(5)		4,4	(2)		3,0	7		5,0
Bedarfsdeckungsscheine D		1			(4)			(6)			(4)			(4)			(4)			6		
Bevorzugung menschlicher Arbeitskraft D		1			(1)			(7)			1			(1)			(1)			7		
40-Stunden-Woche (Empfehlung)		(6)			(6)			(3)			6			6			(7)			3		
Siedlung ("Abschiebung") D		5			(6)			(7)			5			(4)			(2)			7		
Sozialpolitische Prioritäten D		3			(6)			(3)			3			(5)			(1)			(3)		
Spende zur Förderung der nationalen Arbeit		(3)			(2)			(4)			1			(3)			(3)			4		
Geringe Unternehmergewinne D		(1)			(1)			(1)			1			(1)			(1)			(1)		
Aufträge nicht an Generalunternehmer D		(4)			6			7			1			2			(1)			7		
Reichsautobahn D		6			(6)			(5)			6			(5)			(2)			5		

Anhang I

Hitler

Maßnahme / Plan / Finanzierung	Monat	RDI Ü	RDI X_M	RDI X_{Mo}	DIHT Ü	DIHT X_M	DIHT X_{Mo}	Schwer. Ü	Schwer. X_M	Schwer. X_{Mo}	Chemie Ü	Chemie X_M	Chemie X_{Mo}	MI (Hansa) Ü	MI (Hansa) X_M	MI (Hansa) X_{Mo}	HW (F) Ü	HW (F) X_M	HW (F) X_{Mo}	HW (B) Ü	HW (B) X_M	HW (B) X_{Mo}
Übergang zu direkter AB	7/33	7						(2)			7			7			(7)			(2)		
Keine Einwirkung Außenstehender auf Vergabestellen	D	7		6,5	(7)		6,8	(2)		4,5	7		6,8	(7)		6,5	(7)		6,3	5		5,3
Steuererleichterungen — Prinzip		7			7			(7)			7			7			(7)	5,5	5,5	7	7,0	
Zielgruppe Bau —		5	6,0		6	6,5		(7)	7,0		6	6,5		5	6,0		(4)			7	7,0	
RAM: Keine Bauaufträge, wenn Preiserhöhungen	8/33	(1)		3,5	(4)		5,0	(2)		4,5	1		3,5	(4)		4,0	(1)		2,5	(2)		4,5
Propagandistische Funktion der AB	D	6			6			7			6			(4)			(4)			7		

Hitler

Maßnahme/Plan/Finanzierung	Monat	RDI Ü	RDI X_M	RDI X_{Mo}	DIHT Ü	DIHT X_M	DIHT X_{Mo}	Schwer. Ü	Schwer. X_M	Schwer. X_{Mo}	Chemie Ü	Chemie X_M	Chemie X_{Mo}	MI (Hansa) Ü	MI (Hansa) X_M	MI (Hansa) X_{Mo}	HW (F) Ü	HW (F) X_M	HW (F) X_{Mo}	HW (B) Ü	HW (B) X_M	HW (B) X_{Mo}
Zweites Reinhardt-Programm —	9/33																					
Bauzuschüsse 500 Mill. RM D		5			6			(6)			(4)			(5)			(2)			6		
Zinsvergütung		6			7			(6)			(4)			(4)			(4)			6		
Sozialpolitische Prioritäten		3			(6)	5,8		(3)	4,3		3	3,8		(5)	4,5		(2)	3,0		3	4,3	
Selbstaufbringungsbetrag —		(4)	4,5	5,6	(4)		6,0	(2)		4,4	(4)		4,4	(4)		5,0	(4)		3,6	2		4,4
Gemeindeumschuldungsgesetz (für öffentl. Arbeiten) D		7			6			6			(4)			5			3			6		
Generalrat der Wirtschaft —																						
keine künstliche AB D		7			(7)			(2)			7			7			(7)			(2)		
Schmitt: Multiplikatorprinzip —		7	7,0		(6)	6,5		(6)	4,0		5	6,0		5	6,0		(3)	5,0		(6)	4,0	

Anhang I

Hitler

Maßnahme /Plan / Finanzierung	Monat	RDI			DIHT			Schwer.			Chemie			MI (Hansa)			HW (F)			HW (B)		
		Ü	X_M	X_{Mo}	Ü	X_M	X_{Mo}	Ü	X_M	X_{Mo}	Ü	X_M	X_{Mo}	Ü	X_M	X_{Mo}	Ü	X_M	X_{Mo}	Ü	X_M	X_{Mo}
	10/33																					
Kredite für Kleingewerbetreibende 10 Mill. RM		(4)		5,5	(4)		5,0	(5)		3,0	(4)		5,5	(4)		4,5	(4)		5,0	5		3,0
Keine Bevorzugung ortsansässiger Betriebe D		(7)			6			(1)			7			(5)			(6)			(1)		
	11/33																					
Steueramnestie für Instandsetzungsarbeiten																						
Prinzip		7	6,0		7	6,5		(6)	6,5		7	6,0		(7)	6,0		7	5,5		(6)	6,5	
Zielgruppen		5			6			(7)			5			(5)			(4)			7		
Einleitung des Endes der direkten AB		7		6,3	(7)		5,3	(2)		5,5	7		6,0	7		6,0	(5)		4,5	2	5,5	
Bei direkter AB nur deutsche Geräte D		(6)			(1)			(7)			5			2			(2)			7		

Hitler

Maßnahme/Plan/Finanzierung	Monat	RDI Ü	RDI X_M	RDI X_{Mo}	DIHT Ü	DIHT X_M	DIHT X_{Mo}	Schwer. Ü	Schwer. X_M	Schwer. X_{Mo}	Chemie Ü	Chemie X_M	Chemie X_{Mo}	MI (Hansa) Ü	MI X_M	MI X_{Mo}	HW (F) Ü	HW (F) X_M	HW (F) X_{Mo}	HW (B) Ü	HW (B) X_M	HW (B) X_{Mo}
Direkte AB für Rohstoffindustrie und neue Industrien	1934	7			6						7			(7)			(4)					
Notstandsarbeiten (Beschwichtigung) 250 Mill. RM $_D$		(4)	5,0		(4)	5,0		(5)		3,0	3			(4)			(1)		3,0	(2)		
Zivile Bauprojekte nur über Kapitalmarkt		(4)			(5)			(2)			(4)			(4)			(4)			2		
$Ü_d$		5,0			5,0			4,7			4,8			4,6			3,3			4,7		3,0

Auswertung: (Hitler)

In dieser Tabelle werden die beiden Strömungen im DIHT berücksichtigt, obwohl die "traditionelle" DIHT-Linie (DIHT (T)) aus den Ämtern des Verbundes weitgehend verdrängt wurde. Ihr politischer Einfluß kann nicht groß gewesen sein, auch wenn hier und dort Werte registriert werden, die in der Beeinflussungszone liegen. Die "mittelständische" Strömung im DIHT (DIHT (M)) stimmte in ihrer Bewertung weitgehend mit dem Handwerk überein. Die Gründe hierfür wurden im entsprechenden Kapitel erläutert.

Da beim Handwerk die alte "Basis" der neuen Führung weitgehend entsprach und die alte Führung aus den entscheidenden Positionen verdrängt wurde, läßt sich für das Handwerk eine gemeinsame Aussage treffen.

In dieser Tabelle mußten noch mehr Werte als in den vorangegangenen abgeleitet werden, da die veränderten politischen Verhältnisse distanzierte Stellungnahmen zumindest erschwerten.

Im Vergleich zum Übereinstimmungsgrad mit vorangegangenen Regierungen variieren die Werte für "konventionelle" Maßnahmen und Pläne kaum. Der durchschnittliche Übereinstimmungsgrad wird eher Rückschlüsse auf die Berücksichtigung partieller Interessen bei der Auswahl der Projekte insgesamt erlauben.

Besondere Beachtung verdienen die Spezifika nationalsozialistischer Arbeitsbeschaffungspolitik, die in chronologischer Reihenfolge erörtert werden sollen.

Die bevorzugte Einstellung "alter Kämpfer" konnte nur bei der "mittelständischen" Strömung des DIHT Zufriedenheit auslösen. Das weniger "stürmende und drängende" Handwerk reagierte äußerst zurückhaltend, die übrigen Untersuchungsgruppen lehnten diese Einstellungspolitik mehr oder weniger entschieden ab. Gutgeheißen wurde sie von keiner Gruppe.

Die neuen Machthaber betreiben hier offensichtlich ihre
eigene Politik auf Kosten der Wirtschaft. Das "Großziehen
von Außenseitern" wurde vom RDI und der Schwerindustrie
kategorisch abgelehnt, die traditionelle DIHT-Strömung dürfte
die Ablehnung weniger scharf im Ton, aber ebenso eindeutig
in der Sache formuliert haben. Die "mittelständische" Strömung
des DIHT war, wie auch das Handwerk, hiervon nicht betroffen.
Für den Hansa-Bund müßte dies eine Einmischung des Staates
gewesen sein, die er in der Vergangenheit stets angeprangert
hatte. Nur für die Chemieindustrie dürfte diese Absicht der
Regierung nicht unwillkommen gewesen sein, denn ohne diese
direkten Hilfsmaßnahmen hätte sie den Ausbau der Mineralölwirtschaft überhaupt nicht beginnen können.
Die stärkere Verlagerung der wirtschaftlichen Tätigkeit auf
den Binnenmarkt wurde vom Handwerk und der "mittelständischen"
DIHT-Strömung am freudigsten begrüßt. Der traditionellen
DIHT-Strömung, der Chemieindustrie und dem Hansa-Bund kam
diese Umstrukturierung der Wirtschaft höchst ungelegen. RDI
und Schwerindustrie schienen zum Teil einverstanden gewesen
zu sein. Die Diskriminierung "nichtarischer" Firmen rief nur
beim "Mittelstand" freundliche Reaktionen hervor. Die anderen
Untersuchungsgruppen waren mit diesem nationalsozialistischen
Ideologismus in der Wirtschaft "nicht" oder "überhaupt nicht
einverstanden".
Die Änderung des Kraftfahrzeugsteuergesetzes wurde sicherlich
von allen Untersuchungsgruppen begrüßt.
Dem "deficit spending" standen besonders der Hansa-Bund, der
RDI und die Schwerindustrie skeptisch gegenüber. "Mittelstand"
und Chemieindustrie fanden sich, wenn auch aus verschiedenen
Gründen, in diesem Punkt zusammen. Dem Handwerk waren alle
Mittel recht, solange es Aufträge erhielt, und die Chemie-
industrie hielt diesen Weg aus volkswirtschaftlichen Erwägungen heraus für richtig. Inbezug auf die verschiedenen
Spenden sind zwar unterschiedliche Bewertungen zu registrie-
ren, aber im Grunde genommen bedeuten sie für alle Gruppen

Anhang I 437

eine zusätzliche Last. Hitlers Unterredung mit den Industriellen am 29. Mai 1933 fand bei der Schwerindustrie und dem RDI eine sehr wohlwollende Aufnahme. Auch die traditionelle DIHT-Linie dürfte mit dem Inhalt der Besprechung zufrieden gewesen sein. Die Chemieindustrie hat sich für Hitlers Pläne wahrscheinlich weniger erwärmt, obwohl auch ihre Grundeinstellung sehr positiv war. Für das Handwerk müßten Hitlers Vorstellungen akzeptabel gewesen sein, der Hansa-Bund hätte sicherlich grundsätzliche Bedenken geäußert.

Das Erste Reinhardt-Programm fand bei fast allen Untersuchungsgruppen eine freundliche Aufnahme. Nur der Hansa-Bund hätte sicherlich kritische Stellungnahmen abgegeben. Trotz der hohen Werte darf nicht übersehen werden, daß auch innerhalb der Beurteilung des Ersten Reinhardt-Programms Schwankungen festzustellen sind, das heißt: die betreffende Gruppe mußte von ihren Wünschen Abstriche machen. Insgesamt liegen die Werte für alle Untersuchungsgruppen, mit Ausnahme des Hansa-Bundes, sehr dicht beieinander, so daß von einer weitgehenden Übereinstimmung in der Wirtschaft selbst gesprochen werden kann.

Die im Juli 1933 begonnene Kurskorrektur von der direkten zur indirekten Arbeitsbeschaffung fand beim "Mittelstand" weniger Anerkennung als bei den anderen Gruppen, deren Reaktionen identisch gewesen sein dürften. Dafür wurde auch der "Mittelstand" noch im selben Monat mit zahlreichen Steuervergünstigungen bedacht.

Die dem Generalrat der Wirtschaft im September 1933 vorgelegten Pläne konnten dem "Mittelstand" wieder weniger als den übrigen Gruppen behagen, obwohl auch unter diesen unterschiedliche Nuancen vorhanden waren; an ihrer prinzipiell günstigen Bewertung ändert dies freilich nichts.

Im Oktober 1933 zeichnete sich die Entwicklung für 1934 ab, die dem "Mittelstand" zusätzliche Schwierigkeiten bringen sollte, die Gruppen der Großindustrie kaum noch direkt betraf und den Hansa-Bund ohnehin dem Ende seines Bestehens näherbrachte. Allerdings verfälscht der Übereinstimmungswert des Hansa-Bundes für 1934, da die negative Bewertung sich in erster Linie auf die wenigen noch durchgeführten direkten Arbeitsbeschaffungsmaßnahmen bezieht.

Die folgenden Schaubilder verdeutlichen die Übereinstimmung der Untersuchungsgruppen mit der Arbeitsbeschaffungspolitik der verschiedenen Regierungen. Es sollte besonders auf die Schwankungen der Kurven geachtet werden, da sie ein Maßstab für die politisch, wirtschaftlich und sozial ausgleichende Zielsetzung der staatlichen Instanzen ist.

Anhang I

Durchschnittlicher Übereinstimmungsgrad mit der Arbeitsbeschaffungspolitik 1930 - 1934:

Gruppe	Regierung Brüning AB*	dir. AB	Papen AB*	dir. AB	Schleicher AB*	dir. AB	Hitler AB*	dir. AB
RDI	4,1	3,9	4,5	4,0	4,7	4,1	5,0	4,8
DIHT (T)	3,9	3,3	4,3	4,0	5,2	4,8	5,0	5,0
DIHT (M)	-	-	-	-	-	-	4,7	4,8
Schwer.	4,1	3,8	4,6	4,8	4,7	4,1	4,8	4,4
Chemie	4,0	3,8	4,3	4,2	4,2	3,8	4,6	4,5
Mi (Hansa)	2,9	2,1	3,4	2,0	2,3	2,0	3,3	2,9
HW (F)	3,5	3,5	4,2	3,4	3,9	4,0	4,7⁺	4,7⁺
HW (B)	3,8	4,0	4,6	4,6	4,6	5,0	-	-

* AB = direkt und indirekt
\+ = neue Führung = alte Basis

Auswertung:

RDI: Mit der Arbeitsbeschaffungspolitik der Nationalsozialisten stimmte der RDI stärker überein als mit den Maßnahmen der vorangegangenen Regierungen und erreichte die unterste Grenze der Beeinflussungszone, mußte sich aber mit Kompromissen abfinden. Der stärkere Übereinstimmungsgrad dürfte ebenso wie bei den meisten anderen Gruppen auch auf eine gewisse Modifizierung der ursprünglichen Prioritäten hinweisen. So wurde beispielsweise seit dem Spätsommer des Jahres 1931 beim RDI eine kontinuierlich steigende Bereitschaft festgestellt, direkte Arbeitsbeschaffungsprogramme des Staates als Übergangsmaßnahmen zu billigen. Daß der Übereinstimmungsgrad des RDI mit den Maßnahmen Schleichers höher sein würde als mit den Arbeitsbeschaffungsplänen Papens, überrascht nicht mehr und wird durch die Tabelle lediglich sichtbarer.

DIHT (T): Die traditionelle Linie des DIHT stimmte mit den Initiativen des Schleicher-Programms stärker überein als mit den Maßnahmen und Plänen der übrigen Regierungen. Obwohl der durchschnittliche Übereinstimmungswert zwischen dem DIHT und der Regierung Schleicher in der Beeinflussungszone liegt, konnte eine direkte Einflußnahme dieses Verbandes auf die Arbeitsbeschaffungspolitik Schleichers nicht festgestellt werden. Während der Herrschaft der Nationalsozialisten ging der politische Einfluß der traditionellen DIHT-Linie ohnehin zurück. Der relativ hohe $Ü_d$-Wert zeigt jedoch, daß eine Gruppe nicht unbedingt über politischen Einfluß verfügen muß, um wirtschaftlich nicht benachteiligt zu werden.

Die "mittelständische" Linie des DIHT kann übergangen werden, da sie mit der Position der neuen, nationalsozialistischen Handwerksführung weitgehend identisch war.

Schwerindustrie: Daß der Übereinstimmungsgrad der Schwerindustrie seinen höchsten Wert während der nationalsozialistischen Zeit erreichte, ist wahrscheinlich auf ähnliche Ursachen zurückzuführen wie beim RDI. Die Tabelle zeigt auch die relativ günstige Aufnahme der Arbeitsbeschaffungspolitik Schleichers durch die Schwerindustrie. Ebenso deutlich wird die herbe Kritik dieser Wirtschaftsgruppe an der Durchführungsweise der Papen'schen Maßnahmen, deren negative Bewertung sich quantitativ stark niederschlug. In Zahlen ausgedrückt wirkt das Ergebnis präziser.

Chemie: Der Übereinstimmungsgrad der Chemieindustrie stieg von Brüning zu Schleicher an, ging unter Schleicher ein wenig zurück und nahm in den ersten zwei Jahren der nationalsozialistischen Herrschaft wieder zu. Auch die Chemieindustrie mußte offensichtlich auf viele Wünsche verzichten, da der $Ü_d$-Wert unter 5 lag.

Hansa-Bund: Der Hansa-Bund geriet von Brüning bis zu Schleicher immer mehr in die Isolation, war mit der Arbeitsbeschaffungspolitik der Nationalsozialisten nicht mehr ganz so unzufrieden, verfügte aber gerade zu dieser Zeit über noch weniger politischen Einfluß als vorher. Die im Zusammenhang mit der Auswertung der Ergebnisse des DIHT getroffene Aussage wird erneut bekräftigt: Eine Gruppe muß nicht unbedingt über politischen Einfluß verfügen, um wirtschaftlich nicht benachteiligt zu werden.

Handwerk: Daß die Werte der Handswerks"basis" fortwährend höher als die der Führung lagen, dürfte vor allem darauf zurückzuführen sein, daß die Mitgliedschaft der Handwerksorganisation vergleichsweise zufrieden war, wenn überhaupt etwas auf dem Gebiet der Arbeitsbeschaffung unternommen wurde. Die Differenzen mit der Handwerksführung basierten auch weniger auf Fragen des Details als vielmehr auf dem

unterschiedlichen Stellenwert, der staatlichen Arbeitsbeschaffungsprogrammen eingeräumt wurde.
Handwerksführung und -"basis" schienen die Initiativen Papens grundsätzlich begrüßt zu haben, wobei die Reaktion der Mitgliedschaft noch höher zu bewerten ist.
Bei der Beurteilung der Schleicher'schen Maßnahmen und Vorschläge waren dagegen Differenzen innerhalb des Handwerks klar erkennbar. Die "Basis" scheint die Arbeitsbeschaffungspolitik des neuen Kanzlers ebenso bewertet zu haben wie zuvor die seines Vorgängers, während bei der Führung eine deutlich zunehmende Unzufriedenheit nicht zu übersehen ist. Mit der Arbeitsbeschaffungspolitik der Nationalsozialisten stimmte die neue Handwerksführung nur etwas mehr überein als mit dem Programm Schleichers.

Die Ergebnisse sollen auch vom Standpunkt der Regierungen ausgewertet werden:

Brüning: RDI und Schwerindustrie wiesen den höchsten $Ü_d$-Wert aus, der Hansa-Bund den niedrigsten.
Innerhalb der Großindustrie war der Übereinstimmungswert des DIHT am niedrigsten.

Papen: Schwerindustrie und RDI stimmten mit der Arbeitsbeschaffungspolitik Papens am stärksten überein. Die Chemie lag wiederum über den Werten des DIHT, der auch mit dieser Regierungspolitik weniger übereinstimmte als die Mitgliedschaft der Handwerksorganisationen. Der Hansa-Bund scheint unzufriedener gewesen zu sein als das Handwerk. Dieser Wert ermöglicht allerdings falsche Rückschlüsse, da gerade der mittleren Industrie die Steuerscheine zugutekamen.

Schleicher: Ein einschneidender Wandel in der Haltung des DIHT wurde erkennbar. Die Werte von RDI und Schwerindustrie waren ein weiteres Mal identisch. Der $Ü_d$-Wert der Chemieindustrie ging leicht zurück, der Hansa-Bund befand sich in einer Position des Totalen Verneinens und die Handwerks-"basis" war kaum weniger zufrieden als RDI und Schwerindustrie.

Die Handwerksführung isolierte sich immer mehr von ihrer Mitgliedschaft und der Regierung.

Hitler: Der RDI und die politisch entmachtete traditionelle DIHT-Linie müßten mit der Arbeitsbeschaffungspolitik der Nationalsozialisten zufriedener als die übrigen Untersuchungsgruppen gewesen sein. Der Hansa-Bund kam anscheinend noch weniger auf seine Kosten als die Großindustrie und das Handwerk. Der Abstand zwischen den Werten für die verschiedenen Gruppen der Großindustrie verringerte sich.

Vergleicht man den durchschnittlichen Übereinstimmungsgrad mit der gesamten Arbeitsbeschaffungspolitik mit dem der direkten, so zeigt sich, daß die Großindustrie den indirekten Methoden den Vorzug gab. Nur die direkten Maßnahmen Papens wurden von der Schwerindustrie höher bewertet als die indirekten, und bei der Arbeitsbeschaffungspolitik der Nationalsozialisten fiel die Beurteilung beider Methoden durch die Chemieindustrie und den DIHT gleich aus.

Präferenzen der Untersuchungsgruppen und der Regierungen in der Frage der Arbeitsbeschaffung 1930 - 1936:

Die meisten Maßnahmen der direkten Arbeitsbeschaffungsprogramme können in vier Gruppen unterteilt werden: Hochbau (einschließlich Instandsetzungsarbeiten, Siedlungen und ähnlichem), Verkehr (einschließlich Arbeitsbeschaffung von Reichspost und Reichsbahn sowie Schiffbau), Tiefbau (besonders Straßen- und Wasserstraßenbau) und landwirtschaftliche Meliorationen.
(Das Jahr 1936 wurde hier angegeben, da sich die folgenden Zahlen auf Mittel der Arbeitsbeschaffung beziehen, die bis 1936 ausgegeben wurden. Die Präferenzen der Untersuchungsgruppen beziehen sich auf den Zeitraum von 1930 bis 1934).

Für die vier Maßnahmegruppen ergibt sich folgende Präferenz
der Regierungen:

<u>Präferenz der Regierungen (incl. Haushaltsmittel)(in Mill. RM)</u>:

1. Hochbau   1.508,5
2. Verkehr   1.458,5 (ohne Reichsautobahn)
3. Tiefbau   1.077,2 (incl. Reichsautobahn)
4. Meliorationen   334,7

Ohne die Haushaltsmittel ergibt sich folgende Rangordnung:

<u>Präferenzen der Regierungen (ohne Haushaltsmittel)(in Mill. RM)</u>:

1. Verkehr   1.293,5 (ohne Reichsautobahn)
2. Tiefbau   1.027,2 (incl. Reichsautobahn)
3. Hochbau   939,8
4. Meliorationen   334,7

Anhang I

Folgende Präferenzen ergeben sich aus den obigen Tabellen für die einzelenen Untersuchungsgruppen:

Präferenzen[e] der einzelnen Regierungen[θ] im Vergleich zu den Untersuchungsgruppen:[+]

	Staat			Wirtschaft						
	Papen	Schleicher	Hitler	RDI	DIHT(T)	DIHT(M)	Schwer.	Chemie	Mi	HW(F)	HW(B)
Verkehr	2	4	1	1	1	3	1	3	3	3	3
Tiefbau	1	1	3	2	2	2	2	1	1	2	2
Hochbau	4	3	2	3	3	1	3	2	2	1	1
Meliorationen	3	2[ø]	4	4	4	4	4	4	4	4	4

- [e] ohne Haushaltsmittel. Die Rangordnung für die Untersuchungsgruppen wurde nicht quantitativ aus den Tabellen ermittelt.
- [θ] Regierung Brüning entfällt wegen der zu geringen Summen.
- [+] Prioritäten während des gesamten Untersuchungszeitraums.
- [ø] Da das Sofortprogramm von den Nationalsozialisten übernommen wurde, wird die Prioritätenrangordnung, die diesem Programm zugrundelag, unter Schleichers Regierung aufgeführt.
- • Tiefbau: 194,5 Mill. RM, Meliorationen 178,2 Mill. RM. Also fast gleiche Anteile.

Begründung der Bewertung:

Auch hier erfolgt die Begründung nur stichwortartig:

Der vierte Rang für die landwirtschaftlichen Meliorationen versteht sich aufgrund der geringen Betroffenheit und des nicht feststellbaren Interesses von selbst.

RDI: Rang 1 Verkehr: Wegen des Interesses der Industrie an den Bahnaufträgen. Rang 2 Tiefbau: weil hier weniger Kritik als an Projekten des Hochbaus geübt wurde. Die Bauarbeiterlöhne wurden in beiden Bereichen als zu hoch empfunden.

DIHT (T): Bei diesen Maßnahmegruppen keine deutlich erkennbaren Präferenzen. Wegen der weitgehenden Übereinstimmung mit dem RDI wurde dessen Rangfolge übernommen.

DIHT (M): vergleiche die Begründung für die Bewertung des Handwerks.

Scherindustrie: Rang 1 Verkehr: wegen des prononcierten Interesses an den Aufträgen der Reichsbahn. Rang 2 Tiefbau: aus ähnlichen Erwägungen heraus wie beim RDI.

Chemie: Kein ausgeprägtes Interesse in die eine oder andere Richtung. Von diesen Maßnahmegruppen war die Chemieindustrie auch vergleichsweise wenig betroffen. Wegen der (nicht sehr starken, immerhin aber feststellbaren) Kritik an Projekten der Reichsbahn wird Maßnahmen im Verkehrsbereich nur der dritte Rang zugeordnet.

Mittlere Industrie: Rang 1 Tiefbau: besonders wegen der positiven Betroffenheit der Bauindustrie. Projekte im Hochbau dürften bei der mittleren Industrie wahrscheinlich einen höheren Stellenwert eingenommen haben als Maßnahmen im Verkehr.

Handwerk (F + B): Wegen der gleichen Betroffenheit kann die Bewertung gemeinsam erfolgen. Rang 1 Hochbau: weil das Handwerk hiervon am meisten betroffen war. Gleich danach aber folgen Maßnahmen im Bereich des Tiefbaus.

Auswertung:

Mit welchen Untersuchungsgruppen stimmten die Präferenzen der verschiedenen Regierungen am meisten überein?

Papen: Rang 1 deckte sich mit der Präferenz der Chemieindustrie und der mittleren Industrie. In den Rängen 2, 3 und 4 blieb die Bewertungsfolge der Regierung einzig.

Schleicher: Rang 1 stimmte mit der chemischen und mittleren Industrie überein, Rang 2 und 4 mit keiner Gruppe, Rang 3 mit dem RDI, dem DIHT und der Schwerindustrie.

Hitler: Rang 1 war mit dem RDI, dem DIHT und der Schwerindustrie identisch, Rang 2 mit der chemischen und mittleren Industrie, Rang 3 mit keiner Gruppe und Rang 4 mit allen.

Welche Ergebnisse liefert ein Vergleich der Präferenzen der einzelnen Untersuchungsgruppen?

Die Rangordnung des RDI, der Schwerindustrie und des DIHT waren identisch, ebenso die der chemischen Industrie und der mittleren Industrie. Das Handwerk nahm eine gewisse Sonderstellung ein, stimmte aber inbezug auf Rang 2 mit dem RDI, der Schwerindustrie und dem DIHT überein.

Es mag sicherlich Einwände gegen diese Bewertungsversuche geben, aber ihre grundsätzliche Aussage ist so klar, daß sie eigentlich keinen Zweifel zuläßt:

Alle Untersuchungsgruppen hatten sich in der Frage der Arbeitsbeschaffung zwischen 1930 und 1934 mit den Zugeständnissen der Regierungen zu begnügen und blieben von der Erfüllung ihrer Wünsche weit entfernt.

Die verschiedenen Wirtschaftsgruppen waren, wenn man die quantitative Aussage verbal umschreibt, mit der Arbeitsbeschaffungspolitik der Regierungen zwischen 1930 und 1934 höchstens "zum Teil einverstanden", wobei ein im Zeitablauf allmählich steigendes Einverständnis nicht zu übersehen ist.

Anhang II

<u>Der quantitative Umfang sämtlicher Arbeitsbeschaffungsprogramme</u>:

Die Darstellung des Umfangs der Arbeitsbeschaffungsprogramme kann sich lediglich auf die direkten Arbeitsbeschaffungsmaßnahmen beziehen, denn das Volumen indirekter Arbeitsbeschaffung wie Steuererleichterungen und Investitionshilfen läßt sich kaum messen.[1]

Kroll beziffert die Gesamtsumme der Arbeitsbeschaffungsprogramme bis 1934 auf 5,5 Milliarden RM.[2] Auch die Angaben Bettelheims[3] und Erbes[4] weichen von Krolls kaum ab. Petzina[5] gibt dagegen eine Summe von 3,8 Milliarden RM bis 1935 an. Mason[6] nimmt einen Betrag von "rund 5 - 6 Milliarden RM" an, betont aber, daß alle Zahlenangaben Schätzungen sind.[7] Albert[8] hat ein Volumen von 4,277 Milliarden RM errechnet. Schweitzer nennt eine Summe von 5,45 Milliarden RM.[9] Die Aufstellung der Bau- und Bodenbank gibt ein Volumen von 4,994 Millionen an.[10] Die Aufstellung der Bau- und Bodenbank ist in Sachgebiete gegliedert und ist daher als quantitative Grundlage einer interessenbezogenen qualitativen Analyse besonders aufschlußreich.

---

[1] vgl. hierzu Grebler, S. 336

[2] Kroll. S. 473

[3] Bettelheim, S. 200. Die Einzelangaben zu den Sachgebieten stimmen bei ihm dagegen so gut wie gar nicht.

[4] Erbe, S. 31, 183, 32. Erbe nennt eine Summe von 5,05 Milliarden RM.

[5] Petzina, Hauptprobleme, S. 49. Bis 1936 nennt er eine Zahl von 5,2 Milliarden EM, a.a.O.

[6] Mason, Arbeiterklasse, S. 46

[7] op. cit., S. 7, Anmerkung 1

[8] Albert, S. 28

[9] Schweitzer, Big Business, S. 51 und 298. Schweitzer stützt sich auf Angaben der Vierteljahresberichte für Konjunkturforschung.

[10] Bodenbank-ÖffA, 1934, S. 68. Auch Grebler, S. 340, stützt sich auf diese Angaben.

Anhang II   449

Die Verteilung der bewilligten arbeitsbeschaffenden Mittel nach Sachgebieten (Aufstellung der Bau- und Bodenbank) [11]

(in Mill. RM)	Papen-Pro-gramm	Sofort-pro-gramm	Rein-hardt-Pro-gramm	Haus-halts-mittel	Insgesamt
I. Tiefbau mit zugehörigen Arbeiten:					
Wasserstraßenbauten	46,6	5,8	77,7	-	130,1
Straßenbauten	98,7	103,8	57,5	-	260,0
Brückenbauten	9,0	17,3	20,1	-	46,4
Kommunale Versorgungsbetriebe	6,1	56,4	116,5	-	179,0
Instandsetzungs- und Ergänzungsarbeiten an öffentlichen Gebäuden und Brücken und sonstige Hochbauten	-	-	169,2	-	169,2
Sonstige Tiefbauten (Talsperren, Hafenbauten, Flußregulierungen usw.)	18,2	10,8	25,7	-	54,7
Verschiedene Maßnahmen	-	95,0	68,0	-	163,0
I insgesamt	178,6	289,1	534,7	-	1002,4
II. Wohnungsbau usw.:					
Wohnungsinstandsetzungen usw.	-	-	67,0	952,0	1019,0
Vorstädtische Kleinsiedlung	19,9	19,2	69,1	80,8	189,0
Eigenheimbau	-	-	19,1	26,5[+]	45,6
Not-, Behelfs- und Flüchtlingswohnungen	-	-	12,0	-	12,0
Altstadtsanierungen	-	-	5,0	9,4	14,4
II insgesamt	19,9	19,2	172,2	1068,7	1280,0

[+] Einschl. 6,4 Mill. RM aus Mitteln der Reichsanstalt für Arbeitsvermittlung und Arbeitslosenversicherung

---

[11] a.a.O.

Fortsetzung:

(in Mill. RM)	Papen-Pro-gramm	Sofort-pro-gramm	Rein-hardt-Pro-gramm	Haus-halts-mittel	Insgesamt
III. Verkehrsunternehmungen usw.					
Reichsbahn, Reichspost, Schiffahrt, sonstige (Kleinbahnen u. dergl.)	24,1	110,6	97,2	165,0	1333,9++
Reichsautobahnen	-	-	-	50,0	350,0z
III insgesamt	24,1	110,6	97,2	215,0	1683,9++z
IV. Landwirtschaft und Fischerei:					
Meliorationen, Flußregulierungen usw.	49,9	178,8	107,9	-	336,6
Landwirtschaftliche Siedlung	10,0	-	34,1	-	44,1
Grundhafte Instandsetzung landwirtschaftl. Gehöfte in Sachsen	-	-	0,5	-	0,5
Fischerei (Heringsloggerbau, Fischereidampfer)	5,0	-	3,0	-	8,0
IV insgesamt	64,9	178,8	145,5	-	389,2
V. Bedarfsdeckungsscheine	-	-	-	70,0	70,0
VI. Grundförderungsbeiträge der Reichsanstalt	-	-	-	568,5	568,5
I - VI insgesamt	287,5	597,7	949,6	1922,2	4994,0++z

++ Darunter 860 Mill. RM der Reichsbahn und 77 Mill. RM der Reichspost, die durch eigene Institute vorfinanziert werden und in den Vorspalten nicht enthalten sind.

z Darunter 300 Mill. RM aus Wechselvorfinanzierung für die Reichsautobahnen, die in den Vorspalten nicht enthalten sind.

Anhang II

Aus den verfügbaren Quellen wurde - ebenfalls in Sachgebiete aufgeteilt - die folgende Tabelle erarbeitet. Die genannten Zahlen beziehen sich mit Ausnahme der Haushaltsmittel auf Beträge, die bis zum 1. Oktober 1936 tatsächlich ausgezahlt wurden, also im Gegensatz zu bisherigen Veröffentlichungen auf Ist-Größen.

Die ausgezahlten Beträge für die Arbeitsbeschaffung 1932 - 1936 nach Sachgebieten (in Mill. RM)[12]

	Papen	Sofort	1.Reinh.-Programm	2.Reinh.-Programm	Reichsbahn, -post, autobahn, Spende n.A.	Haushaltsmittel	Insgesamt
I. Tiefbau							
Reichswasserstraßenverw.	50,0	5,8	77,7	-	-	-	133,5
Straßenbauten (ohne Brücken)	102,05	104,2	59,6	-	-	-	265,85
Brückenbauten	-	17,4	20,9	-	-	-	38,3
Kommunale Versorgungsbetriebe	-	56,4	115,5	-	-	-	171,9
Sonstige Tiefbauten	51,95	10,7	55,0	-	-	-	117,65
II. Wohnungsbau usw.							
Instandsetzungs- und Ergänzungsarbeiten	-	0,3	251,2	500,0+	-	452,0	1203,5
Altstadtsanierung	-	-	5,0	-	-	9,4	14,4
Landwirtschaftliche Siedlung	10,0	-	43,0	-	-	-	53,0
Vorstädtische Kleinsiedlung	20,0	19,7	70,8	-	-	80,8	191,3
Eigenheime	-	-	19,8	-	-	26,5	46,3

+ = Haushaltsmittel

[12] BAK, R 2/18701 passim, besonders aber Denkschrift des Finanzministeriums. Aus dieser Denkschrift geht eindeutig hervor, daß Rüstungsausgaben nicht in diesen! Zahlenangaben enthalten sind. (vgl. das Kapitel über die Arbeitsbeschaffungspolitik der Nationalsozialisten. - Die Angaben über die Haushaltsmittel aus: Bodenbank-ÖffA, 1934, S. 68.

Anhang II

	Papen	Sofort	1.Reinh.-Programm	2.Reinh.-Programm	Reichsbahn, -post,-autobahn, Spende n.A.	Haushalts-mittel	Insgesamt
III. Verkehr							
Verkehrsunternehmungen	-	15,6	80,3	-	-	-	95,9
Reichsautobahnen●	-	-	-	-	300,0	50,0	350,0
Reichsbahn	-	-	-	-	1067,0	165,0	1232,0
Schiffsbau	17,0	-	3,0	-	-	-	20,0
Reichspost	-	-	-	-	110,6	-	110,6
IV. Sonstige Reichsmaßnahmen	-	190,0	41,9	-	-	-	231,9
V. Sonstige Maßnahmen	-	-	45,1	-	-	-	45,1
VI. Landwirtschaftliche Meliorationen	51,1	178,2	105,5	-	-	-	334,7
VII. Spenden zur Förderung der nation.Arbeit	-	-	-	-	114,4	-	114,4
VIII. Bedarfsdeckungsscheine	-	-	-	-	-	70,0	70,0
IX. RAfAVuAV-Grundförderungs-beiträge	-	-	-	-	-	568,5	568,5
insgesamt	302,0	598,3	994,3	500,0	1592,0	1422,2	5408,8●

● = nur aus Mitteln für die AB[13]
● = dazu rd. 740 Mill. RM Ehestandsdarlehen[14] (bis 1938 einschl.), daß heißt jährlich ca. 148 Mill. RM. Die Gesamtsumme beliefe sich also bis 1934 einschl. auf 5.704 Mill. RM.

[13] Der Meinung von Ludwig (Strukturmerkmale, S. 50), daß für den Autobahnbau die meisten Mittel im Rahmen der Arbeitsbeschaffungsprogramme aufgewendet wurden, kann nur bedingt zugestimmt werden. Der Autobahnbau wurde überwiegend nicht aus den Geldern der Arbeitsbeschaffungsprogramme finanziert. Es muß allerdings bedacht werden, daß Mittel der Reichsbahn möglicherweise im Autobahnbau investiert wurden, da die Deutsche Reichsbahn alleiniger Gesellschafter des Unternehmens Reichsautobahn war.

[14] Guillebaud, S. 102 f.

Die Tabelle zeigt, daß die Ausgaben für die Arbeitsbeschaffung der Reichsbahn und für Instandsetzungs- und Ergänzungsarbeiten den größten Teil aller arbeitsbeschaffenden Aufwendungen umfaßten. Die Bauindustrie und ihre Zulieferer, zum Teil aber auch das Handwerk, dürften außerdem noch aus den zahlreichen anderen Hoch- und Tiefbauprojekten einigen Nutzen gezogen haben. Auch die Reichsbahn hat diverse Bauten neu errichtet beziehungsweise instandgesetzt. Die mittlere Industrie, vor allem der Bausektor, war zweifellos der "große Gewinner" der Arbeitsbeschaffungspolitik. Aber auch dem Bereich der Konsumgüterindustrie dürften besonders die Ehestandsdarlehen zugute gekommen sein.

Bei den Ausgaben der Reichsbahn kann ein großes Interesse der Eisen- und Stahlindustrie vermutet werden, aber auch die Elektroindustrie mag sich bei den arbeitsbeschaffenden Maßnahmen der Reichsbahn, zum Beispiel bei der Elektrifizierung, und auch der Reichspost beworben haben.

Für den Bergbau und den Bereich der Chemischen Industrie ergeben sich aus dieser Aufstellung wenig interessante Perspektiven.

Anhang III

Die Erörterung arbeitsbeschaffender Maßnahmen im Kabinett:
April 1930 - Januar 1933

Brüning[1]

Monat	KAB Sitz	AB[+1] dir.	AB in-dir.	AB Summe	Bemerkungen
April 30[+]	11	-	-	-	-
Mai 30	13	1	-	1	AB von Reichsbahn und -post als Reaktion auf sozialdemokratische Initiative, Konjunktur- und Saisonausgleich durch öffentliche Aufträge
Juni 30	10	4	-	4	AB von Reichsbahn und -post. Bau von Automobilstraßen
Juli 30	12	3	1	4	Preisdruck durch öffentliche Aufträge (Trendelenburg) sozialpolitische Bedingungen bei Arbeitsbeschaffungsmaßnahmen der Regierung. Nach (!) den Wahlen vom September AB in größerem Umfang durchführen. Baukreditgesetz.
August 30	10	-	1	1	Steuersenkungen für die Bauwirtschaft
September 30	8	2	2	4	Durchführung und Ausbau des AB-Programms (Siedlung Meliorationen, Kanäle. Förderung der öffentlichen Bauwirtschaft) RFiM[+2] will 400 Millionen. RAM[+3] zu wenig. Finanzierung: aus Privatanleihemitteln und aus der Hauszinssteuer
Oktober 30	10	1	1	2	Landmeliorationen zum Zweck der AB. Änderung zum Gesetzentwurf über die Verbilligung des öffentlichen Wohnungsbaus

[+1] AB = Arbeitsbeschaffung
[+2] RFiM = Reichsfinanzminister
[+3] RAM = Reichsarbeitsminister
[+] incl. 30.3.1930

---

[1] BAK, R 43 I/1442 - 1456

Anhang III

Monat	KAB Sitz	AB dir.	AB indir.	AB Summe	Bemerkungen
November 30	4	1	-	1	9. Schuljahr, Vierzigstundenwoche u.a.
Dezember 30	3	-	1	1	Kfz.-Steuer
Januar 31	5	-	-	-	-
Februar 31	7	-	-	-	-
März 31	7	1	3	4	AB löst nicht das Arbeitslosenproblem und auch keine Mittel (RAM) "Russenaufträge"
April 31	3	1	-	1	-
Mai 31	7	-	-	-	-
Juni 31	10	-	-	-	-
Juli 31	18	-	-	-	-
August 31	11	-	-	-	-
September 31	11	-	1	1	gemeinsame Erklärung deutscher Wirtschaftsverbände, Kleinsiedlerstellen zur Minderung der Arbeitslosigkeit.
Oktober 31	13	-	2	2	Wirtschaftliche Sanierungsmaßnahmen. Brüning nennt AB hierfür als unwirksam. RK und RFiM: AB durch Aufträge der öffentlichen Hand im Wirtschaftsbeirat besprechen
November 31	10	-	-	-	-
Dezember 31	13	-	-	-	-
Januar 32	5	-	1	1	Wagemann-Plan
Februar 32	4	-	-	-	-

Monat	KAB Sitz	AB dir.	AB indir.	AB Summe	Bemerkungen
März 32	5	-	1	1	"Russengeschäfte", Arbeitsdienst, Schulpflicht, Reform der Arbeitslosenversicherung, Arbeitsprogramm der Reichsregierung, div. Vorlagen. AB nach Wahlen
April 32	5	1	-	1	Wirtschaftsankurbelung durch AB, Arbeitsdienst, Siedlung
Mai 32	13	4	1	5	Prämienanleihe für Siedlung AB durch das Verkehrsministerium dto. Landwirtschaft, Siedlung, Goerdeler: Hausreparaturen, Straßen- und Wasserstraßenbau, Randsiedlung, Industriekredite, freiwilliger Arbeitsdienst, RAM: Verkürzung der Arbeitszeit

Anhang III

Kabinett Papen[2]

Monat	KAB Sitz	AB dir.	AB in-dir.	AB Summe	Bemerkungen
Juni 32	12	3	-	3	Pläne zur AB (Autarkie und AB)
Juli 32	15	1	2	3	Handelspolitik, Wirtschaftsprogramm und AB; FAD[x1]
August 32	9	1	3	4	Gerekeplan, Steueranrechnungsscheine, "Warmboldplan"
September 32	11	1	4	5	Steuergutscheine (auch als Wechsel benutzen?); Gerekeplan
Oktober 32	3	-	1	1	Steuergutscheine für "Lustbarkeitssteuern"?
November 32 (inkl. 3.12.)	7	2	2	4	kommunales AB-Programm; Gerekeplan; Vorschlag Papens, über AB zu sprechen: von Braun dagegen

[x1] FAD = Freiwilliger Arbeitsdienst

---

[2] BAK, R 43 I/1452-1458

Kabinett Schleicher[3]

Monat	KAB Sitz	AB dir.	AB in-dir.	AB Summe	Bemerkungen
Dezember 32	5	1	-	1	Entwurf zu einer Verordnung über die Förderung der AB und der ländlichen Siedlung
Januar 32	5	3	-	3	Entwurf einer Verordnung über finanzielle Maßnahmen auf dem Gebiet der AB; Mittel für Instandsetzungen von Wohungen; Arbeitsbeschaffung der Reichsbahn

---

[3] zusammengestellt aus BAK, R 43 I/1458-1459.
Wegen der Statistenrolle des Kabinetts in den Jahren 1933/34 wurde auf eine Übersicht verzichtet.

Anhang IV

Tabelle A: Kabinettssitzungen 1930 - 1934[1]

Monat \ Jahr	1930 Kab.	AB+	1931 Kab.	AB+	1932 Kab.	AB+	1933 Kab.	AB+	1934 Kab.	AB+
Jan.	-	-	5	-	5	1	5	3	1	-
Feb.	-	-	7	-	4	-	15°	6°	2	-
März	-	-	7	4	5	1	15	3	2	1
April	11•	-•	3	1	5	1	6	2	-	-
Mai	13	1	7	-	13	5	8	1	1	-
Juni	10	4	10	-	12	3	5	4	-	-
Juli	12	4	18	-	15	3	2	1	1	-
Aug.	10	1	11	-	9	4	-	-	2	-
Sept.	8	4	11	-	11	5	4	3	-	-
Okt.	10	2	13	2	3	1	5	2	1	-
Nov.	4	1	10	-	7⊕	4⊕	1	1	1	-
Dez.	3	1	13	-	5	1	2	1	2	-

+ AB = AB direkt + AB indirekt
• incl. 30.3.1930
⊕ incl. 3.12.1932
° incl. 30.1. + 31.1.1933

[1] Errechnet aus R 43 I/1442-1456

Tabelle B: Eingaben an das Reichsfinanzministerium August 1930 bis Dezember 1933[2]

Eingabe	Jahr 1930		1931				1932				1933				Summe
Quartal	III	IV	I	II	III	IV	I	II	III	IV	I	II	III	IV	
RDI + VDA				1						a			1		2
DIHT				1						a			1		2
Bergbau			1							a					1
Eisen-, Stahl- + Maschin.			1							a			1		2
Mittl. Ind. + Handel			7	6	4	2	2	7	2	a	5	10	5	5	55
Org.Mittel.Ind.			5	1	13		1	6	1	3a	2	6	1	2	28
Gew. Mittelst.			2	3	2			2	4	a	3	3	3	9	29
Org. Geb. Mittelst.	1							2	4	3a	3	6	2	2	27
Landwirtschaftl. Org.	1	2					1	1	2	a	1				8
Einzelpers.		2	24	25	13	7	6	25	13	a	21	34	23	27	220
Sonstige	1	3	6	2	2	2b	2c	2	1	2a	3	2d	2		28
Allgem.	3	7	48	39	19	11	12	45	27	8	38	61	39	45	402
Mittl. Ind.			12	7	4	2	3	13	3	3	7	16	6	7	83
Geb.Mittelst.	1		4	5				4	8	3	6	9	5	11	56
Großuntern.			2	2									3		7

a = Akte nicht vorhanden
b = 1 christl. Gewerksch.
c = ADGB
d = 1 christl. Gewerksch.

[2] BAK, R 2/18815 – 18829

Tabelle C: Die Notstandsarbeiter im Deutschen Reich 1930-1935[3]

Monat \ Jahr	1930[+]	1931	1932	1933[+]	1934[+]	1935[+]
Januar	21.308	21.158	12.159	23.665	416.626	240.038
Februar	19.808	32.564	8.921	36.707	507.364	292.144
März	30.284	35.777	15.569	88.041	631.436	349.193
April	32.086	59.079	36.235	113.852	601.507	319.413
Mai	30.053	66.534	42.535	120.842	502.362	247.096
Juni	38.751	67.355	49.185	114.933	386.853	203.050
Juli	35.696	56.748	56.950	140.126	314.959	168.478
August	37.457	44.795	66.711	186.551	292.310	155.313
September	41.447	39.270	88.071	232.445	256.418	144.033
Oktober	39.115	33.745	89.854	314.437	246.116	141.958
November	34.305	26.101	86.011	400.846	262.537	153.662
Dezember	21.995	9.508	51.779	277.484	269.570	120.088

[+] Angaben nur für Notstandsarbeiter aus der wertschaffenden Arbeitslosenfürsorge

Im Jahre 1936 waren durchschnittlich 122.215 Menschen durch Notstandsarbeiten beschäftigt.

---

[3] Statistisches Jahrbuch für das Deutsche Reich, Jahrgänge 1931 - 1937. Erfaßt sind Notstandsarbeiter aus der "wertschaffenden Arbeitslosenfürsorge" und der "öffentlichen Fürsorge". Bereits die Herkunft der Mittel unterstreicht den Fürsorgecharakter dieser Arbeiten.

Tabelle D:

Der regionale Verteilungsplan der ÖffA für das Sofortprogramm[4]

Land	(Mill.) RM	Arbeitslose (Jan.1933)[5]	./. Arbeitslose[o]	./. ÖffA-Mittel[o]
Preußen	121,0	3.803.736	63,25	61,26
Bayern	19,09	516.188	8,58	9,62
Sachsen	21,0	718.586	11,94	10,63
Württemberg	7,5	132.062	2,19	3,79
Baden	6,0	183.582	3,05	3,03
Thüringen	6,0	152.467	2,53	3,03
Hessen	3,7	102.267	1,70	1,87
Mecklenburg[+]	1,4	46.141	0,76	0,70
Oldenburg	1,75	35.602	0,59	0,88
Braunschweig	1,5	51.100	0,84	0,75
Anhalt	1,0	40.241	0,66	0,50
Lippe-Detmold	0,6	14.186	0,23	0,30
Schaumburg-Lippe	0,15	7.019	0,11	0,07
Hamburg	5,0	145.509	2,41	2,53
Bremen	1,5	45.926	0,76	0,75
Lübeck	0,3	19.000	0,31	0,15
Summe	197,5	6.013.612		

[+] Mecklenburg-Schwerin und Mecklenburg-Strelitz zusammen

[o] abgerundet

---

[4] a.a.O.

[5] Die Arbeitslosen nach Ländern im Jahre 1933 in: Statistisches Jahrbuch für das Deutsche Reich, 1934, S. 309

Anhang IV   463

Tabelle E:

Die Verteilung der Mittel aus dem Ersten Reinhardt-Programm nach Sachgruppen (in Mill. RM)[6]

I. Deutsche Gesellschaft für öffentliche Arbeiten AG
  1. Reichsmaßnahmen:
     a) Maßnahmen der Reichswasserstraßenverwaltung 77,7
     b) sonstige Reichsmaßnahmen[7]   41,9   119,6
  2. Straßenbau ohne Brücken   59,6
  3. Brückenbauten   20,9
  4. Kommunale Versorgungsbetriebe   115,5
  5. Instandsetzungs- und Ergänzungsarbeiten an öffentlichen Gebäuden, Brücken und sonstigen Hochbauten 169,1
  6. Verkehrsunternehmungen   80,3
  7. Sonstige Tiefbauten (Talsperren, Hafenbauten, Flußregulierungen usw.)   55,0
  8. Sonstige Maßnahmen   42,3
                                                    _____
                                                    662,3

---

[6] Denkschrift des Finanzministeriums BAK, R 2/18701

[7] Im Schnellbrief des Reichsfinanzministeriums vom 28.6.1933, BAK, R 43 II/536, werden als "Sonstige Reichsmaßnahmen" aufgezählt: (in Mill. RM) Errichtung der Zinkhütte in Magdeburg 7,5, Förderung einheimischer Treibstofferzeugung aus inländischen Rohstoffen 5,0, Reichshilfe der Deutschen Seeschiffahrt 20,0, Bau von Heringsloggern 3,0, Bau von Fischdampfern 3,0, Bau von Rahmstationen und Molkereien 3,0, Sonderbauprogramm der Reichspost 2,0, insgesamt 43,5 Mill. RM. Die Verteilung des geplanten Restbetrags von 31,5 Mill. RM behielt sich der Reichsfinanzminister noch vor. Es scheint, daß sich unter dem Titel "Sonstige Reichsmaßnahmen" keine Rüstungsgelder verbergen. Da die Denkschrift zwischen ziviler Arbeitsbeschaffung und Rüstungsmaßnahmen deutlich trennt, ist eine Tarnung unwahrscheinlich. Wegen dieser Trennung zwischen der zivilen Arbeitsbeschaffung und Rüstungsausgaben hielt das Reichsbankdirektorium dem Finanzministerium vor, daß die Denkschrift unvollständig sei. (Reichsbankdirektorium an den Reichsfinanzminister, 16.8.1937, BAK, R 2/18701)

Tabelle E: (Fortsetzung)

II. Deutsche Bau- und Bodenbank AG

Hausinstandsetzungen	67,0
Not-, Behelfs- und Flüchtlingswohnungen	14,6
Vorstädtische Kleinsiedlung	70,8
Eigenheime	19,8
Grundhafte Instandsetzung landwirtschaftlicher Gehöfte in Sachsen	0,5
Altstadtsanierung	5,0
	177,7

III. Deutsche Rentenbank-Kreditanstalt

Landwirtschaftliche Meliorationen einschließlich Wasserleitungs- und Wegebau	105,5	
Errichtung von Rahmstationen	2,8	108,3

IV. Deutsche Siedlungsbank   43,0

V. Reichskreditgesellschaft

Bau von Heringsloggern	3,0
	994,3

Tabelle F:

Die regionale Verteilung der ÖffA-Mittel aus dem
Ersten Reinhardt-Programm (in Mill. RM)[8]

Bezirk	Mittel	v.H. der Mittel	Anteil der Zahl der Arbeitslosen nach dem Stand v. 30.4.33
A) Preußen:			
Ostpreußen	6.426.000,-	1,89	1,89
Brandenburg	9.826.000,-	2,89	2,89
Berlin	38.046.000,-	11,19	11,19
Pommern	6.222.000,-	1,83	1,83
Grenzmark	952.000,-	0,28	0,28
Niederschlesien	18.700.000,-	5,5	5,5
Oberschlesien	6.732.000,-	1,98	1,98
Sachsen	19.346.000,-	5,69	5,69
Schleswig-Holstein und Lauenburg	9.962.000,-	2,93	2,93
Hannover	12.410.000,-	3,65	3,65
Westfalen	29.410.000,-	8,65	8,65
Kassel	4.420.000,-	1,30	1,30
Wiesbaden	7.310.000,-	2,15	2,15
Rheinprovinz (ohne Saargebiet)	45.594.000,-	13,41	13,41
Hohenzollern-Sigmaringen	102.000,-	0,03	0,03
Preußen	215.458.000,-	63,37	63,37

---

[8] Reichsarbeitsminister an OffA, 12.7.1933, BAK, R 2/18676

Tabelle F: (Fortsetzung)

Bezirk	Mittel	v.H. der Mittel	Anteil der Zahl der Arbeitslosen nach dem Stand v. 30.4.33
B) Außerpreußische Länder:			
Bayern	27.608.000,-	8,12	8,12
Sachsen	41.616.000,-	12,24	12,24
Württemberg	6.154.000,-	1,81	1,81
Baden	9.452.000,-	2,78	2,78
Thüringen	8.194.000,-	2,41	2,41
Hessen	6.562.000,-	1,93	1,93
Hamburg	11.084.000,-	3,26	3,26
Mecklenburg-Schwerin	1.802.000,-	0,53	0,53
Oldenburg	1.904.000,-	0,56	0,56
Braunschweig	2.856.000,-	0,84	0,84
Anhalt	2.210.000,-	0,65	0,65
Bremen	2.788.000,-	0,82	0,82
Lippe-Detmold	714.000,-	0,21	0,21
Lübeck	1.156.000,-	0,34	0,34
Mecklenburg-Strelitz	272.000,-	0,08	0,08
Schaumburg-Lippe	170.000,-	0,05	0,05
	340.000.000,-		

Tabelle G:

Verteilung von 300 Mill. RM Zuschüssen des Reichs für Instandsetzungs- und Ergänzungsarbeiten an Gebäuden, für die Teilung von Wohnungen und für den Umbau sonstiger Räume zu Wohnungen: Erstes Reinhardt-Programm[9]

Land	Einwohnerzahl	Betrag	v.H.Betrag	v.H.Einwohn.
Preußen	38.175.989	183.600.000,-	61,20	61,16
Bayern	7.379.594	35.400.000,-	11,80	11.82
Sachsen	4.992.320	24.000.000,-	8,00	7,99
Württemberg	2.580.235	12.300.000,-	4,10	4,13
Baden	2.312.462	11.100.000,-	3,70	3,70
Thüringen	1.609.300	7.800.000,-	2,60	2,57
Hessen	1.347.279	6.300.000,-	2,10	2,15
Hamburg	1.152.523	5.400.000,-	1,80	1,84
Mecklenburg-Schwerin	674.045	3.300.000,-	1,10	1,08
Oldenburg	545.172	2.700.000,-	0,90	0,87
Braunschweig	501.875	2.400.000,-	0,80	0,80
Anhalt	351.045	1.800.000,-	0,60	0,56
Bremen	338.846	1.500.000,-	0,50	0,54
Lippe	163.648	900.000,-	0,30	0,26
Lübeck	127.971	600.000,-	0,20	0,20
Mecklenburg-Strelitz	110.269	600.000,-	0,20	0,17
Schaumburg-Lippe	48.046	300.000,-	0,10	0,07
	62.410.619	300.000.000,-		

---

[9] Regionale Verteilung von 300 Mill. RM Zuschüssen des Reiches für Instandsetzungs- und Ergänzungsarbeiten an Gebäuden, für die Teilung von Wohnungen und für den Umbau sonstiger Räume für Wohnungen (ohne Datum), BAK, R 43 II/537

Tabelle H:

Die durchschnittliche Wochenarbeitszeit im Januar 1931:[10]

Branche	Stunden
Großeisen	45,43
Maschinenbau	40,1
Bereifungsindustrie	37,75
Ledererzeugung	34,04
Feinmechanik und Optik	44,5
Baumwollspinnerei	35,4
Baumwollweberei	37,52
Wolle insgesamt	42,4
Hanf	43,1
Lederschuhe	34,9
Hausschuhe	35,6
Papiererzeugung	45,6
Kartonagen	41,04
Buchbindereien	45,6
Möbel	37,96
Türen und Fenster	38,74
Fleischwaren	44,3
Brauereien	46,44
Süßwaren	45,78
Zigaretten	33,8
Säge- und Fournierwerke	41,25
Seide	39,70
Vigognespinnerei	40,6
Teppich- und Möbelstoffweberei	37,6
Jute	37,4
Trikotagen	41,1
Strümpfe	41,24
Strick- und Phantasiewaren	39,05
Baumwoll-Spinnweber	39,4
Von Grund aus fabrizierende Woll- und Haarhutfabriken	37,27
Briefumschläge	42,8

---

[10] VDA an Reichsminister, 11.3.1931, Anlage zur Entschließung der VDA,BAK, Nachlaß Silverberg 458

Tabelle I:

Verteilung der Hausinstandsetzungs- und Wohnungsteilungszuschüsse aus dem Ersten Reinhardt-Programm:[11]

Land	Einwohnerzahl	Hundertsatz	Zuschüsse (%)	Zuschüsse (absolut)
Preußen	38.175.989	61,2	61,2	24.480.000
Bayern	7.379.594	11,8	11,8	4.720.000
Sachsen	4.992.320	8,0	8,0	3.200.000
Württemberg	2.580.235	4,1	4,1	1.640.000
Baden	2.312.462	3,7	3,7	1.480.000
Thüringen	1.609.300	2,6	2,6	1.040.000
Hessen	1.347.279	2,1	2,1	840.000
Hamburg	1.152.523	1,8	1,8	720.000
Mecklenburg-Schwerin	674.045	1,1	1,1	440.000
Oldenburg	545.172	0,9	0,9	360.000
Braunschweig	501.875	0,8	0,8	320.000
Anhalt	351.045	0,6	0,6	240.000
Bremen	338.846	0,5	0,5	200.000
Lippe	163.648	0,3	0,3	120.000
Lübeck	127.971	0,2	0,2	80.000
Mecklenburg Strelitz	110.269	0,2	0,2	80.000
Schaumburg-Lippe	48.046	0,1	0,1	40.000
	62.410.619	100,0	100,0	40.000.000

---

[11] Deutsche Bau- und Bodenbank AG und ÖffA an Staatssekretär Reinhardt, 2.6.1933, BAK, R 2/18660. Die Zuschüsse waren je zur Hälfte für Hausinstandsetzungen und Wohnungsteilungen gedacht

Quellen

1) <u>Unveröffentlichte Quellen in Archiven der
   Bundesrepublik Deutschland</u>:

<u>Bundesarchiv Koblenz</u>:

Bestand Reichskanzlei (R 43)

Bestand Reichsfinanzministerium (R 2)

Bestand Reichsarbeitsministerium (R 41)

Bestand Stellvertreter des Reichskanzlers (R 53)

Bestand Reichswirtschaftskammer (R 11)

Bestand Wirtschaftsgruppen

    R 13 I   Verein Deutscher Eisen- und Stahlindustrieller

    R 13 III   Wirtschaftsgruppe Maschinenbau

    R 13 XIV   Wirtschaftsgruppe Textilindustrie

    R 13 XXXIV Fachgruppe Steine und Erden

    R 13 XX   Wirtschaftsgruppe Bergbau

Bestand Persönliche Adjutantur des Führers (NS 10)

Bestand Reichsorganisationsleiter der NSDAP (NS 22)

Bestand NSDAP Hauptarchiv (NS 26)

Sammlung Schumacher

Zeitgeschichtliche Sammlung 1 (Zsg. 1)

Nachlässe:

    Dietrich

    A. Frowein

    von Gayl

    Gothein

    Kastl

    Luther

    Silverberg

<u>Bundesarchiv - Militärarchiv Freiburg/Br.</u>:

Nachlaß Bredow (N 97)

Nachlaß Schleicher (N 42)

Heereswaffenamt (RH 8)

Wehrwirtschafts- und Rüstungsamt (Wi I F 5)

Institut für Zeitgeschichte, München:

Nachlaß Hans Schäffer (ED 93)

Schwerin-Krosigk:
 Aufzeichnungen in alliierter Gefangenschaft oder als Zeuge beziehungsweise Angeklagter zu verschiedenen Fragen der Weimarer und der NS-Zeit (ZS/A-20)

Spruchkammerakten:
 Schacht
 Thyssen

Rundschreiben der Reichsorganisationsabteilung, Hauptabteilung III, Kommunalpolitik

Firmenarchive:

Bayer-Archiv, Leverkusen:

RDI-Akten

VDA-Akten

Carl-Duisberg-Autographensammlung

Langnamverein

Firmenakten IG

DIHT-Akten

Akten regionaler Industriellenverbände

Unternehmensarchiv der BASF AG, Mannheim:

Firmengeschichte

Verwaltung

Carl-Bosch-Akten

Historisches Archiv der Gutehoffnungshütte – AV, Oberhausen:

Nachlaß Reusch

Nachlaß Kellermann

Allgemeine Verwaltung

Krupp-Archiv, Essen:

Bestand FAH

Bestand WA

Privatarchiv Eric M. Warburg im Bankhaus M.M. Warburg, Brinkmann, Wirtz & Co., Hamburg

Nachlaß Max M. Warburg

Bergbaumuseum Bochum:

Bergbauverein

Zechenverband

Fachgruppe Bergbau

Archiv für Kommunalwissenschaften, Berlin:

Sachakten Arbeitsbeschaffung

Geheimes Staatsarchiv Preußischer Kulturbesitz, Berlin:

2) Veröffentlichte Quellen:

a) Statistiken und statistische Auswertungen

Erzeugungszahlen der Eisenhüttenindustrie der Welt, 1920-1936, Stahlwerksverband, Aktiengesellschaft Abteilung S, Ausgabe November/Dezember 1937

Handbuch der Deutschen Aktiengesellschaften, Jahrgänge 1933, 1936, 1940

Statistisches Handbuch von Deutschland 1928-1944, hg. v. Länderrat des amerikanischen Besatzungsgebietes, München 1949

Statistisches Heft, hg. v. Verein für die bergbaulichen Interessen, Essen

Hemmer, W., Die unsichtbaren Arbeitslosen. Statistische Methoden - Soziale Tatsachen, Zeulenroda 1935

Statistisches Jahrbuch für das Deutsche Reich, Jahrgänge 1930-1936

Vierteljahreshefte für Konjunkturforschung, Jahrgänge 1930-1936

Vierteljahreshefte zur Statistik des Deutschen Reiches, Jahrgänge 1930-1936

Vier Jahre Wiederaufstieg im rheinisch-westfälischen Industriebezirk. Zahlen und Kurven. Zugleich Heft 3 des VIII. Jhgs. 1936/37 der Konjunkturberichte des Instituts für Konjunkturforschung, Abteilung "Westen", Essen, Hamburg 1937

Wochenberichte des Instituts für Konjunkturforschung, Jahrgänge 1930-1936

b) Zeitgenössische Zeitungen, Zeitschriften, Informationsdienste u.ä.

A-Brief, hg. v.H. Brauweiler, Institut für Zeitgeschichte, München

Der Arbeitgeber, Zeitschrift der Vereinigung der Deutschen Arbeitgeberverbände

Der Aufbau, Alleiniges amtliches Organ des Hauptamtes für Handwerk und Handel der NSDAP und der DAF

Autobahn, Organ des Hafraba e.V., Frankfurt/Main-Berlin

Deutsche Führerbriefe, hg. v. F. Reuter, Institut für Zeitgeschichte, München

Handel und Gewerbe im Monat - Auf Grund von Berichten preussischer Handelskammern und des Deutschen Handwerks- und Gewerbekammertages, ab 1931: Industrie und Handel

Deutsches Handwerk, hg. v. K. Zeleny

Das Deutsche Handwerksblatt, Mitteilungen des Deutschen Handwerks- und Gewerbekammertages. Im Auftrage des Deutschen Handwerks- und Gewerbekammertages herausgegeben von dessen Generalsekretär

Nordwestdeutsche Handwerkszeitung, ab 1.10.1932: Deutsche Allgemeine Handwerkszeitung

Nationalsozialistisches Jahrbuch, Jahrgänge 1930-1934

Geschäftliche Mitteilungen für die Mitglieder des Reichsverbandes der Deutschen Industrie

Mitteilungen des Hansa-Bundes

Mitteilungsblatt der Nationalsozialisten in den Parlamenten und gemeindlichen Körperschaften, Jahrgang 1932, Institut für Zeitgeschichte, München

Der deutsche Oekonomist, Wochenschrift für Wirtschafts- und Finanzfragen. Geld-, Bank-, Börsenwesen

Soziale Praxis, Zentralblatt für Sozialpolitik und Wohlfahrtspflege, hg. v. F. Wunderlich und W. Polligkeit, ab Mai 1933 hg. v. Büro für Sozialpolitik

Die Reichsbahn. Amtliches Organ der Deutschen Reichsbahn-Gesellschaft, ab 1934 und der Gesellschaft Reichsautobahnen. Amtliches Nachrichtenblatt der Deutschen Reichsbahn

Der Städtetag, ab 1933: Der Gemeindetag

Stahl und Eisen. Zeitschrift für das deutsche Eisenhüttenwesen, hg. v. Verein Deutscher Eisenhüttenleute

Berliner Tageblatt

Der Volkswirt

Der deutsche Volkswirt

Die Deutsche Volkswirtschaft

Wirtschaft und Statistik, hg. v. Statistischen Reichsamt

Frankfurter Zeitung

Deutsche Zukunft. Wirtschaftszeitung für Handwerk, Kleinhandel und Gewerbe

c) allgemein

Abhandlungen, Vorträge und Reden aus den Jahren 1922-1933 von Carl Duisberg, Carl Duisberg zum 50-jährigen Geschäftsjubiläum, Berlin 1933

Fünf Jahre Arbeit an den Straßen Adolf Hitlers. hg. v. Generalinspekteur für das deutsche Straßenwesen. Bearb. v. W. Wunder, o.O., o.J.

Arbeitsbeschaffung durch Instandsetzung und Erneuerung der häuslichen Feuerstätten, Verband der Arbeitgeber des Töpfer- und Ofensetzergewerbes Deutschland, o.O., um 1933

Arbeitsbeschaffung. Eine Gemeinschaftsarbeit unter Mitwirkung zahlreicher Fachleute, bearb. v. H. Dräger, K. Lambrecht, F. Reuter, D. Schaefer, W.R. Schaurte, Berlin 1933

Arbeitsbeschaffung, Textsammelwerk aller die Arbeitsbeschaffung betreffenden Gesetze, Verordnungen, Erlasse und sonstige Bestimmungen, zusammengestellt und bearbeitet von Ministerialrat Dr. Zschuke, München 1934

Das nationalsozialistische Arbeitsbeschaffungsprogramm und seine Finanzierung, in: Die deutsche Volkswirtschaft, Zeitschrift für nationalsozialistische Wirtschaftsgestaltung, hg. v. Reichstagsabgeordneten Hunke-Heinrichsen, 1. Sonderheft 1932

Aufstieg oder Niedergang? Deutsche Wirtschafts- und Finanzreform. Eine Denkschrift des Präsidiums des Reichsverbands der Deutschen Industrie, Berlin Dezember 1929

Auswirkungen der unmittelbaren Arbeitsbeschaffung. Versuch einer größenordnungsmäßigen Darstellung. Sonderbeilage zu: Wirtschaft und Statistik 1933, Nr. 21

Deutsche Bau- und Bodenbank AG und deutsche Gesellschaft für öffentliche Arbeiten AG: Die Entwicklung der deutschen Bauwirtschaft und die Arbeitsbeschaffung, Jahrgänge 1931-1936

Bräutigam, H., Wirtschaftssystem des Nationalsozialismus, Berlin 1932

Quellen

Ernst Brandi zum Gedächnis, Essen o.J. (1937 ?)

Buchner, H., Grundriß einer nationalsozialistischen Volkswirtschaftstheorie, München 1932^4

Denkschrift der IGF über die Militarisierung der Wirtschaft vom März 1935. Eingel. und kommentiert von K. Drobisch, JfW I, 1967, S. 261 ff.

Deutscher Wirtschaftsführer. Lebensgänge deutscher Wirtschaftspersönlichkeiten, bearb. v. Georg Wenzel, Hamburg-Berlin-Leißzig 1929

Deutschlands Wirtschaftsgesundung in Gefahr. Ein neuer Mahnruf des Hansa-Bundes, Berlin (um) 1933

Dietrich, O., Das Wirtschaftsdenken im Dritten Reich, München 1936

ders., Mit Hitler an die Macht, München 1938^{20}

Der DIHT in seinen ersten 100 Jahren. Zeugnisse und Dokumente. Hg. v. DIHT, Hamburg 1962

Domarus, M., Hitler. Reden und Proklamationen 1932-1945. Kommentiert von einem deutschen Zeitgenossen, 2 Bände, Würzburg 1962-1963

Dräger, H., Arbeitsbeschaffung durch produktive Kreditschöpfung. Ein Beitrag zur Frage der Wirtschaftsbelebung durch das sogenannte Federgelt, München 1932^2. Neuauflage mit einem Geleitwort von E. Wagemann, Düsseldorf 1956

Feder, G., Der deutsche Staat auf nationaler und sozialer Grundlage, München 1932^{25}

ders., Kampf gegen die Hochfinanz, München 1933

ders., Wirtschaftsführung im Dritten Reich, Vortrag gehalten im Hause der Hanse zu Bremen, Oldenburg i.O., Berlin 1934

Fischer, H., Die Stellung des Hansa-Bundes in der deutschen Wirtschaftspolitik. Vortrag 29.10.1932, Berlin 1932

Friedlaender-Prechtl, R., Wirtschaftswende, Leipzig 1931

Gelsenkirchener Bergwerks-Aktien-Gesellschaft. 10 Jahre Steinkohlenbergbau der Vereinigten Stahlwerke AG 1926-1936, Essen 1936

Gothein, G., Der große Irrtum der deutschen Lohnpolitik, Berlin 1929

Grünewald, A., Der Entscheidungskampf gegen die Arbeitslosigkeit, Stuttgart 1933

Gutachten zur Arbeitslosenfrage, erstattet von der Gutachterkommission zur Arbeitslosenfrage, Teil 1-3, Sonderdruck des Reichsarbeitsblattes, Berlin 1931

Adolf Hitler baut auf. Überblick über die Arbeit der nationalsozialistischen Regierung. März 1933 bis April 1934. Eine Ergänzung zu jedem Lehrbuch der Geschichte. Bearb. v. M. Stoll, Bamberg 1934

Vierzig Jahre Hochtief-Aktiengesellschaft für Hoch- und Tiefbauten, vorm. Gebr. Helfmann, Essen, Essen 1936

Humar, J., Wiederaufbau der deutschen Wirtschaft durch Hausbesitzer und Handwerk, o.O. 1932

Jahrbuch des deutschen Handwerks 1938-39, München 1939

Jahrbücher des Arbeitswissenschaftlichen Instituts der DAF. 1936: Ertrag der Arbeitsbeschaffung

Über den Kampf gegen die Arbeitslosigkeit. Vortrag im Industrie-Club Düsseldorf, gehalten am 28. Oktober 1933 von F. Reinhardt und die Rede des Lutz Graf Schwerin v. Krosigk, Düsseldorf 1933

Klein, F., Neue Dokumente zur Rolle Schachts bei der Vorbereitung der Hitlerdiktatur in ZfG (1957), S. 818 ff.

Köhler, B., Das Recht auf Arbeit als Wirtschaftsprinzip, Berlin 1937

ders., Die Eroberung der Wirtschaft 1937, München 1937

Lammers, H.H., Pfundtner, H., Grundlagen, Aufbau und Wirtschaftsordnung des nationalsozialistischen Staates, 3 Bände, Berlin o.J..

Lawaczek, F., Technik und Wirtschaft im Dritten Reich. Ein Arbeitsbeschaffungsprogramm, München 1932^2

Leitsätze für ein Arbeitsbeschaffungsprogramm zur Behebung der Arbeitslosigkeit, hg. v. Verband der Preußischen Landgemeinden, Berlin 1931

Mosisch, E., Materialien zur Finanzreform, Berlin 1929

ders., Materialien zu wirtschaftspolitischen Gegenwartsfragen, Berlin 1932

Niebuhr, H., Die Arbeitslosigkeit in der deutschen Eisenschaffenden Industrie. Sonderdruck aus den Schriften des Vereins für Sozialpolitik, Band 185/II, München-Berlin 1932

Niemek / Grünewald, Das Sofortprogramm des Reichskommissars für Arbeitsbeschaffung, Berlin 1933

Ernst Poensgen zur Ehrung im Stahlhof am 17. Oktober 1941, o.O., o.J.

Pörschke, Wildermuth, "Arbeitsbeschaffung", in: Wirtschaftsheft der Frankfurter Zeitung, Nr. 10, 1934

Reichsgesetzblatt (RGBl.)

Reinhardt, F., Die Arbeitsschlacht der Reichsregierung, Berlin 1933

ders., Generalplan gegen die Arbeitslosigkeit. Vortrag gehalten im Klub zu Bremen, Oldenburg 1933

ders., Das Reinhardt-Programm, Berlin 1934

Reupke, H., Der Nationalsozialismus und die Wirtschaft. Erläuterungen der wirtschaftlichen Programmpunkte und Ideenlehre der nationalsozialistischen Bewegung, Berlin 1931

ders., Unternehmer und Arbeiter in der faschistischen Wirtschaftsidee, Berlin 1931

Rittershausen, H., Kreditwirtschaftliche Forderungen an eine kommende nationale Bau- und Arbeitsbeschaffungspolitik. Vortrag gehalten von der Gruppe Berlin-Brandenburg des Reichsverbandes Industrie der Bauunternehmungen e.V., (um) 1933

Rosenberg, A., Grundsätze und Ziele der nationalsozialistischen Deutschen Arbeiterpartei, München 1932

Rühle, G., Das Dritte Reich. Das erste Jahr 1933, Berlin 1934

ders., Das Dritte Reich. Das zweite Jahr 1934, Berlin 1935

Rüstow, H.J., Konjunkturankurbelung. Das Wirtschaftsprogramm der Reichsregierung, in: Reich und Staat. Monatsschrift für politische Reform, hg. v. W. Schotte, Nr. 12, 23.9.1932, S. 479 ff.

Schafft Arbeit und Brot! Das Arbeitsbeschaffungsprogramm des Landgemeindeverbandes. Erläutert v. Steinberg und Mühlner, Berlin 1932

Schauff, R., Das sind Tatsachen!, Berlin um 1941

Schlenker, M., Arbeitslosigkeit und Papen-Programm, in: Preußische Jahrbücher, Band 230, H. 1, Oktober 1932, S. 25 ff.

Schreiner, A., Die Eingabe deutscher Finanzmagnaten. Monopolisten und Junker an Hindenburg für die Berufung Hitlers zum Reichskanzler (November 1932), in ZfG 4 (1956), S. 366 ff.

Schulthess, Europäischer Geschichtskalender N.F., Jahrgänge 1930-1934

Schwerin v. Krosigk, Graf Lutz, Nationalsozialistische Finanzpolitik, Kieler Vortrag, Jena 1936

ders., Nationalsozialistische Wirtschaftspolitik, Jena 1936

Silverberg, P., Reden und Schriften, hg. v. F. Maniaux, Köln 1951

Wirtschaftliches Sofortprogramm der NSDAP, ausgearbeitet von der Hauptabteilung IV (Wirtschaft) der Reichsorganisationsleitung der NSDAP, München 1932

Stephan-Richter, Arbeitsbeschaffung, Berlin 1933

Strasser, G., Kampf um Deutschland, Reden und Aufsätze eines Nationalsozialisten, München 1932[2]

ders., Das wirtschaftliche Aufbauprogramm der NSDAP. Eine Rede G. Strassers, gehalten am 20.10.1932, Berlin 1932

Sekundärliteratur

Syrup, F., Arbeitseinsatz und Arbeitslosenhilfe in Deutschland, Berlin 1936

ders., Arbeitseinsatz und Arbeitsbeschaffung, Berlin 1938

Tätigkeitsberichte, hg. v.d. Gemeinsamen Geschäftsstelle des Deutschen Handwerks- und Gewerbekammertages und des Reichsverbandes des Deutschen Handwerks, Hannover

Wedemeyer, R., Mit Lohnsenkungen gegen die Arbeitslosigkeit, Berlin 1930^2

Der Werdegang der Rheinischen Stahlwerke, Essen 1936

Wirtschaftslenkung, Tagung des Ausschusses für Allgemeine Wirtschafts- und Sozialpolitik des Reichsstandes der Deutschen Industrie, o.O., 24. April 1934

Das Wirtschaftsprogramm der NSDAP. Dargestellt nach der offiziösen Parteiliteratur, o.O., o.J.

Wolf, F., Umschwung. Die deutsche Wirtschaft 1933, Frankfurt/M 1934

ders., Staatskonjunktur. Die deutsche Wirtschaft 1934, Frankfurt/Main 1935

Otto Wolff zum Gedächnis, 22.1.1940, o.O., o.J.

II. <u>Sekundärliteratur</u>:

1) <u>Allgemeine Darstellungen</u>:
(Die Nennung allgemeiner Arbeiten über die Weimarer Republik, das Dritte Reich, die NSDAP oder Faschismustheorien wird hier absichtlich vermieden.)

Achinger, H., Sozialpolitik als Gesellschaftspolitik. Von der Arbeiterfrage zum Wohlfahrtsstaat, Hamburg 1958

Albert, U., Die deutsche Wiederaufrüstung der Dreißiger Jahre als Teil der staatlichen Arbeitsbeschaffung und ihre Finanzierung durch das System der Mefowechsel, Nürnberg (Diss.) Wiso 1956

Becker, J., Heinrich Brüning in den Krisenjahren der Weimarer Republik, in: GWU, 17 (1966), S. 201 ff.

Bennecke, H., Die Reichswehr und der "Röhm-Putsch", München-Wien 1964

ders., Wirtschaftliche Depression und politischer Radikalismus, 1918-1938, Wien 1970

Bernhardt, W., Die deutsche Aufrüstung 1934-1939. Militärische und politische Konzeption und ihre Einschätzung durch die Alliierten. Mit einem Vorwort von M. Freund, Frankfurt/Main 1969

Bettelheim, C., L'économie allemande sous le Nazisme. Un aspect de la décadence du Capitalisme, Paris 1946

Birkenfeld, W., Der synthetische Treibstoff 1933-1945. Ein Beitrag zur nationalsozialistischen Wirtschafts- und Rüstungspolitik, Göttingen 1964

Bloch, C., Die SA und die Krise des NS-Regimes 1934, Frankfurt/Main 1970

Böhi, H. Volkswirtschaftliche Voraussetzungen erfolgreicher Arbeitsbeschaffung, Bern 1945

Bondi, G., Die Weltwirtschaftskrise im Spiegel westdeutscher Geschichtsschreibung, in: JfW II (1965), S. 11 ff.

Bracher, K.D., Brünings unpolitische Politik und die Auflösung der Weimarer Republik, in: VHZ 19 (1971), S. 113 ff.

Carroll, B.A., Design for Total War. Arms and Economics in the Third Reich, The Hague-Paris 1968

Castellan, C.G., Le réarmement du Reich, 1930-1935, vu par le 2e Bureau de l'État Majeur Français, Paris 1954

ders., Bilan social du IIIe Reich (1933-1939), Revue d'histoire moderne et contemporaine, 1968, S. 502 ff.

Czayka, L., Grundzüge der Aussagenlogik, München-Berlin 1972

Conze, W., Die Krise des Parteienstaates in Deutschland, in: HZ 178 (1954), S. 47 ff.

ders., BrüningsPolitik unter dem Druck der großen Krise, in: HZ 199 (1964), S. 529 ff.

ders., Raupach, H., Die Staats- und Wirtschaftskrise des Deutschen Reiches 1929/33, Stuttgart 1967 (zitiert: Conze/Raupach)

Conze, W., Die politischen Entscheidungen in Deutschland 1929-1933, in: Conze/Raupach, S. 176 ff.

ders., Die Regierung Brüning, in: Festschrift für Brüning, Berlin 1967, S. 233 ff.

ders., Brüning als Reichskanzler. Eine Zwischenbilanz, in: HZ 214 (1972), S. 310 ff.

Deutsch, K.W., Politische Kybernetik. Modelle und Perspektiven, Freiburg/Br. 1969, amerikanische Ausgabe Glencoe 1963

Dieben, W., Die innere Reichsschuld seit 1933, in: Finanzarchiv N.F. 11 (1949), S. 656 ff.

Doering, D., Deutsche Außenwirtschaftspolitik 1933-35. Die Gleichschaltung der Außenwirtschaft in der Frühphase des nationalsozialistischen Regimes, Berlin 1969

Dubail, R., Une expérience d'économie dirigée: L'Allemagne nationale socialiste, Paris 1962

Erbe, R., Die nationalsozialistische Wirtschaftspolitik 1933-1939 im Lichte der modernen Theorie, Zürich 1958

Erdmann, D., Die deutschen Arbeitgeberverbände im sozialgeschichtlichen Wandel der Zeit, Neuwied 1966

Esenwein-Rothe, J., Die Wirtschaftsverbände von 1933 bis 1945, Berlin 1965

Fischer, W., Die wirtschaftspolitische Situation der Weimarer Republik, Celle 1960

ders., Deutsche Wirtschaftspolitik 1918-1945, 3. verbesserte Auflage, Opladen 1968

ders., Czada, P., Wandlungen in der deutschen Industriestruktur im 20. Jahrhundert, in: Entstehung und Wandel der modernen Gesellschaft. Festschrift für Hans Rosenberg zum 65. Geburtstag, Berlin 1970

Forstmann, A., Wege zu nationalsozialistischer Geld-, Kredit- und Währungspolitik, Berlin 1933

François, J., L'affaire Röhm-Hitler, Paris 1946

Frei, R., Die theoretischen Grundlagen der deutschen Währungspolitik unter dem Nationalsozialismus, Bern 1947

Gates, R.A., Von der Sozialpolitik zur Wirtschaftspolitik? Das Dilemma der deutschen Sozialdemokratie in der Krise 1929-1933, in: Industrielles System, S. 206 ff.

Geiger, T., Die soziale Schichtung des deutschen Volkes, Stuttgart 1932

Gladen, A., Probleme staatlicher Sozialpolitik in der Weimarer Republik, in: Industrielles System, S. 206 ff.

Grebler, L., Work Creation Policy in Germany 1932-1935, in: International Labour Review, 35, (1937), S. 329 ff. und 505 ff.

Grotkopp, W., Die große Krise. Lehren aus der Überwindung der Wirtschaftskrise 1929/32, Düsseldorf 1954

Grünberg, H.J., Die rechtliche und wirtschaftliche Bedeutung der deutschen Gesellschaft für öffentliche Arbeiten AG, Diss., Berlin 1937

Grunberger, R., Social History of the Third Reich, London 1971

Guilford, J., Psychometric Methods, 2 ed. New York 1954

Guillebaud, C.W., The Economic Recovery of Germany 1933-1938, London 1939

ders., The Social Policy of Nazi Germany, Cambridge 1941

Habermas, J., Erkenntnis und Interesse. Mit einem neuen Nachwort, Frankfurt/Main 1973

Haferkorn, J., Zum Wesen der Präsidialregierungen, in: Monopole und Staat, Berlin (DDR) 1966, S. 139 ff.

dies., Die bürgerliche westdeutsche Historiographie über das Ende der Weimarer Republik, in: ZfG 18 (1970), S. 1003 ff.

Hamburger, L., How Nazi Germany Has Mobilized and Controlled Labor, Washington D.C. 1940

Hardach, G., Die beiden Reichsbanken: Internationales Währungssystem und nationale Währungspolitik 1924-1931, in: Industrielles System, S. 375 ff.

Heer, H., Burgfrieden oder Klassenkampf, Zur Politik der sozialdemokratischen Gewerkschaften 1930-1933, Neuwied-Berlin 1971

Helbich, W.J., Die Reparationen in der Ära Brüning. Zur Bedeutung des Young-Plans für die deutsche Politik 1930 bis 1932, Berlin 1962

Helmreich, T.C., The Unemployment Programm of the German Government, 1930 to 1934, Illinois 1936

Hennies, G., Arbeitsbeschaffungspolitik in der Weltwirtschaftskrise in Deutschland und in den Vereinigten Staaten von Amerika, unveröffentlichte volkswirtschaftliche Diplom-Arbeit, Seminar für Sozialpolitik, Universität Köln, WS 1964/65

Hennig, E., Thesen zur deutschen Sozial- und Wirtschaftsgeschichte 1933 bis 1938, Frankfurt/Main 1973

Hentig, H.W. von, Beiträge zu einer Sozialgeschichte des Dritten Reiches, in: VHZ 16 (1968) S. 48 ff.

Hermens, F.A., Wirtschaftliche und staatliche Stabilität, Frankfurt/Main 1964

ders., Das Kabinett Brüning und die Depression, in: Festschrift für Brüning, S. 287 ff.

Hilberath, L., Zur Ideengeschichte der öffentlichen Arbeitsbeschaffung. Zugleich ein Beitrag zur Geschichte der öffentlichen Fürsorge, in: Jahrbuch für Kommunalwissenschaften, Jhg. 2, 1935, S. 26 ff.

Hövel, P., Arbeitsbeschaffung und Wirtschaftsplanung im nationalsozialistischen Staat, Wiesbaden 1935

ders., Grundlagen deutscher Wirtschaftspolitik, Berlin 1935

Hoffmann, W.G., Das Wachstum der deutschen Wirtschaft seit der Mitte des 19. Jahrhunderts, Berlin- Heidelberg-New York 1965

Hofmann, W., Städtetag und Verfassungsordnung, Position und Politik der Hauptgeschäftsführer eines kommunalen Spitzenverbands, Stuttgart-Berlin-Köln-Mainz 1966

Holtz, A., Nationalsozialistische Arbeitspolitik, Würzburg 1938

Honigsberger, R., Die wirtschaftspolitische Zielsetzung des Nationalsozialistmus und deren Einfluß auf die deutsche Wirtschaftsordnung. Dargestellt und kritisch untersucht am Beispiel des deutschen Arbeitsmarkts von 1933-1939. Diss. Freiburg 1949

Horn, H., Versuch einer empirischen Analyse der staatlichen Investitionspolitik in Deutschland 1925 bis 1932 und von 1950-1960. Unter besonderer Berücksichtigung der konjunkturellen Auswirkungen, Diss. Münster 1964

Hübener, E., Die Finanzierung der Arbeitsbeschaffung, der Aufrüstung und des Krieges in der deutschen Finanzpolitik 1933-1945, Diss. Halle 1948

Hüllbusch, U., Die deutschen Gewerkschaften in der Weltwirtschaftskrise, in: Conze/Raupach, S. 126 ff.

Industrielles System und politische Entwicklung in der Weimarer Republik, hg. v. H. Mommsen, D. Petzina, B. Weisbrod, Düsseldorf 1974 (zitiert: Industrielles System)

Interessenverbände in Deutschland, hg. v. H.J. Varain, Köln 1973

Jaschinski, H., Die deutsche Gesellschaft für öffentliche Arbeiten AG (Öffa), aus: Archiv für öffentliche und freigemeinwirtschaftliche Unternehmung 6. 1963, H 3/4

Kaftan, K., Der Kampf um die Autobahnen. Geschichte und Entwicklung des Autobahngedankens in Deutschland von 1907-1935 unter Berücksichtigung ähnlicher Pläne und Bestrebungen im übrigen Europa, Berlin 1955

Kaltefleiter, W., Wirtschaft und Politik in Deutschland. Konjunktur als Bestimmungsfaktor des Parteiensystems, Köln-Opladen 1966

Kaufhold, K.H., Zeitgeschichte und ökonomische Theorien. Überlegungen zum Verhältnis von Wirtschaftsgeschichte und Wirtschaftstheorie am Beispiel Deutschlands, in: Geschichte heute. Positionen, Tendenzen und Probleme, hg. v. G. Schulz, Göttingen 1973, S. 256 ff.

Keese, D., Die volkswirtschaftlichen Gesamtgrößen für das Deutsche Reich in den Jahren 1925-1936, in: Conze/Raupach, S. 35 ff.

Kele, M.H., Nazis and Workers! National Socialist appeals to German labor 1923-1933, Chapel Hill 1972

Kellerer, H., Statistik im modernen Wirtschafts- und Sozialleben, Hamburg 1960

Kerlinger, F.N., Foundations of Behavioral Research, New York 1966

Keynes, J.M., The Economic Consequences of Peace, London 1919

ders., Can Lloyd George Do it?, London 1929

ders., Treatise on Money, 2 Bände, London und New York 1930

ders., An Economic Analysis of Unemployment, in: Wright, Q., ed., Unemployment as a World Problem, Chicago 1931, S. 3 ff.

Kindleberger, C.P., The World in Depression 1929-1939, London 1973, deutsche Ausgabe München 1973

Klein, B.M., Germany's Economic Preparations for War, Cambridge, Mass., 1959

Kluge, G., Die Rolle des Deutschen Städtetages in der Zeit der Weimarer Republik von 1918 bis 1933. Dargestellt an seiner Verwaltungsweise in wirtschaftspolitischen Fragen und zum Abbau der Selbstverwaltung durch den imperialistischen Staat, Diss. Leipzig 1970

Knapp, T.A., Heinrich Brüning im Exil, Briefe an Wilhelm Sollmann 1940-1946, in VHZ 22 (1974), S. 93 ff.

Knitter, H., Müller, H.H., Zum "Russengeschäft", in: JfW 1967, III, S. 147 ff.

Köhler, H., Arbeitsdienst in Deutschland. Pläne und Verwirklichungsformen bis zur Einführung der Arbeitsdienstpflicht im Jahre 1935, Berlin 1967

ders., Arbeitsbeschaffung, Siedlung und Reparationen in der Schlußphase der Regierung Brüning, in: VHZ 17 (1969), S. 276 ff.

ders., Sozialpolitik von Brüning bis Schleicher, in: VHZ 21 (1973), S. 146 ff.

Koenig, P.R., La réduction du chômage en Allemagne, Paris 1937

König, R., Hg., Praktische Sozialforschung I. Das Interview. Formen-Technik-Auswertung, Köln 1957³

ders., Hg., Praktische Sozialforschung II. Beobachtung und Experiment in der Sozialforschung, Köln 1956

Koops, T.P., Zielkonflikte der Agrar- und Wirtschafspolitik in der Ära Brüning, in: Industrielles System, S. 852 ff.

Krause, W., Wirtschaftstheorie unter dem Hakenkreuz. Die bürgerliche politische Ökonomie in Deutschland während der faschistischen Herrschaft, Berlin (DDR) 1969

Kroll, G., Von der Weltwirtschaftskrise zur Staatskonjunktur, Berlin 1958

Krüger, P., Die Rolle der Banken und der Industrie in den reparationspolitischen Entscheidungen nach dem Ersten Weltkrieg, in: Industrielles System, S. 568 ff.

Kuczynski, J., Die Geschichte der Arbeiter unter dem Kapitalismus, Band 5, Berlin (DDR) 1966, Band 6, Berlin (DDR) 1964, Band 15, Berlin (DDR) 1963, Band 16, Berlin (DDR) 1963

Kücklich, E., Streik gegen Notverordnungen! Zur Gewerkschafts- und Streikpolitik der KPD gegen die staatsmonopolistische Offensive der Regierung Papen im Sommer und Herbst 1932, in: Beitrag zur Geschichte der Arbeiterbewegung 13 (1971), S. 454 ff.

Kuhn, A., Die Unterredung zwischen Hitler und Papen im Hause des Barons v. Schröder. Eine methodisch-systematische Quellenanalyse mit dem Ziel, Möglichkeiten und Grenzen der Geschichtswissenschaft anzudeuten, in: GWU 24 (1973) S. 709 ff.

Langheinrich, C., Entwicklung und Struktur der Staatsausgaben. Eine Realanalyse, dargestellt am Beispiel Deutschlands in den Jahren 1900-1967, Diss. Bern 1970

Lasry, C., Lutte contre le chômage et finances publiques, 1929-1937, Paris 1938

Lautenbach, W., Zins, Kredit und Produktion, Tübingen 1952

Lepsius, M.R., Extremer Nationalismus. Strukturbedingungen vor der nationalsozialistischen Machtergreifung, Stuttgart-Köln-Berlin-Mainz 1966

ders., The Collapse of Intermediary Power Structure; Germany 1933-1934, in: International Journal of Sociology 18 (1968), S. 289 ff.

Lessker, K.U., Who Voted for Hitler? A New Look at the Class Basis of Nazism, in: American Journal of Sociology 74 (1968/69), S. 63 ff.

Lipset, S.M., Political Man: The Social Basis of Politics, New York 1960

Löbbe, F., Die Kreditaufnahme des Deutschen Reichs von der Währungsstabilisierung bis zum Zusammenbruch 1945, Bad Godesberg 1948

Ludwig, K.H., Strukturmerkmale nationalsozialistischer Aufrüstung bis 1935, in: Wirtschaft und Rüstung am Vorabend des Zweiten Weltkrieges, hg. v. F. Forstmeier und H.-E. Volkmann, Düsseldorf 1975, S 30 ff.

Lüke, R.E., Von der Stabilisierung zur Krise, Zürich 1958

Lurie, S., Private Investment in a Controlled Economy 1933-1939, New York 1947

Mandelbaum, H., An Experiment in Full Employment. Controls in the German Economy 1933-1938, in: The Economics of Full Employment, Oxford 1944, deutsche Ausgabe Bern 1946

Marcon, H., Arbeitsbeschaffungspolitik der Regierungen Papen und Schleicher. Grundsteinlegung für die Beschäftigungspolitik im Dritten Reich, Bern-Frankfurt/Main 1974

Mason, T.W., Zur Entstehung des Gesetzes zur Ordnung der nationalen Arbeit vom 20. Juni 1934. Ein Versuch über das Verhältnis "arischer" und "fortschrittlicher" Momente in der deutschen Geschichte, in: Industrielles System, S. 322 ff.

ders., Arbeiterklasse und Volksgemeinschaft. Dokumente und Materialien zur deutschen Arbeiterpolitik 1936-1939, Opladen 1975

Matzerath, H., Nationalsozialismus und kommunale Selbstverwaltung, Stuttgart 1970

Mau, H., Die "Zweite" Revolution - Der 30. Juni 1934, in: VHZ 1 (1953), S. 119 ff.

McKibbin, R.F., The Myth of the Unemployed. Who did vote for the Unemployed? Who did vote for the Nazis? in: Australian Journal of Political History 15 (1969), S. 25 ff.

Meinck, G., Hitler und die deutsche Aufrüstung, 1933-1937, Wiesbaden 1959

Messerschmidt, M., Die Wehrmacht im NS-Staat. Zeit der Indoktrination, Hamburg 1969

Milatz, A., Wähler und Wahlen in der Weimarer Republik, Bonn 1968²

Milward, A.S., The German Economy at War, London 1965

Mitnitzky, M., The Effects of a Public Works Policy on Business Activity and Employment, in: International Labour Review, Vol. XXX, No. 4, October 1934

Münch, H., Die Bedeutung der sowjetischen Aufträge an die sächsische Werkzeugmaschinenindustrie in der Zeit der Weltwirtschaftskrise von 1929 bis 1932, in: JfW, 1965, IV, S. 54 ff.

ders., Arbeit und Brot durch sowjetische Produktionsaufträge (1929-1932), Berlin (DDR) 1967

Nathan, O., The Nazi Economic System, Durham, N.C., 1944

Neumann, F., Behomoth. The Structure and Practice of National Socialism 1933-1944, 1944², Nachdruck London 1967

Nöll v.d. Nahmer, R., Der volkswirtschaftliche Kreditfonds, Berlin 1934

Noelle-Neumann, E., Umfragen in der Massengesellschaft, Reinbek bei Hamburg 1953

Nolte, E., Big Business and German Politics, A Comment, in: AHR 751, 1969/70, S. 71 ff.

Oeltze v. Lobenthal, G., Nationalsozialistischer Wirtschaftsaufbau durch Arbeitsbeschaffung. Die Darstellung der Auswirkung und Finanzierung der Arbeitsbeschaffungsmaßnahmen 1933/34, Leipzig 1934

Overy, R.J., Cars, Roads, and Economic Recovery in Germany, 1932-38, in: The Economic History Review 28 (1975), S. 466 ff.

Die bürgerlichen Parteien in Deutschland, Handbuch der Geschichte der bürgerlichen Parteien und anderer bürgerlicher Interessenorganisationen vom Vormärz bis zum Jahre 1945, hg. v. einem Redaktionskollektiv unter der Leitung von D. Fricke, 2 Bände, Berlin 1968-1970

Paterna, E., u.a., Deutschland von 1933 bis 1939. Von der Machtübertragung an den Faschismus bis zur Entfesselung des zweiten Weltkrieges, Berlin (DDR) 1969

Petrick, F., Eine Untersuchung zur Beseitigung der Arbeitslosigkeit unter der deutschen Jugend in den Jahren 1933-1935, in: JfW 1967, I, S. 287 ff.

Petzina, D., Hauptprobleme der deutschen Wirtschaftspolitik 1932/33, in: VHZ 15 (1967), S. 18 ff.

ders., Autarkiepolitik im Dritten Reich. Der nationalsozialistische Vierjahresplan, Stuttgart 1968

ders., Elemente der Wirtschaftspolitik in der Spätphase der Weimarer Republik, in: VHZ 21 (1973), S. 127 ff.

ders., Grundriß der deutschen Wirtschaftsgeschichte, Stuttgart 1973

ders., Zur Interpretation der Weltwirtschaftskrise in Deutschland, in: G. Alföldy, F. Seibt, A. Timm, Hg., Probleme der Geschichtswissenschaft, Düsseldorf 1973

ders., Abelshauser, D., Problem der relativen Stagnation der deutschen Wirtschaft in den zwanziger Jahren, in: Industrielles System, S. 57 ff.

Petzina, D., Vierjahresplan und Rüstungspolitik, in: Wirtschaft und Rüstung, S. 65 ff.

Poole, K.E., German Financial Politics 1932-1939, New York 1969

Preiser, E., Grundzüge der Konjunkturtheorie, Tübingen 1933

Preller, L., Sozialpolitik in der Weimarer Republik, Stuttgart 1949

Priester, H.E., Das deutsche Wirtschaftswunder, Berlin 1938

Prion, W., Das deutsche Finanzwunder. Die Geldbeschaffung für den deutschen Wirtschaftsaufschwung, Berlin 1938

Puchert, B., Die Entwicklung der deutsch-sowjetischen Handelsbeziehungen von 1918 bis 1939, in: JfW 1973, IV, S. 11 ff.

Pütz, T., Die ordnungspolitische Problematik der Interessenverbände, Göttingen 1960

Rautenberg, H.J., Deutsche Rüstungspolitik vom Beginn der Genfer Abrüstungskonferenz bis zur Wiedereinführung der allgemeinen Wehrpflicht, Phil. Diss. Bonn 1973

Redmann, U., Die Reichsautobahnen in der deutschen Volkswirtschaft, Erlangen-Bruch 1938, phil. Diss. 1937

Reulecke, J., Veränderungen des Arbeitskräftepotentials im Deutschen Reich von 1900 bis 1933, in: Industrielles System, S. 84 ff.

Reynaud, P., La lutte contre le chômage en Allemagne, Paris 1938

Robertson, E.M., Hitler's Pre-War Policy and Military Plans, 1933-1939, London 1963

Roloff, E.A., Wer wählte Hitler? Thesen zur Sozial- und Wirtschaftsgeschichte der Weimarer Republik, in: Politische Studien 15 (1964), S. 293 ff.

Rubbert, H.H., Die gelenkte Marktwirtschaft des Nationalsozialismus. Ein Literaturbericht, in: Hamburger Jahrbuch für Wirtschafts- und Gesellschaftspolitik 8 (1963), S. 215 ff.

Sanmann, H., Daten und Alternativen der deutschen Wirtschafts- und Finanzpolitik in der Ära Brüning, in: Hamburger Jahrbuch für Wirtschafts- und Gesellschaftspolitik 10 (1965), S. 109 ff.

Sasuly, R., IG Farben, Berlin 1959

Sauvy, A., Histoire économique de la France entre les deux guerres, o.O. 1965

Schiller, K., Arbeitsbeschaffung und Finanzordnung in Deutschland, Berlin 1936

Schimmig, B., Die Steuerpolitik des Staates als Mittel zur Förderung der Arbeitsbeschaffung, Diss. Berlin 1936

Schneider, M., Konjunkturpolitische Vorstellungen der Gewerkschaften in den letzten Jahren der Weimarer Republik. Zur Entwicklung des Arbeitsbeschaffungsplans des ADGB, in: Industrielles System, S. 226 ff.

ders., Das Arbeitsbeschaffungsprogramm des Allgemeinen Deutschen Gewerkschaftsbundes. Zur gewerkschaftlichen Politik in der Endphase der Weimarer Republik, Bonn - Bad Godesberg 1975

Schoenbaum, D., Hitler's Social Revolution Class and Status in Nazi Germany, London 1967, deutsche Ausgabe: Die braune Revolution, Köln-Berlin 1968

Schulz, G., Die "große Krise" in der Zeitgeschichte, in: NPL 4 (1959), S. 805 ff.

Schweitzer, A., Die wirtschaftliche Wiederaufrüstung Deutschlands von 1934-1936, in: Zeitschrift für die gesamte Staatswissenschaft 114, 1958, S. 594 ff.

ders., Organisierter Kapitalismus und Parteidiktatur 1933 bis 1936, in: Schmollers Jahrbuch für Gesetzgebung, Verwaltung und Volkswirtschaft 79 (1959), S. 37 ff.

ders., Ideological Crisis and Facism, in: Societas. A Review of Social History, Winter 1972, S. 1 ff.

Schwerin von Krosigk, Graf Lutz, Staatsbankrott. Die Geschichte der Finanzpolitik des Deutschen Reiches von 1920 bis 1945, Göttingen-Frankfurt/Main-Zürich 1974

Sohn-Rethel, A., Ökonomie und Klassenstruktur des deutschen Faschismus, hg. u. eingel. v. J. Agnoli, B. Blanke und N. Kadritzke, Frankfurt/Main 1973

Spiller, J.O., Reformismus nach rechts. Zur Politik des Reichsverbandes der Deutschen Industrie in den Jahren 1927 bis 1930 am Beispiel der Reparationspolitik, in: Industrielles System, S. 593 ff.

Staat, Wirtschaft und Politik in der Weimarer Republik, Festschrift für Heinrich Brüning, hg. v. F.A. Hermens und T.A. Schieder, Berlin 1967 (zitiert: Festschrift für Brüning)

Stolper, G., German Economy 1900-1940, Issues and Trends, London 1940

ders., Die deutsche Wirklichkeit, Hamburg 1949

Stucken, R., Deutsche Geld- und Kreditpolitik 1914-1963, Tübingen 1964³

Stuebel, H., Die Finanzierung der Aufrüstung im Dritten Reich, in: Europa-Archiv, 6 (1951), S. 4128 ff.

Swatek, D., Unternehmenskonzentration als Ergebnis und Mittel nationalsozialistischer Wirtschaftspolitik, Berlin 1972

Sweezy, M., The Structure of Nazi Economy, Cambridge 1951

Thomas, G., Geschichte der deutschen Wehr- und Rüstungswirtschaft (1918 bis 1943/45), hg. v. W. Birkenfeld, Boppard a.Rh. 1966

Tormin, W., Die Jahre 1933-1934, "Die Gleichschaltung", Hannover 1962³

Treue, W., Frede, G., Wirtschaft und Politik 1933-1945. Dokumente mit verbindendem Text, Braunschweig 1964⁴

Treviranus, R., Die konjunkturpolitische Rolle der öffentliche Haushalte in Deutschland während der großen Krise 1928 bis 1934, Diss. Kiel 1964

Trumpp, T., Summarisches Auswahlinventar von Quellen zum Thema: Industrielles System und politische Entwicklung in der Weimarer Republik, in Archiven der Bundesrepublik Deutschland, in: Industrielles System, S. 986 ff.

Uhlig, H., Die Warenhäuser im Dritten Reich, Köln-Opladen 1956

Varga, E., Die große Krise und ihre politischen Folgen, Wirtschaft und Politik 1928-1934, Moskau-Leningrad 1934

Vierhaus, R., Auswirkungen der Krise um 1930 in Deutschland. Beiträge zu einer historisch-psychologischen Analyse, in: Conze/Raupach, S. 155 ff.

Vogelsang, T., Zur Politik Schleichers gegenüber der NSDAP 1932, in: VHZ 6 (1958), S. 86 ff.

ders., Reichswehr, Staat und NSDAP. Beiträge zur deutschen Geschichte 1930-1932, Stuttgart 1962

ders., Kurt von Schleicher. Ein General als Politiker, Göttingen-Frankfurt/Main-Zürich 1965

Volkland, G., Hintergründe und politische Auswirkungen der Gelsenkirchen-Affäre im Jahre 1932, in: ZFG 11 (1963), S. 289 ff.

Volkmann, H.-E., Zur Interdependenz von Politik, Wirtschaft und Rüstung im NS-Staat, in: Militärgeschichtliche Mitteilungen 1/1974, S. 161 ff.

ders., Außenhandel und Aufrüstung in Deutschland 1933 bis 1939, in: Wirtschaft und Rüstung, S. 81 ff.

Wagemann, E., Geld- und Kreditreform, Berlin 1932

ders., Zwischenbilanz der Krisenpolitik, Berlin 1935

ders., Wo kommt das viele Geld her? Düsseldorf 1940

Wandel, E., Hans Schäffer. Steuermann in wirtschaftlichen und politischen Krisen 1886-1967, Stuttgart 1974

Weber, A., Soziale Merkmale der NSDAP-Wähler. Eine Zusammenfassung bisheriger empirischer Untersuchungen und eine Analyse in den Gemeinden der Länder Baden und Hessen, Diss. Freiburg 1969

Wetzel, W., Statistische Formelsammlung, Teil I, 2. erweiterte Auflage, Berlin 1966

Winkler, H.A., Extremismus der Mitte, Sozialgeschichtliche Aspekte der nationalsozialistischen Machtergreifung, in: VHZ, 1972, S. 175 ff.

Wirtschaft und Rüstung am Vorabend des Zweiten Weltkrieges, hg. v. F. Forstmeier und H.-E. Volkmann, Düsseldorf 1975 (zitiert: Wirtschaft und Rüstung)

Wolfe, M., The Development of Nazi Monetary Policy, in: Journal of Economic History 15 (1955), S. 392 ff.

Ziebill, O., Geschichte des Städtetages. Fünfzig Jahre deutsche Kommunalpolitik, Stuttgart 1956

Zieme, R., Inflation und Deflation zerstören die Demokratie. Lehren aus dem Schicksal der Weimarer Republik. Stuttgart 1971

2) **Literatur über die Großindustrie und Mittlere Industrie**

Ballestrem, A., Graf v., Es begann im Dreiländereck. Das Stammwerk der GHH - die Wiege der Ruhrindustrie. Tübingen 1969

Barthel, H., Zur Politik der rüstungswirtschaftlichen Führungsorgane des deutschen Finanz- und Rüstungskapitals beim Aufbau der Faschistischen Wehr- und Kriegswirtschaft in den Jahren 1933 bis 1939, Diss. Leipzig 1962

Blaich, F., Der private Wohnungsbau in den deutschen Großstädten während der Krisenjahre 1929-1933, in: Jahrbuch für Nationalökonomie und Statistik 183 (1969), 5, S. 435 ff.

Berliner, E., Das monopolistische Problem der Massenbasis. Die "Deutschen Führerbriefe" und A. Sohn-Rethel. Anmerkungen und Dokumentationen zu einer unvollkommenen Enthüllung, in: Blätter für deutsche und internationale Politik. 1974, S. 154 ff.

Böhret, G. Aktionen gegen die 'kalte Sozialisierung' 1926-1930. Ein Beitrag zum Wirken ökonomischer Einflußverbände in der Weimarer Republik, Berlin 1966

Braunthal, G., The Federation of German Industry in Politics, Ithaca, New York, 1965

Carlebach, E., Von Brüning zu Hitler. Das Geheimnis der faschistischen Machtergreifung, Frankfurt/Main 1971

Castellan, C.G., Choix des documents sur le Konzern Krupp et le réarmement de l'Allemagne 1918-1943, Paris 1952

Czichon, E., Wer verhalf Hitler zur Macht? Zum Anteil der deutschen Industrie an der Zerstörung der Weimarer Republik, Köln 1967

ders., Der Primat der Industrie im Kartell der nationalsozialistischen Macht, in: Argument Nr. 47 (1968), S. 168 ff.

Döhn, L., Zur Verschränkung der Deutschen Volkspartei mit großwirtschaftlich-industriellen Interessen im Herrschaftssystem der Weimarer Republik, in: Industrielles System, S. 884 ff.

Drobisch, K., Der Freundeskreis Himmler. Ein Beispiel für die Unterordnung der Nazipartei und des faschistischen Staatsapparates durch die Finanzoligarchie, in: ZfG 8 (1960), S. 304 ff.

ders., Flick-Konzern und faschistischer Staat 1933-1939, in: Monopole und Staat, Berlin (DDR) 1966, S. 167 ff.

Dubois, J.E., Johnson, E., Generals in grey suits. The directors of the international IG Farben cartel, their conspiracy and trial at Nuremberg, London 1953

Duisberg, C., Die Einstellung der deutschen Unternehmer zur Wirtschaftspolitik des "Dritten Reiches", in: Tradition 13 (1968), 5, S. 243 ff.

Eichholtz, D., Problem einer Wirtschaftsgeschichte des Faschismus in Deutschland, in: JfW, 1963, III, S. 97 ff.

ders., Monopole und Staat in Deutschland 1933-1945, in: Monopole und Staat, Berlin (DDR) 1966, S. 39 ff.

ders., Gossweiler, K., Noch einmal: Politik und Wirtschaft 1933-1945, in: Argument Nr. 47 (1968), S. 210 ff.

ders., Schumann, W., Hg. Anatomie des Krieges, Neue Dokumente über die Rolle des deutschen Monopolkapitals bei der Vorbereitung und Durchführung des Zweiten Weltkrieges, Berlin (DDR) 1969

Fach, F.M., Die deutschen Stahlkartelle in der Weltwirtschaftskrise, Berlin 1957

Feldmann, G.D., The Social and Economic Policies of German Big Business, 1918-1929, in: AHR 75.1 (1969/70), S. 47 ff.

Flechtner, H.-H., Carl Duisberg. Vom Chemiker zum Wirtschaftsführer, Düsseldorf 1959

Gantzel, K.-J., Wesen und Begriff der mittelständischen Unternehmung, Köln-Opladen 1961

Gellert, H. Fr., Der Siemens-Konzern, in: Marxistische Blätter 3 (1965), S. 27 ff.

Ginzberg, L., Auf dem Wege zur Hitlerdiktatur. Der Kurs der Monopolbourgeoisie auf die offene Diktatur im Jahre 1931, in: ZfG 17 (1969), S. 825 ff.

Grocek, F., Ein Staat im Staate - Der IG-Farben-Konzern, in: Marxistische Blätter 4 (1966), S. 41 ff.

Grosser, D., Die nationalsozialistische Wirtschaft. Die deutsche Industrie und die Nationalsozialisten. Partnerschaft beim Griff nach der Weltmacht, in: Argument Nr. 32, (1965), S. 1 ff.

Gossweiler, K., Die deutsche Monopolbourgeoisie und das Blutbad vom 30. Juni 1934, unter besonderer Berücksichtigung des Kampfes zwischen Deutscher Bank und Dresdner Bank, Schwerindustrie und Chemie/Elektroindustrie, Diss. Berlin (DDR) 1963

ders., Die Vereinigten Stahlwerke und die Großbanken. Eine Studie über das Verhältnis von Bank- und Industriekapital in der Weimarer Republik und unter der faschistischen Diktatur (1926 bis 1936), in: JfW 1965, IV, S. 11 ff.

ders., Die Röhm-Affaire von 1934 und die Monopole, in: Monopole und Staat, Berlin (DDR) 1966, S. 151 ff.

ders., Der Übergang von der Weltwirtschaftskrise zur Rüstungskonjunktur in Deutschland 1933 bis 1934. Ein Beitrag zur Problematik staatsmonopolistischer "Krisenüberwindung", in: JfW II, 1968, S. 55 ff.

ders., Großbanken, Industriemonopole und Staat. Ökonomie und Politik des staatsmonopolistischen Kapitalismus in Deutschland, 1914-1932, Berlin (DDR) 1971

Günther, F., Der Reichsverband der deutschen Industrie (RDI) 1919-1933, in: Jenaer Beiträge zur Parteiengeschichte 21 (1968), S. 40 ff.

Guérin, D., Fascisme et Grand Capital, Paris 1945

Guth, K., Die Reichsgruppe Industrie, Berlin 1941

Hahn, W., Kriss, L., Elektrokonzerne und Rüstungskonzerne, Berlin 1961

Halfmann, D., Der Anteil der Industrie und Banken an der faschistischen Innenpolitik, Köln 1974

Hallgarten, G.W.F., Hitler, Reichswehr und Industrie. Zur Geschichte der Jahre 1918-1933, Frankfurt/Main 1962

ders., Radkau, J., Deutsche Industrie und Politik von Bismarck bis heute, Köln 1974

Hartwich, H.-H., Arbeitsmarkt, Verbände und Staat 1918-1933.
  Die öffentliche Bindung unternehmerischer Funktionen in
  der Weimarer Republik, Berlin 1967

Heinrichsbauer, A., Schwerindustrie und Politik, Essen-Kettwig
  1948

Hennig, E., Industrie und Faschismus, in: NPL 4 (1970), S.
  432 ff.

Hitler und die Industrie. Eine Dokumentation aus Anlaß des
  30. Jahrestages der Machtergreifung. Düsseldorf 1963, hg.
  v. d. Bundespressestelle des DGB

Hoepke, H.-P., Alfred Hugenberg als Vermittler zwischen großindustriellen Interessen und deutsch-nationaler Volkspartei,
  in: Industrielles System, S. 907 ff.

Holdermann, K., Im Banne der Chemie. Carl Bosch Leben und Werk,
  Düsseldorf 1953

Hondrich, K.O., Die Ideologien von Interessenverbänden, Berlin-
  München 1963

John, J., Rüstungswirtschaft und regionale Industrie. Probleme
  der industriellen Entwicklung in Thüringen 1933-1939, Diss.
  Jena 1969

ders., Rüstungsindustrie und NSDAP - Organisation in Thüringen
  1933 bis 1939, in: ZfG 22 (1974), S. 412 ff.

Klein, F., Zur Vorbereitung der faschistischen Diktatur durch
  die deutsche Großbourgeoisie 1929-1932, in: ZfG 1 (1953),
  S. 872 ff.

Köhler, H., Zum Verhältnis Friedrich Flicks zur Reichsregierung
  am Ende der Weimarer Republik, in: Industrielles System,
  S. 878 ff.

Koszyk, ., Paul Reusch und die "Münchener Neuesten Nachrichten".
  in: VHZ 20 (1972), S. 75 ff.

ders., Zum Verhältnis von Industrie und Presse, in: Industrielles System, S. 704 ff.

Lange, E., Die politische Ideologie der deutschen industriellen
  Unternehmerschaft, Diss. Greifswald 1933

Laser, K., Die Wirtschaftspolitik des deutschen Monopolkapitals
  gegenüber der UdSSR 1933-1936, Diss. Berlin (DDR) 1971

Leopold, J.A., Alfred Hugenberg and German Politics, Diss.
  Washington D.C. 1970

Die Legende von Hitler und der Industrie, hg. v. Deutschen
  Industrieinstitut, Köln 1962

Liesbach, I., Der Wandel der politischen Führungsschicht der
  deutschen Industrie 1918-1945, Hannover 1957

Lochner, L.P., Die Mächtigen und der Tyrann. Die deutsche
  Industrie von Hitler bis Adenauer, Darmstadt 1955^2

Maschke, E., Es entsteht ein Konzern. Paul Reusch und die GHH, Tübingen 1969

Mason, T.W., Der Primat der Politik - Politik und Wirtschaft im Nationalsozialismus, in: Argument Nr. 41 (1966), S. 473 ff.

ders., Primat der Industrie - Eine Erwiderung, in: Argument Nr. 47 (1968), S. 193 ff.

TerMeer, F., Die IG Farben AG, Düsseldorf 1953

Mommsen, H., Der Ruhrbergbau im Spannungsfeld von Politik und Wirtschaft in der Zeit der Weimarer Republik, in: Bibliothek deutscher Landesgeschichte 108 (1962), S. 160 ff.

ders., Sozialpolitik im Ruhrbergbau, in: Industrielles System, S. 303 ff.

Monopole und Staat in Deutschland 1917-1945, Berlin (DDR) 1966

Mühlen, N., Die Krupps, Frankfurt/Main 1960

Müller, H., Die Reichsgruppe Industrie, in: Der Weg zum industriellen Spitzenverband, hg. v. Bundesverband der deutschen Industrie, Darmstadt 1956

Müller, W., Stockfisch, J., Die "Veltenbriefe". Eine neue Quelle über die Rolle des Monopolkapitals bei der Zerstörung der Weimarer Republik, in: ZfG 17 (1969), S. 156 ff.

Muthesius, V., Peter Klöckner und sein Werk, Essen 1941

Nocken, U., Inter-Industrial Conflicts and Alliances as Exemplified by the AVI-Agreement, in: Industrielles System, S. 693 ff.

Ohlsen, M., Zur Stellung und Rolle des Reichsverbandes der deutschen Industrie in der Weimarer Republik, in: Jenaer Beiträge zur Parteiengeschichte 24 (1968), S. 7 ff.

ders., "Ständischer Aufbau" und Monpole 1933/34, in: ZfG 22 (1974), S. 28 ff.

Petzina, D., Hitler und die deutsche Industrie. Ein kommentierter Literatur- und Forschungsbericht, in: GWU 17, (1966), S. 482 ff.

Röseler, K., Unternehmer in der Weimarer Republik, in: Tradition 13 (1968), S. 217 ff.

Ruge, R., Die "Deutsche Allgemeine Zeitung" und die Brüning-Regierung. Zur Rolle der Großbourgeoisie bei der Vorbereitung des Faschismus, in: ZfG 16 (1968), S. 19 ff.

Sartorius, H., Der Unternehmer im Wandel der Zeiten, Diss. Erlangen 1948

Schäfer, D., Der Deutsche Industrie- und Handelstag als politisches Forum der Weimarer Republik. Eine historische Studie zum Verhältnis von Politik und Wirtschaft, Hamburg 1966

Schwab, H., Einige Bemerkungen zum Deutschen Industrie- und Handelstag, in: Jenaer Beiträge zur Parteiengeschichte 24 (1968), S. 56 ff.

Schwarzbach, H., Die Differenzen zwischen dem Verband Sächsischer Industrieller und dem Reichsverband der Deutschen Industrie 1931, in: JfW 1971, III, S. 75 ff.

Schweitzer, A., Big Business in the Third Reich, Bloomington 1964

Schwerin von Krosigk, Graf Lutz, Die große Zeit des Feuers. Der Weg der deutschen Industrie, 3 Bände, Tübingen 1958-1959

Sörgel, W., Metallindustrie und Nationalsozialismus. Eine Untersuchung über Struktur und Funktion industrieller Organisationen in Deutschland 1929-1939, Frankfurt/Main 1965

Sonnemann, R., Sauerzapf, R., Monopole und Staat in Deutschland 1917-1933, in: Monopole und Staat, Berlin (DDR) 1966, S. 7 ff.

Stegmann, D., Zum Verhältnis von Großindustrie und Nationalsozialismus 1930-1933, Archiv für Sozialgeschichte 13 (1973), S. 399 ff.

Treue, W., Die Einstellung einiger deutscher Großindustrieller zu Hitlers Außenpolitik, in GWU 17 (1966), S. 35 ff.

ders., Der deutsche Unternehmer in der Weltwirtschaftskrise 1928-1933, in: Conze/Raupach, S. 82 ff.

ders., Mason, Czichon und die historische Wahrheit, in: Aus Politik und Zeitgeschichte Nr. 20, 13.5.1972, S. 43 ff.

Turner, H.A. jr., Faschismus und Kapitalismus in Deutschland, Studien zum Verständnis zwischen Nationalsozialismus und Wirtschaft, Göttingen 1972

ders., Das Verhältnis des Großunternehmertums zur NSDAP, in: Industrielles System, S. 919 ff.

ders., Großunternehmertum und Nationalsozialismus 1930-1933. Kritisches und Ergänzendes zu zwei neuen Forschungsbeiträgen, in: HZ 221 (1975), S. 18 ff.

Vedder, L., Die deutsche Industrie in den Jahren 1933-1960, Krefeld 1965

Vogelsang, R., Der Freundeskreis Himmler, Göttingen-Zürich-Frankfurt/Main 1972

Weisbrod, B., Zur Form schwerindustrieller Interessenvertretung in der zweiten Hälfte der Weimarer Republik, in: Industrielles System, S. 674 ff.

Welter, E., Der Weg der deutschen Industrie, Frankfurt/Main 1943

Winkler, H.A., Unternehmerverbände zwischen Ständeideologie und Nationalsozialismus, in: VHZ 17 (1969), S. 341 ff.

Autoren- und Personenregister

(In bezug auf die verschiedenen Reichskanzler ist das Inhaltsverzeichnis ergänzend zu Rate zu ziehen.)

ABENDROTH, Wolfgang 16

ACHINGER, Hans 155

ALLMERS, R. (Automobilindustrie)121

BACHEM (IG Farben) 287, 291

BACKE, Herbert 138, 142

BALLESTREM, Andreas Marco Graf von 232

BERCKEMEYER, Hans (Chemieindustrieller) 121, 196

BETTELHEIM, Charles 28, 107 f.

BIERWES, 256

BIRKENFELD, Wolfgang 117, 294 f.

BLANK, Martin (GHH) 177, 196, 232, 236, 244, 247, 258, 267 f., 311

BLOCH, Charles 364

BLOHM, Rudolf (Industrieller) 157, 205

BLOMBERG, Werner von (Reichswehrminister) 122

BOSCH, Carl (Industrieller) 121, 125, 138 ff., 293, 295, 297, 343, 380

BOSCH, Robert (Industrieller) 165, 199

BÖHI, Hans 227

BÖHRINGER, Eugen 138

BORSIG, Ernst von (Industrieller) 55, 152 ff., 157, 160 ff., 167, 169, 183 f., 196

BRANDI, Ernst (Bergbauverein) 205, 236, 252, 255, 270, 273

BRAUN, Frh. Magnus von (Reichsmin. f. Ern. u. Landw.) 85, 87, 91, 99

BRAUNS-Kommission 64 f., 161, 183, 249 f., 306, 308, 334, 368.

BRAUNTHAL, Gerard 151

BRAUWEILER, Heinz 26, 90

BRAUWEILER, Roland (VDA) 55, 93, 157, 160, 194, 198, 222

von BREDOW 25, 81, 100 f., 257, 292, 311 f.

BRENNECKE, Heinrich 364

BRETZLER, Joseph (Handwerk) 321 f. 325 ff., 334, 336, 340 f., 343, 353, 355, 358

BROSZAT, Martin 129, 208

BRÄMER, Hermann 14

BRÜES, Hans Josef 28

BRÜNING, Heinrich 14, 32, 37, 39, 43, 45 ff., 49, 54, 56, 65, 68, 73 f. 75 ff., 78, 81, 84, 97, 160 ff., 163 f 172, 175, 177, 181, 183, 213, 215, 234, 246 f., 252, 263, 265, 287 f., 290, 303, 323 f., 331 ff., 368, 383

BÜCHER, Hermann (AEG) 157, 161, 196 f., 246

BÜLOW, Adolf von 249

BÜREN, Carl 121

BÜTTNER, Ursula 14

CARLEBACH, Emil 32

Autoren- und Personenregister

CASSEL, Gustav (Nationalökonom) 307

CONZE, Werner 58, 98, 153

CZICHON, Eberhard 15, 39, 88, 92, 95, 98 f., 140, 174, 197, 199 f., 236, 264 f., 288, 291, 295, 300

DERLIEN (Handwerk) 323, 332, 338, 347

DEUTSCH, Karl W. 21, 24, 164, 177, 188

DIEHN, August (Dt.Kalisyndikat) 121, 138

DIETRICH, Hermann (Reichsfinanzmin.) 45 f., 61, 63 f., 67, 70 f., 74, 76, 81, 160, 180, 240, 247

DOERING, Dorte 133

DORPMÜLLER (Reichsbahn) 47 f., 121, 166, 188, 242 ff., 255 f.

DRÄGER, Heinrich (Industrieller) 26, 300 ff., 304

DREYSE, Friedrich Wilhelm (Reichsbankvizepräsident) 80, 91, 239, 243

DROBISCH, Klaus 202

DUISBERG, Carl (IG Farben; RDI) 158, 162, 168, 184, 199 f., 286, 289 f., 295 f., 304, 313

DYCKERHOFF, Walter (Bauindustrieller) 301 f., 305

EICHHOLTZ, Dietrich 140

ENGEL (Reichsverband des Dt. Gr.-und Überseehandels) 104 ff., 176

ERBE, René 14, 78

ERDMANN, Gerhard (VDA) 151, 181, 194, 205, 262

ESENWEIN-ROTHE, Ingeborg 200

ESSER, Thomas 347

FEDER, Gottfried (Staatssekr.) 121, 124 f., 141, 301

FELDMAN, Gerald 153

FEST, Joachim 107

FICKLER, Erich (Industrieller) 261, 170 f.

FINK, August von (Bankier) 138

FISCHER, Hermann (Hansa-Bund) 309 f., 312

FISCHER, Otto-Christian (Bankier) 121, 138, 301

FISCHER, Wolfram 13 f., 78, 107, 112, 134

FLICK, Otto (Industrieller) 121, 193

FORTSMEIER, Friedrich 13

FRICKE, Dieter 151, 299

FRIEDLAENDER-PRECHTL, Robert (Industrieller) 301 ff., 305 f

FROWEIN, Abraham (Textilindustrie) 26, 152, 157, 162, 173, 196, 221, 225

GATES, Robert A. 15

GATTINEAU, Heinrich (IG Farben) 235

GEIGER, Theodor 320

GEREKE, Günter (Reichskommissar f. Arb.-Besch.) 67, 94, 96, 99 ff., 102 f., 110 f., 114 f., 223 f., 264 f. 268, 290 f., 301 ff., 312, 315 ff., 345, 347, 351

GERWIN, Carl Friedrich W. (Stahlwerkverband) 241

Autoren- und Personenregister

GOEBBELS, Joseph 144, 353

GOERDELER, Carl (Preiskommissar) 124, 282

GÖRING, Hermann 122, 129, 360

GOSSWEILER, Kurt 15, 140, 264, 288, 291, 295, 364

GOTHEIN, Georg (Wirtschaftler) 14, 26, 310 f.

GREBLER, Leo 14, 72, 78, 80

GROENER, Wilhelm (Reichswehrmin.) 47, 71

GROTKOPP, Wilhelm 14, 56, 78, 80, 82 f. 102, 304

GRUND, Max (DIHT) 103 ff., 212, 221, 223, 225 f.

GUILLEBAUD, C. W. 127

HABERMAS, Jürgen 22

HALLGARTEN, George F. 199, 244, 263

HAMEL, Paul 121, 126

HAMM, Eduard (DIHT) 93, 157, 176 f., 211 ff., 215 f., 219 ff., 223 ff., 226

HANIEL, Karl 199, 271

HARTWICH, Hans-Hermann 151

HEIDEN, Konrad 350

HELFFERICH, Emil (Kepplerkreis) 202

HELFFERICH, Philipp (Pfälzischer Industrieller) 196, 311

HEMMER, Willi 28, 30, 35, 41, 109

HERLE, Jacob (RDI) 103 f., 121, 157, 162, 176, 190, 196, 201, 24 f., 248, 305

HERMENS, Ferdinand A. 28

HESSEL, Philipp (Handwerk) 322 f., 327, 335 f., 343 f.

HITLER, Adolf 13 f., 32, 35, 43, 53, 90, 95, 107 ff., 385

HELBICH, Wolfgang J. 14, 56, 66

HENNIES, Gisela 51 f., 64

HINDENBURG, Paul von 84, 90, 93, 95, 192, 201, 264, 384

HUGENBERG, Alfred 90, 120, 122, 196 f., 311, 351

ILGNER, Max (IG Farben) 82, 287 f.

JENKNER, Siegfried 31

JESCHINSKI, H. 52

JOHN, Jürgen 299

KAFTAN, K. 13, 46

KALCKREUTH, Graf Eberhard von (Reichslandbund) 85, 99

KALTEFLEITER, Werner 28, 34 f., 299

KASTL, Ludwig (RDI) 26, 93, 103 f., 254, 157 f., 162 f., 165, 169, 173, 177, 179, 181, 184, 186 ff., 196, 199, 201, 214, 222, 252, 311

KEESE, Dietmar 58, 155, 178

KEHRL, Hans 112, 122, 138

KEINATH (Groß- u. Überseehandel) 93, 104 ff., 176

KELLERMANN, Hermann (GHH) 238, 257, 259, 279 f.

KEPPLER, Wilhelm 142

KEPPLERKREIS 201 f., 225

KEYNES, John M. 119, 178, 206, 302, 307, 378

KLEIN, Fritz 196, 236

KLÖCKNER, Peter (Industrieller) 60, 161, 167, 199, 236, 239, 241, 244, 248 f., 256 f.

KLOTZBACH, Arthur (Krupp) 169, 235, 239, 241, 244, 256, 282

KNITTER, Hartmut 57

KNÜTTEL (RDI) 157, 160

KOCH, Erich (Ostpreußen) 146

KÖHLER, Henning 4 f., 37, 56, 63, 66, 69, 73 f.

KÖTTGEN, C. (Industrieller, Siemens) 121, 165, 169, 205

KORDEMANN, 109, 121

KOSZYK, Kurt 232

KRAEMER, Hans (RDI; Papierindustrie) 93, 103 f., 157, 162, 166, 168, 199, 313

KROGMANN, Carl Vincent (Reg. Bürgermeister, Hamburg) 138

KROHN (Staatssekr.) 142 f.

KROLL, Gerhard 14, 64, 69 f., 78, 98, 119, 133, 300, 304

KRUPP von Bohlen und Halbach, Gustav (Industrieller) 121, 125, 138, 161, 165, 184, 190, 196 f., 199 f., 204, 222, 235, 244, 246, 248 f., 252, 255 f., 264 f., 270 ff., 296, 305, 311 f., 315, 377

KUCZYNSKI, Jürgen 15

KÜCKLICH, Erika 92, 194, 261

KÜHNL, Reinhard 31

LÄRMER, Karl 13, 46

LAMMERS, Clemens 313

LANGE (VDMA) 176

LAUTENBACH, W. 65, 67, 69, 80, 122, 177, 301

LEOPOLD, John A. 196

LEIPART, Theodor 97, 101, 103

LESSKER, K. O. 35

LEY, Robert 138, 140

LOCHNER, Louis P. 292, 313

LÖWENSTEIN, Hans von (Bergbauverein) 196, 270, 273

LUDWIG, Karl-Heinz 13, 117

LUCKE, Hans von 201

LUTHER, Hans (Reichsbankpräsident) 25, 49, 56, 62, 75, 81, 90 ff., 93 f., 170 f., 188, 192, 224, 243, 287, 351

MARCON, Helmut 14, 50, 68, 78, 80, 85, 99, 196, 245

MARSCHLER, Willy (Thüring.Min.-Präs.) 147

MARX, Karl 16

MASCHKE, Erich 232

MASON, Tim W. 15 f., 108 f., 140, 194, 204

MATZERATH, Horst 137

MAU, H. 364

Mc KIBBIN, R. J. 35

MEISSNER, Otto (Staatssekr.) 84, 93, 264

MENDELSOHN, Franz von 211 f.

MEUSCH (Handwerk) 323 f., 327, 334, 338, 347

MIELKE, Siegfried 300

MILATZ, Alfred 28, 31

MÖLLENDORF, W. von 287

MOLDENHAUER, Paul 47, 157, 171

MOMMSEN, Hans 15

MOSISCH, Ernst (Hansa-Bund) 306 ff, 310 ff., 313 f.

MÜLLER, Hans-Heinrich 57

MÜLLER, Johann-Baptist 31

MÜLLER, Werner 200, 235

MÜLLER-OERLINGHAUSEN, Georg (Textilind.) 157, 159, 171, 313

MÜNCH, Hans 57

MULERT, Oskar (Dt. Städtetag) 103, 339

NAGEL, Walter 284, 362

NEUMANN, Franz 18, 107, 307

OEHLERT, Hermann 311

OELTZE von Loebenthal Günter 319

OHLSEN, M. 311, 350

PAPEN, Franz von 32, 35, 39, 43, 53, 68, 78 ff., 82 f., 84 ff., 89, 93 ff., 96 f., 99 f., 112 f., 197 f., 200, 223 ff., 252 f., 256 ff., 259, 262 f., 265 ff., 272, 289 f., 303, 369, 373, 380, 383 ff., 387

PATERNA, E. 108, 364

PETRICK, Fritz 109

PETZINA, Dietmar 13 ff., 76, 85, 87, 90, 112, 122 f., 138, 196, 199, 244, 313

PFERDMENGES, Robert (Bankier) 199

PFLUGMACHER (Handwerk) 323, 332, 338, 347

PIATSCHEK, Konrad (Industrieller) 152, 165

PIETRKOWSKI, Edmund (RDI; Chemieindustrieller) 157, 165, 189 ff. (Grundsatzreferat im RDI) 196, 204, 206, 285, 289, 291

PIETZSCH, Albert (RDI) 119, 205 ff., 272, 293, 377, 386

PLANCK, Erwin (Staatssekr.) 85, 264 f., 309

POENSGEN, Ernst (Industrieller) 60, 157, 169, 205, 236, 239, 241, 244, 248, 250, 273 f., 281 ff., 372, 377

POERSCHKE, 50, 52, 63, 80, 124, 129, 142, 364

POGGE von Strandmann, Hartmut 57

POPITZ, Johannes 83, 102

PRELLER, Ludwig 50, 183

PRION, W. 14

PRYTZ, Max 314

PUCHERT, B. 58, 167 f.

PÜNDER, Hermann 162, 325

RAUMER, Hans von (Reichsminister a.D.; Elektroindustrie) 152, 237

RAUPACH, H. 58, 98, 153

REICHERT, W. J. (VDESI) 68, 85, 99, 176 f., 233 f., 236, 249, 253, 256, 265 f., 271, 281 f.

REINHARDT, Friedrich 121, 138

REINHARDT, Fritz (Staatssekr.) 78, 98, 111 f., 120 ff., 137, 144, 357 f. 373 und in Kap. 5 passim

RENTELN, Adrian von (DIHT) 225

REUSCH, Paul (GHH) 151, 161, 177, 188, 199, 201, 221, 225, 232, 236 ff. 239 f., 244, 248, 254, 258 f., 263, 268, 270 f., 277 ff., 287

REUTER, Fritz "Deutsche Führerbriefe) 26

REUTER, Wolfgang (VDMA) 205 f.

RÖCHLING, Hermann (Stahlindustrieller) 237, 368

ROLOFF, E.A. 35

ROOSEVELT, F.D. 86, 107

ROSTERG, August (Chemieindustrieller) 122, 292, 297 f., 380

RÜSTOW, Hans-Joachim 68, 80

RUGE, Wolfgang 32, 77

SANMANN, Horst 66

SAUCKEL, Fritz (Reichsstatthalter, Thüringen) 147

SAUER, Wolfgang 106

SCHACHT, Hjalmar 25, 121 ff., 133 f.

SCHÄFER, Dieter 210, 225

SCHÄFFER, Hans (Staatssekr.) 25, 60, 66 ff., 81 ff., 84, 90, 100 f., 163, 265, 287, 303, 314

SCHÄFFER, Hugo (Reichsarbeitsmin.) 87 ff., 90, 94, 185 f., 254, 258

SCHÄTZEL, Georg (Reichspostmin.) 45, 52 f.

SCHERER, Karl (GHH) 201, 257, 259, 269, 279, 281, 305 f.

SCHILD, H. (Handwerk) 364

SCHILLER, Karl 14

SCHLEICHER, Kurt von 25, 32, 35, 39, 43, 53, 84 f., 93, 95 ff., 98 ff., 110, 115, 200, 257, 263, 267 f., 292, 312, 369 f., 384 f.

SCHLENKER, Max (Langnamverein) 196, 232, 236, 263

SCHMITT, Kurt (Reichswirtschaftsmin.) 121, 125 f., 133 f., 280

SCHMITZ, Hermann (IG Farben) 83, 121, 199, 287

SCHNEIDER, Michael 15, 88, 92, 96 f., 100 f., 220, 226

SCHOENBAUM, David 208

SCHRÖDER, Kurt von (Bankier) 139, 200

SCHULZ, Gerhard 106, 209, 264, 301

SCHUMACHER, Martin 338

SCHWEITZER, Arthur 15, 118, 134, 142, 153, 161, 232, 273, 341, 349 f. 355

SCHWERIN-KROSIGK, Lutz Graf von (Reichsfinanzmin.) 25, 66, 68, 80 ff., 83, 86, 88, 91, 93, 95, 99 f., 102, 104, 122, 124, 140, 142 ff., 146, 164, 170, 173, 195, 204, 287 f.

SELDTE, Franz (Reichsarbeitsmin.) 115, 118 ff., 122, 142, 178, 206, 276, 378

SEMPELL, Otto (Industrieller) 239

SIEDBURGER, H. (Handwerk) 328, 340

SIEMENS, Carl Fr. v. 46, 121, 138, 161, 196, 199, 256

SILVERBERG, Paul (Industrieller) 62, 93, 152, 156 f., 160 f., 164 f., 171 ff., 174 (S.-Plan), 175, 177, 188, 196 f., 199 ff., 204, 215, 221, 225, 234 f., 239, 242 ff., 248, 254, 256, 288, 379

von SIMSON (RDI) 103, 165

SOLMSSEN, Georg (Bankier) 73, 93, 104 ff.

SPILLER, Jörg-Otto 66

SPITTA (Groß- und Überseehandel) 85

SPRINGORUM, Fritz (Industrieller) 121, 161, 199, 235, 248, 270

STAUSS, Emil Georg von (Deutsche Bank) 121

STEGERWALD, Adam (Reichsarbeitsmin.) 45, 47, 53, 55 f., 59, 61 f., 64, 69 ff., 73 f., 160, 183, 255, 328

STEGMANN, Dirk 196, 201, 203, 225, 235, 264, 287, 292, 299, 312

STELZNER, Jürgen 14, 108, 148

STINNES, Hugo (Industrieller) 121

STRASSER, Gregor 94, 180

SYRUP, Friedrich (Reichsanstalt) 80, 102, 104, 115, 142, 148, 186

TENGELMANN, Ernst 122, 270

THYSSEN, Fritz (Industrieller) 25, 119, 121, 128, 138, 271, 273 f., 378

TIBURTIUS, Joachim 93, 104 ff.

TISCHBEIN (Continental-Gummi) 121, 196

TRENDELENBURG, Ernst (Staatssekr.) 49, 53, 59, 66 ff., 74, 80 ff., 162, 232, 287, 323, 367

TREUE, Wilhelm 140, 153, 184, 199

TURNER, Henry A. jr. 153, 156, 186, 196, 199, 201, 232, 248, 263, 290 290, 299, 313, 323, 374

UBBELOHDE C. Eduard Leo 121, 295

UHLIG, Heinrich 228, 325

VAREIN, Heinz Josef 151

VIEFHAUS, R. 112, 122

VÖGLER, Albert (Industrieller) 121, 125 f., 138, 161, 171, 196, 234, 248 f., 256, 270

VOGELSANG, Reinhard 202

WAGEMANN, Ernst 67 ff., 82 f., 175 ff., 189, 206 f., 216 ff., 240, 287, 300 f., 307, 345 f., 368, 377, 379

WAGENER, Otto 121, 201 f., 361

WARBURG, Marx M. (Bankier) 25, 128

WARMBOLD, Hermann (Reichswirtschaftsmin.) 60 f., 66 f., 70, 74, 81 ff., 85, 87, 90 ff., 94, 98 ff., 103 ff., 174, 194, 198, 205, 287 f., 290 f.

WASSERMANN, Oscar (Bankier) 243

WEISBROD, Bernd 15

WIELAND, Philipp 159

WILMOWSKY, Tilo von 101, 177, 199, 246, 256, 264

WINKLER, Heinrich August 17, 104, 161, 320, 325 ff., 331, 349 f.

WITTE, Wilhelm (Industrieller) 154, 165, 205, 250

WOLFF, Otto (Industrieller) 67, 101, 199, 237, 265, 267, 282 f., 369

WOLFF, Theodor (Journalist) 54

WOYTINSKY, Wladimir 15, 100, 301

WUNDERLICH, Frieda 84, 96

ZELENY, Karl 350, 357 ff.

Sach-, Verbands- und Firmenregister

(Dieses Register ist lediglich als Ergänzung zum detaillierten Inhaltsverzeichnis zu verstehen)

"A-Brief" 90, 94, 196, 198, 205, 267

ADGB 15, 94 ff., 100 f., 217, 326

AEG 53, 60, 157, 197, 246, 296

Albert-Piatschek-Bergwerke 152

Allianz-Versicherung 125

Aufrüstung 13, 71, 108, 112, 132 f., 142 f., 148, 154

Autobahnbau 13, 46 f., 122 ff., 133

Automobilindustrie 117 f., 121, 135

Banken 171, 176, 199, 237, 281, 352, 372

Bauindustrie 135 f., 160, 166, 213 f., 315 ff., 331 f., 386

Bergbauverein 25, 196, 232, 234, 236, 251 ff., 254 f., 261 f., 268, 272

Bolschewismus (Gefahr des) 161, 167

Borsig (Fa.) 53

Centralverband des deutschen Bank- und Bankiergewerbes 93, 104 ff., 138, 211

Chemieindustrie 157, 199, 368, 372, 381, 384

Deficit Spending 140, 302

Deutsche Bank 73, 243

"Deutsche Führerbriefe" 74, 81, 235 f., 240, 258, 262, 266 f., 272, 284

Deutsche Werft 132, 276 ff

Deutscher Städtetag (ab 1933: Deutscher Gemeindetag) 72, 78 f., 103, 110, 114, 339, 352, 364

Deutsches Kalisyndikat 138

DIHT 26, 93, 103 ff., 107, 175 ff., 264, 280, 343, 369, 372, 377 f., 380 f., 384 f.

Diktatur 160, 171, 232

Elektroindustrie 170, 199, 293

Exportindustrie 195, 199, 201 f., 207, 227, 314

Gewerkschaften 153, 198, 252 f. 384 f.

Gutehoffnungshütte 25, 151, 238, 242, 254, 256, 259, 262, 267 ff., 270, 276, 279

Handwerk 93, 103 ff., 135, 137, 148, 166, 257, 280, 318, 375, 379, 381 ff. 385 f. und Kap. 11

Hansa-Bund 26, 370, 377 f., 380, 384 ff. und Kap. 10

Harpener Bergbau AG 260 f., 271

Hauptgemeinschaft des Deutschen Einzelhandels 93, 103 f., 175 f., 211

Henschel (Lokomotiven) 246

Hermann-Göring-Werke 274

Hirschland (Privatbank) 243

Hochtief AG 317 f.

Hoesch AG 256, 261

Holzmann AG 317 f.

IG Farben 67, 81 f., 83, 125, 139, 157, 235, 265, 286 ff., 289 ff., 293, 295 ff., 368, 379 f.

Industrie und Handelskammer, Berlin: 176, 216, 227; Flensburg: 216; Köln: 139, 222, 225

Institut für Konjunkturforschung 177 f., 217, 260

Kampfbund für den gewerblichen Mittelstand 134, 203, 360 f.

Klöckner (Fa.) 169, 256

Konsumgüterindustrie 135

Krümpersystem 250

Krupp (Fa.) 25, 169, 246, 256

Landwirtschaftskassen 138, 190, 344

Langnamverein 196, 232, 236, 263, 266, 275, 354, 361, 385

Levy, A. (Privatbank) 243

MAN 169, 237 f., 270, 275

Mannesmann 256, 276

Maximilianhütte 138

Mendelsohn (Privatbank) 243

Mineralölwirtschaft 141 f., 294 f.

Mittlere Industrie 136, 148, 199, 377, 384 und Kap. 10

Mittelstandsinteressen 138, 228 f., 385

Multiplikatorprinzip 140

Norddeutscher Lloyd 296

Oppenheim, Sal. jr. & Cie (Privatbank) 243

Ostsiedlung 353 f.

Pfälzischer Industriellenverband 196, 311

Pjatakoff-Abkommen 170

Privatbanken 128, 137, 243 f.

Radikalisierung 162, 236, 337

RDI 26, 60, 93, 103 ff., 210 f., 213, 215, 217 f., 240, 253, 264, 269, 275, 285 f., 296, 305, 307, 322, 325, 327, 365, 368, 372, 376 ff., 379 ff., 385 f und Kap. 6

Reichsbahn 158, 163, 166, 172, 179, 187 f., 212 f., 241 f., 247, 255 f., 274, 310, 331, 339, 356 f., 367 und vgl. Inhaltsverzeichnis

Reichsbank 174 ff., 215, 223 f., 239, 243

Reichslandbund 263

Reichspost 158, 166, 179, 212 f., 316, 331, 339, 357 und vgl. Inhaltsverzeichnis

Reichsverband des Deutschen Groß- und Überseehandels 93, 104, 121, 175 f., 211

Reichswehr 133

"Rote Fahne" 167

Ruhrlade 232, 234 f., 239 f., 248 f., 263, 271, 368, 380

SA 114, 134, 203, 273

Siemens (Fa.) 53, 165, 169, 205

Schiffahrt 137, 157, 277

Schwartzkopf (Lokomotiven) 246

Sparkassen 362 f.

SS 114

Stahlwerkverband 242 ff., 247, 273

Streiks 194 f.

Studiengesellschaft für Geld- und Kreditwirtschaft 199, 300 ff. und in Kap. 10

VDA 26, 55, 93, 211, 251, 262, 288, 305, 322

VDESI 26, 172, 175, 231 ff., 236, 238 ff., 241, 249, 252, 260, 265 f., 271, 273 ff., 281, 283, 361, 368, 378

VDMA 176, 205 f., 241, 276 ff., 280 f., 283

Verband Sächsischer Industrieller 154, 157, 205, 250

Vereinigte Oberschlesische Hüttenwerke 139, 169, 256

Warburg (Bank) 243

Zechenverband 25, 253, 255

Schriften zur Wirtschafts- und Sozialgeschichte

1. **Massenpublikum und Journalistentum im 19. Jahrhundert in Nordwestdeutschland.** Von R. Engelsing. 305 S. 1966. DM 45,60

2. **Justus Mösers Gewerbetheorie und Gewerbepolitik im Fürstenbistum Osnabrück in der zweiten Hälfte des 18. Jahrhunderts.** Von J. Runge. 162 S. 1966. DM 29,60

3. **Aktionen gegen die „kalte Sozialisierung" 1926 - 1930.** Ein Beitrag zum Wirken ökonomischer Einflußverbände in der Weimarer Republik. Von C. Böhret. 279 S. 1966. DM 58,60

4. **WASAG.** Geschichte eines Unternehmens 1891 - 1966. Von W. Fischer. 254 S. 1966. DM 47,60

5. **Ansätze technologischen Denkens bei den Kameralisten des 17. und 18. Jahrhunderts.** Von U. Troitzsch. 193 S. 1966. DM 34,60

6. **Die „Georg Fuggerischen Erben".** Kaufmännische Tätigkeit und sozialer Status 1555 bis 1600. Von R. Hildebrandt. 217 S. 1966. DM 43,60

7. **Die Bedeutung wirtschaftlicher Faktoren bei der Wiedereinführung der Eisen- und Getreidezölle in Deutschland 1879.** Von K. W. Hardach. 219 S. 1967. DM 44,—

8. **Forstgeschichte im Zeitalter der industriellen Revolution.** Von H. Rubner. 235 S. 1967. DM 46,60

9. **Der Einfluß der Agrarreformen des beginnenden 19. Jahrhunderts in Ostpreußen auf Höhe und Zusammensetzung der preußischen Staatseinkünfte.** Von V. Gropp. 187 S. 1967. DM 44,—

10. **Arbeitsdienst in Deutschland.** Pläne und Verwirklichungsformen bis zur Einführung der Arbeitsdienstpflicht im Jahre 1935. Von H. Köhler. 281 S. 1967. DM 53,60

11. **Vom Gewerbefleiß zur Industrie.** Ein Beitrag zur Wirtschaftsgeschichte des 18. Jahrhunderts. Von F. Eulen. 215 S. 1967. DM 46,60

12. **Das Leinenhaus Grünfeld.** Erinnerungen und Dokumente von Fritz V. Grünfeld. Eingel. und hrsg. von St. Jersch-Wenzel. 237 S. 1967. DM 39,60

13. **Die Arbeiterfrage im preußischen Abgeordnetenhaus 1848 - 1869.** Von H. Volkmann. 218 S. 1968. DM 47,60

14. **Der soziale Status des Arbeiters in der Frühsozialisierung.** Eine Untersuchung über die Arbeitnehmer in der französischen eisenschaffenden Industrie zwischen 1800 und 1870. Von G. H. Hardach. 221 S. 1969. DM 47,60

15. **Wirtschaftliches Wachstum und Sozialer Wandel.** Von B. F. Hoselitz. 287 S. 1969. Brosch. DM 46,60; Lw. DM 53,40

16. **Universität, Technische Hochschule und Industrie.** Ein Beitrag zur Emanzipation der Technik im 19. Jahrhundert unter besonderer Berücksichtigung der Bestrebungen Felix Kleins. Von K. H. Manegold. 330 S. 1970. DM 69,80

17. **Koloniale Entwicklung und Ausbeutung.** Wirtschafts- und Sozialgeschichte Deutsch-Ostafrikas 1885 - 1914. Von R. Tetzlaff. 309 S. 1970. DM 69,80

18. **Bauernwirtschaft und Bauerneinkommen im Fürstentum Paderborn im 18. Jahrhundert.** Von F.-W. Henning. 250 S. 1970. DM 56,—

19. **Wege zur Verbreitung technischer Kenntnisse zwischen England und Deutschland in der zweiten Hälfte des 18. Jahrhunderts.** Von W. Kroker. 203 S. 1971. DM 47,60

20. **Das Gewicht monopolistischer Elemente in der amerikanischen Textilindustrie, 1840 bis 1880.** Modische Produktvariation unter Führung des Kommissionshauses. Von H. Siegenthaler. 127 S. 1972. DM 36,60

21. **Vom Einwohner zum Bürger.** Zur Emanzipation der städtischen Unterschicht Göttingens 1890 - 1920. Eine sozial- und kommunalhistorische Untersuchung. Von A. v. Saldern. 508 S. 1973. DM 88,—

22. **Entwicklungsstadien und Zweiter Weltkrieg.** Ein wirtschaftswissenschaftlicher Beitrag zur Frage der Kriegsursachen. Von K. Thöne. 106 S. 1974. DM 28,60

23. **Landesherrschaft und Bergbauwirtschaft.** Zur Wirtschafts- und Verwaltungsgeschichte des Oberharzer Bergbaugebietes im 16. und 17. Jahrhundert. Von E. Henschke. 443 S. 1974. DM 88,60

24. **Der Trustkampf (1901 - 1915).** Ein Beitrag zum Verhalten der Ministerialbürokratie gegenüber Verbandsinteressen im Wilhelminischen Deutschland. Von F. Blaich. 157 S. 1975. DM 39,60

25. **Der Generalstreik der Eisenbahner in Frankreich von 1910.** Das Scheitern des Revolutionären Syndikalismus und die repressive Politik Briands. Von H. Spuhler. 266 S. 1975. DM 64,60

26. **Die Jaluit-Gesellschaft auf den Marshall-Inseln 1887 - 1914.** Ein Beitrag zur Kolonial- und Verwaltungsgeschichte in der Epoche des deutschen Kaiserreichs. Von W. Treue. 197 S. 1976. DM 48,—

27. **Weltmarktorientierung und relative Stagnation.** Währungspolitik in Deutschland 1924 - 1931. Von G. Hardach. 182 S. 1976. DM 48,—

28. **Privatkapital und Kanalbau in Frankreich 1814 - 1848.** Eine Fallstudie zur Rolle der Banken in der französischen Industrialisierung. Von H. Großkreutz. 351 S. 1977. DM 56,—

29. **Die Wachstumszyklen der deutschen Wirtschaft von 1840 bis 1880.** Von R. Spree. XXXII, 577 S. 1977. DM 60,—

DUNCKER & HUMBLOT / BERLIN

Beiträge zur Politischen Wissenschaft

1. Möglichkeiten und Grenzen begrifflicher Klarheit in der Staatsformenlehre. Von E. Küchenhoff. 2 Teilbde. XIX, 985 S. 1967. DM 177,60
2. STAAT. Studien zur Bedeutungsgeschichte des Wortes von den Anfängen bis ins 19. Jahrhundert. Von P. L. Weinacht. 263 S. 1968. DM 58,—
3. Weltrelativismus und Wertbestimmtheit im Kampf um die Weimarer Demokratie. Von W. Bauer. 462 S. 1968. DM 66,80
4. Politikwissenschaft und Pädagogik. Von H. Bußhoff. 174 S. 1968. DM 33,80.
5. Von der Reichskanzlei zum Bundeskanzleramt. Von S. Schöne. 254 S. 1968. DM 52,80
6. Das Dollfuß-Regime in Österreich. Von H. Bußhoff. 324 S. 1968. DM 62,80
7. Die Demokratie als Gesellschaftssystem. Von K.-H. Folkers. 412 S. 1968. DM 58,80
8. Thomas Hobbes und der Puritanismus. Von W. Förster. 243 S. 1969. DM 58,80
9. Die Zufälligkeit der Nationen und die Inhaltslosigkeit der internationalen Politik. Von W. Sulzbach. 170 S. 1969. DM 35,80
10. Phasen der Entkolonialisierung. Von K. Binder-Krauthoff. 185 S. 1970. DM 46,80
11. Die ontologisch-aristotelische Politikwissenschaft und der Rationalismus. Von J. Dennert. 382 S. 1970. DM 63,60
12. Die Integration eines Kontinents als Problem: Amerika, Europa. Von Ch. E. Weber. 96 S. 1971. DM 19,80
13. Der Euphemismus in der politischen Sprache. Von E. Leinfellner. 177 S. 1971. DM 39,60
14. Robert Michels. Vom sozialistisch-syndikalistischen zum faschistischen Credo. Von W. Röhrich. 198 S. 1972. DM 39,—
15. Die offiziellen Organe der ostdeutschen Landmannschaften. Von H.-J. Gaida. 336 S. 1973. DM 68,—
16. Subventionen als Instrument der Lenkung und Koordinierung. Von G. Kirchhoff. 319 S. 1973. DM 58,60
17. Das Wahlsystem zwischen Theorie und Taktik. Von A. Misch. 292 S. 1974. DM 68,60
18. Recht und Macht bei Montaigne. Von M. Kölsch. 112 S. 1974. DM 29,60
19. Koalition und Oppositon in spieltheoretischer Sicht. Von W. Fach. 200 S. 1974. DM 68,—
20. Der Staatsbegriff in der neuen deutschen Staatslehre und seine theoretischen Implikationen. Von C.-E. Bärsch. 182 S. 1974. DM 49,80
21. Rationale Sozialpolitik. Von H.-P. Bank. 202 S. 1975. DM 49,60
22. Politische Entscheidungslehre. Von A. Nagel. I: Ziellehre. 974 S. mit 144 Übers. 1975. DM 68,—
23. Konzepte zur Messung der Macht. Von J. Zelger. 260 S. 1975. DM 88,—
24. Die politische Wissenschaft der bürgerlichen Gesellschaft. Von L. Kramm. 149 S. 1975. DM 39,60
25. Die Öffentlichkeitsfunktion des Deutschen Bundestages. Von L. Kißler. XXIV, 661 S. 1976. DM 128,—
26. Der amerikanische Präsident im Bezugsfeld der Kongreßfraktionen. Von J. Hartmann. 317 S. 1977. DM 88,—

DUNCKER & HUMBLOT / BERLIN

Historische Forschungen

1. **Geschichte der Menschenrechte und Grundfreiheiten im Umriß.** Von G. Oestreich. 135 S. 1968. DM 19,80

2. **Subjektivität und Geschichtswissenschaft.** Grundzüge einer Historik. Von H.-W. Hedinger. 691 S. 1969. DM 129,—

3. **Untersuchungen zu Johann Gustav Droysens „Historik".** Von K. Spieler. 152 S. 1970. DM 28,60

4. **Die Deutsche Marinepolitik 1916 - 1918.** Von R. Stegemann. 179 S. 1970. DM 33,60

5. **Sir Roger Casement und die deutsch-irischen Beziehungen.** Von K. Wolf. 205 S. 1972. DM 46,60

6. **Rationales Naturrecht als revolutionäre Praxis.** Untersuchungen zur „Erklärung der Menschenrechte und Bürgerrechte" von 1789. Von J. Sandweg. 345 S. 1972. DM 68,60

7. **Kant und die Französische Revolution.** Von P. Burg. 283 S. 1974. DM 66,60

8. **Calvinismus und französische Monarchie im 17. Jahrhundert.** Die politische Lehre der Akademie Sedan und Saumur, mit besonderer Berücksichtigung von Pierre Du Moulin, Moyse Amyraut und Pierre Jurieu. Von H. Kretzer. 486 S. 1975. DM 126,—

9. **David Hume und das Problem der Geschichte.** Von U. Voigt. 188 S. 1975. DM 49,80

10. **Reformation und Bauernkrieg im Geschichtsbild der DDR.** Zur Methodologie eines gewandelten Geschichtsverständnisses. Von J. Foschepoth. 170 S. 1976. DM 40,—

11. **Cognitio Historica.** Die Geschichte als Namengeberin der frühneuzeitlichen Empirie. Von A. Seifert. 202 S. 1976. DM 68,—

DUNCKER & HUMBLOT / BERLIN